Strafrecht Allgemeiner Teil im Spiegel der Rechtsprechung, 4. Auflage, by Ingeborg Puppe
ⓒ Nomos Verlagsgesellschaft mbH, Baden-Baden(2019)
本书原版由 Nomos 出版有限公司于 2019 年出版。本书简体中文版由原版权方授权翻译出版。
著作权合同登记号　图字:01-2023-3585

STRAFRECHT ALLGEMEINER TEIL
IM SPIEGEL DER RECHTSPRECHUNG

德国刑法总论
以判例为鉴(第四版)

〔德〕英格博格·普珀 著

徐凌波 喻浩东 译

Ingeborg Puppe

图书在版编目(CIP)数据

德国刑法总论：以判例为鉴：第四版／（德）英格博格·普珀著；徐凌波译. —北京：北京大学出版社，2023.8
ISBN 978-7-301-33962-6

Ⅰ. ①德… Ⅱ. ①英… ②徐… Ⅲ. ①刑法—研究—德国 Ⅳ. ①D951.64

中国国家版本馆 CIP 数据核字（2023）第 069189 号

书　　　名	德国刑法总论：以判例为鉴（第四版） DEGUO XINGFA ZONGLUN：YI PANLI WEIJIAN（DI-SI BAN）
著作责任者	〔德〕英格博格·普珀（Ingeborg Puppe）著　徐凌波 喻浩东 译
丛书策划	杨玉洁
责任编辑	林婉婷　方尔埼
标准书号	ISBN 978-7-301-33962-6
出版发行	北京大学出版社
地　　　址	北京市海淀区成府路 205 号　100871
网　　　址	http://www.pup.cn　http://www.yandayuanzhao.com
编辑部邮箱	yandayuanzhao@pup.cn
总编室邮箱	zpup@pup.cn
新浪微博	@北京大学出版社　@北大出版社燕大元照法律图书
电　　　话	邮购部 010-62752015　发行部 010-62750672 编辑部 010-62117788
印　刷　者	三河市北燕印装有限公司
经　销　者	新华书店 650 毫米×980 毫米　16 开本　38.25 印张　656 千字 2023 年 8 月第 1 版　2023 年 8 月第 1 次印刷
定　　　价	138.00 元

未经许可，不得以任何方式复制或抄袭本书之部分或全部内容。
版权所有，侵权必究
举报电话：010-62752024　电子信箱：fd@pup.pku.edu.cn
图书如有印装质量问题，请与出版部联系，电话：010-62756370

"德国刑事法译丛"编委会

主　编：江　溯

副主编：唐志威　王芳凯

编委会：(以姓氏音序排列)

蔡　仙　陈尔彦　陈昊明　陈　璇　程　捷
邓卓行　何庆仁　黄　河　敬力嘉　李　倩
刘　畅　吕翰岳　石家慧　王　钢　王华伟
徐凌波　徐万龙　喻浩东　袁国何　张正昕
张正宇　张志钢　赵书鸿　赵雪爽　郑　童

总目录

"德国刑事法译丛"总序	江 溯	001
序 一	陈兴良	003
序 二	劳东燕	011
序 三	方小敏	015
第四版前言		019
目 录		001
第一编 结果归属的基础理论		001
第二编 故意犯的构成要件		095
第三编 构成要件实现的正当化		175
第四编 责任与免责		237
第五编 未 遂		275
第六编 犯罪参与的形式		323
第七编 竞合理论		443
参考文献索引		465
判决索引		507
关键词及译法索引		515
译后记 英格博格·普珀教授与她的《德国刑法总论:以判例为鉴》		553

"德国刑事法译丛"总序

江 溯

在过去的二十多年里,随着刑事法治的初步确立和不断完善,我国刑事法学经历了一场深刻的知识转型。毫无疑问,在这场知识转型的过程中,德国刑事法学译著发挥了不可估量的推动作用。据不完全统计,迄今为止,我国已经出版了三十多部德国刑事法学译著(包括教科书、专著和文集),这些译著为我国刑事法学界所广泛引用,成为我们学习和借鉴德国刑事法学,并在此基础上建构中国刑事法学体系的重要参考文献。对于那些不计个人得失、辛勤翻译和引介这些德国刑事法学著作的学者,我们在此致以深深的敬意和谢意。

近年来,中德刑事法学的交流不断深入,已经有超过100位中国学者和学生曾在或正在德国学习,他们通过阅读德语原始文献来研习原汁原味的德国刑事法学。在这个大背景之下,德国刑事法学著作的引介是否仍有必要?我认为,在未来相当长的时期内,我们仍然需要翻译大量的德国刑事法学著作,这是因为:一方面,我国现有的德国刑事法学译著在数量上还非常有限,远远无法满足绝大多数尚不具备阅读德语原始文献能力的读者的需求;另一方面,我国刑事法学界和司法实务界对德国刑事法学的需求已经不再局限于掌握其基本理论学说,而是开始朝着专题化、纵深化和精细化的方向发展。有鉴于此,我们联合了一批曾留学德国的志同道合的刑事法学人,共同设立"德国刑事法译丛"丛书,希望通过长期翻译和出版德国刑事法学著作,为推动我国刑事法学的发展尽一点微薄之力。

这套"德国刑事法译丛"的编选,我们希望遵循以下原则:

第一,兼顾基础理论与前沿话题的引介。目前来看,国内引介的德国刑事法学著作大多属于基础理论类的著作,这些著作对我们把握德国刑事法学的总体状况大有裨益。当然,在坚持引介德国刑事法学基础理论著作的同时,我们希望能挑选一些与前沿主题(如网络犯罪、人工智能犯罪、医疗刑法等)相关的著作。

第二，贯彻"整体刑法学"的思想。由于种种复杂的原因，目前国内引介的德国刑事法学著作大多局限于刑法教义学，德国刑事程序法、刑事制裁法、少年刑法等相关的著作仍非常稀少。我们希望通过这套译丛，破除刑事法学界内部的藩篱，实现真正的刑事一体化。

第三，兼顾教科书与专著的引介。在德国法学界，顶尖学者往往会出版高水平的教科书，一部高水平的教科书往往是一位学者毕生研究成果的集大成之作。对于我国刑法学界来说，引介高水平的教科书是学习德国刑事法学的一条捷径。但是，我们还不能止步于此。随着我国刑事法学研究水平的不断提升，高水平专著的引介必然会成为一个趋势。

第四，平衡总论与分论的引介。刑法教义学是德国刑事法学的核心，过去我们比较注重对德国刑法总论的引介，而较少会翻译德国刑法分论的著作。随着我国刑法学界对分论具体罪名研究的深入，我们对德国刑法分论著作的需求甚至超过了刑法总论著作。因此，我们希望今后能更多地引介德国刑法分论的著作，以便保持"营养均衡"。

本套译丛的出版得到了北京大学出版社副总编辑蒋浩先生和北京大学出版社第五图书事业部副主任杨玉洁老师的大力支持，在图书出版市场竞争日益激烈的今天，没有他们的慷慨应允，这套译丛是不可能问世的，在此，我代表编委会全体成员向两位老师致以最诚挚的谢意！

江　溯

2021年8月18日

序一

陈兴良

徐凌波、喻浩东两位我国青年刑法学者合作翻译的德国著名刑法学家英格博格·普珀教授的代表作《德国刑法总论：以判例为鉴》一书的中译本纳入了江溯教授主编、北京大学出版社出版的"德国刑事法译丛"丛书，即将付梓之际，徐凌波邀请我为本书写序，我欣然接受。近些年来，我国对德国刑法学说的翻译介绍工作卓有成效，德国著名刑法学者的各类著述不断地被引入我国，对我国刑法教义学的发展起到了重要的借鉴作用，这是值得肯定的。

在既往翻译出版的德国刑法学者的著作中，以刑法教科书和专著居多；当然也有判例研究的作品，其中具有较大影响力的是罗克辛教授的《德国最高法院判例刑法总论》（〔德〕克劳斯·罗克辛著，何庆仁、蔡桂生译，中国人民大学出版社2012年版）。应当指出，德国的刑法教义学以严谨的逻辑推理和缜密的规范体系而著称，具有高度抽象性的理论言说是其特征。然而，德国刑法学者同样注重判例研究，并且将理论叙述与判例分析完美地结合起来。在德国刑法教义学中，判例与案例是有所不同的：判例是真实的司法判决，尤其是德国最高法院的判决。例如，罗克辛教授的《德国最高法院判例刑法总论》中的判例，就明确限制为德国最高法院的判例，因而具有权威性。罗克辛教授之所以选择最高法院判例作为资料来源，正如其在该书的前言中所指出的那样：本书的正当性在于，这些判决或者因为它们的重要意义，或者因为它们的争议性，或者因为它们的现实性，或者因为它们的教学价值。① 当然，除了判例，在德国刑法教义学中还采用某些教学案例。例如，罗克辛教授在其《德国刑法学总论》中引述的那个有名的教学案例：甲

---

① 〔德〕克劳斯·罗克辛：《德国最高法院判例刑法总论》，何庆仁、蔡桂生译，中国人民大学出版社2012年版，前言，第1页。

诱使乙去乘飞机旅行,并且抱着那个在事实上实现了的希望,即这架飞机会坠落。对于这个教学案例,罗克辛教授认为甲的行为并不符合《德国刑法典》第212条故意杀人罪的构成要件。① 教学案例不同于司法判例的特殊之处就在于:教学案例本身并非现实生活中真实发生的案件,也没有法院的判决结果,它是为教学的需要根据真实案例改编或者完全杜撰而成的,具有虚拟性。与之不同的是,司法判例则不仅案情是客观真实的,而且判决结果和判决理由也是完全真实、有据可查的,因而具有更大的信息量,对于刑法教义学的理论研究具有更大的参考价值。普珀教授的《德国刑法总论:以判例为鉴》一书所讨论的都是这样真实的判例,这些判例和罗克辛教授的《德国最高法院判例刑法总论》一样,都出自《德国联邦法院刑事判例集》。德国最高法院编纂判例的优良传统,为德国刑法教义学研究提供了源头活水。

然而,罗克辛教授的《德国最高法院判例刑法总论》和普珀教授的《德国刑法总论:以判例为鉴》这两本书的编辑目的和方法又是完全不同的。罗克辛教授已经出版了皇皇巨著《德国刑法学总论》(全二卷),以巨大的篇幅对德国刑法教义学原理进行了体系性的阐述,因而《德国最高法院判例刑法总论》一书只是《德国刑法学总论》的辅助读物而已。例如,在该书前言中,罗克辛教授就谈到判例刑法总论一书与其教科书之间的关系:"为了将本书的篇幅限制在一个合适的范围内,我在文献介绍部分有所节略,每个年轻的法律研究者都知道,对此人们可以在哪些注释书和教科书中查阅。如果对可能的感兴趣者而言,我自己的教科书、论文或者针对具体判例的注解有助于对我的观点继续研究,我便予以列明。"② 可以说,罗克辛教授的《德国最高法院判例刑法总论》只不过是其刑法教科书的"教辅资料",这就决定了罗克辛教授的判例刑法总论一书是以判例为主线,并且对每个判例的设问与解题都是简明扼要的,并没有长篇大论。普珀教授的《德国刑法总论:以判例为鉴》一书则有所不同。正如译者在译后记中所介绍:"在自传中,普珀教授最为看重两本专著:一本是《法学思维小学堂——法律人的6堂思维训练课》,该书已于2011年由台北大学法学院的蔡圣伟教授译成中文在北京大学出版社出版;另一本则是本书《德国刑法总论:以判例为

---

① 〔德〕克劳斯·罗克辛:《德国刑法学总论》(第1卷),王世洲译,法律出版社2005年版,第252—253页。

② 〔德〕克劳斯·罗克辛:《德国最高法院判例刑法总论》,何庆仁、蔡桂生译,中国人民大学出版社2012年版,前言,第1页。

鉴》。"如果我没有理解错的话,普珀教授并没有出版自己的刑法体系书。在这种情况下,《德国刑法总论:以判例为鉴》在某种意义上可以说是普珀教授以判例为线索的刑法体系书,因而倾注了其全部的学术心力。从这个意义上说,普珀教授的《德国刑法总论:以判例为鉴》一书与其说是一部判例研究的刑法作品,不如说是一部刑法教科书。在本书中,普珀教授将其对刑法教义学的研究成果与判例完美地融合在一起,使本书既具有理论著作的雄厚学术份量,又具有判例注解的精细逻辑演绎,令人印象深刻。因此,本书是一部体例独特且内容独到的刑法著作,是普珀教授一生刑法学术研究成果的结晶。

正如译者在译后记中指出,因果关系与结果归属理论是普珀教授的研究重点,在这一部分内容中可以领略其独特的学术思路与论证理路。例如,普珀教授在论述因果关系与结果归属时,论及冯·布里的决水案[v. Buri(1873),69]:洪水期间,一名家庭主妇朝河里倒了一桶水。现在需要讨论的问题是:该家庭主妇是否应当因这一桶水而承担决水罪的刑事责任?对此,罗克辛教授和普珀教授都认为,该家庭主妇不应当承担决水罪的刑事责任。然而,二者的论证思路是不同的。罗克辛教授的观点是:该家庭主妇的行为与洪水之间有因果关系。因为不考虑她倒的那桶水,就不能解释洪水的具体内容。但是,本案应当这样解决:"虽然因为(除非也是极其轻微的)结果的改变需要肯定这个因果性,但是,这种举止行为无论如何不能作为洪水的引起而归责于第313条(决水罪)的行为构成,因为这一刑法条文要预防的危险不会由于增加这样少量的水而增大。"①而普珀教授则认为,不能认为该家庭主妇的行为与洪水之间有因果关系。只有不把水桶里的水与河里原有的水一起作为洪水结果的具体内容,才能认为家庭主妇没有引起洪水。普珀教授指出:"为什么我们应当将水桶里的水和已漫过河岸流到地面的水都视为洪水的整体呢?仅仅因为它也是水吗?如果结果是可分的,那么,每个人都应当只对他所引起的那部分结果答责。若还有其他的结果组成部分,且该部分结果与他的行为之间没有因果关系,不能因为这两个部分结果合成了一个整体的具体结果内容而让他对另一个部分结果答责。"由此可见,罗克辛教授是在肯定因果关系以后,通过不能客观归责而排除刑事责任。在这一论证思路中,罗克辛教授是将该家庭主妇所倾倒的一桶水与河里的所有水视为一个整体对待的:一桶水也是河里整体水的

---

① 〔德〕克劳斯·罗克辛:《德国刑法学总论》(第1卷),王世洲译,法律出版社2005年版,第248页。

一部分,共同成为洪水的实体内容。而普珀教授则是对一桶水与河里整体的水加以区分,认为一桶水并不会造成洪水,因此,不能认为该家庭主妇的一桶水与洪水是一个整体结果。相对而言,罗克辛教授的观点较为复杂,其将归因与归责加以区分;普珀教授的观点则较为简单,容易接受。罗克辛教授指出:"犯罪的目的和犯罪的描述首先决定了归责,由此出发,我不能同意普珀,她认为,在这里所理解的意义上肯定因果性,就已经导向了对全部不法事实情况的归责了。普珀提出的对法益客体做出一种有害性改变的额外结果特征,仅仅在作为行为构成的特殊归责要素中,才是可以理解的,这个特征在这里展现的是,什么事被'有害'地理解的作为结果性犯罪的行为构成描述的抽象"①本书译者在译后记中十分准确地描述了罗克辛教授与普珀教授之间在因果关系与客观归属问题上的观点对峙:"在罗克辛的客观归属体系中,因果关系与客观归属被明确地区分为两个阶段,因果关系只须根据条件公式进行反事实判断即可,属于事实判断的范畴;而客观归属则是对因果关系的规范限定,属于规范判断的范畴。但在普珀的结果归属体系中,因果关系不再是客观归属之前的预处理,而是贯穿整个结果归属体系的轴线与基础,结果归属的所有判断规则都应围绕因果流程的分析展开:正是因为引起结果的因果流程中存在某些事实特征,才会使判断者得出肯定或否定归属的结论。"实际上,罗克辛教授与普珀教授之间并无对错之分,而是论证方法之别。如果从通俗的意义上说,罗克辛教授的论证更具逻辑性,具有简单问题复杂化的性质,接受起来更有难度;普珀教授的论证则是更合乎常识的,具有复杂问题简单化的性质,因而更容易为人所接受。

普珀教授与罗克辛教授在因果关系与客观归责问题上的分歧,源于对待刑法教义学的基本立场——自然主义与规范主义的不同观念取向。自然主义是存在论,而规范主义则是规范论,这是两种刑法教义学的基础或者方法。从刑法教义学的总体发展趋势来看,是从存在论向着规范论演变。存在论虽然立足于事实,但对某些较为复杂的现象在解释能力上可谓力不从心,如过失犯与不作为犯等。而规范论则将事实与价值、事物与评价加以二元区分,对于某些较为复杂的现象具有较强的建构能力。当然,极端的存在论或者极端的规范论都是不足取的。目前的刑法教义学都是介乎于存在论与规范论之间,只不过是在偏向于存在论还是偏向于规范论的程度上存在差别。例如,罗克辛教授在论及其德国刑法总论教科书的方法论立场时

---

① 〔德〕克劳斯·罗克辛:《德国刑法学总论》(第1卷),王世洲译,法律出版社2005年版,第248页。

指出:"事情不会是这样的,一个如本书所倡导的目的理性的体系,会不顾事物的现实情况去发展它的解决方法。虽然,一种'物本逻辑'或者一种'事物的本质'并不能提供法学的评价标准,但是,具体的结论的确也绝没有就自己从引导性的规范性观点中成长起来。"①罗克辛教授的目的理性的刑法体系虽然仍然具有其存在论基础,但其规范论的导向也是显而易见的。就普珀教授而言,其对德国刑法教义学过度规范化的学术立场是不满的,在一定程度上肯定存在论的立场,认为事实本身是概念的基础,也是检验概念对错的根据。普珀教授指出:"尽管如此,这种自然主义在法律上的某些领域,还是一如既往地居于主宰地位。实际世界就是以一种已完成且可相互区隔的形态存在;并且,哪些东西属于或者不属于一个如此的形态,是先天自始便确定的。一个具体形态的概念,当它包含了所有先天即属于该形态的事物时,这个概念便是正确的。"②所以,对待存在论与规范论这两种方法的态度差异,导致了罗克辛教授和普珀教授在某些刑法教义学问题上的观点分歧。

如前所述,《德国刑法总论:以判例为鉴》是普珀教授以判例为中心、对刑法教义学基本原理的体系性叙述,因而具有高度的刑法学术性,而不是失之于浅显对判例进行注解的作品。通读全书,我感触最深的一点是司法说理与学术阐述的完美结合。在本书中,引述了数量庞大的司法判例。而且,并非只是引用案情,更为重要的是引用了大量的裁判理由。正是在这些裁判理由的基础之上,才有作者的理论展开。本书所引述的裁判理由反映出司法官员的逻辑推理能力,从而为本书的创作奠定了良好的基础。可以说,没有这些司法判例素材,就不会有本书的精湛分析。当然,在本书中,普珀教授也并非都赞同裁判理由,恰恰相反,在许多判例中,她是站在学术立场上对裁判理由的观点进行了批评。司法与理论的互动是刑法教义学繁荣发展的前提与基础,刑法教义学的原理既立足于司法经验的总结,同时又反馈至司法实务中、为提升司法水平提供学术引领。

我还有一个强烈的感觉:本书的内容就是司法说理。可以说,说理性是司法的命脉,也是正义的保障。从某种意义上说,审判与其说是适用法条,不如说是在说理。说理不仅需要逻辑,还需要想象力。例如,书中的指示牌案(一)。被告人驾车从市区内向市区外行驶,在他快要到达表示市内

---

① 〔德〕克劳斯·罗克辛:《德国刑法学总论》(第1卷),王世洲译,法律出版社2005年版,第141页。
② 〔德〕英格博格·普珀:《法学思维小学堂——法律人的6堂思维训练课》,蔡圣伟译,北京大学出版社2011年版,第4—5页。

道路尽头的指示牌时,他的速度已经大大地超过了市内道路限速——50公里/小时了。在经过这块指示牌之后,他与一辆从反方向过来准备左转进入主干道的自行车相撞。骑车人横穿车道时与汽车的距离很近,尽管被告人急刹车仍无法避免地给骑车者造成了致命伤害。在被告人急刹车的瞬间,车速为83公里/小时。如果他在经过第一块指示牌之前遵守了50公里/小时的限速,那么在他刹车时,他的车速就不可能加速到83公里/小时,这样较低的车速能够提供更长的距离来刹车以避免相撞。在本案中,被告人在限速50公里的市区道路上超速驾驶。但过了指示牌以后,不再限速50公里,此时与横穿马路的骑车人相撞,造成致命伤害后果。本案中,被告人的责任涉及先前的超速驾驶和事故发生之间是否具有因果关系的问题。因为在相撞的时刻,被告人并没有超速。肯定超速驾驶与事故之间存在因果关系的意见认为,如果先前不超速驾驶,经过指示牌以后车速就不会达到83公里/小时,因此就不会发生事故。这种意见听起来似乎有理,然而,这里涉及限速规定的规范保护目的。在市区道路上限速的规范目的是避免在过往车辆、行人较多的市区道路上因超速而发生交通事故。本案的车辆已经经过指示牌,车速不再受到50公里/小时的限制。对于本案,巴伐利亚州最高法院否定结果应该归属于被告人,理由如下:"被告人的超速虽然应受谴责,且是结果出现的必要条件,如果没有超速,结果也不会发生,但这不是结果归属的充分条件。此外,还须要考虑,他是否背离了市内道路限速规定所追求的规范目标。发生在城区之外的交通事故,并不满足这一条件。因为仅在市区内有效的限速规定所要防御的仅仅是该区域内的交通危险。它所创设的只允许缓慢行驶的保护区域,并不包括指示牌之外。虽然从技术上看,在离开市区范围的短时间内不可能迅速地提升到市区外道路的最高速度,但是汽车的加速取决于具体车型的功率大小以及道路的具体情况,以加速度来划定'保护区域'的边界和内容都是不确定的。"规范保护目的是客观归责的一个下位规则,它对于解决某些复杂案件的归责问题具有重要参考价值。普珀教授通过指示牌案(一),对规范保护目的的法理进行了生动的诠释。

在本书中,除了收录判例的案情和裁判理由以外,普珀教授还引述了其他学者的学术见解,使本书的内容具有丰富的理论含量。虽然德国刑法教义学的原理本身具有抽象性,如果不是具备相当的刑法学养,这些教义学规则对于读者而言是较为难懂的。然而,基于判例的叙述与分析使这些规则由枯燥、晦涩变得容易接近、便于理解。从这个意义上说,本书具有其他刑法体系书和论著所不具备的独特品质和学术魅力。对于我国读者来说,本书是走进德国刑法教义学之门的引导之作。

普珀教授的《德国刑法总论:以判例为鉴》篇幅较大,译者徐凌波和喻浩东不畏艰辛,圆满地完成了翻译,这是值得庆贺的。我曾经与普珀教授有一面之交,那是2011年9月16日至9月18日在德国维尔茨堡召开的、以"中德刑法解释语境下的罪刑法定原则"为主题的研讨会上。此后,我又拜读过普珀教授的《法学思维小学堂——法律人的6堂思维训练课》(蔡圣伟译,北京大学出版社2011年版)一书,该书系法学方法论的著作,普珀教授的刑法方法论与刑法教义学的造诣给我留下了深刻印象。本书译者之一的徐凌波是我在北京大学法学院指导的博士生,在读博期间又赴德国维尔茨堡大学攻读博士学位,回国以后在南京大学法学院从事刑法教学与科研工作。徐凌波作为一位女性学者,在刑法学术领域已然崭露头角,无论是论文发表还是著述出版,可谓成果斐然。普珀教授作为德国的一位著名女性刑法学者,是徐凌波的学术偶像。本书的中译本可以说是向普珀教授的致敬之作,同时也是普珀教授的学术成果走进我国刑法学术研究的标志之作。

是为序。

陈兴良[①]
谨识于北京海淀锦秋知春寓所
2021年12月2日

[①] 北京大学博雅讲席教授、博士生导师。

序二

劳东燕

普珀教授的《德国刑法总论:以判例为鉴》得以被译成中文而出版,于我国刑法学界而言可谓意义重大;对我个人来说,能够在正式出版之前先睹为快,也是一桩幸事。所以,当两位译者邀我为本书作序时,我欣然应允。

但凡对德国刑法学理论有所了解的法律同仁,大概都会知道普珀教授的大名。她在德国刑法学界广受承认与尊敬,也是德国女性刑法学者中国际知名度最高的一位。普珀教授获得的承认与知名度,并非她的女性学者身份使然,而是缘于在学术领域所做出的杰出贡献。她持续多年深耕刑法中的归责理论与竞合理论,尤其是在归责领域,普珀教授的学说观点独树一帜,获得广泛的影响力;她在此领域中的论文与著作,是从事相关研究时必看的参考文献。可以说,普珀教授在当代德国刑法学界是当之无愧的一流学者。除学术作品之外,普珀教授在刑法教学领域有两部影响力巨大的作品。一部是《法律思维小学堂——法律人的6堂思维训练课》,该书于2011年在北大出版社获得出版之后,旋即成为法学领域持久不衰的畅销读物,成为训练法律思维必备的案头读本。另一部作品便是眼前的《德国刑法总论:以判例为鉴》,即便在德国刑法界,它也称得上是独步学林之作。

在德国,成名成家的刑法学者特别重视体系性教科书的写作,往往会将推出这样的教科书当作学术生涯的总结,并在此后根据自身研究的精进不断地予以修订再版。因此,此类教科书表现出鲜明的学术个性,不仅彰显作者个人独特的学术立场与风格,而且具有相当的理论深度并富于逻辑性。自20世纪90年代以来,从德语世界被译介引入我国的由当代学者所著的总论类教科书,包括耶塞克与魏根特的《德国刑法教科书》、罗克辛的《德国刑法学总论》、金德霍伊泽尔的《刑法总论教科书》、施特拉滕韦特的《刑法总论I——犯罪论》,均属于此类体系性的教科书。不过,迄今为止所引入的德系教科书,无疑都更为偏重学术的面向,对实务的面向则关注不足。从刑法教义学的科学性与实践性的关系来说,前述教科书均是将科学性放在首位,注重对逻辑自洽条理清晰的理论体系的构建,而将解决实务问题的实效即实践性放在相对次要的位置。相应地,这些教科书更适宜用于对学术能力的培养,而相对缺乏对实际操作的思维指引与技能训练。

与之不同,普珀教授的《德国刑法总论:以判例为鉴》将实践性放在与科学性并重的位置,既注重精深严密的理论构建,又注重对实务问题的有效解决。本书的副标题为"以判例为鉴",所有章节的内容都是结合德国司法实务的判例而展开。普珀教授并未对总论中涉及的所有问题平均用力做面面俱到的阐述,而是围绕其中的重点与难点,结合精心挑选的实务判例,将精巧严谨的教义学论证与对实务问题的深入评析完美地融合在一起。在阅读本书的过程中,我不时地叹服于普珀教授学养的精深与逻辑的严密。这真的是一部特别能体现德国法教义学魅力的作品,尤其难得的是,又很好地兼顾了实用性的要求,均立足于实务中的具体问题。可以说,本书既保持了体系教科书的优点,又有超越之处,真正做到了将体系性思考与问题性思考相打通。本书不仅在知识论上向我们展示了刑法总论相关领域的德国前沿理论,而且在方法论上也有"授人以渔"的成效,有助于人们研习法教义学的思维与技能。也因此,本书既适合对以学术为志业的刑法研究人员阅读,又适合包括法官、检察官与刑辩律师在内的实务人士所用。

回想起来,我虽无缘得见钦慕已久的普珀教授,但与她的这本《德国刑法总论:以判例为鉴》还算有一些缘分。2002年至2003年,我以交流学生的身份在德国慕尼黑大学学习一年。在此期间有机会前往拜访彼时正在波恩大学访学的冯军教授,蒙冯军教授热情款待。在离开波恩前夕,冯军教授带我与友人一起去书店,专门向我推荐了两本书,一本是施特拉滕韦特的《刑法总论Ⅰ——犯罪论》,另一本便是普珀教授的《德国刑法总论:以判例为鉴》,该书的第一版是2002年推出的。尽管彼时囊中羞涩,我还是毫不犹豫地买了下来,并将书从波恩带回慕尼黑,此后又万里迢迢地带回北京。

与此同时,我与两位译者也都颇有渊源。译者之一的喻浩东是我指导的博士。2018年至2020年,他在清华读博期间,去波恩大学交流学习过两年,期间有幸得到普珀教授的指导,从她的课堂与私下交流中获益良多,从而萌生要将《德国刑法总论:以判例为鉴》译成中文的想法,并获得普珀教授的首肯与支持。另一位译者南京大学法学院的徐凌波副教授是我的同门师妹,她拥有北京大学与德国威尔茨堡大学的两个博士学位。考虑到翻译任务的艰巨,浩东博士力邀凌波博士加盟,后者恰好也有将普珀教授的《德国刑法总论：以判例为鉴》翻译引进的想法。有凌波博士的加盟，对译事的质量保证与如期完成都大有助益。两位年轻学者当即一拍即合，经过艰苦卓绝的努力，高质量地合作完成了本书的翻译。

通读本书，译文表达的准确、严谨与流畅给我留下深刻的印象，相信本书引入中文世界后，将对我国刑法理论的发展起到积极的推动作用。不夸张地说，引介一本优秀的译著，其学术意义往往远大于国内学者个人推出的专著或论文，尽管译著在国内目前的学术考评体系中几乎不占份量。难得两位年轻的学者能够不计得失，以准确、严谨、流畅的中文表达，将一本极具特色的德国刑法总论教科书原汁原味地予以呈现。在此，我要向他们表达我的敬意与感谢，感谢年轻的他们为中德之间的刑法学术交流所作的巨大努力。

劳东燕
清华园
2022年4月25日

序三

方小敏

徐凌波博士邀我为她和喻浩东共同翻译的即将付梓的中文译著、波恩大学普珀教授(Ingeborg Puppe)的《德国刑法总论:以判例为鉴》作序。我一开始对写序很犹豫,因为虽然同在法学界,刑法对我而言已是隔行如隔山的存在。然而,因着内心里和徐凌波博士在南京大学中德法学研究所合作共事的亲切感、对她孜孜不倦的学术追求和出色的成绩油然而生的欣喜之情,加之对《德国刑法总论:以判例为鉴》的作者、一位杰出的女性刑法学家的敬佩之意,以及多年来对中德法学交流的关心犹在,我还是很乐意地接受了这项任务。

中德法学交流的传统可追溯至清末民初我国对欧陆法尤其是德国法的全面继受。20世纪70年代末中国实行"改革开放"政策,中德法学交流再次起航,逾40年兴盛不衰,不断走向成熟,进入当今平等对话的新时代。① 法学交流的形式多样,人员交流居首,赴德留学的法科学生源源不断,薪火相传,成就了中德法学交流的佳话。② 向中国读者引介德国法学经典著作是法学交流的主要方式之一,代表性项目如米健主编的"当代德国法学名著"、吴越主编的"德国法学教科书译丛"。近年来对德国司法判例的介绍和研究成为学界新的关注重点,如邵建东、方小敏主编的"德国联邦最高法院典型判例研究丛书"。

就学科而言,改革开放以来重启的中德法学交流始于民商经济法,刑法学界展开交流则要晚20年,约始于21世纪初。然而刑法领域的中德交流后来居上,已然成为中德法学交流的标杆之一,这主要得益于中方以北京大

---

① 平等对话也被德国学者确认为当下中德刑法学交流的特征。Vgl. Vorwort in Hilgendorf/Liang: Ausbruch des Strafrechts, Mohr Siebeck, Tüebingen 2021.

② 改革开放以来中国法科学生留学德国的情况可以参见卜元石:《中国法科学生留学德国四十年的回顾与展望——基于博士学位论文的考察》,载《法学研究》2019年第2期。

学的陈兴良教授和梁根林教授以及南京大学的孙国祥教授等为代表的知名刑法学家对德国刑法较大程度的认同,以及德方以刑法马普研究所(弗莱堡)原所长汉斯-约尔格·阿尔布莱特教授,乌尔里希·齐白教授和维尔茨堡大学埃尔克·希尔根多夫教授为代表的刑法学界对中德刑法学交流的兴趣和重视。以梁根林教授和希尔根多夫教授为召集人的中德刑法学者联合会在中德两国轮流举办中德刑法学术研讨会,合作推出中文版的"中德刑法学者的对话"系列文集和德文版的"东亚刑法文丛",①成为中德法学交流的标志性成果,推动了中德两国高水平的刑法学研究和对话,吸引和激励了青年法律人加入刑法学研究队伍,影响深远。

本书译者之一的徐凌波博士师承陈兴良教授和希尔根多夫教授,是在中德刑法学交流发展过程中成长起来的、通晓两国法律和语言文化的新一代刑法学人的杰出代表。徐凌波博士在完成学业后选择进入在中德法律交流领域有着良好声誉和传统的南京大学中德法学研究所,继续中德刑法学比较研究和中德法学交流事业,我相信,在南京大学法学院刑法学科的努力下,中德刑法学多中心平等交流、可持续深度合作局面的形成值得期待。

《德国刑法总论:以判例为鉴》是以真实法律世界中的典型判例来阐明复杂刑法学理论的高水平学术专著。该书特色鲜明,每一章都是从分析个案中呈现的法律问题出发[适用法/判例(Rechtsanwendung / Rechtsprechung)],通过对个案裁判的检讨总结归纳出一般规则[发现法(Rechtsfindung)],最后回归实践阐释如何应用这些规则(适用法)以检验法发现中的一般规则。这本功力深厚的教义学著作,尽显德国法学研究的思辨性和法科学的实用性,其方法论上的意义已超越刑法学,对中国法学研究有重要启迪。

该书已陆续推出四版,是普珀教授倾注数十年心血探寻刑法教义学真义、不惧挑战权威的扛鼎之作,展现了德国法教义学研究的多元性和创造力。该书在许多重要的刑法教义学领域,如在因果关系、故意与过失的逻辑位阶关系、故意论、犯罪参与体系、竞合论等问题上,都有独到的理论创见,与德国学界通说或传统理论存在明显差异。该书通篇有破有立,论证和推理深刻透彻,虽然难免被指深奥晦涩,读起来不太轻松,却有醍醐灌顶、触类旁通的获得感,也有做心智体操的愉悦感。

---

① 北京大学出版社2013年以来已出版中文《中德刑法学者的对话》(一)(二)(三)(四)共4卷;Mohr Siebeck出版社已出版德文《东亚刑法文丛》(Schriften zum Ostasiatischen Strafrecht)共10卷。

该书的作者普珀教授,出生于琥珀之国波兰并在那里度过童年时代。她从小患有严重眼疾,但天资聪颖、意志坚韧,在36岁就完成了教授资格论文并随即获得波恩大学的刑法学教席,在保守的、被男性统治的20世纪德国刑法学界,成为最出色的刑法学家之一。这本颇具影响力的非主流理论研究著作是对作者卓越的学术敏锐性和洞察力、非凡的学术勇气和求真的科学精神的最好阐释。真理越辩越明,作者执着追求刑法教义学真义,用著作与学术同行公平理性对话,以求澄清认识,正名真理。其人、其文,如"珀"一般,久经抗压沉淀,醇化出异常奇丽的光彩,坚毅深邃又温润包容。

我们今天能够用中文阅读这本非常重要却复杂深奥的非主流刑法学著作,得益于中德法学交流的深度发展,特别是要感谢译者徐凌波和喻浩东选择这本著作的专业判断力和翻译这本著作的专业表达力。既要完整还原原著精髓,又要让在中国法律语境下成长起来的读者读懂读对普珀教授的观点,两位年轻的比较刑法学者为此投入了非同寻常的努力,精益求精,止于至善,呈现给中国法律人一本深刻但不再晦涩的法教义学瑰宝级著作。

有一种语言和著作带给人真、善、美的体验,普珀教授的《德国刑法总论:以判例为鉴》中文版就是这样。

是为序。

方小敏
2022年1月20日于江宁

第四版前言

法学和医学或者工程学一样属于实践科学——至于它是不是一种科学这个问题,我们暂且可以放心地搁置一边。与理论科学不同的是,它探求知识的目的并不在于更好地认识世界,而在于更好地改造世界。例如,当法学家处理这样的理论问题时,即为什么人们要遵守法律规范,或者什么是正义,又或者法律在社会中是如何起作用的,其实他们研究的是法哲学、法理学或者法律社会学而不是法学问题。人们想要理解一个法学问题,就只有通过分析与之有关的案例。因此,在法学学生的入门教科书中针对每一个问题的阐述都是以一个或多个案例为开头。但这些案例均是言简意赅的,其作用无非在于让读者在转向更为复杂的案例之前,向他们先行展示最简单的基础概念和基本区别。

法律实践中出现的问题常常是别样且更为复杂的。关于多重因果关系问题的探讨,在文献中几乎还是围绕老掉牙的女厨师和女仆的案例,即两人在互不知情的情况下分别向女主人所吃的食物中掺入了剂量足以致死的同种毒药。实务中,多重因果关系的现象远比这复杂多了。例如,在所谓"集体表决问题"(《联邦法院刑事判例集》第37卷,第106页)中,针对一个违法决议投出了超过必要多数的选票。还有一个案例则是著名的"卡车司机—骑车者案"(《联邦法院刑事判例集》第11卷,第1页),两个已实施的注意义务违反行为中的任何一个行为都足以导致事故的发生。

实务中出现的问题形式远比教科书文献中更为复杂的另一个例子是注意规范保护目的的确定。教科书中颇受青睐的雷暴案以及红灯案实在过于简单,以至于此类案件中的当事人根本不会被起诉。如果是在交通违规后紧接着出现了紧急情形的话,人们未必能轻而易举地意识到确定规范保护目的的问题。

在有关原因自由行为理论的实务案件中,并不一定是行为人通过喝醉以致丧失责任能力的方式实施所欲的犯罪行为,而是尽管行为人已经对犯罪行为有所计划,但在等候犯罪时仅仅为了解闷而喝酒,并由此于一定程度上陷入了无责任能力的状态。还有,挑衅防卫在实务中出现的形式可不像在教科书中那样简单,也就是明智的行为人并不先行侵害被害人,而是持续对之进行挑衅,直到被害人情不自禁地发起反击,于是行为人就可以在正当防卫的正当化事由的庇护下来伤害被害人。实践中却是冲突双方互相挑衅,直到其中一方先发起侵害,以至于人们很难将引起冲突升级的责任全都算到被侵害者的身上。

因此,已达到一定水平的学生,就应该通过分析那些实务中出现的真实案例来理解其中的法律问题。

眼前的这本教科书所追求的第一个目标,是借助实务案例及其判决内容来向学生就刑法总论问题做一个直观的展示。由于已讨论过的判决首先是基于这样的目标被挑选出来的,因此,就让它们基本维持原样。出于现实的考虑,有些判决被一些新的判决所取代,而这些新判决同样能够直观地展示问题所在。当前针对某些法律问题已经能找到足够明确的判决意见,如所谓的反面容许构成要件错误的可罚性。判例的新进展也使额外增加一些判决成为必要,如针对合规官、企业主以及麻醉品提供人的保证人地位。在竞合理论中出现了全新的进展,尤其是关于夹结作用。迄今为止被忽视的一些问题在当前的文献中被重新加强了讨论,譬如对未决法律问题的不法认识的问题。某些判决也因此被添加进了案例集中,因为它们在专业公共领域以及部分在一般公共领域引发了激烈的争论,如有关柏林库达姆飙车案的判决,以及有关哥廷根移植丑闻的判决。纵使这里有关的法律问题并不适合设置为考题,但为了在参加口试时能说点什么,也请您了解这些争论内容。为了不让本书的论述范围过于宽泛,考虑到新纳入的判决,就必须在新版中删除另外一些内容。有关新版中未涉及的判决之讨论,您可以点击下列链接下载:www.puppe.nomos.de。

本书的第二个目标,是针对涉及刑法总论的判决现状做批判性研究。德国联邦法院一直以来都对一般性规则以及所谓学理的约束有所顾忌。很明显的证据便是联邦法院不再额外总结裁判要旨,而是把这一任务甩给了专业杂志的编辑们。联邦法院为回答那些刑法总论中的基础性问题所提供的公式,几乎都是内容空洞的。对于如何区分有条件的故意和过失、如何区分正犯与帮助犯的问题,联邦法院无外乎回答道,这需要通过综合考虑所有与个别事实相关的情形来作整体上评价性的决定。这完全不区分事实查明和事实评价,并且我们的联邦法院还放弃对于如下问题设置一般性规则,即在个案中哪些事实是相关的,以及这些事实与其他有关事实相比其分量何在,因为这样做是对于(事实审法官)自由心证的不当干涉。行为人究竟构成作为犯还是不作为犯,应当按照"可谴责性的重点"来认定,也即所谓的"评价重点公式"。但是,可谴责性有重点之说吗?同样没什么说服力的是法所不允许的危险在结果中实现的公式,按照这一公式就可以认定,一个由行为人所引起的结果是否可归属于他、从而被视为其作品。

这种判例之乱象也呈现在了教科书中。如用一个十分古老的判决"皮带案"(《联邦法院刑事判例集》第7卷,第363页)来阐述作为故意判断标准的容认说,而这一判决所适用的标准和论证理由均与当前有关间接故意之判决相差甚远。教科书中从不谈及联邦法院如何区分正犯与帮助犯,即使存在主观理论和客观理论,但判例也并不更多地属于两者之一,因为它习惯于对个案通过综览一切客观和主观事实情状的方式予以认定。想要做一个涉及刑法总论基础问题的当下判例的研究,则只有通过分析个案判决及其论证理由才能实现。

因此,本书中的每一个判决评论都先简短地描述了案件事实,再附上从裁判理由中摘录的重要语句。接着则是对判决说理及其结论的分析,这种分析是出于这样的要求,即法律发现不能借助于综合全案事实这样模糊的方式,毋宁应当着眼于一般规则,而法律适用者和服从者必须能够理解这样的一般性规则,并且能够在个案中检验这种规则是否可以被采纳、其适用是否具有正确性和一贯性。如果一名法学家和一名实务人士交谈,那么,他总能听到这样的话:实务案件的处理唯独视个案正义而定。可是,个案正义这样的表述毫无意义,它本身是自相矛盾的。因为所有正义的首要要求是平等适用,而平等则只能够通过形成和适用一般规则的方式才能实现。

当法学考生分析案例时,他们也在完全实践的意义上依赖一般规则。在闭卷考试中考生根本无法对个案中所有相关的情状进行所谓综合考查,更不用说判定哪些情状是有关的以及其分量何在。他们能做的无非就是将教科书中所论及的有用的既有理论和概念套用到案例分析中。因此,本书在每一章的结尾处,都将附上一段简短的关于规则实际适用的提示,而这些规则正是先前在对判决评论做分析时所发展出来的。

正如很多人一直以来所相信的那样,给考生设置案例分析题并不是为了提供一个让他们尽可能地展示自己所学知识(所谓争论和问题)的机会。考生的任务是,使用最确定的和最简单的方法解决案例,且借助这些方法使他们能够与其他法学家达成最大程度的共识。我们不是去寻找争论,而是在使用正确方法的前提下,尽可能地避免争论。每一章结尾处也将对此做一定的指引。

没有我同事们的参与、理解和不时的睿智,这本新版教科书也不可能面世。为此我向克劳迪亚·亨德施密特女士以及卢卡斯·托米阿克先生致以感谢。

目　录

第一编　结果归属的基础理论

- 第一章　符合构成要件的结果 ·············· 3
  - 一、具体形态中的结果理论——防尘衬衫案（一）（《帝国法院判例集》第 8 卷,第 267 页） ·············· 3
  - 二、何为符合构成要件的结果 ·············· 6
  - 三、可量化的结果——水污染案 ·············· 8
- 第二章　因果关系 ·············· 11
  - 一、作为充分且真实的结果发生条件之必要组成部分的原因——精神病院案（《联邦法院刑事判例集》第 49 卷,第 1 页） ·············· 11
  - 二、多重因果关系——皮革喷雾剂案（一）（《联邦法院刑事判例集》第 37 卷,第 106 页） ·············· 15
  - 三、因果法则和其他用于确定最低充分条件的定律 ·············· 18
    - （一）因果法则及其证明——皮革喷雾剂案（二）（《联邦法院刑事判例集》第 37 卷,106 页） ·············· 18
    - （二）根据盖然性法则的归属（所谓替代因果关系的风险升高理论）——肿瘤转移案（联邦法院：《戈尔特达默刑法档案》1988 年刊,第 184 页） ·············· 20
    - （三）作为归属基础的法义务：不履行义务将剥夺第三人履行义务的机会 ·············· 24
    - （四）自我保护规则作为归属规则 ·············· 29
  - 四、心理性因果关系 ·············· 30
    - （一）候补官员案（《联邦法院刑事判例集》第 13 卷,第 13 页） ·············· 30

　　　　（二）加拉维特案（联邦法院：《新刑法杂志》2010年刊，
　　　　　　第88页） ··· 32
　　五、通过阻止救援性因果流程引起结果 ···························· 34
　　　　（一）血清案 ·· 34
　　　　（二）在欧洲器官移植中心通过虚假陈述骗取捐赠器官
　　　　　　成立杀人罪——器官捐赠丑闻案（联邦法院：
　　　　　　《新刑法杂志》2017年刊，第701页） ················ 36
　　六、实际适用的提示 ·· 40

第三章　注意义务违反的因果关系暨违法性关联或者不允许风险的实现 ·· 44

　　一、何谓注意义务违反的因果关系——指示灯案 ················ 44
　　二、全面性要求 ·· 46
　　　　（一）三个自行车手案（《帝国法院刑事判例集》第63卷，
　　　　　　第392页） ··· 46
　　　　（二）注意义务的替换——轮胎案（科隆州高等法院《交通法
　　　　　　汇编》第64卷，257页） ································ 48
　　三、注意义务违反的多重因果关系 ································· 50
　　　　（一）公交车站案（联邦法院《交通法汇编》第25卷，第
　　　　　　262页） ·· 50
　　　　（二）卡车司机—骑车者案（《联邦法院刑事判例集》第11卷，
　　　　　　第1页） ··· 52
　　　　（三）醉酒司机案（《联邦法院刑事判例集》第24卷，第
　　　　　　31页） ·· 55
　　四、实际适用的提示 ·· 57

第四章　注意规范的保护目的及其确定 ························ 60

　　一、连贯性要求或者通过不被允许的行为引起被允许的危险 ······ 60
　　　　（一）出租车案 ··· 60
　　　　（二）关于限速的保护目的——指示牌案（一）（巴伐利亚州
　　　　　　最高法院：《交通法汇编》第57卷，第360页） ········ 62
　　二、规范的一般能力 ·· 64
　　　　（一）具体交通情境中失误的决定性这一习惯用语的意义 ······ 64
　　　　（二）限速规定的一般能力——行人案（联邦法院：《交通法
　　　　　　汇编》第20卷，第129页） ····························· 66

  （三）规范的一般能力与双重因果关系——十字路口案
   （《联邦法院刑事判例集》第33卷，第61页） ……………… 68
 三、实际适用的提示…………………………………………………… 70

第五章　信赖原则 …………………………………………………… 72
 一、信赖原则与注意义务——纵火狂案（斯图加特州高等
  法院：《法学概览》1997年刊，第517页） …………………… 72
 二、道路交通中的信赖原则——指示牌案（二）（巴伐利亚州
  最高法院：《交通法汇编》第58卷，第221页） ……………… 74
 三、信赖原则与事后的过错——消防队案（斯图加特州
  高等法院：《新刑法杂志》2009年刊，第331页） …………… 77
 四、实际适用的提示…………………………………………………… 81

第六章　因被害人的自陷危险而排除归属 ……………………… 84
 一、自由答责的自陷危险之原则——摩托车比赛案（《联邦法院
  刑事判例集》第7卷，第112页） ……………………………… 84
 二、自由答责的自陷危险与同意他人造成危险——加速测试案
  （《联邦法院刑事判例集》第53卷，第55页） ………………… 86
 三、创设危险者对于救援者自陷危险的答责性——救援者案
  （《联邦法院刑事判例集》第39卷，第322页） ……………… 89
 四、家长主义式的注意义务——海洛因案（联邦法院
  《新刑法杂志》2001年刊，第205页） ………………………… 91
 五、实际适用的提示…………………………………………………… 92

第二编　故意犯的构成要件

第七章　过失与故意之间的概念关系 …………………………… 97
 一、概论………………………………………………………………… 97
 二、诱发事故案（联邦法院：《刑事辩护人杂志》2000年刊，
  第22页） ……………………………………………………… 98

第八章　建构故意的认识内容 …………………………………… 100
 一、构成要件与故意内容…………………………………………… 100
 二、作为故意认识内容的所谓规范性构成要件要素 …………… 102
  （一）误认为不存在请求权——可可黄油案（《联邦法院刑事
   判例集》第5卷，第39页） ……………………………… 102
  （二）有关获利的违法性的故意内容——敲诈勒索案（联邦

法院:《新刑法杂志》2017年刊,第465页) ············ 103
　三、对于评价性构成要件要素的故意认识 ············ 105
　　(一)故意的内容涉及行为评价的构成要件要素——变线超车者案(巴伐利亚州最高法院:《新法学周刊》1969年刊,第565页) ············ 105
　　(二)故意认定中事实错误和评价错误的区分——曼内斯曼案(联邦法院:《新法学周刊》2006年刊,第522页) ····· 107
　四、空白要素的故意认识 ············ 110
　　(一)米格21战斗机案(联邦法院:《新刑法杂志》1993年刊,第594页) ············ 110
　　(二)区分制度性(所谓规范性)要素与空白要素 ············ 113
　五、不重要的涵摄错误——洪水调度员案(联邦法院:《新刑法杂志》2008年刊,第87页) ············ 116
　六、实际适用的提示 ············ 118

第九章　具备严重的不法和责任形态的故意 ············ 122
　一、有关故意的意志因素的争论 ············ 122
　二、故意中意志因素的规范化——柏林飙车案(柏林州法院:《新刑法杂志》2017年刊,第471页) ············ 133
　三、建构实务中故意指示因素的开放目录之方法 ············ 136
　　(一)艾滋病案(《联邦法院刑事判例集》第36卷,第1页) ··· 136
　　(二)打火机案(联邦法院:《新刑法杂志》2000年刊,第583页) ············ 139
　　(三)助燃剂案(联邦法院:《新刑法杂志》2013年刊,第159页) ············ 141
　　(四)门卫案(联邦法院:《新刑法杂志》2014年刊,第35页) ············ 142
　　(五)外国人案(联邦法院:《新刑法杂志》2015年刊,第216页) ············ 143
　四、实际适用的提示 ············ 145

第十章　将结果及因果流程归属于故意 ············ 149
　一、归属于故意的一般规则 ············ 149
　二、对因果流程产生的单纯错误 ············ 153

（一）房屋倒塌案（联邦法院：《新刑法杂志》2007年刊，
　　　　第700页） ··· 153
　　（二）鲁迪·杜契克案 ·· 155
　　（三）共同过错作为因果偏离——猎台案［《联邦法院刑事
　　　　判例集》第31卷，第96页］ ································ 156
三、结果的延后发生（所谓概括故意）——粪坑案（《联邦
　　法院刑事判例集》第14卷，第193页） ························ 158
四、通过第三人的故意行为造成结果——男友帮助案（联邦
　　法院：《新刑法杂志》2001年刊，第29页） ··················· 160
五、结果的提前发生 ·· 162
　　（一）通过预备行为造成结果——大麻信使案（联邦法院：
　　　　《新刑法杂志》1991年刊，第537页） ······················· 162
　　（二）通过未遂造成结果——后备箱案（联邦法院：《新刑法
　　　　杂志》2002年刊，第309页） ································ 163
六、打击错误 ·· 164
　　（一）交火案（《联邦法院刑事判例集》第38卷，第295页） ··· 164
　　（二）区分打击错误与对象错误——炸弹陷阱案（改编自
　　　　联邦法院：《新刑法杂志》1998年刊，第294页） ··········· 168
七、实际适用的提示 ·· 171

第三编　构成要件实现的正当化

第十一章　为法益主体之利益而实施的行为 ··························· 177
一、取得承诺的行为——医院实习生案（《联邦法院刑事判例
　　集》第16卷，第309页） ··· 177
二、推定承诺——子宫肌瘤案（一）（《联邦法院刑事判例集》第
　　11卷，第111页） ·· 180
三、假定承诺：一项新的阻却医生治疗行为违法性的事由
　　——伪关节案（《联邦法院司法判决：刑事部分》第223条
　　　第1款治疗行为） ··· 182
四、假设的法官命令作为阻却警察强制措施违法性的事由
　　——贾洛案（《联邦法院刑事判例集》第59卷，
　　　第292页） ·· 185
五、实际适用的提示 ·· 187

第十二章　紧急防卫 ……………………………………………… 189
一、防卫的必要限度——球员案（巴伐利亚州最高法院：《新刑法杂志》1988年，第408页）………………………………… 189
二、针对假想防卫的防卫——假想盗窃案（汉姆州高等法院：《新法学周刊》1977年刊，第590页）…………………… 191
　　（一）假想的防卫前提事实 ………………………………… 191
　　（二）针对假想防卫的防卫行为 …………………………… 193
三、紧急防卫的要求性条件 …………………………………… 195
　　（一）超法规的紧急防卫权限制 …………………………… 195
　　（二）挑衅防卫下对紧急防卫权的限制——列车车厢案（《联邦法院刑事判例集》第42卷，第97页）…………… 197
四、实际适用的提示 …………………………………………… 200

第十三章　紧急避险与正当化的认识错误 …………………… 203
一、三类正当化的紧急避险 …………………………………… 203
二、义务冲突与救援意志——司机逆行案（卡尔斯鲁厄州高等法院：《法学家报》1984年刊，第240页）………………… 204
三、一般紧急避险与容许构成要件错误 ……………………… 205
　　（一）假想避险——眼睛受伤案（科布伦茨州高等法院：《新法学周刊》1988年，第2316页（修正）……………… 205
　　（二）履行审查义务是紧急避险成立的独立要素 ………… 207
　　（三）可避免的容许构成要件错误 ………………………… 208
四、衡量错误属于容许错误——虎皮鹦鹉案（杜塞尔多夫州高等法院：《新法学周刊》1990年，第2264页）……………… 212
五、反面的容许构成要件错误——非法侵入房车案（《联邦法院：《新法学周刊》2017年，第1186页）……………………… 213
六、实际适用的提示 …………………………………………… 214

第十四章　程序性正当化事由 ………………………………… 217
一、基于行政行为的正当化——特殊垃圾案（一）（《联邦法院刑事判例集》第39卷，第381页）……………………… 217
二、公务行为与合义务的权衡正当化——散发传单案（《联邦法院刑事判例集》第21卷，第334页）…………………… 218
三、根据《德国刑法典》第193条行使正当利益——施托尔佩案（《德国联邦宪法法院判例集》第114卷，第339页）……… 219

四、实践运用的说明 ··· 222
第十五章　原因违法行为 ··· 223
　　一、引起紧急避险情形——子宫肌瘤案（二）（《联邦法院刑
　　　　事判例集》第 11 卷，第 111 页） ······························· 223
　　二、程序性正当化事由中的原因违法行为——特殊垃圾案（二）
　　　　（《联邦法院刑事判例集》第 39 卷，第 381 页） ··············· 227
　　三、原因违法行为与紧急防卫——钢棍案（联邦法院：《新刑
　　　　法杂志》2001 年刊，第 143 页） ································ 230
　　四、实际适用的提示 ··· 234

第四编　责任与免责

第十六章　行为责任与行为时间——原因自由行为 ··············· 239
　　一、原因自由行为的结构——醉酒驾驶案（《联邦法院刑事判
　　　　例集》第 42 卷，第 235 页） ··································· 239
　　二、原因自由行为与实践行为决意——团伙醉酒案（《联邦
　　　　法院刑事判例集》第 21 卷，第 381 页） ······················ 244
　　三、原因自由行为与减轻的责任能力——通谋案（联邦法
　　　　院：《新刑法杂志》2000 年刊，第 584 页） ···················· 246
　　四、实际适用的提示 ··· 248
第十七章　《德国刑法典》第 35 条免责的紧急避险 ··············· 250
　　一、矿难事故案（《帝国法院刑事判例集》第 72 卷，
　　　　第 246 页） ··· 250
　　二、实际适用的提示 ··· 254
第十八章　《德国刑法典》第 33 条免责的防卫过当 ··············· 256
　　一、质的防卫过当 ·· 256
　　二、量的防卫过当——用刀捅人案（联邦法院：《新刑法杂
　　　　志》2002 年，第 141 页） ·· 257
　　三、实际适用的提示 ··· 259
第十九章　不法认识、禁止错误与禁止错误的可避免性 ··········· 261
　　一、作为责任要素的不法认识 ····································· 261
　　二、有条件的不法认识与禁止错误的可避免性——价格建议
　　　　案（《联邦法院刑事判例集》第 27 卷，第 197 页）。 ········· 263

三、在法律问题尚未得到裁决时的不法认识——轮胎锁案
（联邦法院：《新刑法杂志》2017 年，第 284 页）（简
化版） ·· 266
四、判决变化与不法认识——《在巴黎的屋顶下》
（Opus Pistorum）案（《联邦法院刑事判例集》第 37 卷，
第 55 页） ·· 269
五、实际适用的提示 ·· 271

第五编　未　遂

第二十章　未遂的构成要件 ·· 277
一、反面的构成要件错误——医嘱案（《联邦法院刑事判例集》
第 42 卷，第 268 页） ··· 277
二、反面的涵摄错误——照片拼贴案（杜塞尔多夫州高等
法院：《新刑法杂志》2001 年，第 482 页） ························· 282
三、反面的评价错误——船长案（联邦法院：《法学概览》
1994 年刊，第 510 页） ·· 284
四、关于空白要素的反面错误——应聘案（《联邦法院刑事
判例集》第 1 卷边码 13） ··· 285
五、关于空白条款填补规范效力的认识错误——联邦赔偿案
（《联邦法院刑事判例集》第 3 卷，第 248 页） ···················· 288
六、直接正犯中未遂的起点——古本城追击案（联邦法院：
《法学概览》2003 年，第 122 页） ······································· 290
七、间接正犯的着手——熊根酒案（《联邦法院刑事判例集》
第 43 卷，第 177 页） ··· 292
八、实际适用的提示 ·· 295

第二十一章　免除刑罚的中止 ·· 299
一、个别动作理论与自然的实行单数理论——杀妻案（联
邦法院：《新刑法杂志》1986 年，第 264 页） ····················· 299
二、目的达成后放弃犯行仍成立中止——教训案（《联邦
法院刑事判例集》第 39 卷，第 221 页） ······························ 302
三、中止背景的修正——一支烟功夫的停顿（联邦法院：
《新刑法杂志》2017 年，第 459 页） ··································· 306

四、中止的自愿性——"时间差"案(《联邦法院刑事判例集》第 35 卷,第 184 页) ……………………………………… 309
五、积极阻止结果发生而成立中止 ……………………… 312
　　(一)判例的发展 …………………………………… 312
　　(二)煤气阀门案(联邦法院:《新刑法杂志》2003 年,第 308 页) ………………………………………… 314
六、迟来的结果阻止与通过真诚的努力成立中止——难民申请者案(联邦法院:《新刑法杂志:刑事判决和报告》2000 年,第 42 页) ………………………………… 317
七、实际适用的提示 ……………………………………… 319

第六编　犯罪参与的形式

第二十二章　参与形式的体系 ……………………………… 325
第二十三章　共同正犯 ……………………………………… 329
一、构成要件实现与共同正犯——走私毒品案(《联邦法院刑事判例集》第 38 卷,第 315 页) ……………… 329
二、未参与犯罪实行而成立共同正犯——农业机械案(联邦法院:《经济刑法和税收刑法杂志》2012 年刊,第 433 页) …… 331
三、通过默示通谋成立共同正犯——谋杀警察案(《联邦法院刑事判例集》第 37 卷,第 289 页) …………… 333
四、表达犯罪的共同正犯——"激进者"案(《联邦法院刑事判例集》第 36 卷,第 363 页) ……………………… 336
五、实际适用的提示 ……………………………………… 337

第二十四章　间接正犯 ……………………………………… 341
一、间接正犯的基本原则——盐酸案(《联邦法院刑事判例集》第 30 卷,第 363 页) ……………………………… 341
二、被害人作为间接正犯的被强制工具——学徒案(《帝国法院刑事判例集》第 26 卷,第 242 页) ……………… 345
三、利用常规流程成立的间接正犯——破产要挟案(联邦法院:《新刑法杂志》1988 年刊,第 568 页) ………………… 348
四、实际适用的提示 ……………………………………… 350

第二十五章　教唆犯 ………………………………………… 353
一、教唆犯的客观构成要件——银行与加油站案(《联邦法院刑事判例集》第 34 卷,第 63 页) ………………… 353

二、教唆变更——棍子案（《联邦法院刑事判例集》第19卷，
第339页）…………………………………………………… 357
三、实际适用的提示 ………………………………………… 360

第二十六章　帮助犯………………………………………………… 362
一、帮助的结果——防尘衬衫案（二）（《帝国法院刑事判例集》
第8卷，第267页）…………………………………………… 362
二、成立帮助的业务行为——宣传册案（联邦法院：《新刑法
杂志》2000年，第34页）…………………………………… 364
三、实际适用的提示 ………………………………………… 367

第二十七章　归属于犯罪参与者的一般规则……………………… 369
一、实行过限——抢劫者案（联邦法院：《新刑法杂志》
1992年刊，第537页）………………………………………… 369
二、共犯场合的从属性归属原则——农场继承案（《联邦法院
刑事判例集》第37卷，第214页）…………………………… 370
三、基于《德国刑法典》第28、29条放宽从属性要求——逃
税案（《联邦法院刑事判例集》第41卷，第1页）………… 376
（一）何谓证立刑罚的特殊身份要素 ………………… 376
（二）不真正职务犯罪——调换血样案（《联邦法院刑事
判例集》第5卷，第76页）…………………………… 381
（三）是否存在证立刑罚的责任要素——现代癖马案 … 385
四、高度人身性的谋杀要素——枪杀案（《联邦法院刑事判
例集》第1卷，第369页）…………………………………… 386
五、实际适用的提示 ………………………………………… 391

第二十八章　作为与不作为的区分………………………………… 393
一、以作为方式实施的不作为——厨房起火案（联邦法院：
《新刑法杂志》1999年刊，第607页）……………………… 393
二、违反注意义务的作为中包含不作为的因素——外科医生
案（联邦法院：《新刑法杂志》2003年刊，第657页）…… 395
三、实际适用的提示 ………………………………………… 396

第二十九章　保证人义务…………………………………………… 398
一、前行为保证人义务——紧急防卫案（联邦法院：《新刑
法杂志》2000年刊，第414页）……………………………… 398
二、基于危险源监督的保证人义务 ………………………… 399

(一)机动车保有人基于《德国道路交通法》第7条第3款
　　　　的义务作为保证人义务——谷仓节案(汉姆州高等
　　　　法院:《新法学周刊》1983年刊,第2456页) ………… 399
　　(二)房屋所有人作为保证人——毒贩案(联邦法院:《最高
　　　　司法机关刑事判决在线期刊》2016年刊,第378号) …… 402
　三、基于承担而产生的保证人义务 ……………………………… 403
　　(一)伍珀塔尔空铁列车事故案(联邦法院:《新刑法杂志》
　　　　2002年刊,第421页) ……………………………… 403
　　(二)合规官的保证人地位——垃圾处理费计算案(《联邦法院
　　　　刑事判例集》第54卷,第44页) ………………………… 404
　四、公职人员作为保证人 ………………………………………… 409
　　(一)警察对于阻止犯罪的保证人义务——小酒馆案
　　　　(《联邦法院刑事判例集》第38卷,第388页) …………… 409
　　(二)行政机关公职人员作为保证人——污水处理案
　　　　(《联邦法院刑事判例集》第38卷,第325页) …………… 412
　五、吸毒案件中的保证人义务与自我答责的自陷危险
　　　——γ-丁内酯(GBL)案(《联邦法院刑事判例集》
　　　第61卷,第21页) ……………………………………… 413
　六、实际适用的提示 …………………………………………… 417

第三十章　不作为因果关系 …………………………………… 419
　一、不作为的多重因果关系——政治局案(《联邦法院
　　　刑事判例集》第48卷,第77页) ……………………… 419
　二、未引入其他作为义务人的不作为因果关系——血库案
　　　(联邦法院:《新法学周刊》2000年刊,第2754页) ……… 422
　三、未提供充分信息的共同过错——刹车案(《联邦法院
　　　刑事判例集》第52卷,第159页) ……………………… 426
　四、实际适用的提示 …………………………………………… 427

第三十一章　主观构成要件中的保证人义务 ………………… 429
　一、关于保证人地位的认识错误与关于保证人义务的认识错误
　　　——强奸案(《联邦法院刑事判例集》第16集,第155页) … 429
　二、区分证立保证人地位的法义务与作为评价整体要素的
　　　保证人义务——纳税申报案(不莱梅州高等法院:
　　　《刑事辩护人》1985年刊,第282页) ………………… 431

三、实际适用的提示 ⋯⋯⋯⋯⋯⋯⋯⋯⋯⋯⋯⋯⋯⋯⋯⋯⋯⋯ 433

第三十二章　不作为犯的特殊形态 ⋯⋯⋯⋯⋯⋯⋯⋯⋯⋯⋯⋯ 434

一、不作为犯的实行起点——火车站台案（一）（《联邦法院刑事判例集》第38卷，第356页） ⋯⋯⋯⋯⋯⋯⋯⋯⋯⋯⋯⋯⋯⋯ 434

二、不作为未遂的中止——虐待儿童案（联邦法院：《新刑法杂志》2003年，第252页） ⋯⋯⋯⋯⋯⋯⋯⋯⋯⋯⋯⋯⋯⋯ 436

三、不作为共同正犯与帮助犯的区分——火车站台案（二）（《联邦法院刑事判例集》第38卷，第356页） ⋯⋯⋯⋯⋯ 437

四、实际适用的提示 ⋯⋯⋯⋯⋯⋯⋯⋯⋯⋯⋯⋯⋯⋯⋯⋯⋯⋯ 441

第七编　竞合理论

第三十三章　竞合理论的功能与体系 ⋯⋯⋯⋯⋯⋯⋯⋯⋯⋯⋯ 445

一、竞合形态 ⋯⋯⋯⋯⋯⋯⋯⋯⋯⋯⋯⋯⋯⋯⋯⋯⋯⋯⋯⋯ 445

二、想象竞合 ⋯⋯⋯⋯⋯⋯⋯⋯⋯⋯⋯⋯⋯⋯⋯⋯⋯⋯⋯⋯ 446

三、构成要件实现的表面竞合即法条竞合 ⋯⋯⋯⋯⋯⋯⋯⋯ 448

（一）构成要件实现的特殊关系 ⋯⋯⋯⋯⋯⋯⋯⋯⋯⋯ 448

（二）实行形式的特殊关系，即默示的补充关系 ⋯⋯⋯ 448

（三）形式的补充关系 ⋯⋯⋯⋯⋯⋯⋯⋯⋯⋯⋯⋯⋯⋯ 450

四、表面的法条竞合即共罚的事前或事后行为 ⋯⋯⋯⋯⋯⋯ 450

五、想象竞合与法条竞合在程序法上的后果 ⋯⋯⋯⋯⋯⋯⋯ 451

六、重罪未遂与轻罪既遂的同时实现——遗弃儿童案（联邦法院：《新刑法杂志》2017年，第90页） ⋯⋯⋯⋯⋯⋯⋯ 452

第三十四章　一罪的形成 ⋯⋯⋯⋯⋯⋯⋯⋯⋯⋯⋯⋯⋯⋯⋯⋯ 454

一、构成要件意义上的犯罪单数 ⋯⋯⋯⋯⋯⋯⋯⋯⋯⋯⋯⋯ 454

二、基于结果单一的一罪——伪造货币案（联邦法院：《新刑法杂志——刑事判决与报告》2000年刊，第105页） ⋯⋯ 456

三、分解法取代反夹结作用——极右翼组织"拉德朋友圈"案（联邦法院：《法学家报》2016年刊，第473页） ⋯⋯⋯ 458

四、由于出现第二个构成要件实现而在时间上进行分解——非法持枪案（联邦法院：《新刑法杂志——刑事判决与报告》1999年刊，第8页） ⋯⋯⋯⋯⋯⋯⋯⋯⋯⋯⋯⋯ 460

五、实际适用的提示 ⋯⋯⋯⋯⋯⋯⋯⋯⋯⋯⋯⋯⋯⋯⋯⋯⋯ 462

参考文献索引	465
判决索引	507
关键词及译法索引	515

译后记　英格博格·普珀教授与她的《德国刑法总论：以判例为鉴》 …… 553
- 一、关于普珀教授的结果归属体系的补充说明 …… 554
  - （一）被误读的刑法规范主义 …… 554
  - （二）因果关系与结果归属 …… 555
  - （三）故意归属与过失归属的位阶关系 …… 558
- 二、在刑法教义学理论上的其他创见 …… 560
  - （一）错误论与故意的认识对象 …… 560
  - （二）犯罪参与体系 …… 561
  - （三）竞合论 …… 563
- 三、部分重要术语译法的解释 …… 565
  - （一）Zurechnung：归责与归属 …… 565
  - （二）Dolus eventualis：间接故意与未必故意 …… 566
  - （三）Versuch：未遂、力图与实行 …… 566
- 四、致谢 …… 567

Strafrecht

第一编　结果归属的基础理论

第二编　故意犯的构成要件

第三编　构成要件实现的正当化

第四编　责任与免责

第五编　未遂

第六编　犯罪参与的形式

第七编　竞合理论

第一章　符合构成要件的结果

一、具体形态中的结果理论——防尘衬衫案（一）（《帝国法院判例集》第 8 卷，第 267 页）

被告因涉嫌构成故意伤害罪的帮助犯而被起诉。他借给想要伺机袭击并虐待 P 的 K 一件蓝色的防尘衬衫，以便 K 在实施犯罪时对上衣进行伪装，让被害人不太好轻易认出自己。为了论证被告帮助行为的刑事可罚性，帝国法院认为需要解释的是，构成帮助犯并不以认定帮助行为的因果关系为必要，只要帮助行为促进了正犯行为则足矣。

对此梅茨格尔指出：

这种对引起和促进作完全区分的做法，其根源在于因果关系概念的不明确：那些共同决定了行为样态（在个案中的方式和方法）的，事实上也就和结果间具有因果关系。因为重要的是完全具体形态意义上的结果。因此，帝国法院的那些判决，本应当得出如前所述、不合理地放弃犯罪参与场合的因果关系要求的结论，事实上找对了答案，因为这些判决在因果关联本不能被否定的地方否定了它，并且，此时肯定参与行为的可罚性，根本不会遭到质疑。在我们的案例中这意味着："帮助行为事实上在具体的实行阶段起到了共同作用，它和结果间的因果关系不存在任何可疑之处。"①

这种方式和方法，也就是借助于具体形态中的结果对因果关系加以论证，至今仍保持了主流学说的地位，这在新时期的案例中也有所体现。罗克辛在宫泽浩一祝寿文集中指出：

有人给窃贼提供了一把复制钥匙，但因为窃贼知道门开着，于是没

---

① Mezger Lb (3.Aulf.1949), 413; ders, StuB StrafR AT/1 (1960), 224.

有使用或者一开始就没打算使用它,这时也能肯定因果关系。因为无论如何携带复制钥匙的行为改变了实行行为的具体方式和方法。①

罗克辛和许内曼对于盗窃中望风者的因果关系,包括望风者不需要做什么的场合的因果关系做了如下的论证:

> 提供帮助的因果关系仍然成立(不考虑心理性帮助的问题),因为不同于仅由一人单独实施的盗窃,通过两人实施(一人盗窃、一人望风)的盗窃毫无疑问是由其中每一人所共同引起的。②

3　可是,还没确定"第二个人也与盗窃有因果关系",就使用"通过两人实施的盗窃"这样的表述,究竟意在何为?说望风行为之所以归属于具体形态中的盗窃结果,是因为它对于结果来说是有因果关系的,因为它属于具体形态中的盗窃行为的一部分。循环论证的问题再明显不过了。

两名董事会成员在事后赞成了已形成充分多数的违法决议,联邦法院同样使用这种循环论证的方法认定了(事后赞成与违法决议之间的)因果关系:

> 他们以这种方式对此做出了必要的贡献,也就是通过他们的赞成达成了一个"完整"的关于不实施任何召回的决议。③

事后被询问的两名董事会成员表达的赞成意见之所以和违法决议具有因果关系,是因为它构成了这两名董事会成员也赞成这个决议这一事实的必要条件。通过将行为和结果间的因果关系视为认定具体形态中的结果,从而使这一因果关系通过循环论证的方式得以论证,恩吉施早就已经说明过了。④可是各种教科书和法律评注中仍然在说,具体形态中的结果包含了"方式和方法",也即结果如何出现⑤或者"导向结果的路径"。⑥

4　恩吉施尽管区分了因果流程和结果,但曾数十年在德国刑法教义学中极力贯彻所谓具体形态中的结果之决定性的理论。⑦按照这一理论,具体形态中的结果指的是符合构成要件之结果出现时所存在的状态。可这种具

---

① Roxin Miyazawa-FS(1995),501 (509).
② LK-Roxin/Schünemann §27 Rn 9;Roxin Miyazawa-FS(1995). 501(511).
③ BGHSt 37,106(129 f).
④ Engisch(1931),9ff;Vgl.auch Puppe ZStW 92(1980),863(870f.)= Analysen (2006),101(110); dies. GA 1994, 297(300 ff);Binns(2001),85f.
⑤ Baumann/Weber/Mitsch/Eisele AT 10/33;Jescheck/Weigend AT 28 II 4;Roxin AT/1 11/21; LK-Walter Vor §13 Rn.79.
⑥ Jakobs AT 7/15, 18.
⑦ Engisch (1931), 9ff;Vgl. dazu Samson (1972), 30ff. (86ff.);Puppe ZStW 92(1980), 863(873 ff.)=Analysen (2006), 101(109ff.).

体的结果形态究竟包含了哪些事物？为什么打人者打人时所穿的沾满尘土的蓝色衬衫，还有窃贼提包里的内容物也算作在内？那是不是说，行为人实施行为时所穿的袜子也属于具体形态中的结果的一部分，以至于当他穿着这双袜子打人时，早晨递给他这双干净袜子的体贴的妻子也会被认为和殴打有因果关系？至于具体形态中的伤害结果为什么包含了行为人所穿的防尘衬衫，除了出借者是为了让行为人伪装自己而将防尘衬衫交给他、因而同样被认为要对结果答责之外，还能有其他的理由吗？

只要还没有一般规则确认刑法重要之结果的具体形态中到底包含了什么、不包含什么，我们就可以将任意一个事实加进对结果的描述中，而这些事实的引起者就能被认为应当对结果答责，至于为什么，我们无须提供任何明确的理由。从对这一结果的描述中就可以得出有力的结论，即那些相应事实的引起者与整体上和刑法上重要之结果间存在因果关系。① **5**

希尔根多夫提倡这种通过将结果具体化从而认定因果关系的方法： **6**

> 如果在警告呼喊案中存在 A 被追究刑事责任的可能性，那么，就要以如下方式对结果进行描述，也即为了解释法益客体所遭受的损害……也有必要将 A 的行为考虑进来；相反，如果一开始就很明确，由于特定行为人针对法益损害显然缺少故意和过失，因此，无法追究他的刑事责任，那么，在结果描述中就不考虑该行为人的行为，即在结果的因果关系解释中没有必要提及该行为人的行为。②

正因为使用了这种查明因果关系的"方法"，所以人们认为对于作为归属基础的行为和结果间因果关联的查明几乎没有什么知识价值。但理论批评的并不是它有循环论证的缺陷，而是谴责它的价值盲目性和缺乏边际性。③（人们认为,）直到客观归属理论才提出了关键性的问题，并确定了行为与结果之间应当具有何种客观关联才能肯定行为人对结果的答责性。④ 然而查明因果关系的这种方法中所存在的循环推论缺陷，并非客观归属理论所能解决。因为如前所述，任何客观归属理论都建立在正确地对行为和结果间的因果关联进行界定和查明的基础上。这在客观归属最具一般性和重要性的标准——不允许的危险在结果中的实现那里表现得再 **7**

---

① NK-Puppe Vor §13 Rn.63 ff., Rn 95ff;dies. ZStW 93(1980), 863(870ff.)=Analyse (2006), 101(107ff);dies. GA 2010, 55ff.;zust Roxin/Greco AT/1/11/19, 11/21.
② Hilgendorf GA 1995, 515(531); ähnlich Toepel(1992), 78ff.
③ Wessels/Beulke/Satzger AT Rn.256,258.
④ Jescheck/Weigend AT §28 I 2; Roxin Honig-FS(1970), 133ff.

明显不过了。说白了,所谓法所不允许的危险在结果中实现,指的就是行为中所具有的具体特征和导向结果的因果流程间的关联(参见本书第三章边码1及以下数个边码)。如果行为和结果间的因果关系是内容空洞的循环论证,那么,即使是客观归属理论也无非是为直觉性的操控提供更多空洞的公式而已。①

二、何为符合构成要件的结果

8 关于何为正确的行为概念,相关论著汗牛充栋,而且这一问题在20世纪50年代引发了激烈的学派争论。② 相较之下,关于什么是刑法上重要的结果,在刑法总论中却几无论述。在刑法各论中,关于何谓特定构成要件的结果,仅有零星的讨论。例如,当病人经过治疗后健康状况有所好转,是否意味着在经过医生的治疗之后,身体伤害的结果就不存在了,或者是不是每一个医事行为都需要特别地加以评价。但当我们谈及行为和结果间的因果关系或者将结果归属于行为人的行为时,教义学明显得出结论说,根本不需要确定归属对象,因为对于我们而言具体形态中的结果恰恰先天就是被确定的。

9 有关具体形态中的构成结果的设想,常常是被主流的归属教义学无意胜过有意地引以为论断的前提,差不多可以表述如下:刑法上重要的结果,在我们将其涵摄到一个构成要件之前,是作为具体的结果形态先天就被确定的。这样的具体形态拥有无数个方面,其中一个方面就是满足特定的刑罚构成要件的事实。由于存在无数个方面,也就不可能完整地描述结果的具体形态。③ 我们在结果描述中加入的方面越多,就会使描述越完善,也就越会接近具体的真实。当我们忽略具体的结果形态中的一些方面时,这就是一种人为的抽象。[因此,普珀教授将具体结果概念视为是自然主义(Naturalismus)在当前规范主义占据支配地位的刑法学中的少数残余,参见〔德〕英格博格·普珀:《法学思维小学堂——法律人的6堂思维训练课》,蔡圣伟译,北京大学出版社2011年版,第4页。——译者注]而令人遗憾的是,我们只得接受自己在定义能力上的有限性,并心存侥幸地希望这种

---

① Puppe GA 1994, 297(308 ff.). 这也是客观归属理论的反对者批评它的地方。
② Vgl. etwa Jakobs AT 6/1 ff; Welzel ZStW 51 (1931), 703ff; Eb. Schmidt JZ 1956, 188; Schaffstein ZStW 72 (1960), 369ff.
③ Jakobs AT(1.Aufl.,1983) 7/15; Hilgendorf GA 1995,515(520); Vgl.dazu NK-Puppe Vor §13 Rn.62 ff; dies, ZStW 92(1980), 863 (872) = Analyse (2006), 101(109); Dencker (1996),105f.; Sofos (1999),73 f.

抽象化不会对结论造成影响。如果真的在个案中出现了这种影响,如一个替代原因看起来变成了原因,或者一个原因反而不像是原因了,那我们就必须找寻那些具体的结果形态中被遗忘的细节,以帮助我们修正上述错误。在前文中,我们已经用很多案例阐明了这种方法,而接下来我们也将在谈及排除替代原因时再一次地说到这种方法(本书第二章边码1及以下数个边码)。

但是现实中却恰恰相反:我们的概念不是或多或少地从世界或生命的先天给定形态中抽象出来的,毋宁是世界或生命的形态借助我们的概念得以构建。正如对于行为或构成要件要素要给出拿走、欺骗或者故意地这样的概念,法学家也必须自行建构结果的概念,该结果可被视为行为人创设的不法而应被归属于他。在这方面,法学家不再必须固守于先天就确定的具体的结果形态,而是首先要看构成要件对于结果的描述。那么,何谓杀人、伤害或者毁损财物呢?所谓杀人,是指使他人失去生命。所谓损害他人的健康,是指让他的健康状况相比之前恶化。所谓损害他人的财产,是指使他人财产价值的总额比之前减少。所谓毁损财物,是指使财物的有用性比之前降低。

抽象地看,符合构成要件的结果就是既有的法益客体状态发生了消极的变动。① 而法益客体的存在以及它在结果出现前的状态是被预设为前提的,该状态便不属于不法的组成部分,因此,无须进行因果解释。② 据此,一个古老的学术难题就迎刃而解:早先时候人们认为,如果有人毁损了一个花瓶,那么,制造该花瓶或给其上色的艺术家也被视为与该毁损结果间具有因果关系。③ [而按照普珀教授的观点,花瓶的存在及其上的花纹都属于法益客体的存在状态,不需要因果解释。金德霍伊泽尔教授持类似见解,结果指的是客体的"改变",需要进行因果解释的也是这种改变。参见[德]乌尔斯·金德霍伊泽尔:《刑法总论教科书》(第六版),蔡桂生译,北京大学出版社2015年版,第77页。——译者注]"消极的变动"这种的抽象表达,是一项评价性概念。但是,在引起何种消极的变动会受到刑罚威胁这个问题上,立法者已经减轻了法律适用者的负担,其方式是通过专门的概念来描述

---

① Nk-Puppe Vor §13 Rn.72; dies.ZStW 92(1980), 863(880); = Analysen (2006), 101(115); zust.Kindhäuser AT 10/3, ders.ZStW 120(2008), 481(483); Roxin/Greco AT/1 11/21; Vgl.auch Frisch AT 9/23.

② Vogel (1993), 50; Sofos(1999),96; Puppe ZStW 92(1980), 863(880) = Analysen (2006),101(115); dies. NK Vor §13 Rn.72.

③ Vgl.hierzu Müller(1912),10ff.; Engisch(1931), 11ff; Samson(1972), 29 ff.

这些负面的变动,而这些描述即使在边缘领域仍有必要进行价值判断,但在核心部分却是描述性、非评价性的。只有立法者所进行的这种结果描述的"具体化",才对判断何为刑法上重要的结果具有唯一决定性。①

三、可量化的结果——水污染案

12   工厂主 B 向河水里排放了一定量的有毒氰化物,使特定水域的氰化物浓度达到了 0.1 个单位。与此同时,工厂主 C 也向河水中排放了氰化物,因而将同片水域的氰化物浓度从 0.1 个单位提升到了 0.3 个单位。那么,究竟是因为工厂主 C 的行为与河水污染达到 0.3 单位有因果关系而应将水域中 0.3 个单位的氰化物总量归属于 C 呢,还是仅将升高部分的 0.2 个单位归属于 C 呢?

对此,萨姆森写道:

> 在这个例子中,C 面对的是污染已达到 0.1 个单位的水域状况,而他的排放使污染情况升高到 0.3 个单位,那么,就不能将整体恶化的 0.3 个单位归属于他,因为本就存在的 0.1 个单位的污染根本不是他引起的。这无需额外的论证,因为不论是从被认为愚笨的条件公式还是从合法则的条件说中都可以推导出这个结论。②

库伦也解释了这个问题:

> 这种论证是错误的……如果人们分别着眼于各个结果,就可以发现,整体结果和组成它的部分结果一样真实,并因而成为因果判断的适格对象。如此,在例 1(即水污染案)中就可以肯定每一个排放行为与整体污染结果间的因果关系,这和单纯适用条件公式得出的结论一致。③

13   尽管这两段论述显然持相反的观点,但两位作者从各自的前提出发所进行的逻辑推论却都是正确的。两者的争议恰恰在于这一前提。如果按照库伦的观点,将可归属的结果确定为河水被氰化物污染的整体结果,那毫无疑问每一个排放了部分氰化物的人都与河水中氰化物的整体含量有因果关系;相反,如果按照萨姆森的观点,将氰化物的整体含量拆分为单个工厂主排放的部分含量,那么,毫无疑问的是,没有一个工厂主与其他工厂主所

---

① NK-Puppe, Vor §13 Rn.73.
② Samson ZStW 99(1987), 617(628).
③ Kuhlen (1991), 181(196).

排放的那一部分剂量间存在因果关系。本案中解决法律问题的关键,在于结果的界定,而非结果的归属。

对于每一个通过其行为引起某个事实的人,只要人们将这个事实纳入结果的描述中,就可以说他引起了一个符合构成要件的结果。因此,具体形态中的结果之决定性的学说在理论上可以无限制地被操纵。① 由于没有认识到这一点,因此,在冯·布里看来,②洪水案始终是个棘手的问题。在洪水期间一名家庭主妇向流经其门前的洪水中倾倒了一桶水,那她算引起了洪水吗? 若是认为,不考虑她倒的那桶水,便无法对洪水的具体形态进行因果解释,那么答案便是肯定的。③

针对这个显然荒谬的结论,客观归属理论进行了修正,即家庭主妇的行为是社会相当的,④因而并未动摇人们对规范的信赖,⑤或者说她的行为并未升高结果发生的风险。⑥ 对此,罗克辛指出:

> 本案应当在这个意义上加以解决,也就是尽管(由于家庭主妇朝河里倒了一桶水)(即使十分微小地)修正了结果,因而可以肯定因果关系(边码 21),但不能将该行为视为引起了洪水从而追究其《德国刑法典》第 313 条的责任。因为这一刑罚条款所欲防止的危险,并没有经由十分微小的水量之增加而得以升高。⑦

只有当人们拒绝将桶里的内容物与其他已有的洪水一同算进洪水的具体结果中,才能说这个家庭主妇没有引起洪水。但正是罗克辛本人从前却说,基于即使很微小的对结果的修正也可以肯定倾倒一桶脏水和水灾结果间的因果关系。但他随后又提出,倾倒极其微量的脏水并没有升高构成要件所欲防止的水灾危险时,他反倒是从另一种结果描述中得出了结论。因为如果人们认为完全具体形态中的结果,也就是有关倾泻在土地上的洪水总量的详细说明是决定性的,那么毫无疑问,这位家庭主妇通过倾倒脏水的行为升高了具体形态中的结果之危险,即使是从 0 到 100%。⑧ 可是,我

---

① NK-Puppe Vor § 13 Rn.68,98; dies. ZStW 92(1980), 863(873); dies. GA 1994,297 (300); Sofos (1999),70.
② V. Buri (1873),69; Vgl. auch Traeger (1904), 41.
③ Roxin AT/1, 11/55; Hilgendorf GA 1995, 515(520); dagegen Jescheck/Weigend AT § 28 II 2.
④ Maurach/Zipf AT/1 18/30.
⑤ Jakobs AT 1/4 7/15.
⑥ Roxin AT/1 11/55.
⑦ Roxin AT/1 11/55.
⑧ NK-Puppe Vor § 13 Rn.65,69; Sofos (1999), 71.

们究竟凭什么能够将桶里的水和漫过河岸流经地面的水一同视为洪水的(整体)结果？仅仅因为桶里的水也是水吗？如果一个结果是可分的,那么,就只能让每个人都只应对他所引起的那部分结果答责。如果还存在另外的部分结果,该部分结果在不考虑上述行为的情况下仍能进行因果解释,那就不能通过将两个部分结果一同纳入"具体形态中的"整体结果的方式来论证该行为人的共同答责性。在水污染案中,每一个排污者只应当为其所排放的那部分污水答责。① 不过,当一个结果不可分时,这种对引起行为所作的量化区分便不可能了。如果由氰化物造成的水污染导致了很多人死亡或者受到严重的身体伤害的危险,或者造成了某人的死亡结果,那么,不管行为人还是其他人排放了多少氰化物,每一名有毒污染物的排放者都应当按照《德国刑法典》第330a条的规定为该结果答责。

---

① 按照这种认知,也就是在结果可量化的场合仅能够将行为人所引起的结果之份额归属于他,并且不允许将这一份额和其他份额混同进结果整体中,那么,以下要讨论的经典案例中所谓风险降低的问题就可以得到解决了:谁在发洪水期间通过关闭水闸门的方式阻止更多的水流过地面,并没有降低特定结果出现的风险,而只是减轻了水灾后果本身。据此,他和剩余的洪水结果间就不存在因果关系了。参见 Kindhäuser ZStW 120(2008), 482(592)。

第二章 因果关系

一、作为充分且真实的结果发生条件之必要组成部分的原因——精神病院案(《联邦法院刑事判例集》第49卷,第1页)

德国联邦法院曾对一个精神病院的两名医生作出过失杀人罪的刑事判决,因为他们对已被认定具有高度危险性的精神病人给予了不受监控的外出许可。这个病人利用了这次外出机会,杀死了两个老太太。这个病人曾通过如下的方式两次逃出精神病院:他掰开了不结实的窗闩,并顺着打了结的床单滑到地面。由于(精神病院)房屋的墙壁作为文物受到保护,破损的窗闩没有得到加固,因此,即使该病人没有被允许外出,他完全可以第三次不费吹灰之力地逃出精神病院。

联邦法院在开头论证了外出许可和两个老太太死亡结果间的因果关系:

> 按照一贯的判例立场,每一个若假设其不存在、则结果不会发生的条件,都可视为证立其责任的、刑法上重要的结果之原因。①

其实这不仅是一贯的判例立场,②主流观点也使用条件公式来确定行为和结果间的条件关系,这个条件关系是行为和结果间因果关系存在的根据。在几乎所有的教科书当中,条件公式都被视为正确的个案中定义和查明因果关系的方法而加以推荐。③ 该公式似乎较为成熟地声称,仅当一个行为是结果出现的必要条件时,即如果假设该行为不存在,则结果就不会出现时,它才可被认为是结果的原因。

---

① BGHSt 49, 1(3).
② BGHSt 1,332;2, 24; 3, 69; 7, 114; 24, 34; 31, 98; 37, 106ff.; 39, 195(197); 45, 270(294 f.); OGH 1, 330(367); 2, 286; OLG Stuttgart JZ 1980, 618.
③ Wessel/Beulke/Satzger AT Rn.237; Kindhäuser AT 10/9; Gropp AT 4/35; Baumann/Weber/Mitsch/Eisele AT 10/7; Frister AT 9/33;对此详尽的批判意见,参见 Roxin/Greco AT/1 11/12 ff.

2　　州法院同样使用这一公式,但却得出了精神病院的两名被告医生和两个老太太的死亡结果间不存在因果关系的结论。因为假设(医生)没有作出外出许可,那么,病人——按照疑罪从无原则无论如何都可以这样假设——也会以其曾经尝试过的掰开窗闩的方法逃出精神病院,并在同一时间、以同种方式实施杀人罪行。在本案中,颇受青睐的用以排除替代原因的"完全具体形态中"的结果之学说也帮不上忙。① 正如在文献中,有人借助这种具体形态中的结果之学说论证道,某人虽给行为人提供了一把刀子、使其得以刺死他人,但当在伤口上发现了另一把刀子的痕迹时,则此人和他人死亡结果间就没有因果关系。因为在具体形态上,使用 A 提供的刀子捅刺背部造成的死亡结果,与使用 B 提供的刀子捅刺背部造成的死亡结果,完全是两回事。② 即使抛开我们在第一章中所认定的,即具体形态中的结果这种说法毫无意义这一点不谈,在当前的案例中该说法也毫无助益,因为即使病人没有得到外出的准许,他也有可能自行逃脱精神病院,两名被害人仍会在同一时间、同一地点以同样的方式死亡。

3　　联邦法院以"不存在足够具体的证据"以支持这种暴力逃脱的发生为由,认定上述考虑在法律上错误,并继续论述道:

> 第三人须为精神病院建筑的安全性答责这一点也能够证明,对精神病人 S 可能暴力逃脱的假设,并不能否认两名被告应为之答责的病人外出(与被害人死亡结果)之间存在因果关系。在精神病人自行逃脱进而造成结果的情形中,只要处于被告位置的人使精神病人获得了自由,那么,他们就因为违反义务的不作为,而应当对精神病院封闭大楼安全性的缺失承担责任。据此,由两名被告所许可的外出,作为结果发生的原因不应当被排除。③

令人难以理解的是,在外出许可被拒绝的情形中,为什么联邦法院认为,不存在具体的迹象以表明精神病人可能自行逃脱。窗闩仍如往常一样处于文物保护中且非常不结实。精神病人曾两次用行动证明,他有足够的力量、策略和勇气以掰开窗闩的方式逃出精神病院。当人们需要回答这样的问题,即如果"不考虑"外出许可的作出、杀人罪行是否仍可能实施时,根本没有理由排除病人会自行逃脱的可能性。

---

① 借助"完全具体形态中的结果"之决定性的学说来排除替代原因,参见 NK-Puppe, Vor § 13 Rn.62 ff., 95ff。
② Sk-Jäger Vor § 1 Rn. 71.
③ BGHSt 49, 1(5).

但联邦法院却正确地认定,如果用假设不存在法来确定因果关系,那么,后果便是,违反义务的参与者就可以这样为自己造成的结果推卸责任,即他辩称即使没有自己的参与,他人违反义务的行为仍会导致结果发生。更糟糕的是,他不仅可以援引他人真实存在的违反义务的行为作为借口,他甚至还可以说,即使自己没有违反义务,他人也必定或者仅仅有可能(疑罪从无的话)违反义务。这对于其他参与者来说同样适用,因而最后便没有人会与结果之间存在因果关系。这个结论自然是无法接受的,但这恰恰是适用条件公式在逻辑上所必然导出的结论。因为按照这一公式,只有当假设行为不存在则结果不会发生时,行为才被认为与结果间有因果关系。本案中联邦法院原本不应再次强调条件公式,而应该放弃它,因为这一公式显然在逻辑上错误地描述了原因与结果之间的条件关系。

当结果的出现存在两个充分条件,且其中每个条件都包含了一方的行为作为其组成部分时,那么,就无法声称双方的行为对于结果的出现来说是必要的。必要条件理论(即条件说)在逻辑上错误地界定了行为和结果间的条件关系。实际上,并不是非要证明必要条件,证明一个充分条件就足够了。

仅当一些事实和事件的组合满足这样的条件,即根据一般规则,只要这些事实和事件的组合出现时,结果就总会发生,那么,这些事实和事件的组合就成为结果出现的充分条件。理想的情况是,这样的一般规则在科学上得到证明,如因果法则。但在法学中我们也会使用其他的经验法则,就像我们将在下文中看到的,我们还需要规范法则来发现法律上重要之结果的原因。由于在本案中,精神病人最初是被监禁在封闭的精神病院中,因此,他离开精神病院的事实就是他能够在精神病院之外实施杀人行为的充分条件。而对于这一事实来说,其成立的充分条件则是,精神病人向正在值勤的看守出示了由两名被告医生开具的外出许可。当然,单单是外出许可的开具并不能成为两名被害人死亡的充分条件。除此之外,还必须要加入精神病人离开精神病院、遇到两名被害人并且杀害她们这些事实。但外出许可的开具是这一结果出现的充分条件的必要组成部分。恰恰是这样的条件关系建构了事件的因果性:一个事件,特别是一个行为,仅当它属于结果出现的充分条件的必要组成部分,且该充分条件事实上得到满足也即真实存在时,它才与结果间存在因果关系。①

---

① NK-Puppe Vor § 13 Rn.102; dies. ZStW 92(1980), 863(865ff.)=Analyse(2006), 101(103 ff.).

6 接下来,从这一充分条件中,我们可以这样分离出待审查的个别原因:我们将某一个别原因从这一充分条件中删去,看看在缺少这个事实的情况下这一条件是否仍然充分。通过假设行为不存在的方式,来审查该行为与结果之间的因果关系,这在一定程度上是正确的。但是,人们不能通过假设这一行为在"世界上"不存在,来审查在缺少这一条件时结果是否仍会发生;人们毋宁只是从某个已成立的充分条件中假设该行为不存在,以审查该条件在缺少这一行为的情况下是否仍是充分的。① 在较新的文献中,有部分论者否认这两种审查方式间存在任何差别,②或者否认存在很大的差别。③ 其实,人们觉得这个差别是大还是小,根本无关紧要,因为这恰恰关乎正确和错误之间的区分。当前的案例已经展示了这一点。人们借助充分条件中的必要组成部分的理论公式,就会得出联邦法院想要得到的结论,也即由医生所开具的外出许可,成了被这名危险的精神病人杀害的两名被害人死亡的原因。可要是借助条件公式,人们就会得出截然相反的结论。

7 对于充分条件中的必要组成部分的理论公式,我们有必要对以下两点做着重的阐明:第一,我们也可以这样来描述被监禁的精神病人的逃脱的充分条件,即该精神病人持有两名主治医生开具的书面外出许可,同时,窗闩非常不结实、以至于不能阻止他通过掰弯窗闩然后顺着打结的床单滑到地面的方式逃出精神病院。这个条件对于病人的逃脱来说也是充分的。现在我们假设医生的外出许可不存在,则剩余条件仍然是充分的。这一审查的结论就是,外出许可和病人逃脱之间不存在因果关系。这里的谬误在于,这一充分条件中包含了两个可以相互替代的要素,也就是外出许可和不结实的窗闩。因此,才会得出结论,这两个要素中的任何一个在这个充分条件中都不是必要的。因而我们必须这样明确该条件所要满足的要求,即充分条件必须是一个最低条件。对于论证"该条件之于结果的出现是充分的"来说,除了必要的组成部分之外,这一充分条件不可以再包含其他的组成部分。④ 在当前的案例中存在两个对于精神病人从封闭的精神病院中逃脱来说充分的最低条件:一是两名主治医生给该病人开具了外出许可;二是窗闩

---

① NK-Puppe Vor § 13 Rn.106; dies. ZStW 92(1980), 863(876ff.) = Analyse(2006), 101(112 ff.); dies. SchwZStr 1990, 141(151); zust. Roxin/Greco AT/1 11/15 a; Kindhäuser (1989), 84ff.; ders. ZStW 120(2008), 481(485); Rodringuez Montanes Roxin-FS (2001), 307 (313 f., 317).

② Samson Rudolphi-FS(2004), 259(266). 他不无嘲讽地说道:"普珀不知疲倦地强调,在她的审查方式和条件公式所提供的假设不存在法的审查方式之间存在怎样重要的差别。"(aaO. 265)但普珀仍就要不知疲倦地强调这一点,因为萨姆森从未真正理解这一差别所在。

③ Koriath (2007),110; Röckrath NStZ 2003, 641; Vgl.auch Kindhäuser AT 10/15 f.

④ NK-Puppe Vor § 13 Rn.102; dies. ZStW 92(1980), 863(875 f.)=Analyse(2006), 101(112 ff.).

不结实,以至于不可能阻止该病人逃脱精神病院。

就本案而言,还需对于认定因果关系的公式作第二项必要的修正。窗闩如此的不结实,以至于根据通常经验不可能阻止精神病人逃脱精神病院的事实,也构成了病人逃脱精神病院的一个充分条件。在当前的案例中我们应该如何论证,那些违反义务地怠于加固窗闩的精神病院的职员和病人的逃脱以及他随后实施的杀人罪行之间不存在因果关系呢?我们可以把一个原因和一个与该原因在时间和空间上相距遥远的结果之间存在的关联始终视为一个连续的过程,在这个过程中在时间和空间上相互接续的事件各自又作为原因和效果相互关联。它们建构了一个因果链条,这一链条将时间上相距遥远的原因通过中间效果与最终结果相关联,而这些中间效果本身又是新效果产生的原因。于是,这些中间原因本身对于后面的中间结果来说是充分条件。如果这一因果链条中缺失了某些环节,而正是这些环节将时间上距离遥远的结果出现的充分条件与该结果相关联,那么,该充分条件就不再是原因(而是所谓的替代原因)。① 在当前的案例中,将怠于加固窗闩的不作为与精神病人的逃脱以及他随后实施的杀人罪行相关联的因果链条,必然包含这样一个事实,即该病人掰弯了窗闩并从窗户攀索而下到了大街上。可是事实上这根本没有发生。因此,在本案中怠于加固窗闩的不作为被证明不是病人实施杀人行为的原因,而只是替代原因。对于将原因界定为充分最低条件中的必要组成部分的做法,我们必须进一步地加以明确,即充分最低条件必须是真实存在的,并且那些将充分条件和结果相关联的因果链条的中间环节也必须是真实存在的。人们可以从因果链条的个别环节之缺失认识到,在此情况下充分条件就只是所谓的替代原因,也就是被真实发生的因果流程所取代的潜在原因。② 替代原因不能证立结果归属。

二、多重因果关系——皮革喷雾剂案(一)(《联邦法院刑事判例集》第 37 卷,第 106 页)

所谓多重因果关系,就是存在多个可以导致结果发生的充分条件,每一个条件都通过一个完整的因果链条与结果相联系。当每个充分条件中

---

① NK-Puppe Vor § 13 Rn. 114; dies. ZStW 92(1980), 863(869 ff.) = Analyse (2006), 101 (106 ff.).

② NK-Puppe Vor § 13 Rn. 114; dies. ZStW 92(1980), 863(869 f.) = Analyse(2006), 101(106 ff.); zust. Roxin/Greco AT/1 11/23, 11 30b; Kindhäuser ZStW 120(2008), 481(486).

还包含人的行为时,那么,这些行为就都与结果间具有因果关系。没有理由只将结果归属于其中某一个行为而不归属于另一个。教科书中有一个关于多重因果关系的典型案例:女厨师和女仆人在互不知情的情况下分别向女主人要喝的汤中加入了足以致死剂量的同种毒药,导致女主人死亡。① 如同这个教学案例所展示的那样,这两个充分条件中包含了相同的要素,即女主人喝了汤这个事实。若人们足够远地追溯因果链条,就会发现,在这些充分条件间始终存在相同要素。被多次讨论的"集体表决问题"也涉及多重因果关系。德国联邦法院在皮革喷雾剂案中回答了这个问题,案情简述如下:

10　　一个公司由4名董事会成员组成的委员会曾就如下问题作出决议,由于该公司所生产的皮革喷雾剂涉嫌导致特定的消费者罹患肺水肿,因此,要决定是否停止销售,以及是否应该召回已售出的喷雾剂。最后,他们一致决定对已售出的喷雾剂不予召回且不停止该产品的销售,因为在他们看来,在喷雾剂上做出警示就足够了。对此,德国联邦法院认为,这些董事会成员依照法律负有义务停止供应该产品和召回已售出产品。同时,联邦法院认定,那些仍然在市场上流通的喷雾剂以及在决议做出后继续销售的喷雾剂事实上已经导致了一些消费者罹患肺水肿。

11　　按照至今仍占主流的"结果出现的必要条件即为原因"的判断公式,这4名董事会成员中的任何一人都可能主张以下理由来推卸责任:即使当时自己合乎义务地投票要求召回产品,也会被其他3名董事会成员所投的反对票压下去,因此,自己所投的那一票和最终不予召回的决定间没有因果关系。

德国联邦法院却以如下理由得出了与此相反的结论:

> 但就这点而言,应当注意到每一个被告人的行为义务仅限于尽最大可能采取其力所能及的、可被期待的方法,促成全体董事会就指示和执行必要的召回程序形成决议。关键就在于,履行这项义务是否本能够促成决议的形成。如果分别针对每一个被告人提出这个问题,估计得到的也是没有把握的答案,因为不能排除的是,每一个试图促成必要决议形成的董事会成员,都可能会因为其他反对召回产品的董事会成员的投票而作罢。尽管如此,他们仍然要承担刑事责任。之所以可对

---

① Wessels/Beulke/Satzger AT Rn.232; Kühl AT 4/19; Kindhäuser AT 10/30; Frister AT 9/9; Baumann/Weber/Mitsch/Eisele AT 10/24.

各被告人实施危险身体伤害行为做出谴责,是因为这4名被告人和之前的共同被告人间构成了共同正犯。因此,其中任何一人都应当对其他被告人不作为的行为贡献负责,总体来说,也就应当为未能做出必要的召回决定承担责任。①

可是,在确定董事会成员的行为与结果间存在因果关系之前,联邦法院又何以得出这些成员间构成共同正犯的结论呢?通常情况下,共同正犯的成立以每一个共同行为人的行为与结果间存在因果关系为前提条件,也即应当以因果关系的存在证立共同正犯,而不是相反。理论上可以通过这样的方式,即首先将某个成员解释为共同正犯,然后将他的行为和另一个与结果间存在因果关系的行为一并考察,从而可以让每一个成员都成为结果的共同引起者。② 同样,也可以将出席会议并报告近来所得出的检验结果的实验室主管解释为结果的共同引起者,只要人们先将他认定为共同正犯,然后将他的行为和那些拍板决定的董事会成员一并考察,他似乎不能再以自己的行为与决议做出之间不存在因果关系为由提出抗辩。

如果人们将原因界定为一个充分条件中的必要组成部分,且认识到可能同时存在着多个这样的充分条件,就可以得出结论说,每一个对真实形成的决议投了票的人,都与决议形成之间存在因果关系,而不论决议是以怎样的多数决被做出。这在当前的案例中就表现如下:形成违法决议的必要多数是3张投票。我可以通过将待考察的董事会成员的投票与其他任意两张投票相组合的方式,得到一个能够形成决议的充分条件。如果我将待考察的董事会成员的投票从这一充分条件中剔除出去,那么,就还剩下两张投票,而这对于形成决议是不够的。至于第4名董事会成员投了什么票,我不需要说,也不能说。如果我将这第4张为决议所投的票加入进来,那么,尽管还存在一个充分条件,却不再拥有一个最低充分条件。在由4张投票组成的充分条件中有一张投票是多余的,于是,在考察每一张投票是否是这一条件的必要组成部分的问题上,人们会得出否定的结论。若遵循最低充分条件,那么,就可以通过将单个董事会成员的投票与其他两名成员的投票相组合以形成充分最低条件的方式,说明每一个董事会成员与结果间的因

12

13

---

① BGHSt 37, 106(126 ff.);同样的观点,参见 Kuhlen NStZ 1990, 566(570); Brammsen Jura 1991, 533(537); Beulke/Bachmann JuS 1992, 737(743 ff.); Hilgendorf NStZ 1994, 561(563); Otto WiB 1995, 929(934);相反的观点,参见 Puppe JR 1992, 30(32); Hoyer GA 1996, 160(173)。

② 以这种方式处理的,例如 Frister AT 9/13. 批判意见,参见 NK-Puppe Vor §13 Rn.93,108 mwN。

果关系。就算人们得到的是多个要素部分相同的充分条件,也并不能否定每一个单独投票与违法决议形成之间的因果关系。① 正如"双倍毒药案"所展示的那样,在多重因果关系案件中,这样的因果关系总能得到肯定。在一些法学家那里,这种解决方案不是因为错误而是因为难以理解而不被接受。② 不过我希望作为未来法学家的您可以理解。

三、因果法则和其他用于确定最低充分条件的定律

（一）因果法则及其证明——皮革喷雾剂案（二）（《联邦法院刑事判例集》第 37 卷,106 页）

14 　一系列情状和事件的组合构成了结果出现的最低充分条件,这就是说,存在一个以"只要……就……"为逻辑形式的一般规则,根据该规则,这一系列的情状和事件的组合是引起者（Bedingung）,而结果则是被引起者（Bedingte）。在皮革喷雾剂案中无法查明的是,喷雾剂中到底哪种特定的物质或者物质的组合能够导致肺水肿的病症,那也就无法主张存在这样一个一般规则,即只要某人以特定方式将喷雾剂和特定物品组合使用时,他就会罹患肺水肿。尽管在动物实验中用喷雾剂也会导致动物患上肺水肿,但除此之外仅能够认识到,数以千计的消费者中也就极少数（大约 40 名）在使用喷雾剂过后罹患肺水肿。任何化学家或毒理学家都不会基于如此薄弱的事实基础肯定存在因果法则。除非在这一因果法则中说出某种化学物质的名称,并可以说正是这种化学物质单独或与其他组合物共同导致了肺水肿。像是产品名称那样的专用名词,是不允许出现在一般性自然法则中的。

15 　即使如此,刑事审判庭仍然认为喷雾剂和肺水肿间的因果关系已被证明,并且联邦法院也在以下的论述中认可了这一证据评价的正确性:

---

① 　NK-Puppe, Vor § 13, Rn.108, 120; dies. JR 1992, 30(32); dies. GA 2004, 129(143); dies. ZIS 2018, 57(58f.); zust. Roxin/Greco AT 11/19; Beulke/Baumann JuS 1992, 737(744). 反对观点认为,这些充分条件中都包含着相同的要素,这儿就是指投票表决,但不应该是这样。因此,人们必须将所有投出的赞成票都算到唯一的充分条件中去,在该条件中这些赞成票没有一个是必要的,参见 Kindhäuser GA 2012, 134(140); ders. ZIS 2016, 574(580 f.); Rotsch Roxin-FS(2011), 377(382 ff.)。Rotsch 有关集体表决问题的上述解决方案"在逻辑上错误并且显现为一种循环论证"。此外,它还"自相矛盾", ZIS 2018, 1(8), 更详细的阐述,见 Puppe ZIS 2018, 57(58)。要求不同的因果解释之间不能存在相同的要素,不仅完全没有根据可言,还是荒谬的。当人们在时间上足够远地向前追溯,就会发现这些解释间总存在着相同要素,最后都归结于宇宙大爆炸。

② 　Greco in ZIS 2011, 674(686): "这一理论如此之雅致,却同时难以理解。"和 Roxin 观点一致,见 Puppe GA 2004, 129(142f.); Vgl. dazu Kühl AT 4/9; Hilgendorf JZ 1997, 611; Koriath (2007), 149; 但 Greco 现在改变了观点,参见 Greco in Roxin/Greco AT/1, 11/15 a ff。

是否能从喷雾剂的特性中寻找到引起损害事件发生的原因,这一问题刑事审判庭没有搁置。或许无论如何可以在裁判理由中得出结论,但姑且撇开这点不谈,刑事审判庭已在事实描述的范围内明确认定,损害事件发生的原因只可能是,个别成分或该成分与其他物质的组合具有毒理学的作用机理,导致了病症的出现。这一事实认定足以用来肯定因果关联的存在,并对法律审上诉法庭具有约束力。①

　　可是,若因果解释根本没有相应的因果法则作为基础,也即因果解释实际不明时,就无法排除还存在其他一些未知的原因可以因果性地解释肺水肿的出现。原则上来说,人们不可能采用完全排除其他原因的方法,来证明某一现象出现的原因。② **16**

　　若人们满足于这样证明某事件产生的原因:首先,存在一些确切迹象支持这一因果解释。其次,尚未找到其他用于解释该结果出现的原因,那就等于采用了具有举证责任倒置性质的表面证据规则(prima facie Beweis)。因为连适用于具体个案的因果法则都未能查明时,被告人也就无法动摇或者反驳这一因果法则。直到被告人能够向法官提交令人信服的其他因果理论假设,法官才不能基于不为人知的因果法则作出不利于被告的认定。说得生动一些,就如同在黑暗的刑法史中,被告人只有为法庭提供了真凶,才可能获得无罪判决。③ 尽管如此,在最初激烈的反对声之后,④也有文献认可上述因果关系证明的正确性。⑤ 最近,一些条件理论的捍卫者恰恰将此视为条件理论特别优于合法则性条件理论的地方,即使人们不能证明或者得出可以支配因果流程的因果法则,也一样可以适用条件公式。⑥ 于是,当人们产生一个并非不可靠的设想,即一个行为借助未知的因果法则引起了特定结果时,人们就可以简单地写下,"无法假设该行为不存在,除非结果不 **17**

---

　　① BGHSt 37, 106(112f.). Schaal(2001),81.对此持赞同意见,因为他认为用假设不存在法来认定因果关系的优点正在于,无需提供原因和效果之间存在合法则性关联的证据。
　　② Samson StV 1991,182(183);Puppe JR 1992 30(31).
　　③ Puppe (1996), 225;dies. JZ 1996, 315 (318 f.);dies. JZ 1994, 1147 (1149 f.);dies. NK Vor § 13 Rn. 84;赞成的观点参见 Ransiek (1996), 59 ff.;Kuhlen NStZ 1990,566 (570);Brammsen Jura 1991, 533 (537);Beulke/Bachmann JuS 1992, 737 (743 ff.);Hilgendorf (1993),125 f;der. NStZ 1994, 561 (563);Otto WiB 1995, 929 (934).
　　④ Arm. Kaufmann JZ 1971, 569 (573);Samson StV 1991, 182 (183);Pupp JR1992, 30 (31).
　　⑤ Kuhlen NStZ 1990,566,(567);Roxin/Greco AT 11/17;Erb JuS 1994, 49 (49);Bloy Maiwald-FS (2010), 35 (51 f.).
　　⑥ Frisch Maiwald-FS (2010),239 (253 ff.);ders. Gössel-FS (2002), 51 (65 f);Jäger Maiwald · FS (2010), 345(351 f.).

会出现。"法律适用者可能满足于认定——在未做出有关合法则性的表态时,法律已按照它的标准将某种规范上充足的因果关系视为存在。① 一些读者看到我嘲讽这种因果关系查明方法,也就信以为真了。② [此处的嘲讽指的是普珀教授 2010 年发表在《戈尔特达默刑法档案》中的《条件公式的优点》(Lob der Conditio-Sine-Qua-Non Formel),全文反讽条件公式所宣称具有的优势。——译者注]

(二)根据盖然性法则的归属(所谓替代因果关系的风险升高理论)——肿瘤转移案(联邦法院:《戈尔特达默刑法档案》1988 年刊,第 184 页)③

18 被告医生对一名罹患前列腺癌的病人实施了半睾丸切除术,以清除他身上的恶性肿瘤。由于在手术过程中可能会有一些残余癌细胞组织停留在手术区域内,而这些癌细胞组织会分散到身体中并在其他位置形成肿瘤转移,因此,在医学上进行放射治疗以杀死这些剩余组织绝对是有效的。可是医生却怠于进行这项治疗。该病人两年后死于肿瘤转移。医学专家辅助人解释道,根据统计学上的调查数据,90% 的病人在接受可对比的手术之后又被放射治疗的,其生存期大于 2 年,仅有 10% 的例外。

联邦法院以如下的理由撤销了宣告医生成立《德国刑法典》第 222 条(过失致人死亡罪)的判决:

> 刑事审判庭在考虑到这一专家辅助人意见的情况下得出结论,认为至少 100 个病人中的 90 个,如果在癌症一期时接受了切除生殖细胞肿瘤的手术并被实施了放疗,则可以存活 5—10 年。州法院从以下三个情状当中获得了对判处医生有罪来说必要的确信……④[州法院提出的 3 个情状分别是:第一,除了病人因睾丸癌所受到的痛苦外,病人总体上处于身心健康的状态,若及时地进行正确的手术应该会很快恢复。第二,病人的睾丸癌发现较早。第三,医生在其他类似案件中,没有忘记让病人去美因茨大学医院进行放射治疗。结合医院的人员与设施情况,如果医生遵守义务,那么,病人从 1983 年 1 月就可以得到较好的治疗了。——译者注]

---

① Frisch Maiwald-FS (2010), 239 (258).
② GA 2010, 551 (565ff.).
③ =NJW 1987, 2940=MDR 1987, 948.
④ GA 1988, 184.

对于这三个情状,联邦法院认为第一点情状已经被专家辅助人考虑进统计结果中,而第二点情状在事实上不具有说明力,第三点情状在法律上不具有说服力。90%的盖然性程度并未近乎确定,因此,对医生所作的判决违反了疑罪从无原则。

　　联邦法院的上述论述是以对专家辅助人证言的解读为基础的,但这与自然科学当前的发展状况,尤其是医学的发展状况不相符合。按照这种思维,在放疗将要实施之时,它是否能够挽救病人的生命在客观上就是已经确定的。不确定性产生的原因就只在于,我们无法在事后查明行为当时所有关键性的因素。这种不确定性关乎真实存在且影响因果关系认定的重要因素,因此,必须基于疑罪从无原则、以有利于被告的方式加以排除。可是,在现代医学领域,疾病的形成过程以及治愈过程都不再是完全由因果法则所决定的。例如,个别的癌细胞是否能够及时地被人体免疫器官发现并被消灭,或者仍旧通过肿瘤转移而继续存活,取决于免疫器官的状态,而免疫器官的状态又取决于病人的行为以及他对于致病过程所持的心态。除此之外,战胜病魔还依赖于病人的配偶是否支持他、他的孩子是否关心他、他对工作是否满意、他如何补充营养、他是否做运动、他是开心还是充满压力、他是满怀斗志还是已经崩溃绝望。基于这些原则上的不确定性,要求提供该病人属于那95%放疗有效果的群体而不属于那5%放疗无效果的群体的相关证据,是愚蠢的。在被指控的医生急于实施放射治疗的行为时,客观上无法确定放疗是否对该病人奏效。只能这样去理解专家辅助人所作的表述,即如果接受放疗则该病人有90%的机会活过两年,当然也存在10%的风险,即使接受放疗也会在2年内死亡。①

　　这一表述展示了一种借助统计学和经验方法得出的盖然性法则。在非决定论的领域,所能查明的也就只有盖然性法则了。**现在面临的是一个规范问题,即在非决定论的领域是否可以使用这种统计学上的法则来建立因果关联**。这个问题不像主流观点②认为的那样,应当根据疑罪从无原则得出否定回答。只有当人们对多个可能的事实中究竟存在哪个事实抱有疑

---

① NK-Puppe Vor § 13 Rn.138 f; dies. Roxin-FS (2001), 287 (301); dies. JR 194, 515 (517); Stratenwerth/Kuhlen AT 13/56; Kahlo GA 1987, 66.
② BGHSt 11,l; 21, 59; 24, 31; GA 1988, 184; BaybLG VRS 58, 412: OLG Düsseldorf StV 1993, 477; LK-Vogel § 15 Rn. 198; Baumann/Weber/Mitsch/Eisele AT 10/89 f; Jakobs AT 7/98 f; Wessels/Beulke/Satzger AT Rn. 307; Ulsenheimer JZ 1969, 364 (367); Schlüchter JA 1984, 673 (676); Kuhlen FS Roxin (2001), 431 (442);另外的观点参见SK-Hoyer Anh. zu § 16 Rn. 74 ff.; Kuhlen AT 17/57; Lackner/Kuhlen-Kühl § 15 Rn. 44; Roxin AT/1 11/90.

问,而客观上确定的是其中必然存在一个事实时,才能适用疑罪从无原则。但在非决定论的流程中,对于该流程到底是在此方向还是彼方向上是被决定的,则合乎情理地不存在疑问。因为确定的是,这两种决定论的假设都是错误的。如果要基于疑罪从无原则来论证其中有利于被告人的一种决定论假设,那么,他就不是接受了某种有疑问的结论,而是绝对错误的结论。此时,针对原则上不确定也即非决定论的流程,按照联邦法院的观点提出"在具体个案当中致病过程是如何形成的"问题,并且指责风险升高理论违反了疑罪从无原则,没有做出有利于被告人的认定,便都存在这种错误。①

22　在非决定论的领域,我们面临着这样的选择,要么适用建立在经验基础上的盖然性法则进行归属,要么完全放弃归属。如果一个使用盖然性法则得出的归属结论都因为不充分而遭到否定的话,那么,在非决定论的领域就不可能再有什么归属了。同时,对未遂的处罚也不再可能了,除非行为人将事件流程误认为是被决定的,否则,行为人也知道,他的行为和结果间可归属的关联之存在的前提不可能存在。② **这样一来,他对于非决定论的流程所施加的风险升高意义上的消极影响,就不会受到刑法处罚。一旦人们认识到,在特定领域中存在着非决定论的流程,那么,除了在此领域使用盖然性法则进行归属,别无他法。**

23　在非决定论的领域,企图不使用这一法则进行归属,不过是假想的解决方案。在这里首要提及的便是条件公式的使用,它相较于那个乍看上去很有道理但却站不住脚的说法,即如果没有行为或者义务违反的话可能会发生什么,表面上似乎避开了对于真实因果流程的重建这一问题。③ 第二种操纵可能性则来自于完全具体形态中的结果,因为它使某人为所有事情承

---

① Jakobs AT 7/101: 也参见 Dencker JuS 1980, 210 (212)。

② 早在 Kahrs (1968), 46 ff 即指出了这一点; Stratenwerth FS Gallas (1973), 277 (274ff.); Walder SchwZStR 93 (1977), 113 (161ff.); NK-Puppe Vor § 13 Rn. 135 ff., 尤其是,151f.; dies. Roxin-FS (2001), 287 (304 f.); dies. ZStW 95 (1983), 287 (305ff.); dies. ZStW 99 (1987), 565 (603)。Jakobs AT 29/20 未认识到这一点; Vogel (1993), 164; Kuhlen Müller-Dietz-FS (2001), 431 (442)。

③ 如果我们从一个流程中无法认定,该流程是为一个一般因果法则所决定的,或者我们无法形成这样一个法则,就如同我们对于化学物质的因果关系存疑时(参见本书第二章边码 14),那么,我们就无法在合法则的最低条件的意义上认定行为与该流程间的因果关系。恰恰是在这样的案例中,条件公式被证明是特别有效的。倘若人们运用条件公式的话,就可以声称,在不实施该行为的情况下,就不会发生这一未知的非决定论的流程,参见 Frisch Gössel-FS (2002),51 (67 f.); Samson Rudolphi-FS (2004), 259 (263 f.); wohl auch Kindhäuser AT 10/13 f.; Frister AT 9/36; LK-Walter Vor § 13 Rn.74。根据 Schaal (2001), 89 的观点,只要说在综合考察全案的基础上,上述观点显得可靠,就足够论证该观点了。实际上,通过这种方式并没有解决未知的、非决定论的流程中的因果关系查明之问题,毋宁只是问题意识被消解了。

担责任在理论上成为可能。① 人们也可以将风险升高本身如同因果流程一样算作需要解释的结果的一个组成部分,②并以此来论证一些案件中的结果归属,在这些案件中通过一个被怠于实施的治疗行为可以在很高的盖然性上阻止结果的发生。但确定的是,该治疗行为原本能够让病人的生命延长那么一小段,尽管病人仍会处在垂死的边缘、毫无意识,或者伴随着疼痛。反对意见认为,要求实施困难的侵入性治疗的目的,并不在于为病人争取到哪怕是处于麻醉、昏迷或者疼痛之中的那几个小时或者几天。对此又有反对观点认为,一个可归属的结果不仅存在于对生存时间的短暂延长之中,也存在于伴随着的治愈可能性之中。这在结果层面是一个关键性的差异。若在概念上将一个确定的短暂的生命延长和治愈可能性相分离,便"分裂了属于一个整体的东西"。③ 拒绝将风险升高作为归属的理由,却通过将其算入可归属的结果的方式让它从"后门"进入[意即换一种说法采纳它。——译者注],毫无意义可言。

相比于决定论法则的适用,盖然性法则的适用又带来了一个额外的逻辑问题。决定论法则认可从原因到结果的必然性推论,因为它证明了原因是结果的充分条件。当它认可了这样一个指向结果的必然性推论时,决定论法则就是完整的。但盖然性法则从不认可指向结果的必然性推论,毋宁只认可一个结果之发生总体上具有高度盖然性的推论。从中无法提炼出任何关于法则完整性的标准。仅当一个盖然性法则陈述了最大可能的盖然性程度时,也即当该法则包含了所有提升结果发生盖然性的因素时,它才是完整的。因此,我们从来都不确定,是否真的完整地陈述了一个盖然性法则。但这根本不是我们在适用法则以论证结果归属时所要完成的任务。只要使为归属奠定基础的行为人的行为成为完整的盖然性法则的组成部分,就足

---

① NK-Puppe Vor § 13 Rn. 68, 140; dies. ZStW 92 (1980), 863 (872f.)・Analysen (2006), 101 (109 f.)给出了科学理论上的证据。

② 由 Otto Jura 2001, 275 (277) 所提供的建议,即通过将风险升高解释为具体形态的因果流程中的组成部分,我们就可以肯定地对其作出因果性的阐明,这只是一种循环论证,并非解决问题的方法。对于这种循环论证,参见本书第 1 章边码 7 的相关内容。Frisch (1988), 559 则不是将风险升高算到具体形态的因果流程中,而是将其算到具体形态的结果中去,因为存在更大的救援机会时的生命,相较于不存在这种机会时的生命,在具体形态上是不大相同的。对此进行批判的,参见 Erb (1991) 101 f.; NK-Puppe Vor § 13 Rn. 140。只有在这种情况下才是前后一致的:当联邦法院在其一贯作出的判决中,拒绝在非决定论的流程中借助风险升高进行归属(上一次则是 BGH NStZ 2000, 583 mwN),并且它现在也拒绝在非决定论的流程中肯定作为或不作为的义务违反性,因为无法清楚地认定,实施正确的行为结果就不会发生,参见 BGH NJW 2000, 2754 (2757)。

③ Frisch (1988), 559.

够了,也即当该行为提升了法律所规定的盖然性程度的情形。因此,在进行结果归属时对盖然性法则的适用就会演变成所谓替代因果关系的风险升高理论。[普珀教授虽然主张风险升高理论,但她对于风险升高的理解不同于罗克辛教授。后者将风险升高理解为在查明因果关系之后对其进行规范限制的归属原则,普珀则将风险升高理解为盖然性法则在因果解释中的适用,因而成为替代因果关系的风险升高理论。对于风险升高的不同理解,直接导致两人在风险升高的适用范围上也存在分歧。例如,被罗克辛用来说明风险升高理论的卡车司机案,在普珀看来是与风险升高无关的案件。——译者注]

25 让我们以本案为例来说明简化后的归属过程:首先我们要确定的是,前列腺癌病人在接受睾丸切除术之后活不过两年的风险有多高,而不论他们是否被实施了放射治疗。接着我们将那些没有被实施放射治疗的病人从整体中挑选出来,这样存活期不超过两年的显著的风险提升就会呈现出来。这表明,无论我们在个案中能否完整地陈述所有会提升盖然性程度的因素,怠于实施放射治疗无论如何都构成了在本案中适用的完整的盖然性法则的组成部分。如此也就明确和肯定地证明了将病人死亡的结果归属于怠于实施放疗的不作为所需要的前提条件,而达到这一明确性和肯定性原则上是完全可能的。

26 但现在必须回答一个更具一般性的问题,即行为人本可施加影响的因果流程,到底是一个决定论还是非决定论的流程。理论上我们无法确定,对于因果关系不确定性的认识究竟是因为该因果流程本身不完全是决定论的,还是因为我们对于必然因果法则中的决定因素欠缺完整的认识。但即使是在决定论的领域,我们也从不确定,我们是否正确地认识到了决定因素。因为在决定论领域,因果法则的表述也是不完整的,其中大部分的内容被留在了所谓的"因果背景(kausaler Feld)"中并未被明确提及。按照当前人类理论知识的现状、微观物理学(法学家和此几无交集)和微观生物学的过程、致病和治愈的过程、更高要求下的人类活动如道路交通中人的反应速度与注意力集中程度,最后还有因果链条中行为人行为之后的所有人的内心决定,都不算是被决定的(参见本书第二章边码27及以下数个边码)。

(三)作为归属基础的法义务:不履行义务将剥夺第三人履行义务的机会

1.皮革喷雾剂案(三)(《联邦法院刑事判例集》第37卷,106页)

27 皮革喷雾剂销售公司中的董事会成员,由于没有在最初的肺水肿病症出现时采取召回行动而被指控。辩护人提出,在那些使用者事实上罹患肺水肿的个案中无法证明,(如果董事会成员采取召回行动),零售商本会执行召回的决定。

尽管德国联邦法院根本不否认一个经验法则,那就是很多零售商并不会执行召回决定,而是会继续售卖喷雾剂,但是,它却以如下理由驳回了辩护请求:

> 在本案中,因果关系问题呈现于3个不同的层次。在第一个层次要认定,召回行动是否本可以开展,在第二个层次则是判断,召回决定是否本可以到达夹在中间的零售商,以及第三个层次是判定,这些零售商是否就会重视召回决定,也即确保不再向消费者继续销售将会引起损害的皮革喷雾剂,从而避免出现健康损害的结果。刑事审判庭对于处在第二和第三层次的(假定的)因果关联作出了无法律错误的说明。审判庭对此提供的论证理由仅限于事实认定的领域,遵循自由心证的原则,这是法律上诉审法院全面的正确性审查不会触及的领域。尤其是不会触及,如何确定用来执行召回行动的大概时间,以及在假设的情况下,参与召回的行动者以及召回行动所涉及的当事人会如何行为等问题;相反,对召回行动和损害避免之间的假定因果关联的可证实性——从一般情形上看——抱有怀疑的态度,则是无关紧要的,因为那仅仅取决于法官对于这一待决案件中的事实的自由心证。①

联邦法院在这里低估了自己作为法律上诉审法院的审查权限。法律上诉审法院并无须盲目地全盘接受事实审法院所作的每一个事实认定。他毋宁有义务审查,事实审法院是不是以无可指摘的方式作出了这一事实认定。法律上诉审法庭有义务审查事实审法院作出的事实认定是否符合一般经验法则与思维法则。其实,就算不了解事实审法院的论证理由,也可以得出结论说根本不是那回事。因为按照联邦法院针对因果关系在其内容以及确定性的认定上所通常适用的判断标准(参见本书第二章边码35及以下数个边码),上文提及的未被联邦法院所质疑的日常经验,将在逻辑上排除在其所谓的第二层次和第三层次要认定的怠于引导召回行动与皮革喷雾剂的消费者所遭受的损害之间的因果关系。

如果人们试图以联邦法院的假设不存在法来解决问题,那么,就得回答一个问题:当召回行动已经开始后,那些曾向后来罹患肺水肿的消费者出售

---

① BGHSt 37, 107 (127 f.).

皮革喷雾剂的零售商,是否能够及时地接收到召回决定,以及是否能够迅速地执行召回决定。出于一些原则性的理由,这样的问题根本无法回答。就算人们去询问某个零售商,他在那种情况下本会如何行动,那么,即使他想努力做出诚实的回答,他也回答不了这个问题,他顶多只能就此做出预测。我们中间没有人知道,他会在一个艰难的情形中如何行动,除非他真的身处那样的情况中。没有一个一般经验法则可以说明,当零售商或零售商群体接到召回决定之时,他们一定会采取什么样的行动。根据当前人类科学的发展情况,我们还没有根据直接假定存在那样的经验法则。因为人类科学无法就决定论和非决定论间存在的根本性争论给出有利于决定论的结论。

30 对于这里可能用来论证归属的替代因果关系的风险升高理论,联邦法院又一次明确表达了拒绝的态度。① 联邦法院就此判定,只有基于决定论意义上严格的因果法则才能进行归属。可是,想要在当前案件中针对因果关系的查明像联邦法院一样要求严格的决定论法则,在逻辑上就不可能。因为必要时或能给出一个盖然性判断,即那些曾向受害者出售皮革喷雾剂的零售商是否本会执行召回决定。在此之后,联邦法院也就必须依辩护意见的事实驳斥、对于初审法院的事实认定以其违反一般性经验法则或者违反逻辑为由予以撤销。

31 可是,风险升高理论并未对问题的解决提供令人满意的答案。因为这一理论使结果归属取决于零售商本会执行召回决定这一假设,是否存在高度的盖然性。如果人们假设在零售商之间有一种不良风气蔓延开来,即大家原则上都不执行召回决定,那么,对召回行动负有义务的生产商事实上就可能因此免除责任。生产商或许能援引零售商的假设的过错来为自己推卸责任,但这种假设会由于他们自己事实上没有采取召回措施而不会发生或不可能发生。

32 于是摆在我们面前的问题是:是否可以将结果归属于这样的行为,这一行为剥夺了他人合义务地拯救法益的机会? 以及如果是的话,应建立在何种理论基础之上? 同样面临的问题还有,如果这种合义务地拯救法益的机会被行为人以积极作为的方式消除了呢? 因此,这里涉及的并非不作为犯的归属问题。和那些我们适用了风险升高理论的案例不同的是,当前案例中的违法行为连同其他给定的事实一起构成了结果出现的充分条件。没有得到任何机会拯救法益客体者,就不可能去拯救它。在生产商的领导层

---

① BGHSt 37, 107 (127).

拒绝采取召回行动后,产品就百分之百地还处于流通之中并且能被消费者购得。麻烦的是,怠于召回的行为是否构成了充分条件中的一个必要组成部分,因为即使召回通知已经发出,也不排除这种可能,即产品仍旧因为零售商的义务违反而处于流通之中。但事实上零售商不存在义务违反,因为他们压根没收到任何召回通知。因果解释只能从真实的条件中产生。对于存在注意义务违反的假设并不属于结果出现的最低充分条件。这一最低充分条件实际在于,生产商并未要求零售商将罐装喷雾剂从其所供应的商品中剔除。因为不知道其所负义务之前提条件者,便不能履行这项义务。

不过,对于论证事实存在的经验——零售商往往不执行召回决定,在召回的不作为的因果关系检验中并不发挥作用,除了逻辑上的理由之外,还存在规范上的理由,而且规范上的理由更能让法学家信服。考虑这种经验法则就会得出这样的结论,即事实上违反义务的人可以借口他人假设的义务违反而推卸责任。正因为他人事实上根本不可能违反义务,也就无论如何都不对结果答责。这样思考的后果就是,对于结果的出现无法进行因果解释,因此,没有人可以被归属。

为了避免这一结论,我们必须在自然法则之外另行提出一种规范法则以作为因果解释的基础。**在做因果解释时,只要这些参与者事实上并未违反义务,我们必须认定其他参与者履行了义务。**① 在当前的案例中,这一有关的法则就表现为,只要生产企业从市场上召回了产品,那零售商就不会继续售卖这些产品。在这一定律的前提条件中,召回的不作为就构成了当前案例中产品可能继续处于流通之中并且能被消费者购得的充分条件的必要组成部分。被告人的辩解——召回决定合乎经验地不会被执行,以及无法确定售卖皮革喷雾剂给消费者的零售商是否真的会执行召回决定,被联邦法院正确地驳回了。可是联邦法院却怠于为这一驳回提供理论上的根基。

2.脓肿案(联邦法院:《新刑法杂志》1986年刊,第217页)②

被告人是一名住院医生,他在周内发现了一名刚接受盲肠手术不久的病人身上有红肿的症状,但无法对之给出解释。尽管如此,他却违反义务地怠于请教主治医生。而主治医生在周末探视病人时同样发现了该病人的这一症状,却将全面的化验检查安排到了下一周的周一进行。等到周一时该

---

① NK-Puppe Vor § 13 Rn.133 ff.; dies. Roxin-FS (2001), 287 (298); dies. JR 2017, 513 (519f); Sofos (1999)241 ff.; 也参见 Jakobs AT 7 /24; 现在联邦法院也持这一观点,参见 BGHSt 48, 77。

② 本案介绍参见 Kahlo GA 1987, 66。

病人已经病入膏肓了。州法院以如下的理由肯定了住院医生的不作为和病人死亡结果间的因果关系：主治医生本可以在周内就安排立即实施诊断措施，而他之所以在周末时没有实施诊断措施，是因为化验室周末只有一个值班人员在岗。

联邦法院以事实不清为由撤销了这一判决。撤销理由如下：

> 州法院没有对于其他的可能性给予足够的关注，也即就其而言对主治医生的注意义务违反作出解释。联邦法院对此解释道："州法院没有深入分析这个问题。因此，不能排除的是，在对事实作出详尽的、包含一切并非遥远的可能性的评价之后得出结论，仍然不能明确地认定，D医生应受谴责的义务违反是否'肇因于周末'。如果这一问题悬而未决，那么，就不会触及对他本人作出的有罪判决。但如果考虑到对U医生的义务违反的认定，那么，情况就不同了。如果无法排除，D医生即使接到了住院医生U在周内合义务的报告，也会像10月21日那天一样无动于衷，那么，就不可能认定，被告因为怠于向负责住院部的主治医生报告病情而引起了病人的死亡结果。①

36 按照上述认定，要判处住院医生有罪，则有必要提供一份证据，证明主治医生如果在工作日被延请则会实施必要的诊断措施。根本不可能提供这样的证据。果真如此，就不可能将法益客体的消灭算到一个妨碍或怠于对救援义务人进行通知的行为人的头上。但是即使存在一种可能的说法，也就是主治医生在周五近乎确定地（原则上不可能百分之百地确定）会做出和周日一样的举动，也无法以这个假定的义务违反来为事实上违反了义务的住院医生推卸责任。**依照法律，不得用假定的义务违反来解释一个法益侵害。**

37 因此，在这种类型的案件中，对于论证行为和结果间的法则性关联而言，必须在经验性法则之外引入法律的法则，也就是那些界定其他参与者义务内容的法则，而行为人怠于或者阻碍了对该义务的更新。在本案中，主治医生是否本会在住院医生合义务地延请他之后安排诊断和治疗的措施，并不是决定性的，决定性的毋宁是主治医生本应该这样做。我估计，即使不基于法律的理由，而是出于事实的根据，联邦法院也会假设主治医生履行了该义务，只要该医生后来的义务违反行为并未动摇这一假设的事实基础，并使将病人的死亡结果算到他的头上是可能的。

---

① BGH NStZ 1986, 217(218).

(四)自我保护规则作为归属规则

1.雪崩案(瑞士联邦法院:《瑞士联邦法院判例集》第91卷,第4辑,第117页)

如果一个行为不是妨碍了他人的义务履行,而是和被损害人自己的防范措施有所关联,且不执行这个防范措施则被损害人会面临危险、且该危险随后会在结果中实现,那么,人们又该如何论证这种行为和结果之间的因果关系呢?

被告是一位滑雪电影的制作人,他想着和几个滑雪选手在野外拍摄影片,却接收到预定地点可能发生雪崩的警告。他只将该警报的一部分信息传达给了滑雪选手们,于是这些选手决定,尽管如此还是踏上这段路程。结果好几个选手在雪崩中丧生。

我们将这个案例简化成,电影制作人根本没有将雪崩警报告诉他的滑雪选手们。不论是借助经验的还是规范的法则都不能在这个义务违反和滑雪选手因雪崩而死亡之间建立合法则的关联。经验上不确定的是,滑雪选手们如果知晓了雪崩警报是否会实施别的行为,抑或是像电影制作人所做的那样无视这个警报。法律上对此也没有规定,因为撇开救援者可能带来的危险不说,并不存在阻止人们自陷雪崩危险的禁令。如果滑雪选手们有权要求得到雪崩警报的信息,那么,就一定存在另一种可能性,即用刑法来保障这一权利。若要使之成为可能,则必须在规范法则之外认可将明智规则作为论证行为人行为和结果间合法则关联的基础。不要去受到雪崩威胁的区域,是一个明智规则,而滑雪选手并没有违反这一规则且在不确定的情况下也不可能违反这一规则。**规范上不能接受的是,用被害人假定的义务违反来解释损害的发生。**这和该损害在被告人履行义务的情形中大体上是否可能发生也没多大关系。仅当该义务违反真实地发生时,如因为滑雪选手通过别的渠道及时知晓了雪崩警报却当作耳边风,那么基于事实上的理由就会排除智慧规则的适用,因为滑雪选手自身的义务违反表现为他们发生不幸的原因,而这一原因超越了由电影制作人通过他的义务违反所推动的因果流程。

2.煤气接口案(瑙姆堡州高等法院:《新刑法杂志——刑事判决和报告》1996年刊,第229页)

被告经营了多个建筑工队,其中有些也在压力作用下安装煤气接口。由于煤气网的经营仍然是供应富含一氧化碳的城市燃气,因此就存在一个规章制度,规定在这样的情况下进行施工、特别是在竖井中施工时,必须戴上防毒面具,因为燃气特别地重于空气,因而在竖井内部会聚集起来。可是被告违反既有规定,没有给他的建筑工队中的每个人都配备防毒面具以供其支配,而仅仅是给所有人配备了唯一一个防毒面具。由于没有佩戴任何防毒面具,被害人在竖井中安装煤气接口时于压力作用下窒息而死。事故发生时,防毒面具被放在另一个地方,而这个防毒面具本应被取来使用。

41 本案被害人违反了自我保护的义务,因为他本应当花时间去取回防毒面具。但是,该义务违反之所以发生,原因正在于防毒面具没有发放到被害人手中,而本该对此负责的是企业主。瑙姆堡州高等法院要求查明如下事实:

如果有防毒面具可供使用的话,那么被损害人是不是近乎确定会在工作前佩戴它。①

原则上不可能作出这样的查明。因为客观上不确定的是,如果该设备随手可得的话,工人会如何行动。无法排除的是,由于在工作中佩戴防毒面具碍手碍脚,工人不会佩戴它。回答这一问题不能主张疑罪从无的原则,因为对这个问题的回答不是有疑问,而是不可能的,因为这个问题毫无意义。在承认人类决定自由的前提下,我们无法证明,如果发生和现实中不一样的情形,那么人们将如何行动。

42 如果工人将随手可得的防毒面具搁置不用,那么就会出现比现实中发生的更为严重的自我保护义务的违反。同样,正如行为人可以主张其他参与者的假定的注意义务违反或者职责违反来为自己推卸责任,为了说明他自身的注意义务违反并不构成充分因果条件的必要组成部分,他会以假定的其他参与者对注意义务违反的加剧来为自己推卸责任。装配工人不会佩戴随手可得的防毒面具这种可能性,无须在认定行为人行为对于解释结果发生的必要性时加以考虑。最多可能会基于被害人自愿的自陷危险考虑排除企业主的责任。但这里不能这样做,因为劳保法的意义恰恰在于,要给每一个建筑工队配备一个防毒面具,因而在节省时间和建筑工队成员的自陷危险之间并不存在什么冲突。

四、心理性因果关系

(一)候补官员案(《联邦法院刑事判例集》第13卷,第13页)

43 在一些案件当中,没有可供使用的相当有说服力的盖然性规则、法律义

---

① NStZ-RR 1996, 229(232).

务规则或者自我保护规则,以用来将行为人的行为和另一个参与者的行为关联起来,使从第一个行为到最后一个行为作为中间原因和损害结果形成因果链条。在刑事实务当中这样的案件并不少见。人们不假思索地就谈及教唆引起行为决意,或者谈及诈骗或敲诈勒索引起被害人的财产处分。尽管在很多这种类型的案件中都可以适用替代因果关系的风险升高理论,但在某些案件中却不能。这里有一个很著名的例子:

一个候补官员请求一个商人借给他2000马克,而这个商人显然将他当成了法官。候补官员虚假地声称,他只是在短时间内亟需这笔贷款,因为他正等待着不久将发放的矿井股份的红利,另外,他有钱的父亲还会给他一笔钱。在针对候补官员涉嫌诈骗罪的刑事程序中,该商人解释道,他也是商事法院的法官,就算他知道该候补官员不是法官而仅仅是一名候补官员,以及就算候补官员没有在他面前撒下有关矿井股份和一个有钱的父亲的谎言,他也会贷款给他。

于是法庭必须回答一个问题:被告的欺骗行为和商人的财产处分结果之间是否存在因果关系?如果使用假设不存在法,也即以该证人所述作为根据,则势必会做出否定的回答。尽管如此,联邦法院仍旧肯定了因果关系,理由如下:

> 这并不取决于该理由对于 A 给被告提供一笔钱来说是否充分。事实上正如判决中所查明的或至少是所预示的那样,商人之所以给被告钱,是因为他相信了被告所作的虚假陈述。只要这对于他借钱来说起到了共同决定的作用,那么,即使存在另外一个动机、该动机不会被认识错误所动摇并且可以单独引起他做出同样的决定,上述动机也并不会因此就丧失其法律意义。①

可是,即使人们对真实的事件流程使用迄今已介绍的因果关系认定的公式进行检验,也会陷入困境之中。在何种条件下该商事法院的法官会给被告提供小额贷款,对此并不存在一般性有效的法则。替代因果关系的风险升高理论在这里也无济于事,因为有关商人给候补官员提供小额贷款会要求多大的安全度,也不存在充分的具有说服力的一般性盖然性规则。

如果我们想继续使用"对决意的引起"这种说法,就像刑法教义一直以来无拘束的做法,那我们就需要另外一种原因和效果之间的关联类型,它并

---

① BGHSt 13, 13 (14).

不是通过严格的因果法则和统计学法则而得以建立。我们做任何事都是出于一定的理由,不论是技术性理由还是伦理性理由。我们之所以做什么,要么是因为我们觉得这样做是对的,要么是因为我们认为这样做是合目的性的,意即这样做可以达到一个我们认为正确的目标。这些行动理由对我们来说必须是明确的,而正是我们的自由决定使我们选择将什么作为行动的理由。这就将理由和动机区分开来,后者是无意识的,也是不可支配的。在因果关系的认定中,无意识的动机之评价只能借助盖然性规则。有意识的理由却可以被评价成另一种原因和后果间的关联性,这种关联性我们也称为因果关系,尽管我们对此明知的是,它是一种和自然因果关系完全不同的因果关系类型。**每一个为他人做出特定决定提供了理由的人,当他人正是出于此种理由而做出决定时,也就和该决定之间存在因果关系。**① 即使他人对于做出这一决定还有别的理由,这一结论也成立。让归属取决于其他的理由对于做出决定来说是否充分,之所以是毫无意义的,是因为原则上根本无法回答这一问题。因为,如前文所述,没法说如果一个人身处其他情境,那么,他将会如何行动。

46 按照上述规则就可以这样解答我们的案例:我们不是去问贷款人,如果候补官员没有做出虚假的陈述,那么他是否还会给他提供贷款,而是去问这一陈述是否在他事实上做出的将贷款提供给候补官员的决定中起到了作用。他并不需要回答这样的问题,即他是否会贷款给一个贫穷的候补官员,而是需要回答,他是否会贷款给一个年轻的、持有股份的以及其父亲十分有钱的法官。仅当候补官员的虚假陈述没有对他的考虑产生任何影响时,才要否定因果关系。要是联邦法院在作出判决时能够回想起由自己阐释的对心理性因果关系的理解,那就太好了。

(二)加拉维特案(联邦法院:《新刑法杂志》2010年刊,第88页)

47 初审法院以职业性诈骗对被告医生作出有罪判决,因为该医生以远超过原价的价格向无药可救的癌症病人出售了一种叫加拉维特的药品。[加拉维特是俄罗斯制药公司 Medicor 生产的一种药物品牌,在俄罗斯主要用于调节免疫力。21世纪初,该药物在德国曾被宣称可以治愈癌症。——译者注]这种药品虽为德国药品法所禁止,但是,在国际药店里却能够以远低于被告的要价购买到。被告也曾借助电视节目欺骗这些病

---

① NK-Puppe Vor § 13 Rn. 131 f; dies. GA 1984, 101 (109); dies. JR 2017, 513 (516 f.): Oo AT 6/38.

人,声称加拉维特在俄罗斯作为一种成功攻克各类癌症的良药已被检测证实。一个演员违背事实地讲述了自己仅通过服用加拉维特就治愈了前列腺癌的故事。被告在上诉中提出,欺骗行为和这些病人做出购买过高价格的加拉维特的决定间的因果关系,无法得到证明。联邦法院对此表示赞同,理由如下:

> 考虑到有购买兴趣的人参与的情形,因此,被告对其陈述在科学上达到可信赖程度的声称和被欺骗人的财产处分之间存在因果关系,并不是不言自明的。上诉意见中正确地提示到,这里涉及的是一群病入膏肓无药可救的癌症病人,他们被迫去"抓住每一根救命的稻草"。并非没有这种可能,即尽管病人们被承诺的并不是被证实的,而仅仅是——按照刑事审判庭的认定没有被排他性给定的——具有相应治疗效果的可能性,他们中的一部分人无论如何也仍然会做出购买的决定。①

不应隐瞒的是,联邦法院找到了另一条尽管十分可疑、却可以维持诈骗罪判决的路径,但这在当前的语境中无法得到解释。② 可是这个例子足够清晰地表明,如果在心理性因果关系的案件中法律不是着眼于真实发生的决定过程,而是着眼于如果其他参与者合义务地实施行为(所谓的合义务替代行为),那么,当事人将如何做出决定这一问题,将会产生什么样的结论。因为我们一直以来并不将人在紧急情形下的行为看成是被因果地决定的,并且因为我们不了解任何可以决定这种行为的因果法则,所以,我们没法有意义地声称,倘若一个无药可救的癌症病人知道了有关加拉维特的真相,他本会如何做出决定。如果一切都要取决于该问题的回答,那么,就只剩下按照疑罪从无原则做出有利于诈骗行为人的解释,即该病人就算知道真相也还是会购买药品。这样做就会导致,行为人就某种治疗或者补救措施欺骗无药可救的病人或者抱有怀疑态度的其他人,为了"从他们的口袋里骗到钱"可以为所欲为,而不会得到刑罚的制裁。

---

① NStZ 2010, 88(89).
② 刑事审判委员会对于按照其观点仍应成立的对诈骗罪的谴责是这样论证的:"所有被告人的诈骗性行为表现为,他们就加拉维特价格形成的基础以及药店的零售商欺骗了那些病人。尽管当他们要求病人按照某一特定价格支付,却并未承诺这个价格就是合理且通常的。但是,被告人通过违背事实的宣称,即加拉维特药的出口价达到每安瓿600德国马克,欺骗那些病人,让他们以为这款药在德国不可能以更便宜的价格被买到。"但众所周知的是,在诈骗罪的理论当中,商品或服务的提供者既不会就他索要的价格是否合理给出默示的承诺,也不会表示不可能在别处以一个更为便宜的价格得到商品或者服务。

50 　　如果作出判决的委员会想一想联邦法院对候补官员案所作的判决,而不是例行公事地适用条件公式、假设被告的违法行为不存在,他就会认识到,上诉中对被骗病人抱有怀疑态度的恶意提示,根本不足以驳倒针对被告医生的指控,也即他通过欺骗行为引起了该病人自我损害式的财产处分。同样,问题的关键并不在于如果被告合义务地行为,将会发生什么,而在于,事实上到底发生了什么。① 实际上,毫无疑问的是,每一个购买了昂贵药品的病人,都受到了一个错误信息的影响,即该药品在俄罗斯被证实能成功治愈癌症,且至少有一个病人,也就是前面说到的演员从中受益。由于被告对于这一因果关系是明知的,因此,他很难辩解,否则,他为了就加拉维特已被证实的药效欺骗病人们,因而在金钱和技术上做的投入,又该如何解释呢。

51 　　教唆的因果关系之认定也是遵循同样的规则。通常人们都是简单地适用假设不存在法并声称,如果行为人没有被教唆,那么,他就不会形成实施行为的决定。可是完全不清楚的是,凭什么可以这样声称。假设不存在法并非最小的缺陷在于,它能够让刑事法律人产生幻想,认为在没有各种法则以及其他原因和后果间的关联规则的情况下,人们也能声称因果关系的存在,只要人们假设行为人的行为不存在,就一目了然了。② 声称行为人若没有被教唆则不会产生行为决意,只有在这种情况下才是令人信服的,即他除了被教唆外没有其他产生行为决意的理由。倘若他还有其他的理由,那么,对回答其他的理由是否足以让行为人产生行为决意这一问题,假设不存在法同样无济于事。

五、通过阻止救援性因果流程引起结果

(一)血清案③

52 　　一名考察队员在热带雨林中得了致命的重病,只有通过注射一种特定的血清才能被救活。而在一块灌木停机坪上一架飞机已经准备就绪,同时准备好的还有救治所必需的血清剂量。由于飞机上不具备冷藏条件,血清即使空运到队员手中也变质了。一个大意的装运工人不慎打翻了血清。那么该工人的行为和病人的死亡之间存在因果关系吗?

---

① Roxin/Greco AT/1 11/32 a 也是这么认为的。
② Frisch Gössel-FS (2002), 51 (67 f.); der. Maiwald·FS (2010), 239 (253 f); Smson Rudolphl-FS (2004), 257 (262 ff.); Greco ZIS 2011, 674 (685). 批评的观点参见 Puppe Rechtswissenschaft 2011, 400 (407 f); dies. NK Vor § 13 Rn. 91; dies. GA 2010, 551 (569 f.)。
③ Samson (1972), 95 f.

对此，人们可能以这样的理由作出肯定的回答：因为事实上并没有发生血清因受热而变质这回事，因此为了阐述真实的因果流程，就得包含工人打翻了血清这一事实。① 可是对于解释病人的死亡来说，我们根本不需要这个信息，我们是通过描述该队员发病的起因和经过来获得完整的因果解释。倘若一开始就因为缺少冷藏设备而不可能将救命的血清从飞机上运送到病人手中，那么飞机上的忙活就和病人的死亡一点关系都没有。② 但是，如果对于通过血清救援和治愈该病人来说，事实上的前提条件都具备的话，那么按照一般法则，这种因果解释就是没有说服力的。为了让该解释具有说服力，我们必须搞清楚的是，为什么所期望的对病人的救援没有成功呢？只能以装运工人打翻了血清这一事实来做出解释。假如我们在进行因果解释时无视这样的可能性，即本打算进行的因果流程可能被干扰条件所中断，那么当干扰条件真实存在时，尽管该结果是由另一个因果流程所导致，我们也会将一个错误的因果解释当成是正确的。

表面上看，我们似乎得回到条件公式，仅在这种情况下将对因果流程的阻止认可为结果的原因，即在阻止行为实施的当时、能够支持这一因果流程具有救援性的所有条件都已具备。可是表象是靠不住的。如果在一个案情中对于结果的出现存在多个充分条件，而只有其中一个充分条件存在着阻止性的条件，那么对这个阻止性条件的消除就也和结果间具有因果关系。也即，对阻止性条件的消除构成了结果出现的充分条件中的一个必要要素。③

多个可能的原因当中究竟哪一个才是真实的原因，而哪个只是替代原因，阻断救援性因果流程和不作为犯一样，与对直接引起结果正好相反。在直接造成结果的场合，那个超越因而排斥了前一个已发生的因果流程，是真实的原因，而先前已经发生的因果流程则仅仅是替代原因。相反，在阻止救援性因果流程的场合，那个阻止救援性因果流程的第一个原因，排斥了所有其他的原因。④ 在这一场合中，每一个自然性的原因之所以会排斥每一个通过人的行为的引起，是因为人们可以把自然性的原因任意地向过去追溯，而基于对行为自由的假设，通过人的行为的引起只能随着行为的实施而

---

① 参见 Jakobs AT 7/24。
② NK-Puppe Vor § 13 Rn. 112; dies. ZIS 2018, 484 (486); dies. JR 2017, 513 (521): die. ZStW 92 (1980). 863 (904 f.); 参见 Roxin AT/1 11/34。
③ Puppe ZIS 2018, 484 (485).
④ NK-Puppe Vor § 13 Rn.112 f.: dies. ZIS 2018, 484 (486); dies. Rechtswissenschaft 2011, 400 (432 ff.).

开始。① 能救命的血清可以从飞机上运送到病人的手中、但会发生变质的事实,理论上在世界起源的那一刻就已经确定无疑了。

56 　　如果对于救援性因果流程的干预表现为阻止救援者的救援,那么仅当该救援者按照一般因果法则可能成功施救时,才会成立一个引起关系。如果干预表现为阻止对救援义务人进行的告知,那么上述原则同样适用。但是,在这种情形中我们并不是从因果法则出发来判定一个被阻止的因果流程是否具有救援性。只有在这种条件下,即没有被告知的义务人(如果被告知则)本会履行其义务时,这一因果流程才具有救援性。在脓肿案中(本书第二章边码 35 及以下数个边码),涉及的不是阻止对救援义务人的告知,而是怠于对救援义务人进行告知,于是联邦法院甚至认为,对阻止者的归属取决于一个原则上不可能被证明的说法,即救援义务人本会履行其职责。② 对此前文已经指出,为了确定行为人所阻止的或者违反义务怠于阻止的因果流程是否具有救援性(本书第二章边码 25 及以下数个边码),假设救援义务人本会履行职责,不仅是必要的也是合法的。假如人们要求对中断救援义务人所实施的救援措施的因果关系提供证据,证明一旦救援人得到了消息就一定会履行自身义务,那人们无非就是允许行为人可以主张潜在救援者的假定的义务违反来为自己推卸责任,也即主张一个事实上根本没发生的义务违反,因为行为人违反义务地阻止了或剥夺了(救援义务人)履行义务的机会(本书第三十章边码 12 及以下数个边码)。③

　　(二)在欧洲器官移植中心通过虚假陈述骗取捐赠器官成立杀人罪——器官捐赠丑闻案(联邦法院:《新刑法杂志》2017 年刊,第 701 页)

57 　　被告是一名器官移植外科医生,任职于哥廷根的器官移植中心。他将两个自己负责的女病人登记在了等候名单中,尽管按照联邦医师协会基于《德国器官移植法》第 16 条的授权所颁布的准则,这两个女病人并不被允许列入等候名单中。此外,他还以一些理由欺骗其他的病人,解释为什么可以让这两个病人在等候名单中获得比他们按照联邦医师协会所制定的规则能够获得的位次更为优越的位次。针对被告所面临的指控,即通过操纵器官移植等候名单将其他病人的等候顺位推后的行为涉嫌故意杀人罪既遂或未遂,联邦法院作出了无罪判决。

---

① 参见 Puppe Rechtswissenschaft 2011, 400 (434).
② BGH NStZ 1986, 217 f.
③ NK-Puppe Vor § 13 Rn.133 f; dies. JR 2017, 513 (520f); dies. Rechtswissenschaft 2011, 400 (433 f).

审判委员会首先考虑了一个问题,杀人罪究竟和器官分配程序中对病人的资料做虚假陈述有何关联?否定意见认为,每个病人在分配程序中并没有权利获得一个特定的器官,充其量只是有权利参与到一个符合规定的、不受操纵的分配程序之中。① 此外,审判委员会还对由联邦医师协会所制定的器官分配准则的合宪性提出了质疑,因为按照该委员会的观点,这一准则至少部分地与最新医学知识不相符合,特别是该准则没有通过正式的法律颁布出来,并且准则的内容不是足够明确。根据《德国基本法》第 103 条第 2 款的规定,分配准则必须满足这两个要求,因为它最终会产生证立刑事可罚性的效果。② 因此,不能以一个医生通过欺骗行为对破坏欧洲器官移植中心的分配准则施加了影响为由,来论证另一个病人的死亡结果的客观归属。③ 可到了最后,法院对于这种考虑是否具有说服力却搁置不议,而是基于其他的理由做出了无罪判决。

不过,所有的这些考虑都未能击中问题的要害。原则上,法律禁止将一个当事人的不幸转嫁到另一个人的身上,即使后者无法主张免遭不幸的权利,除非其获得权利是基于这样偶然的事实,即不幸并不威胁到他,毋宁只威胁到前者。原则上,法律也禁止让一个救援性因果流程,如碰巧将一个器官分配到某个处于危险之中的病人手中,转向另一个因果流程。如果一个乘船遇难者为了自己活命,将他人从救命的木板上推开,那么,他就创设了杀人的不法,并仅能依照《德国刑法典》第 35 条的规定免除责任。如果他这样做不是为了救自己而是为了救别人,那么,他就因实施杀人罪而应受到刑法处罚。他既不能辩称,他通过杀死一个人而救了另一个人的命,否则,这个人就活不了,也不能辩称,最初占有木板者和他或者其他人一样,都不享有占有该木板的权利。④ 倘若不是按照法律将紧缺的救援工具分配到特定利益人的手中,那么,按道理来说,"谁占有、谁所有"这个原则同样适用。尽管这样做可能与法感情相悖,但这种规则仍是必要的,否则,就会为了那点紧缺的、不依法分配的资源而引发所有人对所有人的战争。⑤

审判委员会拒绝将给那些希望在等候名单中获得一席之地却被挤掉

---

① BGH NStZ 2017, 701 (702); Schroth NStZ 2013, 437 (443).
② BGH NStZ 2017, 701 (703f.); Schroth NStZ 2013, 437 (440f.);批评的观点参见 Sternberg-Lieben/Sternberg-Lieben JZ 2018, 32 (34 f);Puppe ZIS 2018, 484 (490)。
③ BGH NStZ 2017, 701 (702 f.); Schroth NStZ 2013, 437 (43 f.).
④ Puppe ZIS 2018, 484(489 f.);Schroth NStZ 2013, 437(443 Fn.74)尽管认为这一与"卡涅阿德斯木板"的比喻并不妥当,但却没有说明为什么不当。
⑤ Böse ZJS 2014, 117 (121).

的病人制造不利影响的行为认定为既遂的杀人罪,为此,他们肯定了哥廷根州法院的观点,论述如下:

> 州法院正确地得出结论,认为当前想要证明一个生命的延长会近乎确定地出现,并因而认定构成既遂的杀人罪是不可能的。之所以这样认为,是因为每个病人都会面临5%~10%的在移植过程中或移植过后死亡的显著风险。此外,还有在裁判理由中作了详细论述的分配程序的不可衡量性。基于此,也就不能判断特定的器官究竟能否和被挤掉的病人相匹配,以及该病人在关键时刻能否接受移植,同时,也无法判断,当有器官可供使用时,能否在所涉及的移植中心进行移植手术。①

联邦法院和初审法院一样,仅仅将目光聚焦到了唯一可能被伤害的病人身上,也就是所谓被挤掉的病人中排第一个的那位。州法院就曾论述道,一切都只能取决于被挤掉的这第一个病人,而关于其他被挤掉的病人,由于器官分配的事实过程完全是不清楚的,也就无法认为(行为人)对于因果流程的关键环节具有预见可能性并因而具备认识性的故意要素。②

尽管州法院在此处提到的是故意而不是客观构成要件,但和联邦法院一样,它所阐述的内容背后是这样一种思想,即在客观构成要件中具体的受害者必须得到确定,以至于某种程度上行为人可以针对他。可在器官移植程序中,无论如何也不可能在操控名单之时就确定受害者是谁,因为与此同时,其他人的决定也扮演了一定的角色。例如,一个病人或他的医生拒绝了供应来的一个器官,因为他盼着得到一个品质上更好的器官。再如,一个被挤掉的病人得到了一个器官,因为为了防止该器官坏死,在例外的紧急程序中它被供应给了所有的器官移植中心。

但是在回答死亡结果是否出现这一问题,以及回答该死亡结果是否为行为人的故意所涵盖这一问题时,以上所述都不是只将目光聚焦在第一个被挤掉的病人身上的理由。《德国刑法典》第212条对于结果的描述和其他结果犯一样,都使用了不定冠词。对于客观构成要件来说,只需要认定对名单的操纵导致了某个人的死亡结果,而如果没有名单的操纵这个人本可以活下来,③并且行为人的故意也只需要涵盖这一事实即可。杀人的故意

---

① BGH NStZ 2017, 701 (706).
② BGH NStZ 2017, 701 (702).
③ Böse ZJS 2014, 117 (118); Roxin/Greco AT/I ll/34a.

或是伤害的故意并不包含对于被害者身份或者特征的想象。所谓被害人选择认定的说法起码是一种误解。

不论是回答客观上结果发生的问题，还是回答结果引起的故意的问题，都需要将所有被挤掉的病人都考虑进来，而正是操纵器官移植的医生所负责的病人为了能在等候名单中获得一席之地而挤掉了他们。例如，假设通过医生的虚假陈述，被医生优待的病人在等候名单上向前推进了10位，那么，就会减少10个病人能及时得到捐赠器官的机会。这样一来，联邦法院的论断，即被挤掉的第一个病人很可能不能接受或没有接受供应来的器官，也就作废了。因为要真是那样的话，这个器官肯定不会从分配程序中消失，而是供应给名单上排着的下一个病人。刑法不必像审判委员会所为的那样，马上屈服于"分配过程的不可衡量性"。

为了证明器官移植医生通过让他的病人受益的等候名单的操纵导致了另一个病人的死亡结果，法院到底需要认定什么？首先必须认定的是，基于医生对名单的操纵，该（受益的）病人事实上已经获得了一个器官。这一点在已决的案件中完全具备。其次必须认定的是，该受益的病人基于名单的操纵究竟超越了多少病人，以及超越了哪些病人。这里自然只会将那样一些病人纳入考虑的范围，他们本可能成为实际上移植给该受益病人的那个肝脏的接收人。根据欧洲器官移植中心按照分配准则为每一个登记的捐赠器官列出的匹配名单（接收人名单），原则上是可能作出这一认定的。最后必须认定的是，是否在被超越的病人群体中有列入等候名单的病人已经死亡，而如果不是被告通过不正当的方法让其病人受益从而引起器官供应的延迟，这名病人本可以及时地获得器官的供应。而这名病人即使在紧急程序中也未能获得一个与其匹配的器官，这在事后无论如何是可以得到确定的。基于数据保护的需要，法院匿名地做出了这一认定，这其实没什么坏处，因为受害者的具体身份根本无须得到认定。

剩下的不确定性在于，如果使用那个因操纵而让该病人错过的器官给他做手术，手术是否能够成功，至少使病人能够挺过手术这一关，并且比他在事实上没有接受器官移植的情况下要多存活一定的时间。可是对认定这一事实来说，存在着经验上的障碍，因为肝脏移植过程存在5%~10%的死亡风险。倘若人们像这里所建议的那样，认为此处涉及的是一个原则上非决定论的过程，那么，该问题就可以借助风险升高理论这样加以解决：论证该病人的死亡结果之归属的理由，在于操纵名单的医生剥夺了他事实上存

64 　　如果人们和联邦法院一样,也认为这一过程完全是被决定的,也就是客观上能够百分之百地确定,该病人到底是属于那90%-95%的通过器官移植活下来的群体,还是属于那5%-10%的不能活下来的群体,那么,结果的出现就是不可认定的,尽管该结果出现与否客观上是确定的,并且审判委员会在当前的判例中也是以此作为论证的基础。但是,就算操纵了等候名单的器官移植医生也不可能知道,该病人属于上述哪一个群体,于是按照联邦法院的"世界观"就一直在考虑未遂的可罚性。

65 　　为了故意地实施行为,行为人必须随后想象一个完全被决定的因果流程,该流程导向被他挤到等候名单后面的一个或者多个病人的死亡结果。他须想象到那个本可以得到他骗取的器官且在等候名单上排在因他而受益的那个病人之前的某个病人,由于没有及时地获得捐赠器官而死亡。他还必须想象到——这一表述在联邦法院完全决定论的世界观里十分有意义——如果这名病人及时地获得了器官,那么,他就会通过移植手术活下来。但被告并不必须对于这一因果流程作出确定性的想象,而只要想象它有可能发生即可。② 基于被告确切了解的器官分配程序的事实情况,这种因果流程总是可能发生的。如果是这样的话,那么,就只需要再回答一个所谓意志性的故意要素的问题。但在当前的语境中我们没必要再去就这一争议展开讨论,因为联邦法院已经以行为人必须对于导向结果的因果流程形成确定性的想象为由,否定了本案中认识性的故意要素。③ 这在文献当中引发了一些愤怒。④

六、实际适用的提示

66 　　尽管条件公式是错误的,可考生们总是期待着适用它,期待着通过想象一个行为不存在的方式,来检验该行为与结果间的因果关系。现在人们也可以这样适用合法则的最低条件理论,也即人们在某处想象待审查的行为不存在,但不是通过想象其不存在于世界中来追问没有它的存在(假定地)会发生什么,而是通过想象其不存在于某个已经设计好的结果的因果解释中,从而追问,倘若没有该行为的存在该因果解释是否仍有说服力(参

---

① 参见 Rissing-van Saan/Verrel NStZ 2018, 57 (65); Puppe ZIS 2018, 484 (491)。
② 对联邦法院的论证更为深入的研究,参见 Puppe ZIS 2018, 484(491 f.)。
③ BGH NStZ 2017, 701 (706)。
④ Hoven NStZ 2017, 707 f; Rissing-van Saan/Verrel NStZ 2018, 57 (65 f.); Ast HRRS 2017, 500 (501); Sternberg-Lieben/Sternberg-Lieben JZ 2018, 32 (37)。

见本书第二章边码 5 及以下数个边码)。

因此,人们首先描述的是一个真实发生的因果流程,该因果流程最终导向了实害结果。这种描述是详尽的还是粗略的,要视结果出现的因果解释是简单还是复杂而定。对一个简单的案例来说,如行为人用一把锤子击打了被害人,以下的认定就足够了:被害人的死亡结果是由于头部多次遭受锤子的击打造成的。于是人们就可以描述道,不可想象这个因果流程中不存在行为人的击打行为,否则,结果就不会发生。在精神病院案(本书第二章边码 1 及以下数个边码)中的因果解释并非那么简单,因为第三人的行为,也就是精神病院看守的行为以及病人的行为,也在发挥一定的作用。可以将这一因果解释表述如下:行为人在实施杀人罪行之前身处于精神病院的一个封闭区域内;通过让看守打开精神病院的大门,他获得了自由;看守之所以这样做,是因为精神病人向他出示了由主治医生开具的许可证明;此后,由于该病人不再处于监管之下,他便可以实施多个杀人罪行。 **67**

在这个例子中,为了论证对病人实施犯罪来说最低的充分条件,我们已经开始适用一个一般规则,该规则不是因果法则,而是规范法则。这一规则就是:如果一个病人向一个封闭的精神病院的看守出示了由其主治医生所签署的无监视外出的许可证明,看守就会为他打开精神病院的大门。没有人对此存有异议。在皮革喷雾剂案中,为了论证在形成决议过程中所投选票与结果间的因果关系,我们需要从公司的章程中获取作为一般性规则的规范法则,即对于形成相关决议来说什么样的多数是必要的。对于使用一个规范法则来说,我们仅仅在这种情形中需要一个特别的法律形象,该法律形象的根基并不在于它在当前的案例中被实际遵守,而在于任何人都不可以通过主张他人假定的规范违反来为自己推卸责任。这些规则是依法产生的义务,而义务的内容本应该由行为人借助义务人提供的信息予以更新,如零售商的义务是不得继续售出要召回的产品,主治医生的义务是一旦接到值班的住院医生打来的电话就得现身医院并且采取必要的措施。这同样适用于与自我保护相关的明智规则,它适用的情形是,行为人违反义务地没有给予他人任何机会,就像雪崩案和煤气接口案中所描述的那样。 **68**

当人们已经借助一般规则将真实发生的因果流程描述出来时,就可以这样去写:不能想象该因果流程中不存在行为人的行为,否则,结果就不会发生。 **69**

如果阅卷者是条件说的支持者,那他要么根本没意识到,您没有适用这一理论,要么他向您承认,您完全正确地适用了这一理论,因为您没有考虑那些未曾真实发生过的事情。如果您的主考官不是条件说的支持者,那么,他将会给您出具一份证明,证实您对于因果关系拥有十分精细的理解。

70 这种方案相较于所谓的条件公式来说具有以下三方面的优点:第一,和必要条件的公式相反的是,从一个已经建构的真实且有说服力的结果的因果解释中想象某个行为的不存在,才是个案中合乎逻辑且能在方法论上查明因果关系的方法。第二,再一次和条件公式相反的是,当出现多重因果关系的情形,或者在事实中创设了替代原因时,采用这种方案可以很容易地得出正确的结论。为了在一些案件中得出正确的结论,人们无须去追问必须在个案中将什么考虑进来,或者不必须将什么考虑进来;人们也无须去学习由主流理论针对这些案例发展出的条件公式的其他适用规则,包括众所周知的替代公式。第三,这种方案使法学家的注意力从一开始就转移到真实发生的因果流程上,而不是在一个假定的、即使没有行为人的行为也会发生的因果流程上。于是,法学家马上就会认识到,这一因果流程是否有异常之处,从而阻碍了将结果归属于行为人的行为,尽管该行为与结果间具有因果关系。

71 我们还将对那些异常之处详加阐述。这里包括了两种情形:一个因果流程在行为人实施了违反义务的行为后,首先转变为一个允许的风险,而该风险随后通过偶然事件在结果中实现;或者,该风险通过他人的违法行为再次转变为一个不允许的风险,也即所谓的不允许风险实现的必要性(参见本书第三章边码1及以下数个边码)。这里还包括了一种情形,被害人有意识地参与到他自己的危险行为中,也即所谓的自我答责的自陷危险(本书第六章边码5及以下数个边码)。

72 精神病院案(本书第二章边码1及以下数个边码)也抛出了这样一个问题,即所谓的溯责禁止。虽然两被告人被开具了许可外出的证明,但导向犯罪被害人死亡结果的因果流程是由这两人的故意杀人行为所开启的。您只能这样解释:溯责禁止(按照这一思想即使不考虑参与他人故意行为的情形,也不允许将因果流程回溯到另一个引起者的故意行为之前)在本案中没有适用余地,因为本案中的故意行为人并不完全具有负责能力,而且两被告人的任务就是保护潜在的被害人免遭该故意行为人所创设的危险的威胁。

73 与作为每一个归属的基本条件的因果关系不同,上述问题仅仅会在一些案例审查中才会被提及,这些案例的事实给人们回答上述问题提供了理由。如果您通过简单地描述条件说来审查因果关系,那您在一些情形中就根本没察觉到,它究竟是不是那回事。但如果您简短地描述下真实的因果流程,那么,您就已经对有关的进一步归属问题的审查做好了准备。

每一个过失犯的成立都需要审查因果关系,即行为的注意义务违反性和注意义务违反的结果之间的因果关系,而只有在那些需要认定客观归属的情形中才会审查到规范保护目的,之所以会谈及客观归属的必要性,正是因为个案中这方面的问题显得棘手。人们只要描述一下真实发生的因果流程,就会知道它究竟是不是那么回事。被损害的行为规范是否旨在防止这种类型的因果流程,这个问题针对的不是结果,而是因果流程。①

---

① 规范,有关于它的保护目的,不是指《德国刑法典》的构成要件,如第 222 条或者 230 条。因为说到该规范的保护目的,无非就是为了防止死亡或者身体伤害结果的出现。规范,有关于它的保护目的,毋宁是指行为人已经触犯的注意规范。

第三章 注意义务违反的因果关系暨违法性关联或者不允许风险的实现

一、何谓注意义务违反的因果关系——指示灯案

1 一天早晨,当A准备开车上班时,发现车的左指示灯不亮了。显然是灯泡或者是保险丝烧坏了。尽管一个灯泡或者保险丝对他来说随手可取,但为了上班不迟到,他仍旧开着坏了指示灯的车走了。当他必须在一个红灯前面停下来时,另一辆汽车从后面撞上了他的车,而那辆车的司机首先是开得太快,其次是开车时疏忽大意。

2 尽管A实施了违反注意义务的行为,因为他开着坏了指示灯的车上路,而且,尽管他正是通过这一开车以及随后停在红灯前面的行为因果性地引起了交通事故(一个巴掌拍不响),他也不应该为别的司机的人身伤害负责,因为他并没有如同《德国刑法典》第222条所说的"因过失而引起"这一人身伤害的结果。只是存在一个违反义务的行为,以及这一行为与损害结果间具有因果关系,尚不足矣。毋宁是建构义务违反性的那些行为特征与损害结果间需要具有因果关系,也即这些行为特征对于损害结果出现的充分条件而言是必要的组成部分。① 为了解释这一事故的发生,我根本无须提供任何有关车辆指示灯状况的信息,因为A在事故发生前没有义务启动闪光设备。我便可以用这样的理由轻易地否定注意义务违反的因果关系,即有关坏了的左指示灯的描述在事故发生的充分条件中根本没有出现。人们要想取悦主流学说,也可以这样表述:设想那个坏了的指示灯不存在,否则,结果就不会出现。

---

① NK-Puppe Vor §13 Rn.206ff.; dies. ZJS 2008, 488(492).

联邦法院将这一归属关系称作"注意义务违反的因果关系"①基本上是正确的。这一表述十分有道理，但却在学界引发了不满，因为义务违反指的是行为和注意规范之间存在矛盾，而规范判断不可能成为原因。但这个表述的瑕疵可以简单地得到纠正，只要人们用行为的注意义务违反的特征代替注意义务违反的说法即可。但学说中并没有做这个简单的纠正，宁可不将必要的关联称作因果关联，而是叫作违法性关联、义务违反关联或者不允许风险的实现。② 这类表述倒没有错误，但它们有一个缺陷，就是对于行为的注意义务违反性和结果之间的必要的关联方式什么也没说。什么也不说，当然也就不会说错什么。

另一个不必要的困难不仅让理论、也让判例倒了霉。两者都反对对人们可以讲清楚的事实做出含糊其辞的陈述。因此，两者都拒绝在认定注意义务违反的因果关系时，简单地就行为的注意义务违反特征做模糊的陈述，毋宁要求在注意义务违反行为发生的地方，设置一个符合注意义务的行为，也就是所谓的"相对应的合乎注意义务的替代行为"。③ 可是这一操作不仅是完全多余的，它也使必要的归属关联变得有歧义，因为到底哪种符合注意义务的行为方式"对应于"行为人事实上所实施的注意义务违反行为，是不清楚的。④ 在当前的案例中，行为人本可能修好有故障的指示灯，他也可能乘坐有轨电车、骑车或者打出租车去上班。如果人们将驾驶者修好汽车的指示灯算作符合注意义务的行为，那么，结果还是会出现，如果人们将骑车或打出租车考虑进来，那么，结果就不会出现。如果人们将打出租车考虑进来，那人们又不清楚，结果是否还会出现，因为人们毕竟不知道，出租车司机是否也会像被告人那样或者以其他的方式开车。这些行为方式中到底哪个才是相对应的？驾驶者能否修好汽车的指示灯这个问题，取决于个案中行为人是否有可供使用的替换灯泡或替换保险丝，并且行为人自己可以修好闪光设备吗，还是行为人事实上根本没有这个机会？这种标准不应当被采纳，因为如果驾驶者果真开着修好了指示灯的汽车，其行

---

① BGHSt 11, 1(7);21, 59;33, 61(64);VRS 21, 6;JR 1982, 382;OLG Thüringen VRS 111, 180 (184);Fischer vor §13 Rn.35 mwN; Jakobs AT 7/78; NK-Puppe Vor §13 Rn. 206; dies. GA 2015, 206(207ff.).

② Lackner/Kühl §15 Rn. 41; Schönke/Schröder-Eisele vor §13 Rn. 95.; Schönke/SchröderSternberg/Lieben/Schuster §15 Rn.173; Wessels/Beulke/Satzger AT Rn.304; Kindhäuser 33/34f.;Kühl AT 17/47; Frisch GA 2003, 719(728).

③ Kindhäuser AT 33/34; Wessels/Beulke/Satzger AT Rn.1129f.; Baumann/Weber/Mitsch/Eisele AT 10/88 ff.; Schönke/SchröderSternberg/Lieben/Schuster §15 Rn.174 ff.

④ NK-Puppe Vor §13 Rn.202, 209ff.

为就是被允许的,因而对于与此相关的风险,其他交通参与者就只能当成被允许的风险加以承受。从个案中驾驶者不可能立即修好指示灯这一事实中,不能产生其他的交通参与者要求幸免于难的权利。①

二、全面性要求

(一)三个自行车手案(《帝国法院刑事判例集》第 63 卷,第 392 页)

5 一个事故所牵连到的三个自行车手 A、B 和 C,在黑暗中骑车时均没有开灯。自行车手 A 在前、B 在后朝一个方向行驶,而自行车手 C 横穿到了 A 和 B 所在的自行车道上,却没有看见这两人。他与 B 相撞了。帝国法院要就一个问题作出判定,即自行车手 A 是否要因为骑车时没开灯而为事故的发生负责。如果他开了灯,那么,C 在那个时刻就可以认出自行车道的交叉路口,因为他会看到开了灯的自行车手 B。[本段关于三个自行车手案的案情与罗克辛教授的教科书有所不同,A、B 两人的位置正好相反,经与原判决对比确认,发生事故的为骑在后面的 B,而讨论的是骑在前面的 A 的刑事责任。——译者注]

帝国高等检察机关因此提出,若假设自行车手 A 的行为不存在,结果仍旧会出现。帝国法院反驳了这一观点,理由如下:

> 这里只能就事故真实发生的情况作出判定。因此,人们不能——帝国高等检察机关以此为前提——完全将被告剔除出去,毋宁应当考虑到他在场并且骑着没开灯的自行车的事实,然后追问,如果他当时开了灯,那么,事实又会是什么样。②

6 按照这种想法,A 在骑车时不开灯是否和事故的发生有因果关系这个问题,当然会得到肯定意义上的回答,因为如果 C 本可以看到 A 车上的闪光灯,那么,对于解释在 B 尾随着 A 骑车的前提条件下所发生的事故而言,有关 A 在不开灯的情况下骑车的陈述就是必要的。反对这种归属论证的观点通常指出,人们在黑暗中骑车时应当开着灯,以照亮其他的交通参与者或者提防其他同样没开灯行驶的车辆,③这根本不是规范的保护目的。这在结论上虽然是正确的,但无法看出确定规范保护目的的方法是什么。

---

① Jakobs AT 7/86;NK-Puppe Vor §13 Rn.213.
② RGSt 63, 392(393).
③ Schönke/SchröderSternberg/Lieben/Schuster §15 Rn.158;Jescheck/Weigend AT §55 II 2 a) bb);Roxin AT/1 11/84; Wessels/Beulke/Satzger AT Rn.266.

帝国法院也曾以极其相似的方式提出论证,它将 A 的行为评价为怠于开启车灯,再否定 A 针对 B 负有的保证人义务。可是,在黑暗中骑车不开灯并不是一个不作为,而毋宁是一个忽视注意规范的行为(参见本书第二十八章边码 8、9)。

只有首先对被违反的注意规范的内容作更明确的审查,而不是立即回溯到规范保护目的,才可能在方法论上对上述结论进行清晰的论证。实际上,没有一个注意规范的内容是你应当在黑暗中开着灯骑车,毋宁只有一个规范的内容是当你在黑暗中于公共道路上骑车时,你应当开着灯。由违反注意规范所产生的不被允许的风险,仅当该注意规范的所有条件而不单是其中一个或另一个在因果解释中表现为必要的组成部分时,①才会实现于因果流程之中。在当前的案例中,只是基于 B 没开灯的事实对于解释事故的发生有所必要,还不足以认为这一不被允许的风险已经实现,毋宁是仅当 B 没开灯这一陈述连同他尾随 A 骑车这一陈述均对于解释事故的发生有所必要时,才能认为风险已经实现。但当我们想象这两个陈述均不存在时,我们仍旧会得到一个富有说服力的事故的因果解释。因此,律师的考虑是正确的:之所以不能让 A 为事故的发生负责,是因为即使人们想象他和他的自行车都不存在,结果也还是会发生,正如该律师当时曾表述的那样;并且,结果的因果解释也仍然富有说服力,正如我们现在所表述的那样。

注意义务违反的所有条件都必须共同表现为结果的因果解释的必要组成部分,借助这一要求我们就能够排除所谓的保护反射了。② 这是指这样一类的案件,其中一个参与者若实施符合注意义务的行为,则会碰巧使另一个参与者受益。我们的三个自行车手案正属于这一类案件。如果自行车手 A 的车灯可以保护 B 免于和 C 相撞,那么,A 开灯的行为则会碰巧使 B 受益。

在负有开灯义务的场合,这样的保护反射很容易出现。例如,当旅店老板无视他负有的给旅店入口处提供足够照明的义务时,他也不必为在同一条无照明的大街上发生的行人失足跌倒的事故负责,尽管如果旅店老板小心翼翼地行事,那么,他点亮旅店入口处的照明灯的一部分灯光就会投射到人行道上,因而行人也就不会发生跌倒的事故。为了解决本案,人们无须求助于规范的保护目的。以此来解释,"你应当点灯照亮你的旅店入口处"

---

① NK-Puppe Vor §13 Rn.215;dies. ZStW 99(1987), 595(601f.);dies. GA 2015, 206(211f.);im Ansatz ebenso Jakobs AT 7/78.

② NK-Puppe Vor §13 Rn. 228 ff., insb. Rn.231; Vgl. Krümpelmann Bockelmann-FS (1979), 443.

这一规范的保护目的并不包括改善人行道上的照明状况。如果没有理由将人行道上发生的跌倒事故归属于点灯义务的违反,那么,点灯义务的保护目的自然不是保护行人免于跌倒。但并不是从对保护目的的否定中得出否定归属的结论,而是相反,是从归属的不可能推导出对保护目的的否定。这里被违反的规范并不是"你应当点灯",而毋宁是"只要你的旅店在天黑时还没打烊的话,你就应当在大门处点上足够亮的灯"。因此,如果对于该规范的违反所产生的不被允许的风险要在因果流程中实现的话,那么,还有一个陈述必须出现,也即旅店老板在当时还没打烊。可是,行人的跌倒与此完全没有关系,因为他根本没有位于旅店入口的范围中,也没有要进去的意图,因而点灯事实上所产生的保护效果对于行为人来说就是一个单纯的保护反射。

(二)注意义务的替换——轮胎案(科隆州高等法院《交通法汇编》第64卷,257页)

10 一个司机所开的汽车因为一个轮胎爆裂了,与他人的车发生了碰撞。他汽车上的轮胎均已严重磨损。[《德国道路交通许可法规》第 36 条规定,在道路交通中所驾驶之车辆,轮胎主胎纹深度不得低于 1.6 厘米。——译者注]可是,根据证明结论无法排除的是,轮胎发生爆裂的原因并不在此,而可能是一个尖锐的物体扎进了其中一个轮胎中,就算该轮胎表面有足够的纹路,毫无疑问爆胎也可能会发生。

尽管如此,科隆州高等法院还是撤销了以证据不足为由对被告作出的无罪判决,理由如下:

> 在本案中,行为人以两种方式违反了交通规则:其一,他使用了磨损的轮胎;其二,他在此之外车开得过快(《德国道路交通法规》第 3 条),如果考虑下当时轮胎的糟糕状况的话。基于这些情状,刑事审判庭就不应当仅仅满足于这样的认定,即异物的扎入也会以同样的方式作用于一个无瑕疵的轮胎,以及一个尖锐物体本也可能扎进一个全新的轮胎中进而导致瞬间的漏气。这种对比对于否定被告人的违法行为和事故间的因果关系来说不够充分。刑事审判庭毋宁首先要审查和解释的是——当被告人开着磨损了轮胎的车时——什么样的速度仍然是合适的。只有能够证实即使被告人遵守了基于轮胎的糟糕状况所应保持的合适车速,仍然会发生事故时,才能够否定违反禁令的轮胎状况

的因果性。①

认为被告人"以两种方式违反了交通规则"是不正确的。他只是违反了一项交通法规,即《德国道路交通许可法规》第36条,该条禁止人们驾驶车胎严重磨损的汽车。如果驾驶车胎严重磨损的汽车是被禁止的,也就不存在针对驾驶车胎严重磨损的汽车所允许的车速了。[在《法学思维小学堂——法律人的6堂思维训练课》中,普珀教授用规范逻辑分析了本案中这种偷换注意义务的做法:规范逻辑的基本规则是"凡是被禁止的,就是不被允许的"。科隆州高等法院认为被告人违反了两项规范:第一项是《道路交通许可法规》第36条规定,即如果轮胎已经磨损,就不得驾驶带有磨损轮胎的汽车;第二项是科隆州高等法院基于《德国道路交通法规》第3条所引申出来的,如果轮胎已经磨损,那么,就应该减速慢行。基于前述德国规范逻辑,这两项规则的内容是互相矛盾的,因为前者完全禁止驾驶轮胎磨损的汽车,而后者则认为在特定的速度内,允许驾驶轮胎磨损的汽车。基于体系解释的无矛盾性要求,必须解决这两个规范之间的冲突,这时就需要依规则确定两个规范的优先顺序,此处指的是特别法优先于一般法。《道路交通许可法规》第36条作为特别法具有优先性,排斥《道路交通法规》第3条的适用。从规范逻辑的角度对本案判决的分析详见[德]英格博格·普珀:《法学思维小学堂——法律人的6堂思维训练课》,蔡圣伟译,北京大学出版社2009年版,第139—141页。——译者注]因此《道路交通法规》第3条的规定在这种情形下没有适用余地。② 被告人的注意义务违反仅仅在于,他驾驶着车胎没有足够纹路的汽车上路。仅当对于事故的解释来说,车胎没有足够的纹路是必要的组成部分时,才能认定该注意义务违反和事故之间具有因果关系。可如果我们想象一下,被告人的答辩提出,车胎之所以漏气并不是因为其严重磨损,而是因为有尖锐的物体扎了进去,那么,上述归属前提可能就没有被满足。

州高等法院对被告人的处理表面上显得慷慨大方,它给予了被告人一项权利:他可以驾驶着车胎严重磨损的汽车上路,只要他按照《道路交通法规》第3条的规定保持一个与此状况相适应的车速,也就是开得足够的慢,以至于他在车胎几乎没有纹路的情况下所需要的刹车距离,并不大于驾驶车胎有足够纹路的汽车在遵守最高限速的情况下所需要的刹车距离。可

---

① OLG Köln VRS 64, 257(258).
② Puppe (2014), 228 f.

是，法庭如何干得出这种事情，也即通过更慷慨的界定被告人注意义务的方式论证了结果的归属，而如果适用更严格的、绝对禁止驾驶车胎老化的汽车的标准则无法进行这一归属？判决中使这一结论成为可能的另一个错误，在于对全面性要求的违背。尽管在事故的因果解释中，出现了被告人驾车的速度超过了他在驾驶轮胎严重磨损的汽车时按照法庭新建构的注意规范所应遵守的速度这一事实，因为在开得更慢的情况下，即使车胎是瘪的，他也能在不威胁到其他人安全的情况下把车停下。但是，如果人们假定他的声称是正确的，即车胎是因为有尖锐物体扎入而漏气，那么，车胎是老化的、不再有足够的纹路这一事实就没有出现在事故的因果解释中。对于驾驶车胎严重磨损的汽车的司机来说，新的注意规范不是你应当慢点开车，而是，当你的车胎老化时，你应当慢点开车。州高等法院把原本针对驾驶车胎严重磨损的汽车的禁令弱化为在此情况下以更慢的速度驾驶的要求，也就无法认定司机的责任了，只要他的车胎老化的事实对于事故的解释来说没有必要。①

三、注意义务违反的多重因果关系

（一）公交车站案（联邦法院《交通法汇编》第 25 卷，第 262 页）

13 除了已展示的结果的可避免性理论的多义性和可操纵性的缺陷，通过合义务的替代行为还可以发现这一理论的另一个我们同样了解的缺陷，也就是多个参与者的注意义务违反同时发生，以至于每一个注意义务违反都可以单独解释结果的出现，也即注意义务违反的多重因果关系的场合，结果的可避免性理论会失效。它之所以会失效，其原因和条件说在多重因果关系场合失效的原因一样。②例如，在公交车站，如果有公交车停在那里，后面的汽车司机就有义务要么与公交车保持 2 米的安全距离、要么在驶过站台时保持一个能够有效刹车的速度。科处这项义务的原因在于考虑了这样一种可能性：乘客下车后想要横穿马路，不是等公交车开走，而是出现在距离车尾几步路的地方，以便获得一个开阔的视野。尽管这一行为同样违反了注意义务，但是汽车司机仍有义务对此加以关注。

被告人以正常的速度驾驶汽车，但在驶过站台时与公交车尾部的距离太近。一个出现在公交车后面的小孩被该车撞倒，造成了致命伤。被告人

---

① Puppe ZJS 2008, 600(603 f.); Vgl.dies.NStZ 1997, 389(391).
② NK-Puppe Vor §13 Rn.203; dies. Roxin-FS (2001), 287(290 ff.).

辩称，这个小孩没有向左向右看看，就跑向了马路，因此，即使他与公交车保持 2 米的安全距离，也会将其撞倒。

联邦法院撤销了根据《德国刑法典》第 222 条对被告所作的判决，并斥责如下：

> 裁判理由中没有包含任何有关被告人的行车方式与致命事故间因果关系的阐述。刑事审判庭没有解释，被告人是否以及在何种情况下本可以确定地避免撞倒小孩。从判决中无法得知，州法院是否注意到，只有当遵守交通规则能够确定地避免危害结果时，才可以认为，违反交通规则的行为和危害结果间具有因果关系。①

联邦法院在这里适用了可避免性理论或者说条件公式，因而必然得出一个结论：被告人可以一个不可反驳的主张为自己推卸责任，即另一名交通参与者，在这里就是那个孩子，实施了一个违反注意义务的行为，以至于这一行为可以单独解释事故的发生。尽管行为人也违反注意义务地实施行为，但他的注意义务违反并不是结果发生的必要条件，因为另一名交通参与者的注意义务违反已经足以造成该结果。出于这一理由，即使行为人合义务地实施行为，也无法避免事故的发生。可是，这一结论不可能是正确的。

只要人们设想一下，这种谬误会显现出来，这个孩子被认定对事故的发生负责，因而他辩称，虽然他的确没有左顾右看地跑向了马路，但就算他和平常一样出现在公交车后面几步路的地方，也无法避免事故的发生，因为被告人既没有保持安全距离也没有以极慢的速度驶过站台。于是，出现了和择一因果关系[此处原著中使用了累积因果关系(kumulative Kausalität)一词，经与普珀教授确认，在这个问题上德国理论关于相关事例的术语用法发生过变动。多人同时创设多个结果充分条件的情况曾被称为累积因果关系，但现在这种事例则通常被称为择一因果关系(alternative Kausalität)或教授书中的多重因果关系，而累积因果关系指的则是多人分别创设结果必要条件的事例。为避免读者的误解，经普珀教授同意，此处将其改为择一因果关系——译者注]一样的情形。如果人们认真对待可避免性的要求，就会认为，在注意义务违反的多重因果关系的场合，每一个参与者都可以主张其他参与者的注意义务违反来为自己推卸责任，因而，双方共同造成了事故，却都无法避免事故的发生。如此，就没有行为人该为此负责，这不可能是正确的。

---

① BGH VRS 25, 262(263).

16 这个问题的解决，原则上依照和解决多重因果关系问题同样的方式进行(本书第二章边码9及以下数个边码)。事故发生的充分条件在出现其中一名参与者的注意义务违反时就得以形成，然后就要审查，如果人们剔除掉行为人行为中的注意义务违反的特征，也就是使之模糊化，那么，这一充分条件是否还能维持。<u>由于在多人参与的场合，不能完全剔除掉相应的另一名参与者的行为，否则，充分条件就不会成立——相撞总是包括了两名参与者，人们必须恰恰想象另一名参与者的行为是具有因果关系的，但却不是违反注意义务的。</u>毫无疑问的是，这里要处理一个合义务替代行为的问题，但是，不是行为人，而是其他参与者的合义务替代行为。① 尽管如此，也不会因此产生任何歧义，因为只会考虑一个其他参与者的符合注意义务的行为，而该行为与结果间具有因果关系。② 在当前的案例中，对于因果解释来说，人们要评价的事实应当是那个孩子出现在公交车的后面，而不是他没有左顾右看就跑向了马路。

17 汽车司机拥有多个实施合义务行为的可能性。他要么保持一个2米的安全距离，要么以极慢的速度驶过站台。只有当他不仅和停着的公交车靠的太近，而且还以极快的速度经过它时，他的行为才是违反注意义务的。所有的这些陈述都应当作为必要的组成部分出现在解释事故的充分条件中。事实的确如此，只要人们不考虑孩子的注意义务违反，因为这个孩子是在安全区域内被撞倒的。如此，就有理由将事故的发生归属于汽车司机，尽管他实施符合注意义务的行为也不能避免事故的发生，即较之其他事实，即使没有司机的注意义务违反，这个孩子的注意义务违反也足够解释碰撞的发生了。

(二)卡车司机—骑车者案(《联邦法院刑事判例集》第11卷，第1页)

18 《联邦法院刑事判例集》第11卷第1页上的判决创造了刑法史。基于这个案件，联邦法院发展出了注意义务违反的因果关系的要求，而罗克辛以此为基础，对于风险升高理论做了最初的阐述。

被告司机驾驶着一辆有挂斗的卡车，在超越一个自行车手时仅仅保持了75厘米到1米的距离，尽管依规定应当保持1.5米到2米的距离。而无法被卡车司机看到的自行车手，却严重醉酒因而失去了驾驶能力。专家辅助人向法庭报告称，按照一般经验，醉了酒的自行车手在突然被汽车从后面

---

① NK-Puppe Vor § 13 Rn. 219；dies. Roxin-FS (2001), 287(294, Fn.33)；Ranft NJW 1984, 1425(1429) 持同样观点，但没有给出理由。
② NK-Puppe Vor § 13 Rn.218 ff.

逼近时,会典型地通常因为恐惧而将车把手向左打,也就是插到汽车的车道上。这个不幸的自行车手很可能实施了同样的行为。

为了将这一信息正确地定位到案件的解决方案中,必须考虑到自行车手并不是被卷到了牵引车的前轮下,而是被卷到了拖车的前轮下。当自行车手跌落在地时,紧挨着的卡车已经进行了超车。因此,就同时存在两个不被允许的危险因素,因醉酒而导致的自行车手失去驾驶能力,以及卡车过近的超车距离。

联邦法院以此案判决为契机首次提出了注意义务违反的因果关系的要求,论述如下:

> 过失引起了他人的死亡者,将依照《德国刑法典》第222条的规定被处以刑罚。仅当一个行为人通过能证立其刑法非难的作为或不作为引起了结果,那么,才可以认为他以有责的方式引起了结果。①

这意味着客观归属教义学取得了很大的进步。从今往后,再也无须将过失行为重新解释为对于符合注意义务行为的不作为,然后使行为人的答责取决于符合注意义务的行为本可以避免结果的发生。②

可是联邦法院却半途而废了,因为它按照条件说否定了注意义务违反的因果关系,论述如下:

> 对于一个评价人的行为的思考方法来说,重要的毋宁是按照法律的评价标准该条件对于结果来说是否有重要意义。对此,关键是如果行为人完全合法地实施行为,那么,事态将会如何发展?倘若同样的结果仍旧会出现,或者,基于重要的事实,结果的出现在法官形成确信的过程中无法被排除,那么,由被告人所设定的条件对于结果的评价来说就没什么刑法上的意义。在这一案件中,就不能肯定行为和结果间存在因果关联。③

依据证据调查结论可以确定的是,自行车手的醉酒状态和(卡车司机)过近的超车距离一同构成了自行车手死亡的充分条件。但不确定的是,过近的超车距离是否构成这一充分条件的必要组成部分。如果(卡车司机)保持了1.5米至2米的超车距离,但自行车手仍然被卷到车轮下面,那么,就应得出否定结论。由于这又取决于具体的自行车手在其醉酒状

---

① BGHSt 11, 1(3).
② Kaufmann (1959), 167.; Androulakis (1963), 134f.; Mezger/Blei AT (1965), S.198.
③ BGHSt 11, 1(7).

态下的驾驶能力,因此,客观上根本无法确定。于是,联邦法院根据疑罪从无原则判决被告人无罪。同样,若要审查自行车手对事故的答责性,联邦法院肯定也会这样做。而罗克辛以他提出的风险升高理论反对这一结论,按照这一理论,只要其中一个事故参与者的注意义务违反显著升高了事故发生的风险,就足够了。卡车司机正是因实施过近的超车而满足了这一要求。① 但是,如果卡车司机合乎规定地保持了超车距离,自行车手仍会100%确定地被卷到车轮下面,那么,这一风险就不再可能因过近的超车距离被升高。如果这种可能性达不到100%,那就会出现一个注意义务违反的累积因果关系的情形,因而对于将事故的发生归属于卡车司机的注意义务违反,我们根本不需要风险升高理论了。

21 不论是联邦法院还是罗克辛,抑或批评罗克辛违反疑罪从无原则的反对者②,都没有发现,所谓的疑问只和事实上到底出现的是累积因果关系还是双重因果关系这一问题有关。双重因果关系出现的条件是,两个注意义务违反中的其中任何一个都可以百分之百确定地造成事故的发生。至于到底出现的是累积还是双重因果关系,最终对于归属来说毫无关联。

22 风险升高理论仅仅在这种情形下有相关性:如果另一个事故参与者的注意义务违反,这里也就是自行车手的醉酒行为,在没有被告人的注意义务违反的情况下,造成事故发生的概率是100%,而被告人的注意义务违反,也就是过近的超车距离,在没有另一参与者的注意义务违反的情况下造成事故发生的概率达不到100%。不过,对于这种情形来说,不用风险升高理论也能够论证归属。因为有一个原则叫做任何自己实施了违反义务的行为之人,都不能以其他参与者的义务违反性来为自己推卸责任(本书第三章边码13及以下数个边码),而这一原则应该也适用于义务违反的程度。因此,卡车司机无法辩称,自行车手的醉酒程度太高,以至于即使自己合乎规定地保持了超车距离,自行车手也会100%确定地被卷入车轮下面。足以将事故的发生归属于卡车司机的违法行为的条件是,倘若在自行车手的醉酒程度没那么高时,有必要考虑卡车司机过近的超车距离以解释事故的发生(也可参见第三章边码27)。

---

① Roxin AT/1 11/88 f.; ders. ZStW 74 (1962), 411 (434).
② Etwa Wessels/Beulke/Satzger AT Rn. 307; Baumann/Weber/Mitsch/Eisele AT 10/90; Kindhäuser AT 33/38; Jakobs AT 7/101; Müko-Duttge § 15 Rn.182.

(三)醉酒司机案(《联邦法院刑事判例集》第24卷,第31页)①

被告人在因醉酒丧失了驾驶能力的情况下以每小时120公里的速度驾车行驶在快车道上,而在该车道上这一速度一般是被允许的。他轧死了一个摩托车手。他在抗辩中提出,因为该摩托车手抢道时离自己太近,以至于就算一个清醒的司机也没法通过刹车避免相撞。因为摩托车手已经死了,所以,无法对他进行反驳。

尽管如此,联邦法院驳回了该抗辩,理由如下:

> 仅当在遵守交通规则的情况下同样的结果仍然会发生时,才会否定被告人违反交通规则的行为与被他撞倒的两轮车手的死亡结果之间的因果关联……在这里,除非出现了能够直接导向损害性结果的具体的交通危急情形,才要去审查违反交通规则的行为的因果性。要回答行为人的何种行为才是符合交通规则的这一问题,需要着眼于作为直接原因出现的、并且出现在真实的发生过程中的交通规则违反性。基于这一原则,在回答有关被告人的行为和两轮车手的死亡之间的因果关系问题时,就不能这样去考虑:如果被告人在遵守了对于清醒的司机来说不可指摘的在每小时100~120公里的车速下应保持清醒的规则,却仍然会撞倒两轮车手。毋宁应当从《德国道路交通法规》第9条第1款第1句中寻找答案,按照该句的规定,机动车司机所要保持的车速,应当使其任何时候都有能力充分履行自己的交通义务,并且在必要时能够及时停住车辆……尽管他绝对丧失了驾驶能力,因而只要他实施了交通行为,他就会违反《德国刑法典》第316条的规定。但即使如此,他也不被允许通过开得过快的方式来升高从他的不能驾驶的状态中产生的抽象危险。可以允许他……开得那么快,但前提是,在考虑他由于过量饮酒而导致的接收和反应能力下降的情况下,他仍然可以履行自己的交通义务。在认定被告人事实上的驾驶行为和两轮车手的死亡之间的因果关系时,必须将其因血液中的酒精含量达到1.9‰而绝对丧失驾驶能力、因而不被允许在公共道路上开车的事实排除出去……如果一个醉酒的司机即使在保持较低车速的情况下,仍旧因为由酒精所导致的反应能力下降而引起事故的发生,那么,只能得出结论说,在这种状态下,他总是开得过快的[本段论述的另一种翻译版本参见

---

① =MDR 1971, 150=NJW 1971, 388=JR 1971, 247 mAnm Möhl JR 1971, 249; Bspr. Hofmann VerR 1971, 1103.

[德]英格博格·普珀:《法学思维小学堂:法律人的6堂思维训练课》,蔡圣伟译,北京大学出版社2011年版,第138页。——译者注]①

24 联邦法院在这里用以认定醉酒司机的注意义务违反和摩托车手的死亡之间的因果关系的论证,我们已经在轮胎案中了解过了(本书第三章边码10及以下数个边码)。在因醉酒而丧失驾驶能力的情况下不能开车的禁令,首先就会被降格为,在这种情况下不能开得太快的禁令。这样就可以认定注意义务违反的因果关系了:如果汽车司机开得慢一点,就可以避免相撞。联邦法院实际上违反了全面性要求,因为在对这一相撞进行因果解释时,汽车司机因醉酒而丧失驾驶能力这一事实并未出现。联邦法院所采纳的被降格的规范,不是叫做"你应当慢点开车",而是"当你因醉酒而丧失驾驶能力时,你应当慢点开车",即在认定违反该规范的行为和事故之间的因果关系时,醉酒的事实本必须出现。

25 不过,相较于轮胎案来说,当前的判决提出了一种新的思路。联邦法院显然在担心,将驾驶禁令降格为不能开得太快,可能会被醉酒司机所利用,也就是他基于自己丧失驾驶能力的状态所保持的车速,的确低于一个清醒的司机在此情形下被允许达到的车速。如果还是发生了交通事故,那么,对于因醉酒而引起了事故的指控,该司机就可以如下理由进行辩护:他没有违反什么注意义务,因为按照《德国道路交通法规》第3条的规定(当时为《德国道路交通法规》第9条),他驾车的速度适应于他因醉酒而导致的不能驾驶的状态。为了避免这样,最后就会说,基于事故发生的事实可以认为,醉酒的司机总是开得过快了,因此,也没有必要再去定量地认定他需要保持的更慢的车速。这就是自陷禁区理论。

26 在文献中,越来越多的观点认为,失去驾驶能力的汽车司机在本案中为自己辩护的理由可以是,即使他当时是清醒的,也还是会发生事故。② 不过对此也有人质疑道,汽车司机不过就是以其他事故参与者的注意义务违反来为自己开脱。于是,可能出现一种注意义务违反的双重因果关系的情形。当每一个参与者的注意义务违反均可以单独解释事故的发生时,这样的情形就出现了,即使人们假定另一参与者的行为是符合注意义务的,事故仍会发生。对于不幸罹难的摩托车手来说,很容易确定这一点,因为他抢汽车司机的车道时离得如此之近,以至于对方即使在清醒的状态下也不能及时刹

---

① BGHSt 24,31(34,37).
② Kindhäuser AT 33/42ff/.; Kühl AT 17/63; Wessels/Beulke/Satzger AT Rn.1131 zu Fall 18d; Otto AT 10/21 f.; Vgl.auch Roxin AT 1/11 11/102f.

住车辆。

而对于醉酒的汽车司机来说,认定这一点就存在一些困难。如果人们将摩托车手的行为想象成符合注意义务的,那么,他可能在切进汽车司机的车道时就不至于使对方必须刹车。不过,现在很多道路交通中的行为规范的目的,都是将交通参与者置于一种情境之中,也就是使其对于其他交通参与者的错误行为也能高效地作出反应,以避免事故的发生。这适用于车速的限制,但也适用于必须在清醒的状态下开车的命令。如果交通参与者违反了这些注意规范,也可以这样为自己推卸责任,即要是其他参与者正确地行动,事故就不会发生,那么这些注意规范的保护目的就会落空。为了避免这样的推卸责任,就必须认为只要其他参与者的行动不那么高度地违反注意义务,他就可以避免事故发生,那就足以认定他的责任了。如此,对于醉酒的汽车司机的共同责任就可以这样认定:只要摩托车手在抢他的车道时不那么逼近,他就可以在清醒的状态下避免事故的发生。① 对于超速的情形来说也是一样的道理。(参见本书第四章边码23)。

据此,如果一个事故参与者的相对人未能幸免于难的话,那么他就不再能声称,由于另一参与者高度地违反义务,以至于即使自己合义务地行动,对方的义务违反也可以解释事故的发生,来使自己免于事故责任的追究。在当前的案例中,被告人恰恰是这样做的,如此也就解决了一系列实践性的证明问题。在出现多个事故参与者相互违反注意义务地行动的场合,同样可以将事故归属于其中一个参与者,如果注意义务的目的就是抵偿其他参与者的注意义务违反,并且在这个参与者不那么高度违反注意义务的情况下,是可能进行抵偿的——我的这种想法是新颖的,在文献中尚未提及。如果您在考试中不愿意采用这种观点,那么,您就会得出和通说一样的结论,也即因为醉酒的司机由于他人过近的抢道、而即使在清醒的状态下也不能避免事故的发生,所以,他不对事故的发生承担责任。

四、实际适用的提示

注意义务违反的因果关系的归属前提,也被称作实现法所不允许的风险,不仅适用于过失犯罪,也适用于故意犯罪。侄子送给有可继承遗产的叔叔一张飞机票,希望他因发生坠机事故而殒命,并不会被判处故意杀人罪,尽管他意图使叔叔死亡。因为怂恿某人乘坐飞机旅行,一般性地得到允

---

① Puppe Frisch-FS (2013), 447(455 ff).

许。可是，谁要是故意地实施行为，就在任何时候都在利用一种结果引起的方法，这种方法如此明显地表现出不被允许的风险，以至于该行为人是否违反了某个注意义务的问题，看上去实在可笑。因此对于认定故意结果犯的客观构成要件来说，有了结果、行为以及行为与结果间的因果关系，一般就足够了。

30 对于过失犯来说，明确地界定行为所具有的注意义务违反的特征，也就是通过该行为所创设的不被允许的风险，绝对是必要的。该行为的那些与被违反的注意义务相违背的特征，必须与结果间存在着因果关系，也就是它们必须是结果发生的充分且真实的最低条件的必要组成部分。换句话说，想要能够用这一最低条件解释结果的发生，则有必要陈述行为人行为的这些特征。

31 值得注意的是，要在结果的因果解释中出现的，不仅是该行为的这些特征中的一部分，而是该行为的全部特征，这些特征决定了该行为违反了注意义务。这意味着在结果发生的因果解释中必须出现的，不仅要有行为人行为中的那些与注意义务相违背的特征，还要有使该注意义务对于行为人适用的全部前提条件。我们已经在前述经典的"三个自行车手案"中看到了这一点。在黑暗中没有开灯骑车的自行车手，其注意义务违反与其他两名自行车手的相撞之间仅仅在这种情况下才具有因果关系，也即对于解释事故的发生来说，不仅第一个自行车手没开灯的事实是必要的，而且他在其他两人发生相撞事故的地点骑着车的事实也是必要的。因为只有在这一前提条件下，他才有义务打开车灯。如果一个交通参与者在特定条件下，如在大雾天或者道路结冰时，有义务将车速控制在他本被允许的行驶速度之下，那么，这一注意义务的违反只有在这种情况下才与事故的发生具有因果关系：对于解释事故的发生来说，不仅在给定情形下过高的行车速度是必要的，而且是大雾天或者道路结冰，也就是在具体交通情境中确定这一车速过快的那些原因也是必要的。一个汽车司机本不该在车胎严重老化的情况下驾驶该车，但如果他仍然这样做了，那么，如果此时他有义务比在车胎正常的情况下开得更慢的话，对这一义务的违反就仅仅在这种情况下才与事故的发生有因果关系，也就是对于事故的解释来说，不仅过快的车速应当成为必要的组成部分，而且车胎严重老化的事实也得是必要的组成部分。因为只有着眼于这一事实，他的车速才是过快的，也就是违反注意义务的。无论如何，都不允许为了论证注意义务违反的因果关系，而用另一个注意义务去替换行为人实际违反的注意义务，这一因果关系本不能基于行为人对其事实上所负法律义务的违反加以证立。

和行为的多重因果关系一样,注意义务违反的多重因果关系也是可能的。甚至在实务当中,后者出现的频率远高于前者,因为大多数时候参与制造事故的都是多人,并且常常是每一个参与者都违反了注意义务地实施了行为。如果对于解释事故的发生来说,所有参与者的注意义务违反都是必要的,那么,所有参与者都应该为事故的发生负责。即使当每一个参与者的行为都足以解释事故的发生时,这一结论也同样适用。在这种情况下,不能将参与者的行为从因果解释中完全删除,因为相撞的是两人。尽管如此,为了能够将他的注意义务违反从因果解释中删除,就必须假定另一参与者的行为是正确的,以此来问,是否用行为人的注意义务违反足以解释事故的发生?这样做是必要的,为了防止在注意义务违反的多重因果关系的场合,每一个参与者都能以其他参与者的注意义务违反来为自己推卸责任。 **32**

如果一些注意义务的目的在于将行为人置于一种状态之下,也就是能够对于其他参与者的违法行为高效地作出反应,那么,行为人就不能以其他参与者如此错误地实施行为,以至于自己即使合乎注意义务地行动也无法避免事故的发生这样的说辞,来为自己推卸责任——只要他在另一参与者不那么高度地违反注意义务的情况下可以避免事故发生的话。这意味着一个交通参与者决不能以如下理由为自己推卸责任:因为另一参与者如此逼近地抢道,以至于他即使保持了合乎规定的车速、是在清醒的状态下开车或者是驾驶着车胎有足够纹路的汽车,都不可能避免事故的发生。如果他在其他参与者没有那么高度地违反注意义务的情况下能够避免事故的发生,如对方在抢道时尽管一直是违反交通规则的但却没有那么逼近,这就足以证立他对于事故发生的共同责任。 **33**

第四章　注意规范的保护目的及其确定

一、连贯性要求或者通过不被允许的行为引起被允许的危险

(一)出租车案

1　　注意义务违反的因果关系并不是客观归属成立的唯一前提条件,如下的想法就可以说明这一点:一个刑法上重要的结果也可以通过一个被允许的危险来引起。被允许危险的创设者尽管引起了结果,却不能将结果归属于他。不过,也能想到的是,行为人通过不被允许的行为引起了允许的危险,而该被允许的危险反过来又导致了刑法上重要的结果。最终,同样不能将这个结果归属于行为人,尽管他甚至是通过自己违反注意义务的行为引起了该结果。举例来说:

　　我们甚至可以假设,行为人以杀人的故意用刀刺向了被害人。由于被害人所遭受的伤害并没有达到致命的程度,他就叫了辆出租车去了医院。因为出租车司机的一个驾驶失误,发生了相撞的事故,而该乘客在事故中遭受了颅脑外伤、并因此死亡。

2　　达成共识的是,不能将该死亡结果归属于实施刀刺者,而不论他是否带有杀人的故意。通常的理由在于如下提示,该结果是不可预见的,①或者由刀刺所创设的不被允许的风险没有在结果中实现,而实现的仅仅是乘坐出租车的一次日常出行所带来的被允许的风险,②或者禁止用刀刺向他人的保护目的,并不在于避免他人在乘坐出租车时发生交通事故。③可是,从何时开始行车过程中的交通事故是不可预见的呢?当刀刺构成了死亡结果的因果解释的必要组成部分时,为什么由它所创设的不被允许的风险没有实现,而实现的仅仅是出租车行驶本身所带来的被允许的风险呢?为什么对

---

① Maurach/Zipf AT/1 23/28.
② Kühl AT 4/61; Wessels/Beulke/Satzger Rn.309 zu Fall 6 b; Frister AT 10/24.
③ Jescheck/Weigend AT § 28 IV 3.

该结果的避免不是禁止用刀刺向他人的保护目的呢？换种提问的方式，即人们如何确定一个注意规范的保护目的？

至于由刀刺所创设的不被允许的风险为什么没有在死亡结果中实现，或者，为什么不涉及规范保护目的的问题，其理由并不能通过像使用假设不存在法在行为人的行为与结果间建立一个直接性关系的方式来得出。人们毋宁必须对于真实因果流程中的个别中间环节进行分析。看上去就像这样：刀刺引发了一个被刺者上了出租车的后果。对于接下来的因果流程的重建来说，他遭到了伤害或者由行为人行为所导致的其他不被允许的后果的事实都不再必要，必要的仅仅是他坐着出租车行驶了一段路程这一事实。不仅乘坐出租车出行是被允许的，而且，将他人带入一个必须乘坐出租车出行的情境中也是被允许的。不过，通过出租车司机实施了一个违反交通规则的行为，这一危险接下来又转化为了一个不被允许的危险。对于接下来重建导向死亡结果的因果流程来说，我们只需要这个不被允许的危险。如此进行思考，实际上是我们声称，在那样的案件中不是刀刺所产生的危险，而是乘坐出租车出行所带来的危险现实化了。

但是，在客观归属理论中，不被允许的风险的实现这样的惯用语句是用来说明注意义务违反和因果流程之间各式各样的关系的。此外，也用来说明注意义务违反的因果关系，①而这样的因果关系在诸如出租车案这样的案件中毫无疑问是存在的。因此我建议为这里所论及的下一个归属要素赋予一个新的表述，就叫做"连贯性要求"。抽象点说，连贯性要求可以作如下表述：必须通过一个因果链条，将行为人的行为及其不被允许的特征与结果的发生以这种方式联结起来，也即这个链条上的每一个环节都包含一个不被允许的要素。② 形象地说，如果一个因果流程被以不被允许的方式启动后，在它可能通过一个新的不被允许的行为导向结果之前，就转变为一个被允许的因果流程，那么，连贯性要求就没有得到满足，因而也就不能将结果归属于行为人。

为了阐明连贯性要求，这里还需要一点决疑论：例如，一个遭受伤害的被害人住在医院，却因为一场大火而殒命，那么，连贯性要求就没有得到满足。可是，如果发生这一结果的原因，还有被害人由于初次所遭受的伤害而

---

① Schönke/Schröder-Eisele vor § 13 Rn. 92.
② NK-Puppe Vor § 13 Rn.237 ff.; dies. ZStW 99 (1987), 595 (610 f.); dies. GA 2015, 206 (212 ff);这最初是由冯·克里斯以因果流程的相当性的说法所意指的，参见 ZStW 9(1889),528 (532); Puppe Baumann-FS (1997), 227(228)=Analysen 169(170)。

没有能力从大火中脱险的话,那么,结论可能就不一样了。[就死于大火的后续发展而言,必要的因素仅仅是被害人恰好处在医院的位置,但被害人身处在什么地点,并不是法秩序所禁止的。这时因果链条就可以表示为"受伤—在医院—火灾",受伤与火灾都是不被允许的因素,但身处医院却是被允许的因素,此时受伤虽然是以不被允许的方式造成的状态,但这个状态就经由被允许的环节而最终指向死亡结果,该死亡结果便不再归属于造成伤害的行为人。而在后一情况下,被害人死于大火的流程中,除了被害人身处医院之外,他因受伤而失去逃跑能力也是说明其死亡结果的必要组成部分,伤害所造成的风险贯通于整个因果流程之中,因而能够肯定连贯性。——译者注]

5　　一个危险状态可能是因意外也就是不幸被引起的,尚不能使其成为一个允许的危险。因为法秩序可能也追求降低此类危险的发生频率的目的。例如,如果一个被害人因为遭受初次伤害而接受必要的手术,却死于麻醉事故的话,那就必须就这样的问题作出决定:一个正常的麻醉是否会被认为是注意义务违反行为的不被允许的后果?或者,这种情况是否应当被算作是所有同时代人所面临的一般生活风险?

6　　有一些案件将刑法学者置于一个类似的难题面前,在这些案件中,因违反注意义务所造成的初次伤害需要得到医治,而在医治过程中却因诊疗过错导致了进一步的伤害结果。在这里,人们并不能马上得出结论说,连贯性要求没有被满足,因为遭受伤害的风险以及治疗行为的风险并不能径直被看作是被允许的风险,即使个别人可能是因为发生不幸的事故,而该事故并不是由第三人有责地引起的。就算一个正常的常规医疗行为所蕴含的风险尚且可以被接受为允许的风险,这无论如何也不适用于一个复杂的手术或者类似的治疗。至于可以允许医生去冒做手术的风险,是因为不接受手术的话,病人将会遭受更大的伤害,也无法使类似这样的情形成为被允许的。

7　　不可将连贯性要求和直接性要求相混淆。当一个因果流程在某种意义上是异常的,或者介入了其他参与者或被害人本人的过错时,连贯性要求也可能得到满足。仅当因果链条转变为一个日常生活中的正常状态时,连贯性关联才会中断。

(二)关于限速的保护目的——指示牌案(一)(巴伐利亚州最高法院:《交通法汇编》第57卷,第360页)

8　　被告人在内城开车行驶到距离标明内城边界的黄色指示牌不远的地方时,其车速已经明显快于每小时50公里。当他开过该指示牌后,被一辆迎面而来的自行车挡住了车道，这个自行车手是想向左拐进一条与此车道相交汇的道路。但这个自行车手在插进被告人的车道时与被告车辆的距离很近，以至于后者即使立马就踩了刹车也不再能避免造成被害人致命伤的相撞事故。在被告人必须踩刹车的那一瞬间，其车速达到了83公里每小时。如果他在内城经过那个指示牌之前遵守每小时50公里的限速规定，或许他在刹车的那一刻车速就不可能达到每小时83公里。倘若他在此条件下保持了必要的较低车速的话，那么，对于避免相撞来说，刹车距离就会是足够的。

在本案中，不仅成立汽车司机之于自行车手死亡的因果关系，因为一个相撞本就是两个参与者共同制造的，而且还成立注意义务违反的因果关系。如果人们从参与者事实上的违法行为出发，如从车辆发动的时点以及行驶的速度出发就会发现，没有汽车司机在到达指示牌之前车速超过每小时50公里这一事实，就不可能解释两车相撞的发生。对此存有两点理由：第一，在其他所有参与者保持相同的行为方式时，只要汽车司机在内城行驶时没有过快，那他就可以在自行车手插进他的车道时，与其保持一段较远的距离。第二，如果他在内城驾驶其大众牌客车时车速没有达到每小时50公里，那他也不能在驶过指示牌之后、必须实施刹车策略之前将车速提至83公里每小时。

巴伐利亚州最高法院以如下的理由否定了将死亡结果归属于汽车司机的注意义务违反：

> 对于建立被告人应受谴责的超速与随后发生的死亡结果间的条件关系，也就是不能想象其不存在否则结果就不会发生来说，理由还不够充分。毋宁必须要补充的是，该超速行为在以设置内城行车的最高限速来追寻的保护目的的范围内，产生了负面的作用。可是，一个在外城实现的因果流程并不满足这一前提条件，因为对于内城适用的限速规定应当仅仅旨在消除密集的居民区内所发生的交通危险。它并没有制造出超越被标明的内城边界之外的保护区域，而在该区域内开车只允许逐渐提升车速。① 同样，出于技术上的原因，不可能让一辆汽车在离开内城区域后马上将车速提升到允许达到的最高限速，车速的提升很大程度上取决于相应汽车类型的发动机马力以及道路状况，因而不

---

① Vgl.BayObLG VRS 6,366；OLG Koblenz VRS 48,180 f.

可能对那样一个"保护区域"划出大概的界限并且在内容上予以界定。①

11 如果我们在本案中适用连贯性要求,就会发现该判决在结论和论证上都是正确的。只要允许过了指示牌之后以每小时83公里的速度行驶,那么,这里连贯性的要求就没有得到满足。对于解释随后发生的事故来说,只有如下事实是必要的,即大众牌客车的司机由于自行车手插道时保持的距离太近而不得不刹车的那个时刻,是以83公里每小时的速度行驶着。如果这就是允许的,那么,就不管他是以被允许还是不被允许的方式引起了这一状态。

12 本案的特殊意义在于它明确了如下几点:在居民区之外开到很快的车速并不会因此而不被允许,也即如果汽车司机在内城区域遵守了限度规定,那么,出于技术的原因他就不可能随后达到如此快的车速。当过了限速区域后,车速达到每小时100公里也应是一个被允许的状态,即使对于任何司机来说,除非他在限速区域开得比允许的速度快的话,否则,不可能在这里达到这个车速。重要的并不是一个人(在事实上)能做什么,而是他(在规范上)被允许做什么。②

二、规范的一般能力

(一)具体交通情境中失误的决定性这一习惯用语的意义

13 为了论证交通参与者在特定区域内违反了规制其驾驶行为的有效规范,却并不因此而为他在该区域外被卷入的事故答责,判例提出了一个命题:在道路交通中,唯独交通参与者在危急情形下的失误是决定性的。③ 这句话在所述的案例中当然会得出正确的结论。但是,它没有对结论加以论证,它自身也需要得到论证。这里所涉及的绝不仅仅是一个理论上的兴趣,也就是去搞清楚,这究竟和道路交通具体情境的决定性有什么关系,还涉及要防止危急情形中失误的决定性这一习惯用语被滥用,也就是被用来在不该归属的地方论证归属。我们已经在前面了解了具有这种性质的两个案例,轮胎案(本书第三章边码10及以下数个边码)以及醉酒司机案(本书第三章边码23及以下数个边码)。在这两个案例中,联邦法院都使用了危

---

① BayObLG VRS 57, 360 f.
② Jakobs (1972), 102f.; ders. AT 7/86; Puppe JZ 1985, 295(296); dies. NK Vor § 13 Rn. 239.
③ BGHSt 24, 31(34); 33,61 (63ff); VRS 20,129(131); 23, 369(370); 24,124(126); 25,262 (263f.); 54,436(437); OLG Frankfurt/M.JR 1994, 77(78); BayObLG NZV 1994, 283(284)=VRS 87,121; OLG Stuttgart VRS 87, 336(337f.); OLG Düsseldorf VRS 88, 268(269).

急情形中失误的决定性这一习惯用语,以将行为人事实上本没有实施的注意义务违反归咎于他。开着轮胎严重老化的汽车上路的司机之所以被谴责,并不是因为他开着轮胎严重老化的汽车上路,而是他在具体情境中开得过快,因为一个开着车胎严重老化的汽车的司机本应该开得很慢。醉酒驾车的司机之所以被谴责,并不是因为他醉了酒之后还去开车,而是他在危急情形中还开得过快,因为一个醉了酒的司机本应该开得很慢。让两个被告人为事故的发生负责的理由,并不是严重老化的车胎或者醉酒状态与事故的发生有因果关系,而是他们过快的车速与事故的发生有因果关系。那么,就必须在此解释的是,何时以及在何种意义上,危急情形中失误的决定性这一习惯用语是正确的。

这里要确定的是特定的行为规范,例如一个限速规定或者停车命令一般能够防止何种因果流程。在道路交通中规制驾驶行为的规范,也仅仅只在它适用的范围内,能够普遍地降低危险的产生。一个要求在十字路口注意红灯的命令,或者要求让有先行权人先行的命令,一般能够让十字路口的交通更加安全。当然,在个案中遵守这样的命令也许还会防止在十字路口之外发生的某个事故,因为如果一个司机遵守了停车的命令,那么,他在相撞的事故发生之时就还没有到达这一地点。遵守每小时 50 公里的最高限速,会使指示牌案中发生在内城区域之外的事故得以避免,因为司机在自行车手插进他的车道时还根本没有到达相应位置——倘若他在内城区域保持了每小时 50 公里的车速的话。但是,限速的规定一般并不能使其适用范围之外的区域变得更加安全。之所以这样说,并不是因为存在这样一些案件,在这些案件中行为人即使遵守该规则,也不能避免在规则适用之外的区域发生事故,更不是因为行为人在个别案件中如果以更高的程度违反限速规定,反倒可以避免事故的发生。① 毋宁是因为在一些案件中,行为人遵守限速的规则恰恰引起了在其适用范围之外的事故的发生。试想,如果在当前所举的案例中,汽车司机早一些发动他的汽车或者没有停歇的话,那么,他就通过遵守内城区域的限速规则创设了一个前提条件,也即使他在内城区域外被自行车手以过近的距离抢了道并发生相撞的事故;相反,如果他在内城区域违反了限速规则,那他反倒可以避免事故的发生。通常来说,这里涉及的是一个注意义务规范的一般能力,也即能够阻止此种类型的损害性因果流程。② 即使在个案中遵守注意义务能够避免损害的发生,也不代

14

---

① So OLG Düsseldorf VRS 88, 268(269); Jakobs AT 7/80; Vgl.auch Roxin AT/1 11/75.
② BGH VRS 20, 129(131); 23,369(370); 26, 203.

表该注意义务具有规范的一般能力。如果遵守注意规范在一般上能够防止某类损害流程的话,该规范的保护目的就会被建构。① **我们需要将规范保护目的设置为额外的归属要求,以防止当遵守注意规范仅仅在一些个案中偶然地、而非一般地能够避免这样的损害流程时,将损害流程归属于行为人。**

15 为什么在一些案件中,具体情境中失误的决定性的习惯用语会导向正确的结论?对于这一问题的回答表明,这一习惯用语无论如何是不像它形成的过程那样普遍正确的。② 它并不是对于任何注意义务都适用,也绝不是对于所有的交通参与者的注意义务都适用,而毋宁只适用于那些其适用范围有地点或情境上限制的注意规范,也即这些规范要么只在一定区域内有效,譬如在内城或者在某个十字路口,要么因一个危急情形的出现而产生。某人应当通过紧急刹车来避免一个交通事故的发生,却没有这样做,而是指望其他的交通参与者去这样做的话,他也并不会因此就为一个发生在该危急情形之外的相撞承担责任。

16 具体情境中失误的决定性这个原理并不适用于那些在任何时候、任何地点都要加以遵守的规则,如有关汽车技术性装置的规则或者有关其良好运转的规则。至于一个汽车装配工因为没有正确地安装一个刹车装置或车轮,以致和他人共同引起了一个事故的发生,没有一个法庭会倾听他的如下答辩,即在具体的事故情境中,也就是当无法刹车或者车轮脱落时,他并没有什么失误,而只是在家看电视罢了。

(二)限速规定的一般能力——行人案(联邦法院:《交通法汇编》第20卷,第129页)

17 被告的汽车司机以每小时70公里的速度行驶于内城时,撞死了一个醉了酒的行人。这个行人在他车前横穿马路时离得太近,以至于司机即使在事故发生前保持每小时50公里的车速,也无法留出足够的刹车距离。可是,倘若司机真的在事故发生前保持了每小时50公里的车速,那么,行人就可以多走两步,从而刚好能够避免相撞的发生。

对此,联邦法院现在这样指出:

州法院考虑到,如果车辆及时地刹车因而可以使 A 多向前走两步

---

① AK-Zielinski § §15/16 Rn.118; NK-Puppe Vor § 13 Rn.232 ff.; dies. ZStW 99(1987), 595 (614).

② NK-Puppe Vor § 13 Rn. 234; dies. JZ 1985, 295(296).

的话,或许A早已离开了被告人驾车行驶的车道。这并不意味着就可以谴责这一过失的事故引起。州法院所忽视的是,禁止开得太快的意义,并不是要确保一个行人在一辆临近的车辆前面违反交通规则地横穿马路时能够多走几步路……在与汽车发生相撞之前,多走几步路这样的可能性是否可以拯救该行为人,无论如何不是取决于汽车的车速,而是取决于行人什么时候踏入车道,以及他眼看汽车临近时身在何处。倘若在此案中,A晚一点开始横穿马路的话,那么,被告人开得更慢对于他来说就不是降低了危险,而是升高了危险;真是那样的话,行人就刚刚好踏入邻近的危险区域,而被告人的车辆,在其保持更快的车速时,也正从A的左侧经过。①

这个判决并未提出和论证一个命题,也就是什么类型的因果流程是注意规范所能普遍有效地加以避免的,以便审查此案的情形是否属于这种类型。毋宁是反过来追问,此案的因果流程是否、以及为何属于被违反的注意规范所不能普遍有效地加以避免的类型。为了达到这一目的,该判决就去研究一些因果要素,而在个案当中遵守规范之所以能避免事故发生,正取决于这些因果要素。若经证实,这些要素不受规范的约束,也就是取决于偶然,并且是生活经验中可以期待的,那么,不论是遵守注意规范还是违反注意规范,差不多同样都会导致损害的发生,如此我们就可以认定,在这样的因果流程类型中,遵守规范并不能普遍有效地避免损害的发生。② 如果一个行人踏入了车道,却没有对车流状况有起码的注意,或者一个汽车司机毫无顾忌地抢了别的司机的先行权,那么,如下两种可能性也同样取决于偶然,也就是在对方为了避免相撞而必须刹车的那个时刻,作为交通参与者的双方所处的境况:可能是在司机遵守限速的情况下,通过行人或对方司机的自我移动而避免事故的发生;也可能是在司机超速的情况下实现这一目的。可是,尽管对于限速的保护目的的这种考虑是正确的,判决司机无罪的结论却被证明是错误的,因为这里出现了一个注意义务违反的双重因果关系。(有关这一内容,请看第4节边码19处)

18

---

① BGH VRS 20, 129 (131).
② 在多重因果关系的场合,也不能将相互竞争的原因纳入规范的一般能力的审查之中,如同因果关系的审查一样,进一步的论述,参见 Puppe Bemmann-FS (1997), 227(236f.) = Analysen (2016), 169(180 f.)。

(三)规范的一般能力与双重因果关系——十字路口案(《联邦法院刑事判例集》第33卷,第61页)

19 对于注意义务违反的因果关系,我们已经确定的是,如果在一个案件中,任何一个参与者的义务违反都足以解释事故的发生,那么,要认定这一因果关系,就必须将另一个参与者的行为设定为合乎注意义务的(本书第三章边码13及以下数个边码)。而对于判断这样的问题,也就是注意义务违反是否能够普遍有效地阻止这种类型的因果流程,上述规则也是适用的。这里同样适用的是,在另一参与者的行为合乎注意义务的前提之下,就判定这一参与者遵守注意义务能够普遍有效地避免事故的发生,这样就足够了。在审查有效性要求时,也不能使任何一个参与者通过主张他人的义务违反来为自己推卸责任。

20 从某一规范的保护目的中——这样的规范旨在将规范接收者置于一个他可以高效地应对他人违法行为的状态,我们也已经得出结论说,违反规范的那一方也不能以另一参与者显著的违法行为来为自己推卸责任(本书第三章边码18及以下数个边码)。同样,对于满足普遍性要求来说,当另一参与者没有高度地违反对适用于他的规范时,行为人若遵守规范就可以普遍有效地避免事故的发生,也就足够了。

而在另一个案例中,双方参与者都实施了违法行为,联邦法院的同一个审判委员会却摒弃了其在《交通法汇编》第20卷,第129页中所作的有关规范保护目的的思考。

被告的汽车司机以过快的车速靠近一个优先车道上的十字路口。另一个汽车司机在抢他的先行权时隔得太近,以至于即使被告人遵守了限速的规定也无法通过刹车来避免事故的发生。不过,倘若被告人真的遵守了限速规定的话,那么,对方司机在他达到过快的车速之前,就可以往前开出一两米的距离,因而刚好避开两车的相撞。

根据联邦法院《交通法汇编》第20卷第129页的判决内容,这名被告人本能够声称,他即使合乎规范地遵守了限速规定,也无法通过有效的刹车来避免事故的发生。因为按照联邦法院第四审判委员会当时的法律观点,不可能认可一个规范的保护目的,是让另一事故的参与者在对方遵守规范的情况下能够向前多开出一段距离,因而刚好避免相撞的发生。因为这完全取决于双方参与者无法控制的偶然事件。现在,(联邦法院)第四刑事审判委员会却摒弃了这种想法,理由如下:

22 在危急的交通情形出现后,唯一重要的问题是,如果参与者遵守了正确的行车方式,那么,原本导向事故的流程又会是怎样的。对此,事实审法官必须额外地从更多的事实性前提中得出结论,他只有将另一参与者的行为及其前进的形态和程度纳入思考的范围,才能够作出认定。这样做并不意味着他已经背离了适用于公路的一般性限速规定的规范目的。这种规范目的……也在于,使其他交通参与者能够无危险地会车和错车。这正是……要防止由过快的车速所带来的危险……当汽车司机在过快的车速下即使刹车也不能避免事故发生时,这样的危险就实现了。①

将限速的规范保护目的界定为防止由过快的车速带来的危险,则同样是一种同义反复,就像说一个注意规范的保护目的在于尽量避免发生事故。人们大可省去这样的保护目的的审查,因为它根本不能在认定注意义务违反的因果关系之外,再一次对归属进行限定。

其实,此处的判决结论是正确的,而联邦法院《交通法汇编》第20卷第129页的判决结论却是错误的,尽管其对规范保护目的的思考是正确的。在这两个案例中,都出现了注意义务违反的双重因果关系。在十字路口案中,汽车司机并不会因为以下的认定而应对相撞的发生负责,也即如果司机合乎规范地遵守了限速规定,那么,在他达到过快的车速之前,另一个参与者就可以向前再开出1米的距离,因而刚好可以避免事故的发生。因为如前所述,一个限速的规定并不能够普遍有效地防止以这样的方式导致的相撞。但是这两个被告人均要为事故的发生共同承担责任,因为在合乎规定地遵守限速的情况下,如果行人以及其他的汽车司机在横穿马路或者抢道时没有隔得太近,那么,他们本可以通过及时地刹车避免事故的发生。这样说的正当性在于某些注意义务如限速,其目的正是在于将交通参与者置于能通过高效地对于其他参与者的违法行为作出反应从而避免事故发生的状态之中。②

这一论据是新颖的③,且尚未在文献中被提及。如果您不愿意在考试中冒着风险支持这种论证,那么,您就还是采纳联邦法院《交通法汇编》第20卷第129页所提供的论证(见第四章边码17),并且应当以如下的理由来否定限速的保护目的的相关性:这样的一个限速规定并不能够在一般意义上确保,另一个交通参与者可以往前再走一小步从而避免相撞的发生。

---

① BGHSt 33, 61(65).
② Puppe Frisch-FS(2013), 447(456 f.).
③ Puppe Frisch-FS(2013), 447(455 ff.).

三、实际适用的提示

25 因果关系,注意义务违反性以及注意义务违反的因果关系在每一个过失犯的认定中都应当予以审查,相比之下,规范保护目的的相关性却只属于客观归属中的某些要求,而这些要求仅仅在个案出现问题的时候才会被谈及。至于它是不是那么回事,只有在人们描述了真实发生的因果流程之后,才能对其加以认识。一个被违反的注意规范的目的,是否在于阻止此种类型的因果流程,这一问题是针对因果流程而不是针对结果而提出的。这里所谈论的规范保护目的中的规范,不是指《德国刑法典》中的构成要件,如第222条或者第229条。因为说构成要件的保护目的,无非就是阻止死亡或者身体伤害的结果发生。规范保护目的中的规范,总是指行为人所违反的注意规范。

26 某一因果流程是否为规范保护目的所涵盖,回答这样的问题需要两个相互独立的标准:连贯性要求以及一般能力要求。连贯性要求建立在法秩序的规范性决定之上,也就是接受特定的风险。作出这一决定的后果便是,一个因果流程即使是以不被允许的方式引起的,但当它转变为一个被允许的状态,也就是被允许的风险时,就不能将结果归属于行为人。这意味着从因果链条的某个节点开始,对于解释接下来的环节而言,人们只需要被允许的那些事实即可。于此而言,并不要求行为人所创设的不被允许的状态戛然而止,而只要它对于因果流程的进一步解释不再必要即可。当一个遭到行为人伤害的人,在乘坐出租车前往医院的路上因发生车祸而身亡,那么,在事故发生时,伤害行为所创设的不被允许的状态在应然层面继续存在,但对于导向二次伤害的因果流程的进一步解释来说,只需要主张被害人乘坐出租车行驶在特定路段这一事实即可。

27 第二项标准即遵守注意规范一般能够阻止此种类型的因果流程,其设立是为了在如下的情形中否定结果归属:尽管在个案中注意义务的违反与结果的发生之间具有因果关系,但结果的发生却取决于不会动摇法秩序的偶然事件。这样的偶然事件,如交通事故参与者在事发前的危急情形中所处的方位:若处在这样的位置,偶然地会使行为人在遵守限速的情况下避免事故的发生;若处在那样的位置,行为人也可能恰好会引起碰撞的发生。果真如此,就不能说该规范在一般意义上能够阻止此类的因果流程。

28 两种确认保护目的的标准在概念上和规范上是彼此独立的。连贯性要求是被允许的风险的应有之义,而规范的一般能力要求则致力于将偶然的效应从归属中排除。尽管如此,在很多案件中这两种标准却可能同时得到满足。当用以解释事故的注意义务违反,如忽视限速规定或者停车命令,是在危急情形出现之前的一段时间产生的,而在危急情形中行为人的行为却是合乎交通规则的,那么,就不能将事故归属于行为人,因为不论是连贯性要求还是规范的一般能力的标准都未能得到满足。没有满足连贯性要求,是因为在忽视限速规定或停车命令和事故发生之间存在着行为人合乎规范的驾驶行为,而这一行为处于被允许的状态。同样也能够认定,停车命令及限速规定都不能在一般意义上阻止此类事故的发生,因为这样的命令只能够让其适用范围内的交通情况变得更加安全。

在行为人将被害人带入被允许的风险的案件中,只有连贯性要求有所助益,而规范的一般能力要求则帮不上忙。因为被允许的风险也是风险,所以避免带来这种风险当然能够降低风险实现的概率。但若法秩序允许某种特定的风险,那么,就算创设该风险的方式是不被允许的,通过创设这种风险从而导致结果的发生也不具有违法性。 **29**

如果既可能基于连贯性要求也可能基于规范的一般能力要求来否定规范保护目的的相关性,那么,人们应当首先适用连贯性要求,因为它更易于操作。但对此毋庸置疑的是,还可能额外适用规范的一般能力标准,因为这两个确认保护目的的标准具有完全不同的规范性基础。 **30**

人们应当将危急情形中失误的决定性这一习惯用语连同规范的一般能力要求一起使用,因为只有在那些规范的一般能力要求未能得到满足的场合,才有理由使用这一习惯用语。要警惕人们滥用这一习惯用语,也就是用根本不适用于行为人的或者他根本没有违反的注意义务替代他事实上所违反的注意义务。 **31**

对于确定规范保护目的来说,任何人都不能以其他参与者的注意义务违反来为自己推卸责任这一原则同样适用。在审查规范保护目的,特别是审查规范的一般能力时,应当设定其他参与者的行为是合乎注意义务的,或者他并没有高度地违反注意义务。 **32**

第五章　信赖原则

一、信赖原则与注意义务——纵火狂案（斯图加特州高等法院：《法学概览》1997年刊，第517页）

1　　被告人是一个部分新装修的房子的出租人，他将装修垃圾、墙纸残渣、整铺地毯、木材边角料以及卡纸包装材料堆在楼梯间的入口处。一天晚上，由于入口处的大门是开着的，这些建筑垃圾就被一个纵火狂窥见了，于是他冒出了一个想法，即在这房子里放把火。他手持打火机在一个纸箱子上点了很久，直到起火了。堆得高高的装修垃圾被引燃了，进而楼梯间也着了火。而当整栋房屋都处在火海中时，楼上的住户被切断了逃生通道。7个人不幸罹难。

　　如果有论者支持溯责禁止理论，那么，不论其采用的是经典版本还是新版本，①都会单纯地用以下提示拒绝按照《德国刑法典》第222条的规定追究被告人的刑事责任，也即在被告人的行为和死亡结果之间介入了作为中间原因的第三人的故意纵火行为。斯图加特州高等法院却作出了不同的判决。法院以如下的理由拒绝开启主审程序：

> 因为每个人原则上都可以信赖他人的行为是合乎规范的，因为法律也设定他的行为是负责任的，所以，在没有相反的迹象时，每个人原则上都可以信赖的是，他人不会利用自己所开启的危险源去实施犯罪。注意义务的方式与程度因而是根据第三人利用该危险源实施犯罪的客观可能性来予以确定的；而这一可能性的大小反过来又是根据蕴含危险的物体的性质及其固有的会被第三人滥用的危险来确定的。对于

---

① 根据古典版本的溯责禁止理论，自由行为中断的是因果关联，因为意志在原因上是自由的［Frank §1 Anm. III 2a, Vgl. Die Darstellung bei Ling（1996），43 ff.；Otto Maurach-FS（1972），91（95ff.）；Roxin Tröndle-FS（1989），177］，根据新版本的溯责禁止论，中断的则是归属关联［Otto AT 6/54；ders., Maurach-FS（1972），91（98）；Roxin Tröndle-FS（1989），177（179）；Köhler AT S.145 f.］。

一些物品来说,即使是合乎规定的使用都通常会给他人的法益带来危险,那么这些物体就必须得到十分谨慎的保管。一般来说,法律、法规中对此都已经作了规定。例如,武器必须得到特别的保管,以防止其被滥用(《武器法》第42条第1款),因为它通常会被无权使用的第三人用来侵害法益;对危险爆炸物(《爆炸物法》第24条第2款第4项)以及核燃料(《原子能法》第5条第1款、第6条第2款)来说亦是如此。原则上汽车也被评价为易被滥用、蕴含特别危险的物品。因此,《道路交通条例》第14条第2款第2项就规定,必须确保脱离使用权人之手的汽车不被无权使用。在所有这些存在着蕴含危险和易被滥用之物的案件中,违反由法律、法规所确立的特别保管义务,就会导致这些物体在缺乏保证人保管的情况下被第三人用于实施过失犯罪或故意犯罪,而注意义务的违反和第三人犯罪之间的违法性关联也得以建立。

法院用这些尚未和本案发生直接关联的阐述,在举例中论证了实证的法秩序和普遍有效的溯责禁止理论保持了很大的距离,无论它是经典版本还是现代版本。法院继续论述道:

> 相反,对于很多物品来说,作合乎规定、符合社会相当性的使用,其实并不会对他人的法益造成任何威胁,但若被经验不足的人使用时则会发生危险。此处,由于涉及的并不是一般危险性的物品,因此,保证人的注意义务不可能设定得十分宽泛。只能要求保证人确保这些物品不会被经验不足的人或者不小心的人过失地滥用……可是在本案中,建筑垃圾被滥用于犯罪的危险是如此的小,因而依照法律不能对行为人科处这样的保证义务,否则,就会以不可期待的方式限制对于这些物品进行合乎规定的、符合社会相当性的使用……基于这一原则,被告人的行为并没有违反义务。①

斯图加特州高等法院的这一论述成为了讲授信赖原则的教学范本。首先,法院清楚而正确地将问题定位在注意义务的确定上②,而不是定位在客观归属中。例如,违法性关联,甚或是客观归属内部的一个阶层,人们称作

---

① OLG Stuttgart JR 1997, 517(518).
② Vgl.hierzu NK-Puppe Vor §13 Rn.165; dies. ZStW 99(1987), 595(611); dies. Jura 1998, 21ff.; Müko-Duttge §15 Rn.145ff.; Strathenwerth/Kuhlen AT 15/65 ff.; Krümpelmann Lackner-FS (1987), 289(292).

自我答责原则。① 在确定注意义务时，法院先是以信赖原则为出发点的。只要不存在相反的迹象，公民就可以认为，其他人不会利用自己的行为或者由自己所控制的物品去实施犯罪行为。② 但是，什么样的迹象可以让人们的信赖权利转变为不能信赖的义务，这当然不能一概而论。斯图加特州高等法院选取了一个与本案判决相关的迹象，即处于行为人控制范围内的物品具有很高的危险性或适于被用作犯罪。而罗克辛说出了另一个标准，③即存在准备犯罪或倾向于犯罪的人。

3　　但与罗克辛不同，我不认为这就是唯一可以排除信赖原则适用的迹象。这种迹象还可能出现在受到犯罪威胁的区域。④ 在本案中，没有任何特殊的迹象表明，作为可燃物的装修垃圾可能会被用于实施纵火罪。因此，信赖原则可以适用。斯图加特州高等法院也正确地否定了房主应负有如下的一般性义务：要将可燃的建筑材料放在纵火狂看不见的地方，使其不会激起实施纵火罪的欲望，或者出于这种目的而对建筑材料加以利用。

4　　其次，将垃圾摆放在楼道入口处且靠近楼梯间是否与房屋出租者所负的义务相违背，也就是清理逃生通道以预防火灾。不过，州高等法院否定了私有房屋的出租者负有这项义务。但这项义务当然适用于酒店的经营者以及其他公众开放场所的管理者。如果确实负有这项义务，那么，违反它的义务人就无法主张信赖原则，说那场致使没能逃走之人殒命的火灾是由纵火者故意制造的。因为旨在保护住房者安全的建筑警察准则以及消防警察准则，就是要预防所有的火灾危险，而不论该火灾是如何产生的。没有任何事物，特别是没有任何实证的一般性原则如信赖原则或者禁止溯及理论，可以阻止立法者设立这样的义务。

二、道路交通中的信赖原则——指示牌案（二）（巴伐利亚州最高法院：《交通法汇编》第 58 卷，第 221 页）

5　　一辆小客车的女司机在将要到达内城出入口前，将车速保持在至少每小时 85 公里，而不是应当遵守的每小时 50 公里。但在指示牌的另一侧，一个年老的男人正准备横穿马路。正当女司机在开过指示牌后继续加速

---

① Dazu zuerst Lenckner Engisch-FS (1969), 496(504); Schönke/Schröder-Eisele Vor §13 Rn. 101; Schumann (1986), 42ff.; Diel (1997), 315ff.; Renzikowski (1997), 72ff.
② Schönke/Schröder-Eisele Vor §13 Rn.101 c ff.; Roxin AT/1 24/26.
③ Roxin AT/1 24/28; ders.Tröndle-FS (1989), 177(190 ff.); LK-Roxin/Schünemann §27 Rn.19; Herzberg (1972), 315.
④ NK-Puppe Vor §13 Rn. 170.

时，这个行人踏入了行车道，却没有向女司机开来的方向望一望。当女司机终于意识到这一点时，她已经不能通过刹车和避让来阻止和该行人相撞了。

巴伐利亚州最高法院首先明确：不能以被告人倘若在内城中遵守了限速规定就不会在行人横穿马路时到达事发地点为由，将死亡结果归属于她；也不能以如下的理由肯定死亡结果的归属，即只要被告人遵守了限速规定，那么，基于技术上的原因，她就无法将车速提升到那么快，以至于在出现"危急的交通情形"时达到如此高的车速。

不过，上诉法院仍然判决被告人有罪，理由如下：

> 尽管如此，本案中被告人在封闭的内城区域将车开得过快的事实仍然具有关键的法律意义。虽然一般来说，一个汽车司机可以信赖，在街边上站着的行人会在踏入行车道前确认这样做没有危险（联邦法院：《交通法汇编》第20卷第126页、第130页，第26卷第203页、第204页），但是可以主张信赖原则的前提，是该司机自己的行为是遵守交通规则的。本案的被告人却没有做到。基于她靠近内城出口处时过快的车速，她应当能预计到，那个她在内城区域就已经注意到的站在街边的行人，会对她的车速作出错误的估计，因而踏入行车道。在本案中，她之所以更应当预计到这一点，是因为那是一个老人，并且他没有朝被告人看过一眼。无论如何，州法院最终正确地得出了结论，认为被告人在注意到行人之后不可以再行加速，而是应当开得慢一些，以便行人真的踏入行车道时，她可以于必要时刹住车辆。①

信赖原则也适用于道路交通领域，甚至该原则最初就是从这一领域发展出来的。② 它限制了《德国道路交通法规》第1条所发出的命令，也就是行为时不得威胁或者妨碍任何其他交通参与者。如果没有信赖原则，这一命令就会导致人们在道路交通中根本无法往前一步，因为总是能够合乎经验地预计到，其他参与者可能会违反注意义务，如插进自己所在的行车道。因此，《德国道路交通法规》第1条发出的注意命令，就通过信赖原则得到了限缩。就算经验表明，很多交通参与者都在蔑视交通法规，但个人在决定自己如何行动时，仍然可以信赖其他交通参与者会正确地行动，只要没有迹象表明，对方不会这样去做。如此，信赖原则首先就是用来确定注意义务的。

---

① BayObLG VRS 58, 221(222).
② NK-Puppe Vor § 13 Rn. 163.

8　本案中的行人是一位年迈的老人这一迹象表明,他可能不会按照交通规则来行动。对于那些可以认识到的行动不便的交通参与者,如孩子、残疾人或者年迈的老人,信赖原则就不适用了。不过,法院先前倒是对被告人作了有利的判决,认为她根本不可能认识到该老人的年龄,因此,在确定自己该如何行为时,这一事实根本不起作用。

9　法院提出了第二个被告人不能信赖行人会正确行动的理由。由于被告人在到达指示牌前开得过快,行人可能会因为对其车速作出误判而过早地开始横穿马路。可是法院自己却用一个提示推翻了这一否定信赖原则的论证:"她之所以更应当预计到这一点,是因为那是一个老人,并且他没有朝被告人看过一眼。"如果行人在横穿马路之前根本没有向来车的方向看过一眼,那他也不会低估该车的速度。同样是基于这一点,被告人在内城区域的超速行为与事故的发生之间也就不存在因果关系。

10　但巴伐利亚州最高法院给出了第三个理由,认为被告人在靠近行人时无法主张信赖原则,也就是信赖该行人会在横穿马路前合乎义务地确认没有危险发生。"主张信赖原则的前提是,只有遵守交通规则者才能信赖他人遵守规则。被告人在这里却没有做到。"要注意动词时态的变化。被告人先前的行为违反了交通规则,因为她在内城区域的车速超过了规定的50公里每小时。但在过了指示牌后,她所达到的车速却是被允许的。尽管如此,法院还要求她预计到行人可能会违反注意义务,因此,她应当开得慢一点,因为她刚好自己先违反了注意义务,于是便不能再信赖行人在此时还会实施正确的行为。

11　"违反注意义务者,就不能辩称他信赖其他人还会实施合乎注意义务的行为"这句话,只能在如下意义上是正确的,也即任何人都不能基于其信赖如下事实而违反自身的注意义务:反正其他人实施的合乎注意义务的行为将会阻止由自己所创设的不被允许的危险的现实化。有先行权的人有义务在认识到他人准备抢着先行时刹车。如果他没有这样做,因而导致了碰撞,那么,等候义务人就不能声称,自己是因为信赖先行权人会履行刹车义务而抢先走的。这就是"自己违反注意义务者,就不能主张信赖原则"这句话的意义所在。

12　本案所涉及的不是被告人在主张信赖原则时自己也违反了注意义务,而是因为她先前实施了违反注意义务的行为,所以,法院拒绝她主张信赖原则。可是,自己违反注意义务者就不能主张信赖原则的理由,并不在于人们感觉这样做是伪善的,而在于信赖原则仅仅是用来确定和限缩注意义务的。一旦确定参与者已经违反了注意义务,那么,就不再有信赖原则的适用空间。①

因此,任何自己违反注意义务者不能主张信赖他人会实施遵守注意义务的行为,这句话只适用于这一注意义务本身的结果归属,它并没有为信赖原则在未来的失效提供理由。在本案中,就不能基于这句话推导出,被告人因为在内城超速行驶,就有义务在开过指示牌后保持较低的速度,因为她不再可以信赖其他的交通参与者会遵守自身的注意义务。这是一种方法论上的错误,也即将一个从特定语境中发展出、被证明为正确的句子移植到另一语境中。此处"自己违反注意义务者,不能主张信赖他人还会实施合乎注意义务的行为"这个句子的用法正是如此。

三、信赖原则与事后的过错——消防队案(斯图加特州高等法院:《新刑法杂志》2009 年刊,第 331 页)

被告人从烧柴火的炉子中将貌似冷却了的灰烬扫进一个纸袋子中,并把它放进了立在木质地板上的一个纸箱子里,之后他就离开了房子。由于灰烬中尚存余火,纸袋子中开始烧起暗火,继而烧断了木质地板,火势蔓延到了整栋房子,房子的大部分都着火了。执行救火任务的消防队队长估计没有人在房子里面了,于是就派了两名配有压缩空气装置的消防员组成一个呼吸防护小分队进入了正燃烧的房子。因为在执行任务时,配有呼吸防护装置的消防队员必须要专注于自身事务,所以必须有同事负责在他们的压缩空气储存耗尽之前叫他们及时离开起火地点。为了这一目的,这名同事必须在规定的时间向呼吸防护小分队询问他们的压缩空气余量,并在该余量小于三分之二时要求他们撤离。可是,被委派执行这一任务的消防队员没有佩戴手表,因此,没能及时地召回两名配有呼吸防护装置的队员,致使他们因缺少氧气而在燃烧的房子中窒息而死。

斯图加特州高等法院拒绝开启针对被告房客提起的过失杀人罪的主审程序。在论证理由中,法院首先谈及的是联邦法院为追究引起救援者损害的创设危险者的刑事责任而提出的法律原则。按照联邦法院的观点,只要不幸罹难的救援者的救援措施是理性的,就应当肯定创设危险者的刑事答责性。只有当救援的尝试十分不理性、冒着不合比例的风险或者是蓄意这样做时,才不能将实害结果归属于创设危险者。基于这一原则,州高等法

---

① NK-Puppe Vor § 13 Rn. 165.

院就本案得出的结论是,不能将两名不幸罹难的消防队员的死亡结果归属于火灾的引起者,因为让这两名队员执行任务是极为不理性的。不过,对于这两名消防队员来说,难以谴责其自身实施了不理性的自陷危险。但是,法院以如下的理由,让这两人为他人的不理性行为承担责任:

15 进一步来说,风险衡量的任务并不是只落在了两名不幸罹难的消防队员身上。毋宁是当一个消防队员在开启并执行一个冒险的救援行动时,他得信赖他的同事也会作出合乎义务且符合专业水准的行为和决定。因此,实施救援的条件如何、呼吸防护小分队所担负的风险多大,很大程度上取决于负责监督呼吸防护小分队的消防队员所做的判断。对于后者来说重要的是,应当考虑到相应的呼吸防护小分队在某些情况下对于整体火势无法获得认识,因此,必须代其作出投入行动、灭火以及撤离等攸关性命的决定。如果没有这种分工式的行动方式,现代防火技术的运用就是不可想象的。虽然一方面,应当让行为人为个别救援者因其犯罪行为所遭受的升高的风险答责,但另一方面,在限制客观归属的问题上,也就是对救援行动是否明显不理性的评价上,由分工式的行动方式所带来的失误风险,应当是对行为人有利的因素。因此,这些虽然投入行动却不愿承受高程度危险的消防队员,应当为监督他们行动的消防队员所作的明显不理性的决定承担责任。所以,关键不在于个别遭受危险的消防队员觉察到了什么、作出了什么决定或实施了什么行为,而在于参与救援行动的所有消防队员的整体行为。①

这段文字对于说明上面所展示的那种方法,也就是使一个从特定语境中发展出来的思想脱离该语境并被完全移植到另一语境中,是一个很好的教学范本。确定的是,配有呼吸防护装置的队员当然可以信赖,被派来监督他们的同事会在他们的压缩空气耗尽之前,及时地要求他们撤离。但这并不意味着可以将派来监督他们的同事的失职视为他们自己的失职从而归属于他们。如果在投入呼吸防护小分队时,容认不合比例的风险,那么,这一行动就是明显不理性的。在这种情况下,如果要基于自我答责的自陷危险之原则,排除创设危险者对于救援行动的刑事责任,那么,只有当不幸罹难的救援者对于实施行动表示同意时,才有可能。但是他们没有对此表示同意,这一点判决中也强调了。不让创设危险者为救援者不理性的行动答

---

① NStZ 2009, 331(332).

责的规则,与本案毫无关系。①

本案的特别之处在于,介入到行为人过失的纵火行为和两个消防队员的死亡结果之间的,是第三人高度违反注意义务的行为,也就是负责监督任务执行的消防队员根本没有对执行过程进行足够的控制。对于这类案件,文献中给出了各式各样的理由,认为不应将危害结果归属于最初的创设危险者。其中一个理由便是信赖原则,从中可以得出结论说,最初的创设危险者可以信赖其他人会在对抗由其创设的危险时尽到必要的注意义务,而无论如何都不会通过高度违反注意义务的行为又创设出新的危险。② 但在这一语境中,新的危险究竟意指什么? 即使是新介入了他人有责的行为,也无法改变的事实是,被告人的行为的确导致了两名消防队员的死亡。因为不考虑被告人的行为,就无法解释两名消防队员为何要带着呼吸防护装置进入正在燃烧的房子。正如我们前面(本书第五章边码 11 及以下数个边码)所展示的那样,信赖原则的意义并不在于限制行为人对由自己行为导致的结果承担责任,如果该行为的注意义务违反性早已确定的话。其实,信赖原则与本案也没什么关系。

根据所谓的自我答责的原则,如果在创设危险者的行为和危害结果间介入了一个作为原因的第三人的过错行为,那么,就不能将该结果归属于创设危险者。其理由在于如果不这样认定的话,就会让最初的创设危险者为介入的创设危险者的错误承担责任。③ 这并不正确。诚然,不能将任何一个中间原因都归属于损害的引起者,要归属的应当只是那些他可以支配的并且通过行为加以利用的中间原因。但是,他不能支配所有的中间原因,这并不构成对归属的妨碍。这不仅适用于由其他参与者创设的原因,也适用于自然原因。因此,谈不上为他人的违法行为答责。④

在州高等法院的判决中,针对那些尽管违反了注意义务但只是间接引起结果的行为人,主张自我答责为其开脱过失的结果引起责任的,毕竟是寥

---

① Puppe NStZ 2009, 333 f.
② Dazu NK-Puppe Vor 13 Rn.252 f.
③ LK-Walter Vor §13 Rn.112 ff.; SK/Hoyer §25 Rn.151.; ders. GA 2006, 298(299f.); ders. Puppe-FS(2001), 515(526ff.); Kühl AT 4/83 ff.; Renzikowski (1997), 199ff.; Heribert Schumann (1986), 69ff.; Walther (1991), 79ff.; Wehrle(1986), 83f.; dagegen S/S-Heine Vor §25 Rn.107; Schlehofer Herzberg-FS(2008),355(其持有的观点是,无论如何,过失教唆过失犯罪的不可罚性也难以与教唆故意犯罪等同于正犯的可罚性相提并论)。
④ NK-Puppe Vor 13 Rn.178.

若晨星。① 其他州高等法院的判决则断然拒绝了这种思路。② 联邦法院对于这种只将结果归属于最后实施行为的人也就是幕前者的做法，从未予以认可。这种限缩也与一些得到承认的注意义务自相矛盾，这些注意义务的目的正是预防他人实施违法行为。例如，根据《德国武器管制法》第42条第1款的规定（参见本书第五章边码1），确保射击武器不被无权使用者接触，就是这样一种义务；根据《德国道路交通法规》第7条第3款的规定（参见本书第二十九章边码9及以下数个边码），司机有义务在停车时将车门关好。又如，禁止人们在公共道路上参与汽车越野赛或类似的较量，其目的无非在于要避免怂恿其他越野赛的参与者实施违反交通规则的驾驶行为，因为对于避免自己实施违反交通规则的行为来说，一般交通法规就足以发挥作用了。③

18 　　如果随后介入的第三人的共同过错是一个重大过错，也不能将由该重大过错所引起的危害结果归属于最初的创设危险者。本案毫无疑问是这种情形。那个接受了委派来监督呼吸防护任务执行的消防队员，没有佩戴手表，也没有立即想办法弄到一块，他对自己的同事们是高度不负责任的。不过问题是，他的过错是不是比那个纵火犯还要重大，后者将刚从炉子中取出的灰烬装进一个纸袋子中，并把它放进了立在木质地板上的一个纸箱子里，然后离开了房子。可是，介入的第三人也就是幕前者的重大的共同过错，能够使同样高度违反了注意义务的最初的创设危险者也就是幕后者逃脱罪责吗？幕前者和幕后者在过错程度上的落差究竟要大到何种地步，才能使最初的创设危险者得以推卸责任？

19 　　但要特别说明的是，以重大的共同过错推卸责任，只能针对前行为人，也就是最初的创设危险者，而不能针对后行为人，也就是再次创设危险的人。如果以后行为人的重大过错作出有利于前行为人的认定，那么，前行为人就可以毫无风险地违反自己的注意义务，直到其过错的程度逼近后行为人的过错。而前行为人的过错及其程度，在后行为人实施行为时早已被确定，且可能为后行为人所认识。这就是为什么建议以重大的共同过错推卸责任只适用于前行为人的原因。不过，对前行为人提供

---

① OLG Rostock NStZ 2000, 199(200) 内含否定性的评论，参见 Puppe AT 2.Aufl.29/19 ff.；OLG Stuttgart JR 2012, 163 内含 Puppe 的批判性评论。
② OLG Celle NZV 2012, 345(347) mit zust.Anm.Rengier StV 2013, 27 ff.
③ 对此参见 Puppe JR 2012, 164(165)；dies. NK Vor §13 Rn.179 und OLG Celle NZV 2012, 345(347).

这种优待,好像对于后行为人不太公平。实际上,他们中的任何一人都不能主张另一人的重大过错来推卸自己共同引起危害结果的责任。但是,因为可以归属于行为人的结果毕竟也是由另一参与者有责地共同引起的,这一情况可以在量刑层面考虑减轻处罚,这既可以适用于前行为人也可以适用于后行为人。

由于另一参与者的共同过错可以对行为人产生减轻处罚的效果,那就出现了一个问题:如果被告人是故意实施了纵火行为,那么他对于死亡结果的过失有没有满足《德国刑法典》第306c条规定的重大过失[《德国刑法典》第306c条:行为人因实施第306条至第306b条规定的行为,至少轻率地致他人死亡的,处终身自由刑或10年以上自由刑。——译者注]的要求。要成立该条中的重大过失,行为人不仅需要认识到重大的生命危险,或者说他明显具有认识的可能性,而且这一重大的危险必须在导向死亡结果的因果流程中实现。这意味着构成重大危险的那些事实,必须在导向结果的因果流程中呈现为真实充分的结果发生条件的必要组成部分。行为人一开始只是引起了一个促使消防队执行常规灭火任务的危险。但是当呼吸防护小分队冲进房子,而该房子中本该被救的人都早已撤离时,这一危险就被降低了。但随后,该危险又因为消防队长以及被派执行监督任务的消防队员的不理性的行为被显著升高了,进而最终汇入导向两名消防队员死亡结果的因果流程。其中,消防队长在不必要的情况下命令呼吸防护小分队进入燃烧中的木质房屋,而被委派执行监督任务的消防队员在没有手表的情况下,根本无法合乎规范地完成任务。尽管这些危险因素并不是完全不可预见的,因为即使是专业性的灭火也会出现差错,且行为人也不可能预见到每一个因果要素,但显而易见的是,这里的危险升高从行为人的视角来看却是不可预见的。因此,《德国刑法典》第306c条所要求的重大过失并未得到满足。

四、实际适用的提示

在认定了行为人的行为和结果之间的因果关系之后,就要去问这一行为在何种意义上违反了行为人所负的注意义务。当行为人所蔑视的注意义务并非一个实证法上规定的注意义务,如交通规则、医事规则或者技术规则,那么,首先就要自行建构行为人在实施行为时所要遵守的注意义务。要基于行为人在行为当时所拥有的认识,问一问行为人,他所认识的情形能否使他认为,他将通过实施行为引起针对某一法益的危险,而他却不被允许引起这一危险。于是问题又出现了,他是否必须阻止一个既由他自己的行为也由第三人违反注意义务的行为共同引起的危险。这里就和信赖原则扯上了关系。虽然经验教导我们,参与引起损害的其他人往往自己也违反了注意义务,但是公民却并非总有义务在安排自己的行动时,确保它不会连同第三人违反注意义务的行为共同导致损害结果的发生,也即公民在界定自身的注意义务时,可以信赖其他参与者会遵守他们各自的注意义务。

22　信赖原则并不适用于所有注意义务的界定。甚至令人困惑的是,信赖原则到底是一个规则还是一个例外。有一些注意义务的目的恰恰在于,让负有义务的人处于能够更好地弥补他人错误的状态。例如,道路交通中的限速规定以及禁止在醉态下驾驶汽车的规定,都属于这种注意义务。但这些注意义务均在实证法上得以确定。这些注意义务的违反者,无论如何无法主张信赖原则。不过也存在一些不成文的注意义务,其目的正是防止他人的违法行为,因为这样就可以对危险进行双重预防。于是,在一些具有上下级关系的分工合作中,其规则就是上级要监管下级,而不能信赖下级足以履行其义务;相反,下级或者同级的员工所负的注意义务就可以通过信赖原则予以限缩。否则的话,员工之间就无法相互减负,也就无法形成有效率的合作。但在执行一些特别危险的任务时,这样的规则也会有例外,如此才能对可能出现的错误进行双重预防。同级的员工之间也可能互负监督的义务。不过,对于确定一个参与者的注意义务来说,信赖原则何时能派上用场、何时无法奏效,尚未形成一般规则。

23　如果确定某个参与者的行为已经违反了注意义务,信赖原则就与此无关了。尤其是他不能再主张,如果另一个参与者遵守了他所负的注意义务,损害过程也就不会出现了。任何人都不能一边信赖他人会遵守义务,一边违反自己的义务。毋宁应当遵循这样的原则:违反注意义务者,不能以他人同样会违反注意义务为由为自己推卸责任;否则,当他们彼此都违反了各自的注意义务、且其中任一行为连同特定的附随情状都足以单独引起损害的发生时(参见本书第三章边码13及以下数个边码),他们就可以互相推卸责任。如果两个参与者相继通过违反义务的行为造成了同一损害结果,那么,前行为人也不能以信赖后行为人会遵守注意义务为由,为自己推卸责任。

24　这一原则可能会被人误解为,只要行为人在先前违反了自己所负的注意义务,那么,他在稍后的时点就会被科处更高的注意义务,其理由在于他曾违反了自己的注意义务,那就不能再信赖他人会合乎注意义务地实施行为。但是,"自己违反注意义务者,不可以信赖他人会合乎注意义务地实施行为",这句话仅仅是说,如果行为人已经违反了自己的注意义务,那么,他对于由此造成的结果所应负的责任,就不能在事后通过信赖原则加以限制。而并不是说,行为人只要曾经违反过自己的注意义务,也就在将来丧失了可以信赖他人会遵守注意义务的权利。因此,不能用这个规则去惩罚曾经违反注意义务之人,使其在将来负有比之前遵守义务者更为严格的注意义务。

第六章 因被害人的自陷危险而排除归属

一、自由答责的自陷危险之原则——摩托车比赛案(《联邦法院刑事判例集》第7卷,第112页)

1　　被告人被他的一个朋友说服了去进行一场摩托车比赛,尽管他出于经验明知,这位朋友必胜的雄心会诱使他在比赛时肆无忌惮、鲁莽地驾驶。最终在这场比赛中,这位朋友只因为自己的一点驾驶失误而不幸丧命。

　　被告人被判处过失杀人罪的理由是,正如被害人承诺在故意杀人罪中一样,自陷危险对于归属没什么影响。那时候还不存在自由答责的自陷危险这一教义。被告人实施了违反注意义务的行为,因为《德国道路交通法规》第29条明确禁止在公共道路上进行越野比赛。如果不幸罹难的车手不是给自己造成了损害,而是在奋力拼搏的过程中给另一个交通参与者带来了损害,那么,和该车手竞赛的人也要为此损害答责。这里没有禁止溯及理论适用的空间,因为立法者通过禁止越野赛,已经将通过激发他人必胜的雄心从而诱使他人产生驾驶失误的危险,解释为不被允许的危险。除此之外,禁止越野赛的这一规定没有别的什么意义。这一不被允许的风险也恰好实现了,也即另一赛车手由于自己的驾驶失误而不幸丧命。而正是被告人表现为竞赛性质的驾驶行为诱使对方实施了错误的行为。如此,客观归属的所有前提条件都获得了满足。

2　　只有当客观归属的所有一般条件都获得满足之后,才需要回答结果的归属是否因为参与被害人自陷危险或自我损害而被否定的问题。如果一般的归属条件都不存在,例如行为人致使被害人陷入的是一般被允许的风险,那么归属的排除就不取决于被害人对这一风险所表达的同意。因为不存在需要被害人表示同意的事实。① 如果由行为人所创设的风险在一般上

---

① 因此在所谓的叔侄继承案(本书第三章边码29)中,为了否定侄子为叔叔的死亡结果负责,首先认定缺少不被容许的风险之创设,然后又说叔叔对此风险是表示同意的,这种论证在体系上就是错误的(so aber Kühl AT 4/92 f.)。

是被允许的,那就需要论证,这一风险的实现之所以不能归属于他,是因为被害人也以某种方式参与创设了这一风险。于是,双方都做了错事,行为人违反了他的注意义务,而被害人则违反了保护自身法益的义务。但是,单凭被害人需要为自己的不幸共同答责这一事实,却不能让另一共同答责者推卸责任。① 否则,就会违背一般原则,也就是没有人可以主张他人的共同过错来为自己推卸责任。如果存在某种理由,能够让行为人因为被害人的自陷危险而不必为结果答责,那这样的理由无论如何也不是,人们可以在某种意义上谴责被害人的行为。

但是,任何成年的公民都有权利决定,他要去冒什么样的危险,以及他如何、在何种程度上要保护自己不受伤害。若法律对公民科处一项注意义务,要求他不能给另一人的铤而走险留有任何机会,法律就是让该公民成为了这个人的监护人。② 我们还会看到,法秩序在一些特定情形中就是这么安排的,也就是设置了家长主义的注意义务。③ 可是依照法律,一个公民原则上并无义务要去敦促他人理性地对待自己的法益和利益。例如,出售滑翔伞或者潜水装置是被允许的,而无须去确信,购买者对于使用它已经获得了足够的培训以及拥有足够的装备。一旦购买者单独引起了自陷危险,这就是他自己的事情。向一个瘾君子出售无菌的注射器甚至也是被允许的,只要他还有能力自行决定是否要使用它,那么,与此相关联的过量吸食的致命风险,就仅仅落入他自己的答责范围。④

3

自由答责的自陷危险作为客观归属的问题出现,是当行为人的注意义务意在保护第三人时,被害人却有意地且自由答责地踏入由行为人共同创设的危险之中。本案正是这样的一种情形。参赛者应为任何第三人遭受的危害答责,对此,竞争对手却为了赢得比赛而情不自禁。一旦竞争对手将自己带入了危险之中,这也是他自由答责的决定。必胜的雄心不能消灭他的决定自由和对该决定应负的责任。相较于被危害的第三人来说,并不需要保护参赛者免于作出不理性的自我决定,这样的保护也不值得。可以责备

4

---

① 更进一步的阐释,参见 Puppe GA 2009, 486 ff.; dies. Androulakis-FS, 555(564)=ZIS 2007, 247(250)。

② NK-Puppe Vor §13 Rn.190.

③ 最经典的家长主义式的注意义务,就是禁止进行麻醉品的交易(参见本书第六章边码13 及以下数个边码)。

④ BGHSt 32, 262(263 f.).在该案中,联邦法院根本不必多走冤枉路,去论证帮助他人自陷危险的不可罚性(参见本书第六章边码 5 及以下数个边码)。因为对于引起一个自由答责的自陷危险来说,根本就缺乏被违反的注意义务。后来,当局甚至自己给上瘾者发放注射器,以防止艾滋病传播的危险。

他违反了自我保护的义务。① 按照当今占主流地位的自由答责的自陷危险之教义，本案中的被告人应当被宣告无罪，因为无法指责他过失杀害了竞争对手。

二、自由答责的自陷危险与同意他人造成危险——加速测试案（《联邦法院刑事判例集》第 53 卷，第 55 页）②

5　　两名被告人在一条限速每小时 120 公里的道路上，以所谓加速测试的形式进行一场越野赛。一开始，两名被告人同时将车速提至 80 公里每小时，然后，在后来不幸遇难的副驾驶发出起跑信号后，两车开始急剧地加速。当他们靠近一辆小客车的时候，不但不停止比赛，反倒同时在唯一可用的第二条单行道上以相同的速度超越该车辆。在超车时，两名被告人的车之间仅仅隔了 30 厘米的距离。那个没有扣紧安全带、不幸遇难的副驾驶乘坐的那辆车，打了滑，继而发生侧翻，并撞上了一个交通指示牌。副驾驶被甩出了车辆，遭到了致命的伤害。

不幸遇难的这位副驾驶，尽管对于参赛过程中一定程度的危险表示了同意。但令人质疑的是，该同意是否涵盖了这一如此高度危险性的超车行为，因为该行为最终导向了致死的事故。可是，联邦法院认为这个问题对于判决没有重要意义，因为不幸遇难者不是自陷危险，而只是针对通过其他参赛者的驾驶行为对自己造成的危害表示了同意。联邦法院现在的观点是，参与他人的自陷危险"基于从属性的原理"是不可罚的。相较之下，只要他人造成危险的行为是违反善良风俗的，则对之表示同意并不能为行为人推卸责任。本案中，由于超车行为蕴含了直接致命的危险，因而恰恰属于后面这种情形。③

6　　法院在判决中指出：

> 在不可罚的参与他人自我答责的自陷危险和原则上符合构成要件的由他人实施的危害行为之间，关键的区分标准来源于正犯和共犯的界分。如果对危害行为或损害行为的犯罪支配不单单掌握在受到危

---

① Zaczyk(1993), 48,56 f.,6f.; Otto NStZ 2001, 206(207); Müko-Duttge, §15 Rn.152ö Frisch NStZ 1992,1(5); cancio Melia ZStW 111(1999), 357(373f.); Puppe Androulakis-FS, 555(564ff.) = ZIS 2007, 247(250ff.); dies. NK Vor §13 Rn.190; Jahn, JuS 2009, 370. 但 Jahn 的论证是，他认为的主张危险生活的权利，仅仅包含参与他人的自陷危险，而不包括同意他人造成危害。

② 提及该案例的还有：Roxin JZ 2009, 399 ff.; Puppe GA 2009, 486.

③ BGHSt 53, 55(62 f.).

险者或被害者手中,而是至少也为参与危害的人所掌握,那么,参与危害的这个人就实施了一个独立的行为,因此,人们不能再基于从属性的原理、以缺乏被害人的主行为为由,认为他不可罚。①

迄今为止,单一正犯概念仍然在过失犯中占据主导地位,②对此,联邦法院也没有表示过质疑。只有当参与者中的一人也是被害者时,才要区分另一参与者的行为是过失的帮助还是过失的正犯。其结论是,尽管过失的正犯因为违反善良风俗是可罚的,但无论如何过失的帮助或教唆也是不可罚的。③ 联邦法院在故意犯中适用的正犯标准,在过失犯中根本行不通。不愿意某个犯罪结果发生者,当然也不会将它视为"自己的作品"。因此,本判决显然是赋予犯罪支配理论过高的荣誉了。不过,犯罪支配理论在过失犯中的确没有用武之地,因为就犯罪支配理论的概念而言,它指涉的是构成要件的实现。但在过失犯中,任何参与者都不可能支配构成要件的实现。④

联邦法院的观点是,相较于过失参与他人的自陷危险不可罚,同意他人过失给自己造成危险在违反善良风俗的场合是可罚的。其理由在于,必须要避免和参与他人的自我损害的不可罚性之间的"评价矛盾"。⑤ 但还要等待判例以及支持判例观点的学说是否会对如下事实有所反应,也即立法者已经将特定情形中的自杀帮助行为纳入刑法的处罚范围。实际上,这一评价矛盾并不存在。⑥ 当法益持有者希望自己的法益客体被损害或毁坏时,这一客体就不再是他法益的承载者。参与毁坏了该客体之人,也就没有参与法益侵害。⑦ 但是,使自己的法益客体陷入危险者,并不希望放弃该法

---

① BGHSt 53, 55(60 f.).
② Welzel(1975),120(160); Kühl AT 20/10; Jakobs AT 21/111; Stratenwerth/Kuhlen AT 15/76; Gropp GA 2009,265(274); Schlehofer Herzberg-FS, 355(370 ff.); zuletzt Rotsch(2009), 197ff.
③ BGHSt 53, 55(60f.).
④ Welzel(1975), 120(160); Puppe GA 2009, 486(492f.); dies. NK Vor § 13 Rn. 179,185.
⑤ BGH5t 53, 55 (62f.);这一观点源自罗克辛 Roxin, Gallas-FS (1973), 241 (246); ders., AT/1 11/107; zuletzt ders. JZ 2009, 399 (401) 也用于救援者事例,ders. AT/1 11/115;基本上追随罗克辛观点的有 Schünemann JA 1975, 715 (721); Horn JR 1984, 511 (13); Dölling GA 1984, 71 (77); Bernsmann/Zieschang JuS 1995, 775 (778); Hellmann Roxin-F5 (2001), 271 (283)。
⑥ Schilling JZ 1979, 159 (166); Herzberg JA 1985, 265 (270); Frisch NStZ 1992, 1 (5); Zaczyk (1993), 53; Puppe, Androulakis-FS, 555 (560f.)=ZIS 2007, 247 (249 f.); dies. NK Vor § 13 Rn.183; Otto JZ 1997, 522 f.; Hardtung, NStZ 2001, 206 (206 f.); Cancio Melia ZStW 111 (1999), 357 (368 ff.). Roxin JZ 2009, 399 (400)现在也注意到了这一点。他从中得出的结论仅仅是,对风险的承诺作为正当化事由与对实害结果的承诺是完全不同的,但他仍轻易地扩展到了实害结果上。
⑦ Neumann JA 1987, 244(247f.); Frisch NStZ 1992, 1(4); NK-Puppe Vor § 13 R.183.

益。维持该(法益)客体存续的利益一直存在,并受到法律的保护,因此,服务于客体保护的其他注意义务也依然存在。①

8 　　不论是在参与他人自陷危险的场合,还是在同意他人给自己造成危险的场合,考虑到受到危险者的法益,则参与的双方都违反了注意义务,但是均不希望发生损害结果。尽管如此,有论者却认为,只有遭受了损害的一方才应当对损害答责。② 将这种观点作为一般性规则是不公正的。③ 这样主张的理由只能是,为了不让另一参与者成为被损害人的监护人(参见本书第六章边码3)。如果实际的被损害者是自由答责地决定使自己的法益陷于危险之中,这一决定就属于他自主的生活安排。对于执行该决定进行加功者,不会对该决定所导致的后果共同答责。关键的仅仅是,自陷危险者是否值得受到法律的保护,而不是参与自陷危险的他人行为的外在样态到底更接近于帮助犯还是正犯。④ 教唆或参与他人的自陷危险是不可罚的这一思想,在如下的情形中是有道理的:当创设危险者和受到危险者并非同时行动,而是由前者先创设了一个危险,然后,被害人在具有完全认识的情况下自愿陷入了该危险中,而对方不再对于危险的发展施加任何影响。于是,只要不像摩托车比赛案中涉及保护第三人的问题(对此参见本书第六章边码4),对方的行为就缺乏注意义务违反性。⑤ 我们还将看到,有关自陷危险者值得保护性的标准,也适用于另一参与者在外观上纯粹扮演教唆或帮助者的角色,而非正犯角色的情形(对此参见本书第六章边码10)。

9 　　只有当被害者认识到他所陷入的危险时,才会存在一个自由答责的自陷危险。而在本案中,虽然不幸遇难者自陷越野赛的危险之中,但问题是,这一自陷危险是否涵盖了所有该司机为了赢得比赛而不由自主地实施的行为。两名司机并排驾驶汽车且间距仅有30厘米,却以240公里每小时的车速超越那辆小客车,是一种极其不理智和高度危险的行车方式,对此,一个被动参赛者并不是想当然地就能预料到。就算在越野赛中,参赛者也可以信赖其他参赛者能够保持起码的理性和谨慎。这恰恰可以说明,为什么通过被动地参与越野赛而共同引起不幸遇难者的自陷危险,不能排除

---

① 现在也持这种观点的,Roxin JZ 2009, 399(400)。
② 这样说的,参见 Roxin GA 2018, 250(250ff.); Cancio Melia ZStW111(1999),357(372ff.); Hellmann Roxin-FS(2001),271f.; Radtke Puppe-FS(2011), 831(837); Luzon Pena GA 2011, 295(307ff.); Kretschmer NStZ 2012, 177(180); Mattes-Wegfraß(2013),125f.。
③ NK-Puppe Vor §13 Rn.184a.
④ Puppe GA 2009, 486(493); Otto Schlüchter-GS(2002), 77(92f.)。
⑤ NK-Puppe Vor § 13 Rn.185, 190.

这些参赛者对死亡结果的共同答责性。①

三、创设危险者对于救援者自陷危险的答责性——救援者案（《联邦法院刑事判例集》第 39 卷，第 322 页）

被告人受邀参加一个花园派对，却纵火烧了主人的房子，房中有该主人 12 岁的儿子以及另一个已然入睡的客人。主人 22 岁的长子当时体内酒精含量达到了 2.17‰，但他看到火焰窜出房子的时候，毅然冲进房子的上层去救很可能还在里面的人。无奈他昏倒在地，不省人事，最终因吸入浓烟中毒而死。

如果在本案中适用由联邦法院发展出来的区分同意他人造成危险和参与他人自陷危险的规则，就会认为这里是后者的情形。在某种程度上，纵火者是在教唆不幸遇难者去冒着被烧死的风险进入燃烧的房子中。同样，对于救援者自行陷入由行为人创设的危险之中而不幸遇难的案件，罗克辛原则上也适用了参与他人自陷危险不可罚这一规则。② 在本案中，他之所以得出了不同的结论，是因为他认为，不幸遇难的救援者高度醉酒的状态值得谅解，因此，他的自陷危险不再是自由答责的。③

但这与本案中救援者所处的情形不相符合。联邦法院之所以认为纵火者对于救援者的死亡结果应当答责，也不是因为救援者的高度醉酒状态，而是因为纵火者"对于救援者实施危险的救援行动提供了一个可以理解的动机"。于是，法院在裁判理由中这样写道：

> 对于被害人有意识的自陷危险排除行为人的刑事责任这一基本原则，在如下情形中需要有所限制，也即行为人实施的违法行为使被害人很容易去有意识地自陷危险，以至于在没有被害人的共同作用且未经其同意的情况下，行为人针对被害人的法益或与被害人有密切关系的人就创设了一个显著的危险，并因此给了被害人一个令人信服的实施危险救援行为的动机。正确的做法就是，将在这一情形下的自陷危险者纳入刑法规范的保护范围。正如在救援成功时，结果的避免对于行为人来说是有利的，当救援失败时，行为人同样应当对于结果的发生承担责任。除非救援的努力从一开始就是毫无意义的，或是明显不合

---

① Roxin JZ 2009, 399(402); Puppe GA 2009, 486(496).
② Roxin AT/1 11/15.
③ Roxin AT/1 11/17.

比例的冒险。①

12　创设危险者应为结果答责的关键理由,并不在于救援的尝试也是为了他的利益且救援成功对于他有利。之所以要让创设危险者对于救援者的不幸答责,不是因为救援者某种程度上是受其委托或者为了他的利益实施救援,而是因为他将救援者以一种不被允许的方式带入了矛盾的境地,也即他迫使救援者在冒险实施救援和容忍他的弟弟或客人在大火中丧生作出抉择。谁在这种情况下决定自陷危险,可能是个英雄且在道德意义上是自由行动的,但在法律意义上却不是自由答责的。② 于是,自陷危险到底是表现为自行陷入一个已经存在的危险之中,还是表现为同意他人实施危害行为,就没什么区别。对于任何案件来说,关键在于是否值得和需要保护救援者免于作出自陷危险的决定。③

通过这一判决的作出,联邦法院在本案中放弃了如下教义:作为参与他人自杀不可罚的结论,参与他人的自陷危险绝对是不可罚的。当然,这并不妨碍联邦法院以后在别的案件中继续毫无顾忌地适用该教义。④

提出这一教义的罗克辛,⑤最初无例外地将它适用于所有自由答责的救援者,且包括那些依法负有义务实施自陷危险式的救援行为的人,譬如消防队员,登山救护队员或者海滩上的救生员。⑥ 但从现在起,他对此教义作了限缩,仅将其适用于自愿的救援者,以及那些超出义务范围实施自陷危险的救援义务人。⑦ 施图肯贝格却以如下理由反对罗克辛的新观点而捍卫其旧观点:创设危险者的责任不应当没有边界。⑧ 可是,一旦人们觉得有所必要时,就必须在有关注意义务违反的因果关系的要求之外,偏偏限制救援者为损害结果承担刑事责任吗?

---

① BGHSt 39, 322(353 f.).
② 甚至,当自陷危险者所实施的必要的干预与创设危险者的利益相互对立,如他对于创设危险者的攻击或跟踪进行紧急自卫时,那么,创设危险者也要为这一干预行为所带来的危险的实现承担责任,对此参见前一版教科书 AT/1 6/37;别的观点参见 Roxin AT/1 11/140。
③ Puppe Androulakis-FS, 555(566)=ZIS 2007, 247(251); dies. GA 2009, 486(494).
④ 参见前文第六章边码 5 及以下数个边码。
⑤ Roxin Gallas-FS(1973), 241 ff.
⑥ Roxin Gallas-FS(1973), 241(246 f.).
⑦ Roxin Puppe-FS(2011), 900(914 ff.).
⑧ Stuckenberg Roxin-FS (2011), 411(421 f.).

四、家长主义式的注意义务——海洛因案(联邦法院《新刑法杂志》2001年刊,第205页)

被告人向购买者出售了高纯度的海洛因。她向购买者提示道,这种毒品是烈性的,只能吸食而不能注射。一个20岁的购买者本没有吸毒上瘾,却因为过量吸食该海洛因而死亡。

这里清楚地呈现了一个自由答责的自陷危险的情形。购买者已经被告知了这种海洛因的危险性,他既不是吸毒上瘾,也没有在购买时处于醉酒状态。在审判委员会详尽地阐述了联邦法院有关参与他人自陷危险不可罚的判例后,转向了《德国麻醉品交易法》第30条第1款第3项的规定。根据该项的规定,如果通过转让麻醉品而轻率地导致了某位消费者死亡,那么,刑罚幅度就从五年以下有期徒刑或罚金涨至两年以上十五年以下有期徒刑。法院在下面的裁判理由中写道:

> 设置《德国麻醉品交易法》第30条第1款第3项是基于这样的理念,按照立法者在实证法上所作的决定,自陷危险的观点并不能阻碍死亡结果的客观归属。只是对于行为人的主观层面要求必须具有重大过失才满足归属的要求,则表明了一定程度上适用范围的限制。①

基于该被告人只应受到一般过失的谴责而无法受到重大过失的谴责,审判委员会认为参与他人自由答责的自陷危险不可罚的一般性规则也适用于本案,因此认定,不能根据《德国刑法典》第222条的规定将消费者的死亡归属于被告人。

但是,(主观上的轻率要件)限制的是《德国麻醉品交易法》第30条的适用范围,而不是《德国刑法典》第222条。令人质疑的是,根据立法者的目标设定,该判决认定毒品吸食者自由答责的自陷危险并不妨碍将结果归属给毒品零售商,究竟指涉的是哪条规范?按照联邦法院的观点,指涉的当然是《德国麻醉品交易法》第30条第1款第3项。可是,若要根据规范的一般能力要求或者连贯性要求的标准来确定保护目的,只可能针对某一特定的行为规范(对此参见本书第四章边码24)。这也适用于针对某种特定方式的自陷危险的家长主义式的保护目的。当我们谈及刑罚威吓的保护目的时,只能说其目的是避免引起特定的结果。这里说的并不是刑罚构成要件的保护目的,而毋宁是注意规范的保护目的。该注意规范禁止人们向他

---

① BGH NStZ 2001, 205 f.

人提供毒品以供吸食。通过《德国麻醉品交易法》第30条第1款第3项将违反这一规范的行为置于升格的法定刑下,只要违反这一规范导致了自由答责的毒品消费者的死亡结果便处于升格的法定刑。它表达的意思无非就是,禁止毒品交易的目的正是在于防止毒品消费者自由答责地自陷危险。这就是一种家长主义式的注意规范,它以如下方式使公民成为了他人的监护人:禁止公民给任何人提供通过吸食毒品危害自身健康和生命的机会,否则就会被处以刑罚。①

16 若规范违反者可以主张如下理由为自己推卸责任,也即他所伤害了的人实际上是自由答责地自陷危险的,那这就与家长主义式的注意规范的意义和目的相违背。这不仅适用于《德国麻醉品交易法》第30条的刑罚构成要件,也适用于《德国刑法典》第222条。将结果归属于注意规范违反的规则,在普通刑法中和在《德国麻醉品交易法》中不可能有所区别。②

17 还有一些家长主义式的注意义务,其家长主义式的特征并不一定能明确地从法条中推断出来。属于这种情形的,如医生针对他吸毒成瘾的病人负有义务,因为他不可以轻易地委托该病人来保管替代药物(如美沙酮),所以,因毒瘾而意志衰弱的病人处于医生的监护和照料之下。③ 雇主的劳保义务也具有这种家长主义的特征。他不仅应当向被雇用者提供防护工具,如安全帽或呼吸防护设备,而且还要督促他们使用这些工具。如果雇用者怠于履行这一义务,一旦发生事故,他就不能以被雇用者明知不使用防护工具投入工作有多么危险、却自由答责地自陷危险为由,为自己推卸责任。④

五、实际适用的提示

18 有关自由答责的自陷危险的理念,也即理性的公民可以自行决定自陷危险,并且其他的公民依法不负有劝告他理性、谨慎地对待自己法益的义务,可以呈现为两种不同的关联性。

体系上优先的是,它对于确定注意义务的意义。之所以能够将某些危险的引起视为被允许的,其理由也可以是要自陷危险还是躲避危险,完全听

---

① NK-Puppe Vor §13 Rn.193f.; Puppe GA 2009, 486(495).
② NK-Puppe Vor §13 Rn.194f.;Kindhäuser AT 11/35; Kubink Kohlmann-FS(2003), 53(57); Hardtung NStZ 2001, 206(207).
③ BayObLG JZ 1997, 52 mit Anm.Puppe 1.Aufl.,AT/1 6/31ff.
④ 参见瑙姆堡州高等法院判决的煤气接口案,NStZ-RR 1996, 229, 见第二章边码40处,以及本书第一版, AT/1 6/28 f.

凭受到危险者自己的处置。例如,出售酒精是被允许的,尽管很多人饮酒后会导致身体损害甚至自我毁灭。生产香烟并向成人出售也是被允许的。出租或出售危险性体育运动装备的行为也是被允许的。法秩序认可这些行为方式,其实就是尊重理性的国家公民自主地安排生活的自治权,因为不需要保护公民免于自陷危险,并且有时这样的保护是不值得的。

例外的是,法秩序也规定了一些家长主义式的注意义务,内容就是防止自陷危险。属于这种注意义务的,首先是例如,禁止毒品交易,还有劳保法的规定,以及戒毒治疗中医生对病人所负的义务。人们也可以将父母或教师对于儿童和青少年所负的义务视为家长主义的,也即,他们有义务防止孩子们自陷危险。有必要保护儿童以及某种程度上的青少年免于针对其自身法益实施不负责任的危害行为。他们尚且不是理性的公民,而法秩序只会尊重理性公民对于生活的自主安排。谁如果违背了自己所负的家长主义式的注意义务,就无权主张被损害者自陷危险来推卸责任。 19

第二种关联性,在这里产生了自由答责的自陷危险的思想,就是客观归属。其表现在当注意义务违反不带有任何家长主义式的性质,并且联结注意义务违反和损害结果的因果链条中介入了被损害者自由答责的自陷危险。于是,对被损害者自主的生活安排的尊重,就中断了归属关联。 20

是否存在被损害者自由答责地自陷危险,并不取决于从外表上看他的行为到底更接近于准正犯性质的自陷危险还是呈现为同意他人造成危害的自陷危险,而毋宁取决于是否值得以及是否有必要保护他免于作出这一自陷危险的决定,或者,他作出这样的决定是否出于理性。如果自陷危险者是基于理性的或道德上的动机而自陷危险,或者他依法必须这样做的话,那么,保护他免于引起某种情境,在该情境中他正是出于这种动机而自陷危险,就是值得的且必要的。否则,就算自我损害者在心理和道德的意义上都是自愿的,也不成立任何自由答责的自陷危险;反之,如果自我损害者成心地或出于被禁止的理由自陷危险,那么,就成立自由答责的自陷危险。果真如此,就既不值得也无必要保护他免于作出自陷危险的决定。 21

Strafrecht

第一编　结果归属的基础理论

第二编　**故意犯的构成要件**

第三编　构成要件实现的正当化

第四编　责任与免责

第五编　未遂

第六编　犯罪参与的形式

第七编　竞合理论

第七章　过失与故意之间的概念关系

一、概论

客观归属的要求：一是通过违反注意义务的行为引起结果；二是该行为中违反注意义务的特征与结果间的因果关系；三是遵守所违反的注意规范一般能够有效地防止此种类型的因果流程；四是被害人对于自身所遭受危害的自由答责的支配不能排除行为人的责任。上述要求既适用于过失犯，也适用于故意犯。说故意犯和注意义务违反之间有关系，可能听上去有点奇怪。自然语言中的表达通常同时拥有多种含义，这些所谓的内涵，相互之间却并不一定有所关联。"行为人过失地或违反注意义务地引起了结果"这句话，在日常语言使用中实际暗含了两种完全不同的表达：一种含义是，行为人通过义务违反引起了结果；另一种含义则是，行为人并不是有意地引起该结果，也不希望该结果发生。在科学的语言中，上述不同的含义必须被区分开来，以避免将两种含义带入失去控制的问题关联中。在过失犯的场合，要求行为人无故意地实施行为，不仅是多余的，也是有害的。[①] 因此，人们现在更愿意使用创设不被允许的风险，而不是注意义务这个概念。[②]

普遍的印象，也即故意和过失是相互排斥的，[③]或者，在故意犯中一直

[①] NK-Puppe §15 Rn.5; Vor §52 Rn.10,21; dies.JR 1984, 229(231); 现在也持这种观点的，参见 Herzberg FG BGH (2000), Bd.IV, 51(61ff.); 不同看法，参见 Roxin AT/1 24/80 Fn.114。

[②] Schrönke/Schröder-Eisele vor §13 Rn.93; NK-Puppe Vor §13 Rn.154; Jakobs AT 7/99; Jescheck/Weigend AT §28 IV; Roxin AT/1 11/53; Schmidhäuser AT 9/31; ders.StuB AT 6/109; Strathenwerth/Kuhlen AT 8/27; Wessels/Beulke/Satzger AT Rn.261ff.; Frisch(1988), 33ff.; Otto NJW 1980, 417 (420).

[③] BGHSt 4, 340 (341); LK-Vogel §15 Rn. 23; MüKo-Duttge §15 Rn.101ff.; Baumann/Weber/Mitsch/Eisele AT 12/3; Jescheck/Welgend AT §54 I 2; Maurach/Gössel/Zipf-Gössel, AT/2 42/47; Roxin AT/1, 24/80,Vgl. Schönke/Schröder-Sternberg-Lieben/Schuster, §15 Rn. 3.

被人们所理解的造成结果的意志可以取代注意义务违反的要求,或取代创设不被允许的风险,被证明是错误的。① 过失和故意之间逻辑上的概念关系毋宁是包含性的。任何故意实施行为者,都满足了所有过失犯的前提条件。这也对于诉讼法产生了深远的影响。在诉讼程序中,当不清楚行为人在法律意义上究竟是否希望结果发生时,人们既不需要在故意和过失间努力运用选择认定(Wahlfeststellung)的原理,也不需要建立什么规范性的位阶关系。② 只要他创设了不被允许的风险,那么,无论如何过失的可罚性就已经被证立了。③

3 最近,联邦法院也明确地承认,故意,尤其是对结果的容认,无法替代客观归属的要求,特别是注意义务的违反及其实现:

二、诱发事故案(联邦法院:《刑事辩护人杂志》2000年刊,第22页)④

4 被告人在驾驶车辆时以表面上符合交通规则的行为诱发了其与后车的相撞,他的目的是从后车司机投保的交强险中获得车辆损坏的赔偿。在尚未到达一个十字路口时,他打起了左转的信号灯,由于路口左侧是一个加油站的入口处,他的行为让后车司机误以为,他要在十字路口左转。可是,他没等车开到十字路口、而是在加油站的出口处就左转了,从而造成了与后车司机相撞的事故。

联邦法院认定,被告人以设置障碍的方式构成对道路交通的危害,具备刑事可罚性。判决先阐述了司机的行为即使表面看起来遵守交通规则,也可能满足《德国刑法典》第315b条的构成要件,随后联邦法院继续指出:

> 根据《德国刑法典》第315b条第1款有关危害道路交通安全的规定,不应处罚这种行为人:从各个方面来看他都实施了符合交通规则的行为,却希望发生事故从而获得对方的交强险赔付。就算交通参与者对于可能发生的事故持容认的态度,他也同样不可罚。尽管单纯地希

---

① NK-Puppe, § 15 Rn. 5; Jakobs AT 9/4; ders. GA 197, 257 (260); Schmidhäuser AT7/122; Hall, Mezger-FS (1954), 229 (241); Herzberg, JuS 1996, 377 (380); ders. FG BGH (2000), Bd. IV, 51 (58 f.); SK-Wolter Anh. Zu § 55 Rn. 46.

② So aber BGHSt 48, 57; Schönke/Schröder § 1 Rn.85; Jescheck/Weigend, AT § 54 I 2; Roxin AT/1 24/79; Wolter (1987), 65; Otto PetersFS (1974), 373 (382)

③ NK-Frister Nach § 2 Rn.33.; NK-Puppe Vor § 52 Rn.10.; dies.NK- § 15 Rn.5; Herzberg FG BGH (2000), Bd.IV,51(61ff.).

④ =BGHR StGB § 315b Abs.1 Nr.2 设置障碍 3=DAR 1999, 511=MDR 1999,1382=NJW 1999,3121=NZV 1999,430=VersR 1999,1431=VRS 98, 12; Anm.Kudlich StV 2000, 23; Bspr.Freund JuS 2000. 754; Bespr.König JA 2000, 777; Bspr.Kopp JA 2000,365.

望发生交通事故,以及对可能发生的事故予以容认,在道德上是可谴责的。但是,合乎交通法规的驾驶行为不可能造成对于道路交通安全不被允许的危害。果真以《德国刑法典》第315b条处罚行为人的话,就是在处罚罪恶的思想了。

不过,要是行为人故意地引起一个事故的发生,就不同了。如果某人实施了一个特定的驾驶动作(如刹车、加速或者转弯),这种动作虽然在具体交通情境中是正确的,但其目的在于利用其他交通参与者的疏忽或者误判以造成事故的发生,从而使自己可能从损害赔偿中获利,这种行车方式显然是与交通法规背道而驰的。这样他就满足了《德国刑法典》第315b条第1款的构成要件,尽管他的行为看上去是符合交通规则的,可事实上他却是违反交通规则的。因为如果实施行为就是为了损害其他交通参与者,它当然是违反《德国道路交通法》的(参见《德国道路交通法规》第1条第2款)。针对行为人有意通过外表上符合交通法规的行为诱发事故,而适用《德国刑法典》第315b条的规定,并不意味着实施了思想刑法。认定行为人故意造成一个事故的发生,其前提当然是,他已经将卑鄙的思想转化为了引发事故的行为,因此其恶意并不止于思想层面。①

该判决可没有说,尽管间接故意也就是对结果的容认不能替代注意义务违反,可是意图却能替代它。联邦法院正确地强调了,行为人想要造成交通事故的意图影响了他的行为,因此,他的行为只是表面上符合《德国道路交通法规》第1条的规定。交通参与者在实施行为时,应当使他人能够明白其意图。如果当时的情况不够明朗,例如,在靠近十字路口的地方其实有一个加油站的入口,那么司机就有义务通过及时地打闪灯来让后车司机明白他的意图,也就是他将要左拐进加油站的入口,而不是要左拐进十字路口。诱发事故的意图不是替代了注意义务违反,而是鼓动行为人去违反注意义务。通过这一注意义务的违反,行为人实现了他的意图,而这一注意义务的违反才是客观归属的根基,而不是意图本身。

---

① BGH StV 2000, 22(23).

第八章　建构故意的认识内容

一、构成要件与故意内容

1　　《德国刑法典》第16条从反面界定了故意的内容,也即它只说当"行为人没有认识到法定构成要件的行为情状时",就缺少建构故意的认识。情状就是事实。关于法定构成要件情状这一表述的含义,充斥着各种不清晰的观点。与规范性构成要件要素(本书第八章边码7及以下数个边码)相对的是,对于描述性构成要件要素,人们无须理解每一个概念,就可以通过意义的感知来认识到它们在个案中的存在。[①] 在讲述结果的构成要件要素时,我们已经看到,主流观点认为,真实的东西早就以具体形态被预先确定,我们只需要通过意义的感知去正确、全面地认识它们(对此观点的批判参见本书第一章边码9及以下数个边码)。对于法定构成要件的其他行为情状,人们相信这个道理同样适用。

按照主流观点,构成要件要素的意义,仅仅在于它是一个"容器",在这个"容器"中这些以具体形态出现的行为情状、即所谓的生活具象被整合在一起,就像豌豆装在豌豆玻璃罐中。行为人必须认识到这些具体的事实,而不是构成要件对它们所作的描述,是要认识到豌豆,而不是装豌豆的玻璃罐子。[②]

2　　正如我们在符合构成要件的结果的例子中所看到的那样,这种具体情

[①] Vgl.Welzel JZ 1953, 119(120); Mezger Lb(1949), 325; ders.Traeger-FS(1926), 187(225); LK-Vogel §16 Rn.21; Schönke/Schröder-Sternberg-Lieben/Schuster §15 Rn.18; Roxin AT/1 12/100; Kindhäuser AT 27/23; Schmidhäuser AT 10/53; 批判的意见,参见 NK-Puppe §16 Rn.41; SK-Stein §16 Rn.18. 现在的很多教学展示中,有关描述性构成要件要素的意义可感知性的表述,早已无可替代地消失了(参见本书第三版第十章边码1脚注1)。

[②] Stratenwerth Baumann-FS (1992), 57(62); Silva Sanchez ZStW 101(1989), 352; Hettinger GA 1990, 531(549); Frisch(1988), 600; Rath(1993), 262; Toepel Jahrbuch für Recht und Ethik(1994), 413(419); Hruschka AT,S.8; Schlehofer GA 1992,307(312f.); Wohl auch S/S-Sternberg-Lieben/Schuster §15 Rn.57.

形其实是不存在的。只有法律才能界定什么是可罚的结果(本书第一章边码 1 及以下数个边码)。对于其他法定构成要件的行为情状来说,同样如此。只有当行为人对行为情状在法律中的描述有所认识时,也就是,当他认识到构成要件的意义业已实现时,他才算认识到这些行为情状。①

向来反对这样界定故意认识的观点认为,只有法学家才能具有这样的认识,②而对于行为人故意实施行为来说,他根本无须去研究构成要件的解释问题。③ 这是一项错误的结论。行为人可能认识到了构成要件事实,但他并不知道该构成要件描述了该事实。他既不需要正确或全面地理解、也不需要认识到该构成要件的存在。行为人可以用与构成要件同义的概念来认识这些事实,他也可以用构成要件概念中所包含的特殊概念来认识这些事实。④

让我们用一个构成要件要素来说明这一点,《德国刑法典》第 267 条的文书这个要素,⑤它向来被用来作为规范性构成要件要素的例子,由于不可能期待一名外行人理解其概念,因此,只要满足外行人的平行评价这个标准就足够了(参见本书第八章边码 7 及以下数个边码)。在一家超市里,一女士为了以便宜的价格买到某商品,就替换了它的价签,如果法官问她,是否知道什么是文书,或者主流学说及判例是如何界定文书的,她几乎不可能回答出,"文书是一种思想表达,它体现在一个固定的标识上,为它的签发者所认识并且适合被用作证明。"要是法官问她,是否知道一个标明价格的商品上的价签就是文书,也即所谓的组合的文书或证明标识,她估计也没法给予"是"的答复。合目的性的问法是,你为什么替换了价签,以此想要达到什么目的。对此,被告无非就会回答,她想制造一种假象,让人以为卖主给这个商品定了比其真实价格更低的价格。商品售价是思想表达的一种特别情形,这种思想表达为定价者所认识,而将价签贴在商品上则是固定体现的一种特别情形。这里的女士所想象的事实,也即她对于一件商品上由其零售商所贴上的固定价签进行了伪造,包含了她伪造了文书的事实。

---

① NK-Puppe § 16 Rn.36,dies, GA 1990, 145(153), Analysen(2006), 265(274); Frisch(1990), 281.Roxin AT I 12/104 不清楚地称之为构成要件的"社会意义"。
② Frank § 59 Anm.II; Jescheck/Weigend AT § 29 II 3a); Maurach/Zipf AT/1, 22/50; Stratenwerth/Kuhlen AT 8/70; Schlüchter (1983), 103.
③ Schlüchter (1983), 102; Vogel (1993), 219.
④ NK-Puppe § 16 Rn.46; dies. GA 1990, 145(150f.)=Analysen (2008),265(274).
⑤ Jakobs AT 8/49; Maurach/Zipf AT/1. 22/50; Roxin AT/1 10/60.

5　　　在出现更复杂的法定概念的场合,尽管行为人往往对于一般性概念没有认识,但却对于逻辑上包含了一般概念的(特殊)概念有所认识。如果行为人不知道这一特定概念和在构成要件中所使用的那个一般概念之间具有包含关系,那么,他就处于一种涵摄错误之中。① 涵摄错误的例子,正如本案中的女士总是会向法官解释,她从未想过这样一个普通的价签会是一种文书,她毋宁只确信,文书就是一种书面的、由其签发者手书的一种说明。

6　　　据此应当明确的是,当故意的成立要求行为人对构成要件事实具有认识时,这不会对于外行人的能力提出过高的要求。还需明确的是,经验十分丰富的外行人,即使没有深入地研究过构成要件的解释问题,也会拥有这种认识。要故意地实施行为,行为人只须认识到,他实现了构成要件的描述性意义,这一描述性意义是由事实构成的。行为人认识到的无论是一般抽象的构成要件描述,还是(包含了一般情形的)的特别情形的描述,他都认识到了这一描述性意义。后者对于外行人来说往往更容易。②

二、作为故意认识内容的所谓规范性构成要件要素

（一）误认为不存在请求权——可可黄油案(《联邦法院刑事判例集》第5卷,第39页)

7　　　规范性构成要件要素所描述的权利关系和自然事实一样,③都是一种事实,只是后者由所谓的描述性构成要件要素所描述。④ 但对两者同样适用的是,行为人要故意实施行为,就必须认识到这一事实。⑤ 对此,联邦法院曾在1953年的一则判决中清楚地表述：

被告人帮助运送可可黄油入境,但该产品还未上税。她不知道可可黄油是要上缴关税的。

8　　　联邦法院以下的理由否定了对被告人故意逃税的指控：

如果正常地审视《帝国税收通则》的第396条……那么逃税行为

---

① NK-Puppe §16 Rn.42; dies. GA 1990, 145(152f.)=Analysen (2008),265(274).
② NK-Puppe §16 Rn.42; dies. GA 1990, 6; dies. GA 1990, 145(149); Frisch in: Eser/Perron (1990),217(276ff.).
③ NK-Puppe §16 Rn.46, 50; dies. GA 1990, 145(156,Fn.19); SK-Stein §16 Rn.19; Vgl.auch Frister AT 11/35; Kindhäuser AT 27/29f.; Searle (1973), 78ff.(80f.).
④ 自然事实和制度或者社会事实之间的重要差异也体现在,要认识后者必须得有一个"精神性理解的过程",而对自然事实"一般容易获得意义上的感知",参见 SK-Rudolphi(Voraufl.) §16 Rn.21; Schönke/Schröder-Sternberg-Lieben/Schuster §15 Rn.18 ff.; Roxin AT/1 12/101。不过不论是对自然事实还是对制度性事实都需要一个"精神性理解的过程"。
⑤ NK-Puppe §16 Rn.46 ff.; dies. GA 1990,145(157); LK-Vogel §16 Rn.30.

的对象并不是事实上的税收收入，而是存在的税收请求权。逃税罪故意的内容，也应当包括行为人尽管认识到存在这一税收请求权，但仍然逃避税收当局的征税。根据裁判理由，被告人并未认识到，可可黄油是要缴纳关税的。从上诉人对相关海关法律规定的认识错误可以看出，她并不清楚税收请求权的存在，也就是对《帝国税收通则》第396条的"行为情状"没有认识。作为"法定构成要件的行为情状"并不一定是"事实性的东西"。一项权利关系，如法律上的请求权，也归属其中。①

联邦法院那时对于将请求权称为事实有所顾虑，这种顾虑是不恰当的。所谓事实，是指语句中所描述的可以为真或为假的内容。说一项权利关系或法律请求权存在，这一语句也是在陈述一项事实，其要么为真要么为假。行为人要故意实施行为，必须要认识到这样的事实。联邦法院尽管没有将关税请求权的存在称作事实，但将其称作行为情状，并主张关于该行为情状的认识错误应适用《德国刑法典》第16条（当时旧版《德国刑法典》第59条），其结论是正确的。② 构成要件要素只是一个事实，也即特定的权利或权利关系存在与否的事实，而不涉及其以何种方式产生、或者依据哪一刑法外的规范产生出来。③ 因此，即使行为人真的对于一项法律请求权或者留置权如何产生，或者被盗窃者如何取得财物的所有权发生了错误的或在法律上不切实际的想象，也不妨碍他成立故意犯罪，只要他知道的确存在这一请求权、质权或他人的财产即可。 **9**

（二）有关获利的违法性的故意内容——敲诈勒索案（联邦法院：《新刑法杂志》2017年刊，第465页）

为了在财政局那里骗到一笔可减免的广告费用，被告人让被害人以其所在公司老板的名义开具一张虚假的账单，账单上所列的费用被告人已经支付给了被害人所在公司的老板，按理事后被告人会得到现金回扣。可是 **10**

---

① BGHSt 5, 90(92).
② 晚近的判例也涉及对《德国刑法典》第263条中获利请求权的认识错误，参见 BGHSt 42, 268(272); BGH NJW 1986,1623; StV 1992, 106; OLG Bamberg NJW 1982, 778 同样涉及第253条、255条和263条的认识错误; BGHSt 5,90(92); 16,282(285); BGH NJW 1980, 1005(1006); wistra 1986, 174; NStZ 1991,89 对税收请求权的认识错误，参见§370 AO; BGHSt 17,87(90); BGH GA 1996, 211(212); 1982,144; NStZ 1982, 380; 1988, 216; wistra 1987, 98, 136; 1990,350; StV 1990,118 对于不法所有意图的认识错误。
③ NK-Puppe §16 Rn.21,40; dies.Herzberg-FS(2008)275, (290);Jakobs AT 8/58; LK-Vogel §16 Rn.40.

被害人所在公司的老板随后溜到了国外。于是，被告人就试图以暴力威胁被害人交出这笔钱。[本案中被告人为了制造支出广告费用的假象，先向被害人所在公司转账，按照约定被害人公司再以现金方式返还给被告人，但转账后被害人公司的老板卷钱跑路到了国外，被告人为了拿回这笔钱而对被害人使用了暴力。——译者注]

本案毫无疑问成立强制罪，若要成立敲诈勒索罪，则要求行为人有不法获利的意图。如果行为人确信自己有权利获得其所追求的利益，他就缺少不法获利的意图。对此，联邦法院作了如下的阐述：

> 如果行为人主观上认为其对于所追求的获利有请求权基础，而客观上这并不存在时，他就陷入了《德国刑法典》第16条第1款意义上的构成要件错误。如果实施强制者只是根据相关犯罪群体的价值观认为自己对被害人享有正当的请求权，那么，针对获利的违法性的认识错误还尚未成立。这一认识错误成立的关键在于，行为人是否认识到，这一请求权也为法秩序所认可，并且能够在法庭的协助下、在民事诉讼程序中得以实现。①

11 使行为人陷入构成要件错误的错误认识，具有纯事实的而非评价性的本质。法秩序是否认可公民享有某一请求权，尽管不是由自然所创造的事实，但却是一项制度性的事实，②该事实是由社会特别是由法秩序所创造的。如果一个构成要件，如《德国刑法典》第253条的敲诈勒索罪，以行为人对于其所欲获得的利益无请求权作为前提，那么，行为人就必须认识到这一事实，才能故意实施该行为。③ 本案被告人知晓这一事实，要么因为他熟悉《德国民法典》第817条的规定，要么因为他清楚，他要求被害人返还的支出款项，当初不是支付给了被害人、而是支付给了他的老板。联邦法院十分正确地否定了构成要件错误的存在，而没有考虑相关犯罪群体的某种价值观。如果人们将案情简化成，伪造账单上的费用是要支付给被害人的，而被告人支付了这笔钱，于是他相信自己对于被害人享有可诉的请求

---

① BGH NStZ 2017, 465(467).

② NK-Puppe §16 Rn.31,46,50; dies GA 1990, 145(156, Fn.19)=Analysen(2006),265(278,Fn.19); SK-Stein §16 Rn.19; Vgl.auch Frister AT 11/35; Kindhäuser AT 27/29 f.; Searle (1973), 78ff.(80f.). 自然事实和制度性或社会性事实之间的一个重要区别也在于，要认识到后者必须有"精神性理解的过程"，而对自然事实的认识"通常通过意义感知的方式就可以完成"，参见 Schönke/Schröder-Sterberg/Schuster §15 Rn.18; Roxin AT/1 12/101。可是不论是认识自然事实还是制度性事实，都需要一个"精神性理解的过程"。

③ NK-Puppe § 16 Rn.46 ff; dies GA 1990, 145(154ff.)=Analysen (2006), 265(276ff.).

权,因为他不知道《德国民法典》第817条的规定。

可是,构成要件错误的主流学说遇到那些描述制度性事实,特别是法律事实的要素,总是感到很棘手。该学说不相信法学的外行人可以理解那些要素的意义,因此,只要求他们达到所谓外行人的平行评价的标准,就构成故意。① 换言之,这些非法学家只要大致了解刑法构成要件中的权利和权利关系即可。这是一种法学家的傲慢和自负。犯罪构成要件中的权利和权利关系是非常基础性的,以至于每一个有行为能力的公民都能认识和理解。② 若他碰到自己不知晓的权利关系,就谈不上他故意损害这一权利关系,就算是外行人的平行评价也无法改变这一点。③ 于林中散步者发现了脱落的鹿角,当作挂衣钩拿了回去,却不知道该物品受到《德国联邦狩猎法》的规制,那么,散步者就不具有《德国刑法典》第292条(非法狩猎罪)第1款第2项的故意。一个吃白食者没有付款,于夜晚携带着贵重的摄影器材从酒店的传达室旁悄悄地溜走,如果他不知道,按照《德国民法典》第704条的规定,[旅店主人就其提供住宿及其他为满足客人需求所提供之给付并其垫款之债权,对客人携带之物品,享有质权。——译者注]酒店老板对于他的摄影器材享有住宿留置权,他就不具有《德国刑法典》第289条(取回质物罪)的故意。只是隐约地感觉自己的行为哪里不对,不足以肯定取回质物罪的故意。④

三、对于评价性构成要件要素的故意认识

(一)故意的内容涉及行为评价的构成要件要素——变线超车者案(巴伐利亚州最高法院:《新法学周刊》1969年刊,第565页)

为了超越其他车辆,被告人多次变换车道。在他前方100米处的右车道上行驶着一辆卡车时,他左边车道上的两辆小轿车也没让出路来,于是他以每小时120公里的时速超过了左边的这两辆轿车。为了避免与右边的卡

---

① Fischer §16 Rn.14; Schönke/Schröder-Sterberg/Schuster §15 Rn.43a; Müko-Joecks §16 Rn.71; Matt/Renzikowski-Gaede §16 Rn.20; Jescheck/Weigend AT 29 II 3a; Baumman/Weber/Mitsch/Eisele AT 11/63 ff.; Maurach/Zipf AT /1 22/49; Welzel Lb(1969), 73; Arthur Kaufmann(1982), 20(37f.); Kunert(1958),73; Schlüchter(1983), 67ff.; Otto Meyer-GS (1990), 583(587); Welzel JZ 1954,276(279); Roxin AT/1 12/101, 不同的却是,ders. AT/1 12/121。这一公式来自于 Merzger Lb. (1949),325 ff; ders.JZ 1951,179f.
② NK-Puppe §16 Rn.48; dies GA 1990, 145(147)=Analysen (2006), 265(279).
③ NK-Puppe §16 Rn.48, 50; dies GA 1990, 145(147)=Analysen (2006), 265(279); LK-Vogel §16 Rn.30.
④ NK-Puppe §16 Rn.48; Kindhäuser AT 27/30.

车相撞,他在跟被超越的前车抢道时逼得太近,以至于该车迫不得已地急刹车。巴伐利亚州最高法院依据《德国刑法典》第315c条第1款第2b项以及第3款第1项的规定,判决被告人有罪,因为他所实施的错误的超车行为是严重违反交通规则和肆无忌惮的,并且还过失地造成了具体危险。对于故意的成立,判决的论述如下:

> 根据判决所认定的事实,被告人故意地实施了错误的超车行为。他认识到了所有表明他的驾驶方式严重地违反交通规则和肆无忌惮的事实。只是具体危险的出现并不在他故意的射程之内,他对此仅具有过失。这样,他就符合了过失危害道路交通的构成要件,但与州法院观点相反,他的行为满足的不是《德国刑法典》第315c条第3款第2项的作为形式,而是满足了(在不法内涵上更严重的)第1项的作为形式。后者与第315c条第1款第2项的故意危害道路交通一样,都以行为人具备如下认识为前提,即他的(为其所知)行为会被评价为严重违反交通规则且肆无忌惮的。至于特定行为是否会获得这样的无价值评判,则是法律评价的问题,而行为人的故意无须延伸至此。这和强制罪中故意的认定是一样的道理,后者并不以行为人认识到自己的行为在其所知的行为情状下显现为"卑鄙的"并因而是"违法的"(《德国刑法典》第240条第2款)……唯一重要的是,行为人认识到足以证立其行为具有"严重违反交通规则且肆无忌惮"的无价值内涵的事实。①

14 法院在这里足够清楚地表示,对于自己行为的评价,就算这一评价表现为构成要件要素,也不属于构成要件故意的认识内容。这一观点背后的思想是,法律期待行为人借助他的价值意识和社会化训练理解和体会体现在犯罪构成要件中的法秩序基本价值,就算行为人不认同这些价值。② 因此,行为人自己低下的价值认识不能阻却故意,③而通常仅构成可避免的禁止错误。这适用于所有评价行为而非描述行为的构成要件要素,④譬如《德国刑法典》第131条第1款第1项中的"残忍的或者没有人性的"、第184条

---

① BayObLG NJW 1969, 565f.
② BGHSt 2,194(200f.); Puppe GA 1990. 145(176f.)=Analysen(2006),265(301); SK-Stein §16 Rn.21.类似的是关于所谓的评价整体行为的要素,参见 Roxin AT/1, 12/105; Schönke/Schröder-Sternberg-Lieben-Schuster, §16 Rn.22;其他观点,参见 LK-Vogel §16 Rn.3, 51。
③ NK-Puppe §16 Rn.59.
④ 来自判决的论据,参见 NK-Puppe §16 Rn. 58 Fn.53。

的"色情的"、①第 240 条第 2 款中的"卑鄙的"②还有 291 条中的"明显不合比例"的。而"外行人平行评价"这样的表述,对于它最早相适合的评价,也没法适用。③

(二) 故意认定中事实错误和评价错误的区分——曼内斯曼案(联邦法院:《新法学周刊》2006 年刊,第 522 页④)

为了处理曼内斯曼股份公司的董事事务,3 名被告人组建了监事委员会(以下简称主席团),而该公司在被沃达丰收购前短暂存在。3 名被告人以该主席团的名义,准许多位董事会成员以及其中一位主席团成员从曼内斯曼股份公司的财产中获得所谓的表彰奖金,以感谢他们过去所创造的业绩。他们并不认为这样做违背了其对曼内斯曼股份公司所负的忠实义务,而是遵守了他们作为企业家处理事务的权限,股份公司的律师也有这样认为的。

联邦法院对此表示了否定,其理由是,表彰奖金不可能会给曼内斯曼公司带来任何好处,即使是以业绩激励的方式发给这些奖金获得者,因为这些人不久后就将离开曼内斯曼股份公司的管理层;发给其他人也不行,因为曼内斯曼股份公司不久后将被沃达丰收购。因此,发放奖金是对公司财产的滥用,它不再位于企业主处理事务的权限之内,而是那些主席团成员违背了其对曼内斯曼股份公司所负的忠实义务。所以,联邦法院指令法兰克福州法院的另一个审判庭对本案进行重新审判。

由于几名被告人坚持认为,他们的行为没有违反忠实义务,而是遵守了作为企业家处理事务的权限。因此,对事实审法院来说,问题便是被告人的这种认识错误是否会阻却故意。就此问题,联邦法院向事实审法院下达了如下指示:

> 基于一种不确定性,也即不知道新的事实审法官必要时会作出怎样的认定,尤其是基于可想象的事实刻画得五花八门,企图按照审判委员会的观点给予所有被考虑到的想象和动机以正确的法律定位的提示,从一开始就会是失败的。之所以这样说,是因为无论是州法院,抑

---

① BGHSt 36, 55.
② 对此已有判决,参见 BGHSt 2, 194(211)。
③ Puppe GA 1990. 145(176f.) = Analysen(2006),265(297,301); dies.NK §16 Rn.58; anders nur LK-Vogel §16 Rn.51.
④ 该判决在别处也有刊登,包括联邦法院判决的官方汇编,但都没有刊登这里所节选的裁判理由。

或是必要时另组成员进行裁决的审判委员会,在可能的上诉程序中都不会受此约束。联邦检察官的书面表态、辩护意见以及主审程序中所提的问题,都给了如下的评论以理由:

想要对于被告人的错误认识或者错误评价给予正确的法律定位,不可能只套用简单的公式,毋宁要采用评价性的判断标准,并进行差别化的审视。认为任何(总是有理由的)错误评价,也就是觉得行为没有违反义务,都是阻却故意的,理由是背信罪的故意内容包含了行为人对违反财产照管义务的不法意识,是不具有说服力的。但相反的是,审判委员会也没法跟从这样的观点:只要行为人认识到了所有证明其行为客观的注意义务违反性的事实情状,就肯定其故意地实施了行为,因而,他在认识到这些情状时,基于错误的评价而误信自己没有违反财产照管的义务,总是会被评价为禁止错误。①

17 如果人们读过这个在联邦法院官方的判决汇编中没有述及的法律指示,就可以理解,为什么州法院会按照《德国刑事诉讼法》第153a条的规定终止了针对钱币②的诉讼,理由是,它没有能力在合理的时间内对行为人是否满足主观构成要件作出认定。这里并不涉及事实的查明,因为被告人作了什么决议,早就清楚无误,而且作为经验丰富、资深的管理层人员,他们当然知道自己做了什么,做这些的理由也是明摆着的。但是,基于所收到的来自联邦法院的指示,事实审法院一定能预计到,不论它新的判决有道理还是没道理,都"无法通过"联邦法院的这个审判委员会"法律上的再次审查",不管该委员会是否另组成员作出裁决。显然,事实审法院不想参与到这场"彩票游戏"中。在法庭宣布终止决议后,几名被告人离开法庭大厅,当电视摄像机将镜头对准他们的时候,他们其中一人做出了胜利的手势。他和他的同伙们战胜了德国的司法。

18 对于《德国刑法典》第266条的故意内容是否包括违反忠实义务的意识这个问题,肯定不能通过"简单地套用公式"来予以回答,当然,也不能像联邦法院想当然的那样,通过追溯到无法具体确定的"评价性的判断标准和差别化的审视",视个案而决定肯定还是否定的回答。这里涉及第266条构成要件的解释问题,而在所有该构成要件适用的情形中都要回答这一问题,并且无法通过个案考察的方式,而只能借助于对违反忠实义务这个要素

---

① BGH NJW 2006, 522(527); zust. LK-Vogel § 16 Rn. 32.
② 希腊古代钱币:希腊人和罗马人塞在死人嘴里的小硬币,以方便他支付给冥河的摆渡工卡戎神,该神会带他渡过地下冥河到达冥府。

含义的分析来予以回答。

忠实义务这一概念中包含了两个异质的要素:一个制度性事实和一项评价。制度性事实是,行为人负有法律义务,为了他人的财产利益而实施行为。行为人必须积极地认识到,他依法负有义务代理他人的财产利益。换言之,行为人对他人财产的支配权,不像是在开展某些合法交易的场合,是为了自己的利益而享有的。至于这一义务是否具有《德国刑法典》第266条忠实义务的性质,则是一个评价的问题,而这不属于故意的组成部分。[①] 如果行为人知道他有义务照管好他人的财产利益,却不赋予该义务以忠实义务的分量,这只能构成禁止错误。这同样适用于如下情形的判断:行为人在个案中通过特定的、不利于委托人财产的处分行为,在内部关系中超越了他作为企业家处理事务的权限。[②] 几名被告人在曼内斯曼案中提出的认识错误,只涉及他们作为企业家处理事务的权利界限问题,因此,也就只是禁止错误。

尽管不能从曼内斯曼案的判决中提炼出什么,但在今天的文献中,该判决还是被援引为指导性判决,因为通过对忠实义务的认识错误适用外行人的平行评价之理论,[③]该判决导致了背信罪中构成要件错误和禁止错误之间的区分在很大程度上被消解。之所以这样说,是因为对该构成要件而言,无论是学理还是实务都没能在被允许的企业家的决定与被禁止的权限的滥用之间划出一道界限。因此,人们不敢将行为人对于该界限的认识错误总是原则上作为不重要的禁止错误,而只是例外地作为免责的禁止错误加以处理。只要人们在个案中对被告人的认识错误给予一定的理解,就有可能将行为人对企业家处理事务权限的认识错误作为阻却故意的构成要件错误加以对待。[④] 可是这样去解决第266条中的问题,是行不通的,特定的认识内容是否属于故意的组成部分,不能取决于个案中的公正性考量。只有人们对行为人陷入不可避免的禁止错误表示谅解,才能够考虑到这里的法律的不确定性。但由于曼内斯曼案的判决在现今逐渐成为了区分背信罪的构成要件错误和禁止错误的典范,因此,不必指望判例和主流学说会倒回去进行清晰的区分,即使法律已经对这种区分作了规定。只能指望在曼内斯曼案中,引起构成要件错误还是禁止错误判断的概念混淆,仅限于背信

---

① SK-Hoyer §266 Rn.118.
② NK-Kindhäuser §266 Rn. 122; LK-Schünemann §266 Rn.193 f.
③ Schönke/Schröder-Perron §266 Rn.49; SK-Hoyer §266 Rn.118; Vogel/Hocke JZ 2006, 568 (571).
④ S/S/W-Saliger §266 Rn.129; Matt/Renzikowski-Matt §266 Rn.151.

罪这一构成要件之中。

21　　尽管在一些情形中,总是能够期待公民基于自己所认识的待评价事实,在"行动中的法"的意义上作出正确的评价。但仍要坚持的是,对于一个评价性构成要件要素中的事实所作的评价,不属于故意的认识内容;否则,这一评价对于某些行为人来说就根本不具有约束力,他们拒绝去理解这一评价,要么为了尽情地表达他们的信念,要么就是出于价值意识的缺失或漠不关心而对抗法律的价值。行为人对于事实的认识是自然而然的,但他可能总会拒绝给予某种评价。但是基于这样一种认识,也即与某些构成要件相关联的价值评判不能那么容易或清楚地作出,以达到刑法明确性所追求的那样,法院就更要做好准备,审查《德国刑法典》第17条意义上的不可避免的禁止错误的成立可能性。至于法院如此畏手畏脚,原因可能在于行为人坦白自己即使再谨慎也不可能认识到自己违法,对于法秩序来说无疑是一种耻辱。因为法秩序没有成功地告诉公民,他被允许做什么、被禁止做什么。

四、空白要素的故意认识

(一) 米格21战斗机案(联邦法院:《新刑法杂志》1993年刊,第594页)①

22　　两名被告人——一个护士还有她那个对飞机着迷的儿子,被波兰军方的军官说服去购买一架淘汰了的米格21战斗机,而这架战斗机因为被锯断了支撑的翼梁而丧失了飞行能力(非军事化)。他们想把这架战斗机转手卖给一名所谓的德国军火商,该军火商声称可以将它作为博物馆的展品在意大利销售。实际上这个军火商是德国警察局的一名卧底。波兰军官和所谓的德国武器商人都向他们解释了,这架机器在非军事化处理后不再属于战争武器,也就不再受到《德国战争武器管制法》第22a条第1款禁止未经许可运送武器入境的规制。该飞机在一辆卡车上被拆卸,在被运送到德国边境时被查获。

联邦法院暂且没有回答,非军事化处理是否使整架飞机丧失了战争武器的特征,而是认为被告人通过运送完好无缺的飞机发动机入境,已经满足了未遂的进口战争武器罪的客观构成要件,因为战斗机的发动机特别地被列在战争武器的清单当中。由于两名被告人知道他们运送入境的战斗机上有一台完好无缺的发动机,因此,他们仅仅陷入了有关行为的许可必要性的认识错误。下面将论证这一认识错误仅仅是一项禁止错误,而不是构成要

---

① =NJW 1994, 61=StV 1994, 128=NStZ 1993, 595 mit Anm.Puppe.

件错误：

在附属刑法，尤其是环境刑法中，尽管有观点声称，有关许可必要性的认识错误是《德国刑法典》第 16 条第 1 款意义上的构成要件错误，只要在条文的构成要件表述中包含"未经许可"这样的字眼。但是，对于《德国战争武器管制法》中的重罪构成要件来说，审判委员会无论如何不会跟从这样的观点：

行为人对许可必要性产生的认识错误，到底是《德国刑法典》第 16 条第 1 款意义上的构成要件错误，还是第 17 条前半句意义上的禁止错误，只能视每一个被考虑的法定构成要件有区别地予以认定。由《德国战争武器管制法》所规制的战争武器的交易行为，基于其特殊的危险性，已经显现了严重的不法，除非在必要时，当局以正当化事由的形式颁布行政许可，从而消除这种不法。①

联邦法院将运送战争武器入境的许可定位在正当化事由的阶层，理由是"由《德国战争武器管制法》所规制的战争武器的交易行为，显现了严重的不法"。如果这一定位是正确的，那么，有关"许可必要性"的认识错误，无非就是关于这一严重的不法可以通过一个作为正当化事由的行政许可加以消除的认识错误。只要行为人没有同时错误地认为存在这样一个许可，那么禁止错误就尚不存在。联邦法院也许不是意指一个有关许可可能性的认识错误，而是一个有关禁止未经许可运送米格 21 战斗机入境的认识错误。这当然是禁止错误，但要追问的是联邦法院对于被告人的这一认识错误，也就是对带有许可保留的禁令的认识错误，是否进行了正确和完整的描述。两名被告人首先未能认识到，尽管进行了非军事化的处理，米格 21 战斗机中完好无缺的发动机仍是战争武器，只有先认识到了这一点，才可能成立禁止错误。

构成要件错误和禁止错误的区分，其前提是对构成要件意义的准确界定。要界定《德国战争武器管制法》第 22a 条的意义，就得解释战争武器的概念到底为何。战争武器并不是被用来或适于用来战斗、交战或者伤害他人、毁坏财物的物体。《德国战争武器管制法》第 1 条这样定义这一概念："本法中用于战斗的武器（战争武器），是指本法附则（战争武器清单）中所列举的物品、材料和器械。"战争武器这个概念本身没有独立的意义，人们毋宁要援引由法规所颁布、修改和补充的清单，才能获得它的意义。将某种

---

① BGH NStZ 1993, 594(595).

物品纳入该清单中的法律后果,便是未经许可经营这种物品将受到《德国战争武器管制法》的禁止。但只要特定的物品尚未被纳入该清单之中,或者已经被从中剔除出去,那么,它就不再是战争武器,经营它的行为也不具有严重的不法。

26 《德国战争武器管制法》第22a条是一项部分空白的构成要件。如果一项规范不通过其他规范的构成要件,也就是所谓的空白填补规范加以补充,就会同义反复的话,那么,人们就认为这是一项半空白的规范。① 如果将《德国战争武器管制法》第22a条中的战争武器这个词用它的法定含义进行替换的话,就会得到如下的规范:"你不应当将任何已被纳入战争武器清单中的物品运送入境。"只有通过空白填补规范的构成要件对法定构成要件进行补充,一项空白构成要件的规范才会产生意义。② 主流学说也是这样处理的。③ 如此一来,对这里所涉及的替代方案来说,就产生了如下规范:"你不应当将战斗机的发动机运送入境。"正是这一规范才具有了描述性的意义。行为人要故意实施犯罪,必须至少认识到他所运送的物品是喷气式战斗机的发动机。

27 但令人质疑的是,"你不应当将喷气式战斗机的发动机运送入境"这个规范是否完整复述了《德国战争武器管制法》第22a条相关替代方案的意义。尽管在外延上,什么是战争武器,无非就是列举战争武器清单中的物品,但在意义上(概念、内容、内涵)却不是如此。可是,要认定属于《德国刑法典》第16条意义上的法定构成要件的事实,则恰恰依赖于构成要件概念的意义,也就是其概念内容。行为人要故意实施犯罪,就必须认识到构成要件的意义已被实现。④ 因此,在界定对于故意来说必要的想象内容时,不能将法律的表述用另一种尽管在概念范围(外延)上相同但内涵上不同的表述加以替代。⑤ 而根据连写理论,恰恰是要这样来做,也即,对于那些援引

---

① NK-Puppe § 16 Rn.20; dies GA 1990, 145(162 f.)=Analysen (2006), 265(285); zust.Frister AT 11/36.

② NK-Puppe § 16 Rn.18; dies GA 1990, 145(162)=Analysen (2006), 265(285).

③ SK-Stein § 16 Rn.22; Schönke/Schröder-Sternberg-Lieben/Schuster § 15 Rn.99 f.; LK-Vogel § 16 Rn.37; Jescheck/Weigend AT § 29 V3; Roxin AT/1 12/95; Maurach/Zipf AT/1 23/9; Welzel StrafR, 168; ders. MDR 1952, 584(586); Warda (1955), 36ff.; Bachmann (1993), 25.

④ 参见本书第一章边码8; NK-Puppe § 16 Rn.34 ff; dies GA 1990, 145(149 ff.,153)=Analysen (2006), 265(270); dies.(1992), 6; Frisch in: Eser/Perron (1990), 217(276 ff.)。

⑤ 参见本书第八章边码1及以下数个边码;更进一步的论述,参见 Kuhlen (1987), 369ff., 383 f.; NK-Puppe Vor § 13 Rn.25; § 16 Rn.38, 145;dies. GA 1990, 145(154ff.); Herzberg JZ 1993, 1017(1018)。

了其他法规的构成要件的概念,用对这些构成要件的列举加以替代。因为那些空白填补的构成要件如战争武器清单,只是在概念范围(外延)上,而不是在概念内容(内涵)上等同于战争武器的概念本身。

倘若人们现在追问战争武器概念的标准,也就是追问列举在战争武器清单中的所有物品共有的特征,那人们就只会发现法规的颁布者赋予这些物品的法律特征,也即经营这一类型的物品为《德国战争武器管制法》所禁止。将战斗机的发动机运送入境的行为人,只有当他明知战斗机的发动机属于《德国战争武器管制法》意义上的战争武器时,才算他认识到自己的行为实现了该法第22a条的构成要件的意义。但在本案中,被告人并未认识到这一点,因此,他们产生的是构成要件错误。

对于一项空白条款或半空白条款来说,行为人不仅要认识到自己的行为实现了空白填补的构成要件,还要认识到自己的行为实现了空白概念本身。因为如果没有填补性的构成要件,空白规范就不具有描述性意义;而若没有空白概念的话,空白规范就不具有规范性意义。① 因此,对于空白构成要件来说,根本没有直接的禁止错误的适用余地,而对于半空白条款来说,直接的禁止错误的适用仅限于针对那些本身富有意义的构成要件要素。有论者对于这里提出的观点表示了反对,认为在空白构成要件的场合,这样做实际上导向了所谓的故意理论,也就是认为故意的成立要求行为人具有现实的不法意识。② 可在空白条款的场合,这样做却是正当的。因为立法者在此从未能完整地描述构成要件的不法内涵,因此,他总要援引到整个法律文本或法规,而这些法律文件独立于刑法构成要件且具有可变动性,这样的构成要件正是服从规范。尽管像《德国战争武器管制法》第22a条这样的构成要件是重罪,但改变不了的是,在缺乏实定法禁令的情况下,不允许从它的描述性内涵中推导出违法性。因此,行为人要故意实施犯罪,必须认识到这一实定法上的禁令。

(二)区分制度性(所谓规范性)要素与空白要素

有必要将空白要素和这样的要素区分开来,这些要素自身就描述了权利或权利关系,因此,根本无须用其他规范的构成要件来填补自身。属于这种构成要件要素的有:他人的、质权、排除不法所有目的的权利的存在、获利以及他人的狩猎权这样的要素。只要窃贼知道他拿走的物品是他人的即

---

① NK-Puppe §16 Rn.67; dies. Herzberg-FS(2008), 275(290); SK-Stein §16 Rn.23.
② Schönke/Schröder-Sternberg-Lieben/Schuster §15 Rn.99; Jakobs AT, 8/46.

可,他无须认识到他人是如何获得对这一物品的所有权,或者是基于民法上的哪一条规范获得了该物的所有权(参见本书第八章边码12)。① 因为所有权的概念以及他人的概念本身就拥有与盗窃禁令无关的意义,因而无须通过其他构成要件进行填补。不法获利的概念,即对法律权利的否定,其意义也独立于禁止通过诈骗或恐吓的手段获利的规范。

31 《德国刑法典》第292条中猎物这个概念,也绝不是空白概念,因为不需要援引《德国联邦狩猎法》第2条中所列举的他人有权狩猎的动物类型加以补充。猎物概念的意义,在于特定人有权在特定的区域内,将出现的特定种类的动物据为己有。《德国联邦狩猎法》通过开列特定动物种类的清单,使与这些动物种类相关联的狩猎权的权利关系得以建立,而不是仅仅填补了盗猎罪的构成要件。盗猎罪故意的成立,只要求行为人认识到他人对某一动物享有狩猎权的法律后果,而不要求他认识到狩猎法的构成要件,也就是在个案中他人的狩猎权是如何产生的。因此,盗猎者无须认识到,他打死的那只动物究竟属于狩猎法中被定义为猎物的哪种动物,他只须认识到,他将这只动物据为己有的行为,已经侵犯了他人的狩猎权即可。于是被多次谈论的所谓双重错误的问题就显得多余了。例如,行为人将一只他人有狩猎权的银鼠误认为是老鼠,又错误地相信,他人对老鼠也是享有狩猎权的,他实际上认识到了他人对这只动物享有狩猎权,因而在他将这只动物据为己有时,他就具备了《德国刑法典》第292条的故意。

32 相反,若构成要件要素描述的不是作为刑法外规范之法律后果的权利或权利关系,而是刑法外规范中所列举的无法进一步加以界定的法律义务,那么,它就是一项空白要素。行为人要故意实施犯罪,无论如何必须认识到空白填补的刑法外规范所描述的事实,且按照正确的观点,他也必须认识到这一刑法外的义务规定其内容究竟是什么(参见本书第八章边码36)。

33 在核心刑法领域,这样的空白要素之前很少出现,它的频繁出现毋宁是在现代的刑法构成要件中。例如,《德国刑法典》第315a条中的要素"违反保障轨道车辆、缆车或航空器交通安全的法规者",第324a条和325条中的要素"违反行政法上之义务",第327条和第328条中的要素"未经必要之许可",第329条中的要素"违反依据《德国联邦污染防治法》而颁布之法规命令",第332条和第334条中的要素"其所实施的行为……违反了他的职务义务",第264条第1款第3项的要素"违反发放补贴之法律规定,使补贴者不知

---

① BGHSt 3, 248(255); NK-Puppe § 16 Rn.21, 40; dies. GA 1990, 145(156 ff.); Kindhäuser AT 27/29 f.; 其他观点,参见 Jakobs AT 8/47.

具备补贴重要性的事实"。在附属刑法中这样的空白要素也并不少见。①

通过塑造相关构成要件背后的决定规范,就能够认识到,这是一项必须由空白填补规范加以补充的空白要素。这样的决定规范可能在《德国刑法典》第 264 条第 3 项中叫做:你不应当使发放补贴者对于某些事实一无所知,这些事实是你根据发放补贴之法定规定有义务告诉他的。第 324a 条的决定规范叫做:你不应当将行政法上禁止排放到土地上的物质排放到土地上。第 329 条的决定规范叫做:你不应当在一个区域内营运设施,若该区域依据《德国联邦污染防治法》颁布之法规命令禁止营运设施。

34

有一些构成要件要素表面上给人的印象是,它要描述的是一个法律后果,但仔细一看却发现它是一项空白要素,因为它仅仅指向了由刑法外规范所确定的法律义务。如果人们将一些相关的要素视为空白要素,就可以很轻易地解决某些复杂的错误论问题。讨论最多的例子就是《德国刑法典》第 154 条伪誓罪中的要素"在法院或其他负责接受宣誓的机关前"。乍一看去,这个要素像是描述了一项特定的权利或权利关系,在这里就是负责接受宣誓。但仔细地审视一番这个要素的意义,人们就会发现,如果不对概念内容进行填补,这个规范就是同义反复的,因此,该要素实际是一项空白要素。② 负责接受宣誓的绝不是某个机关或法庭,而是一些法律上允许接受宣誓的程序。允许接受宣誓的意思无非就是宣誓人有义务说出真相,否则,会遭受刑法处罚。按照这种概念解释,就可以形成第 154 条的决定规范:"你应当在法庭或机关面前说出真相,因为按照程序规则,你有义务在接受宣誓的程序中陈述真相,否则,就会遭受刑法处罚!"该决定规范不具备任何意义。只有在告知了相应的程序类型及其法定条件、而宣誓人正是据此条件负有陈述真相的义务时,该决定规范才获得了它的意义。因此,当法官在某个不允许接受宣誓的程序中接受了某人的宣誓,且该人确信该程序允许接受宣誓、却说了假话的话,那就只成立一个幻觉犯而非未遂甚至既遂的伪证罪(对此参见第二十章边码 16)。③

35

---

① Vgl. dazu Puppe Herzberg-FS(2008), 275(289 ff.).
② NK-Puppe § 24 Rn.150; dies. GA 1990, 145(164 ff.))=Analysen (2006), 265(287f.).
③ NK-Puppe § 24 Rn.150; ; dies. GA 1990, 145(164 ff.) = Analysen (2006), 265(287f.); Schönke/Schröder-Lenckner/Bosch § 154 Rn.15; SK-Zöller § 154 Rn.11; NK-Vormbaum § 154 Rn.50 f; Jakobs AT 25/49, Fn.77; Roxin (1959), 165ff.; ders. JZ 1996, 981(986); Herzberg JuS 1980, 469 (475f.);其他的观点,参见 BGHSt 3, 248(253); 5, 111(117); 10, 272(275f.); 12, 56(58)。

五、不重要的涵摄错误——洪水调度员案(联邦法院:《新刑法杂志》2008年刊,第87页)

36 至于行为人的行为应当涵摄某一特定的构成要件之下或者该行为完全是可罚的,并不属于故意的认识内容。倘若行为人对此没有认识,但他却认识到了《德国刑法典》第16条意义上的法定构成要件描述的事实,那么,他就产生了所谓的涵摄错误,该错误在法律上并不重要。但涵摄错误也可能导致行为人错误地相信自己的行为是合法的。认识到自己的行为违反了法律,也不属于故意的认识内容。但这种认识按照《德国刑法典》第17条的规定成立禁止错误,当该错误不可避免时,免除责任;可以避免时,减轻责任。因为行为人若要故意实施犯罪,就必须认识到法定构成要件所描述的事实,且对于界定这一事实来说,符合构成要件的描述是决定性的(参见本书第八章边码6)。因此,涵摄错误仅仅在如下情形中才会出现:行为人想象这一事实符合另一个概念,该概念与法律中的概念同义,或者它暗示了法律中的概念,但行为人对此同义或暗示关系一无所知(参见本书第八章边码7及以下数个边码)。涵摄错误是对于构成要件含义发生的认识错误。有说服力的涵摄错误的例子,主要是当其中的构成要件解释有所疑问,或者可能发生变化时。公民相信自己的行为不受刑法处罚的信赖,并不会得到保护,除非他的认识错误不可避免。挑战刑法的底线或意图利用可罚性的漏洞者,要承担误判的风险,只要他的涵摄错误并不会成立禁止错

37 误,或者即使成立禁止错误却可以避免的话。让我们用一则判例来看清涵摄错误这个法律形象:

德累斯顿的市长委派被告人做洪水调度员,负责组织灾后公共建筑的重建工作,于是他就可以对建筑任务的分配发挥影响力。基于这一点提示,他处心积虑地与那些有意承接任务的公司签订带有固定工资允诺的顾问合同。法院判处他成立受贿罪。

联邦法院认可了州法院的法律观点,也即被告人就是《德国刑法典》第331条意义上的公务员,因为他被委托去从事公共事务,且属于官方机构中的成员,尽管他依法并不享有对下级工作人员发布命令的权利。[①]《德国刑法典》第11条第1款第2c项意义上的被委托从事公共事务已经存在,对此并不需要形式上的委派文书。

---

① BGH NStZ 2008, 87(88).

对于受贿罪的故意,判决作了如下的阐述: 38

  州法院依法正确地认定,被告人 S 作为一名公务员,具有了受贿的故意……当事人只是认识到使他成为公务员的那些事实,并不足以证立故意。他必须对于自己作为公务员的职能具有意义上的认识。但在本案中这是毫无疑问的,因为根据法庭查明的事实,被告人对于自己参与德累斯顿市的行政事务及因此而获得的影响力都是明知的。因此,他既向 G 也向 B 作了宣传。如此,他就对于某种法律评价具备了明知,这一法律评价恰恰构成了有关公务员的刑事罚则的基础。相对地,被告人 S 并不需要对于他所从事的事务给予法律上正确的归类,这样一个涵摄错误就如州法院正确的论证的那样,并不影响故意的成立。

  如果人们除去这段文字中模棱两可的术语表达就会发现,它符合前面   39
(本书第八章边码 6)所论及的故意的认识内容上的界定。行为人必须认识到,他实现了构成要件的描述性意义。这就是指《德国刑法典》第 16 条意义上的法定构成要件事实。行为人是公务员,并不是一项"法律上的评价",而是一个他必须认识到的制度性事实,因为它是第 332 条的法定构成要件事实。根据《德国刑法典》第 11 条第 1 款第 2c 项的规定,一种特殊类型的公务员,其特征是"被委托""从事公共行政事务"。而为了清理毁损的建筑去分配某个乡镇的建筑任务,正是从事公共行政事务的一种特殊情形。由于被告人明知,他被委派为洪水调度员、共同参与了这样的任务分配,因此,他也明知,他满足了《德国刑法典》第 11 条第 1 款第 2c 项所定义的公务员这个构成要件要素的意义。倘若他现在相信,公务员只能是一名基于形式上的文书而被委托从事行政事务的人,或者相信从事公共行政事务只能按照行政法的形式,那么,对于公务员这个构成要件要素,他所认识到的意义就比判例上的界定更为狭窄,而这正是一种涵摄错误。①

  根据《德国刑法典》第 17 条的规定,这样一种涵摄错误可能会影响行   40
为人的责任认定,只要结果是行为人陷入了一种有关其自身行为违法性的认识错误,也就是所谓的禁止错误。但在本案中,联邦法院以如下的理由否定了禁止错误的成立:

  与辩护意见相反,这里无须进一步论证《德国刑法典》第 17 条意义上的禁止错误。根据判决认定的事实,被告人绝没有提出过他欠缺

---

① NK-Puppe §16 Rn.42; NK-Neumann §17 Rn.49; Kühl AT 13/56 f.

不法认识,而欠缺不法认识正是《德国刑法典》第 17 条适用的前提。对自身行为单纯的错误归类,并不一定意味着欠缺不法认识。尤其是对本案来说,因为被告人 S 的行为,就算他不被视为公务员,按照《德国刑法典》第 299 条的规定也会因为构成商业往来之贿赂罪而具备可罚性。特别是考虑到这一情况,州法院对于如下的可能性无须进行解释:被告人认为自己的行为是合法的,因此,产生的是禁止错误。

41　在本案中,只有当被告人认为,自己借助分配建筑任务的影响力而谋求顾问合同的做法,不仅不符合《德国刑法典》第 332 条的构成要件,也没有和他作为被委派从事公共事务的洪水调度员的义务相违背,他才算陷入了禁止错误。尽管被告人出于谨慎没有提出这一点,但他要是真的这样说,就只会表现他对价值的盲目性和对法律的盲目性。假如他真的发生了涵摄错误,那这个涵摄错误也只涉及其行为是否因违反《德国刑法典》第 332 条而可罚,并不涉及行为的违法性。因此,他没有发生禁止错误。

42　可是,联邦法院为得出这一结论而进行的论证,却偏离了它自行发展出来的所谓不法认识的可分性理论①(参见本书第九章边码 1 及以下数个边码)。根据这一理论,排除禁止错误的不法认识,并不是以某种对行为人行为所进行的构成要件外的描述作为其对象,而毋宁是构成要件实现本身。就算行为人认为自己的行为符合了另一构成要件而可罚,如《德国刑法典》第 299 条的商业往来之贿赂罪,也不妨碍其成立禁止错误。当然,如果认为第 332 条是基于公务员的身份而构成第 299 条的加重类型的话,结论就不同了。但实际上并非如此。第 332 条和第 299 条的构成要件保护不同种类的法益。第 299 条保护的是交易提供者之间竞争的公平性,而第 332 条则保护的是公共行政的公正性和客观性。如果行为人错误地以为,他所认识到的法定构成要件描述的事实,并不能体现他对自己作为从事公共行政事务的被委托人所负的义务有所违背的话,那么按照《德国刑法典》第 17 条的规定,他就陷入了重要的禁止错误。完全不重要的禁止错误只能是对于可罚性的认识错误,而不是对构成要件实现之违法性的认识错误。

六、实际适用的提示

43　对于不同构成要件要素之含义的分析产生了五种不同的认识错误类型,这五种认识错误类型都与构成要件有关:第一种是对于法定构成要件中

---

① 从 BGHSt 10,35 开始,也见于 BGHSt 22, 318; StV 82, 218。

的自然事实发生的认识错误（关于描述性构成要件要素）；第二种是对于法定构成要件中的制度性事实，尤其是对权利和权利关系发生的认识错误（关于所谓的规范性构成要件要素）；第三种是对于法定构成要件中的事实之评价发生的认识错误（关于评价性构成要件要素）；第四种是对于空白填补规范的内容发生的认识错误（关于空白构成要件以及空白要素）；第五种是对于法定构成要件中的事实之可涵摄性发生的认识错误（所谓的涵摄错误）。只有第四种错误类型中，也即对空白填补规范内容的认识错误，对它是否阻却故意存有争议。对于法定构成要件事实的认识错误，无论是自然事实还是制度性事实，都会阻却故意；评价错误和涵摄错误不影响故意的成立。

44　在实际适用构成要件错误之理论时，首要的任务就是将已存在的认识错误正确地归类到我们所说的这五种错误类型中去。对此，首先有必要在内容上对该认识错误作出清晰的界定，也就是说，行为人主观上具有什么样的认识，这一认识又是以何种方式偏离了现实。这常常为案例研习者所忽视，以至于他们在阅读了很长的有关不同错误类型的理论阐述后，也不知道他们所认可的那个认识错误究竟是归于哪一种错误类型。如果考生能够对该认识错误作出更准确的描述，并且正确地将之归类到五种错误类型之中，那么，理论上到底如何阐述也就显得无关紧要了。

45　最容易理解的就是关于自然事实的认识错误。有困难的可能是，行为人发生误认的那个事实，是否属于法定构成要件。对不属于法定构成要件的事实发生的认识错误，一个经典的例子便是所谓的对象错误，也就是对于行为对象的同一性或特征发生的认识错误。只要行为对象的特征不属于法定构成要件的内容，那么，即使行为人本人对此十分在乎，也是无关紧要的。要在疑难案例中区分构成要件错误和涵摄错误，人们可以做如下的检测：是否可以试着用与构成要件表述含义相近的概念或在逻辑上与之有包含关系的特殊概念来描述行为人的认识。如果做不到这一点，行为人便陷入了对构成要件"情状"的认识错误；如果做到了，行为人便陷入了涵摄错误。

46　对于制度性事实的认识错误，也是一样的道理。因为制度性事实也是行为人故意实施犯罪时必须要认识到的事实，而不是某种评价。因此，在规范性构成要件要素的场合，最好先别提及外行人的平行评价这一公式。它只会在区分事实和评价时带来混乱，诱使人们错误地认为，评价错误也可以为行为人推卸责任。判例中也不再适用这一公式。现在的判例所认可的是，要确定行为人是否知道存在构成要件所描述的特定权利关系。如果他不知道,那么,他就缺失了《德国刑法典》第16条意义上对构成要件事实的认识。于是,您在案例分析时便可以采用与处理自然事实的认识错误一样的办法。如果您还想做点什么,并且在有人责怪您不了解作为主流学说的外行人的平行评价理论时,可以予以反驳,那么,您应当注明这种理论虽然表达的是同一个意思,但却容易遭人误解。

47　　在处理有关行为评价要素的认识错误时,您应当首先区分使评价得以成立的事实和该要素的评价性意义。这些事实是《德国刑法典》第16条意义上的法定构成要件事实,因此,若行为人没有认识到这一事实,便没有故意实施犯罪;相反,评价性构成要件要素中对事实的评价却不属于故意认识的内容,因为它本身并不是一个事实。为了确定行为人是否陷入了对这一评价的认识错误,首先就得查明该评价的准确意义,也就是法律和司法判例在界定这一评价性构成要件要素时所提出的那些价值尺度。当行为人提出了比判例更为宽松的价值尺度时,他就陷入了有关这一构成要件要素之意义的评价错误。因此,就必须确切地查明,行为人究竟提出了什么样的价值尺度,而他自己的这个尺度又在多大程度上偏离了判例的尺度。这是十分必要的,不仅因为只有这样才能将这种错误涵摄到评价错误之中,而且只有这样才能判断,行为人是否可以避免这一错误,而根据《德国刑法典》第17条的规定,这对于认定他的责任来说至关重要。

48　　在处理有关空白要素的认识错误时,应当首先将它与规范性构成要件要素,尤其是那些描述权利或权利关系的要素区分开来。因为只有在空白要素中,空白填补规范的构成要件才是刑法构成要件的组成部分,因而满足这一构成要件的事实才属于《德国刑法典》第16条意义上的法定构成要件事实。在描述权利或权利关系的规范性构成要件要素中,则只有这一权利关系,也就是一个刑法之外构成要件的法律后果,才是刑法构成要件的组成部分。要确定特定的构成要件要素是空白要素而不是描述法律后果的要素,人们必须试图从构成要件中推导出一个决定规范。如果的确是空白构成要件或者构成要件中含有空白要素,那么,这个决定规范就会是同义反复的,也就是表现为如果某个行为被《德国刑法典》之外的法律所禁止,那么,人们就不应当实施该行为,或者人们应当实施某个行为,因为《德国刑法典》之外的法律要求实施这样的行为。当行为人认识到了空白填补规范的构成要件所描述的事实,却因为不理解或不完全理解该空白填补规范的内容,而未能意识到该事实正是符合该构成要件的,那么,他是陷入了构成要件错误还是禁止错误,目前仍无定论(对此参见本书第八章边码31)。

人们要识别出不能阻却故意的涵摄错误,就得审查行为人的事实认识,看看这一认识和法定构成要件的事实描述是否同义,或者该事实认识在逻辑上包含了法定构成要件的描述,也就是表现为该事实描述的一种特别情形。果真如此,而行为人却声称他没有意识到自己的行为符合构成要件,那便只是涵摄错误。这一涵摄错误只涉及刑事可罚性,至于行为人对于自己不会受到刑法处罚的信赖,则不会受到保护。但是,如果行为人由于涵摄错误而相信,他的行为不仅不可罚而且不违法时,就会产生直接的禁止错误,按照《德国刑法典》第17条的规定,应当审查该禁止错误的可避免性。

对于认识错误究竟是构成要件错误还是涵摄错误或禁止错误这样的问题,帝国法院曾区分了重要的刑法外错误和刑法内错误,这提供了首个切实可用的认定方法。这种区分显得有些粗笨,且由于已被当今的主流学说所否认,所以,不适宜在解决案例时直截了当地提及。尽管如此,人们还是可以先在大脑中进行这一判断。所谓的刑法外的法律错误,顾名思义,就是对权利和权利关系、即所谓的规范性构成要件要素的认识错误,这种错误按照现今的法律观点也是阻却故意的;刑法内的认识错误则是涵摄错误或者评价错误,这两类错误按照现今的法律观点均不阻却故意。

第九章 具备严重的不法和责任形态的故意

一、有关故意的意志因素的争论

1 仅仅是对于法定构成要件所描述的情状有所认识,也就是认识到该种情状的真实存在或者将要出现,对于故意的成立来说是不够的。我们知道,还有一种形式的过失,即有认识的过失,这种场合的行为人同样拥有上述认识。因而某种程度上令人不解的是,竟然还有一种区分间接故意和有认识过失的法律观点,就叫做可能性理论。① 因为这一理论也主张,行为人仅仅认识到结果可能发生,不足以成立间接故意。② 于是就出现了一个问题:除了对于构成要件实现的危险有所认识外,要谴责行为人构成故意,还需要什么额外的条件?这并不是说,要把某种前法学意义上关于故意的理论带进故意的概念之中,而毋宁是对于如下的法律问题作出回答:当行为人认为法定构成要件所描述的情状可能发生时,在何种条件下他应当构成更严重的故意,又在何种条件下仅构成较轻的有认识的过失。对此,尽管我们可以从日常生活语言中的故意概念出发,但却不能受到这一故意概念的约束。因为日常生活语言并不是为了解决法律问题而创设的。应当指出的是,为了能够富有意义地解决有关更严重的责任形式的法律问题,我们必须远远超越日常生活语言的理解,这也是为任何一种代表性的法律观点所承认的。

2 如果人们在大街上询问一名路人:按照他的日常理解,何时可以认为某人是故意引起某结果的?人们的回答通常是,当这个人意欲这个结果发生时。在自然意义上,意欲就是意图。按照日常生活语言的理解,只有当行为

---

① Kindhäuser AT 14/16, 27 ff.; Freund AT 7/70; Frister AT 11/24 f.
② 按照金德霍伊泽尔教授的观点,结果的出现必须是"具体可能的"(Kindhäuser, AT 14/16)。这并不是指一个抽象的结果危险和一个具体的结果危险之间的区分,而是指具体的结果危险内部的区分。但不清楚的是,在这里什么才叫做"具体可能的"(与"抽象可能的"相对)。

人将一个结果作为自己的行动目标时,他才是有意地造成该结果。但这并非意味着他对自己的行为将造成结果的想象,是引发他行为的动机,或者,该结果就是他行动的最终目标。该结果也可能是行为人为了达到最终目标作为手段而设置的,但行为人并不意欲它发生。在莎士比亚的戏剧《尤里乌斯·凯撒》中,布鲁图造成了他那如父亲般的朋友的死亡,但这个结果根本不是他想要的。尽管如此,当他刺死凯撒时,毫无疑问他是有意图的,因为他追求重新建立罗马共和国,而杀死凯撒只是实现这一目标的手段。

但法律中的故意不仅限于自然意义上的意欲,也就是意图。如果行为人并不是将结果作为实现他所意欲之目的的工具,但他却认识到,只要他追求这一目的,该结果肯定或很可能会发生,那么,当他追求这一目的时,就无法辩称自己并非故意地引起了该结果。以亨宁·冯·特雷斯寇为首的国防军军官在希特勒乘坐的飞机上偷藏了定时炸弹,该炸弹本该在飞机从东部前线返航的途中爆炸并摧毁飞机,那么,如果他们辩称,并没想故意杀死希特勒的随从人员和他的飞行员,就不可能被接受。同样,就算这些军官并不确定引爆装置会起作用,他们也是故意引起爆炸的结果。[1943年德国军官特雷斯特科夫及下属将炸药伪装成白兰地偷偷安装在希特勒的专机上,计划在其从苏联前线视察回来时炸掉飞机。但因苏联天气寒冷,雷管失效,炸药未能爆炸。这次刺杀计划早于《刺杀希特勒》电影中的"瓦尔基里"行动。——译者注]决定性的是,只要他们在达到自己杀死希特勒的目标的同时,也确定地能够引起飞机上其他乘客的死亡。人们将这种故意的形式称为明知,或者很怪诞的二级直接故意。①

3

---

① Wessels/Beulke/Satzger AT Rn.332; Maurach/Zipf AT/1, 22/23; Frister AT 11/13; Kühl AT 5/38, 42; Köhler AT 163. 在中世纪晚期的道德哲学和普通法的法学中,人们称这种故意形式为:更确切地说是间接故意,并且将其做更宽泛的理解,也即不仅包括那些结果近乎确定要发生的情形,也包括那些结果发生具有高度盖然性的情形。人们之所以叫它间接的意志,是因为行为人尽管并不直接希望结果发生,但希望某种事情发生,而该结果正是与该事情(直接且自然地)相关联。这就是说,由于行为人对于能够近乎确定地引起结果发生的行为有意欲,因此,他对结果本身也具有间接的意欲。其理由在于,"对每一个人的审判都会基于理性"(Böhmerü[1759] pars 1,Abs. II qu 1)。现在人们会将费尔巴哈评价为大功臣,因为他毁了间接故意这种构造的名声,其方法则是去阐明这种构造并不是自然意义上的意志。行为人对于行为的实施完全具有明知,但可能并没有在心理学的意义上意欲某个近乎要发生的必要结果,这样他的意志同样也是不理性的。但由于人们并不满足于让自然意义上的意志也就是意图,作为唯一的故意形式,于是在原有的间接故意概念上又出现了两种故意形式,也即所谓的二级直接故意,以及间接故意[对于这段故意概念的发展史,参见 Puppe ZStW 103 (1991), 1 (23ff.) = Analyse (2006), 227 (246ff.)]。只是为了脱离间接故意这个被唾弃的法律形象,人们才将它最明显的情形,也就是有意性,不再叫做间接故意,而叫做二级直接故意。直接故意的称呼是不正确的,因为行为人对于结果并没有直接的意欲,也就不具备意图,而第二层级意味着什么,还尚不清楚。

4　　不过，即使行为人没有将该结果作为其行为目标加以追求，并且也不认为该结果作为自己所追求的目标之一就会确定地实现，也并不意味着我们就准备放弃对其追究严重的故意犯的刑事责任，并且承认他仅仅是"出于疏忽"而造成了结果，尤其是当他认识到自己的行为很可能引起结果的发生，或者认识到该结果正是自己所追求的目标之一的实现。为了对故意概念进行必要的扩张，我们可以从故意概念的两个支点出发，也就是意图与明知。主流学说是从意图这个概念，也即从故意是意图这句话出发的。按照主流学说，将故意和有认识的过失区别开来的，是行为人对他所认识到的结果出现可能性的内心态度。于是主流学说就去行为人的心理中寻找对于结果的积极的内心态度，尽管这种态度并不是心理学意义上的对结果的意欲，但总归是一种较低程度的肯定，而这种肯定的态度作为某种替代物可以代替行为人对结果的真实意志。为了描述行为人对于结果的这种内心态度，已经有各式各样的公式被推荐使用。譬如按照判例的说法，行为人必须对于结果漠不关心，或至少为实现自己的目标而对之加以容认。① 在文献中引起巨大共鸣的观点是行为人必须"选中该结果"。② 过去也曾有数不清的说法被提出，③然而抽象地对这些说法进行研究，以及按照"相当性公式"④加以追问，意义是不大的。因为所有这些公式的意义都不清晰，以至于它们之间应当如何区分，也并不清楚。

5　　扩张故意概念的另一个出发点就是明知这种故意形式。在这种故意形式中，行为人意志之于结果的关系并不在于他追求结果的发生，而是在于他追求某个事情的发生，而该事情的发生却和结果的出现必要地关联起来。因此，决定性的并不是行为人对于他所认识到的结果的可能发生所具有的内心态度，而是尽管他认识到，一旦达到那个他所追求的目标时，结果就会出现，但他还去追求这一目标，无非是冷静地选择了对于结果予以接受的这种心理态度，也就是允许结果的出现。⑤ 说他容认或者选择了这一结果的

---

① BGH NStZ 2013, 581(582); BGH NStZ-RR, 2013, 75(76f.); BGH NStZ-RR 2013, 89(90); BGH BeckRS 2013, 07323; BGH BeckRS 2013, 15925; BGH BeckRS 2013, 16656.

② Roxin AT/1 12/23; ders. JuS 1964, 53(58); ders.Ruldolphi-FS (2004), 241(242, 249); Hassemer Kaufman-GS (1989), 289(296).

③ "对结果表示同意"，参见 Maurach/Zipf AT/1, 22/36; "认真对待"危险，仅见于 Jescheck/Weigend AT 29 III 3; "对行为人来说有效的判断"，认为构成要件的实现是可能的，或者不是不可能的，参见 Jakobs 8/23。

④ Frisch Meyer-GS(1990), 533(547).

⑤ Puppe ZStW 103(1991),1,41; dies. GA 2006, 65(73); dies. NK § 15 Rn. 68; zust.Bund Wissen und Wollen im Strafrecht (2009), 267 f.

发生,并不是在心理事实的角度上,而是在规范的意义上按照实践理性的标准。在日常生活语言中,希望这个词语也会在这一规范的意义上被使用,例如当某人不理性地去冒很大的危险,而该危险随后也现实化了,那人们就会对他说:"这不就是你想要的吗?"当行为人追求其终极目标或中间目标时,并不是只有结果百分之百地确定出现,才能够对他的行为而不是思想作出上述评判,只要根据行为人的认识,已经出现巨大的危险,因而对目标的追求会导致结果发生即可。因此,尽管行为人并不追求结果的出现,但他的行为却被视为引起这一结果的方法,①或者,换作一个理性地思考和行动的人,如果他排斥这一结果的出现,②那他就不会去冒这个风险。在这种情况下,即使行为人辩称,尽管如此他也没有对该结果表示容认,也就是不同意该结果发生,而是相信这一次结果不会发生,他的辩解也不会被采纳。因为这种轻率的相信,规范地来看,无非就是表达了一种最深刻的对于被侵害之他人利益的漠不关心。③ 说行为人对于结果的发生漠不关心,或者具有导致结果发生的间接意志,并不是在心理事实的范畴内,而是对行为人行为的解释结论,因为按照特定的规范标准以及实践理性的规则,应当将这种漠不关心作为一种希望归属于行为人。④ 这一归属的事实性基础仅仅是,行为人对于他有意要冒的危险之大小和直观性所作的认识。这种学说叫做故意的认识理论,或者故意危险理论。⑤

　　但是容认说,也就是故意的意志理论,最终仍然走向了归属的过程,尽管联邦法院作为该理论最重要的主张者不久前强调,容认与否是一个纯粹心理性的事实,应当由初审法院运用诉讼法上允许的证明程序予以认定,并且在对这一心理性的事实存在与否仍存有疑问的情况下,应当作有利于被

---

① Puppe ZStW 103(1991),1,(21 f); dies. NK §15 Rn.69.
② Puppe ZStW 103(1991),1,41; dies. GA 2006, 65(73); dies. NK §15 Rn.68.
③ Puppe GA 2006, 65(67); dies. ZIS 2014, 66(68); dies. NK §15 Rn.68.
④ Puppe ZStW 103(1991),1,2; dies. GA 2006, 65(76); dies. ZIS 2014, 66(68).
⑤ 在德国刑法学中,以所谓间接故意的可能性理论之形态出现的故意的认识理论,拥有悠久的历史,参见 Müller (1912), 45f.; Grossmann (1924), 33f.; Sauer (1921), 609; Lacmann, der Erfinder des berühmten Schießbudenfalles, GA 58(1911), 109(113), zuletzt Hellmuth Mayer (1967), 121。可能性理论的失败之处在于它表述上虚假的准确性,这使反对者总是嘲讽性地提出一个问题,即奠定故意的危险之可能性大小,要如何准确地加以界定(Wessels/Beulke/Satzger AT Rn.337; s.dazu NK-Puppe §15 Rn.63.)此处所提出的故意危险理论,其实就是要在避免可能性理论存在的虚假准确性的谬误的基础上,复兴它的基本思想。故意危险理论用质的可能性理论标准代替了量的标准(参见本书第九章边码11)。

告的认定,否定这一心理性事实的存在;① 相反,学理上该理论的支持者大多却认为,这里涉及的是归属的过程,因为法官在行为发生时不可能钻进被告人的脑袋里去瞧一瞧,他是否对结果表示了容认,或者认真地相信结果不会发生。② 但这并不能说明,容认是不能当作事实加以查明的,而只能被归属给行为人。在诉讼程序中会有各式各样的心理性事实被认定,尽管法官或证人都无法直接感知到这些事实的存在,如一个人的认识,或者他在特定情形中的心理状态——激动、愤怒、悲伤或者满意。如果容认真的是心理事实,行为人要么对结果表示了容认,要么对于结果的不发生予以信赖,那么,在任何犯罪情境中,这两种心理状态中的一种必须是事实存在的。可往往并不是这么回事。在行为人甘冒结果发生的危险之前,他根本没必要去决定,到底是容认那个结果,还是认真地相信那个结果不会发生。恰恰在一些故意的认定显得十分困难的案件中,如行为人不由自主地作了决定,或在激动的情绪下作了决定,或者在酒精作用下甘冒风险,就算法官真的能够钻进行为人的脑袋里,在那里他既不会发现对结果的容认,也不会发现对结果不发生的确信。③ 在作出实际的选择时,必须按照规范性的标准将其中之一归属给行为人。④

7 原则上,归属区别于事实认定。[此处的 Zuschreibung 在《法学思维小学堂——法律人的 6 堂思维训练课》中蔡圣伟教授将其翻译为论断。关于归属(论断)与事实查明之间的区分,可以参考普珀关于论断式概念与描述性概念异同的论述,两者虽然都是关于事实的论述,但在论断式概念中,被论断的事实与作为论断前提的事实(即这里说的指标)之间存在的是规范关联,作为论断前提的事实也是该论断概念的组成部分;在描述性概念中所包含的事实与用以证明该事实的证据之间则只具有经验上的关联,后者是可以被推断的,而前者则不可以推断。参见《法学思维小学堂法律人的 6 堂思维训练课》,蔡圣伟译,北京大学出版社 2011 年版,第 21 页。——译者注]归属是评价或解释,因而是一个法律问题。何种事实对于评价行为人

---

① BGH NStZ 2013, 581 (582); BGH NStZ-RR 2013, 75 (77); BGH NStZ-RR 2013, 89 (90); BGH, Urt. v. 4.4.2013-3 StR 37/13=BeckRS 2013, 07323; BGH NStZ-RR 2013, 343 (Ls.)=BeckRS 2013, 15925.

② Hassemer Kaufmann-GS (1989), 289(303 ff.); Mylonopoulos Frisch-FS (2013), 349; Roxin Rudolphi-FS, S.243(246 f.).

③ Puppe ZIS 2014, 66(68); Schünemann Hirsch-FS (1999), 363(367f.).

④ Schönke/Schröder-Sternberg-Lieben/Schuster §15 Rn.87b; Roxin Rudolphi-FS (2004), 243 (246f.); Schünemann Hirsch-FS(1999), 363(373ff.).

的行为来说是重要的,它是否支持或者反对容认的评价结论,必须一般性地按照规范性的标准予以确定。① 这便是所谓的故意的指示。② 而那些对另一些事实的证明予以支持或反对的事实,即所谓的间接证据,并不是通过法律一般性、完结性地被确定的,而是通过经验,尤其是通过经验科学被认识的。倘若人们制定一份用以查明特定事实的间接证据的完结性目录,那便会导致对证明方法的人为限缩,且与法官自由的证据评价的原则不相符合。对于归属来说,疑罪从无原则并不适用。法官必须基于已被证明的事实,决定是否应将行为人的行为评价为对结果的容认,还是评价为在确信结果不会发生的心态下甘冒风险。这里毋宁涉及的是一个法律问题,而即使法官对正确答案存有疑虑,他也无法拒绝回答该问题。③ 但疑罪从无原则适用于事实证据,法官必须以此作为评价的前提。如果他对于一个指示因素是否存在(该因素支持或反对故意的成立)有所怀疑,那么,他必须选择后者作为结论。

但是联邦法院却不再承认事实认定和法律评价之间存在根本性差异。典型的例子是,在联邦法院最近的一项判决中,对被撤销的事实审判决的展示是这样开头的:"根据事实审法院的认定和评价……"④尽管联邦法院坚持强调,容认的存在与否是一个事实,它应当在事实审法院自由的证据评价中得以认定,而法律上诉审法庭即使认为另一个证据评价更加具有说服力,也不允许干涉上述事实认定。⑤ 另外,被要求的"综合考察"⑥其实是指"评价",甚至是事实审法院的"评价空间"。⑦ 尽管如此,倘若联邦法院不愿意接受事实审法院的结论,它就会批评事实审法院,在自由心证时没有考虑到所有重要的事实,因此,该判决存在"彻底的研判缺陷"。⑧ 由于(肯定故意)的间接证据或指示因素原则上是无限的,因此,这种批评总可能成立。但是(如果是事实认定),那么仅当事实审法院没有考虑明显存在的间接证据时,法律上诉审法庭才能例外地推翻事实审法院的自由心证。然而

8

---

① Roxin AT/1 12/30; Puppe NStZ 2012, 409(413f.); dies. ZIS 2014, 66(68).
② Hassemer Kaufmann-GS (1989), 289(304); Schünemann Hirsch-FS (1999), 363 ff.; Volk BGH-FG (2000), 739ff.; Philipps Roxin-FS, 365; Mylonopoulus Komparative und Dispositionsbegriffe im Strafrecht (1998), S.101.ders.Frisch-FS, 349(351).
③ Puppe NStZ 2014, 183(186); dies. ZIS 2014, 66(70).
④ BGH NStZ 2014, 709(710); Vgl.Fischer ZIS 2014, 97(100f.).
⑤ BGH NStZ 2013, 581(582); BGH NStZ-RR 2013, 75(77); BGH NStZ-RR 2013, 89(90).
⑥ BGH NStZ 2010, 102(103); NStZ-RR 2013, 75(76).
⑦ BGH NStZ 2014, 35; BGH NStZ 2013, 84(85); BGH NStZ-RR 2013, 75(77); BGH NStZ-RR 2013, 89(90).
⑧ BGH NStZ 2015, 266(267);或者说,缺乏"全面性的整体评价",参见 BGH NStZ 2014, 25。

联邦法院认为,只要事实审法院对于间接证据事实的相互关系所赋予的权重,和审判委员会认为正确的不相一致,联邦法院便可以研判缺陷为由撤销该判决。① 尽管事实审法院被赋予了评价空间,但当州法院没有在(联邦法院)审判委员会本会采取的方式和方向上,去对间接证据作出评价时,联邦法院都会基于"彻底的研判缺陷"而撤销州法院作出的判决。在《新法学周刊》2014年刊,第3382页可以看到,联邦法院撤销了代特莫尔德州法院所作的一则杀人未遂的判决,其理由是该地方法院没有提及行为人对被害人的愤怒情绪,以及在其实施行为后立即拨打急救电话的事实。而该地方法院的事后审查显示,法院已经考虑了行为人的愤怒情绪(并令人信服地)将之作为判断故意的间接证据,并且,之所以没有将拨打急救电话评价为阻却故意的间接证据,是因为行为人叫救护车根本不是为了救援那个尽管大量失血但仍在逃跑的被害人,而只是为了治疗一下他那微不足道的伤口。

9 　　当存在一些被联邦法院称为"模棱两可"的间接证据,也就是按照初审法院的"评价",这些间接证据既可能支持也可能反对故意的成立时,联邦法院在事实认定和法律评价之间不做区分的立场更加明显。尤其是涉及行为决意的自发性、②情绪上的冲动、③或者行为时明显受到酒精作用的情形。④ 如果存在一些规则,可用来认定在何种条件下这些模棱两可的间接证据支持或反对故意的成立,那么,个别间接证据的"模棱两可性"就可以无争议地被接纳。但联邦法院将这项工作交给了事实审法院:"事实审法院的工作也是在对证据结论的整体评价中,对个别不利于或有利于行为人的间接证据进行评价。"事实审法院"并没有义务对同一情状在另一个证据关系中再次加以考虑,而冒着与另外一个已获得的不利于或有利于行为人的证明结论相互矛盾的风险。"⑤事实审法院在运用那些模棱两可的间接证据时,仅仅"有义务"单方面地对那些支持其最终结论的考量进行陈述。它不被允许表达出任何怀疑,否则,法律上诉审法庭就可能斥责它自相矛盾。时髦一点地说,初审法院应当在论证其结论时"自吹自擂"。⑥ 避免判决内部的自相矛盾,这的确是一个好的策略,不过正如我们在后面的例子中将要展示的,该策

---

① BGH NJW 2014, 3382(3383); BGH NStZ 2014, 35; BGH NStZ-RR 2013, 89(90).
② BGH NStZ 2014, 35; BGH NStZ 2010, 571(572).
③ NStZ-RR 2012, 384(387); BGH NStZ 2013, 581(583); BGH NJW 2014, 3382(3383).
④ BGH NStZ 2012, 384(387); BGH NStZ 2013,581(583); BGH NStZ-RR 2013, 75(77).
⑤ BGH NStZ-RR 2013, 242(243); NStZ-RR 2013, 75(77); BGH NStZ-RR 2013, 89(90).
⑥ Puppe ZIS 2014, 66(69).

略并不是指通过避免不同判决间的自相矛盾来作出一个整体上连贯且可预测的判决。

在文献中,只要采取意志理论,那么,这样的观点就会占据上风:回答行为人是否对于结果予以了容认,或者认真地而不是模糊地对结果的不发生表示了信赖这样的问题,是一个评价的过程,而那些用以给出答案的事实,并不是另外一些事实的间接证据,而是通过成为评价的对象从而成为证立评价的指示因素。但这些指示因素的目录应当是开放的,并且它们相互之间孰轻孰重,应当视个案情况而定。按照这种学说,故意便是一种类型学概念,无法对其封闭性地予以定义。① 在实际适用中,作为类型的间接故意理论与判例所采用的综合考察的方法之间并不存在多大的差异,不清楚的只是类型故意概念的支持者是否会认可由联邦法院发展出的模棱两可的间接证据理论。因为一方面,这种故意概念的支持者大多时候极大地褒扬了有关间接故意的判例之正义性。② 但另一方面,他们又要求,作为类型概念的故意要将间接故意理论从各种有缺陷的认识理论和意志理论(的争论中)解脱出来。③

10

这是一种危险的幻觉,④它会导致间接故意的两种构想中出现更多的不明确性,不仅有意志理论,还有认识理论。即使两者都将有关行为人间接故意地实施了行为的这一判断理解为归属,它们也一定会对这一归属使用完全不同的指示因素,或者就算使用了相同的指示因素,也会赋予不同的权重。对于行为人间接地意欲结果发生的归属,认识理论只认可两个指示因素:一个是行为人按照其认识所创设的危险的大小;另一个是该危险的直观性。认识理论的最初形式(即可能性理论)的反对者,总是一再地强求该理论必须给出一个可能性的比例,⑤如50%。但严格来说,这种要求是无意义

11

---

① Hassemer Kaufmann-GS (1989), 289(304); ders. Einführung in die Grundlagen des Strafrechts (1990), S. 184; Mylonopoulos Komparative und Dispositionsbegriffe im Strafrecht (1998), S.101; ders. Frisch-FS (2013), 349(351).

② Schünemann Hirsch-FS (1999), 368(373); Hassemer Kaufmann-GS (1989), 289(306f.); Volk BGH-FG (2000),739(746); LK-Vogel § 15 Rn.126; Matt/Renzikowski-Gaede § 15 Rn.23 f.; 同样参见 Steinberg/Stam NStZ 2011, 177; Vgl.aber jetzt Schünemann FS Hassemer (2010), 239(244 f.)。

③ Prittwitz Strafrecht und Risiko, Untersuchungen zur Krise von Strafrecht und Kriminalität in der Risikogesellschaft (1993), 359; Hassemer Kaufmann-GS (1989), 289(287); Frisch Meyer-GS (1990), 535(550 ff.); Volk BGH-FG (2000), 739(745 ff.).

④ 详细的论述,参见 Puppe GA 2006, 65(70 ff.)。

⑤ Schönke/Schröder-Sternberg-Lieben/Schuster §15 Rn. 76; Jakobs 8/26 Rn. 47; Jescheck/Weigend AT 29 III 3; Frisch (1983), 20; Ambrosius (1966), 62; Ziegert (1987), 107; Vgl.auch Herzberg JuS 1986, 249(251).

的,理由有如下两个:其一,专家辅助人不可能对如下问题作出不利于行为人的陈述,即行为人对于存在的危险因素到底作了多大比例的可能性预测。其二,没有行为人会在其做出冒险的决定之前,还去对危险实现的可能性比例作一认识。因此,巨大的危险不能从量上而应当从质上予以界定。一个理性的人置身于行为人的处境当中,如果只要他排斥结果的发生就不会去冒险的话,或者用判例的话来说,不会容认结果发生的话,①那么,故意危险就成立了。危险的直观性指示因素,是这样被加以刻画的:根据实践的标准,行为人有意设定或以为是自己所设定的危险因素,已经构成了一种可以造成结果的方法。② 但由于这类案件中行为人并不是意图犯罪,因此,他会留心避免使用这一可以导致结果发生的方法,因为他要追求的是别的目的。无关紧要的假设是,倘若行为人原本真的希望造成结果,那么,他可能会在个案中使用他实际没有使用的方法,或者创设更多的危险因素。造成结果的方法这一概念较为抽象,因此,除了在极少数疑难案件之中,对于什么是造成结果的方法大多能达成共识,尤其是在造成一个人死亡的方法究竟为何的问题上。③

12 与之相反,那些根据意志理论而被认为对于容认的归属具有重要性的指示集合,既缺乏边界又不甚明确。至少联邦法院实际使用的意志理论的形式就是这样。联邦法院在认定故意时总是这样开头:"由于在疑难案件中间接故意和有意识的过失的责任形式挨得太近,因此,必须在认可间接故意之前,对于行为人主观层面的两个要素,即意志因素和认识因素进行全面的审查且在必要时通过事实认定予以证明。为此,需要综合考虑个案中所有的客观和主观行为情状,包括暴力行为的客观危险性、行为人具体的攻击形式、他在实施行为时的内心状态以及他的行为动机等。"④这时,并不需要明确列举那些支持或反对故意成立的因素,而只要查明这些因素所来自的生活领域,如行为人在行为时的攻击方式以及他的情绪状态。尽管联邦法

---

① NK-Puppe § 15 Rn.68,71; dies.ZStW 103(1991), 1(17 f.).
② NK-Puppe § 15 Rn.69, 72 ff.; dies. ZStW 103(1991), 1(21 f.); iE ähnlich Ragues/Valles GA 2004, 257(269).
③ Vgl.dazu NK-Puppe § 15 Rn.72 ff.
④ BGH NStZ 2014, 84; BGH NStZ 2013, 538 (539); BGH NStZ-RR 2013, 89 (90); BGH BeckRS 2013, 12717, Rn.5.

院在过去认定故意时,会赋予暴力行为的生命危险性一个特别的权重,①但现在它会拒绝这样一个权重的分配,因为这是对于事实审法院自由的证据评价的一个不被允许的干涉。② 但是,不仅个别的故意指示因素的数量和权重具有完全的开放性,而且自从发现模棱两可的指示因素后,甚至这些指示因素朝着哪个方向证明也完全开放。诸如行为时的自发、冲动或者酒精和毒品作用这些指示因素,可能视事实审法院的评价,既支持而又反对故意的成立。③ 可以明确的是,就算将故意理解为一个类型概念,并将故意的认定看作一个归属的过程,也无法消除认识理论和容认理论之间的对立。法学家必须在这两者之间作出取舍。④ [根据普珀关于法学概念的分类,类型概念是就概念的外在形式而言的,论断式(归属式)概念是就概念的内涵而言的,两者并不冲突。普珀认为,故意就内涵而言是论断式(归属式)的,就外在形式而言是类型性的。无论是意志说还是认识说都是如此。两者的根本分歧在于,意志说重视个案正义,认为认定故意的标准必须考虑行为人自身的各种状况,否则,就违反责任原则。而认识说强调故意在不法层面的意义,认为故意是对犯罪行为的论断,并不固执于个案正义。在这个意义上,两种理论之间存在根本性的分歧,无法说服对方。参见《法学思维小学堂——法律人的6堂思维训练课》,蔡圣伟译,北京大学出版社2011年版,第22、170—176页。——译者注]

故意危险理论主要面临三种批评意见:第一种批评认为,该理论无法在损害故意和具体危险故意之间作出区分;⑤第二种批评认为,该理论太不明确,以至于无法用来区分间接故意和有认识的过失;⑥第三种批评认为,在行为人意图实施犯罪的场合,合乎逻辑地运用这一理论所得出的结论让人无法接受,也即行为人若是以一级直接故意实施行为,却只有在通过创

---

① BGHSt 36, l,15; BGH NStZ 1983,365/407;1984,19;585;1986,549;1987,284/424;1988, 175;362;1991,126;1992,384;587;1993,307;384;1994,19;585;2003,220(221);369/431f;2004,329(330);2006,169 f.; 2007, 199 f.;267 f.;307; 2008, 453(454);StV 1982, 509;1984,187 f.; 1987,92;1988,93;1991,510;1992, 10;1993,307;1993,641;1994,14;655;1997, 7;2004, 74 f.; 75;76.
② BGH NStZ 2013, 581(582); NStZ-RR 2013, 75(77); 89(90); BeckRS 2013, 07323; ähnlich BGH NJW 2005, 2322(2326).
③ BGH NStZ 2013, 581(582 f.); NStZ-RR 2013, 75(77); 89(90); 343(Ls.) = BeckRS 2013, 15295; BeckRS 07323.
④ Puppe GA 2006, 65(78 f.).
⑤ Roxin Rudolphi-FS (2004), 243(252f.); ders. AT/1 12/52; Köhler (1982), 288; Küpper ZStW 100(1988), 758(774); Schünemann Hirsch-FS (1999), 363(370); Vgl.auch BGH StV 1994, 655(656).
⑥ Schroth Widmaier-FS (2008), 779(783); ders. (1994), 93; Verrel NStZ 2004, 309 (311).

设故意危险的方式去实现造成结果的意图时,①才可能被处以故意犯的刑罚。第一种批评意见建立在对故意危险理论的误读之上。故意危险的程度远远高于故意实现一个具体危险犯,如第 315c 条所要求的危险程度。② 如果一个汽车司机冒险超车的做法使另一交通参与者事实上遭受危害,那么,他就满足了第 315c 条的构成要件。但行为人的这一行为离创设一个故意危险还差得很远。

14 更应认真对待的是第二个批评意见。根据故意危险理论,显而易见的是,间接故意和有认识的过失之间的过渡不那么清晰。人们很容易想到一些疑难案件,在这些案件中,要认定一个由行为人有意创设的危险究竟是故意危险还是过失危险,令人疑惑。当然,现实中这种案件则很罕见。在当今刑法学的讨论中,到处可见谴责与自己对立的某种观点缺乏明确性,或者导致了令人无法接受的区分困难。但是,仅当自己的观点完全不会遭受批评,或至少相较于对立观点会遭受更少的批评时,这样做才是有道理的。乍看上去,容认说似乎有资格认为,自己能够在间接故意和有认识的过失间划出一道清晰的界限。因为行为人要么容认结果,要么没有这样做。可人们要是进一步地寻找判断这一问题的标准就会发现,虽然容认说谴责其对立的观点不明确,但这种判断的不明确在它自己身上有过之而无不及,不仅是对于个案而言,而且是对于整体上间接故意和有认识过失的区分而言。人们在容认说或对结果的容认中到底理解了什么、并把它归属给行为人,一点也不清楚。用以论证这种归属的指示因素的种类,也是开放的,以至于任何新的指示因素都可以被添加进来。通过"发现"模棱两可的指示因素而形成的这种区分直接故意和间接故意的方法,完全不明确。无论如何,对于判例对待容认说的方式与方法,都可以这样说。对此,从判例中挑选的以下例子能够给您好好地上一堂直观教学课。

15 第三种反对故意危险理论的观点被提得最多。借助这一观点,人们永远都觉得该理论一文不值。人们当然可以争论的是,从故意危险理论中是否会得出这样的结论,也即意图实施犯罪的行为人如果没有创设一个故意

---

① Prittwitz StV 1989, 123 f; Schumann JZ 1989, 427 (431); Küpper ZStW 100 (1988). 758 (780); Frisch (1983), 21; Herzber Schwind-FS (2006), 317 (329); Maurach/Zipf, AT/1, 22/35; Roxin AT/1, 12/66; ders. Rudolphi-FS(2004), 243 (248 f); Stratenwerth/Kuhlen AT 8/114; Frister AT 11/27; S/S-Sternberg-Lieben/Schuster § 15 Rn. 76; Vogel (LK § 15 Rn. 85)认为,目的作为"特别认识"(Sonderwissen)替代了客观归属的一般条件"创设法所不允许的危险"。而在盖然性理论的主张者中这个问题则有争议,Sauer (1921), 617; Müller (1912), 45 (52); 认为目的总是构成故意,参见 Grossmann (1924), 49; Lacmann GA 58 (1911), 109 (121); KohlerGA 56 (1909), 285 (292)。

② Puppe ZStW 103(1991), 1(34); Otto Puppe-FS (2011), 1247(1258f.).

危险,就不会被处以故意犯的刑罚。例如,一个射手为了杀死逃跑中的敌人,隔着很远的距离用一把瞄不准的武器朝他开枪。① 但就算人们认为,这样的行为人应当被判处故意杀人或杀人未遂的刑罚,故意危险理论对此也不是永远都一文不值。尽管从故意危险理论中推导出这一结论不合逻辑,因为这样就无法达到统一的故意概念的要求,但是,意志理论同样没能提供一个统一的故意概念:是在直接故意和间接故意的场合看重意志因素,还是在二级直接故意的场合看重认识因素,该理论总在这两者间摇摆。其实,对主流学说和其他观点应当平等对待。对于每一个法学论证来说都适用一个原则:自己住在玻璃房中,就别扔石头。[此处的寓意是,自家理论如果有短处,就先别指责别的观点。——译者注]

二、故意中意志因素的规范化——柏林飙车案(柏林州法院:《新刑法杂志》2017 年刊,第 471 页)

两名被告人相约于夜里 1 点在选帝侯大街碰面,而这个时间那里仍然是车水马龙。他们商定,以两人各自所驾驶的高速机动轿车来进行一场违法的越野赛,而谁先到达 P 百货公司,谁就是赢家。两人以极快的车速开过了 3.5 公里的路程,且有时还并排驾驶,就这样他们横穿了 20 个十字路口或街口,而其中的 13 个都设有交通信号灯,在此过程中他们丝毫不顾及那些有先行权的车辆。两名被告人均在红灯亮起时开进了陶恩沁恩大街和纽伦堡大街的交叉区域,但由于广告柱和道路施工的遮挡,他们两人都无法看见这个区域。结果,两名被告人中的 H 以至少每小时 160 公里~170 公里的时速从左侧撞上了一辆在绿灯亮起时驶入纽伦堡大街的车辆,导致该车司机受到了致命性伤害。

州法院判决被告人成立故意杀人罪,理由如下:

> 在实施行为的时点上,两名被告人都不可能再真诚地信赖一切都会好,他们毋宁是在开进陶恩沁恩大街和纽伦堡大街的交叉区域时,就让事态的发展取决于偶然:也许有先行权的车辆会横穿马路,也许车上的乘客能够从不可避免的相撞中逃生,一切都不确定。此时此刻,他们对于这种后果抱持无所谓、漠不关心的态度,因为谁都想成为这场比赛的赢家。②

---

① So Sauer (1921), 617; Müller (1912), 45(52); 支持在任何情况下,意图都能使故意成立的,参见 Grossmann (1924), 49; Lacmann GA 58(1911), 109(121); Köhler GA 56(1909), 285(292)。
② LG Berlin NStZ 2017, 471(475).

17 从心理学上来看,两名被告人在进行越野赛时,可能都没有对事故的发生漠不关心,因为若真的发生了事故,那么,他们就无法分出胜负了。在当前的语境中,漠不关心这个词语只能从规范意义上加以理解。① 仅仅是为了赢得比赛,也就是相较于被玩弄的他人利益来说微不足道的自私的理由,两名行为人就将其他交通参与者带入了高度危险之中,且让该危险的实现与否取决于偶然。他们用行动实践了一条座右铭,那就是其他人的利益和他们自己的比起来什么都不是。如果在这种情况下他们还相信一切都会安然无恙,那这就是一种漠不关心的表达。② 因为,倘若谁真的关心被自己伤害的人的利益,就不会这样相信。

18 相似的案例是由奥登堡州法院在一致同意的基础上形成的生效判决。作为一名老年人的护理人员,被告人给病人们注射了致命的过量药剂,为的是对他们进行复苏抢救以显示自己过硬的专业本领。在超过90次的情形中,被告人尽管尝试了复苏,但病人还是死亡了。此处,行为人同样不仅不希望病人发生死亡结果,而且还坚定地相信,通过他的复苏尝试,病人们能够活过来。这种心理态度显然与容认死亡结果的任何形式都不相符。尽管如此,法院仍然作出了被告人构成多次谋杀的生效判决。

19 上述两个案例均与所谓拉克曼的射击摊案形成了呼应,借着这一案例,拉克曼提出了反对故意的意志理论的主张。③ 在位于年度集市的射击摊上,一个年轻人跟他的朋友用20马克打赌,他能够击中那个给枪上膛的小女孩手上的玻璃球。也许他知道自己绝不是一个十分精准的射手,因此,他计划,万一他击中了小女孩的手,就放下武器并消失在人群之中。他射出了子弹,真的击中了小女孩的手。拉克曼借这个案例来反对所谓的弗兰克第一公式。按照这个公式,如果行为人知道结果会发生就不会实施行为,那么,他实施行为就不是故意的。④ 如果这个年轻人知道会击中小女孩的手,那么他就不会举枪射击,否则,他就不算赌赢,射击行为对他来说将会毫无意义。要是按照弗兰克第一公式,就会在这里否定故意的成立,这在拉克曼看来是错误的。⑤ 但拉克曼的主张不仅仅是反对弗兰克第一公式,他

---

① Puppe ZIS 2017, 441(442); Vgl.auch dies.NK § 15 Rn.31; dies. ZStW 103(1991), 1(12f.).称故意的意志因素的归属的,还有 Jakobs Rechtswissenschaft (2010), 283 (287ff.); Hruschka Kleinknecht-FS (1985), 191(201);Kindhäuser Eser-FS (2005), 345(354);Perez-Barbera GA 2013, 454 (456f.);Stuckenberg (2007), 385f.;Leitmeier HRRS 2016, 243(245f.);Pawlik (2012) S.376ff.
② Puppe ZStW 103(1991), 1(14ff.); dies. NK § 15 Rn.68; dies. ZJS 2017, 441(442).
③ Lacmann GA 58(1911), 109(119); ders. ZStW 31(1911), 142(159 f).
④ Frank Strafgesetzbuch, § 59 Anm.V(S.190); auch v.Hippel (1903), S.135 ff.
⑤ Lacmann GA 58(1911), 109(119); ders. ZStW 31(1911), 142(160).

也反对将故意取决于意志因素的企图,除非人们希望在这些案例中否定故意的成立。因为那种坚定的、即使是微弱且微不足道的认为结果不会发生的意志,是与任何心理学上特定的故意的意志因素所不相符合的。① 行为人尽管容认了结果发生的危险,但绝没有容认结果发生本身。可故意恰恰就是要及于结果发生本身,而不仅仅是及于结果发生的危险。一个具备认识的过失的行为人,也总是容认危险的出现。

如果对于故意的意志因素采取规范化的理解,那么,尽管行为人坚定地相信结果不会发生,也可以肯定故意的成立。这里的漠不关心,指的不是行为人的主观内心感觉上的,而是体现于行为人的行为实践之中。行为人若有认识地创设了一个高度且不可控制的结果危险,而他又非理性地寄希望于结果侥幸不发生,这恰恰体现了他对结果的漠不关心。两地州法院的判决正是基于这种对故意的意志因素所作的规范性理解而作出了判决。 **20**

这个案例还包含了一个问题。我们之所以认为,行为人通过其行为实践表现出对结果的漠不关心,是因为他创设了故意(故意危险)的高度危险,该危险并不是仅仅通过单次的在路口闯红灯的行为创设的,也不是通过最后一次,也就是最后造成致命的相撞的那次闯红灯行为创设的。此高度危险是行为人通过多次(确切地说是 13 次)无视红灯的驾驶而创设,即闯入了一个可能与有权横穿道路的车辆相撞的风险之中。正是该司机整体上的比赛行为才创设了故意危险。由于该车究竟会在第 1 个、第 7 个还是第 13 个路口横穿时与他车发生相撞,完全取决于不可控制的偶然,因此,行为人从第一次横穿路口开始就着手实现构成要件,即开始了犯罪的实行。 **21**

在一些案件中,当预先计划之行为的整体才创设了故意危险时,我们必须在结果归属于故意的一般规则外设置一项例外规则。按照故意归属的一般规则,只有当完整的故意危险在结果中实现时,才能将故意而不是仅仅将过失归属于行为人(参见本书第十章边码 9)。倘若故意危险是由许多个危险的、但看上去并不足够危险的行为所创设,那么,这个一般要求就根本没有得到满足。在这样的案件中,只要在结果中实现的是其中一个行为所创设的危险,如其中一次横穿路口的行为所创设的危险,便足以将结果归属于故意。 **22**

---

① NK-Puppe § 15 Rn.40; dies. ZIS 2017,441.

三、建构实务中故意指示因素的开放目录之方法

(一)艾滋病案(《联邦法院刑事判例集》第36卷,第1页)

22 被告人是一个艾滋病病毒检测呈阳性的同性恋者,他被医生详细告知了在无防护的性交中导致他人感染的危险,并被指示在任何一次性交中都要戴上安全套。他从一本启蒙读物中得知,在无暴力的无防护性交中感染风险仅为0.1%~1%。尽管如此,他还是在没有告知其伴侣自己病情的情况下,和他发生了肛交,且一开始没有戴上安全套,直到快要射精时才戴上。他的性伴侣并未被检测出感染艾滋病。州法院认定,被告人通过实施一个威胁生命的行为,构成了未遂的危险伤害罪,但法院放弃追究其故意杀人未遂的刑事责任。

23 联邦法院以如下理由确认了该判决:

行为人认识到他感染艾滋病病毒以及无防护地性交一般能够导致病毒感染,尽管从中尚不能直接推导出他对于性伴侣的感染抱持一种容认的态度。但是,在事实审法院对于具体事实所作的整体评价的框架内,能够考虑到行为人的认识状况,只要该认识状况能够推导出他的意欲。还需要注意的是:在类似本案的这些情形中,行为人在创设了某个原因后,就对事态的发展失去了控制,或者说不再能加以支配,在这种情况下,他在何种程度上创设了"无防护"的危险并在随后任其自然发展,就具有了十分重要的意义。如果为行为人所知的危险究竟是否会实现取决于偶然,那么,就算他声称自己相信或希望什么都不会发生,也不妨碍我们认定他容认了结果的发生。另外,如果行为人有理由认为,在具体个案的情形中感染的风险微乎其微,那么,上述认定也可能遭到反驳。不过,支持间接故意成立的那些情状也可能举足轻重,因为尽管在统计学上估算的感染风险很低,但是,每一个无防护的性交行为都可能是众多导致病毒感染的性交行为中的一个,以至于就每一个性交行为而言,实际上都附随着极高的感染风险。

尽管感染HIV病毒具有致命的危险,但州法院否定被告人具有间接的杀人故意,与它认定行为人每次与伴侣发生性交均成立以间接故意实施的未遂的危险伤害罪之间并不矛盾。就此而言,被撤销的判决没有超出既往判例的框架。因为既往判例总是一再强调,形成杀人故意远比形成危险故意或伤害故意要克服更大的心理障碍。在这里,刑事审判庭没有认定这一心理障碍已被突破:尤其是考虑到艾滋病具有

一个变动不居的、有时十分漫长的潜伏期,并且被告人和很多艾滋病病毒的感染者可能都希望,在这段时间内能够发现一种攻克艾滋病的治疗药物,那么,就算他真的将病毒传染给了性伴侣,他们的病情也能够在药物被发现之后得到控制,所以要认定被告人对伴侣可能发生的死亡结果具有容认的心态,是令人质疑的。完全可能的是,行为人认识到了所有使他的行为具有威胁生命之可能的情状,但却并不能总是基于具体情形中的某个条件,对他的行为可能会导致被害人死亡表示容认。①

如果人们用一些显得目光短浅的功利性标准——现在被称作刑事政策上的理由,去衡量艾滋病案的判决,那么,这份判决将获得最高的赞赏,事实上它也的确获得了这样的赞赏。② 这传达了一个信号,艾滋病病毒感染者同一个不知情的伴侣发生性关系,他将为此承担刑事责任被处以刑罚。对此,无论是在本案中还是在普遍的意义上,仅成立过失犯是不够的。事实上,根本不可能追溯一个艾滋病感染的源头,并且在本案中,性伴侣也完全没有感染艾滋病。在《德国第六次刑法改革法》颁布之前,一般的故意伤害未遂不受刑法处罚,因此,需要查明行为人具有(《德国刑法典》第226条意义上的)危险伤害故意,即伤害故意是以危及生命的形式出现的。即使行为人针对性伴侣可能发生的感染采取了一些预防措施,也无关紧要,因为总是存有一个不被允许的风险。就算感染的可能性很小,据说是1%,亦无关紧要,因为若引用一番陈词滥调,就是只要一次就够了。另外,负责治疗行为人的医生已经十分明确地告知了被告人感染的危险,因此,他相信这种低程度的危险不会现实化的信赖,并不是认真的而只可能是模糊的。

另外,如果考虑到艾滋病感染的较低可能性,并且着眼于行为人不幸的生活境遇,那么,判处他(为满足性欲)谋杀未遂的刑罚着实显得过于严苛了。因此,假设行为人有的某种信赖,也就是在接下来的几年中会有一种攻克艾滋病的药物被发现,尽管没有任何迹象表明会有这样的发现,行为人的这种信赖并不是模糊的而是认真的(但距离本案发生过去了20多年也没有发现能够攻克艾滋病的药物)。因此,就不能得出结论说,某人试图把一种绝对致命的病毒传染给他人,就是试图杀死他人,因为成立杀人故意需要克服更高的心理障碍。

---

① BGHSt 36,1 (11, 15).
② Helgerth NStZ 1989, 117(118); Herzberg JZ 1989, 470(477).

26　　在认定了伤害故意之后,按照二级直接故意理论,就应当同时得出杀人故意成立的结论,因为根据行为人对于伤害结果的出现所产生的正确认识,死亡结果也是确定或近乎确定地要出现的。尽管直到现在,二级直接故意这一概念只被适用于那些和一个意图造成的结果相关联的附随结果,但没有明显的理由说,不应当将这一法律思想用于间接故意造成的结果之上。因为这种法律思想——如果按照行为人的正确认识,某个结果必然和他所意欲发生的事物关联在一起,他就无法辩称,自己并不是意欲该结果发生——并不取决于意欲的程度。当然可以反驳说,在本案中伤害结果和死亡结果之间并不存在紧密的关联性,其理由并不在于可能及时发现一种攻克艾滋病的药物,而是在于被感染的被害人极有可能在病情爆发前死于一次事故或者一场疾病。

27　　但是故意的意志因素并不受限于逻辑。行为人并没有被阻止,只对两个必然关联在一起的结果中的一个采取容认的态度,而对另一个则加以排斥,而成立杀人故意要求克服很高的心理障碍。[边码24、25、26、27均为普珀教授对判决观点的概括及反讽。——译者注]

28　　此项判决的根本性错误,不在于它否定了行为人成立故意杀人罪未遂(以满足性欲的谋杀为形式),而在于它同时又判处行为人构成危险伤害罪未遂。不论是本书所主张的故意危险理论,还是按照判例的观点,也即重要的是行为人在创设法不允许的危险之时——尽管该危险还很大,相信它不会现实化,认定被告人成立危险伤害罪未遂都是不妥当的。本案负责治疗的医生严肃地劝告被告人,必须尽到应有的注意,但仅仅如此并不能证立,他相信由自己所创设的法不允许的危险不会实现这一信赖,就是模糊和不认真的,尤其是当这种危险很小时,正如本案中的情形一样。倘若人们以联邦法院习惯用于审查在间接故意的事实审认定中的证据评价之标准,来衡量伤害故意的事实审认定,那么,仅仅有医生所做的详细陈述和劝诫这个唯一的间接证据,肯定不足以证明行为人对于伤害结果的容认。① 事实审法院至少本应确定,被告人意欲对他的性伴侣施加恶害。

　　不过,上述刑事政策之理由也恰恰支持伤害故意的成立。此外,成立伤害故意的确不需要克服很高的心理障碍。

29　　如果人们不是用"刑事政策的标准"这个现今最具说服力且最为理性的判例的质量标准去衡量这个判决,而是用十分传统的法安定性、法平等性

---

① Frisch JuS 1990, 362 (367 f.).

以及法官恣意的限制等标准衡量,反倒会让人更加担忧而不是感到心安。这是一个极好的例证不仅反映出为了作出有利于被告人的判决,由判例所提倡的故意与过失的区分、法律意义上的对结果的容认与否的区分、对结果不发生是否真诚信赖的区分,是多么容易被人操纵,而且令人担忧的是,对于作出不利于被告人的判决来说,这种区分的可操控性也同样存在。但是,故意危险理论在此处就会明确地得出否定伤害故意成立的结论,而不论行为人是否对于感染的不发生有真诚的信赖。导致0.1%~1%发生概率的危险实在不是适格的伤害方法。一个理性的行为人可能在冒这个风险时,对于结果持排斥的态度。

(二)打火机案(联邦法院:《新刑法杂志》2000年刊,第583页)

本案中的被害人明显具有受虐狂的性格,他请求被告人把他裸体绑在床上,把汽油浇到身上,然后在身体上方多次点燃打火机。被告人照他的话做了,前几次点燃打火机后,很庆幸什么也没发生。被告人相信,后面要是再点燃打火机的话,发生火灾的危险也会越来越小。随后,由于产生了明显的汽油雾,一个大火球突然就升腾了起来,导致这个被害人死于热力休克,而被告人也被大火吞噬,导致超过20%的身体表面被烧伤。

联邦法院批评了州法院认为既有证据不能证明杀人故意的观点,理由如下:

> 它(州法院)认定,无法排除被告人真诚地信赖可能被认识的构成要件结果不会发生,这一认定建立在有法律错误的评价之上。这已与被告人有关其内心想法的陈述不符。如果被告人很"庆幸""前几次点燃打火机后什么也没发生",那么,从中就可以反面推论出,由于认识到了"特别高的危险可能",她在点燃打火机时恰恰不相信死亡结果会侥幸不发生。如果行为人认为构成要件结果可能会出现,但却继续实施行为的话,那么,当她实施极其危险的作为时,她很明显对结果的出现表示了容认。州法院认为,尤其是考虑到正如事态发展所证明的,相对于被害人所遭受的危险来说,行为人所面临的危险要小了很多,并且考虑到对于被告人来说,若真要实施这样的重罪,尚且缺乏一个合理的动机,因此,被告人可能并不希望汽油被点燃、继而引发相关联的后果。可是,这并不妨碍我们认定间接的杀人故意,就如同按照州法院的观点,考虑到被告人的行为方式"是可以理解的且不完全脱离现实",被告人所表达的"什么都不会发生"的"愿望"并不妨碍间接的杀人故意的认定一样。州法院的这一考量让人担忧,它是不是对于意志因素提

出了过高的要求。①

32 在这里,作为法律上诉审法庭,联邦法院从引起高度的生命危险中,得出了被告人具备杀人故意这个在它看来必然的结论,可是联邦法院却在此前的其他无数个案件中曾批评这一结论是错误的。② 法院在这里显然是基于客观存在的危险,而非基于行为人对于危险的认识;否则,法院一定会追问一个容易想到的问题:行为人对于危险的类型和大小是不是产生了完全错误的认识,并且因此远远低估了危险。支持这一说法的事实是,这一危险一旦实现,行为人本人必然也会遭受严重的烧伤,而这显然是她不会"容认"的。虽然她说道,前几次点燃打火机后什么也没发生,她变得放松多了,但从这一陈述中不能得出结论,她对于危险的大小已经具有了认识,而只能得出结论,她对于这一危险的类型和大小做出了完全错误的认识。她明显没有认识到,危险并非来自被害人身体表面流动的液态汽油,而是来自因其体表温度而蒸腾的气态汽油与空气混合之后形成的易爆气体,该危险不仅导致了被害人当场死亡,也使被告人自己遭受了严重的伤害。

33 所有初审法院在它的"综合考虑"中以有利于被告人的方式作出评价的情状,也就是她原则上还是善待了被害人,做了被害人请求她做的事,且根本没有理由容认被害人的死亡,但在联邦法院这里却获得了相反的评价。联邦法院认为,尽管这些情状可以证明,被告人并不希望被害人发生死亡结果,但是,这不能否定被告人容认死亡结果的发生,如果人们不对于间接故意的意志因素提出"过高的要求"的话。

34 按照故意危险理论,关键便不在于行为人所创设的客观危险。③ 既然结果已经发生,这个客观危险就总是100%的。毋宁取决于行为人所认识到的那些危险因素,以及那些行为人针对进一步的事态发展所做的设想。如前所述,行为人恰恰对此做出了完全错误的设想。很明显,她认为自己所创设的风险没那么高,否则,她也不会甘冒自我伤害的危险了。据此,就可以明确地否定杀人故意。

---

① BGH NStZ 2000, 583(584). 在一个类似的案例中,一个男人应他女朋友的要求,在她身上实施一种受虐狂式的性技巧,而这个男人清楚地认识到,这是会造成生命危险的(将一根金属棒插在脖子上三分钟)。联邦法院批准了州法院的这一判决,其理由只有寥寥数语:州法院通过"对于所有主客观的行为情状进行的必要的综合考察"无法律错误地得出结论说,该行为人并没有容认这个女人的死亡结果,参见 BGH JR 2004, 472(473)。最引人注目的、也是使该案与汽油案得以区分的主客观的行为情状,是该案中的被告人没有同时危害到自身。

② 从新的判例中可以看出,例如 BGH NStZ 2013, 581 (582f.); NStZ-RR 2013, 75 (77); BeckRS 2013, 07323;15925;更多的证明,参见 NK-Puppe § 15 Fn.90。

③ Schönke/Schröder-Sternberg-Lieben/Schuster § 15 Rn.79 完全误解了该观点。

(三)助燃剂案(联邦法院:《新刑法杂志》2013年刊,第159页)

两名被告人和后来的被害人一起大量饮酒,随后和他发生了争执。两名被告人决定在被害人身上纵火。为了达到这个目的,其中一名被告人在被害人的头部和上半身浇了半升的松节油代用品,而另一名被告人则手持打火机靠近被害人的身体和衣物。当被害人身上燃起熊熊大火时,他们试图用一床被子扑灭火焰,可是没能成功。最后,其中一名被告人拎了满满一桶水,并从被害人的头上倒了下去,火焰终于被扑灭了。他们叫了一辆救护车。可惜被害人由于严重的烧伤几天后死于医院。州法院否定本案被告人的间接故意成立,联邦法院肯定了该判决,理由如下:

> 刑事陪审法庭在必要的综合考察范围内,特别考虑了犯罪被害人与两名被告人之间模棱两可的关系,这一关系表现为,在两被告人对被害人实施行为前,他们就已经对其施暴并折磨他。被告人的具体行为方式客观上看来十分危险,对于这一点法庭没有发生误认。但正由于考虑到被告人的行为动机以及大量酗酒的事实,州法院认为,两被告人很可能低估了他们所实施的行为之危险性和不可控制性。这一考虑不存在法律错误。对于联邦检察官所引用的、有点令人费解的转向了有意地陷入巨大的危险之中,也是一样,该巨大危险的存在佐证了和事实认定相一致的伴随着明显动机的犯罪行为的蓄意性,并且不与危险控制的关键视角之重大缺失相违背。法律上诉审法庭被禁止自行对于证据进行评价,即使另一种评价可能更让人接受。因此,也无法指摘的是,陪审法庭援引了通过客观证据予以证实的被告人的事后行为,以证明他们并不希望被害人死,尽管这也可能是他们突然清醒过来的一种表达。①

如果人们将这个案例和之前所举的案例相对比,很明显就能发现,联邦法院用以衡量危险设想的标准是多么参差不齐,而危险设想正是被"评价"为支持或反对杀人故意成立的指示因素。和本案截然相反的是,联邦法院在打火机案中却拒绝考虑被告人可能低估了危险这种可能性。尽管两名被告人立马实施的灭火行为表明,他们可能低估了危险,但是,他们对于较低的生命危险有着何种想象呢?是浸透了助燃剂的被害人的头发和衣物不会真的开始燃烧,还是火焰自己就能够独立燃烧起来呢?

---

① BGH NStZ 2013, 159(161).

37 　　除了考虑到两名被告人在实施行为后立即呼叫了救护车,州法院还考虑了一个否定杀人故意的事实,也即被害人的死亡对于两名被告人来说并非什么好事,因为其中一名被告人已经搬进了被害人的房子里,而另一名被告人在不久后也将搬入。最后,联邦法院接受了州法院的评价,两名被告人事先早就以不同的方式包括制造烧伤来折磨被害人,这是否定杀人故意成立的,应当被认定为有利于被告人的证据,并且从中可以推断出,两名被告人这一次也只是想折磨折磨被害人,而不是想杀死他。可是,很难说这种论证方式与联邦法院对于打火机案的处理方式相一致。在打火机案中,被害人的死对于被告人来说同样不是好事,甚至被告人只友善地做了被害人吩咐她做的事。但首先是由于被害人立即死亡,其次是因为被告人自己也遭受了严重的烧伤从而丧失了行动能力,因此,她不再有机会去施救。

38 　　两相对比之下,就会看到,联邦法院的最新指导方针究竟会导致什么样的结论,而这条指导方针在它判决打火机案时尚未被采用。根据这一方针,认定一个特定的指示因素是肯定还是否定故意,抑或在判决中无足轻重,均完全属于事实审法官的裁量权限范围内。按照由联邦法院发展的新的判例,它接受了那样一个判决,即使该判决与其他判决发生了严重的矛盾冲突。联邦法院有意地放弃了作为法律上诉审法庭就有关杀人故意认定的判例建立某种统一性和平等性的可能性。但是,它同时又创造了另一种可能性,即若它不接受某个判决结果,就可以撤销该判决,这一点我们即将在下文中看到。

(四)门卫案(联邦法院:《新刑法杂志》2014年刊,第35页)

39 　　两名被告人都在一家迪斯科舞厅做门卫。其中一名被告人在碰到被害人时被绊了一脚,被害人挽住了他,但他感到自己被挑衅了,于是朝被害人打了一拳,被害人也还过来一拳。接着,另一名被告人就给了被害人重重的一击,将他打倒在地,并骑在了他的肚子上,用两个拳头击打着被害人的头部。被绊的被告人则多次踩踏被害人的头部和身体。被害人遭受了严重的头部伤害,但最终死于肝脏破裂,而这一结果要么是其中一个被告人骑在他肚子上所致,要么是由另一名被告人的踩踏所致。

40 　　州法院认为,这里没有理由否定杀人故意的成立。但仅仅这样,州法院自然不能论证它的判决,因为这不是一个综合考察。联邦法院遂以如下的理由撤销了这一判决:

　　　　也考虑到现有的事实审法官的评价空间,州法院的论述与审查间接的杀人故意的要求不相符合……

州法院在量刑时对于被告人 G 和 H 均给予了优待,认为他们一时冲动才犯了事。这个可以否定间接的杀人故意成立的情状……不仅必须在量刑中,而且本应当在审查被告人的故意的意志因素时被提及。法院还说道,对于被告人在具体的行为情境中对于被害人的死亡结果表示容认的态度,尚且缺乏明显的根据……这一点也没有被纳入刑事审判庭的整体评价中,尽管审判庭已经认定,至少从被告人 B 的视角来看,被告人 G 和 H 实施暴力行为是追求将被害人从迪斯科舞厅赶出去的目的。

41 将某人打到失去意识,然后骑在他的肚子上,用两只拳头击打他的头部或者用脚去踩踏他的头部和身体,确实是一个将他赶出房子的好办法。实际上,一个"一时冲动的行为"就是任何一个不表现出直接杀人故意的高度威胁生命的暴力使用。原则上有问题的正是法院否定杀人故意成立的论断,即"对于被告人在具体的行为情境中对于被害人的死亡结果表示容认的态度,尚且缺乏合理的根据",不仅是因为容认说到底应当如何理解,完全是不清楚的。而且是因为这样做明显是在追问行为人的内心决定,究竟是对被害人的死亡抱持容认的态度抑或排斥的态度以及他做出这一决定的原因或动机,而不顾他真地对被害人做了什么。如前所述,行为人根本没有必要去做这样的决定,且还有一些行为人,他们杀死被害人也根本不需要什么合理的理由。如同打火机案所展示的那样,联邦法院绝没有前后一致地适用它关于缺失的动机之论断。

42 总而言之,很难认为事实审法院已经明显地超出了联邦法院慷慨地为事实审法官赋予的"评价空间",因而其判决应当被撤销。但尽管事实审法官拥有这一评价空间,尽管存在自由的证据评价之原则,联邦法院仍然保留了一种可能性,那就是以如下理由撤销任何一个初审法院的判决:该判决具有"根本的论证缺陷",因为它没有明确地提及个案中的某个或某些特征,而这些特征正是被联邦法院认为具有重要性的。

(五)外国人案(联邦法院:《新刑法杂志》2015 年刊,第 216 页)

43 被告人或许自己就是一个外国人,却以如下方式辱骂了安静地坐在长椅上的从属告诉人:他用波兰语将其描述为黑人。从属告诉人听懂了他说的话,就用俄语反问道,自己究竟对被告人做了什么,以至于他这样说自己。接着,被告人就将从属告诉人从公园的长椅上举起、推搡了他,并且对着他的面部实施了三次强有力的拳击。当从属告诉人因此失去意识后,被告人又用皮带将他吊起来,使他的面部会先行着地。然后被告人和他的同伙一起继续殴打从属告诉人,直到有行人出现并要求他们两人停止侵害。

在否定杀人故意成立时,州法院遵从了联邦法院先前所作的判决,在先前的判决中,联邦法院认为,一时冲动的行为以及被告人拥有打斗经历,正是否定间接故意的理由。① 按照法律上诉审法庭的观点,事实审法院所作的证据评价未能满足"个别化的综合考察"之要求,因为"好几个肯定被告人成立间接的杀人故意的重要的事实情状都没有被考虑到"。对此法律上诉审法庭论述如下:

44　　只要刑事审判庭作了否定杀人故意的意志因素存在的论述,也即这里涉及的只是一个"一时冲动的,未经考虑的且很快就结束"的行为,它就忽视了两名被告人对于已经失去意识的从属告诉人实施了许多个危险的暴力行为,且直到路人靠近并大声呵斥他们停止侵害从属告诉人才肯罢手。两被告人并非自动放弃对从属告诉人的折磨的这一事实,对于证明他们对被害人可能死亡的内心态度来说,可能具有极高的证据价值……从被告人意欲实施进一步行为,可以明显看出,他们对于自己的行为有可能造成从属告诉人的死亡漠不关心。这对于肯定间接的杀人故意来说已经足够了,因而应当被法庭提及。尤其是判决中对于酩酊大醉的被告人在事前所实施的行为之认定,不是肯定了一个一时冲动的且未经考虑的行为,而是肯定两被告人在有意寻衅滋事……

一个由陪审法庭所认可的"群体动力学的现象"[群体动力学,又称团体动力学,主要是启发人们从内因的角度去考察群体的产生和发展规律,从群体成员间的关系及整个群体氛围中去把握群体行为的变化过程。——译者注]之存在,同样未能得到证明也非显而易见,它的意思是,两被告人的暴力行为的产生或至少是暴力行为的程度仅仅来源于他们相互之间、与从属告诉人之间或与周围人之间的互动。撇开这一点不谈,即便是已经出现的群体动力学现象也不排斥间接杀人故意的存在。相反,毋宁是前者催生了后者的产生。

只要刑事审判庭认为,从那个认定上无法律错误的被告人敌视外国人的动机当中无法推出其具有杀人故意,那么它就忽视了两名被告人直到主审程序进行之时,仍然通过讥笑脸部遭受重伤的被害人的照

---

① BGH NStZ 2013, 581(583); 2014, 35.

片,并且在证据调查阶段通过"示威性的打哈欠、懒洋洋的坐姿以及嘲笑"表达了对于在场的从属告诉人的蔑视。

这段材料表明,事实审法院绝不是没有考虑和提及过这些情状,而只是没有像联邦法院所认为的那样,将这些情状评价为肯定而非否定故意的指示因素或间接证据。无可争议的是,将指示因素评价为肯定故意成立的观点,比起州法院所作的相反的评价来说,更具有说服力。但是,如果法律上诉审法庭想要在法律问题的决定中贯彻它自己的评判标准,那它就不能将这一评判标准交给自由的证据评价或者特别赋予事实审法院的裁量权限,而为了在初审法院没有像它认为正确的那样去利用这一权限时,撤销在它看来有法律错误的判决。

如果将本案与刊登在《新刑法杂志》2014 年刊第 35 页上的联邦法院判决相对比,就会发现两者在支持故意成立的那些重要细节上几乎都是相同的。在这两个案件中,对被害人的虐待都是高度危险、明显威胁生命的;两个案件中的行为人均是在未经考虑和未经筹划的情况下,自发地、不由自主地开始实施暴力行为;两个案件中的被害人绝没有以任何方式激起行为人施暴。两个案件之间唯一的差别,对于决定杀人故意是否存在至关重要的是,在第一起案件中,行为人没有理由对被害人施加如此严重的暴力且残暴地虐待他,而在第二起案件中,之所以实施该行为,其原因正是种族仇恨和人种蔑视。倘若州法院在外国人案中对于联邦法院有关杀人故意的判决进行详细的研究,就会发现联邦法院在类似案件中不厌其烦地要求初审法院做到的宽恕和容认,不适用于种族主义者。① 基于一般政治的缘由,对于这种种族歧视式的暴力行为也没办法加以宽恕。那么,问题来了,在其他的案件中,对于同样严重威胁生命的暴力行为我们为什么就可以予以宽恕和容认呢? 外国人案教给了我们更多:被认可的用以决定法律问题的一般性规则越少,法院在个案裁决中就会越多地受制于一般的政治正确需要。

四、实际适用的提示

联邦法院用以区分杀人罪中的间接故意和过失的所谓"对个案中所有客观和主观情状的个别化综合考察"之方法,没有在大学课堂上予以讲授,因为根本没法讲授,这种方法的正确性也没法得到检验。因为要使这一方法得以运用的话,考生就必须对于个案中所有相关的事实有所知悉,其

---

① BGH NStZ 1994, 483; 584; StV 1994, 654(655); NStZ-RR 2000, 165(166).

中包括了如被告人的性格、他以前的生活经历、他实施犯罪行为后的表现，以及他在诉讼程序中的举止。但首要的是最高法院的判决并没有确定，这到底是有关事实认定和涵摄到一个描述性概念之下的问题，还是有关行为人行为的评价性或归属性的解释问题。在文献中，只要是对这一问题做出了仔细研究的，就提出一种观点，即通过解释行为人的行为将意志或故意的意志因素归属于他。但为什么可以这样归属，理论一直摇摆于认识理论和意志理论之间。

48 对于这样的归属理由，也就是所谓的指示因素，意志理论至今也没有提供一个完整的目录。因此，如果您想采用这一理论的话，您得首先证明自己拥有想象力和判断，也就是健全的人类理智。如果您充分剖析了事实，找出哪些是支持将行为人评价为对结果的容认的，哪些是反对这样评价的，那么，您就可以在此意义上解释他的行为。这对于那些习惯了用"公式"直接进行涵摄的考生们来说，当然是很难的。但根据认识理论，您只需要适用两个判断标准：行为人所意识到的危险大小以及该危险的直观性。一个处于行为人境地的理性思考的人，如果他甘冒这种危险的前提，是他同意结果发生的话，这种危险就是一个故意危险。故意危险成立的第二个判断标准则是，按照理性行为的一般标准，这种危险被认可为能够造成结果发生的方法。

49 由于故意的意志理论和判例一样，并没有发展出一套用来认定行为人对结果持有容认态度的间接证据及指示因素的完整目录，因此，如果人们忽略那些结论清晰的案件，这些案件中一开始就不考虑故意的成立，那么按照故意的意志理论，人们既可以证立故意也同样可以否定故意。如此就能够解释，为何考生们总是一再"写下"，在认定间接故意时，所有的观点都会导向相同的结论，在观点的争论中作出决定就是多此一举。必要时，阅卷者会例外地指责这种做法的错误。但要问的是，这样做是否总是解决案件的最佳办法。有些案件也促使人们在认识性和意志性的故意理论的争论中作出决定。尽管在一般情况下，考生会被警告不要在分析案例时宽泛地阐述与解决个案无关的学说争论，但是，他们鼓励去在这些案件中就故意的认识因素和意志因素进行讨论。例如，在一个案件中，行为人认识到的是一个十分微小的结果危险，他并不将该结果作为自己追求的目的或手段，但他通过对该结果的希望、接受或无所谓地予以容认，积极地表达了对结果的不排斥。您想象一下，如果对艾滋病案稍作改动，也即尽管行为人知道如果他实施无暴力的性交行为，对方感染艾滋病的概率仅有 0.1%~1%，但是，他的性伴侣必会分担他的苦痛,这对于他来说是"合意"的。认识理论会否定故意,而意志理论则会肯定故意。相反的情形是,如果行为人认识到,他引起了一个高度直接性、直观性的结果危险,但却在内心深处排斥结果的发生,那么,意志理论会否定故意,而认识理论则会肯定故意。倘若行为人所认识到的是一个中等程度的危险,认识理论会否定故意,而意志理论则认为应取决于行为人对于危险的实现抱有何种内心态度。

尽管在危险微小的场合,意志理论也会找到用以否定容认态度的手段和路径,但在某些案件中问题变得尖锐起来。在这些案件中,虽然行为人明知他创设了一个巨大且直观的危险,但按照意志理论的标准,他却对结果不抱有容认的心态。为了在这些理论之间作出实质性的决断,您必须提出以下问题:在故意概念的扩张中,人们应当在意图和明知之外,以意图的故意形式为前提继而以意志因素为出发点,还是以明知的故意形式为前提继而以认识因素为出发点呢?是否值得对行为人科处更重的故意犯的刑罚,这个问题的回答应当取决于行为人对于结果抱持何种内心态度,还是应当取决于他为了实施特定的行为、本必须抱持的内心态度呢?法律有义务接受行为人对于结果发生可能性所作的不理性的否认吗?抑或应当按照一般的理性标准,对于行为人进行衡量?如果行为人在明知自己创设了巨大的结果危险的情况下,仍然希望结果不会发生,那么,他值得宽恕吗?或者毋宁说,行为人拥有这种希望,不正是表明他对于被害人的命运并非漠不关心,那么,这不值得获得褒奖吗?我并不否认,这一系列的问题是有点偏袒故意的认识理论的,但是您也可以思考出更多的问题。

在对于有关故意的意志因素的争论进行理论阐述时,要警惕循环论证的出现。循环论证是指,为了证明一个理论陈述的正确性所作的论证,恰恰以该陈述的正确性为前提。① 循环论证最简单的形式,就是换句话或者通过个案适用来对要坚持的陈述作单纯的重复。除了各种各样讨论故意和过失之区分的学说之外,我还没在众多教科书的其他部分遇到过如此之多的循环论证现象。例如,在一本最为流行的教科书中,为否定所谓的可能性理论,按照这一理论,对于结果发生的可能性的"具体"认识足以证立故意,是这样进行阐述的:

> 应当拒绝这种观点,因为它使故意在有认识过失的领域中得到了过度扩张,并且它立基于一种假设之上,也即不放弃行为决意,则必然

---

① 更详细的论述,参见 Puppe (2014), 230 ff.

会被视为就一个被认为可能的法益侵害作出了决定。①

只有主张"对法益侵害的决定"是一个独立的故意要素(意志因素)之人,才会采用上述假设,因为所谓的可能性理论不会这样做。

52 在闭卷考试习题的事实描述中人们经常发现这样的表述:"这里他容认的是……"如此一来,出题者就向考生传递了一个信号,即考生无需进一步的论证,就应当得出故意成立的结论,并且他应当在这里适用容认说这一主流学说。这样做是不对的,理由有两个:其一,每名考生都享有作答的自由,可以采用所有可援用的学说,而出题者不能强制考生采用某一特定的法律观点,就算这种观点就是判例的观点。其二,"容认说"的表述并不是一种事实宣称,而是一种评价,因此,不属于事实描述的范畴。这里可对比的还有一个强制罪的案例,出题者是这样描述的:"行为人在这里实施了特别卑鄙的行为。"当然,在考试中,任何考生都不能依据行政法院关于答题范围的判例而拒绝服从这样的提示,但在模拟考试中,如果出现了一个案例,在该案例中,根据行为人的认识,结果发生的危险相当微小,如艾滋病案中的感染危险,那么考生可以尝试尝试。

---

① Wessel/Beulke/Satzger AT Rn. 336.

第十章　将结果及因果流程归属于故意

一、归属于故意的一般规则

对构成要件的法定描述决定了,要实现一个客观构成要件必须具备何种条件。这种法定描述也界定了,行为人要在该构成要件的意义上实施故意犯罪,必须产生何种想象。他必须对于法律所描述的构成要件之意义作出不多不少的想象(参见本书第八章边码6)。如果已经认定行为人的行为符合了特定刑法条文的客观构成要件,且行为人是在这样一种意识中实施行为,即他实现了该构成要件的描述性意义,那么,将客观构成要件归属于故意的任务就已经完成,根本不需要再去就如下问题作出审查:行为人的故意是否与客观构成要件足够"契合"。但在个案当中,或许不总是这样,对此有如下两个原因:

首先,在很多构成要件中存在着可层升(steigerungsfähige)的不法要素。[此处参照了蔡圣伟教授所译之《法学思维小学堂——法律人的6堂思维训练课》一书中的译法译为"可层升的不法要素",即特定的不法要素不仅是定性的而且是定量的,即有程度大小之分。——译者注]一个身体伤害或健康损害可能十分严重,也可能不那么严重,对于毁坏财物来说同样如此。还有,一个由诈骗或背信所引起的财产损害可能数额十分巨大,也可能数额较大。但是,不允许将超出行为人的故意、也就是超出他的危险想象或者他的意志的不法归属于故意。因此,也许只能够将一部分由行为人所引起的符合构成要件的不法归属于故意,而将另一部分归属于过失。这种特别问题似乎根本没有引起法学家的注意,因为他一开始,如在故意伤害罪的场合,只将行为人的故意所涵盖的、由行为人所引起的那部分健康损害涵摄到客观构成要件之中。接下来,应当对于超出故意的伤害结果作出审查,即行为人是否过失地引起了该结果。有时还要看该结果的出现是否使《德国刑法典》第226条意义上的严重的身体伤害得以成立,或者使第227条意义上的伤害致死得以成立。在纵火罪的场合也可能出现这样的案例,即行为人故意对某建筑物实施纵火,但却过失地造成了另一火灾结果。而在另一些构成要件的场合,如毁坏财物或财产犯罪,对于过失引起的那部分不法之量(Unrechtsquantum)来说,根本没有追究刑事责任的可能性。

3　　但在故意伤害罪的场合,对于由行为人所引起的不法之量,则行为人的故意通常是不确定的。将他人打倒在地或用脚踹的方式折磨他人者,通常对于将要引起何种程度的身体伤害并未产生特定的认识。但这并不是否定那种伤害故意成立的理由。对于构成要件故意的成立来说不必要的是,该故意局限于某一特定的不法之量。如果该故意局限于某一特定的不法之量的话,也许就不能将超出该不法之量的不法之量归属于故意。这是唯一的一种情形,也就是原本对故意的成立来说无关紧要的行为人的想象,对于将结果归属于故意作出了限制。作出这种限制有一个规范性的理由:不能将行为人的故意射程之外的不法归属于他的故意。

4　　此外,还有一个有效的规则:如果行为人的某种认识并非故意的必要组成部分,那么,它就无法对将结果归属于故意作出限制。犯罪人无权按照他自己的想法来限制答责范围。换言之,即限制能够被归属于故意的构成要件实现的范围。① 尤其是没有理由在结果的发生方式不符合行为人的预想时,就拒绝将该结果归属于行为人的故意。② 一个经典的例子就是对象错误。行为人把其他人当成了自己所选定的被害人,并且伤害了这个人,或者他对于被害人的某些特征发生了误认,而这些特征对他来说很重要,如将某人当成了他的情敌或他的债权人。众所周知,就算是行为人认为被害人的某一特征对他来说很重要,这种具体的对象认识错误也不影响故意。③

5　　适用于结果的这一规则也同样适用于因果流程:该因果流程以违背行为人的计划和目标的方式发生,并不是拒绝将其归属于行为人的理由。例如,案件的一名证人由于害怕歹徒而至今保持沉默,而该歹徒打算让他再也说不了话。因此,他极为在意的是,击打该证人的方式能够立即导致其死亡。可是,尽管歹徒给证人造成了致命伤,该证人却不用再害怕他了,还有力气向警察披露事实。若歹徒向法官信誓旦旦地辩称,他所希望的因果流

---

① Puppe (1992), 10 ff.; dies. NK § 16 Rn. 102.

② 这种行为计划实现的标准,参见 Roxin Würtenberger-FS(1977),109(120f.);ders. AT/1 12/177 ff. und LK-Vogel §16 Rn.72。相比于 Roxin 让法官保留一种可能性,也就是基于一种"评价"而否定行为人某种愿望的重要性,AT/1 12/155, Vogel 却是基于行为人的计划和愿望一贯地界定故意归属的范围,LK § 16 Rn.72 (84)。

③ Roxin AT/1 12/194; Kindhäuser AT 27/41; Wessels/Beulke/Satzger AT Rn.372 f.

程没有发生,法官能得出的唯一结论仍然是,应当判处该歹徒构成谋杀,因为他为了掩盖自己的罪行而实施了杀人行为。①

即使如此,主流学说承认,当行为人设想中的因果流程和真实的因果流程之间发生重大偏离时,该结果尽管可以归属于行为人的过失,但却不能归属于他的故意。其理由是在结果中实现的不是行为人故意引起的风险,而是另一个过失引起的风险。② 此时人们首先要考察行为人设想的与现实中不一致的因果要素,其次考虑这些因果要素是否重要,以至于构成了另一种危险。③ 至于结论,则取决于结果中所实现的危险是否偏离了行为人所认识的危险要素,如果是,那么,已被实现的危险就与行为人故意所涵盖的危险不一致;或者取决于人们能否用极其一般性的概念去描述该危险,该概念可以同时涵盖现实和行为人的设想,如果是这样,那么,这两种危险就是同一的。④

要认定行为人故意创设的危险是否在导向结果的因果流程中实现,就得基于该(故意创设之)危险中和现实相一致的危险因素,而非基于那些该危险中与现实相偏离的危险因素。按照界定故意的认识内容的主流观点,就会得出这样的结论,即当行为人认为结果可能发生或其并非不可能发生时,那么,他就已经故意地引起了一个结果危险(本书第九章边码4及以下数个边码)。换言之,相较于过失犯,主流观点并未对于故意犯所应具备的危险设想提出更高的要求,只要客观上引起了不允许的风险即可。如果行为人认识到了一个事实,从中他依法应当得出结论,存在结果发生的危险,因此他必须停止或者改变自己的行为,那么,他就引起了一个不允许的风险。故意行为人事实上也正是得出了这一结论。至于不允许的危险实现于导向结果的因果流程之中,则早在所谓客观归属的审查阶段就已经被确定了(本书第三章边码1及以下数个边码)。倘若该危险并未实现,那么,就连过失犯的结果归属都不用考虑了。按照界定故意认识因素的主流观点,逻辑上根本推导不出以下这种结论:可以将结果归属于行为人的过失,但没法归属于他的故意。⑤ 所以,主流观点几乎无法得出因果流程重大偏离的结论,就并非偶然了。

6

7

---

① Puppe HRRS 2009, 91(91).
② Jakobs AT 8/65 ff.; Roxin AT/1 11/156 ff.; 其他观点,参见 Stratenwerth/Kuhlen AT 8/89。
③ Jakobs AT 8/65 ff.; Kindhäuser AT 27/44 f.
④ Puppe (1992), 23; dies. GA 1994, 297(308f.); dies.NK § 16 Rn.78f.
⑤ Puppe(1992), 30 ff.

8　　在故意犯的审查中,只有当人们对于行为人就其所引起的危险之设想,提出了比过失犯更高的要求时,才能得出以下结论,即对于同一个结果来说,行为人既是过失地引起了结果,也是故意地力图引起结果[即成立过失实害犯与故意犯未遂的想象竞合。——译者注],即所谓因果流程的重大偏离。从这一要求中,也即行为人不仅要认识到一个客观归属意义上的法所不允许的风险,而且必须设想到一个故意犯意义上的升高的危险,从而证立故意行为。可以得出结论说,当结果不仅能归属给行为人的过失,而且可以归属给行为人的故意时,故意危险就肯定实现于结果之中了。这意味着对于故意危险的成立来说,在必要的程度上,客观的因果流程和行为人的危险认识应当于很多要素中合乎一致。① 这也是实施如下做法的第二个理由,也即在认定行为人通过创设一个法所不允许的危险引起结果、以及认定行为人的故意之后,还有必要审查,能否将结果归属于行为人的故意。如果行为人尽管认识到了一个故意危险,但是,实际的因果流程与这一认识之间合乎一致的要素却只能证立过失,那么,该结果就只能归属于他的过失,而不能归属于他的故意。果真如此,就只能判定,对于同一结果,行为人构成了(故意犯的)未遂和过失实害犯的想象竞合。

9　　只有在具备如下条件时,才能肯定故意危险实现于导向结果的因果流程中:在因果流程的每个阶段,几乎是在导向结果的因果链条的每一个环节,都出现了行为人所设想的能够证立故意危险的必要的因果要素,我称之为连贯性要求。倘若该危险在事态发展的进程中降格到只能证立过失归属之基础的程度,便没能满足连贯性要求。如果这一危险实现于结果中,也就是成了百分之百的客观危险,那就只能解释成不幸的、为行为人所不能预见的偶然,或者是由第三人或被害人自己介入的错误行为导致的。在这些案件中都只能认为,结果中实现的不是由行为人故意引起的风险,而是由其过失引起的风险。

10　　同样可以适用这一规则来判断所谓的概括故意即结果延后发生的案件。在这类案件中,行为人认为,他已经通过自己所实施的第一个行为杀死了被害人,于是他又对假想的尸体实施了第二个行为,而恰恰是这个行为实际上直接导致了被害人的死亡结果。在这类案件中,否定作为故意危险之实现的结果归属,其理由往往是由行为人故意实施的第一个行为所引起之

---

① NK-Puppe §16 Rn.80; dies. (1992), 49; dies. ZStW 129(2017), 1(7ff.); Vgl. auch Kindhäuser AT 27/44 f. und Roxin/Greco AT/1 12/159 a.

危险并未在结果中实现。① 可是这样就对第一个行为与被害人死亡结果之间的因果关联产生了误解。行为人之所以对被害人再次施暴,以致被害人最终死亡,其原因正是在于他先前已经对被害人施暴,且是具有高度生命危险的,因而他才会认为被害人早已死去,接下来只是想要将尸体藏匿起来。

相反,结果提前发生的案件中则出现了另外的问题。在这些案件中,行为人通过实施第一个行为就已经造成了被害人的死亡,但他原本只想通过这一行为为直接杀死被害人做准备。那么,只有在这种条件下才能将结果归属于行为人的故意,即引起该结果的行为已经构成实行行为的着手而不仅仅是预备行为。但这一问题的回答,即行为人所实施的与结果具有因果关联的行为是否已经进入实行阶段,并不是取决于哪种因果流程是行为人所追求的,而毋宁取决于,哪种因果流程是他设想为可能发生、且并非遥不可及的。按照故意危险理论,当行为人有意创设了产生故意危险的因果要素时,他就进入了实行的阶段。如上所述,想要将结果归属于行为人的故意,那这一故意危险就必须于因果流程中实现。

二、对因果流程产生的单纯错误

(一) 房屋倒塌案(联邦法院:《新刑法杂志》2007 年刊,第 700 页)②

被告人为了把房子重新装修以便上涨租金或卖个好价钱,就想将房子中的租客赶出来。他与一个同伙商议,由该同伙去将地下室煤气管道上的阀门螺丝旋下,并将一盏点燃的蜡烛放在通往地下室的楼梯上。由此产生的爆炸将会引起墙壁的摇晃,从而使租客遭受惊吓。但被告人清楚的是,因此倒下的家具或从天花板上掉落的重物可能会击中租客。他的同伙完全旋下了煤气管道阀门上的螺丝,以至于所引起的爆炸更加地剧烈,最终致使房屋倒塌,其中的 6 名租客因此而丧生。

由于被告人显然没有容认房屋的倒塌,因为这与他的计划不符。因此,州法院得出结论,被告人当时没有杀死租客的故意。这被联邦法院认为存在法律错误。对于故意成立的要求,联邦法院作了如下论述:

> 间接杀人故意的成立前提是,行为人认为其行为很有可能导致他人的死亡,或并非完全不可能产生死亡的结果。此外,他还必须对这种后果以如下方式表示容认,也即他为了实现与自身行为相关联的终极

---

① Kühl AT 13/48; Köhler AT S.154.
② 该案的评论参见 Puppe GA 2008, 569 ff.

目标,对于他人的死亡漠不关心、予以容认,即使他不希望该结果发生。按照这一判断标准,州法院否定被告人具有间接的杀人故意,显然是犯了法律错误。被告人已经认识到,他所意欲引起的煤气爆炸将导致建筑部件的掉落以及家具的倒塌,并可能最终造成房客的死亡。可是他并没有就此罢手,为了实施他的翻新计划,他就让共同被告人去完成犯罪。在这一案件中,只有当被告人基于特别的、异乎寻常的情状相信,他认为很可能出现的房客的死亡结果不会发生,才能否定被告人具有间接的杀人故意。①

13　可是,认为只在以下条件具备时才能否定被告人对结果的容认,也即当"被告人基于特别的、异乎寻常的情状相信"该结果不会发生,这就远远地超出了联邦法院在别的案件中对于一个真诚的、不单单是模糊的对结果不发生的信赖所提出的要求。② 如此一来,联邦法院就面临着一个问题:这一因果流程的偏离,也即房客并不是被倒下的家具或天花板上掉落的物体而是被倒塌的房屋砸死的,是否是一个足以排除将结果归属于故意的重大偏离。对此,联邦法院在裁判理由中继续说道:

> 同样无关紧要的是,该爆炸发生得更加剧烈,超出了被告人的预想,导致房屋完全倒塌并因此(为被告人所没有预见、也不愿其发生)造成了房客的死亡或伤害,因为此处仅仅存在一个现实因果流程与被告人所设想为可能发生的因果流程之间的不重要的偏离。对于杀人故意的成立来说,关键的是被告人对于爆炸所导致的死亡后果的容认,而不是确切的、由爆炸所引起的、导向该后果的因果流程。③

14　基于此,一旦故意被确定,就不存在任何可以排除将结果归属于故意的因果流程之错误。因为根据当前的文本,关键的是被告人的确对爆炸所导致的死亡后果予以了"容认"。这并非偶然。因为根据判例以及主流学说的观点,只要行为人认为"结果可能发生或并非完全不可能",那么,他就具备了故意的认识因素。换言之,他明知自己引起了一个不允许的危险。因此,只要该不允许的风险在因果流程中得以实现,也即过失犯归属的条件均被满足,那么,就总是能够将结果归属于行为人的故意。按照这种对故意的认识因素的界定,从一开始就不可能只将结果归属于行为人的过失,却不归

---

① BGH NStZ 2007, 700 (701).
② Vgl.etwa BGH NStZ 1988, 175; NStZ 2003, 603(604); NStZ 2004, 329(330).
③ BGH NStZ 2007, 700 (701).

属于他的故意。①

但是,对于故意的成立,如果人们要求比过失更高程度的危险,这一结论就可能出现,也即当由行为人所设想的危险只是部分地再次出现在导向结果的因果流程中时,这部分的危险只能够证立过失,而无法呈现为故意危险。② 在本案当中,由行为人有意创设的危险正在于那些房客可能会被倒下的家具或者从天花板上掉落的重物(还不至于被天花板上的灰浆)砸死。这并不是一个可行的杀人方法,因为想要这样杀死人,其前提首先是那些家具真的倒了下来,或者那些重物真的从天花板上掉落。其次是恰好在此时有人就站在家具的旁边或者位于天花板底下,因而被砸死。行为人相信这一幕不会发生,是可以理解的,并非不理性的。③ 相反,倘若行为人去和他的同伙商定,由该同伙去实施一个爆炸以使该房屋倒塌,那么,这就是一个可行的杀人办法了,而且这一危险设想足以证明故意的存在。可是,法庭已经证明,被告人并没有预见到房屋的倒塌。因此,因房屋倒塌而导致的房客的死亡,只是实现了一个由被告人所引起的过失危险。如果人们像联邦法院一样认为,被钉子或者天花板零件砸死的危险呈现为故意危险,那么,就存在因果流程的重大偏离。④

(二)鲁迪·杜契克案

连贯性要求⑤既适用于故意危险的实现,也适用于过失危险的实现,即故意危险必须从行为人的行为终了开始,直至结果出现为止都一直存在,且对于建构因果链条来说是必要的。倘若行为与结果间的因果流程转入了一个无法呈现故意危险的状态中,就无法满足连贯性的要求了。这里举一个例子:

学生领袖鲁迪·杜契克(Rudi Dutschke)被一名刺客以杀害的故意射中了脑部。虽然他的枪伤痊愈,但是按照医学常识,伤口的后遗症可能引发癫痫。几年后他真的在浴缸中癫痫发作,因而溺死在水中。[鲁迪·杜契克,德国20世纪60年代著名的学生运动领袖,1968年头部中枪,1979年因癫痫发作在浴缸中溺毙。——译者注]

---

① NK-Puppe § 16 Rn.76; dies. (1992), 34; dies. GA 2008, 569(571).
② NK-Puppe § 16 Rn.80; dies. (1992), 49; dies. GA 2008, 569(572 f.).
③ Puppe GA 2008, 569(571 ff.).
④ Puppe GA 2008, 569(571 ff.).
⑤ Vgl. dazu o.4/1 ff.; NK-Puppe Vor § 13 Rn.237 ff.; dies. ZStW 99(1987), 595(610 ff.).

18　　由于这一死亡事件是在犯罪行为实施后数年才发生,而行为人那时早已被判杀人未遂,所以,不用再为被害人的死亡结果承担刑事责任(一事不再理原则)。在文献中有论者认为,在实体法上也无法将这种所谓的后发损害归属于行为人,因为追诉该犯罪行为的社会利益随着时间的流逝而减退了。① 在此处我们不想对此作出讨论(参见上一版第七章边码 2 及以下数个边码)。我们不妨设想一下,这一死亡结果是在犯罪行为实施后几个月出现的,以此来研究能否按照一般归属原理(过失归属),将被害人发生在浴缸中的事故流程,归属于那个想要通过射击其头部直接致其死亡的刺客;如果可以,是否在此因果流程中实现了一个故意危险。如果能够将该因果流程归属于行为人的过失,却无法将其归属于行为人的故意,那么,就存在一个重大的因果流程的偏离。因而,杀人未遂就和过失杀人成立想象竞合。

19　　由于脑部受伤所引发的癫痫发作的危险,以及因为该癫痫发作而导致的求生无门的危险,当然是法所不允许的危险。因而首先可以将学生领袖的死亡结果归属于刺客的过失。但是,想要通过引起一个人的癫痫发作而致其死亡,却不是什么可行的杀人办法。所以,射击头部所产生的故意危险并未在结果中得以实现。由于被害人已经从头部损伤中痊愈了,因而与此相关联的直接的生命危险也就消失了。剩下的只是被害人在某种情境中癫痫发作的危险,也就是在水中求生无门的致命危险。但这并不是一种故意危险。所以,只能将学生领袖的死亡结果归属于刺客的过失,而不能归属于他的故意。

　　(三)共同过错作为因果偏离——猎台案[《联邦法院刑事判例集》第 31 卷,第 96 页②(改编)]

20　　有关故意危险的连贯性的问题,尤其会出现在这样一些案件中:在行为人的行为和结果之间介入了第三人的行为,特别是同样有责的行为。如果行为人以杀人的故意给被害人带来了一个致命的伤害,那么,只有在如下情形中才能以造成其死亡的诊疗过错否定结果的归属,也即当结果出现时,先前导致的身体伤害已经不再威胁生命;或者对于进一步解释导向死亡的因

---

① Gomez Rivero GA 2001, 283(289ff.); Roxin Gallas-FS (1973), 241(254); Silva Sanchenz GA 1990, 207 (213 f.).

② BGHSt 31, 96=MDR 1982, 1034=NJW 1982, 2831=NStZ 1983, 21 连同 Puppe 的评注=JZ 1983, 73=JR 1983,77。连同 Hirsch 的评注=StV 1983, 61 连同 Schlapp 的评注;Maiwald 的评注,JuS 1984, 439,对此现在还可参见 BGH NStZ-RR 2000, 265。

果流程来说,已经不再需要这一身体伤害的致命性作为理由。除非,当要解释医生在救治病人的过程中为何冒着巨大的失败风险,且该风险的确在病人的死亡结果中实现,我们才需要援引先前的身体伤害的致命性这一因素。如果被害人因为大量失血而死于输入性的肝炎,那么,这一故意的结果风险依然得以实现,即使通过更为谨慎的库存血的控制本可以防止这一结果风险。因为大量输血仍然是十分危险的,只有在紧急情况下才会这么做,而在本案当中,正是这一威胁生命的失血迫使医生采取危险的治疗方式。①

倘若行为人以杀人的故意给被害人造成了严重的颅脑创伤,那么,在如下情形中故意危险仍然得以实现:由于未能及时地发现被害人的脑出血,医生采取了错误的诊疗措施,从而造成被害人的死亡。得出这一结论的理由在于,在进一步解释导向被害人死亡结果的因果流程时,仍然需要援引其严重的颅脑创伤这一因素。被害人所遭受的生命危险,并没有因为其得到医生的救治,就降格为一个单纯的过失危险的程度。因为在诊断上很难将脑出血和脑瘀伤的症状区分开来,而后者恰恰要求得到与前者相反的治疗。② 21

如果引起被害人死亡的另一个参与者具有重大的介入性过错,且该过错轻易能够加以避免,而对于进一步解释因果流程来说,已不再需要援引先前行为所创设的生命危险,那么,最初产生的故意危险就未能得以实现。这在被改编的著名的猎台案中得到了呈现。在这一案例中,原本无法证明行为人具有杀人的故意,但我们可以想象一下他是以杀人的故意实施行为的,以此来探究是否存在一个可以排除将结果归属于故意的因果流程的重大偏离。 22

被告人推翻了一个3米高的猎台,猎台上坐着的是他正在打猎的叔父。叔父因此摔断了踝骨。在出院的时候,医生们却忘于为他做血栓的预防。他们没有告诫病人每天必须运动,也没有给他开任何疏通血管的药物。由于该病人(也就是叔父)好几周未能脱离病情,其体内产生了肺水肿和血栓,而这正是他死亡的原因。如果人们假定被告人具有杀人的故意,那么,问题就可以设定为,该死亡结果能否被视为故意之实现而归属于该行为人。 23

该行为人有意引起了一个故意危险。让一个老人从3米高的猎台上坠落,的确是一个可行的杀人方法,因为老人很容易因此摔碎颅骨或摔断脖子或脊柱。但由于该行为只导致其叔父的踝骨摔断,因此,这一故意危险未能得到实现。对于进一步解释导向死亡结果的因果流程来说,唯一需要被援引的危险因素就是由于踝骨摔断,该老人只能卧病在床长达数周之久。 24

---

① 关于介入的第三人过错阻却先前行为人的责任的问题,参见本书第5章边码14处。
② BGH MDR 1976, 16.

25 迫使一个老人在数周之内被病魔缠身,并故意以此来引起他的肺水肿和血栓,这并不是一个可行的杀人方法,而只是引起了一个法所不允许的危险。即使事实是本案中这一危险的实现是由一个被判定为重大的诊疗过错所共同导致的,也无法改变这一结论。① 在诊所的大型业务中,并不难预料到这样的诊疗过错,因此,任何将他人置于危险之中的人,不可以信赖第三人会通过履行其注意义务来避免危险的实现(本书第五章边码 14 及以下数个边码)。在我们改编的这个案例中,企图杀死其叔父的侄子,也只是过失地引起了他的死亡。

三、结果的延后发生(所谓概括故意)——粪坑案(《联邦法院刑事判例集》第 14 卷,第 193 页)

25 为了防止被害人大声喊叫,行为人两手捧起满当当的沙子塞进了她的嘴里,而根据事实审法院的认定,行为人是带着杀人的故意实施这一行为的。她相信被害人已经因此窒息而死,于是就把她抛进了一个粪坑当中,以毁灭这个假想的尸体。可被害人正是在那里因溺水而死。

联邦法院首先研究了一下流传已久的所谓概括故意的理论,根据该理论,杀人的故意也会扩展到行为人所实施的第二个行为上,也就是将假想的尸体藏匿起来。这一理论因太过时而未被采用。但这并不影响联邦法院判处行为人故意杀人既遂。裁判理由是这么写的:

> 正如事实审法院无法律错误地阐述道,被告人带着杀人的故意朝 B 女士嘴里塞进了满满一捧沙子,以阻止她大声喊叫。因此,她尽管不是直接、但仍是间接地引起了被害人的死亡。因为后果正是,B 女士一动不动地躺在那里,被告人以为她已经死了,就将她抛进了粪坑里。倘若没有被告人带有杀人故意所实施的先前行为,就不可能发生这一直接导致被害人死亡的过程。因而这一先前行为是死亡的原因。被告人带着杀人的故意导致了这一结果。尽管这一结果并不是以被告人先前设想为可能的那种方式出现的。但是,这一现实因果流程对所设想的因果流程的偏离却是微小的、在法律上并不重要。②

26 联邦法院以这些清晰的理由反驳了文献中颇具代表性的观点,即在这种情形中,只会考虑未遂和过失杀人的可罚性,而人们不可能从未遂和过失

---

① 可参见前一版教科书第五章边码 26 处;Puppe NStZ 1983, 22(23 f.).
② BGHSt 14, 193(194).

杀人的想象竞合中制造出一个既遂犯。① 由于只有第一个行为是以杀人故意实施的,因此,只会考虑将其作为归属之基础,因为人们不可能希望杀害一个假想的尸体。但这第一个行为也完全足够成为归属之基础了。它不仅表现为实行的开始,也表现为终了的未遂。证立终了未遂、并因此证立故意危险的那些事实,全部出现在了结果的因果解释中,并且是连贯性的。行为人之所以会将被害人抛进粪坑里,是因为被害人没能再反抗,她觉得被害人已经死了。被害人所处的这一状态,正是她通过使用一种可行的杀人方法所造成的,也就是将沙子塞进她的嘴里、使其窒息。由于行为人并不需要预见到因果流程中的所有因素。因此,当实际发生的因果流程中出现了行为人认为没有因果性的因素,也就是被害人溺死在粪坑里,也无关紧要。尽管这些因素并非是行为人故意创设的,但这并未使先前发生的对结果的故意引起变成过失的。就将这些并非由行为人故意创设的因素当作自然原因来对待吧。

在裁判理由中,联邦法院继续论述道:

> 在本案当中,被告人只是以间接的杀人故意实施攻击,并不是使我们作出别的认定的理由。因为两种故意形式之间的差别和因果性并无任何关系。这种差别的存在也不影响我们认定,真实的因果流程与被告人所设想的因果流程之间的偏差,是微小的、因而在法律上是不重要的。②

联邦法院在这里所给出的理由,否定了后来由罗克辛所提出的所谓行为计划理论③。按照这一理论,只有当行为人意图造成被害人的死亡,且将其故意作为愿望维持到实施第二个直接致命性的行为之时,他才应当对结果的发生承担责任。④ 后者之所以不正确,是因为在归属关联中,第二个直接致命性的行为只是作为自然因果要素出现的。此外,对于将结果归属于故意来说不必要的是,行为人将其愿望,也就是结果可能发生,一直维持到实行终了之后。因为对于结果归属来说,结果的发生是否符合行为人的目标和愿望,根本无关紧要。所以,在概括故意的案件中,就行为人是否以意

---

① Jakobs AT 8/76; Kühl AT 13/48; Maurach/Zipf AT/1, 23/39; Schmidhäuser AT 10/46; Frisch (1988), 620 ff.; Hettinger FS Spendel (1992), 237 (252 f.); Schlehofer (1996), 177; Maiwald ZStW 78 (1966), 30(54 ff.); Hruschka JuS 1982, 317(319 f.).
② BGHSt 14, 193(194).
③ Roxin AT/1 12/164 ff.; ders. Würtenberger-FS (1977), 109 (120 ff.).
④ Roxin AT/1 12/177 ff.; ders. Würtenberger-FS (1977), 109 (124 ff.).

图、直接故意或者间接故意造成结果作出区分,对于归属之条件来说同样没有意义。

四、通过第三人的故意行为造成结果——男友帮助案(联邦法院:《新刑法杂志》2001年刊,第29页)①

28   被告人朝被害人的身体上捅了16刀,且重创了她的脸部,被告人认为被害人已经死了,被告人向自己的男友求助,两人一起返回案发地点毁尸灭迹。当被告人站在外面的时候,男友发现被害人奄奄一息,尚在流血。为了终局性地杀死她,男友拿着水瓶砸向了她的脑袋,并且扼住了她的咽喉。医学专家辅助人无法清晰地查明,被害人究竟是死于流血过多,还是死于由水瓶的重击所导致的颅脑损伤。

事实审法院基于有利于被告人的立场,认定了后一种可能性,因此,判定她没有构成杀人既遂,理由在于不能证明她的行为与被害人的死亡结果间的因果关系。联邦法院认为这一判决存在法律错误,理由如下:

> 被害人究竟是死于刀刺或水瓶重击中的哪一个行为所造成的伤害,还是死于在两者施加的双重作用下所带来的伤害,其实没有那么重要。无论如何,被告人通过她所实施的刀刺行为都为被害人的死亡创设了条件,倘若被害人没有遭受由被告人所带来的伤害,就不会发生如下事实:被告的男友介入进来,承继他女朋友的犯行,用水瓶击打被害人的头部,以完成其女友早已开始的杀人行为。在这里根本不可能认定被告人的男友所实施的击打已经消除了由其女友的刀刺所带来的致命效果,取而代之的是一个全新的、与刀刺的致命效果无关的导向死亡的因果流程。②

和《联邦法院刑事判例集》(第14卷,第193页)刊载的案例一样,本案中因果关系和连贯性的要求也得到了满足。被告人给被害人施加了危及生命的伤害,这是一个法所不允许的状态,也是一个故意危险,并且直到死亡结果出现为止,都需要援引这一故意危险来解释进一步的因果流程。被告人的男友之所以会决定通过水瓶重击被害人的方式终局性地杀死她,乃是因为被告人已经给她造成了致命伤,而他就是想助她一臂之力。至于他有

---

① =BGHR StGB §1 / Kausalität Doppelkausalität 2;=Kriminalistik 2001, 270;=JA 2001, 365 m.Besprechung Trüg.

② BGH NStZ 2001, 29(30).

没有可能在认定被害人并未遭受致命伤的情况下做出别的决定,则无关紧要,因为那将是另一个因果流程了。

所以,只剩下这个问题:被告人在喊男友帮忙时认为被害人已经死亡,这其中所发生的因果流程的偏离,是否会排除将结果归属于她的故意?对此联邦法院在判决中写道:

> 被告人所要承担的杀人既遂的刑事责任,并不会因为真实的因果流程偏离了其主观设想的因果流程这一点,而得以免除。尽管只要作出有利于被告人的假设,即被告人所施加的伤害加速了被害人的死亡,就应当肯定这一偏离;但如果这一偏离没有超越一般生活经验可以预见的范围,也无法使该行为获得其他正当的评价,那么,它在法律上就是不重要的。本案中正是如此。被害人的死亡根本不是不可预料的一连串不幸事件的后果,以至于会排除她对该结果所应承担的责任。对想象的因果流程的偏离毋宁是不重要的,也无法使该行为获得其他正当的评价。①

这一裁判理由同样清楚地表明,主流观点为什么从来不肯定因果偏离的重要性这一法律现象,也就是认定过失的结果引起和未遂之间的想象竞合。理由在于倘若真实的因果流程并不在"一般生活经验所能预见的范围之内",那么,客观上同样无法对其进行过失的归属。

本案与《联邦法院刑事判例集》(第14卷,第193页)刊载的案例存在如下两点不同:其一,直接致命性的行为并不是由被告人本人实施的,而是由第三人所实施的;其二,第三人在实施这一行为时明知被害人还活着,因此,带有杀人的故意。由于这一因果流程并没有超脱于生活经验之外,因此,联邦法院的如下观点值得赞同,也即按照主流观点所给出的宽松的归属标准,真实的因果流程对想象的因果流程之偏离并不能阻碍将结果归属于故意行为。其理由在于,行为人相信她已经杀死了被害人,所以,喊来朋友一起毁尸灭迹,而该朋友明知被害人还活着,于是决定终局性地杀死她,这也没有超脱于生活经验之外。

但我们还面临一个问题:对于实现由行为人所创设的故意危险来说,更为严格的标准是否已被满足。首先可以确定的是,被告人捅了被害人16刀,这就是使用了一种可行的杀人方法。换言之,被告人给被害人的生命创设了一个故意危险。可是,倘若人们认为故意危险之实现与否,取决于犯罪

---

① BGH NStZ 2001, 29(30).

实施时足以使故意危险形成的因果流程偏离,那就是误解了故意危险实现之要求。在本案中,人们有充分的理由对此表示质疑。属于这一偏离的事实有,行为人错认为被害人已死,于是喊来了她的男友,而男友看出了她的认识错误,于是决定终局性地杀死被害人。尽管通常来说,这一切都是可以预见的,但对于形成一个可行的杀人方法来说,这样的盖然性程度显然不够。

32 　　不过,故意犯也不可能以足够的盖然性预见到因果流程中的每一个因素。他绝不可能预见到因果流程的所有细节,更谈不上达到足够的盖然性了。实际上,当那些为可行的杀人方法提供根据的危险因素出现在因果流程的实际解释中,而行为人的设想恰好在这些危险因素上与现实取得一致时,故意危险就得以实现了。如此一来,存在于现实与行为人的设想之间的偏差,究竟是可预见或者可能发生,便无关紧要了。在本案当中,真实的因果流程与行为人所设想的因果流程,在行为人用刀捅刺被害人造成其致命伤这一点上取得一致。因为如上所述,行为人用刀捅刺被害人造成其致命伤的这一事实,正是最终导向被害人死亡的因果流程之解释的必要组成部分。被喊来的男友之所以会以水瓶重击的方式终局性地杀死被害人,不但是因为被害人束手无策且失去意识,而且是因为被害人伤得太重,以至于有理由认为其无可挽救。如此,由行为人通过致命的刀刺所创设的生命危险,就曲折地在结果中实现了。

五、结果的提前发生

　　(一)通过预备行为造成结果——大麻信使案(联邦法院:《新刑法杂志》1991年刊,第537页)

33 　　行为人想要作为信使,通过乘坐大巴穿越西班牙和法国,将50公斤的大麻送入德国境内。在西班牙境内歇脚时,一个同行的乘客偷走了他的大麻,并且自行将大麻送入了德国境内。当行为人跨过德国边境时,他还以为那些大麻仍然在自己的包里。

　　真实的案情是,行为人早在西班牙歇脚的时候就发觉大麻被偷。尽管如此,联邦法院仍然依据《德国麻醉品交易法》第29条第1款第1项的规定,判处另一名被视为共同正犯的参与者构成进口不少量的麻醉品罪的未遂。当走私者携带麻醉品跨越边境的时候,他就着手实行进口麻醉品罪了。但着手实行的是偷走大麻的窃贼,而不是大麻信使。

34 　　因此,我们就把案例改编成,信使在跨越德国边境时仍然相信,大麻还一直在他的包里放着。这样他好像也着手实施了进口麻醉品罪,只是这是一个不能犯未遂。他与窃贼将大麻运送到德国的事情并没有因果关系。唯一与此有因果关系的,就是信使将大麻运送到了西班牙的驿站这一事实。但这只构成预备行为。如果结果只是由这一预备行为所引起,那么,即使行为人将犯罪计划推进至一个没有因果关系的未遂阶段,我们也从一开始就不考虑将结果归属于他的故意。为了论证将结果归属于故意的前提条件,是结果由一个至少进入实行阶段的行为(也就是未遂)所引起,根本不需要因果流程的重大偏离之学说。①

(二)通过未遂造成结果——后备箱案(联邦法院:《新刑法杂志》2002年刊,第309页②)

根据犯罪经过的其中一个可能的版本,被告人在他与妻子共同居住的房屋中,将其制服、麻醉了她、将其捆绑,并堵上了她的嘴巴,然后将她放进了汽车的后备箱里,为的是将她载运到另一个地点,在那里他准备强迫她在一个全权代理书上签名,然后就杀了她。可当他再次打开后备箱的时候,却发现妻子已经死了。由于尸体没有被找到,因此,无法对死亡原因进行医学查明。可以想见的死亡原因有,堵住嘴巴引起的窒息、吸入呕吐的胃内容物、因后备箱中缺氧而死、由于怕死而引发的心脏骤停,或者因被施用未知的麻醉品而死亡。总之,行为人原本计划实施的第二个杀死被害人的行为就此搁浅了。

裁判理由是这样起头的:

> 如果按照行为人对于犯罪流程的设想,他本该以后继的行为造成犯罪结果,但事实上他已经通过先前的行为造成该结果,那么,只有当他在实施造成结果的行为之前就已经跨越未遂的边界,或者他就是以这一行为跨越未遂的边界时,才会考虑用真实与想象的因果流程之间不重要的偏离这一法律形象,去判定行为人故意造成了结果发生。③

这段话说的没有错。(预备行为引起结果发生时)预备行为可以证立过失的结果归属,但无法证立故意的(结果)归属。在行为人没有认识到结果已经发生的情况下,他将自己的犯罪计划推进到了实行阶段,这同样无法

---

① NK-Puppe § 16 Rn.90; dies. (1992), 37; Stratenwerth/Kuhlen AT 8/94; Welzel StrafR § 13 I 3 d); Schlehofer (1996), 37 f.
② NJW 2002, 1057; StV 2002, 538; JA 2002, 745.
③ NStZ 2002, 309.

证立故意归属。事实审法院也得出了这一结论。但该法院却认为，行为人通过对其妻子实施麻醉、捆绑、堵嘴等行为，以及将无法反抗、失去意识的妻子装进汽车后备箱，就已经进入了实行阶段。可是，根据行为人的计划他并不准备让妻子死于上述行为，毋宁是要她活着被自己强迫签字，然后，通过第二个行为杀死她。联邦法院用这一事实反驳了事实审法庭的观点，理由如下：

> 在这种行为计划的背景下，并不能将被告人对其妻子在家中所实施的第一个攻击行为评价为直接开始故意杀人。根据被告人的设想，他在对妻子进行捆绑、堵嘴或麻醉之时，尚未开始实施《德国刑法典》第211条、第212条意义上的构成要件行为。因为州法院并未认定，被告人以为结果可能发生，至少对妻子的死亡表示容认。他在犯罪计划的框架内，尚未实施一个在时间和空间上与其设想的构成要件实现紧密关联的行为，或者说，在不需要实施重要的中间步骤的情况下，该行为就实现了其设想的构成要件。①

37 如果人们从行为人希望的或符合其理念的因果流程出发，就会认为，他对被害人的第一个攻击行为尚未表现为直接的杀人这种评价是正确的。但是，归属于行为人故意的，并不仅仅是符合他的愿望、计划或者他在细节上表示容认的因果流程，他只能对结果表示容认。而在本案当中，行为人甚至是意图结果发生的，并且就算第一个行为造成了结果，也是他想要的。该行为是否表现为一个实行行为，根据《德国刑法典》第22条的规定，是按照行为人对犯罪的设想而不是按照他的愿望来判定的。如果人们以主流学说对故意认识的要求为前提，就会得出结论，行为人并不是不可能认识到，他的妻子很有可能会死于自己所实施的麻醉、堵嘴或在无意识的情况下塞入后备箱的行为。很难想象他没有认识到这种可能性，而认为这一切都是无害的。将一个人在失去意识且堵嘴的情况下塞入汽车后备箱运送一段时间，这已经创设了一个高度的、直接的窒息危险，也就是一个故意危险。因此，初审法院的如下观点是正确的：应当将被害人的死亡归属为行为人杀人故意之实现。

六、打击错误

（一）交火案（《联邦法院刑事判例集》第38卷，第295页）

38 被告人是极端组织的一名成员，他在抢劫银行之后逃进了位于火车站

---

① NStZ 2002, 310.

下方的购物中心,在那里他又和警察交上了火。他瞄准警察 P 射击,却打中了顾客 K,使其遭受致命伤。

联邦法院在裁判理由中指出:

> 州高等法院无法律错误地否定了被告人构成对路人 K 的故意杀害。无可指摘的是,事实审法院之所以没有认定被告人的间接故意,是因为它不能确定,那个本要射杀他人却打偏了的射手是否认识到,在交火地点除了警官 P 之外还有 K 女士以及证人 F。至于他本该看见这些人,并不足以证立他对于自己可能射中无辜路人的具体危险性有所认识,而只有具备这一认识,才能说他不排斥杀死路人。正如被告人对于购物通道的人来人往仅具有概括的认识,只要他自己认为射击区域没有路人,那么,同样无法认定他具有杀害路人的故意。①

在联邦法院看来,针对警官 P 的故意之具体化的决定性是如此的不言自明,以至于根本没必要对其作出论证。但值得注意的是,法院审查了另一个问题:是否可能同时存在着针对 K 的间接故意形态的具体化的故意。不过,对这两个故意当然要谨慎地区分对待。

不同版本的故意具体化学说唯独在以下情形中达成一致:行为人以射击武器或迫击炮瞄准了一个人,但却打中了另一人。亲眼看到一个人或一个物的形态,就会使故意局限在这个作为先天存在的生活具象的对象上,该对象直截了当地、无须任何概念抽象地出现在行为人的意识当中。② 倘若在行为之时缺失了这样一种视觉上的感知,那么,是否还可以将故意以另一种方法在特定对象上具体化,则是十分有争议的(本书第十章边码 44 及以下数个边码)。在看到对象的情况下,如果故意得以具体化,那么,这个具体化一定会排斥其他的具体化。③ 在看到对象的情况下,针对这一客体的故意具体化的决定性自然是存在的,根本无须进一步的理论解释或规范论证。④ 因此,立法者也不应当拥有对此加以改变的权力。在行为

---

① BGHSt 38, 295 (296 f.).

② Hettinger GA 1990, 531(549); Schönke/Schröder-Sternberg-Lieben/Schuster § 15 Rn.57; Fischer § 16 Rn.5; Lackner/Kühl § 15 Rn.12; MüKo-Joecks § 16 Rn.104; Roxin AT/1 12/160 ff.; Jakobs AT 8/80; Jescheck/Weigend AT 29 V 6 c; Stratenwerth/Kuhlen AT 8/95.; Otto AT 7/94.; Kindhäuser AT 27/55, 57; Wessels/Beulke/Satzger AT Rn.380.

③ Roxin AT/1 12/196.

④ Hettinger GA 1990, 531(549); Hruschka AT, S.8; Roxin AT/1 12/196; Frisch (1988), 599; Stratenwerth Baumann-FS (1992), 57(62), Fischer § 16 Rn.3, 5; LK-Vogel § 15 Rn.25 ff., 50; Walter (2006), 247 称为"涵摄素材"。这种素材作为故意的认识对象"是自我的,也就是不隶属于这样或那样的概念"。对于这种无概念式的理解提出批评的,Kuhlen ZStW 120 (2008), 140(144)。

人故意实施特定犯罪时,要想将现实作为故意之实现或犯罪既遂归属于行为人,那么,在故意的内容上,行为人的认识就必须与现实保持一致,而故意的内容不是由"生活"或"自然"来界定,而是由法律来界定的。《德国刑法典》第212条只是写着"杀人者",并没有提到一个通过视觉或其他方式予以感知的"具体化"的人。不过总是可以说,针对特定人的具体化的认识,也即杀害这个人(的认识),逻辑上都包含着杀人的认识。[①] 正因为这一认识是行为人成立《德国刑法典》第212条的故意的必要条件,而其他任何的具体化都是多余的。因此,在行为人的认识中客观存在着某种其他的被害人的具体化,并不能决定杀人行为的故意归属。[②]

40　当一个案例的解决方案,如打击错误的学说(不过是案例的解决方案),在理论和实践中被坚守时,尽管对它的规范性论证无非就是援引"前刑法的直觉"或者"法感情的抗议",[③]且在面对批判者理论上的指摘时,尽管这种方案的自我辩护无非就是将其批判者并未犯过的错误强加到他的身上,[④]但这样做从来也没有指出对方的错误和理论缺陷。倘若在打击错误的学说看来,没有必要去反思作为其根基的法感情,那么,这个任务自然是由其批判者来承担了。这种感觉的源头显然是某种远古式的想法,即视觉能够使我们直接地领会现实。如果我们用上文所述及的将结果归属于故意的要求来研究打击错误的经典案例,就会发现这里正在运作的也是一种理性的诡计,当然至今,这种理性离它被普遍地贯彻且被故意具体化的支持者认可还差得很远。

对准一个人的头部或胸部射击呈现为一种可行的杀人方法。但对着空气盲目地射击,就算发生在热闹非凡的广场上,也不是可行的杀人方法。谁这样做了,也只是针对不特定的被害人创设了一个过失危险,尽管他希望自己真的会击中某个特定的人。[⑤]

---

　① 因此,打击错误的决定性理论的提倡者指责其反对者,对一个拥有了某种具体化故意的行为人,假定其同时拥有概括的故意,在逻辑上就是错误的。S/S-Steinberg-Lieben/Schuster §15 Rn.57; Frisch (1988), 598ff.; Baumman/Weber/Mitsch/Eisele AT 11/90 im Widerspruch zu 11/85; Wessels/Beulke/Satzger AT Rn.380.

　② Puppe (1992); dies. GA 1982; SK-Stein §16 Rn.39f.; Frister AT 11/57 ff.; Heuchemer v. Heintschel-Heinegg-FS(2015), 189(198).

　③ Kühl AT 13/32; Schlehofer (1996), 17; Herzberg JA 1981, 369(374); Prittwitz GA 1983, 110 (128); Schreiber JuS 1985, 875; Koriath JuS 1997, 901(902).

　④ S.die Nachweise in Fn.41 und noch krasser Koriath JuS 1997, 901ff., dazu Puppe JuS 1998, 287f.

　⑤ NK-Puppe §16 Rn.106.; dies. (1992), 31, 49f.

如果行为人举枪瞄准了一个特定的人,却因为发生跳弹而打中了另一个站在远处的人,①那么,在结果中得以实现的就不是瞄准某人的危险,而毋宁是朝着热闹地点射击的过失危险。因为对于解释这一因果流程来说没必要援引如下事实:在行为人瞄准的方向上,有一个或多个人出现。对于这个案例来说,打击错误的学说在结论上是正确的,但也只是在结论上正确,因为只有人们以故意危险和过失危险之区分为前提时,才能得出这一正确的结论。②

但是,如果在行为人所瞄准的方向上,恰好出现了一群或很多人,结论就不一样了。因为如此一来,行为人就对于其所瞄准的被害人周围的每个人创设了一个故意危险,而且就算行为人坚信他的射击技能没问题、武器精准度也没问题,以至于他完全确信自己只会击中那个事先瞄准的被害人,他仍然产生了必要的对故意危险的明知。因为这一确信并不是故意的必要组成部分,关键在于他对于故意危险的产生,也就是他会击中一个人,已经有了足够的盖然性认识。正是因为任何武器或射手都不可能精准到使故意危险局限于被瞄准的目标,也正是因为行为人一般也能认识到这一点,所以,无法在被瞄准的被害人所面临的危险和周围其他人所面临的危险之间作出区分。 **41**

在类似的案例中,主流学说大多会这样来解决:在行为人杀死其瞄准的被害人的意图之外,再认定另一个杀害周围人的间接故意。于是,该学说就将行为人所创设的构成要件实现之危险分割成了两个不同的危险。 **42**

之所以可能让故意以及对故意的结果归属局限于特定客体之上,是因为行为人只针对这一客体有意创设了故意危险。在这种情形下,也只在这种情形下,故意危险理论才会与打击错误学说得出同样的结论。人们很容易有这样的猜测,即上述想法也会下意识地在打击错误学说中产生影响。可是正如前文所述,打击错误学说的支持者却将故意具体化学说建立在了另一个完全不同的理论基础之上。因此,倘若认为,在个别事件重合性的认定中,存在一个向故意具体化学说或生活具象学说的妥协,则是一种误解。③ 故意具体化学说和打击错误的决定性学说的支持者们,与那种将故意归属限缩为实现了加重危险的想法,隔得实在太远了。他们拒绝接受这 **43**

---

① Vgl.den Fall LG München JZ 1988, 565ff.
② Puppe (1992), 30f.; 49.f; NK-dies. §16 Rn.106.
③ 产生误解的有 Burkhardt in Eser/Hassemer/Burkhardt (2000), 111(143); Herzberg NStZ 1999, 217(219).

种理念,斥责其"太不正确"了。①

(二) 区分打击错误与对象错误——炸弹陷阱案(改编自联邦法院:《新刑法杂志》1998年刊,第294页)

44 打击错误与对象错误之区分较为棘手的那些案例,其特征一般可以作如下概括:行为人设置了一个陷阱,按照他的行为计划,会有一个特定的人掉到这个陷阱之中,但事实上掉入该陷阱中的却是另一个人。可以说,行为人在某种程度上已经将其故意具体化到了特定人身上,只是在行为当时他并没有对于被害人有一个直接的感官认识。因此,令人质疑的是,这一具体化是否呈现了一个生活具象。更确切地说,根据规范性的考察方式,关键性的行为计划之实现,是否包含了这一具体化。学理上主要以两个标准案例,即龙胆酒案和炸弹安装者案来讨论这一问题。

45 刊载于《新刑法杂志》1998年刊,第294页的联邦法院判决,是关于炸弹陷阱的。但在本案中,由于炸弹没能爆炸,所以最终只考虑被告人未遂的刑事可罚性。尽管如此,联邦法院还是借此机会对如下问题表达自己的立场:倘若不是行为人想要杀死的那个人,而是另有其人掉入了炸弹陷阱并被炸死,那么,行为人究竟发生了对象错误还是打击错误呢?因此,我们就改编一下这个案例,假设炸弹陷阱发挥作用了。

几个行为人想要杀死R,于是他们将一枚手榴弹安装到了R的车轮拱板处,并且让手榴弹的拉绳和车轮相连,一旦车轮开始转动,手榴弹的引芯就会被拉出,从而得以引爆。结果,他们却错把邻居St的车当成了R的车,在St的车上设置了炸弹陷阱。当St坐进车里启动油门时,手榴弹爆炸并杀死了他。

联邦法院得出结论,这里存在一个不重要的对象错误,对此作了以下论证:

> 此处涉及的是对被攻击的被害人发生的混淆("对象错误"),基于法益的构成要件等价性,这一误认只是一种不重要的动机错误。尽管至今为止,联邦法院只在这样一类案件中判定行为人的故意不受对象混淆的影响,即行为人直接看到了被害人并攻击了他,只是对被害人的身份发生了误认。但在本案当中,几个行为人虽然没有看到被害人本

---

① 为了对此加以论证,很多学者曾或多或少地以概括的或缓和的形式引用了普里特维茨1993年专著第357页的评判:"让开放性的主观归属(subjketive Verantwortlichkeit)取决于客观危险程度,实在太不正确了,这样会违背罪责自负的原则。"例如,Kühl AT 5/68a;Roxin AT/1 12/47ff.;Köhler AT S.165 Fn.94。

人,却通过那辆用炸弹陷阱改装了的汽车对被害人作了间接的具体化。在这类案例中,无非也是得出和看到被害人的场合一样的结论。被告人对那辆被用作犯罪工具的汽车的所属之人发生了误认。不过,在安装汽车炸弹的场合,行为人的杀人故意从一开始就只能具体化到最先使用汽车的人身上。①

因此,联邦法院并不是认定了一个概括性的、没有在特定生活具象上具体化的故意,但它在故意具体化的界定上,却给出了两种不同的对被害人具体化的建议。不清楚的是,这两者之中哪一个才是关键的生活具象,因为在本案当中两者都被满足了。赫茨贝格在他对该判决所作的评述中,认为这两种具体化建议都无关紧要。按照他的想法,这里存在的是一个排除将结果归属于故意的打击错误。他指出:

46

> 行为人在"实施行为之时"发生误认的,是 B 坐进了车里这一危险,但这一危险的实现,却是具体地实现了"杀人"这一构成要件。为了进行对比,我们假设行为人将他"看到的"坐在车中的 B 当成了A,因而举枪朝其射击。被他所误认的过程,即不是 A 而是 B 坐进了车里,早已是过去时了。唯一与构成要件相关的事物,也就是坐在车中的那个人的状态,却是行为人在实施行为之时就已经认识到的。所以,行为人的认识错误仅涉及一个状态的产生历史,而该状况具体地实现了构成要件,他对于状态本身却有着正确的认识。两者的差别似乎很小,以至于人们倾向于忽略不计,但仔细看看就会发现,这正是《德国刑法典》第 16 条第 1 款适用的情形。②

从这段文字中不能清楚地看出,字母 B(我想当然是 St)究竟指代的是对哪一个个体的描述。人们根据这种符号性的字母所指代的个体描述,可以在任何行为人对被害人的身份发生误认的情形中声称,行为人并未认识到,他将要杀死的是"B"。倘若人们以联邦法院视为关键的两种具体化中的一种为基础,那么,对于符号性的字母 B 来说,人们认为其指代的被害人要么是汽车的主人,要么就是第一个使用该汽车的那个人,这样一来,行为人以为自己没有给 B 创设危险这句话,就不再为真了。这也适用于赫茨贝格所援引的那个辅助案例,该案中行为人看到了真实的被害人。因为尽管行为人看到 B 坐进了车里,但他的认识错误,即把那个人当成 A,依然持续

47

---

① BGH NStZ 1998, 294(295).
② Herzberg NStZ 1999, 217(221).

存在。按照赫茨贝格的观点,这一认识错误只有在如下情形中才无关紧要,即另一个生活具象,也就是直接的视觉感知,在归属重要性的意义上排挤了最开始被描述为重要的生活具象。当行为人在行为之时没有直接看到被害人时,那个关键性的生活具象不能一般性地加以确定。在另一篇论文中,赫茨贝格认为,如果行为人在行为之时没有看到被害人,那么,"精神上的个别化"就是关键的。① 这里所说的个别化,就是那些对行为人本人来说关键性的个别化。

48 对于炸弹陷阱案,罗克辛同样没有给出关键性的个别化标准,他毋宁想要通过这样一个方法来解决这个案例:将这个案例和另一个案例进行对比,在那个案例中行为人在行为时看到了被害人,并朝他扔了炸弹。可是,他却以如下理由得出了截然相反的结论:

> 这是因为,在车中坐着的 C 之所以会死亡,要么是因为 A 把他当成了 B 从而朝他扔了炸弹,要么是因为 A 在车上安装炸弹时假设,是 B 而不是 C 将要坐进车里,可这两者间的差距如此微小,并不足以让人们给予不同的法律评价。②

49 和这两位作者相反,施特拉腾维特认为,在个别化的关键性标准中,对被害人视觉上的感知并不拥有特殊地位,他试图给出某种关键性的个别化标准,这种标准尽管包括了可见性标准,但也使在行为人与被害人并未碰面的情形中,可以去区分打击错误和对象错误。他用我们这里的汽车炸弹案,阐述了这一标准:

> 这种观点首先具有一个毋庸置疑的优点,那就是只适用一个标准:行为人事实上对被害人所作的身份识别。至于这一识别究竟是通过视觉上的感知或其他方式,还是通过攻击的形式得以完成的,并不重要。与前一个观点的不同之处在于,在行为人预想的被害人未能出现的情形中,关键的并不是行为人对于被害人身份所作的设想,而仅仅是行为人"谋划"攻击时作为基础的假设。在炸弹安装者案中,第一个坐进安放了炸弹的汽车的人,满足了这一假设。
>
> 这同时也是在说,此处的第三种观点……使在攻击对象不能被感知到的场合,也能够区分对象错误和打击错误,同样是看,事实上被攻击的对象是否符合行为人的计划。所以,更为接近在炸弹安装之后第一个使

---

① Herzberg JA 1981, 470(473).
② Roxin AT/1 12/197.

用汽车的人的情形,而不是像那个涉及完全无辜的路人的情形。①

这个标准其实也不清晰。如果行为人在实施犯罪之时所作的所有假设都是正确的,那么,就既不存在一个对象错误,也不存在一个打击错误。要问的是,行为人所作的假设中,究竟哪些属于施特拉滕维特所说的"攻击的形式",哪些又是他所说的"行为人在谋划攻击时"作为基础的假设。显然,有疑问的仅仅是这些假设,也就是为了避免其得以成真,行为人在制定行为计划时针对性地采取了一些预防措施。可是,这些预防措施并非是绝对可靠的,因为一旦它失灵了,就肯定会出现一个打击错误。那么,这些措施到底要有多可靠,才能被认可为行为计划的组成部分呢?例如,行为人可能确信,汽车的所有人不习惯将车借给别人。一个假设,也即将要使用汽车的只会是它的所有人,是不是属于行为人在谋划攻击时作为基础的那些假设呢?倘若汽车的所有人因为一个突发的、不可预料的事件,被迫违背自身习惯将车出让给了别人,那产生的究竟是一个打击错误还是一个对象错误呢?为什么认为犯罪的谋划就没有针对这样一种可能性,即一个偶然经过的路人被车上的炸弹炸死?根据行为计划,绝不可能排除这种可能性,而且基于该车所在的停车场上密集的人流,这种情况或多或少是可能发生的。

倘若还需要证明那些生活具象,也就是本质上先在的、特定的事实,它们无关于法律条文而本应首先成为故意的认识对象,根本不存在时,或者说,生活并没有给我们提供什么具象时,②就必须通过展示围绕着唯一一个案例展开的争论来实现。这里所作的展示,并不可能广泛地包罗文献中针对此类问题提出的所有建议,毋宁只能局限于最新时期的少数几位代表性学者的观点。尽管如此,在学理和判例中,或许完全出于实际的理由,仍旧会存在重要的和不重要的犯罪被害人的具体化之区分,以及打击错误和对象错误的区分。如果原则上放弃了这些区分,那么,在过去的半个世纪中针对此类问题所出版的专著、纪念文集以及期刊论文,就都变成了过时的。而且,果真如此的话,刑法理论就又失去了一个本就不多的可以给学生出的考题,这些问题尚未牵涉到刑法分论的内容。

七、实际适用的提示

当我们要审查以下问题,即真实的因果流程和故意行为人所设想的因

---

① Stratenwerth Baumann-FS (1992), 57(61).
② NK-Puppe §16 Rn.34 ff.; dies. GA 1981, 1(12).

果流程之间是否存在重要的偏离,以至于会阻止将结果归属于行为人的故意时,考虑那些使行为人的设想和现实发生不一致的因素,就帮不上多大的忙。毋宁应当考虑使这两者取得一致的因素,以此来探讨这些因素是证成还是阻却了故意归属。倘若行为人的设想和现实在众多因素上取得一致,因而足以证立一个故意危险的话,那么,故意危险就在导向结果的因果流程中实现了。

53　　在审查这样的问题之前,人们必须确定好以下三点:第一,行为人创设了一个法所不允许的危险。当行为人从其认识到的事实中,依照法律可以肯定地认为,结果的发生是可能的、并不是那么遥不可及的,并且显现为一种法所不允许的危险,因此,他不可以去实施自己的计划时,他就创设了一个法所不允许的危险。第二,行为人的确从这些危险因素中得出了这样的结论,即结果的发生并不是遥不可及的。根据《德国刑法典》第16条的规定,行为人的认识,即符合构成要件的结果(可能)出现,属于故意的内容。第三,该法所不允许的危险已经在结果中实现,因为这是在所谓客观归属的阶段就必须加以审查的。如果行为人只对因果流程产生了认识错误,那么,按照主流的故意学说绝不可能得出结论说,可以将这个结果归属于行为人的过失,但不可以归属于他的故意。因为在主流学说看来,只要行为人产生了结果可能发生且"并非遥不可及"的设想,不论是对于故意还是有认识的过失的成立来说,都足够了。所以,在行为人单纯地对于因果流程产生认识错误时,按照主流学说,就不可能否定将结果归属于他的故意。您也可以放心地记忆这个基本准则。

54　　只有当我们对于行为人的行为与结果之间的关联性提出更高的要求、使结果可以归属于故意而非仅仅归属于过失时,才有可能得出结论认为,就同一个结果,在过失的结果引起与故意的未遂之间成立想象竞合。得出这一结论的前提,在于人们针对行为人对结果发生的危险这一关联性的设想,提出了更高的要求,从而可以证立行为人具备了故意而非仅仅有认识的过失。故意危险理论就是这样做的。如果人们将这一理论运用到故意之上,那么,肯定了故意之后,便可以认定行为人设想了一个升高了的危险。在客观归属的审查中,人们只是在如下意义上确定了行为人的设想和现实之间的一致性,即一个法所不允许的过失危险实现了。接下来就要审查的是,在因果流程中是否还存在着这样多的行为人对危险的设想,以达到证立故意危险成立的程度。只有在这种条件下,才能将结果归属于行为人的故意。

55　　此处要注意到连贯性要求。在因果流程的每个阶段,都必须出现能够证立故意危险的要素,这些要素构成奠定下一阶段因果流程的充分条件的必要组成部分。只有这样,故意危险才能在结果中得以实现。倘若一个结果的出现,必须要通过加入一个要素,如他人的违法行为才得以解释,而这一违法行为又不是由行为人所创设的结果危险的大小所决定的,那么,故意危险就没能在结果中实现。如果人们在肯定了过失的归属之后,再以这种方式拒绝将结果归属于故意,或许有必要在这里而不是在认定故意的阶段,决定到底是适用主流学说还是适用故意危险理论。按照主流学说,在这样的案例中也会肯定将结果归属于故意;按照故意危险理论,则会拒绝将结果归属于故意。

所谓概括故意的案件即结果延后发生的案件也是按照同样的规则来处理。这种案件本质上还是因果流程偏离的问题。在这类案件中,只应考虑前一行为构成故意犯,因为行为人在实施后一行为时已经没有造成结果的故意,他以为结果已经发生了。对此,无论是主流学说还是故意危险理论,都会肯定将结果归属于故意。理由在于行为人之所以会实施后一个直接导致被害人死亡的行为,是因为他先前已经对被害人施加了具有高度生命危险的暴力,而他认为这已经成功致使被害人死亡了。即使如此连贯性要求也被满足了,而不像表面看上去的那样,因为最后在解释因果流程时,仍然需要援引前一行为所具有的威胁生命的特征。后一行为只扮演了一个因果要素的角色,这一行为并不是将结果归属于故意的原因。人们不应当被下面这种说法搞糊涂了:行为人所实施的非故意行为,恰好是最后直接导致结果发生的原因。

在结果提前发生的场合,也只有前一行为构成了故意的行为犯,因为只有这一行为和结果间具有因果关系。这类案件的特殊性在于行为人为了有意造成结果发生而实施的前一行为,必须是一个未遂行为,而不能是单纯的预备行为。当行为人带着创设故意危险的意图去实施这一行为时,总能构成一个实行行为。如果行为人认为,通过实施这一行为,结果的发生不仅是可能的、并非遥不可及的,而且具有极高的盖然性,那么,即使他追求、计划和希望一个因果流程的发生,在这个因果流程中结果是由后一行为所导致的,也不妨碍结果的归属。只有当行为人事实上通过实施一个行为造成了结果,而这一行为仍然处于预备阶段时,这一结果的引起才能证立过失的结果归属;而在不知道结果已然发生的情况下,行为人所实施的那个输入行为,只能构成未遂。

在将结果归属于故意的学说中,所谓打击错误的学说占有特殊的位置。

至于这种认识错误究竟是一个因果流程的错误还是一个独立的错误类型，是存在争议的。首先有争议的便是，这种认识错误是否会阻止将事实上发生的结果归属于故意，即所谓的具体化理论，或者，在其他归属前提都已具备的条件下，这一结果归属不受影响，即所谓的等价性理论。打击错误的标准案例是，行为人瞄准了被害人但却击中了另一个人。如果根据行为人所认识到的事实，他击中另一个就在被害人附近的人而不是先前选定的被害人的盖然性很高，那么您当然可以避免这种无谓的争论。根据故意危险理论，对于这个额外的被害人来说，同样存在一个足以将结果归属于故意的危险。主流学说认为，在这类案件中，故意的具体化无关紧要，其理由在于，假设行为人对于击中额外的被害人抱持容认的态度，这样他就不仅对于被瞄准的被害人有"具体化了的"故意，而且还对事实上的被害人有另一个"具体化了的"故意。

59　　即使行为人不大可能击中另一人而不是所瞄准的被害人，在结论上，故意具体化理论和故意危险理论之间也不存在什么差别。在这里，故意具体化理论会拒绝假设一个与被击中的被害人有关的替代故意，这个被害人或许根本没有被行为人注意到。根据故意危险理论，当被击中的被害人并没有位于被瞄准的被害人附近时，故意危险也就未能在因果流程中实现。因为在这种情况下，得以实现的危险并不是来自行为人朝某个特定方向的射击，而是来自他在人们习惯聚集的场所使用了枪械。这并不是一个可行的杀人方法。

60　　在那些行为人为特定的人设置陷阱但掉入陷阱的却是另一人的案件中，故意具体化的支持者之间进行着无谓的争论，即究竟存在的是一个不重要的对象错误，还是一个阻止将结果归属于故意的打击错误。由于您在考试中不可能对所有区分对象错误与打击错误的方案都予以汇报，因此，您可以求助于以下两种方案：第一种是视觉化标准，它是判例和主流学说所适用的方案。根据这一标准，行为人的故意只具体化到一个特定的客体上，当他感官上尤其是视觉上感知到并且针对这一客体时，也就是在实施犯罪时利用了这一感知。根据视觉化标准，在设置陷阱时，行为人的故意根本没有具体化到特定人身上，所以，只会发生对象错误。按照第二种故意具体化的界定标准，故意只会具体化到那个走入陷阱的人身上。据此，当另一个并非行为人所预想的人掉入陷阱时，存在的也仅是一个对象错误。按照故意危险理论也不会得出别的结论。因为当设置陷阱创设了故意危险之后，不论谁掉入陷阱中，故意危险总是得以实现的。既然所有的这些观点都会导出相同的结论，那么您自然可以避免在这些案例中去争论故意具体化的问题了。

Strafrecht

第一编　结果归属的基础理论

第二编　故意犯的构成要件

第三编　构成要件实现的正当化

第四编　责任与免责

第五编　未遂

第六编　犯罪参与的形式

第七编　竞合理论

第十一章　为法益主体之利益而实施的行为

一、取得承诺的行为——医院实习生案(《联邦法院刑事判例集》第 16 卷,第 309 页)

与其他正当化事由相比,被害人承诺不涉及法益冲突的决策。因此与其说承诺是正当化事由,不如说是不法排除事由。① 法益主体对法益客体上发生的变化作出承诺,由于他行使了自己受到法律保护的利益,因此排除不法。法益客体不是因其存在本身而受到保护,而是为了保护法益主体所享有的对法益客体之内容进行处分、按照自己的偏好与价值观进行使用的利益。但法益主体必须确实作出了处分,法益上之变化将会符合他的一般偏好或者利益是不够的。一个慷慨的捐赠者给街上每一名乞讨者一个两欧元的硬币,但如果有乞讨者从他身上秘密地拿走了一枚银币,他也是被偷了。法益主体对其法益所作出的处分决定必须对外表示。不仅是因为我们不能窥探人们的内心,以此来确定他对于特定法益变化的偏好与态度,也是因为只有当这种决定对外表达时,该决定才最终在外部世界中形成,从而获得了(即使是可撤回的)终局性效力。

法益主体可以为其承诺设置任何条件,通过这种条件设置他也在行使自己受到保护的利益,② 只有违反公序良俗的条件才因法律的规定而不能限制承诺。如果在商店门口写上"外国人不得入内"或者"试用者禁止入内",而外国人或试用者仍然走进店内,该行为不成立非法侵入住宅罪,因为某个地点向公众开放却禁止外国人或试用者入内,这违反了禁止歧视的禁令,是违反竞争的(wettbewerbwidrig)。

文献上有观点则认为,如果承诺的条件"与法益无关",则该条件是不

---

① Schmidhäuser AT 5/106; Roxin AT/1, 13/12 ff.; Kindhäuser AT 12/5.
② Kindhäuser AT 12/15; ders. Rudolphi-FS (2004), 135 (146).

重要的。① 这样做主要是为了将因为错误导致承诺无效而成立法益侵害之情形,区别于成立其他犯罪特别是诈骗罪的情形。例如,行为人通过许诺给付金钱而诱骗他人献血,只能按照诈骗罪而非身体伤害罪承担刑事责任。(该观点认为)只有法益客体的存在价值(Bestandswert)而非交换价值,才应受到构成要件的保护。②

但是法益保护的意义不在于确保得到积极评价的利益组成部分,而在于确保法益主体的处分自由,从而能够按照自己的意志将法益作为实现其生活展开的工具。③ 如果交换价值是某种财产利益,那么,行为就是以获利为目的。此时诈骗罪虽然能够部分地承担这种保护功能,但一旦这种交换价值并不体现为财产利益时,诈骗罪便失灵了。例如,医生欺骗一位母亲捐献肾脏救她的孩子,事实上他打算将肾脏移植给另一名病人。如果对法益客体处分自由的保护与诈骗罪构成要件同时满足,则应当在竞合的层面解决这一问题。④ 联邦法院在判决中也没有将认识错误者的承诺局限在上述与法益相关的意义上,以下案件即是例证:

4 一名医学生在一家医院实习并担任医生助手,他多次为病人进行了治疗,因为他的穿着让病人们错误地以为他是一名已经完成训练的合格医生。

5 联邦法院就病人针对实习生为他们进行治疗的承诺是否有效的问题作出了阐述:

> 刑事审判庭的观点是正确的,意志瑕疵通常会取消承诺的正当化效力。当病人错误地以为,为自己治疗的是一名执业医生时,他没有作出有效的承诺,因为该表示没有反映病人的真实意志。⑤

6 联邦法院在判决中也同样一贯地主张法益保护是对法益主体处分自由的保护。但接下来他却作出了一段有疑问的论述:

> 这不是没有例外。刑事审判庭认为,并非所有伴随或推动承诺作出的错误认识都能够否定承诺的正当化效力。病人关于治疗者具有执业医生资格的认识错误,在例外时也可以是不重要的。这一观点也是正确的。

---

① Arzt (1970), 17ff; Sternberg-Lieben GA 1990, 289 (292).
② Arzt (1970), 20 f.
③ Amelung ZStW 109 (1997), 490 (499 f.).
④ 此时两个不法上近似的构成要件实现一同发生,构成一个不法整体(参见本书第三十四章边码6及以下数个边码)。
⑤ BGHSt 16, 309 (310).

并非所有治疗行为都要求医生具备专门知识。在一些简单的治疗活动中,如对于轻微伤的处理,伤口的外部清理以及绑上绷带等,医生助理、护士等都可以像医生一样安全而出色地完成。在这种情况下,按照一般的、符合事实的观点,治疗者是否具有医生身份的问题就变得不重要了,病人关于医生资格的认识错误也就不能否定承诺的正当化效力。在这种情况下,承诺根据其客观意义也包括了非医生的治疗行为,尤其是在病人为了治疗轻微创伤而来到医院时。①

　　这段论述似乎认为,可以基于更高的优势认知与理智来限制病人的自治。承诺的条件是由医生而非助手进行治疗行为,但如果这个条件看起来是不合理而且不常见的,那该条件就是不重要的。②

　　但这并非法院的本意,因为在后面的论述中法院又明确指出:

　　　　如果病人明确要求必须要由医生来进行治疗,那就不需要进一步的讨论了。③

　　法益主体作出承诺的条件是否重要,并不取决于究竟是法益主体明确告知了侵害者这一条件,还是侵害者从其他途径获知了这一条件。

　　这里存在联邦法院混淆但应当谨慎区分的两个问题:承诺条件的合理性与通常性。在判断该条件对于承诺而言是否重要的问题上并不发挥任何作用,④但它对于判断该条件在作出承诺时是否足够明确地表达出来,以及当承诺的接收者对该条件发生认识错误时应当由谁来负责的问题,是有意义的。如果病人朝着一名带着护士帽的女士伸出手臂,以便进行注射,那么,他就表示他同意由护士来为自己注射。而当一名男士穿着白大褂带着针剂来到病床前,也是如此,即使该男士实际上只是一名护工。如果病人以为他是一名医生而他也只愿意由医生来为自己注射,那么,护工打针的行为就不能通过病人的承诺而被正当化。但对于护工身份的认识错误并不能归属于护工,而应当归属于病人。⑤ 病人当然可以要求由医生来为自己打针,但是在医院中,由护士或者护工来打针很常见,因此,病人必须明确地表达自己的意志。

---

① BGHSt 16, 309 (310 f.).
② 一贯赞同个人自治的学者也轻易地对该判决表示赞同,是令人诧异的。Vgl. Kindhäuser Rudolphl-FS (2004), 135, (147); Amelung (1998), 61f; ders. JuS 2001, 937 (944).
③ BGHSt 16, 309 (313).
④ Amelung ZStW 109 (1997) 490 (511 ff.).
⑤ Amelung ZStW 109 (1997) 490 (512); NK-Paef fgen/Zabel § 228 Rn. 31 f.

二、推定承诺——子宫肌瘤案（一）（《联邦法院刑事判例集》第11卷，第111页）

9　　被告人是一家妇科医院的主治医生。他在给一位46岁的病人治疗下腹疼痛时发现，病人的子宫中长了一个两个拳头大小的子宫肌瘤。这是一个良性的肿瘤，但有可能变成恶性的。因此，在他的建议下，病人同意摘除肌瘤。但在手术中，医生发现这个肌瘤已经牢牢地长在子宫中，只有切除整个子宫才能摘除，最后医生切除了病人的整个子宫。

医生在事前并没有告知病人会发生这种情况的可能性，因而也没有取得摘除整个子宫的承诺，但考虑到病人的整体利益状况，尤其是病人即将步入更年期，他认为没有这样做的必要。从本案事实中，他是否低估了必须切除子宫才能摘除子宫肌瘤的可能性，便不得而知了。联邦法院最后得出结论，认为被告人成立过失伤害罪。

被告人辩解称自己没有义务告诉病人发生这种情况的可能性，但审判委员会未采纳被告人的这一辩解。审判委员会强调，即使从医学的角度来看，病人的意志是不理智的，病人也有权自主决定治疗，医生则有义务尊重病人的意志。理由如下：

10　　从州法院的判决中可以得出如下观点，即被告人不是因为其治疗行为本身——独立于他此前的行为——而成立过失伤害罪的，这一点并不存在疑问。因为在手术开始后被告人看到了病人的状态，面对这种突发的局面，被告人可以预计自己能没有过失地取得病人的承诺切除子宫。被告人只有中断已经开始的手术，等病人从麻醉状态中清醒然后询问她是否同意切除子宫，才能获得病人对于切除子宫的真实承诺。显然从医学专业角度来看，被告人考虑到这样做将给病人带来风险，并认为术后才告知是不合适的，因而他可以拒绝这样做。

11　　推定承诺这一正当化事由，虽然也服务于法益主体的利益，但相比于真实的承诺，推定承诺是一种紧急权（Notrecht），且要求行为人进行利益的衡量。即使处分的只是一些鸡毛蒜皮的琐事，单纯的推测对他人法益客体的处分可能符合法益主体的心愿或者利益，并不足以肯定这种利益处分。只有当法益主体陷入利益冲突之中，且在这一冲突中，时间的推移会有利于其中一方利益（如在子宫肌瘤案中，随着时间推移，被害人步入了更年期，摘除子宫保护病人生命的利益就更优越），而法益主体则没有能力作出决定选择另一种利益（法益的内部冲突）时，处分者才能替法益主体作出决定。

只有在这种情况下,他人才被允许代替法益主体来做决定,更有甚者是必须由他人来做决定。本案中这种利益冲突便体现在,在手术中,被告人发现自己要么选择切除整个子宫,要么放弃手术任由子宫肌瘤的生长,如果病人醒来后还是决定切除子宫,那么,第一次手术及由此而给病人带来的痛苦与风险都白费了。

联邦法院认为,在欠缺病人承诺时,必要的利益衡量能够排除切除子宫行为的违法性。但他没有明确地进行这种衡量,进行衡量的利益、机会与危险究竟是什么?这并不是要比较在当时情况下病人拒绝与同意切除子宫的概率。因为病人会如何决定,这从原则性的理由来看就是不可回答的,这并不是因为人们无法查明它,而是因为若认真地对待法益主体意志自由这一预设,那么,病人的决定在客观上就是不确定的。① 12

本案中,病人虽然在事后声称自己不同意切除子宫,但严格来说,这种声明是没有意义的,因为需要她作出决定的情境已经消失了。即使她在事后显然不满意手术的结果,也不能从中当然地推论,在她深受子宫肌瘤以及癌症风险之苦时也会拒绝手术。当危险已经消除后,该危险总是会被低估,而为克服危险所付出的代价则会被高估,尤其是在被迫付出代价之时。即使病人斩钉截铁地断言如果自己能够选择,自己将会作何种选择,她之所以如此断言,在某种程度上也是因为在医生向她作出解释说明时,枉顾自己的决定权,并美其名曰是想要减轻病人不必要的担忧,这激怒了她。唯一构成病人利益状况的是,她在事后并不同意切除子宫。需要衡量比较的是该决定不符合病人事后意志的风险与决定恰好满足事后意志的概率。 13

衡量需要区分为两个层面。首先,在两种行为方案之间比较可能给病人带来的、与其事后意志不符的不利。医生切除子宫,病人所承受的不利在于违反她的意志而失去子宫。医生中断手术,那么,这种可能会与病人事后意志不符的不利益,就在于她可能需要进行第二次手术,再次承受痛苦与风险来切除子宫。由于保留子宫的利益当然优越于不进行二次手术的利益,该衡量更支持不切除子宫的结论。其次需要审查在两种行为方案中,医生与病人事后意愿相悖的风险大小。本案中医生拥有的唯一判断线索,是病人现实的利益状况。根据其现实利益状况,切除子宫不符合病人的事后意愿是不太可能的。因为病人即将进入更年期,子宫即将失去它的功能,而长在子宫内的肌瘤则有变为恶性的危险。在这两个层面的衡量中,医生和联邦法 14

15

---

① Puppe GA 2003, 764 (769).

院都失算了。相比于中止手术,他切除子宫违背病人事后意志的概率更小。

16 在推定承诺中,行为人所保护的利益即他所消除的风险,相比于他所损害的利益即他选择进入的风险,更为优越。与《德国刑法典》第34条紧急避险不同,推定承诺并不要求显著的优越性。因为在推定承诺中,被保护的与被损害的法益主体是同一的,即内部的法益冲突。而外部法益冲突,即为了保护第三人的利益,而被迫选择损害被害人的利益,则只有在极其有限的例外情况下才是被允许的。

17 与所有紧急权一样,推定承诺的目的在于在利益冲突状况下选择较轻的恶害。但是,这也并不意味着法秩序认可该利益冲突状况的产生。基于推定承诺,虽然对利益冲突作出决定者的行为是合法的,但由此不能得出,引起该冲突情况产生的行为也是合法的。因此,在本案中,法院认为医生仍然构成过失身体伤害,他没有对病人进行充分的解释说明,引起了使病人无法进行正确选择的紧急情况。我们在此后的章节(本书第十五章边码1及以下数个边码)中还要继续讨论。

三、假定承诺:一项新的阻却医生治疗行为违法性的事由——伪关节案(《联邦法院司法判决:刑事部分》第223条第1款治疗行为)

18 病人终于在被告人处找到了愿意矫正他O形腿的医生。因为矫正手术非常复杂,其复杂程度与手术所获得的收益不成正比,虽然他此前找过多名医生,但都拒绝进行手术。手术会造成骨折,若骨折部位没能完好地愈合,就会有长出伪关节(Pseudarthrose)的风险。此外,所有的大型骨骼手术都伴有骨髓炎的风险。在手术前,医生没有向病人解释说明这一风险,也没有让住院医生告诉他。未经充分的告知,病人就对所有的治疗方案作出了承诺。手术导致了骨髓炎和伪关节,病人也不再能正常地行走。

联邦法院尽管认为医生的解释说明义务包括了对这些风险的说明,因此,病人在不知晓风险的情况下作出的承诺有瑕疵因而是无效的,但又指出:

> 但被告人是无罪的,因为刑事审判庭正确地论证了医生的义务违反的不是身体伤害的原因。这一观点基于如下的考量,即附带诉讼原告终于找到一个愿意按照他的迫切愿望矫正腿部畸形的医生,病人无条件地相信医生的能力与技术,因此,即使医生充分告知相关的风险,病人也仍会作出承诺。①

---

① BGHR § 223 Einwilllgung 2, 3.

联邦法院认为,这是一个因果关系问题,①要适用条件公式进行判断。**19** 我们已经知道,条件公式是错误的(本书第二章边码 1 及以下数个边码)。联邦法院在早期的候补官员案(本书第二章边码 43)指出:

> "意志形成的真实过程并不会由于该意志也可以通过其他方式形成而失去其实存(Wesen)和法律上的意义",它仍然是财产处分的真实基础。认识错误以及因认识错误而导致的财产处分之间的内在关联,不会因被骗者基于其他的考虑也会作出相同的财产处分决定而被否定。②

如果这个问题真的取决于没有得到医生充分解释说明的病人,在获得了正确、充分告知的情况下是否仍然会作出承诺,那么,该问题的判断将总是有利于医生。因为正如我们此前所展示的(本书第十一章边码 12 及以下数个边码),在一个事实上并没有出现的假设情况下,一个意志自由的存在者会作出何种决定,这个问题客观上是不确定的。

但主张将假定承诺作为正当化事由的观点则不承认这一点,而是认为 **20** 可以就个案进行判断,在事后检讨当病人在获得正确的解释说明时,他是否会选择进行治疗。③ 但即使是病人自己也无法判断自己会如何选择,加上以何种形式告知以及医生在充分告知的情况下还会对他作出何种影响都不清楚。④ 尤其是对那些符合医学准则的治疗行为,总是无法排除病人即使在获得充分告知的情况下仍会作出承诺的可能性。这样一来,如果真的取决于这种假定的情况,医生就可以将任何符合医学准则的治疗行为强加给病人。⑤ 推定承诺适用的条件,只有在无法获知或不方便获知病人的真实意思时才能适用推定承诺,该条件也会变得多余,因为假定承诺可以完全取代推定承诺。⑥ 在所有从认知理论与体系上针对假定承诺的质疑之

---

① Ebenso Kuhlen, Roxin-FS (2001), 331 (337); ders. JR 2004, 227 f.
② BGHSt 13, 13 (15)对于该案的评论参见本书第二章边码 43 及以下数个边码。
③ BGH JR 2004, 469 = NStZ 2004, 442; StV 2004, 376 = NStZ-RR 2004, 16 (17); Kuhlen JR 2004, 227 (228).
④ Puppe, GA 2003, 764 (769f); dies. JR 2004, 470; dies. ZIS 2016, 366 (367 f).
⑤ Puppe JR 2004, 470 (471); dies., GA 2003, 76 (769); 赞同的观点 Duttge Schroeder-FS (2006), 179 (188 ff.); Otto Jura 2004, 679 (683); NK-Paeffgen/Zabel Vor § 32 Rn .168a.
⑥ Böse ZIS 2016, 495 f.; Puppe ZIS 2016, 366 (368 f.); MüKo-Schlehofer, Vor § 32 Rn. 205 库伦想要将基于推定承诺的正当化限制在紧急情况下,而基于假定承诺则只能否定结果的归属,行为人可以按照未遂来进行处罚(JR 2004, 227 (228))。这是个诡辩。如果将结果归属于行为人行为的客观条件没有得到满足,即使行为人对此有认识,那么,他也没有试图以可归属的方式引起结果,因此,不构成未遂。

中,最有效的莫过于《德国基本法》第 2 条第 1 款。如果病人真实的承诺可以被假想的承诺所取代,那么,被害人的自我决定权就会受到侵犯。即使百分之百地确定,病人在医生充分解释说明的场合会对治疗的风险作出承诺,但当他是在因为错误或不充分的说明而被迫作出决定时,病人的自我决定权也受到了损害。①

21　　假定承诺理论不是由联邦法院的刑事审判委员会提出的,而是由专门负责医事案件的第六民事审判委员会首倡。第六民事审判委员会认为,医生在面临因解释说明缺陷而提出的损害赔偿诉讼时,可以提出抗辩,病人即使在得到充分而正确的解释说明时仍然会对治疗作出承诺。民事审判委员会通过精心设计的证明责任规则(Beweislastregel),平衡了医生不会因为轻微的解释说明缺陷而被判承担损害赔偿责任,与病人的自我决定权免于医生不充分或有缺陷的解释说明而受损的利益。在民事案件中,病人首先要证明医生的解释说明缺陷对于自己作出决定是重要的。对此,病人需要通过证据令人信服,如果医生作出了充分的解释说明,自己真的就会面临选择困境。此后,医生则需要证明,自己即使作了充分的解释说明,病人还是会作出同样的决定。② 通常,作为民事诉讼被告的医生无法证明这一点。但在刑事诉讼程序中,并不存在证明责任分配规则,而是一律适用疑罪从无的原则。因此,在刑法中采纳假定承诺这一法律形象,就会像前文所阐释的那样,在事实上架空刑法对于病人自我决定权的保护。

22　　但是,联邦法院关于解释说明缺陷而产生损害赔偿责任的判决,是否会导致无论假定承诺会给病人的自我决定带来各种影响,刑法都必须被迫承认假定承诺是一种排除归属事由？最近立法者在《德国民法典》第 630h 条第 2 款关于医疗合同的规则,采纳了第六民事审判委员会关于解释说明缺陷情况下损害赔偿责任的规则。而刑法在处理受到故意伤害罪指控的医生时,不应采取比民法上的损害赔偿之诉更为严厉的规则。显然,联邦法院刑事审判委员会的想法是将民法上医生的抗辩——病人即使在得到正确解释说明时仍然会对治疗作出承诺,纳入解释说明义务的违反与治疗行为之间的因果关系之中。

---

① Puppe ZIS 2016, 366 ff.; dies. JR 2017, 513 (517); Böse ZIS 2016, 495 f.; Schönke/Schröder-Eser/Sternberg-Lieben § 223 Rn. 40 h; LK-Grünewald, § 223 Rn. 106; NK-Paeffgen/Zabel Vor § 32 Rn.168 a; Roxin/Greco AT/1, 13/125.

② BGHZ 29, 176 (187); BGH NJW 1992, 2351 (2353).

但这是对民法规则的根本误解。该抗辩涉及的并不是责任成立的因果关系,而是责任充足的因果关系。① 医生的行为是错误的,而病人的假定承诺也无法排除该行为的违法性,没有民法学者会质疑这一点。没有民法学者会认为,法律行为成立所必要的承诺或者许可会在个案中因为如下理由而变得可有可无:甚至仅根据证明责任的规则,即使按照义务给予权利人相应的选择机会,权利人也仍然会作出承诺或许可。但为了确认违法的行为给他人造成了损害,《德国民法典》第249条规定,必须证明在被告人正确地行为,在本案中也就是被告医生作出了充分而正确的解释说明时,损害就不会出现。只有在这个关联中,才需要回答,病人是否同样会对治疗作出承诺;相反,责任成立的因果关系早已肯定,因为医生在欠缺病人有效承诺时实施了治疗。

因此,联邦法院的刑事审判委员会认为解释说明缺陷的意义,在于它引起了医生的治疗行为[即认为解释说明义务的违反与损害结果之间是一种因果关联。——译者注],但这存在根本性的误解。这种理解当然也是有可能的,因为若没有被害人的承诺,医生是完全可以不做手术的。但是,解释说明缺陷在刑法上的意义,在于它使事实上已经作出的承诺无效。如果医生没有告知病人他本应告知的风险,除非病人已经通过其他渠道知悉该风险,那么,病人对于治疗的承诺就不能涵盖这一风险。而如果治疗行为的实施恰好实现了这一风险,那么,该结果也就不能因为病人对于治疗行为的承诺而被正当化。推测在医生充分告知这一风险时病人也会对该风险作出承诺,这一推测并不影响上述判断。② 在我们的例子中,可以正确的方式得出与联邦法院相同的结论。因为病人为了做手术已经找了多名医生,他们都以手术风险很大而成功率较低为由拒绝了他。事实上实现的风险也处于病人已经认识的风险之内,那么,医生的解释说明缺陷就没有影响病人的决定,因此,病人真实的承诺,而非假定的承诺就已经涵盖了该风险的实现。

四、假设的法官命令作为阻却警察强制措施违法性的事由——贾洛案(《联邦法院刑事判例集》第59卷,第292页)

下面要讨论的,不仅涉及为了被侵害的法益主体之利益而实施的行为,也涉及国家的强制措施等涉及第三人利益或公共利益的行为。但之所

---

① 早在联邦法院第六民事审判委员会关于假定承诺的第一份判决中就不是在引起违法治疗结果的意义上讨论它的,而是在这种解释说明缺陷是否造成损害的问题上讨论的。(BGHZ 29, 176 (187))

② Puppe GA 2003, 764 (770 ff.); dies. ZIS 2016, 366 (370 f.); Roxin/Greco AT/1 13/126.

以在本章中讨论这一问题,主要是因为这是联邦法院以假定承诺取代被害人真实意思的做法衍生出来的结论,尤其是在程序性的正当化事由中。①

被告人是负责看守被害人贾洛的警队队长,根据《德国公共安全与秩序法》(SOG LSA)第37条第1款第1项的规定,贾洛因有自残的危险而被警察置于保护型羁押之下,他在重度醉酒的情况下试图自残,并有袭警的暴力行为。被告人没有及时地向法院申请羁押许可,羁押期间,贾洛点燃了地毯,想要迫使警察释放自己,由于警察没有及时出现,贾洛在大火中死于一氧化碳中毒。[2005年来自塞拉利昂的难民欧利·贾洛(Oury Jalloh)在德绍(Dessau)警察局关押期间死于火灾。——译者注]

26 联邦法院首先指出,虽然被告人违反他对贾洛负有的保证人义务,但可以肯定"根据陪审法庭查明的事实,被告人的不作为与违法地剥夺他人自由之间欠缺因果关系"。②

27 正如联邦法院认为医生解释说明缺陷的意义在于,它引起了医生的治疗行为一样,本案中,联邦法院认为,被告人没有获得法院许可的不作为的意义在于,他导致被害人持续地被剥夺自由,因此,联邦法院对该不作为适用了"准因果关系理论":如果警察按照规定及时向法院申请采取强制措施的许可,能否阻止被害人被继续剥夺自由。③ 联邦法院否认了这一点,理由如下:

> 本案中被告人应当实施的行为是尽快将J带到主管法官面前使其发出羁押许可,即使被告人实施了该行为,法官依然会批准羁押,他死亡时仍然处于羁押期间内。因此,(行为人的义务违反与羁押结果之间)欠缺因果关系。即使法官有自由裁量的空间,但基于疑罪从无的原则,也应该作有利于被告人的认定,否定因果关系,这是以法官合乎法律规定的裁决为基础的。④

28 尽管审判委员会想免除警察面临的非法拘禁致人死亡刑事责任的风险是可以理解的,但是我们还是要问,审判委员会是否考虑过这一法律观点,会给未取得法官必要之许可而采取强制措施行为之违法性的排除问题带来何种后果。按照这一观点,下令采取强制措施的警察只要认为在法官的裁量空间内是有可能对强制措施作出许可的,就可以放弃向法官申请采

---

① 关于侵犯的合法性依赖于许可的其他案件参见 Böse ZIS 2016, 495 (497 ff.).
② BGHSt 59, 292 (301).
③ BGHSt 59, 292 (301).
④ BGHSt 59, 292 (303).

取强制措施的许可。如果警察错误地以为,法官有可能许可采取强制措施,那么,他就欠缺违法采取强制措施的故意。警察的认识错误成了容许构成要件错误。只有当警察错误地认为,法官作出许可的前提条件并不存在时,才可能成立未遂的可罚性。

将问题定位为因果关系问题是根本性的错误。没有取得法官的许可所造成的结果,并不是强制措施的采取,而是该强制措施不能被正当化。只有当法官事实上的确发出许可批准了强制措施,该强制措施才能被正当化。欠缺的法官许可不能被"即使按照义务申请许可法官仍会发出许可"这一假设所取代。在此,法官与未经充分告知的病人是一样的。在原本能够获得法官许可的时间点上,未获许可而继续剥夺贾洛的自由,是违法的。至于《德国刑法典》第239条第4款意义上的死亡结果能否归属于自由的剥夺,则是另一个问题。 29

五、实际适用的提示

构成要件的实现能否被法益主体的承诺所包含,这一问题在医生治疗行为中常常出现。如果损害的是其他法益,如财产价值,这通常较容易判断。承诺必须以某种形式表达出来。其中,法益主体作出承诺的条件并非都必须明示出来。尽管承诺的接收者是通过其他途径知悉该条件的,或者该条件符合社会交往的风俗时,该条件就是有拘束力的。 30

如果实际的事态发展与法益主体的真实意志并不一致,那么,首先需要审查这种偏离是否与法益相关。如果是,如侵害程度比承诺者预设的更深或者对法律所保护的利益危险更大,那么,承诺只能涵盖部分的侵害,超出承诺范围的部分则不能被正当化;如果偏离并非直接关涉法益侵害的范围与危险性,而是关于法益主体作出承诺的前提条件的,同学们则需要对理论上关于承诺者的认识错误是否必须与法益相关的争论作出判断。 31

如果承诺者作出承诺的前提条件没有得到满足,那么,侵害虽然不能基于承诺而被正当化,但由此并不必然得出结论认为,应当将法益侵害结果归属于承诺的接收者,因为承诺者有义务明确地表达自己的意志。体系上看,承诺接收者错误地以为承诺者并不关心这些条件,这是一种容许构成要件错误。如果承诺者没有足够清楚地表明,只有在条件满足时自己才会作出承诺,则该容许构成要件错误是不可避免的,因此类推适用《德国刑法典》第16条或者第17条(本书第十三章边码16及以下数个边码)的规定,可以排除行为人故意犯罪的可罚性,而过失犯的可罚性则因为缺少注意 32

义务的违反而被排除。

33 如果欠缺法益主体真实有效的承诺,则只有当该真实承诺无法获知时,才能通过推定承诺排除行为的违法性,即行为是在正确理解了法益主体利益的基础上而实施的。首先,要确定为什么无法获知法益主体的真实承诺。其次,行为人通过行为防止法益主体受到另一种法益侵害。行为所造成的法益侵害或危险要与行为所防止的法益侵害或危险进行衡量。在两个选项之间进行权衡时要考虑两点因素:一是进行的法益侵害相比于另一种侵害危险是否更严重;二是实施行为违背法益主体事后意志的可能性与放弃行为违背法益主体事后意志的可能性相比,是否更高。当行为所防止的危险高于其所创设的危险时,行为就被正当化。因为推定承诺涉及的是同一法益主体的利益冲突,即内部法益冲突,因此,行为所防止的危险并不需要显著地高于其所创设的危险。

34 在不满足推定承诺的适用条件下,在行为时被侵害者仍有可能作出真实的承诺,行为就不能基于推定承诺被正当化。负责审理医疗纠纷案件的第六民事审判委员会为此提出,在满足极其严格的条件时,被告人可以主张假定承诺进行抗辩。刑法并不受到该抗辩的拘束,因为该抗辩涉及的是责任充足的因果关系,而非责任成立的因果关系问题。除非存在推定承诺这样的紧急情况,法益主体没有就放弃自己的法益作出决定。这种推定并不是一以贯之的,而且将损害病人的自我决定权。

第十二章　紧急防卫

一、防卫的必要限度——球员案(巴伐利亚州最高法院：《新刑法杂志》1988年，第408页)

紧急防卫制度，是法秩序就法益冲突所作出的决定，是为了保障被侵害者的权利而牺牲侵害者原则上受到法律保护的利益。因此，紧急防卫是真正意义上的正当化事由。一些学者认为，因为在防卫者一侧除了防卫者本人受到法律保护的利益之外，还有包括了公共利益，即法秩序得到了捍卫，法秩序关于紧急防卫的规定也体现了法益衡量原则。① 但被侵害者捍卫的并非法秩序，而仅仅是他自己的得到法律认可的利益。该利益得到法秩序的认可与保护，这一事实为什么要作为衡量因素与侵害者的法益放在一块比较呢？在法益冲突时之所以作出不利于侵害者的决定，其理由并不在于利益衡量，而是答责的分配(Verantwortungszuweisung)。侵害者不仅以违法的方式制造了这种法秩序必须作出抉择的法益冲突情境，而且只要他停止侵害随时就能够结束该法益冲突而不需要付出任何的牺牲。因此，从侵害开始到结束为止，侵害者的法益因为防卫行为而受到的损害都应该归属于他自身。② 这是"法不应向不法退让"这句宣言的准确含义。

但是防卫权并非刑罚权(Bestrafungsrecht)，它的目的仅仅是制止侵害。因此，只有在侵害迫近、已经开始或仍在继续时，防卫权才产生。而对于侵害者法益的侵害，只有在其为防卫所必要时，才能够基于防卫权而被正当化。防卫行为应该能够制止侵害，并且它应当是在多个具有同样防卫效果的手段中，给侵害者的法益造成损害最小的。但是，侵害者并没有固定不变

1

2

---

① Schönke/Schröder-Perron § 32 Rn.la; Lackner/Kühl-Kühl/§ 32 Rn. l; Roxin AT/1, 15/1; Wessels/Beulke/Satzger, AT Rn. 492; Kühl AT 7/6 ff.; Jescheck/Weigend AT § 30 I 2; 否定观点 Stratenwerth/Kuhlen AT 9/61; Frister AT 16/3.

② Jakobs AT 12/46; Frister AT 16/4; ders. GA 1988, 291 (301 f.); Greco GA 2018, 665 (679 ff.).

的侵害计划,因此,防卫者所选择的防卫手段是否为制止侵害所必要,无法一层不变地加以判断。因为防卫者事实上实施的防卫行为确实制止了侵害,而更加轻缓的防卫手段能否震慑侵害者,还是起到相反的效果强化侵害者的侵害意图,在客观上就是不确定的。例如,当被侵害者拿着一把刀进行防卫时,举刀进行警告究竟是能震慑侵害者,还是让侵害者有了夺下刀为自己所用的动机,这是存疑的。球员案即是这种情况。

3　　被告人是一名足球运动员,在一场比赛中被教练换下场就径自走进了更衣室。舆论对此事反应非常激烈,一位观众跑到被告人面前,左手掐住了被告人的脖子,右手则握着一个啤酒瓶。事实审法院查明,被告人右手握拳朝着这名观众的左臂挥去,却击中了他的面部,观众倒地、脑部受伤。尽管这名观众在体力上明显处于劣势,但是巴伐利亚州最高法院仍然认为被告人的行为基于紧急防卫而被正当化,理由如下:

> 从防卫手段能够立即且终局性地制止侵害来看,被告人用拳头朝侵害者左臂挥去这个动作没有超出防卫的必要限度。地方法庭查明,被告人试图让附带诉讼的原告(侵害者)松开手,但这不能保证立即且终局性地制止侵害,而且附带诉讼原告也很有可能用上他右手拿着的啤酒瓶。被告人没有必要让自己陷入因不充分的防卫手段而带来的风险之中。①

4　　法庭正确地指出,侵害者如果愿意,他就有可能用啤酒瓶敲打球员的头部。如果球员只是试图用较为轻缓的力量让侵害者松开掐着自己脖子的手,侵害者是会用酒瓶敲打自己的头部,还是放弃进一步的侵害行为,这在客观上是不确定的。因此,不能由此决定防卫手段的必要性。当防卫手段能够让继续侵害变得不可能时,该防卫手段才是有效的。被侵害者可以选择能够立即且终局性地制止侵害的手段,而无须让自己陷入结果不确定的争斗之中。②

5　　在这个问题上,经常有观点认为防卫手段的必要性判断是从事前的、客观观察者的角度进行的,③而非事后的,④这至少是一种误解。这里的问题不在于判断究竟是事前还是事后,究竟立足于侵害开始时还是防卫结束后。

---

① BayObLG NStZ 1988, 408 (409).
② BGH NStZ 2002,140 (140); NStZ 2003, 425 (427); NStZ 2006,152 (153); Zuletzt BGH NStZ 2009, 626 (627); Kindhäuser AT 16/29.
③ Kühl AT 7/107; Kindhäuser AT 16/29; Roxin AT1 15/46.
④ =JZ 1977, 195=JuS 1977, 476.

如果防卫者没能制止侵害,侵害者到底会造成多大的侵害,无论站在事前还是事后立场来看,都不能确定。这个问题的唯一意义在于如果防卫者采取了更为轻缓的手段来防卫,那么,侵害者是否还有可能继续实施侵害。球员案中,不能因为侵害者说自己从来没有想过要用啤酒瓶去殴打球员,就认为防卫者的行为构成不法,这不仅是因为防卫者没有办法认识到这一点,也是因为侵害者会不会这么做,是完全不确定的。

二、针对假想防卫的防卫——假想盗窃案(汉姆州高等法院:《新法学周刊》1977 年刊,第 590 页)①

(一)假想的防卫前提事实

一家工厂经常发生盗窃事件,管理层安排了一名工人(Arbeiter)监督可疑人员。这名工人在晚班时发现,工厂的一名职员(Angestellte)下班后开着车来到工厂的院子里,将两个箱子装进了后备箱。工人指责该名职员盗窃,要求他把箱子打开让自己查看。事实上这两个箱子是空的,对工厂来说已经没用了,职员是获得管理层的允许才将它们带回家。职员显然觉得要向一名工人证明自己的清白有辱尊严,于是他拒绝了工人的要求,发动了车子准备离开。工人为了阻止他而抓住了方向盘,他在职员发动车子期间被车子拖行了一段距离。职员朝他脸上打了一拳,工人摔倒在了地上,身上有多处淤伤和擦伤。

本案判决讨论的是职员的刑事责任,汉姆州高等法院就工人行为的正当化问题指出:

> 《德国刑法典》第 32 条规定的紧急防卫没有成立。根据下级法院判决查明的事实,证人 C 主观上认为,自己成立紧急防卫的事实前提存在。而法院查明的事实则对被告人有利,他并没有偷东西因此证人 C 实施的仅仅是假想防卫。假想防卫不能使 C 的行为正当化,而只能排除责任,而这不妨碍被告人防卫权的成立。②

汉姆州高等法院没有考虑,站在工人的立场上并从事前角度来看,是否存在针对工厂主所有权的侵害。显然法院与此前的判决一样,认为正当化

---

① OLG Hamm NJW 1977, 590 (591).
② Arm. Kaufmann Welzel-FS (1974), 393 (401); Rudolphi Schröder-GS (1978), 73 (81): ders. Arm. Kaufmann-GS (1989), 371 (381ff., 386); Wolter (1981), 137 ff.; Frisch (1983), 424 ff.; Herzberg JA 1989, 243 (247ff.); Freund GA 1991, 387 (406 f.); Mitsch JuS 1992, 289 (291).

事由的前提事实是否存在,不是从事前的行为人角度来确定的,而从事后立场来判断,即客观上正当化事由的前提事实是否确实存在。即使行为人经过审慎的考察认为其存在,该前提事实存在的表象也不具有正当化的效力。

8　　文献上有观点主张,正当化事由的前提事实是否存在应当进行事前判断。① 正当化事由的成立,不取决于前提事实客观上是否真实存在,而取决于行为人经过审慎的审查之后是否认为其存在。该观点从规范理论的角度进行论证,认为规范不会对行为人提出不可能实现的要求,因此,规范不会要求他认识到在具体情况下不可能认识的事实。② 如果要求行为人必须预见到对正当化事由成立之前提事实产生不可避免的认识错误之风险,那么,正当化事由这一容许规范所保障的行为自由将被取消③。据此观点,本案中工人应成立紧急防卫。职员在下班后出现在工厂院子内形迹可疑,加之面对工人的查看要求时,他进行了激烈的抵制,结合这些事实,该名工人必然会认为,职员正准备将工厂的货物装进箱子内运走,并且,他想瞒着工人这样做。

9　　然而,正当化事由不仅授予行为人以许可(Erlaubnis),也赋予了他人容忍行为人对自己权利的侵害之义务。因此,在假想的正当化情形中应当区分两个问题:其一,即使行为人通过审慎的审查仍然无法避免产生这种错误的印象,他所造成的违法后果在刑法上是否应归属于行为人?其二,即使正当化事由成立的前提事实在客观上不存在,行为人的目的不能实现,受到行为影响的他人是否有义务容忍行为人对自己权利的侵害?

10　　对于第一个问题的回答,应当是工人没有违反注意义务。因此,刑法上客观归属的条件便没有满足。④ 由此得出的结论仅仅是,即使工人在对假想的侵害进行防卫时给职员造成了身体伤害的结果,工人既不构成强制罪的既遂或者未遂,也不构成过失伤害等过失犯罪。

11　　然而从中不能推论,职员有义务容忍工人侵害自己自由的行为。与鲁道菲(Rudolphi)的观点不同,正当化事由的功能,并非扩张行为人的行为自由,而是在法益冲突状况中,使在法秩序中具有优先性的利益得以凸显。这

---

① Rudolphi Arm. Kaufmann-GS (1989), 371 (383 f.); Wolter (1981), 137 ff.; Frisch (1983), 424 f; Freund GA 1991, 387 (406 ff.).

② Arm. Kaufmann Welzel-FS (1974), 393 (401 f.); Rudolphi Arm. Kaufmann-GS (1989), 371 (383 f); Frisch(1983), 425.

③ Schöke/Schröder-Lenckner/Sternberg-Lieben Vor §§ 32 ff. Rn. 21; Paeffgen Arm. Kaufmann-GS (1989), 399 (420); Jakobs AT 12/18; Roxin AT/1 15/14 f.

④ Rudolphi Arm. Kaufmann-GS (1989), 371 (377).

一点,正是被正当化的风险与一般意义上被允许的、社会相当的风险之间的区别。被允许的社会相当的风险可以出于任意的目的而被创设,因为这种允许的风险保障了行为人的行动自由。而被正当化的风险则只有在满足特定的目的,即正当化事由正是这一目的才存在的时,才能被创设,但行为人并不需要以此目的为动机(本书第十三章边码5)。只有当在客观上,侵害与促进优越利益之间存在手段与目的的关系,受到侵害者才有义务容忍侵害。① 当被侵害者自己要对行为人不可避免的认识错误答责时,才能适用广泛的容忍义务。

(二)针对假想防卫的防卫行为

汉姆州高等法院在本案中正确地肯定了职员拥有防卫权。但还需要说明的,是该防卫权(Abwehrrecht)可能并非紧急防卫权(Notwehrrecht)(本书第十二章边码13以下)。它也正确地指出,职员不需对工人的认识错误答责,因为与表面看起来的不同,职员的行为是完全合法的。但是,州高等法院认为职员的行为超出了紧急防卫权的界限,理由如下: 12

> 本案中被告人引起了证人C基于适法意志而实施的行为,在因受到侵害而采取行动时,被告人应当预见到这一点,而且在实施防卫行为时,被告人显然可以发现,该侵害是基于错误的认识。在这种情况下,被告人不得采取可能给证人C造成生命危险的防卫手段。对于被告人来说,打开箱子以及放弃开走汽车只会对他的行动自由造成轻微的损害,几乎不会损及他的利益。防卫所保护的利益与其所造成的危险之间严重不成比例,因此,该防卫行为是对权利的滥用。②

法院一方面认为,因为职员的行为是完全正确而适法的,他无须对工人的认识错误答责;另一方面又认为,因为是职员的行为导致了工人的认识错误,因而要限制其防卫权,这是自相矛盾的。如果欺骗他人存在侵害等防卫前提事实,或者欺骗他人自己的侵害具有高度的危险,如用一把没有子弹的枪进行威吓,那么,欺骗者就要作为间接正犯而对他人因欺骗而实施的假想防卫答责。如果防卫导致了他自己受到损伤,他就构成自我损害的间接正犯,因此,他负有容忍义务而不享有防卫权。③ 即使侵害者没有欺骗的目 13

---

① Schönke/Schröder-Lenckner/Sternberg-Lieben Vor §§ 32 f Rn. 10 f; NK-Paeffgen/Zabel Vor § 32 Rn. 81 ff.
② OLG Hamm NJW 1977, 590 (592).
③ Jakobs AT 11/9; Vgl. dazu den Fall OLG Düsseldorf NJW 1994, 1971(用没装胶卷的相机违法拍摄)。

的,但引起了高度危险的表象时,也是如此。因为在事前,侵害的强度是客观上无法确定的,即使例外情况下可以确定,侵害者也应当对其所引起的高度危险之表象答责。① 在持刀抢劫案件中,虽然抢劫犯真诚地保证"我只要钱",但被侵害者没有相信,而是采取了与自己受到生命威胁时一样的防卫手段,他的防卫行为也不构成不法。

14 但本案并非这种情况,因为职员不对工人的认识错误答责。汉姆州法院正确地指出,职员应该向工人展示空箱子,这会是更加轻缓且适格的手段来制止侵害。但并不是要求职员回避侵害:回避侵害者,放弃了自己的权利;而向他人解释说明自己享有权利者,则并没有放弃权利。在受到形似被正当化之行为(指本案中工人的假想防卫)的侵害时,法秩序会要求被侵害者忍受这种行动自由的轻微损害,因为他必须尽可能地避免不可化解的正当性冲突。两个人互殴或者互相伤害,那么,至少其中一方构成不法。解释说明义务是公民一般上负有的维护安宁义务的组成部分,与任何先前的过错或者特殊的答责性无关。

15 若具体情况下不可能对认识错误进行解释说明,就会产生真正的正当化冲突。假设本案中,职员确实将货物装进了箱子里准备运走,但那是厂长送给他的,他向工人作了说明,但工人并不相信。在这种情况下,就不能要求职员为了维护安宁秩序而一直等到厂长过来解释一切。在工人因不可避免的认识错误而试图剥夺职员在一定时间内的自由时,姑且抛开《刑事诉讼法》第127条第1款规定的公民逮捕问题不谈,职员拥有防卫权。但这并非紧急防卫权,因为紧急防卫权只适用于有责的侵害者。② 紧急防卫权之所以不考虑侵害者的利益,其理由不在于被侵害者不仅保护了自己的权利而且捍卫了法秩序,③因为两者本就是一回事;而在于,侵害者通过自己的侵害使被侵害者陷入冲突之中,他主宰着这场冲突。④ 只要他按照法秩序的要求停止侵害,便可随时从紧急防卫这一"激烈的干戈"中撤退。因此,当且仅当法秩序能够对侵害者提出这样的要求时,才能适用紧急防卫

---

① Jakobs AT 11/10.
② Jakobs AT 12/16 ff.; Hruschka Dreher-FS (1977), 189 (202); Frister GA 1988, 291 (305); Hoyer JuS 1988, 89 (95f.); Schmidhäuser GA 1991, 97 (129); Renzikowki (1994), 283 ff.; NK-Kindhäuser § 32 Rn. 65 f; 不同观点 MüKo-Erb § 32 Rn. 61; Schönke/Schröder-Perron § 32 Rn. 24.
③ So aber Schönke/Schröder-Perron § 32 Rn. 1, 1a; LK[11]-Spendel § 32 Rn.11 ff.; Fischer, § 32 Rn. 2; Roxin AT/1, 15/1f.; Wessels/Beulke/Satzger AT Rn. 518 f.; Rudolphi GS-Arm.Kaufmann (1989), 371 (386).
④ Mitsch GA 1986, 533 (545); Frister GA 1988, 291 (301).

权。而当侵害者对自己行为的合法性产生了不可避免的认识错误时,法秩序对他不能提出这一要求。

另外,如果被侵害者只能诉诸《德国刑法典》第 34 条所规定的紧急避险,那么,他就陷入权利丧失(rechtlos)的处境。① 因为只要不是被侵害者自己以可归属的方式引起侵害者的认识错误,就不能由遭受客观上错误行为的侵害之人来承担该认识错误的风险。因此,被侵害者的防卫权不能局限在(第 34 条所规定的)攻击性紧急避险的范围内。在攻击性紧急避险的场合,侵害的是第三人的法益,不仅要求被保护的法益具有显著的优越性,而且要求受牵连者负有特殊的团结义务(参见本书第十三章边码 1)。而为本案所建构的防卫权,则是基于《德国民法典》第 228 条的防御性紧急避险[为避免自己或他人之急迫危险,而破坏或毁损他人之物者,若破坏或毁损系为防止危险所必要,且其造成之损害相对于危险,非为不当,其行为非属违法。行为人对于危险之发生有过失时,须负损害赔偿责任。——译者注],即风险的创设欠缺责任,受牵连者必须像容忍自然风险那样容忍该风险。侵害者陷入不可避免的认识错误,被侵害者可以类推适用《德国民法典》第 228 条关于防御性紧急避险的规定对该侵害进行防卫,只要他给侵害者造成的损害与所保护的利益之间没有不成比例即可。因不可避免的认识错误而实施侵害的行为人处于不法之中,但根据一般的结果归属原理,只有当由此所引起的不法结果与其义务违反之间不存在因果关系时,该不法结果才不能归属于他。职员所采取的防卫手段会危及工人的身体健康,并在较轻微的程度上也会危及其生命,这与其所保护的利益即短时间内的行动自由限制之间是不成比例的。

三、紧急防卫的要求性条件

(一)超法规的紧急防卫权限制

起初,紧急防卫条款中"由防卫所要求的"这个表述只具有引出紧急防卫定义的语法功能,现在则被视作是紧急防卫的独立要件,它使对紧急防卫权的法伦理限制具有正当性。对紧急防卫权的法伦理限制在以下四种例外情况:

(1)禁止滥用(Missbrauchsverbot)。当权利行使的目标异化或者以不正常的方式追求其目的,任何权利都可能被滥用,这样的权利行使就会丧失

---

① Schönke/Schröder-Perron § 32 Rn. 21; so aber Jakobs AT 11/13; Roxin AT/1 15/14.

其正当性。当针对侵害所保护的利益与为防卫所必要的对他人法益的侵害之间不成正比时，紧急防卫权就被滥用了。① 例如，即使开枪射击是唯一可能制止盗窃行为的手段，朝偷可乐瓶的小偷开枪以制止他偷走可乐瓶的行为，就构成了权利的滥用。② 但是被保护的与被损害的法益之间处于何种比例才能达到滥用的程度，始终是有争议的。有观点认为，使用会危及生命的手段来保护财产价值始终构成权利滥用，就像前文中朝逃跑的小偷开枪一样。③ 迄今为止判决上没有采取如此绝对的一般标准，这或许是因为，他们并不想通过这种方式来保障小偷的安全。尽管如此，防卫者最好还是不要为了保护财产价值而采取危及生命的防卫手段，如果侵害者真的死亡，那么法官也会以其他的理由让防卫者为此答责的。④

18　　（2）正如我们在前文（本书第十二章边码 11 及以下数个边码）所看到的，当侵害者误以为自己的行为合法时。当侵害者误以为自己的行为是合法时，就无法让其停止侵害，以避免防卫给他的法益造成损害。此时没有理由将法益冲突单独归属于侵害者，也没有理由完全不进行利益衡量。类似的情况规定在《德国民法典》第 228 条中，可以类推适用于这里的情形。这样明确而清晰的规则相比于各种混乱的紧急防卫权限制更具优越性，它也可以适用于儿童或无责任能力者实施的侵害行为。

19　　（3）当被侵害者相对于侵害者负有保证人义务时。当为制止侵害所必要的防卫手段具有生命危险时，从被侵害者的保证人义务中可以推导出在一定程度上容忍侵害的义务。这往往被适用于妻子在面对酗酒丈夫的家暴时所采取的防卫，⑤不过，这是对保证人义务的根本性误解。基于保证人地位而产生的作为、不作为或者容忍义务，只有在被保护者没有能力保护自己免于危险时才会生效。对于家暴者而言，除非家暴者在实施侵害时欠缺责任能力，保证人义务产生的前提条件基本不会得到满足。因为只要他停止侵害或不着手实施侵害，那么，他就能够随时避免防卫行为所引发的危险。没有必要让作为保证人的妻子牺牲自己的利益来保护家暴者免于危险。只有当妻子逃离或回避家暴能够终局性地制止丈夫的家暴侵害时，才能期待

---

① Fischer § 32 Rn. 39; Wessels/Beulke/Satzger AT Rn. 524; Vgl. auch Kindhäuser AT 16/44.
② Vgl. auch die Entscheidung des OLG Stuttgart v. 21. 4.1948-Ss 30/48＝Höchstrichterliche Entscheidungen Bd. I, 254 (255).
③ Schroeder Maurach-FS (1972), 127 (139).
④ Vgl. etw bei München JZ 1988, 565 mit Bespr. Puppe JZ 1989, 728。
⑤ BGH GA 1969, 117; NJW 1969, 802; JZ 1975, 35. In BGH JZ 2003, 50 (51) dazu Anm. Walther 该案中，妻子与有暴力倾向的前夫离婚后还不停地上门去找他，法院认为妻子有义务回避可以预见的侵害，而她不断上门找他的行为也视为挑衅。

妻子这么做。而当家暴者完全欠缺责任能力时,对于紧急防卫权的限制可以通过类推适用《德国民法典》第 228 条来完成。这种类推适用也可以涵盖防卫者采取有生命危险的防卫手段的情形,只要防卫手段与防卫者所面临的身体伤害威胁之间成比例即可。

(4)挑衅防卫,详见下面列车车厢案的论述。

(二)挑衅防卫下对紧急防卫权的限制——列车车厢案(《联邦法院刑事判例集》第 42 卷,第 97 页)

紧急防卫权充满争议的限制是挑衅防卫。首先有疑问的是到底何为挑衅。他人(侵害者)因为(防卫者的)行为而感觉受到了冒犯,仅这一事实还不足以谴责防卫者构成挑衅。判决认为任何能够限制紧急防卫权的冒犯行为都可以被视为挑衅,[①]而少数观点则认为只有当该行为本身构成对权利的侵犯,但由于侵害已经结束因而不能进行防卫时,该行为才构成挑衅。[②]

只有当挑衅本身构成已经结束的权利侵害时,才能接受其作为对紧急防卫权的限制,要求被侵害者回避侵害,必要时甚至逃跑。被侵害者之所以原则上没有回避义务,不是因为如过去常说的,不能期待他"可耻地逃跑",[③]这是旧时代骑士精神的社会道德。而在理性和启蒙时代的社会道德中,远离暴力恰恰是理性与节制的象征。但被侵害者原则上仍然没有回避义务,这是因为他不仅有权捍卫自己不受到侵害的权利,也要捍卫自己的其他权利,如他想到哪儿就到哪儿、在守法的范围内想做什么就做什么的权利。这是法秩序应当为每个人提供保障的法安宁(Rechtsfrieden)之内涵。(反之)如果被侵害者自己此前已经打破了这种法安宁,共同引起了侵害,那么,就可以期待他理智地回避冲突或者离开冲突现场。[④]

理论通说则期待被侵害者即使是在没有回避可能性时,也应放弃能够立即制止侵害的防卫手段,而采取不那么有效而安全的防卫措施,承担被侵害法益可能受损的风险。首先不明确的是,防卫者在多大范围内不得行使紧急防卫权,以及他必须承担何种风险。[⑤] 联邦法院在《新刑法杂志》2002

---

① BGHSt 42, 97; NStZ 2003, 425 (428); 2005, 85 (87); 2006, 332 (333):也参见 Schünemann JuS 1979, 275 (279).

② Schönke/Schröder-Perron § 32 Rn. 59; MüKo-Erb § 32 Rn. 232 ff.; Roxin AT/1 15/73; Kühl AT 7/215 ff.; Köhler AT S. 273 f.; Otto Würtenberger-FS (1977), 145.

③ BGH GA 1965, 147; JuS 1981, 151 = NJW 1980, 2263.

④ MüKo-Erb, § 32 Rn. 224.

⑤ 一方观点 BGHSt 24,356 (358 f.);另一方观点 BGHSt 26,143 (147)在两个案件中,挑衅者都是用刀刺来对抗赤手空拳发动攻击的被挑衅者。

年第 425 页、426 页的判决中指出：

> 被侵害者对其所处的状况也有过错，仅从这一事实中尚不能得出一般的规则来确定，相比于一个无责地陷入防卫前提事实中的被侵害者而言，他的防卫权应受到多大程度的限制，毋宁说这取决于案件的具体情况。一方面，被侵害者以违法而可谴责的方式引起了防卫前提事实，他的贡献越高，他的防卫权就越受到限制；另一方面，侵害行为所带来的恶害越严重对紧急防卫权的限制也就越小。

23 此外，实践中出现的受挑衅而实施的侵害通常，并不表现为防卫者把侵害者气得怒不可遏后再实施侵害。更多的时候挑衅者之前也受到了被挑衅者的挑衅，双方的争吵升级演变为肢体冲突，双方对此都有责任。下面这个判决表明了这种情况有多么地不确定：①

> 被告人乘坐在一辆满员火车的一等座。和他坐在同一排的还有后来的被害人 J。被害人 J 当时已经轻度至中度地醉酒。乘务员发现他没买票，就让他补了一张二等座的票，然后离开了一等座的车厢。等乘务员走了后被害人 J 又再次返回车厢。为了赶走 J，被告人打开了车窗，随后被 J 立刻关上。经过反复多次的开关窗之后，J 威胁被告人如果再打开窗户就揍他。被告人掏出了自己随身携带的旅行军刀，又再次打开了车窗，并横着躺在了两个靠窗的位置上。J 生气地跳了起来，用双手抓着被告人阻止他站起来。被告人掏出了旅行刀朝 J 上腹部的方向无目的地捅刺。J 与之扭打起来，直到热心的乘客将两人分开，J 随后死于刀伤。

判决中裁判的对象不是后来两人发生的扭打，而是被告人拿刀捅刺 J 上腹部的行为。州法院认为捅刺行为构成紧急防卫而被正当化。联邦法院撤销了该判决，因为被告人的紧急防卫权因前行为而受到限制。判决中对其前行为作出如下评价：

> 根据当时的具体情况，应当对被告人的前行为进行社会伦理谴责。被告人无权通过放冷空气进入车厢来赶走坐在他边上的乘客，考虑到他很快就要下车之情况，他也没有任何可理解的理由这样做。在此情况下，通过反复地打开车窗这一行为，被告人表达了对 J 的蔑视，当然醉酒的 J 的行为也给了被告人生气的理由。应当期待 J 离开那节车厢

---

① BGHSt 42, 97.

从而回避与被告人的冲突,而且他只持有二等座的车票也无权待在一等座车厢。因此,J不应当使用暴力来回应被告人打开车窗的行为。在判断被告人的捅刺行为,尤其是深深地刺入J的上腹部,是否是必要的防卫手段从而基于紧急防卫而被正当化这一问题时,被告人的前行为不是没有意义的。该前行为根据其严重程度可以视同侮辱,因此,这是一个从法律上看可谴责的、对判断防卫权范围具有重要意义的前行为。挑衅者的防卫权应当受到何种程度限制,应综合考察具体案情。①

判决虽然承认J的行为也并不正确,他应当离开车厢,但没有将J的行为视作挑衅,而只是"给了被告生气的理由"。这个判断是有疑问的。因为J在被乘务员发现后补了二等座的票,等乘务员离开后又折返一等座车厢,他无权地占据了一等座的位置。虽然他并没有针对被告人实施违法的行为,但从被告人的角度来看,这样霸座行径也是"有违社会伦理的"。对这样一种无理的霸座行为表示蔑视,是否构成严重的侮辱,这也有疑问。挑衅程度的判断往往就变成了一个道德偏好问题。

联邦法院虽然承认,被告人无法回避J的侵害,但认为他应该寻求他人的帮助,而不是用刀来防卫:

> 被告人在J抓住他的时候应该呼救让其他乘客听见。在暴力行为刚开始的时候,呼救都改善被告人的状况……被告人的呼救也会让J意识到他的退路被挡住了。②

照这一观点,被告人就有义务忍受J抓住他的行为,可能还得忍受前面几拳的殴打,因为即使边上的乘客果断地提供帮助,J还是有机会打被告人几拳的。而且无数关于在公共交通工具上受到侵害的案件研究和经验都表明,其他乘客往往不愿意介入他人的肢体冲突,因此,呼救这一手段几乎不能阻止侵害者的殴打。

这个案件表明,根据参与斗殴者对于冲突发生是否有过错来限制其紧急防卫权,无法得出令人信服的结论。通常双方都各有过错,而如果双方有长期的矛盾,也无法判断法对于前行为的评价应该止于何处。③

当挑衅者无法通过逃跑来回避侵害时,他的紧急防卫权应当受到多大范围的限制,这是完全不清楚的。有的判决是如此界定这种限制的:

---

① BGHSt 42, 97 (101).
② BGHSt 42, 97 (102 f).
③ Mitsch GA 1986, 533 (545).

只要防御性防卫手段对于被侵害的挑衅者来说仍有可能,那么,他就不得采取攻击性防卫手段。他必须在一定程度上容忍损害与伤害。①

防御性防卫手段通常都不能立即且终局地结束被挑衅者的侵害,挑衅者究竟要忍受侵害到何种地步才能采取攻击性防卫手段,以及他在攻击性防卫中能够对侵害者采取何种做法,该问题也不能通过诉诸防御性防卫手段来解决。

28　　因此,认为应限制防卫权、挑衅防卫者必须忍受自己法益所受到的损害,此观点应当被否定。② 因为即使侵害者受到了挑衅,他的行为也是违法而有责的,从法律上看他不应该轻易地被挑衅,③而且应该随时结束自己的侵害。④ 被挑衅的侵害者之行为既非合法也非无责,因此,他不得实施侵害。此外,当冲突的双方对于争吵的激化都有份,也就是他们互相挑衅时,这种解决方案也是不恰当的。⑤

四、实际适用的提示

29　　紧急权(Notrecht)的客观要件有两个要素:紧急权的前提事实与紧急的措施,紧急防卫也是如此。紧急防卫的第一个客观要件是紧急防卫中,前提事实指的是直接迫近的或者正在进行的不法侵害。侵害者使被侵害者卷入法益冲突中,并且他随时能够回归到合法行为来消除这种冲突。因此,被侵害者有权在解决该冲突时不考虑侵害者的利益。

30　　紧急防卫的第二个客观要件是防卫行为。它必须是为制止侵害所必要的手段,这有两层含义:一是它必须适于立即且终局地制止侵害;二是该适于制止侵害的手段至少侵害的是侵害者的法益。防卫手段是否适于制止侵

---

① BGHSt 24, 356 (359); 类似的还有 BGHSt 26.143 (256); 39, 374; JZ 2001. 661; NStZ 2002, 425; Wessels/Beulke/Satzger AT Rn. 536; Maurach/Zipf AT/1, 26/45; LK-Rönnau § 32 Rn. 256.

② 与通说观点不同的:BGHSt 24, 356 (359); 26, 143 (146); Schönke/Schröder-Perron § 32 Rn. 46, 54 ff.; Wessels/Beulke/Satzger AT Rn. 536; Lenckner GA 1961, 299 (303 ff.); Roxin ZStW 75 (1963), 541 (556 ff.); Rudolphi JuS 1969, 461 (464, Fn. 26)

③ NK-Paeffgen/Zabel Vor § 32 Rn. 147 ff.

④ 比联邦法院的观点更为清晰的解决方案来自 Kindhäuser(1989), 117 f. 他认为挑衅者拥有的是《德国民法典》第 228 条的防御性紧急避险权,而非紧急防卫权。我们在前述(第十二章边码 16 及以下数个边码)当侵害者存在认识错误或无责任的场合也接受这一观点。但是受到挑衅的侵害者的行为既非合法也非无责,因此,应当认为,他不得实施侵害。此外,当发生冲突的双方都参与了冲突的升级,亦即互相挑衅的场合,这一解决方案肯定是不恰当的。

⑤ BGH StV 2018, 727.

害,取决于侵害的严重程度。但这在客观上是不确定的,因为无法一以贯之地确认,当所采用的防卫手段没能制止侵害时,侵害者还会实施多严重的侵害。当我们说,"被侵害者可以选择能够立即且终局性地制止侵害的手段,而不必让自己陷入结果不确定的争斗之中"时,这句话的确切含义是,在判断防卫手段适格性时,不取决于侵害者事后供述如果没有得到即时制止自己会做什么,而取决于他能够做什么。

先具体地描述一个更加轻微的防卫手段,然后说该手段与防卫者实际采取的手段能够达到同样的效果,这不足以说明防卫者所采取的防卫手段并非适格的防卫手段中最轻微的。泛泛地说防卫者应当更加克制或者他应该先就防卫手段进行警告,都是不足以说明这一点。尤其是警告侵害者自己要使用武器的行为,只有当警告不会导致防卫者的防卫机会恶化时,防卫者才有义务这样做。因为无法确保警示必能震慑住侵害者,警示只有与后续实际使用防卫手段一起才能起到震慑的效果。只有在侵害者无法夺下武器或者无法通过其他方式使防卫无效化时,警告使用武器才与立即使用武器一样是防卫的适格手段。 **31**

如果确认在不受限制的紧急防卫权范围内,防卫行为是合法的,才需要讨论对紧急防卫的限制。禁止权利滥用对于紧急防卫权的限制,意味着被侵害者必须容忍自己法益的受损。而在针对无责侵害者或者受挑衅的侵害者进行防卫时,紧急防卫权的限制则应首先审查,通过逃跑或者回避侵害能否避免法益的受损,而不给防卫者的其他利益带来减损。这种回避义务的极限情形是,可以期待(受到侵害的)保证人避免采取会危及侵害人生命的防卫手段。从针对侵害者的保证人义务中,不能推导出容忍侵害的义务,因为侵害者此时能够保护自己的法益,他随时能够结束侵害或者从不实施侵害。 **32**

在面对无责任的侵害者,尤其是侵害者存在认识错误或者侵害者未成年时,紧急防卫权被限制在《德国民法典》第228条防御性紧急避险的范围内,或者说紧急防卫权被类推适用BGB第228条的规定所取代。两者得出的结论是相同的,其理由在于不能要求侵害者停止侵害结束冲突,但他同时又必须阻止冲突的出现,就如危险品的所有者那样。因为任何人都必须承担由自己行为所引起的危险或风险,即使他是无责的或者是由错误而导致的。 **33**

最具不确定性的是挑衅防卫情形下对紧急防卫权的限制,因为大部分实践案件中,冲突双方都对争吵升级为肢体冲突有过错,因此,很难确定到 **34**

底谁是挑衅者谁是被挑衅者。此外,也不确定挑衅防卫的情况,下防卫权到底应当受到多大程度的限制,因为这取决于挑衅的严重程度。在教学案例或者司法考试案例中,大多只有一方构成挑衅,即被侵害者是挑衅者。在这种情况下,首先适用的原则是唯一的挑衅者必须回避侵害并且必要时离开现场,因为他是打破法安宁的一方。若不存在回避可能性,他就应当享有完全的紧急防卫权。因为侵害者受到挑衅的事实不足以免除他的责任,因此,如前所述,侵害者应当随时停止侵害。而判决则除了回避义务之外,还以极其不确定的方式限制挑衅防卫者的紧急防卫权。在这个问题上,经常会提到的是在采取攻击性防卫之前,挑衅防卫者应当优先选择防御性防卫。但并不清楚的是,哪些法益侵害是挑衅防卫者必须容忍的。

第十三章 紧急避险与正当化的认识错误

一、三类正当化的紧急避险

一般性紧急避险,即攻击性紧急避险使侵害行为得以正当化的条件,首先是该侵害无关者法益的行为偶然地能够阻止危险,且其所阻止的危险显著地高于其造成的危险。但仅此还不足以使对危险形成完全无关之人的法益造成侵害的行为得以正当化;否则,紧急避险就意味着任何人,只要他比法益主体更迫切地需要该法益,就可以任意地使用别人的法益。为了避免这种情况出现,《德国刑法典》第34条紧急避险规定了适当性(Angemessenheit)条款。但该条款没有明确,什么时候侵害他人法益是挽救另一个人的法益的适当手段。攻击性紧急避险的反面,是《德国刑法典》第323c条见危不救罪。① 只有遇到面临危险者几乎无法采取任何预防措施的不幸事件或者灾难时,他才能够例外地为了挽救自己的法益而使用他人的法益。除此之外,原则上每个人都应承担自己的宿命,自行采取预防措施避免危险。

在对物侵害的场合,《德国民法典》第904条作为特别法优先于《德国刑法典》第34条得到适用。但这只是形式上的,因为《德国民法典》第904条是按照与《德国刑法典》第34条相同的标准进行解释的,②《德国民法典》第904条同样适用适当性条款。

其次,前章已经介绍了《德国民法典》第228条防御性紧急避险可以类推适用于不法侵害者存在认识错误的情形。其与攻击性紧急避险的区别,在于防御性紧急避险中,对于所避免之危险,法益受到侵害者产生答责或者有阻止的义务,但不必具有有责性也无须具备阻止危险的能力。与对危险答责者相比,受危险威胁者没有义务容忍法益损害的实现,只要与之相

---

① Puppe (2012), 165 (176); Jakobs AT 11/3a; MüKo-Erb § 34 Rn. 8; NK-Neumann § 34 Rn. 9; Kühl Hirsch-FS (1999), 259 (266).
② Jakobs AT 13/6; Kindhäuser AT 17/44.

关的侵害与其所防止的危险没有不成比例,他可以不利于危险答责者的方式阻止该危险。

3　　最后,还有以义务冲突为表现形式的紧急避险。行为人负有两项义务,他必须通过违反其中一项义务来履行另一项义务。此时,相对立的并非"侵害"与"不侵害",而是两个侵害。由于这两个行为选项在法律上都不具有优先性,负有义务者可以也必须选择造成恶害更小的行为选项,但不要求其所保护的利益具有明显的优越性。

在法律上应当避免这种义务冲突。若负有义务者先前的过错造成了该义务冲突,那么,他仍要对他现在(在该冲突中)合法引起的法益侵害答责,即原因违法(参见本书第十五章边码 1 以下)。

二、义务冲突与救援意志——司机逆行案(卡尔斯鲁厄州高等法院:《法学家报》1984 年刊,第 240 页)

4　　被告人在高速公路上逆行。为了回到正确的方向,他在高速公路上找准时机调了头。

首先,卡尔斯鲁厄州高等法院根据与《德国刑法典》第 34 条紧急避险相对应的《德国秩序违反法》第 16 条的规定,探讨在高速公路调头行为的违法性。问题在于被告司机通过调头这个行为所避免的危险是否显著高于该调头行为给高速公路交通带来的危险。但本案并非攻击性紧急避险的情形,而是义务冲突。① 司机既然已经逆向行驶,那么,他就再无遵守交通规则的可能性,除非他违反其中一项规则来遵守另一项规则。他可以继续逆行直到高速公路出口转弯下高速公路,他也可以把车靠边停在路肩上。他的第三个选择是通过调头校正行驶方向。州高等法院将案件发回重审,要求进一步查明事实以确定被告人的选择是否是危险程度最低的。惟其如此,被告人才能选择这么做。

值得注意的是,对于正当化事由的主观要素问题,卡尔斯鲁厄州高等法院向负责重审的事实审法庭作出如下指示:

> 应进一步指出,要成立《德国秩序违反法》第 16 条规定的正当化事由,必要的主观要素是行为必须存在明显的救援意志。判决中所使用的"基于便宜的理由""为了尽快回到他的出发点"等表述要否定这种救援意志还需要进一步查明更多的事实根据。应当注意,当行为人

---

① Hruschka JR 1984, 241 (242).

基于对危险情境的认识而实施行为,并且知道自己的行为是保护受威胁法益的唯一手段时,就可以肯定救援意志,救援不必是行为的动机或唯一目的。①

如果救援既不是行为人的动机也不是他的目的,那么,他就不具有救援意志。卡尔斯鲁厄州高等法院与其要求救援意志,倒不如坦率地表明,救援意志、防卫意志或者本案中履行义务的意志不是正当化事由成立的主观条件。只要行为人认识到,案件中可以证立其行为合法性的事实即可。如果行为是违法的,那么,驱动实施该行为的动机与理由才会在量刑等层面影响法律对该行为的非难程度。而当公民的行为是合法的时候,国家则不关心他实施该行为的动机。正当化事由的成立不以善良意志为必要,而只须行为人认识到能够证立其行为客观合法性的事实即可。② 即使逆行的司机是为了尽快到达目的地,但只要他知道调头是能够结束逆行危险且危险程度最低的选择,他的行为就可以被正当化。

三、一般紧急避险与容许构成要件错误

(一)假想避险——眼睛受伤案(科布伦茨州高等法院:《新法学周刊》1988年,第2316页(修正)

被告人在歌舞厅见一位朋友,这位朋友喝了酒又吃了安定片,而后头撞到了桌子,打破了一个杯子。他的右眼受了伤一直在流血。被告人担心玻璃的碎片进到眼睛里去,他求助了多位在歌舞厅打过照面的客人,将他的朋友送到12公里之外的医院,均被拒绝,舞厅的职员也拒绝打电话喊救护车(那时候还没有手机)。于是尽管被告人当时喝了酒不能开车,他还是决定自己驾车送朋友去医院。事后查明,他朋友眼睛里没有玻璃碎片,只是因为眉毛受伤而流血。

由于被告人朋友的眼睛客观上并没有危险,而只是眉毛擦伤,因而避险前提事实不存在。州高等法院进一步审查被告人是否构成容许构成要件错误,即假想避险。当在行为人的认识中,紧急避险的条件完全满足时,才构成假想避险。

州高等法院在本案中否定了假想避险,理由如下:

---

① OLG Karlsruhe JZ 1984, 240 (241).
② Rudolphi Maurach-FS (1972), 51 (57); Kindhäuser AT 17/41; Kühl AT 8/183 f; Frister AT 14/24 f.

要衡量的是在因饮酒而丧失驾驶能力的状态下驾驶汽车给公众带来的抽象危险与被告人主观所认识到的朋友健康受损的危险。被告人当时喝了很多酒,他的血醇浓度已经超过了绝对丧失驾驶能力的1.3‰,到市立医院他一共行驶了12公里,对公共安全造成了高度的危险。另外,从被告人的视角来看,W 的眼睛受到了严重的伤,但该伤口既不致命,也不需要即刻得到医生治疗,无论是 W 还是被告人都有足够的时间找舞厅的服务员或客人开车带他去看医生。基于此,不能认定被告人将 W 带去看医生治疗伤口的利益具有显著的优越性,即使被告人的错误认识是正确的,也不能肯定紧急避险的成立。①

8 首先令人惊讶的,是被告人在实施法律所禁止的醉酒驾驶行为之前,曾寻求歌舞厅里其他客人与职员的帮助,将其朋友送到医院去,法院恰恰抓住这一点做文章。因为主张紧急避险这一正当化事由者,有义务谨慎地审查自己是否有其他方法阻止危险而不会损害或威胁他人的法益。被告人已经尽到了这一义务,也容忍了时间的浪费,但这不代表他不相信自己朋友的视力面临紧迫的危险。尤其是并非如裁判理由所说的那样,他所认为的风险没有显著优越于其所创设的交通危险。法院既没有明确地对所涉利益及其危险进行衡量,也没有阐明行为人还有别的选择而不必给道路交通造成危险。我们可以看到,这样的选择尽管在客观上存在,但在行为人的主观认知中则不存在。

9 在进行衡量时,虽然应考虑被告人当时也不确定是不是真的有玻璃碎片扎进眼球里或者在眼球和眼睑之间,但这也并不是完全不可能的。只有通过医生检查才能查明这一点,为了避免朋友失明他必须尽快带朋友去医院检查。虽然正如法院明确指出的,被告人的朋友客观上没有生命危险,但在被告人的主观认识中,仍然存在高度迫近的危险会导致不可逆的健康损害,眼睛失明属于《德国刑法典》第 226 条意义上的重伤。即使被告人在醉酒的状态下整整开了12公里,这种具体的危险也显著地高于夜晚醉酒驾驶给公共安全造成的抽象危险(如果被告人关于自己朋友面临失明的具体危险的认识是正确的),那么,为避免这一危险而醉酒驾驶显然是适当的,因为这是一起会产生公众团结义务(指《德国刑法典》第 323c 条的一般救援义务)的不幸事件。

被告人的认识完全满足《德国刑法典》第 34 条紧急避险的成立条件。

---

① OLG Koblenz NJW 1988, 2316 (2317).

当他无法避免该认识错误时,则根据《德国刑法典》第316条的规定既不成立故意的也不成立过失的醉酒驾驶,这是毫无疑问的。

(二) 履行审查义务是紧急避险成立的独立要素

被告人无法保证,自己朋友的眼睛客观上没有面临危险,但这一容许构成要件错误是可避免的,其理由来自前述被删减的部分事实。被告人的住处离歌舞厅不远,步行就能到达。他可以先到家打电话叫出租车将朋友送往医院,他辩称自己当时没有想到这种可能性,但法院没有采纳这一辩解。① 行为人应当在精确而审慎的思量之后想到这种可能性。行为人的认识错误,即认为醉酒驾驶是将朋友送往医院的唯一方法,是可避免的。

被告人的这一认识错误值得非难,因为在他消除这种假想的失明危险之前,他应该谨慎地审查,自己是否还有其他阻止危险的方法。由于被告人违反了这种审查义务,判决否定其成立紧急避险。在紧急避险还没有成文的明确规定,而是作为超法规正当化事由而存在时,一份判决中指出:

> 但是在这样的案件中,判决承认行为人在实施避险行为之前,必须就相互冲突的利益进行合义务的权衡并审查,是否只能通过损害其中一方的利益来解决这一冲突。另外,超法规的紧急避险之主观正当化要素也必须及于这些(客观)条件。如果没有进行这样的审查,即使事后查明紧急避险的其他条件是满足的,那么,这一正当化事由就是不成立的。像本案这样连客观条件都没有满足,便更不能排除行为的违法性了。②

无争议的是行为人负有审查义务,任何人在任何时候都有义务确信自己的行为不违反法秩序。问题仅仅在于该义务的履行是否决定了行为的合法性。若与判决一样,在紧急避险的判断上,对该问题持肯定观点,③那么,履行审查义务就是该正当化事由成立的客观要素,因为这是行为人行为的一种形式,而不仅仅是主观上的感受。汉姆州高等法院据此得出的结论是即使紧急避险的其他客观条件都得到了满足,无论行为人是否按照注意义务进行了审查,都会得出相同的结论,但只要没有履行或者没有充分履行该义务便不能使该行为正当化。④

---

① 有可能存在这样的疑虑,在就眼睛受损的假想危险与危害交通安全进行利益衡量时,被告人事实上只是想为自己或他的朋友节约12公里车程的出租车费,该疑虑可能下意识地发挥着作用。
② OLG Hamm VRS 36, 27 (28).
③ 早在RGSt 62, 137 (138); 64, 101 (104); BGHSt 2, 111 (114); 3, 7 (8).
④ NK-Paeffgen/Zabel Vor § 32 Rn. 137 没有得出这一结论,并认为这一结论"在刑事政策上"是不正确的。

13　　诚然,在有的正当化事由中,履行审查义务是其客观成立条件,即程序性的正当化事由(参见本书第十四章边码1及以下数个边码),基于主权行为的正当化事由便属于这种情况。在这类正当化事由中,立法并没有完整地规定侵害行为合法性的客观条件,而是将该判断部分地交由公职人员进行审慎的判断或者合乎义务的权衡。在这种情况下,侵害行为之所以正当化,不是因为它满足了特定的客观条件,而是因为它是主管该事务的公职人员经过审慎的判断与合乎义务的权衡之后得出的结论。因此,在这类正当化事由中,公职人员履行其权衡与判断义务就是其成立必不可少的条件。如果没有履行或者没有充分履行这一义务,就不能以"如果公职人员履行了其判断与权衡义务也会得出相同的结论"这样的假设性推测来取代没有履行该义务的事实。

14　　而公民的紧急权并非程序性正当化事由,立法者对于正当化的客观条件规定得虽然不是绝对精确,但也是完整的。即使需要裁量和权衡,也是由法官而非行为人进行的。因此,正确的结论自始在客观上就是确定的,公民履行审查义务只是使其具备关于这一结论的正确认识。如果他得出了正确的结论,那么,其行为是否正当化就不取决于他是否是通过合义务的审查得出这一结论的。

15　　在眼睛受伤案这种因避险行为而获益之人与行为人并不同一时,这一点就更明确了。如果醉酒驾驶真的是阻止眼睛失明危险的唯一手段,那么,行为人没有按照义务审查紧急避险的客观条件是否得到满足这一事实不会否定伤者通过紧急权而获得的利益。

(三)可避免的容许构成要件错误

16　　眼睛受伤案的真实情况是,因为被告人忽略了自己不必通过醉酒驾驶也可以将朋友送去医院之事实,他的行为在客观上是不正确的。在《德国刑法典》第34条紧急避险中,履行审查义务并非紧急避险成立的客观条件,因此,行为人的行为就构成可避免的容许构成要件错误。

从帝国法院开始,判决就将这种可谴责的容许构成要件错误与构成要件错误同等对待,因此,行为人只按照过失犯罪承担刑事责任。① 这一法律观点已经非常根深蒂固,因此,现在几乎找不到判决对此进行详细论述了。但理论上则仍争论,容许构成要件错误究竟应当按照构成要件错误来处理,即整体不法构成要件理论或限制责任理论,还是作为禁止错误来处

---

① BGH NStZ 2000, 603 (604);NStZ 2001, 530 (530);NStZ-RR 2002, 73;NJW 2000, 885 (887).

理,即严格责任理论,这些表述都有历史局限性已经不符合当前的讨论现状。① 从上述术语概念中解脱出来,将问题集中在对于容许构成要件错误应当适用哪一条法律规范,那么,核心的问题便是:容许构成要件错误究竟应当类推适用《德国刑法典》的第 16 条还是第 17 条。②

首先,当前学界的共识在于不能按照消极构成要件要素理论直接适用《德国刑法典》第 16 条的规定,该条的前身是旧版《德国刑法典》第 59 条。③ 若否定第 16 条可以类推适用于可避免的容许构成要件错误,则容许构成要件错误只能作为禁止错误来处理。根据《德国刑法典》第 17 条的规定,禁止错误只有在不可避免的情况下可以排除故意犯罪的可罚性,而在可避免时只能减轻处罚。

若要类推适用某一规范,即将该规范适用于并不符合其文义表述的待决事实,则必须阐明该规范所涵盖的事实与不能涵盖的待决事实之间具有某些共同特征,而正是这些特征构成了该法律后果的实质基础。换言之,须将初始规范超出其原本的适用范围进行一般化。④《德国刑法典》第 16 条适用于属于法定构成要件的行为情状即事实,而需要证立的命题是,排除故意犯罪可罚性的法律后果不仅仅适用于属于构成要件的事实的认识错误,也适用于所有能够肯定或否定不法之事实的认识错误,即也适用于构成要件实现之正当化的前提事实的认识错误。其理由是,属于构成要件事实的存在与正当化前提事实的不存在,同样都证立了犯罪的不法。因此,实施不法的故意,不仅包括认识到属于构成要件的事实,也包括没有认识到正当化的前提事实,这便是整体不法构成要件理论。⑤

严格责任理论的观点则相反,其理由是构成要件的实现具有独立的无价值内涵,正当化事由的存在也不能取消这一内涵。其无价值内涵体现在,行为人违反了规范并故意地侵害了规范所保护的法益,该规范的违反只

---

① 这两种理论在今天都被称为责任理论,这与容许构成要件错误的争论无关,而与禁止错误的争论有关。由于两种理论都认为不法认识属于责任内容而非故意内容,因此,两者都被称为责任理论,与早先主张不法认识属于故意的理论相对。后者称为故意理论,由于《德国刑法典》第 17 条的规定,现在鲜少有人主张该理论。通说之所以被称为限制责任理论,是因为尽管该问题归属于责任,但它与严格责任理论不同,其将关于正当化事由成立前提的可避免的认识错误从第 17 条的适用范围中排除出去。尽管这一术语非常不令人满意,也不符合当前理论的争议现状,但人们仍然需要记住这一称谓,因为它始终十分常见。

② Grünwald Noll-GS (1984), 183 (189).

③ Grünwald Noll-GS (1984), 183 (187).

④ Puppe (2014), 171 ff.

⑤ Puppe Stree/Wessels-FS (1993), 184 (187 ff); dies. NK Vor § 13 Rn.12ff., § 16 Rn.137f.; Kindhäuser (1989), 111 ff.; ders. AT 29/20f.; SK-Stein § 16 Rn. 12 f.; LK-Rönnau Vor § 32, Rn. 11 f.

有在例外的情况下才被允许。①

20　然而正当化事由虽然具有例外性,但它的确完全地取消了构成要件实现的不法内涵。构成要件符合性与违法性的区别,仅仅在于构成要件符合性的判断只是就行为与法相背离的暂时判断,该判断是基于个别的法规范而作出的。在违法性阶段则要结合整体法秩序就该判断进行审查,在必要时会推翻这一判断。② 虽然对行为违法性的审查始于行为所违反的个别法规范,但这并不意味着相比于其他同样最终决定行为违法性的规范,该个别法规范具有特殊的地位。

21　相反严格责任理论则认为,行为人认识到自己的行为违反了个别法规范,这一认识使行为人有义务审慎地审查自己所主张的正当化事由成立的事实条件是否存在,而不能当然地认为其存在。③ 这虽然是对的,但这种认识与证立过失非难的认识并无不同。所有过失行为人都认识到此事实,根据法律规定该事实使行为人有理由谨慎地审查自己的行为是否遵守了法秩序(参见本书第十三章边码 11)。行为人认识到自己的行为实现了犯罪的构成要件,但认为存在正当化的前提事实,其所负有的审查义务与任何一个过失行为人所负有的审查义务并无不同。违反该审查义务并不能证立

22　故意的非难,而只能成立过失。对此,严格责任理论有不同见解,他们认为履行审查义务是正当化事由成立的独立要件。行为人认识到自己的行为实现了构成要件,该认识使其有义务审查正当化事由成立的前提事实是否存在。如果他没有审查,那么,正当化事由的客观条件就没有得到满足。这一观点意味,即使假设行为人遵守义务审查仍然会得出正当化事由成立的结论,但由于他事实上没有进行具体审查,其行为仍然是违法的。之所以行为人遵守义务进行审查时会得出相同的结论,是因为正当化事由成立的条件在事实上得到满足,但即使如此,行为人的行为仍然是违法。但这并不是严格责任理论的主张者想要的结论,④不过他们并不想承认,这将违背他们的最初主张,即当行为人未尽审查义务就认为正当化事由的前提事实存在时,其行为在客观上是违法的。

23　诚如帕夫根所说,判断正当化事由的前提事实是否存在比判断构成要

---

① NK-Paeffgen/Zabel Vor § 32 Rn. 114.
② NK-Puppe Vor § 13 Rn.10.
③ NK-Paeffgen/Zabel Vor § 32 Rn.132, 136.
④ NK-Paeffgen/Zabel Vor § 32 Rn.132, 137.

件是否实现要更加困难,因此,紧急权利的行使是一项"风险行为"①。他必须在有限的信息和极大的心理压力下快速地作出判断。与帕夫根的观点相反,不能就此认为容许构成要件错误的判断比构成要件错误的判断更为严格,而是恰恰相反。尤其是当行为人面临的是类推适用《德国民法典》第228条而产生的防卫权时(本书第12章边码15),行为人虽然在紧急情况下面临"升高的错误风险"(帕夫根,同上注),但他并不会陷入故意犯罪的刑罚风险中,因为按照他的主观认识,他的行为不仅是被允许的,而且是"适法的",②他是在行使自己假想的权利,③捍卫或者救援自己或他人的法益。如果他也在履行真实的或者假想的法义务,例如作为受威胁法益的保证人的或者《德国刑法典》第323c条意义上的救援义务,那么按照法律规定,他甚至都无法通过放弃行使紧急权利来避免该认识错误所带来的法律后果。

关于正当化事由前提事实的认识错误应排除故意犯罪可罚性的最后一项理由,来自主观正当化要素理论,严格责任理论的主张者也特别强调这一要素。④ 主观正当化要素理论认为,如果行为人没有认识到正当化的前提事实,那么,即使构成要件的实现在客观上被正当化,行为人也仍然按照相应罪名的既遂或者未遂来处罚,因为他欠缺主观正当化要素。因此,主观正当化要素的欠缺,即对正当化的前提事实欠缺认识,就是可罚性的必要条件,⑤产生法律后果的各项必要条件之间是互相独立的。无论正当化事由成立的各项客观要素是否满足,该事由都是可罚性的必要条件,当行为人陷入容许构成要件错误时,他认为正当化的前提事实存在,因此"欠缺主观正当化要素"这一可罚性的必要条件就不存在。⑥ 严格责任理论与主观正当化要素理论之间在逻辑上是矛盾的。[关于严格责任理论与主观正当化要素理论之间逻辑矛盾的具体分析展开参见《法学思维小学堂——法律人的6堂思维训练课》,蔡圣伟译,北京大学出版社2011年版,第128—130页。——译者注]

---

① NK-Paeffgen/Zabel Vor § 32 Rn.132, 136.
② BGHSt 3, 105 (107).
③ Puppe Stree/Wessels-FS (1993), 184 (191)
④ NK-Paeffgen/Zabel Vor § 32 Rn. 128; Welzel (1969), § 14 I 3 b 认为在正当化事由成立的前提条件在事实上得到满足,但行为人对此没有认识时,行为人不能仅成立未遂,而应成立既遂。
⑤ 犯罪的所有要素都是必要条件,不能被其他要素所取代。
⑥ Puppe Herzberg-FS (2008), 275 (286 f.); dies. NK § 16 Rn. 130 f. 这就是质换位的逻辑推理形式。Puppe Lackner-FS (1987), 199 (210)= Analysen (2006), 309 (319 f); dies. (2008), 131 ff.

四、衡量错误属于容许错误——虎皮鹦鹉案（杜塞尔多夫州高等法院：《新法学周刊》1990 年，第 2264 页）

25　　被告人想让一名女士驾车带着他已经昏迷的鹦鹉去看兽医，后者超出了车道上的限速达到 54 公里/小时。在收到因超速而发出的罚款通知时，被告人主张，基于《德国秩序违反法》第 16 条的规定，由于为挽救鹦鹉的生命，超速是必要的，该超速行为可以被正当化。在实施秩序违反行为时，他就是这样认为的。

26　　法院支持了罚款决定，理由如下：

> 按照被告人的辩解，虽然他是为了挽救一只陷入昏迷的鹦鹉的生命，但超速行为不能基于《德国秩序违反法》第 16 条的规定被正当化。适用该条文的前提是，在冲突法益的衡量中，被保护的利益具有显著的优越性。在进行法益衡量时，须考虑相关法益的价值顺位。本案中在涉及交通安全的损害及其对人身体和生命法益的危险时，救援动物原则应当退居其次。想让生病的动物尽快得到救治，这一行动理由不能排除违反包括限速规定在内的交通安全法规行为的违法性……
>
> 从裁判理由中可以推论被告人在行为时认为，在类似本案的情况下，超速行为可以被正当化。这种禁止错误不影响对其责任的判断。[①]

27　　被告人对其据以作出判断的前提事实不存在认识错误。但他错误地认为，在《德国秩序违反法》第 16 条的意义上，虎皮鹦鹉所面临的生命危险明显优越于其给交通安全造成的危险。这是一种评价错误，法院将其归为单纯的禁止错误，符合通说的观点。[②] 与主观构成要件一样，主观正当化要件的认识内容不包括客观要件中的评价要素，而只包括据以作出评价的事实。

28　　价值判断并非事实，因而不是认识的对象。虽然法秩序在特定的意义上对特定的事实作出评价这一点也是一种事实，而行为人对该事实也可以有认识。但这一事实并非正当化事由的成立条件，而是价值判断本身。[③] 法秩序期待公民认可或至少理解其价值判断，该价值判断的效力不

[①] OLG Düsseldorf NJW 1990, 2264.

[②] BGH MDR 1975, 723; BGHR StGB § 34, Gefahrenabwehr 2; BGHSt 35, 347 (350); OLG Düsseldorf NJW 1990, 2264; AK-Neumann § 17 Rn. 27 47; Schönke/Schröder-Sternberg-Lieben/Schuster § 17 Rn. 10; Jakobs, AT 11/36; Jescheck/Weigend AT § 41 III 1; Roxin AT/1, 21/21.

[③] NK-Puppe § 16 Rn. 58 f.

取决于公民在个案中是否作出了(与法秩序)相同的价值判断。① 行为人所认识到的事实没有被法秩序评价为正当化事由的评价性条件,但行为人错误地认为该事实可以作此种评价,此评价错误不能免除他的责任。本案中,受到行政处罚者在法益冲突中就认为,挽救动物生命相比于遵守限速规定维护交通安全而言是显著优越的,因此,自己的故意超速行为可以免于非难。

五、反面的容许构成要件错误——非法侵入房车案(联邦法院:《新法学周刊》2017年,第1186页)

停在停车场的房车里,主人们在里面睡觉时经常有人侵入房车。为了抓住行为人,警察们将一辆州政府所有的房车停在停车场里,并将钱包放在从挡风玻璃外面就能看到的地方,并监视着房车。随后出现了3名行为人,他们撬开并破坏了车锁。

原判决认定行为人成立故意毁坏财物罪既遂,联邦法院将其改判为故意毁坏财物罪未遂,理由如下:

> 虽然撬开门锁的行为产生了严重的财物损害。但是由于存在由执行的警察作出的、拜仁州政府作为所有权人的承诺,因此,撬开机动车的结果在客观上是被正当化的。机动车是警察为了引入行为人而设置的诱饵,警察对于机动车被撬开的结果作出了承诺,从而能监视被告人实施盗窃行为,并在这一过程中抓捕他们。被告人没有认识到该承诺的存在,其缺少的是主观正当化要素。因此,尽管存在财物实体的损害结果,被告人仍然只能成立故意毁坏财物罪的未遂(《德国刑法典》第303条第3款)与加重盗窃罪未遂(《德国刑法典》第242条、第243条第1款第1项、第22条)成立一罪而受到处罚。②

正当化的前提事实客观上得到满足而行为人主观上对此无认识,这种情况被称为反面的容许构成要件错误。此时,行为人肯定可以按照未遂来处罚,这在目前已达成共识。有争议的是,行为人是否完全没有成立既遂犯而受到处罚的可能性。教科书中否定既遂的理由大多是,正当化事由的结果正价值取消了构成要件实现的结果无价值,由于正当化事由欠缺行为

---

① BGHSt 2, 194 (200f.): NK-Puppe § 16 Rn. 59; dies., GA 1990, 145 (167, 181); Jescheck/Weigend AT § 37 I 2b; Art. Kaufmann (1982), 4 ff.; Maiwald (1984). 41.
② BGH NJW 2017, 1186 (1188).

正价值,因而构成要件的行为无价值得到了保留。① 该论据非常粗糙,这里不能简单地将正、负价值互相抵消,需要考虑的是正当化的客观要素与构成要件实现的客观要素之间所处的关系,是以正当化为前提的。② 承诺针对的是行为人所实施的构成要件之实现,行为人的构成要件实现正是为防卫正在进行之不法侵害所必要的,或者为保护更高价值的法益免于即时之危险所必要而恰当的手段。因此,正是在此前提下,该构成要件的实现才在客观上被允许,不仅仅是因为价值的互相抵消。

31　过去一度占据主流地位、现在则沦为少数的观点认为,存在容许构成要件错误的行为人应当按照既遂犯来处罚,因为他在事实上达到了犯罪的既遂,且类推适用第 22 条减轻刑罚是不恰当的,因为行为人没有认识到正当化的前提事实,因而他没有行使法秩序在这种情况下赋予他的权限。③ 但这并不需要类推适用第 22 条,因为所有犯罪的既遂在概念上都包含了该罪的未遂。④ 剩下的论据是,行为人没有行使权利。即使如此,因为正当化的客观条件得到了满足,他的行为也没有在被害人身上造成不法。因此,已经没有需要在客观上归属于行为人的东西,而被害人也就当然地对法益的受损没有紧急防卫权,⑤联邦法院改判被告人成立故意毁坏财物罪的未遂是正确的。

六、实际适用的提示

32　在适用《德国刑法典》第 34 条一般紧急避险条款之前,首先,要确认不涉及特殊类型的紧急避险。如果涉及特殊类型的紧急避险,那么应首先审查,推定承诺(或者更准确地说是内部的法益冲突)与义务冲突这样对所保护法益与所侵害法益之间的差距要求更少的紧急避险是更符合目的的。其次,则是《德国民法典》第 228 条的防御性紧急避险,在涉及侵害所有权的场合,还要考虑《德国民法典》第 904 条。但是值得注意的,是在对物防卫的场合也存在《德国刑法典》第 34 条中的适当性要求。

---

① D. Bock AT 11 A II 2; Wessels/Beulke/Satzger AT Rn. 1351.
② Puppe Stree/Wessels-FS (1993), 183 (185).
③ NK-Paeffgen/Zabel Vor § 32 Rn.128; Schmidhäuser AT 9/106; Köhler AT S. 323 f. 观点基本相同的 NK-Zaczyk § 22 Rn. 57; Gallas Bockelmann-FS (1979), 155 认为这[即行为人没有行使法秩序赋予他的权利因而成立既遂的观点。——译者注]适用于紧急权即侵犯权的场合,而在行为人没有认识到被害人作出承诺时,则只能按照未遂来处罚。
④ 本书第三十三章边码 11; NK—Puppe Vor § 52 Rn.10; 相同观点 MüKo-Schlehofer Vor § 32 Rn. 104.
⑤ Puppe Stree/Wessels-FS (1993), 183 (185,195).

在进行利益衡量时,应当审慎地将待衡量的利益放入权衡的"天秤"之 33
上。互相冲突之利益的"质"以及该利益受到侵害的"量",都应当尽可能准
确地进行描述。除了考虑直接造成的法益侵害与此种侵害直接带来的法益
保护效果之外,还应当在天秤的两侧加入该侵害额外地、间接地造成利益与
不利益。除了所涉及法益的价值之外,侵害或不实施侵害给双方法益造成
的危险高低也应当予以考虑。在发生不幸事件时,当被侵害法益的主体根
据《德国刑法典》第 323c 条的规定负有救援义务或者如果他在事件现场就
负有此种义务,那么,可以认为《德国刑法典》第 34 条所规定的适当性要求
得到满足。适当性要求主要用于排除两种情况:一是法益冲突要经由一定
的法定程序来解决,而参与者必须接受该程序所得出的结论;二是紧急避险
是因为经济条件的窘迫。

当行为人认识到正当化的前提事实得到满足时,他在主观上就被正当 34
化了。他认识到这些客观条件,即他知道自己的行为在客观上是正当的,特
殊的救援意志或动机是不必要的。公民只要依照法律实施正确的行为,那
么,法秩序就不关心他的动机和目的。判决中通常会这样说,救援意志体现
为行为人关于正当化前提事实及其行为能够挽救法益的认识。

当行为人主观上认为正当化事由的所有事实条件均存在,则他陷入了 35
容许构成要件错误。行为人的认识须能涵摄于正当化事由成立的全部客观
要件之下。如果行为人的认识中缺少某个要素,那么,其认识还有可能成立
禁止错误。对于互相冲突的法益及其危险的衡量关系并非是事实,而是价
值判断。错误的价值判断属于禁止错误而非容许构成要件错误。

若行为人存在容许构成要件错误,则需要讨论如何处理容许构成要件 36
错误的争论。这个争论最简洁、也最明确的概括是在容许构成要件错误
中,能否类推适用《德国刑法典》第 16 条。由于条文的类推适用总是需要
实质性的理由,这里不能仅仅只简单地说判决与理论的通说都持这一观点。
之所以可以类推适用第 16 条,最简单的理由在于容许构成要件错误与构成
要件错误具有共性,即它们都是关于证立构成要件不法之事实的认识错
误,即整体不法构成要件理论。

理论上还有争议的,是容许构成要件错误的法律后果是排除主观不法 37
还是排除责任。严格责任理论认为,容许构成要件错误属于禁止错误,因
此,只能按《德国刑法典》第 17 条的规定在责任阶层产生影响,而本书主
张的整体不法构成要件理论则认为容许构成要件错误排除的是故意犯罪

的主观不法要素。① 当前的主流观点则认为,容许构成要件错误排除的不是故意的不法,而是故意的责任。② 该问题的体系地位问题并不影响它的解决。同学们在做鉴定式分析,尤其是简化的鉴定式也就是考试的时候,不需要单独讨论这一问题。为了避免写鉴定体标题时在这个问题上过于纠结,人们通常不会在认定构成要件实现的客观违法性之后,另起一个新的标题。或者直接将该标题概括为"容许构成要件错误"。(在撰写分析时)应先指出,行为人主观上认识到正当化成立的所有客观条件已经满足,因而存在容许构成要件错误,再讨论该错误的法律后果,即究竟应类推适用《德国刑法典》第16条还是直接适用《德国刑法典》第17条;在这个问题下,再来介绍严格责任理论、限制责任理论、整体不法构成要件理论的所有论点。

---

① 达成共识的是,当行为人存在前述反面的容许构成要件错误,即行为人没有认识到客观上正当化事由成立的前提条件已得到满足时,欠缺了主观正当化要素。如果在主观正当化要素欠缺时,将该要素作为正当化要素来定位,因而欠缺该要素将否定正当化,那么,当该要素在个案中存在时,它就不能突然变成责任要素。Puppe, Stree/Wessels-FS (1993), 183 (190).

② 最初由 Gallas ZStW 67 (1955), 1 (45, Fn. 89)所主张。

第十四章　程序性正当化事由

一、基于行政行为的正当化——特殊垃圾案（一）（《联邦法院刑事判例集》第 39 卷，第 381 页）

H（一家股份有限公司）取得了在城市垃圾填埋场倾倒垃圾的许可，该垃圾填埋场只允许处理一般的生活垃圾，而 H 公司的垃圾中则含有重金属物质会污染地下水和土壤。他们之所以取得许可，是因为垃圾处理机构的工作人员对垃圾做了错误的技术鉴定。基于这一许可，H 将对水体有害的垃圾倾倒在了城市垃圾填埋场。

在这份针对作出鉴定的工作人员的判决中，法院在 H 是善意地相信这份许可的合法性为前提下指出：

> H 公司直接实施的行为要么欠缺符合构成要件的行为，要么像他们主张的那样，基于行政从属性原则，他们有权实施该行为，因而按照通说的观点，在客观上是正当的。①

这份判决没有回答，如何在体系上定位行政许可才是正确的。如果赞同这份判决的观点，这便是一种程序性的正当化事由。② 当保护环境和自然资源的公共利益与使用这些自然资源的个体利益之间发生冲突时，法律本身没有规定应当如何解决这种冲突，这与紧急权的情况类似。法律将这种冲突交由行政机关进行管理，它们会通过一定的程序来决定，在个案具体情况中究竟哪种利益更具优先性。使用该许可而受益者的行为基于该许可而被正当化，因为许可是经由法定的程序就该冲突作出决定的结果。

---

① BGHSt 39, 381 (387 f.).
② 文献上有一种观点将这一问题与对准入程序之外行为的要求相结合，这样这一正当化事由的程序性特征就更为明显了。NK-Ransiek § 326, Rn. 44: Lackner/Kühl-Heger § 326 Rn.11; SK-Schall § 326 Rn. 172.相反观点则仍然认为许可是正当事由，S/S/W-Saliger, Vor § 324, Rn. 25; Schönke/Schröder-Heine/Hecker § 326, Rn. 16.

4　　　即使许可决定违反了行政机关在行使其裁量权的过程中所应当遵守的法律规范,但许可本身仍然具有正当化的效力。在本案中,许可的作出是由一个参与到行政机关裁量程序中的公职人员故意引起的。该公职人员是否成立环境犯罪的间接正犯,这是另一个问题(参见本书第十五章边码 13 及以下数个边码)。《德国刑法典》第 330d 条第 5 款规定了程序性正当化事由的边界,在外部看起来合规的、经由一定的程序作出的行政行为,只有在因受到胁迫、行贿、腐败或者欺骗而作出时,才不再具有正当化的效果。

因此,按照现行法的规定,行政行为是否具有正当化的效果,不取决于行政相对人对于行政行为的实质合法性具有善意还是恶意,而取决于他是否善意地相信,作出许可的行政程序不存在第 330d 条第 5 款所列举的程序瑕疵。这条规定在本案判决时尚未生效,因此,并不清楚许可程序的正当化效果到底有多广泛。

二、公务行为与合义务的权衡正当化——散发传单案(《联邦法院刑事判例集》第 21 卷,第 334 页)

5　　　一名铁路警察阻止被告人在火车站的广场上散发传单。被告人被指控犯有妨碍公务执行罪(Widerstand gegen Vollstreckungshandlung),但他辩称警察的职务行为是非法的,因为自己在火车站广场散发传单的行为不会妨碍车站广场的交通。

联邦法院驳斥了这一辩解:

> 当公务执行取决于特定事实的前提而存在时,立法者也授权公职人员审查这些事实前提是否存在,这样一来是否执行公务取决于他自己的权衡考量。在这种情况下,如果公职人员是合乎义务地进行了这种裁量,且他的行为也以自己的裁量结果为依据,那么,他的职务行为就是合法的。只要公职人员根据谨慎的审查认为自己有权且有义务履行职务行为,裁量的结果正确与否,这对于判定他职务行为的合法性而言,不具有任何意义。①

6　　　因此,职务行为是一项程序性的正当化事由。当公职人员通过合义务的审查决定执行职务行为时,即使审查判断在实质上是错误的,该职务行为

---

① BGHSt 21, 334 (363).

对于公民自由的干预也是正当的①。这种基于合义务审查而成立的正当化事由,存在于法律本身并没有对利益的冲突作出终局性的判断,而是将判断的权限交给公职人员的场合。刑事诉讼过程中的强制措施(Zwangseingriff)也属于这种程序性的违法排除事由,即使是无罪之人也可能被采取强制措施,或者刑事追诉最终因为生效判决而终止。出于法安定性的考虑,即使公职人员的判断在实体法上是错误的,因该错误判断而受到损害的公民也应当容忍该职务行为的执行。

三、根据《德国刑法典》第193条行使正当利益——施托尔佩案(《德国联邦宪法法院判例集》第114卷,第339页)

抗告[(Beschwerde)德国刑事诉讼法中所规定的3种上诉方式之一,是仅针对程序问题的上诉]上诉人施托尔佩[曼弗雷德·施托尔佩(Manfred Stolpe),1990-2002年时任德国柏林-勃兰登堡州州长,2002-2005年担任德国联邦交通部部长。——译者注]在民主德国时期担任福音教会监理会主席,以此身份与前民主德国国家安全部的工作人员多有往来,并以化名"IM书记"注册为国家安全部的非正式工作人员。他对被告人提起民事诉讼,因为被告作出了如下陈述:"S先生,正如我们所知的IM书记为史塔西工作了20余年,而在1999年他竟然有机会成为柏林-勃兰登堡州的州长,这意味着我和其他人都将处于他的治理之下,这让我很头疼。"

施托尔佩提起的诉讼被州法院驳回,之后经州高等法院移送给联邦法院后,又再度被联邦法院驳回。他以联邦法院的判决侵犯了他基于《德国基本法》第1条第1款与第2条第1款而产生的人格权,提起宪法诉讼。联邦宪法法院撤销了联邦法院驳回被告人诉讼请求的判决,其裁判理由的核心观点如下:

> 对于传播真实性尚未查证属实的事实陈述的行为,民事法庭的判决认为言论自由与人格权保障之间的平衡点,在于陈述者在传播真实性尚未确定的事实陈述时,是否满足了行使正当利益这一正当化事由[《德国刑法典》第193条(有关科学、艺术、职业上的成就所进行的批评,或与此相类似的为履行或保护权益,或维护其正当权益所发表的言

---

① RGSt 72, 305 (311); BGHSt 4, 161 (164); 24, 125 (130 ff.); Bay ObLG JR 1989, 24; LK-Rosenau § 113 Rn. 50; Schönke/Schröder-Eser § 113 Rn. 27; Lackner/Kühl-Heger § 113 Rn. 10; Fischer § 113 Rn.18; Jescheck/Weigend AT, § 35 I 3; 不同观点 SK-Wolters § 113 Rn. 11 f.; NK-Paeffgen § 113 Rn. 57; Roxin Pfeiffer-FS (1988), 48 ff.; Küper NJW 1971, 1681 (1683).

论,以及上级对下级的训诫和责备,官员职务上的告发或判断,以及诸如此类的情况,只在根据其陈述方式或侮辱发生的当时情况,认为已构成侮辱罪的,始受处罚。——译者注)]成立所必要的条件。根据该判决,在对公众产生重大影响的案件中,即使陈述有可能是虚假的,也不能禁止其表达与传播,只要陈述者在表达与传播之前尽到充分的注意审查了它的真实性。只要专门法院(Fachgericht)的这种注意义务的内容与基本法的要求一致,在宪法上并不反对提出这种义务。因此,一方面,为了保障言论自由的行使,专门法院不能对真实义务提出会打击行使基本权积极性、可能会抑制言论自由的要求;另一方面,专门法院也必须注意到,真实义务是一种基于一般人格权而产生的保护义务。如果严重侵犯了一般人格权,就应当对该注意义务的履行提出更高的要求。如果陈述者只采纳不利于权利人的证据,而无视那些质疑其陈述正确性的证据,并且不让公众意识到时,那么,他就违反了该注意义务。①

9　《德国刑法典》第193条所规定的正当化事由,只适用于所陈述的事实尚未被证实的场合。如果该事实是真实的且可以被证明的,则陈述这一事实的行为人就不需要正当化事由;相反,如果该事实已经被证明是虚假的,则该陈述也不能基于行使正当利益而正当化。只有当无法确定该陈述为真或为假时,才产生了能否基于正当利益之行使而使有损他人名誉之陈述正当化的问题。本案属于这种情况,因为抗告上诉人与前民主德国国家安全部的来往行为已经不存在了。

10　"施托尔佩20多年来一直化名IM书记为民主德国国家安全部工作",这一陈述能否基于行使正当利益而正当化,在判断此问题时究竟应如何考虑呢? 如果陈述的内容是真实的,那么,公众显然应当知晓该事实,因为施托尔佩成为了柏林—勃兰登堡州州长的候选人,而施托尔佩则没有任何正当的利益阻止公众知晓此事。如果该陈述的内容是虚假的,那么,施托尔佩就具有优势性的利益,不能陷入这种会毁了他政治生涯的指责之中,而传播该陈述对于公众则不会有任何的利益。

11　因此,需要衡量该陈述为真与为假的风险(概率),陈述对于被指责者的政治生涯的重要性应当同样被置于天秤的两端。如果该陈述是真的,那么,该指责对于被指责者的政治生涯越重要,公众就越应当知晓此事;反

---

① BVerfGE 114, 339 (353 f.).

之,如果该陈述是假的,该指责对被指责者政治生涯越重要,被指责者就越需要避免被施加这一指责。这与影视明星或明星运动员私生活的爆料不同,当陈述的内容为假时,被指责者免受丑闻困扰的利益要显著地大于当其内容为真时,公众知悉该丑闻的利益。因为陈述的严重性在衡量中被置于天秤的两端,因此,要比较的就仅仅是该陈述为真的与为假的风险大小。

《德国刑法典》第193条所规定的正当化事由,也适用于陈述客观上为假因而不服务于任何正当利益,但行为人主观上认为该陈述为真的情形。因此,只有当行为人尽到注意审查陈述为真的概率有多大时,其主观上的这一认识才能够使其行为被正当化。任何基于正当化事由而行为的行为人都负有这一注意义务,但在紧急权类的正当化事由中,履行这一义务并不是正当化成立的独立条件(本书第十三章边码21及以下数个边码)。(在后者的情形中)若没有尽到该注意义务,只有当正当化事由成立的客观条件并没有满足时,行为人才会受到过失犯罪的非难。相反,如果正当化事由成立的客观条件已经满足,行为人就算尽到注意义务也会得出相同的结论,其行为在客观上便是合法的;如果其违反审查义务的行为没有造成任何可归属于他的不法结果,他便不构成过失犯罪(本书第十三章边码23)。

然而,在陈述有损他人名誉但真假不定的事实的场合,甚至无法确定存在能够归属于行为人违反审查义务的不法结果,因为无法确定该陈述究竟是真的因此服务于正当利益,还是客观上为假的因而只是损害了被指控者的合法利益。考虑到行为人消息来源的多样性,客观上无法确定,在审慎地对风险进行审查后会得出何种结论,行为人采纳了不同的消息来源会得出不同的结论。因此,在这种不确定性之下,唯一能使行为正当化的方法就是审查的审慎性。据此,尽到注意的审慎审查就是《德国刑法典》第193条所规定之行使正当利益这一正当化事由成立的独立客观要件。① 在这个意义上,第193条与基于衡量的行政行为一样,是一项程序性的正当化事由,其结论不是客观上确定的,而是通过合义务地行使裁量权得以正当化(本书第十四章边码5)。行为人在发现无法证明陈述真实性之后,如果没有尽到注意审慎地审查,陈述为真的可能性以及当其为真时公众知悉该事实的利益是否足够高,从而使当该陈述为假时被指控者免于受到该指控缠身之利益退居其次,那么,他的行为就不能被正当化,即使当尽到义务进行审查仍然会得出相同的结论时。因为他会得出何种结论,在客观上是不确定的。

---

① Lenckner H. Mayer-FS (1966), 165 (181).

四、实践运用的说明

14　程序性正当化事由具有两个方面的作用：一是有利于通过程序而作出决定者；二是有利于执行该决定结果的公民。所有主权性质的决定程序，都具有正当化的效果，如法院的各类程序，行政行为以及决定者本人或者获得其授权者的执行活动等。这里尤其是包括警察的即时措施以及程序性的强制措施。如果决定者遵守了程序规则，特别是他在行使其裁量权时是合义务的，即使这个决定在实质上是错误的，即在实体法上看构成对他人法益的侵害，那么，他作出的决定也被正当化了，因他的决定而受到损害者也必须忍受此项决定。

15　作出决定者的行为被正当化的前提，是作出决定者在决定程序中遵守了他的法义务，尤其是审查义务与裁量行使义务。最终作出决定的结果之所以被正当化，是因为它是经由合规的程序以及公职人员合义务的审查而作出的。

16　如果决定并非经由公职人员本人而是经由受益的公民来执行，如在许可的场合，即使作出决定者因没有充分履行自己的审查义务而不具有正当性，这种有利于公民的程序性正当化事由依然有效，尽管公民知晓这一点也是如此。只有在因行政决定而获利的公民通过自己的行为以不被允许的方式，如欺骗、行贿、强制或者其他腐败的合作的方式，干预到公职人员作出决定的过程时，这种有利于公民的行政决定才不再产生正当化的效果。

17　对于《德国刑法典》第193条规定的正当化事由——正当利益的行使而言，是否发生正当化的效果，例外地取决于公民是否进行了合义务的审查，尽管该正当化事由并非程序性正当化事由。但它与程序性排除违法事由存在以下两个方面的共性：首先，该条规定的目的也在于，即使公民对于正当利益的判断在实体法上是错误的，也能使公民的决定正当化。其次，在客观上常常无法确定，公民经过合义务的审查会得出何种结论。因此，应当用合义务的审查，代替审查结果在客观上的正确性来作为独立的正当化要件。

第十五章　原因违法行为

一、引起紧急避险情形——子宫肌瘤案(二)(《联邦法院刑事判例集》第 11 卷,第 111 页)

案件详情见第 182 页,此处不再赘述。

若要让以故意或过失地引起正当化前提事实之人,对已经被正当化的构成要件实现答责,就必须将构成要件的实现进行前置。对此有两种不同的但是常常在非常相近的意义上使用的教义学构造:间接正犯与原因违法行为(actio illicita in causa)。在过失地引起正当化情形的场合,是否存在间接正犯是存在疑问的,因为如何能过失地利用他人作为工具呢?① 但在过失犯中,将与结果有因果关系的行为进行前置是毫无问题的。

我们首先讨论的,是基于利用正当化的工具实施的间接正犯这一教义学结构,能否解决故意引起法益冲突的问题。我们对前述案例作一些修正:医生明确知道子宫肌瘤已经深深地长在子宫里,不切除子宫就不能移摘除肿瘤。因为他知道有的女士会拒绝切除子宫,这在他看来这是不理智的。因此,他没有向他的病人告知这一事实,正如他明确说的那样,"这是为了她好"。

在这种修正情形下,即使医生明确地知道病人不会同意切除子宫,他在手术时的行为也是正当的。但可以考虑他的行为构成利用正当化的工具而实施的间接正犯,② 虽然作为间接正犯这种正犯类型的法定根据,《德国刑法典》第 25 条第 1 款明确规定的是"利用他人的行为",但这并不表示利用他人为工具是间接正犯的唯一形式。在《德国刑法典》第 25 条产生之

---

① 参见 Johannes (1963), 39 ff.
② BGHSt 3,4 (5f.); 10, 306 (307); Schönke/Schröder/Heine/Weißer § 25 Rn. 31 ff.; Lackner/Kühl-Kühl § 25 Rn. 4; Fischer § 25 Rn. 8; Baumann/Weber/Mitsch/Eisele AT 25/125 ff.; Jakobs AT 21/81 ff.; Maurach/Gössel/Zipf-Renzikowski AT/2 48/32 ff.; Roxin TuT, 167 f.; Welzel StrafR, § 15 II 4a.

前,间接正犯这一法律形象就已经被普遍接受了。事实上,究竟是行为人自己还是他人在正当化情形中实施行为并没有区别。例如,在本案中经过不充分的解释说明之后,由行为人还是另外一名同事来操刀做手术并没有区别。成立利用正当化的工具实施的间接正犯的关键,在于直接行为人的正当化行为能否被视为工具。①

4   之所以能将正当化的直接行为人视为工具,常见的理由是引起正当化前提事实的行为人使直接行为人陷入了受到强制的状态,在其中他必须选择实现构成要件,以使自己或其亲属远离更大的恶害。② 但这种情况只在少数正当化行为中才会出现,正当化的直接行为人是为了他人的法益而实施行为,那么,他在行为时从任何角度来看都具有自由意志,不能认为他是因为受到心理强制而被支配了。在另一些案件中,直接行为人虽然在心理意义上是自由的,但因在法律上负有义务而必须按照正当化事由背后的容许规范行事。例如,本案中,做手术的医生必须继续手术。他基于保护功能的承担而有义务这样做,而无法按照自己的想法选择中断手术还是继续手术。此时,在规范的意义上,也可以说他受到了引起此种正当化前提事实而使其负有此种法律义务之人的支配。但也存在任意地引起正当化前提事实的情况,此时既不存在心理意义上的强制,也不存在法律意义上的强制。例如,邻居恶意地激怒一只小狗,使一位女士不得不用手枪射杀了这只小狗,该女士的行为基于《德国民法典》第228条的规定被正当化,但她无论在事实上还是法律上都没有受到强制。这种情况下,(邻居)由于欠缺对工具的支配,不成立间接正犯。这个例子表明,尽管直接行为人实现构成要件的行为被正当化,但这不能证立直接行为人的工具性,也不能说明任意创设这种正当化前提之人具有犯罪支配。在我们所面对的这类疑难案件中,尽管经常会提及基于意志支配的间接正犯,但间接正犯这一法律形象并不能一般地解决我们的问题。

5   其次,我们讨论原因违法行为。这一教义学构造的基本考量在于无论是由行为人自己还是他人直接实现了构成要件,任意地引起正当化前提事实的行为要对被正当化的构成要件实现结果答责。为了证立这种答责性,并不要求在直接与间接行为人之间存在支配关系。该思想在法学理论的讨论中声誉不佳,因为它通常只在一种错误的例子中被讨论,即挑衅防

---

① 参见 Johannes (1963), 39 ff.; Stratenwerth/Kuhlen AT 12/42 ff.
② Randt (1997),47 (58 f); Welzel StrafR, § 15 II 4 a; Stratenwerth/Kuhlen AT 12/44.

卫,挑起侵害者意在基于紧急防卫由防卫者给侵害者造成伤害。① 正如我们前文所看到的,挑衅防卫的场合,挑衅者没有以答责的方式引起了正当化的情形。(参见本书第十五章边码 19 及以下数个边码)。

反对原因违法行为概念的观点认为,原因违法行为是自相矛盾的,因为它认为直接实现构成要件的行为既是合法的又是非法的。直接行为人实施的构成要件实现行为既然已经被正当化,那么,它就不能同时被视为前行为人的实现构成要件之既遂而被评价为违法。② 这一矛盾实际上并不存在,因为原因违法行为并不认为直接的构成要件实现是违法的。原因违法行为理论认为,直接实现构成要件的行为,不是证立违法性与归属的行为,而只是一项介于原因行为(actio praecedence)与结果之间的因果要素。结果的发生是多人共同作用的结果,其中只有一个行为符合构成要件且违法,而其余的行为则是合法的,这在日常生活中是常见的现象。例如交通事故案件中,只有一名参与者违反了他的注意义务,而其他人虽然参与交通活动而与违反义务者共同造成了结果,但对此没有责任。原因违法行为的特殊性在于合法行为与违法行为不是同时并行发生的,而是在违法行为之后出现在其所创设的因果链条之中,即由违法行为所引起的。因此,问题在于能否因为直接行为人实现构成要件的行为是合法的,就禁止回溯到该构成要件实现之前的行为,而将该行为视为违法的,并让处于因果链条前端的行为人对此答责,即禁止溯及(Regressverbot)的问题。

在行为人通过创设一般的生命危险来引起结果发生的场合,便存在这种禁止溯及的要求,对此适用的是笔者提出的连贯性要求(本书第四章边码 4)。③ 经典的案例是行为人基于杀人的故意给被害人造成了伤害,后者乘坐出租车去医院途中遭遇交通事故死亡。此时,行为人用刀捅被害人的行为创设了一个生命风险,如果该风险实现,则应肯定行为人的故意或过失

---

① NK-Paeffgen/Zabel Vor § 32 Rn.145 f; Schönke/Schröder/Perron § 32 Rn. 61; Fischer § 32 Rn. 46; Maurach/Zipf AT/1 26/42; Hirsch BGH-FG (2000), Bd. IV, 199 (211 f.); Otto, AT 8/83; Roxin AT/1 15/75.

② Roxin AT/1, 15/68; ders. ZStW 75 (1963), 541 (545 ff.); ders. ZStW 93 (1981), 68 (91); ders. JZ 2001, 667; Jäger, JR 2001 512 (514)主张,不能通过非正当的前行为证立不法的理由,在于它欠缺可归属的结果无价值。他所依据的是行为无价值与结果无价值相互抵消的模型。建构客观不法的,并非仅仅是结果本身,而是引起结果的所有客观条件。这对于在冲突情境下行使紧急权的直接行为人与以归属的方式引起这一冲突情境的前行为人是不一样的。因此,同样的实害结果对于后者而言可以建构客观不法,而对于前者则否。

③ NK-Puppe Vor § 13 Rn. 237 ff.; dies. ZStW 99 (1987), 595 (608 ff.); dies. Bemman-FS (1997). 227 (231)=Analysen (2006), 169 (174).

责任。在该行为所造成的后果中,对于后续因果链条的形成所必要的仅仅是这样一个事实,即被告人在特定的时间乘坐特定的出租车行驶在特定的车道上,这一后果的危险性在结果中实现了。但由于乘坐出租车这种一般的生活风险是被允许的,任何人基于任何理由、采取任何手段都可以创设这种风险。该风险的允许性就发生了禁止溯及的效果,当个案中某人以不被允许的方式,如通过具有生命危险性的捅人行为引起这种风险。①

8　　如果禁止溯及也适用于被正当化的风险时,那么,原因违法行为理论便不成立了。被正当化的风险与一般上被允许的风险是不同的,后者是为了保障普遍的行动自由而无条件地被肯定的,而被正当化的风险则是为了对法律上受保护之利益的冲突作出决断,使行为人有权按照法秩序的意义两害相权取其轻,阻止更为严重的恶害。但是法秩序授予(行为人)此权限并不意味着它对引起这种冲突情境也表示赞同。②(引起法益冲突)仍是不被允许的。尽管直接的构成要件实现行为被正当化,但连贯性要求仍然满足。③ 因为为了解释会实施被正当化的行为之原因,不被允许的法益冲突状态始终是必要的。

9　　因此,引起正当化前提事实的行为不能适用禁止溯及规则,这与将人作为工具进行支配毫无关系,与行为人采取了其他行为选择也没有关系,④行为人所操纵的并非人而是"法"。因此,虽然介入了他人的正当行为,且该他人在作出行为决定时是完全自由的,即他完全可以不实施该行为,也不能否定行为人对结果的答责性,引起正当化前提事实之人要对他人通过正当化行为所造成的结果答责。原因违法行为而非间接正犯才是此种情形的正确表述。⑤ 人们当然可以提出质疑,在过失引起正当化前提事实时,是否有必要讨论原因违法行为这一特殊的归属模型,因为在过失犯中,证立责任的行为理论上完全可以任意地向前延伸。但无论如何,即使在过失犯中,原因违法行为这一概念解释了为什么这里不能适用禁止溯及规则。

---

① 通说借助因果流程重大偏离概念来解决这一问题。参见 BGHSt 23, 133(135); 7,325(329); Frisch (1988), 575 ff.; Maurach/Zipf AT/1 23/28.

② NK-Puppe Vor § 13 Rn. 15.

③ 详见 Puppe Küper-FS (2007), 433 (444 f.) 也参见 Küper (1983), 42 f.

④ 但持这一观点的 Jakobs AT 21/81.

⑤ 原因违法行为既非间接正犯,也非原因自由行为。但与 Küper (1983), 61 中的观点不同,这并非拒绝将实行行为前置于违法原因并只承认构成要件实现的过失归属的理由。以法所不允许的方式引起紧急情状,在这种紧急状况下,法秩序允许通过损害较小的利益以保护较大的利益,当这种对法的操纵是故意实施时,则可以证立未遂的刑事责任。(Puppe Küper-FS (2007), 443 (449))

在开头的案件中,医生对于病人失去子宫要承担过失身体伤害的刑事责任,因为他过失地创设了正当化的前提事实即内部的法益冲突,在冲突中他被允许选择相对较轻的恶害,即切除子宫,从而避免相对较大的、必须进行二次手术的风险。造成这种正当化前提事实的原因是医生没有向病人作出充分的解释说明,这一行为不是合法的。

通过创设正当化前提事实来引起正当化的行为,应区别于通过协助冲突解决来引起正当化行为的情形。提醒救援者注意到,存在需要牺牲他人的法益才能救援的危险,该提醒者的提醒也可以基于紧急避险被正当化。

二、程序性正当化事由中的原因违法行为——特殊垃圾案(二)(《联邦法院刑事判例集》第 39 卷,第 381 页)

案情(略),详见第 219 页。

本判决针对的是技术鉴定员的刑事责任,一种是与申请者存在共谋关系时,则两人构成《德国刑法典》第 330d 条第 5 项的共同正犯;而另一种可能则是申请者是基于善意使用许可的,对此,判决进一步指出:

在这种情况下,被告人则构成间接正犯(《德国刑法典》第 25 条第 1 款第 2 支项)。

审判委员会赞同通说的观点,在出具实质错误、但行政法上有效的许可的情况下,直接行为人大多认为自己的行为是合法的,本案搁置了这个问题——是出具许可的公职人员所利用的工具,因为公职人员故意地违反环境法的实体性规定授予许可,该行为为引起构成要件结果解开了关键性的"法律限制"。相反的观点则认为,因为完全取决于获得许可者决定要不要执行这一许可,公职人员欠缺必要的犯罪支配,但这一反驳并不成立。

在何种条件下,可以认为是"利用他人"实施犯罪,这显然是一个价值判断问题,其中过渡是连续的。一名公职人员故意地违反环境法的规定出具许可,能否实施破坏环境的行为取决于这一许可,为他人善意地实施破坏环境、实现环境犯罪的构成要件的行为提供机会,显然没有令人信服的理由否定将其归属为正犯。因为从公职人员的视角以及客观上看,已经实施的环境破坏是他的作品,他虽然不是绝对的驱动力,但他由于在事实上与法律上掌控着整个事件而发挥着核心的作用。①

13 无论是"被取消的限制"②这样有倾向性的描述,还是同样具有倾向性的公式——犯罪能否实施"取决于"许可,③抑或是呼吁适用评价性的考察视角,将违法出具许可的公职人员作为事件的"核心角色",这些都无法掩盖本案中并不存在得到普遍认可的间接正犯形态。因为获得许可者在决定要不要执行许可时是完全自由的,他也没有处于授予许可者的意志支配之下。④ 他也没有受到错误支配(Irrumsherrschaft),尽管他在获得许可时就产生了自己的行为是符合环境实体法的认识错误。因为这种错误不能决定其行为的合法性。他的行为之所以合法,是因为发布的许可是有效的。该错误或许对他而言具有道德上的重要性,但却没有刑法上的重要性,⑤因此,本案判决的这一结论在理论上被否定。⑥

14 本案虽然不符合间接正犯这一法律形象,⑦但其结论不是错误的。要证立追究合法结果的直接引起者背后之人的责任这一"要求溯及"(Regressgebot),还存在其他的可能性:原因违法行为。获得许可者的行为可以是合法的,但是证立其行为合法性的许可却是以违法的方式授予的,因为授予许可违反了限制公职人员决定权限的环境刑法规范。此时,法秩序也在解决一个冲突,为维护许可的存在效力而将获得许可的行为正当化,但是该冲突的产生却是法秩序所不认可的。这个冲突存在于经由形式程序而作出之决定的存在效力与该程序原本应当实现的实体法目标之间。明确的是,如果单个决定的存在效力都要取决于其实体上的正确性,每个人都有权且有义务对其实体上的正确性进行审查,那么,形式化的决定程序是完全不能实现实体法目标的。法秩序不得不肯定通过形式程序所作出之决定的存在效力来解决这场冲突,但这不意味着作出决定者对法律的违反也被正当

---

① BGHSt 39, 381 (388 f.).

② BGHSt 39, 381 (388); 进一步参见 OLG Frankfurt NJW 1987, 2753 (2757); Rudolphi Dünnebier-FS (1982), 561(565 f.); Horn NJW 1981, 1 (4); Winkelbauer NStZ 1986, 149 (151).

③ BGHSt 39, 381 (389): 进一步参见 Horn JZ 1994, 636.

④ 参见 Immel (1987), 161; ders. ZRP 1989, 105 (107); Tröndle Meyer-GS (1990), 609 (614); Otto Jura 1991, 308(314 f.); Schall JuS 1993, 719 (721); Michalke NJW 1994, 1693 (1697); Schirrmacher JR 1995, 386 (389).

⑤ Schünemann wistra 1986, 235 (240); Schall JuS 1993, 719 (721).

⑥ Randt (1997), 101 f.; Schirrmacher JR 1995, 386 (389 f.); Wohlers ZStW 108 (1996), 61 (71f.); 进一步参见 Immel (1987), 153; ders. ZRP 1989, 105 (107).

⑦ Schönke/Schröder/Heine/Hecker Vor § 324 Rn. 35; Wohlers ZStW 108 (1996), 61 (64 ff.); Schirrmacher JR 1995, 386 (389 ff.).

化了。他之所以要对其决定所造成的实质违法后果答责,不是因为他支配与操纵了执行许可的获得许可者,而是因为他支配与操纵了法秩序,他没有受到强迫却引起了冲突,法秩序在该冲突中不得不选择侵害一般上受到保护的法益。①

长期以来,在程序性的正当化事由中,存在要求溯及的案例,但这些案例错误地选择了在利用正当化工具的间接正犯而非原因违法行为这一范畴下讨论这一问题。在这类案件中,通过形式程序作出决定的公职人员是欺骗公职人员的幕后者的工具。因此,当幕后者欺骗法官说被告人有责任或者有犯罪嫌疑,法官基于此而作出判决或者羁押命令时,就构成了间接正犯形式的非法拘禁。② 诉讼诈骗被称为以间接正犯形式实施的诈骗,因为行为人对其请求权成立的事实前提进行了欺骗,利用法官作为工具给他的诉讼相对方造成了损害。只有当法官或者公职人员基于该虚假陈述必须作出这样的决定,这种界定才是正确的。但是如果法官或者公职人员有一定的裁量空间,就没有被欺骗者所支配,也便不是他的工具。

事实上,这也是原因违法行为。③ 欺骗者通过欺骗行为引起了实体法与程序法对该实体法的实施之间的冲突,法秩序为了保证法律实施的一般可能性,而作出了不利于法在个案中实施的决定。虽然这种冲突也可能通过自然的方式,即没有参与者的违法行为也能产生,但这不能改变该冲突是以违法方式引起的事实,只要通过虚假的陈述创设了违反实质法律状况的决定具备形式合法性的条件。

恰恰是在程序性正当化事由中,必须借助原因违法行为的概念证立此时适用的不是禁止溯及(Regressverbot)规则,而是要求溯及(Regressgebot)规则,即必须溯及至被正当化行为之前的行为。之所以要求溯及,仅仅是因为行为人违法地引起了冲突,因此,无论后行为人是否因为该冲突的引起而受到了支配,他依法有义务作出实质上错误的决定或行为,都可以适用要求溯及规则。与利用正当化工具的间接正犯这一法律形象相比,这是原因违法行为概念在理论与实践上的优势。原因违法行为的教义学结构不会因为行为人没有对正当化的工具进行支配而受到批评。

---

① Puppe Küper-FS (2007), 443(450).
② BGHSt 3, 4 (5); 10,306 (307); Schönke/Schröder/Eser/Eisele § 239 Rn. 10; Baumann/Weber/Mitsch/Eisele AT 25/127; Jescheck/Weigend AT § 62 II 3; Kühl AT 20/57 f; Welzel, StrafR § 15 II 4a.
③ Puppe Küper-FS (2007), 443(450 f.).

三、原因违法行为与紧急防卫——钢棍案(联邦法院:《新刑法杂志》2001年刊,第143页)①

18　　被告人接到一个任务,朝被害人 M 的腿部开枪射击。雇凶者之前在斗殴中被 M 所伤,他因此想向 M 复仇。被告人以非法的烟草交易为借口把 M 引到一个偏僻处,他知道 M 比自己强壮,因此,打算先突然袭击 M 将其打倒在地,然后再用霰弹枪朝 M 的膝盖射击。但 M 及时察觉了被告人的计谋,先用自己的钢棍将被告人打倒在地。M 大喊"你这个混蛋,老子要杀了你",他挥舞着钢棍朝躺在地上的被告人俯下身子。被告人为了活命只好用上膛的霰弹枪朝 M 的胸口开枪,M 当场死亡。

　　联邦法院在判决中承认,被告人朝 M 开枪致其死亡的行为成立紧急防卫而被正当化。他必须保护自己的生命免受 M 迫近的不法侵害。在这种情况下,不涉及挑衅防卫中对紧急防卫权的限制。在法律上,任何人都没有义务坐视自己死亡。因此,联邦法院撤销了被告人成立故意伤害致死罪的判决。

19　　但联邦法院认为被告人挑起了对 M 的侵害,成立过失致人死亡罪。理由如下:

> 致命的开枪射击是在紧急防卫的情形下做出的,但这不能否认过失致人死亡罪刑事责任的成立。因为同一个行为不能同时既是合法的又是违法的,由于防卫手段是被允许的,由此所创设的危险本身便不能证立过失非难。但是当过失非难针对的是该行为之前的违法行为时,则有所不同。通过违法的前行为引起了致死的暴力冲突,在紧急防卫的情况下打出致命的一枪,其行为可以成立过失致人死亡罪而受到处罚。本案中存在这样的危险,因为按照他整体的行动计划,被告人先以非法烟草交易的借口引出 M,再用霰弹枪给他造成身体伤害。②

20　　此前,联邦法院一直在旗帜鲜明地反对原因违法行为概念,尤其是在挑衅防卫中。③ 尽管没有明说,但它在本案中却使用了此概念。因为通过被

---

① BGH Urteil v. 22.11.2000-3 StR 331/00, Anm. Eisele NStZ 2001, 416; Anm. Martin NStZ 2001, 512; Anm. Roxin JZ 2001, 667; Anm. Jäger JR 2001, 510; Anm. Engländer Jura 2001, 534; Anm. Utsumi Jura 2001, 538.
② BGH NStZ 2001, 143 (145).
③ BGH NJW 1983, 2267; NStZ 1988, 405 (401); NStZ 1989, 113 (114).

告人对 M 的侵害行为过失地引起了紧急防卫情形,就是他在紧急防卫情形下杀人的违法原因。联邦法院因而推翻了此前对原因违法行为的批评,认为这一概念会带来矛盾,即将行为人的防卫行为或者该侵害结果既评价为合法又评价为非法(参见本书第十五章边码 7、8)。不过,按照笔者的观点,溯及至违法原因只能将防卫造成的结果归属于过失,而按照联邦法院的观点,在故意挑衅的场合,因为联邦法院对结果的故意归属和过失归属中提出了相同的条件,便应将结果归属于故意。

虽然没有明说,但联邦法院之所以转变观点的原因,或许在于判决与文献以往在解决防卫权与被侵害者对侵害的共同答责性之间冲突时,所使用的方法在本案中显然失灵了。首先,本案中显然不能认为为自己的生命安全感到担忧的被告人不具有防卫意志,①这种化解冲突的方法(即看防卫者是否具有防卫意志)之所以失灵,是因为紧急防卫的成立并不取决于防卫意志(本书第十三章边码 5)。其次,在少数不太疑难的案件中,否认防卫动机意义上的防卫意志甚至还会带来不利于被告的结果。正如法院指出,②本案并非有目的地挑起他人的攻击,从而使被害人能在紧急防卫的情形下合法地杀死 M,因为被告人只是想给 M 造成伤害,在自己生命受到威胁前都没有想要杀死他。而且即使承认被告丧失了防卫权,③他也没有被置于完全不受法律保护的境地。最后,从要求性(Gebotenheit)④的角度来看,也不能因先前过错而产生回避义务或者其他对紧急防卫权的限制。被告人不可能不冒着生命危险而回避 M 的致命侵害或使用危险较小的防卫手段,只有基于过失的原因违法行为概念,才能让被告人对由其基于伤害故意引发的肢体冲突所造成的死亡结果答责。

恰恰是在挑衅防卫中,使用原因违法行为这一法律形象受到了判决和文献的极大抵制。在其他违法阻却事由中,则不必提及原因违法行为(本书第十五章边码 1 以下),就能简单地追溯正当化事实发生之前的行为;因而对原因违法行为的研究几乎都集中在了紧急防卫上,并且被通说

---

① 在受到侵害的挑衅者欠缺防卫意志时,原则上想要排除防卫权的:BGH MDR 1954, 335; BGH NJW 1983, 2267; Blei AT § 39 Ⅱ1; Kratzsch (1968), 39.
② BGH NStZ 2001, 143.
③ SK-Hoyer § 32 Rn. 84 ff.; NK-Kindhäuser § 32, Rn. 121 ff.; Schönke/Schröder-Perron § 32, Rn. 55 ff.; Kratzsch (1968), 39; Roxin AT/1 15/65 ff.; ders. JZ 2001, 667; Wessels/Beulke/Satzger AT Rn. 534. 关于挑衅防卫时限制防卫权理论的发展与观点现状详见 Stuckenberg JA 2001, 894。
④ Jescheck/Weigend AT § 32 III 3a.

所否认。① 挑衅防卫与其他引起正当化前提事实行为的区别,在于在挑衅行为与被正当化的法益侵害结果之间,始终会介入法益最终受害者(即被挑衅者)的决定,他因受到挑衅而决意实施侵害并违反法律。挑衅者任意地引起了正当化的前提事实,在这种情况下若自己或第三人给被挑衅的侵害者造成损害,则挑衅者必须对此答责。被挑衅者没有成为挑衅者的工具,这一事实不是否定挑衅者答责性的理由。因为如前所述(本书第十五章边码3以下),将结果归属于原因违法行为,与间接正犯是不同的。挑衅者并不是直接引起防卫的前提事实,被挑衅者对冲突的产生也有"贡献"的,但这一事实不能排除挑衅者的答责。一旦开始追溯正当化行为之前的行为,那就显然没有理由停止在直接引起正当化前提事实的行为上。如果多人前后相继地引起了紧急避险的前提事实,从而使他们中的一人或者其他人为了保护显著优越的利益而损害他人的法益,那么,他们都可以基于故意或过失的原因违法行为而对结果答责。

23　而挑衅防卫与这种情况存在两点根本区别:第一,被挑衅者(即侵害者)自己对于正当化前提事实的产生作出了主要贡献,(如果在挑衅防卫中适用原因违法行为),如果他同时也受到原因违法行为这一归属模型的保护,那么,他将受到免于自陷危险的保护。第二,自陷危险行为本身是无条件地被禁止的,而不取决于自陷危险的效果,是因为该(自陷危险的)行为同时侵犯了他人的权利。法秩序禁止这种自陷风险的行为已经给予了被挑衅者以足够的保护。因此,当防卫者为了制止侵害而采取必要的手段时,对于被挑衅的侵害者没有创设任何不法。② 这是原因违法行为这一归属模型不能适用于挑衅防卫的真正原因。如果被挑衅者欠缺责任能力,则可以适用间接正犯的模型。[边码23-24两段普珀教授解释了挑衅防卫与其他引起正当化前提事实行为的区别。尽管挑衅防卫中,防卫者的挑衅行为也引起了被挑衅者的不法侵害,但原因违法理论不适用于挑衅防卫。其理由是,在紧急防卫的场合,侵害者的不法侵害同时也是一种自陷危险行为,侵

---

① BGH NJW 1983, 2267; BGH JR 1984, 205 (206); BGH NStZ 1988, 405 (41); NStZ 1989, 113 (114); NK-Paeffgen/Zabel Vor § 32 Rn. 145 a ff., 147f.; NK-Kindhäuser § 32 Rn. 123, 130; LK-Rönnau Vor § 32 Rn. 104; Otto, AT 8/83; Constadimidis (1982), 52 ff.; Roxin ZStW 75 (1963), 541 (568); der. ZStW 93 (1981). 68 (91); ders. AT/1, 15/68; ders. JZ 2001, 667; Rudolphi JuS 1969, 461 (465).

② 类似的观点 Roxin JZ 2001, 667 (668); ders. AT/1 15/65ff.但他必须回答的问题是,这与他在挑衅防卫时主张限制防卫权,在有目的地进行挑衅时主张应排除防卫权的观点如何相协调。LK-Rönnau § 32 Rn. 251 中提到了更多的理由。

害者使自己陷入防卫行为所带来的危险之中的行为。法律通过禁止实施不法侵害行为,就足以保护侵害者陷入这种风险之中,而不需要另外通过原因违法行为理论,将防卫所造成的损害后果归属于挑衅者来保护因防卫行为受损的侵害者。——译者注]①

本案中,被告人不是基于原因违法行为规则而对 M 的死亡结果答责的。因为被告人针对他的侵害已经被终局性地制止,M 第二次挥舞钢棍的行为已经不能基于紧急防卫而被正当化了,他成立严重的故意伤害罪的未遂。而只有当被告人根据《德国刑法典》第 33 条的规定,因存在弱情绪冲动而被免责,M 面对过当防卫才会陷入不受保护的境地,因为第一侵害者也要对该弱情绪冲动的产生答责。② 而对于超出《德国刑法典》第 33 条免责的防卫过当范围之外的复仇行为,第一侵害者则不必答责。因此,针对尚在紧急防卫权范围内所实施之侵害进行防卫而造成的后果,不能根据原因违法行为的规则归属于被告人。

如果挑衅者向被挑衅者就被侵害者所可能采取的防卫手段进行了欺骗,被侵害者有可能是挑衅者本人也有可能是第三人,那么,始终可以考虑适用间接正犯这一归属模型,因为被挑衅者对自陷之风险的大小产生了认识错误。但正如所有参与他人的自陷危险以及同意他人造成危险一样,第三人的答责性取决于自陷危险者是否值得且需要保护。与其他参与者相比,自陷危险者存在的认知欠缺能够证立这种当保护性与要保护性,但并不总是如此。③ 当被挑衅者使自己陷入危险的行为本身因为侵害了他人的权利而被禁止,就会排除这种当保护性与要保护性。即使他对自陷之危险的大小作了不正确的估计,禁止实施该行为的规范本身就足以保护他免于自陷危险。侵害者通过实施侵害,在被侵害者实施防卫所必要的范围内,他就放弃了自己法益的保护。他相信防卫者没有能力与可能性来行使自己的紧急防卫权,而这种信赖是不值得保护的。④

在(紧急防卫)冲突中,法秩序选择牺牲侵害者的法益维系紧急防卫权,只要该法益侵害对于防卫是必要的,因此,侵害者单独对该冲突答责,此时并不存在因挑衅而限制紧急防卫权的规范基础。⑤ 针对被挑衅者行使紧

---

① Schönke/Schröder-Heine/Weißer § 25 Rn. 46; Jakobs AT 21/99.
② Jakobs AT 20/34.
③ NK-Puppe Vor § 13 Rn. 188.
④ Puppe Küper-FS (2007), 443 (451 f.).
⑤ 对这种限制的批评 NK-Paeffgen/Zabel Vor § 32 Rn.146 f.; Baumann/Weber/Mitsch/Eisele AT 15/56 f.

急防卫权保护自己或他人法益的(可能是挑衅者自己),这虽然让人厌恶,但并不影响对防卫权之判断。因为不法是否存在,并不取决于行使防卫权者是否是以"纯洁的方式"捍卫权利(法)的,①而仅仅取决于他是否以必要且被允许的手段进行防卫。只要他在必要且允许的范围内行使紧急防卫权,那么,无论被侵害的挑衅者以何种主观态度行使紧急防卫权,紧急防卫者都没有对侵害者创设不法。

27 当侵害行为仅仅是针对挑衅者自己的法益而实施的时候,从先前的挑衅行为中产生的对防卫权的唯一限制在于回避义务。回避义务的理由在于挑衅者自己先行打破了法安定(本书第十二章边码 19 以下),但这只有当挑衅行为本身也构成对被挑衅者权利的侵害时,才存在这种回避义务。②

四、实际适用的提示

28 原因违法行为是一种独立的归属模型,而非间接正犯的特殊形态。原因违法行为的行为人操纵的不是被利用者的合法行为,而是法本身。他以可归属的方式引起了紧急情况,在该情况下,法秩序允许甚至要求直接行为人紧急地实施法益侵害行为。因此,尽管直接行为人合法地引起了结果发生,但这并不妨碍认为幕后者违法地引起了结果因而要将结果归属于他(要求溯及)。即使直接行为人没有受到幕后者的支配而成为他的工具,直接行为人作为受威胁法益的主体可以自由地决定是否行使正当化事由所赋予他的权利,这也不妨碍将结果归属于幕后者。

29 只有当引起法益侵害结果的行为是在法益冲突中实施的,且该冲突使这一行为基于紧急权而被正当化时,才需要考虑基于原因违法行为肯定可罚性。因此,首先要审查的是直接行为人的正当化,只有当正当化成立时,才需要基于原因违法行为审查行为人本人或者第三人的事前行为。

30 此时的问题便是,行为人自己或者第三人是否要对法益冲突的产生答责。因为法秩序本身只是允许甚至要求直接行为人以不利于侵害方利益的方式解决冲突,但并不赞同冲突本身的出现。对该紧急状况的反对证立了对幕后行为的溯及要求,故意或过失地引起紧急避险状况之人,应该对该冲突情况的产生答责。

---

① 但持这种观点 BGHSt 24, 356 (359); NK-Kindhäuser § 32, Rn. 122; Otto Würtenberger-FS (1977), 129 (144f.); Roxin, AT/1 15/61; ders. ZStW 75 (1963), 541 (566 f.).

② OLG Hamm NJW 1977, 590 (591); Schönke/Schröder/Perron § 32 Rn.59; Jescheck/Weigend AT § 32 III 3a; Kühl AT 7/215; Lenckner JZ 1973, 253 (254 f.); Schumann JuS 1979, 559 (564); Roxin ZStW 93 (1981), 68 (93); ders. AT/1, 15/69

只要侵害者是有责任能力的,原因违法行为这一模型就不再适用于挑衅防卫。在紧急防卫这种法益冲突中,被侵害者被允许以不利于侵害者的方式解决这一冲突。一个违法且有责的侵害者应当自行对紧急防卫中的法益冲突答责,即使他的侵害行为是受到挑衅的,当挑衅者与被侵害者同一时,亦是如此。

第一编　结果归属的基础理论

第二编　故意犯的构成要件

第三编　构成要件实现的正当化

第四编　责任与免责

第五编　未遂

第六编　犯罪参与的形式

第七编　竞合理论

第十六章　行为责任与行为时间
——原因自由行为

一、原因自由行为的结构——醉酒驾驶案(《联邦法院刑事判例集》第 42 卷,第 235 页)①

被告人在长途驾驶期间购买并喝下了大量的酒,他按照之前的计划在没有驾驶能力的状态下继续驾驶。联邦法院认为,被告人在行为时欠缺责任能力,并拒绝对醉酒驾驶这一罪名适用两种版本的原因自由行为(理论)。

行为人预期自己会在无责任能力的状态下实施犯罪,而自己仍然通过任意的行为,尤其是通过吸食毒品等方式,使自己丧失责任能力。在这类案件中,为了证立行为人的刑事责任,理论上存在两种论证模型——例外模式和构成要件模式。按照所谓的例外模式,即只有行为人的责任被提前至使自己陷入酩酊状态的行为时,责任与构成要件行为同在的原则例外地被放弃。② 对于这一模式,联邦法院认为:

> 《德国刑法典》第 20 条明确规定,"在实施犯罪时"必须存在责任能力,例外模式与第 20 条的文义明显不符。基于这一理由,原因自由行为不能被视为法官造法所形成的同时原则之例外或者习惯法,这两种解释都与《德国基本法》第 103 条第 2 款禁止不利于被告的习惯法

---

① =MDR 1996, 1276=NZV 1996, 500=NJW 1997, 138=StV 1997, 21 mAnm Neumann=JuS 1997, 377 mAnm Martin=VRS 92, 211=NStZ 1997, 228=JR 1997, 21. 判例的讨论参见 Ambos NJW 1997, 2296; B. Hardtung NZV 1997, 97; Horn StV 1997, 264; Hruschka JZ 1997, 22; Spendel JR 1997, 133; Wolff NJW 1997, 2032; Otto Jura 1999, 217.

② LK-Schöch, § 20 Rn.195; Lackner/Kühl-Kühl § 20 Rn. 25; Neumann (1985), 275 (276 ff.); ders. Art. Kaufmann-FS (1993), 581 (590); Kindhäuser (1989), 300; Jescheck/Weigend AT § 40 VI 2; Stratenwerth/Kuhlen AT 10/48; Kühl AT 11/18; Otto Jura 1986, 426 (429 f., 431); ders. AT 13/24 ff.; Hruschka JZ 1989, 310 (311); ders. StrafR, 294.

相悖。《德国基本法》第 103 条第 2 款不仅适用于个别罪名的解释，也适用于刑法典总则一般规定的解释。①

3　例外模式不仅与法条文义相悖，也与将责任理解为行为责任的概念相悖。责任非难的对象是客观与主观构成要件所构成的犯罪行为(Tat)。脱离构成要件实现的责任必须找到其他的连接点，如公民违反保护义务，或者违反了应避免使自己丧失实施答责行为能力的义务。例外模式的主张者常常以行为人违反保护义务，因而行为人不得援引《德国刑法典》第 20 条的规定辩解自己在行为时欠缺责任能力。这样虽然通过提出一个后设规则(Metaregel)解决了与第 20 条之间的逻辑矛盾，但从中所产生的了也已经不再是一个有责的构成要件实现行为。②

4　例外模式的典型特征是，在行为人引起自己无责任能力的状态时，从中无法看出他与构成要件实现之间应当具有何种关系。他必须事先就计划好要实现构成要件呢，还是他或多或少预见到自己会实现构成要件，甚至只需要他对此能够预见到呢？最终该模式将意味着当行为人违反了维持责任能力的义务时，他将失去主张《德国刑法典》第 20 条进行抗辩的权利，并且仅仅是过失地违反这种义务也有可能失去这项权利。③ 借助这一模式无法证立行为人是有责地实现了构成要件。

5　原因自由行为的经典模式，则是将整个构成要件实现提前至引起责任能力丧失的时间点上，只要行为人在这个时间点上已经具有了实现构成要件的故意，这是所谓的构成要件模式。在这一条件下，原因自由行为的结构类似于间接正犯，即行为人利用自己作为无责任能力的工具。④ 在此之前，联邦法院曾经认可了通过此模式来证立可罚性的做法。⑤ 而本案中，联邦法院也并非完全否定了这一观点，而只是认为这一模式不能适用于在客观构成要件中描述了特定的行为方式，而非仅仅要求引起了不法结果的罪

---

① BGHSt 42, 235 (241).
② Puppe JuS 1980, 346 (347); Roxin Lackner-FS (1987), 307 (309 f.).
③ Hruschka JZ 1989, 310 (314); ders. JZ 1997, 22 (25 f); ders. AT, 304 ff., 310
④ SK-Rogall, § 20 Rn. 72; NK-Schild § 20 Rn.112; Roxin, Lackner-FS (1987), 307 (314f.); ders. AT/1 20/61; Hirsch JR 1997, 391 (392); der. NStZ 1997, 230 (232); ders. Nishihara-FS (1998), 88 (95f.); Spendel JR 1997, 133 (134); Puppe JuS 1980, 346 (348 f.); Baumann/Weber/Mitsch/Eisele AT 17/37 ff.; Jakobs AT 17/57 u. 64.
⑤ RGSt 22, 413 (415 f.); BGHSt 17, 333 (334); 21, 381 f; 34, 29 (33); BGH NStZ 1999, 488f; NStZ 2000, 548 (585). Hors StV 1997, 264 曾预测，本案是原因自由行为理论结束的开始，但该预测并没有实现。

名。理由如下：

《德国刑法典》第 315c、316 条，《德国道路交通法》第 21 条等构成要件所禁止的，不仅仅是引起一个可与行为相分离的结果的行为。在这些构成要件中，如果行为人在实施真正的构成要件行为时处于完全酩酊状态下，则不能借助原因自由行为的概念证立有责的犯罪。

《德国刑法典》第 315c、316 条，《德国道路交通法》第 21 条所规定的交通犯罪成立的前提，是行为人"驾驶"机动车。但驾驶机动车不能等同于"引起了位移"，驾驶机动车是从汽车起步开始的，行为人只是以将要行驶的目的、发动引擎打开转向灯还不够。从这样的构成要件描述就可以否定通过行为时间前置来进行的（可罚性）扩张。因此，行为人在存在驾驶意愿的情况下使自己陷入酩酊状态，还不能视为醉酒驾驶的起点。

基本基于同样的理由，即使将原因自由行为视为间接正犯的特殊形式，即行为人利用自己作为实施犯罪的工具，也不能将原因自由行为适用于醉酒驾驶和危害交通安全犯罪中。即使不考虑这种证立模式存在根本性疑虑，根据这一模式，其构成要件行为应当是使自己陷入酩酊状态。但使自己陷入酩酊状态的行为，还不是驾驶汽车的行为。①

以上论述一言以蔽之："喝酒不等于开车"。但是喝酒同样也不是强制、拿走、虐待、损害财物、对建筑物纵火的行为。② 如果是这样，原因自由行为这一结构就没有必要存在了。原因自由行为理论认为，对于构成要件行为的描述可以分为结果和结果的引起两个部分。当然这并不是说，任何一个引起结果的行为都实现了构成要件，否则，就无所谓区分预备与未遂了。描述构成要件行为的功能，在于确保只有从故意犯罪实行行为的起点开始，引起结果的行为能被涵摄于拿走、强制、虐待、纵火这些行为描述之下。③

这正是原因自由行为经典模式的出发点。该模式试图论证，尽管喝酒行为本身不能被涵摄到任何构成要件描述之下，但行为人有认识地使自己陷入无责任能力的状态，他在计划实施犯罪时有认识地放弃了对自我行为

---

① BGHSt 42, 235 (239 f.).
② Hirsch NStZ 1997, 230 (231); Oo Jura 1999, 217 (218f.).
③ Otto Jura 1999, 217 (218).

决意的支配,此时他就已经进入了犯罪的实行阶段。① 这与间接正犯的归属模型相似,间接正犯的归属模式是将实行阶段的起点提前至利用行为的时间点(参见本书第二十章边码 28 及以下数个边码),而利用行为本身也不能被涵摄在构成要件描述之下。尽管间接正犯将实行阶段的时点提前在《德国刑法典》第 25 条中可以找到现行法的根据,但现行法作此规定之前,该归属模型就已经得到普遍的承认。没有理由认为,这种(实行阶段的)前置只存在于行为人利用他人为工具实施犯罪中,而不能存在于利用自己为工具实施犯罪时。②

帕夫根反驳道,因为在麻醉品作用下,行为人的行为可能和他在清醒状态下所决定或预期的完全不同,其无法充分地支配作为工具的自己。③ 但这一反驳对于大多数利用他人为工具实施犯罪的情况也同样适用,当间接正犯对被利用者没有以即时的生命或身体伤害相威胁,而只是欺骗或者使其醉酒丧失责任能力时,他对于被利用者的支配程度,并不比行为人基于原因自由行为对自己所进行的支配程度更高。

9 联邦法院在本案判决中基本上没有对上述模式提出质疑,因此,他认为,"驾驶机动车"并非始于发动引擎、亮起转向灯,而始于使机动车移动。联邦法院只是认为,在以无法安全驾驶的状态下驾驶汽车的罪名中,不能将对构成要件行为的描述与结果的引起完全割裂开来。但是这一关键论点并没有详加论述,法院甚至拒绝采用一些学者主张《德国刑法典》第 315c 条是亲手犯的观点。④ 其中,不适格的驾驶者在驾驶汽车这一状态首先是一种不法结果,即对其他交通参与者的生命、身体健康与财产的抽象危险,这种抽象危险在偶然的条件下会演变成具体危险甚至实害。⑤ 这种状态无论由谁引起,都构成了客观不法。因此,本罪与大部分的实害犯一样都可以被理解为结果犯,其不法内涵无非在于两个方面:构成要件中所描述的结果,以及行为人引起该结果的行为。因此,主张《德国刑法典》第 315c 条属于亲手犯,原因自由行为不能适用于此构成要件,这一没有被联邦法院所

---

① Puppe JuS 1980, 346 (348 f); Hirsch NStZ 1997, 230 (231); ders. Nishihara-FS (1998), 88 (97ff); Jakobs Nishihara-FS (1998), 105 (119); Roxin Lackner-FS (1987), 307 (313 ff.); ders. AT/1 20/61; Schlüchter Hirsch-FS (1999), 345 (355 ff.).

② Puppe JuS 1980, 346 (348 f); Roxin Lackner-FS (1987), 307 (315); Hirsch NStZ 1997, 230 (231); ders., Nishihara-FS (1998), 88 (97 ff.).

③ NK-Paeffgen Vor § 323 a Rn. 7 mwN; ders. ZStW 97 (1985), 513 (518 f.).

④ LK-König § 315 c Rn. 2; Lackner/Kuhl-Heger § 315c Rn. 4; Roxin Lackner-FS (1987), 307 (317 f.); B. Hardtung NZV 1997, 97 (100) mwN; Neumann StV 1997, 23 (25);Jakobs AT 17/67.

⑤ Spendel, JR 1997, 133 (136).

采纳的论证也错误地理解了本罪构成要件的不法内涵。①

由于《德国刑法典》第315c条并非身份犯,能考虑的只能是个别的亲手犯形式,这些亲手犯通常以具备特殊的、独立于结果的行动无价值(Aktunwert)②——过去称之为不纯洁的行为(unreinen Akt)——为基础。我们姑且不考虑这种犯罪形式在经历过启蒙的现代刑法学中是否还有立足之地的问题,③在无安全驾驶能力的状态下,驾驶机动车本身也绝不是一种不纯洁的行为,从理性角度而言,这是一种对于交通参与者的身体、生命、健康的危险。"在无法安全驾驶的状态下驾驶机动车"这一表述的功能,在于描述这种抽象危险,该危险也存在于"没有安全驾驶能力的驾驶者正操纵控制着机动车"之中。因此,如果有人在驾驶者毫无防备的状态下给他下了药,使其丧失了安全驾驶的能力,但司机却没有发觉,此时显然没有理由否认行为人成立《德国刑法典》第315c条的间接正犯而受到处罚。同样地,也没有理由在其他构成要件中承认原因自由行为的同时,却否认原因自由行为可以适用《德国刑法典》第315c条。

原因自由行为的成立条件得到满足,这在本案中再清楚不过了。行为人使自己丧失了责任能力,从而失去了对自己决定在无法安全驾驶状态下是否继续驾驶机动车的支配。他通过这一行为,引起了自己后面的行为,因为无责任能力者的行为所遵循的法则不同于有责任能力者(本书第十六章边码14、15)。此外,《德国刑法典》第315c条的构成要件还有一个特点,即引起无责任能力的行为也引起了无安全驾驶能力的状态。因此,行为人在喝酒的时点上非常确定,自己会在无安全驾驶能力的状态下继续驾驶机动车,即实现《德国刑法典》第316条的构成要件,被告人的喝酒行为也以类似间接正犯的方式、利用他自己作为工具实现了《德国刑法典》第315c条的构成要件。[《德国刑法典》第315c条为危害公路交通安全罪、第316条为醉酒驾驶罪。——译者注]

---

① Roxin, AT/2 25/295; Stäcker (1991), 107; Hirsch, NStZ 1997, 230 (231); Otto BGH-FG (2000), 111 (122); SK-Rogall § 20 Rn. 74; Gerhold/Kuhne ZStW 124 (2012), 943 (988 ff.).
② LK-Roxin/Schünemann § 25 Rn. 49 ff.; Schönke/Schröder-Heine/Weißer § 25 Rn. 50; Jakobs AT 21/121; Wessels/Beulke/Satzger AT Rn. 56; Vgl. ferner Herzberg, ZStW 82 (1970), 896 (913 ff.).
③ 相反观点 NK-Puppe §§ 28/29 Rn. 75; dies. ZStW 120 (2008), 505 (514 ff.); Schubarth SchwZStr 114, 333 ff.; 质疑的还有 SK-Rogall § 20 Rn. 75.

二、原因自由行为与实践行为决意——团伙醉酒案(《联邦法院刑事判例集》第21卷,第381页)

12　被告人通谋实施入室盗窃,为了实现这一目的,他们到了H地。在那里他们喝了很多的酒,因此,当按原定计划实施犯罪时,他们陷入完全无责任能力或减轻责任能力的状态。无法查明,他们是为了能够实施接下来的盗窃才有计划地喝了这么多的酒。所有的证据都表明,他们只是因为无聊或者为了作乐才在实施犯罪计划前喝了这么多的酒。

13　因为判决中没有完全给出具体事实,所以只能进行重建。联邦法院借本案的契机作了如下论述:

> 州法院查明3名被告人最晚是在他们前往H地的途中才形成后来实施犯罪的计划。而酒是到了H地后才喝的,因此,在形成计划的时间点上,他们还没有受到酒精的影响。他们在完全答责的状态下完成了实施盗窃犯罪的通谋与计划,通过此行为,他们为接下去实施犯罪创设了决定性的原因,他们完全是按照计划实施盗窃的。根据答责地创设因果链条的原则(即原因自由行为),无论他们在行为时的答责性是否因为饮酒而降低或完全,3名被告人要对3起盗窃案完全答责。
>
> 以故意形式出现的原因自由行为的成立前提,在于行为人在尚未陷入酩酊状态时,对于其后来在酩酊状态下确实实施了的犯罪,至少存在间接故意。①

14　本案中联邦法院肯定原因自由行为的理由,在于"他们在完全答责的状态下完成了实施盗窃犯罪的通谋与计划,通过该行为,他们为接下去实施犯罪创设了决定性的原因"。如果真是这样,那么,这肯定不是原因自由行为,但是犯罪的通谋并不是犯罪实行的起点。而原因自由行为的归属模型则是说,创设"决定性的原因"亦即犯罪实行的起点在于行为人消除了自己的责任能力。针对此有观点质疑,如果行为人即使在清醒的状态下也会实施相同的行为,那么,(消除责任能力的)行为与后来实施的犯罪行为之间就不存在因果关系,本案显然就是这种情况。② 此时再次体现了条件理论的弊端,因为它只将引起结果的绝对必要条件视为结果的原因。在无责任能力状态下实施犯罪的行为人,在有责任能力的状态下是否仍然会实施同

---

① BGHSt 21, 381 (382 f.).
② Neumann (1985), 26 ff.

样的行为,这个假设性的提问是无法回答也是完全不重要的。当我们承认有责任能力者实施的行为与无责任能力者实施的行为之间存在区别时,就是在承认两种行为遵循不同的法则。在某种意义上,有责任能力者是有能力自我决定以及自我控制的,而无责任能力者则没有。当无责任能力者引起了一个可罚的结果时,要解释这一结果之所以出现,行为人无责任能力的状态就是必要的因素。他在有责任能力的状态下是否也有可能实施同样的行为并不重要,因为那只是一个没有现实化的替代原因。①

本案的关键并不在因果关系,而在于行为人对此是否有认识。通常故意行为人是知道自己通过何种行为引起了结果。但像在本案这种情况,行为人是通过不停地喝酒逐渐地陷入无责任能力的状态之中。他们在这种状态下对是否实施以及如何实施犯罪失去了支配,并在一定程度上成了自己的工具,因此,他们很有可能对此是不清楚的。但是,在构成要件模式的意义上,将造成自己无责任能力状态的行为视作是犯罪实行的起点,这样做之所以能成立,其不可缺少的条件是,行为人对于饮酒造成了无责任能力状态存在认识,否则,饮酒行为就没有实践其实施犯罪的行为决意。行为人对于即将实施之犯罪的认识,也不能替代行为人对于饮酒引起无责任能力状态的认识。

不过,要将引起无责任能力状态的行为视作实行行为,也要求行为人认识到自己即将实施犯罪。笔者的观点与联邦法院的观点不同,对之后可能实施犯罪的可能性予以容认,仅此不足以肯定这种认识;相反,行为人必须足够确定自己之后将实施犯罪,以至于在行为人使自己陷入酩酊状态的时间点上便已经存在着故意危险,且该故意危险通过犯罪的实行而实现(参见本书第九章边码11)。构成这种故意危险的要素,在于行为人已经预见到自己在酩酊状态下实施犯罪有高度的盖然性,在实际案件中,只有当行为人在陷入酩酊状态时已经计划这样做时才会如此。故意危险的另一要素,则在于通过消除责任能力的酩酊状态影响了后续的行为。这才是原因自由行为这一归属模型的根本困境。由于行为人在无责任能力状态是否仍会实施犯罪,往往欠缺足够明确或者足够确定的预期而难以成立原因自由行为。②胆怯的行为人有计划地"喝酒壮胆",消除自己的责任能力和心理障碍,从而能够实施计划的犯罪,这种情况几乎只存在于教科书中。

---

① Puppe JuS 1980, 346 (348); Roxin Lackner-FS (1987), 307 (313).

② Roxin AT/1 20/67.

17   行为人在使自己陷入酩酊状态的时点上已经足够确定自己会实施特定犯罪,他们已经详细地计划或者通谋,就属于这种情况,他们也知道自己消除了责任能力,那么,此行为就构成了完整的、能够证立将结果归属于故意的未遂行为。因为此时他们通过使其陷入酩酊状态的行为,不仅有意识地越过了未遂与预备的临界点,而且他们也有认识地创设了证立故意的危险。行为人自己并不认为行为已经越过了未遂与预备的临界点,但这并不重要,只要在犯罪形成的某个时间点上他们能够且应当这样认为即可。① 冥顽不灵的常习犯也不能以自己完全没有感觉到自己越过了这种边界来为自己开脱。

三、原因自由行为与减轻的责任能力——通谋案(联邦法院:《新刑法杂志》2000 年刊,第 584 页)

18   在 1998 年 5 月 10 日的中午,被告人向其他两名犯罪参与者曾明确表示,自己会和他们一同在晚上将被害人引到僻静无人处,并重重地殴打他。当天晚上稍早时候他喝了大量的酒,因此,法官认为他在犯罪时已经处于《德国刑法典》第 21 条意义上的减轻责任能力状态,1998 年 5 月 11 日 0:30 左右,他与同伙一起实施了之前商量好的犯罪行为。

州法院在量刑时认为,基于《德国刑法典》第 49 条第 1 款与第 21 条[责任能力减少时可以根据《德国刑法典》第 49 条第 1 款的规定减轻处罚;第 49 条第 1 款是减轻处罚时法定刑幅度变更的规定,如原为无期徒刑的,减至 3 年以上有期徒刑;原为有期徒刑的,则原法定刑上限减至原上限的 3/4。——译者注],可以减轻处罚变更法定刑幅度(Strafrahmenverschiebung)。联邦法院认为这存在法律错误,理由如下:

> 州法院用以计算血液中酒精浓度的酒量,是被告人在晚上稍早时候喝下的。而他中午的时候就已经精确计划好了针对证人 W 实施的行为,被告人的行为决意中已经包含了后来所实施之犯罪的所有要素,而不仅仅只是一种抽象的准备实施犯罪意愿。在这种情况下,刑事审判庭应当认为,尽管行为人在行为时的控制能力有所下降,但根据原因自由行为原则,这种下降是毫无意义的。②

---

① Puppe JuS 1980, 346 (349).
② BGH NStZ 2000, 584 (585).

按照联邦法院的观点,如果被告人的醉酒程度,仅仅只是达到了使其根据《德国刑法典》第21条责任能力减轻的程度,那就不能适用原因自由行为这一归属模型。因为只要行为人在酩酊状态下仍以可归属的方式实施行为,那么,他就不能被视作自己的犯罪工具,将构成要件实现前置于引起这种状态之为的基础也就丧失了。①

但在本案中,否认行为人根据《德国刑法典》第21条减轻处罚,也不需要借助原因自由行为这一模型。因为本条为酌定减轻情节,赋予法官以自由裁量权,行使此自由裁量权并不违反责任原则。与《德国刑法典》第20条不同,第21条并非责任排除事由,只是量刑事由。② 关于行为人在行为时是否有能力认识到其行为的不法,并根据这一认识来行为的问题,只能回答该能力有或没有,而不能说该能力高或者低。③

根据《德国刑法典》第21条的规定,行为人因其心理状态而比其他人更难抑制自己实施违法行为的冲动,法官可以作出有利于行为人的决定减轻其刑罚。④ 因为只要行为人仍然有能力认识到自己行为的不法并基于这一认识而行为,那么,让行为人对自己的决定完全答责就不违反责任原则,责任原则当然也不要求据此对行为人减轻刑罚。⑤ 但此时可能会违反罪责刑相适应的要求,这种情况出现在:行为人因为这种心理状态如精神疾病而难以就是否违反法律作出合义务的决定,但行为人对这种心理状态的出现并不答责。

有观点认为由于行为人在彻底丧失责任能力、将自己变成自己的犯罪工具之前,总会有一段时间里是处于减轻责任能力的状态。因此,原因自由行为只提供了根据《德国刑法典》第21条判决减轻处罚的可能性,⑥因此,针对原因自由行为的这一质疑也并不成立。

本案中,根据证据查明结果对此问题仍存疑,即行为人在认识到自己即将实施犯罪的情况下,究竟是使自己陷入酩酊状态完全丧失责任能力,还是只陷入了减轻责任能力的状态。尽管事实基础存在分歧,但无论处于何

---

① NK-Paeffgen Vor §323a Rn.7, 10; SK-Rogall §20 Rn. 78 und §21 Rn. 22; Roxin AT/1 20/69; ders. Lackner-FS (1987), 307 (322 f.); Puppe JuS 1980, 346 (349); Neumann (1985), 38; 不同观点: OLG Hamm NJW 1956, 274; Schönke/Schröder-Perron/Weißer §21 Rn.11;进一步参见 LK-Schöch §21 Rn. 33.

② NK-Schild §21 Rn. 4; SK-Rogall, §21 Rn. 1.

③ Arm. Kaufmann, Eb. Schmidt-FS (1961), 319 (330 f.).

④ Arm. Kaufmann, Eb. Schmidt-FS (1961), 319 (331).

⑤ MüKo-Streng §21 Rn. 20.

⑥ Neumann (1985), 36 ff.; ders. Art. Kaufmann-FS (1993), 581 (586).

种情况,都可以一贯地认为行为人因为实现了构成要件而成立犯罪,只需要根据常规法定刑幅度进行处刑,而不需要适用《德国刑法典》第21条减轻处罚。这是因为如果他在实施犯罪时尚未丧失责任能力,那么,他就无权主张基于《德国刑法典》第21条的规定减轻处罚,因为减轻责任能力的这种状态,是他自己故意造成的;如果他在实施犯罪前已经完全消除了自己的责任能力,那么,就构成原因自由行为,基于同样的理由,他也无权主张根据第21条的规定减轻处罚。

四、实际适用的提示

23　　当行为人在实施犯罪前使自己丧失了责任能力时,为了避免他利用《德国刑法典》第20条所规定的免责事由,理论上存在两种不同的犯罪构造:其一称为例外模式,据此可罚性的基础仍然是直接实现构成要件的行为,其只是将责任前置于行为人使自己陷入酩酊状态的行为时;其二为构成要件模式,该模式参照间接正犯,将构成要件的实现整体上前移至行为人认识到即将实施的犯罪、并有认识地放弃自己的责任能力之时。仅从结论上看,只有在行为人过失地使自己陷入酩酊状态,但对自己之后实施的行为存在充分的认识时,两种模式才存在差别。构成要件模式认为,行为人只成立过失犯罪而承担刑事责任,而根据例外模式行为人则应成立故意犯罪而承担刑事责任。但是,在行为人故意使自己丧失责任能力,并且已经制定了之后实施犯罪的计划的场合,即使两种模式会得出相同的结论,仍需要对比两者的利弊。因为还存在第三种观点,即两种模型在原则上都应当予以否定,行为人只能根据《德国刑法典》第323a条(完全酩酊状态)而受到处罚。①

24　　(在进行案例分析时)不能采取通常的做法,即先将这两种模式分别适用于案例事实中,再借由这个案例来比较两者的利弊。这是因为于两种模式下,要涵摄到构成要件之下的对象是完全不同的行为。例外模式中,被涵摄的是在无责任能力状态下的构成要件实现行为;而构成要件模式中,被涵摄的则是行为人在此之前消除自己责任能力的行为。如果并列讨论这两种模式,就必须同时分析两个不同的涵摄对象,这也违背了鉴定式案例分析最基本的规则。鉴定式案例分析的一般原则,是应当从直接实现构成要件的行为入手,只有当直接实现构成要件的行为因为欠缺某一要素例如欠缺责

---

① NK-Paeffgen Vor § 323 a Rn. 29.

任能力而被排除时,才需要溯及到在此前实施的行为。

  审查可以从行为人在无责任能力状态下实施的直接实现构成要件的行为入手,并结合该行为对例外模式进行审查。例外模式将行为人的责任提前致使自己陷入酩酊状态的时点上,而仍然以在无责任能力状态下实施的行为为基础,以此来审查犯罪成立的其他条件,尤其是构成要件符合性要件是否得到满足。需要回答的问题是,例外模式的这一做法是否与责任原则以及《德国刑法典》第20条的字面含义相符。紧接着可以对构成要件模式进行抽象的考察,而不需要结合具体案情,如同学们可以这样写道:"如果拒绝采用例外模式,那么,还可以借助构成要件模式,将使自己陷入酩酊状态的行为本身视作符合构成要件的行为,从而证立行为人的可罚性。但是,基于下列理由应当否定……"因此,任何时候都要先从例外模式开始审查,因为只有当直接实现构成要件的行为因为欠缺责任能力而排除可罚性时,才需要讨论行为人的先前行为是否可以被涵摄到构成要件模式下。 25

  如果否认例外模式,那么,构成要件符合性的审查就要从先前行为(actio praecedens),即让自己陷入酩酊状态开始。因为在否认例外模式之后,就只有接受构成要件模式;或者继续否认构成要件模式,而最终得出结论认为只能根据《德国刑法典》第323a条进行处罚。 26

第十七章 《德国刑法典》第35条免责的紧急避险

一、矿难事故案(《帝国法院刑事判例集》第72卷,第246页)

1　　被告人在矿山担任气流观测员,他没有告知值班的工长自己下矿井查看时,发现了瓦斯聚集的情况。两小时后当他再次下井查看时,发现矿井内的瓦斯浓度已经非常高,被告人在此时原本应当立即要求井下作业的工人离开矿井,但是,被告人为了保障自己的安全先行离开了矿井。一刻钟后矿井下发生瓦斯爆炸,6名矿工死亡,7人受伤。被告人被判成立过失致人死亡罪与过失伤害罪。①

　　被告人作为具有保证人义务的气流观测员,有义务保障现场作业的同事安全。他两次违背了自己的保证人义务:(1)他第一次下井查看时没有向工长报告瓦斯浓度;(2)他第二次下井查看时已经认定存在直接的爆炸危险,却没有让井下矿工疏散,而是自己先迅速地撤到安全地带,他的不作为造成了6名矿工的死亡以及另外7名矿工的身体伤害。在第一次不作为时,尚只能对他进行过失非难,因为从气流观测员的角度看还不能确定,瓦斯是否会继续聚集达到有人身威胁的浓度,此时还没有产生对矿工人身的直接危险。帝国法院针对第二次不作为也只审查了其成立过失的可罚性,认为被告人并没有容认同事们的死亡。但是,本案中已经构成明知形式的故意(即二级直接故意),因为作为气流观测员没有通知井下作业的同事们有危险,而是自行离开矿井,他当时已经确定矿工们所处的位置将在很短的时间内发生瓦斯爆炸。那么,矿工的死亡或者伤害在这个时间点上就已经极其确定了,只是不确定具体的伤亡人数。以不作为的方式故意引起结

---

① 采矿业中,矿井内的瓦斯(Schlagwetter)指的是煤矿矿井中甲烷与空气的混合物,具有易爆性;气流预报员(Wettermann)指的是在井下负责监测瓦斯气体浓度的专门人员,过去人们常常在特制的矿灯点燃明火来进行警示;工长(Steiger)指的是在井下的指挥人员。

果发生,与此前过失地引起同一的结果之间,形成了结果单一(Erfolgseinheit)形式的竞合关系(参见本书第三十四章边码7及以下数个边码)。按照通说则认为,故意不作为与过失作为之间成立补充关系。这一步绝不能省略,因为既通过故意的行为又通过先前的过失行为引起了结果,绝对比只通过故意行为引起结果创设了更大的不法。

就第二个不作为而言,还存在的问题是,被告人能否主张自己按照《德国刑法典》第35条的规定成立免责的紧急避险而免责。在本案裁判时,免责的紧急避险被规定在当时的《帝国刑法典》第54条中,其成立虽然要求必须是无过错的紧急避险,但该条也没有明文规定,当行为人依照法律规定有义务承受危险时,适用免责的紧急避险将受到限制。帝国法院在本案判决中自行发展出了对免责紧急避险的限制。

帝国法院指出:

> 首先,紧急避险并非是无过错的。当行为人对于自己身体、生命的危险并非自我承担过错时,还不能肯定该要素成立。而只有当行为人无责地引起了这样一种情况,这种情况使他如果想要挽救自己的生命或健康就不得不侵犯他人的权利时,(无过错)这一要素才能成立。但是本案中,M(即被告人)对于由此前行为所造成的这种情况也负有责任,因为如果他向Th.(工长)报告了瓦斯聚集的情况,那么,工人们就会撤离,他也就不会陷入这种必须通过不履行自己的预警义务来挽救自己生命和健康的境地了。
>
> 除此之外根据《帝国刑法典》第54条背后的基本思想,结合本案的具体情况,也不能对被告人适用第54条的规定。该条规定意在为特定的情形创设责任排除事由,在这种特定的情形下,考虑人的自我保存本能或者对于其亲近之人的照料目标,"不能期待行为人实施合规范的行为"。但是职业上的任务恰恰在于冒着生命危险去从事特定的工作,因此负有特定义务之人就无法以不能期待自己陷入危险之中为借口免除自己的这一任务,这尤其适用于军人(《军事刑法典》第49、84、85、87条)以及海员(《海员法》第3、41条)。在类似的意义上,这也适用于警察、消防员等,从他们工作任务的本质中可以轻易地看出这一点。该原则也应当适用于被告人。作为气流观测员,他的任务在于持续地为处在矿道等危险区域的全体工人提供保护,对瓦斯浓度的状况进行观察,并在确定瓦斯浓度达到危险程度时尽快告之并向所有工人作出警示。在作出这种判断时,救援的努力决不是毫无希望的,它几

2

乎可以确定能够成功。正如前文所述,被告人也不认为没有希望,因此他不能基于《帝国刑法典》第 54 条的规定免责。①

3 如果免责的紧急避险,指的是在心理上没有实施合法行为的能力,即部分的无责任能力状态,那么,当行为人引起了危险或者他有义务消除危险时,对这种免责事由进行限制就是违反责任原则的。如果达到了心理上完全无法实施合法行为的程度,如极度的恐惧,那么,就必须认为行为人由于极度的认知慌乱而根据(现行)《德国刑法典》第 20 条的规定丧失了责任能力。

4 尽管行为人在心理上还不至于达到无法实施合法行为的程度,行为人仍然能够根据《德国刑法典》第 35 条的规定免责,当前理论认为此时主要有两点理由减轻了责任:一是动机上的压力使行为人为了挽救自己的法益,很难不去侵害他人的法益;二是由于行为人将自己的法益从危险中拯救出来,因而他也可以主张不法的减轻。② 从两个方面综合来看,只要行为人没有特殊的义务必须忍受危险,且他也没有以可归属的方式引起该危险,便能得出不可罚的结论。但是任何人都不能主张,自己通过违法方式为自己或他人所获得的利益可以成为减轻不法的理由,难道一个骗子或者小偷可以主张因为自己的行为给自己或他的亲友带来了财产上之利益,所以其行为给被害人造成的财产损害之不法就减少了吗?③

5 基于《德国刑法典》第 35 条免责的边界之所以是变动的,是由于免责的根据并非行为人欠缺遵从规范的能力,而是由于欠缺遵从规范的期待可能性。因为行为人将依法本应由其承受的危险转嫁给了他人,法律仍将行为人的行为评价为违法。但是,在极端的紧急情况下,由于行为人对自身生存的关切,法律并不期待他按照法秩序的偏好来安排自己的行为。行为人按照自己的个人偏好来安排自己的行为,如将自己或自己亲友的身体健康置于比他人生命更高的价值位阶上,对此法律表示同情和理解。行为人可以说,我知道法并不赞同我的行为,但即使再次陷入这种冲突困境中,我必定仍会作出同样的行为。④

---

① RGSt 72, 246 (249 f.).
② Jescheck/Weigend AT 44 I 1; Kühl AT 12/18 ff.; SK・Rogall, § 35 Rn. 2 ff.
③ Neumann (1985), 209 ff.; 对于双重责任减轻理论的批评也可以参见 NK-Neumann § 35 Rn. 4 a: Frister AT 20/3ff.: ders. (1993), 208 f.; Roxin, AT/1 22/72: MüKo-Müssig § 35 Rn. 8; Hörnle JuS 2009, 873 (875 f.).
④ Frister AT 20/5; ders. (1993), 210 ff.: Hörnle JuS 2009, 879 (876 f.).

这意味着行为人为了自己或亲友而阻止的生命、身体以及自由之危险，必须对他而言是具有根本性的关切，而不能是微不足道的。如果只是为了防止轻微的身体伤害或者短暂的自由限制，而给他人带来生命危险，就不能基于紧急避险而免责。进一步的结论是，行为人必须确实是出于法秩序所理解的偏好选择来行为的，他必须具有为自己或亲属阻止危险的动机。① 与包括正当化的紧急避险在内的合法行为不同，只有在免责的紧急避险中，法秩序才关注行为人的动机。

公民没有根据法的偏好，而是根据自己的偏好而行为，法对此究竟愿意给予多少的宽容，这是由立法者来决定的。但期待可能性存在上限，这深深根植于西方的法律文化思想中：在任何情况下，当行为人能够将生命危险转嫁给他人时，法律都不能要求行为人牺牲自己的生命去送死，卡涅阿德斯之木板就是经典的代表。两名遇到海难事故的人一起抓着一块木板，但木板只能承受一个人的重量。这时强壮的一方将弱小的一方推开，这样就可以拯救自己的性命，而弱小的一方则会淹死，此时强壮的一方不需要为此而受到处罚。②

由于期待不可能的边界不是由自然先天决定好的，因此，对于不同的人而言，这个边界是可变动的。像本案中的气流观测员那样，为了保障他人的安全而有义务承受一定危险的人，当他没有履行这一义务时，就不能基于紧急避险而免责。因为当他承诺要保护他人免于危险时，他不仅创设了一个信赖构成要件，也取得了这样一种地位。如果他做不到，那么，其他能够履行义务的人就会取得这个地位。但卡涅阿德斯之木板所象征的那个期待不可能的上限在这里也适用，气流预测员、警察、军人在法律上也没有义务去送死。③ 但在本案中还没有触及这个上限。当气流预测员及时地向现场的矿工们提示危险，他也很有可能避免自己的死亡，因为在他离开矿井后过了一刻钟爆炸才发生。

之所以以不利于被告人的方式调整期待可能性的边界，还有一个理由在于有责的前行为是更难判断的。这并非责任的前置，因此原因自由行为例外模式的主张者不能以《德国刑法典》第35条的规定为根据。行为人自己引起了危险，这也会要求行为人作出更多的自我牺牲、自我控制以及拥有

6

7

8

9

---

① Fischer § 35 Rn. 8; Schönke/Schröder-Perron § 35 Rn. 16: Wessels/Beulke/Satzger AT Rn. 693; Kühl AT 12/56 f.; Frister AT 20/16; Kindhäuser AT 24/11; Stratenwerth/Kuhlen AT 10/115.
② Kindhäuser AT 24/1 f.; Stratenwerth/Kuhlen 10/99.
③ 在其他的文化中，如在远东，领主可以命令他的封臣自杀。

更多的勇气。但只有在行为人以可归属的方式引起了危险时,才是以不利于行为人的方式提升期待不可能边界的原因,他对该危险的创设还必须是违反义务的。但这不适用于行为人与他人一起按照义务共同实施救援行动,却将另一名救援者置于危险之中的救援者,也不适用于在危险出现时提示危险呼叫救援的人。本案中,行为人只有通过使自己陷入危险才能拯救在场的矿工,他自己对于这种处境是自我答责的。因为他之前没有向工长报告瓦斯浓度升高,因而也错过了不必使自己陷入危险之中就可以拯救其他工人的机会。基于此,也应该期待他在偶然地陷入紧急避险情形之中时应承受更大的危险。

10 《德国刑法典》第35条第2款[在对免责构成要件产生认识错误的情况下,行为人只有在能够避免该错误的情况下才受到处罚。——译者注]中关于免责构成要件错误的处理,是难以解释的。行为人错误地认为存在对自己或与其关系密切之人的生命、身体以及自由的危险,这种假想的危险,对行为人的心理状况及其决定违背法秩序而选择保护自己个人利益的决定所产生的影响,与真实的紧急避险情形是一样的。通说将容许构成要件错误按照构成要件错误来处理,而免责构成要件错误与容许构成要件错误的共同点,在于它们都是关于事实而非行为人所适用之规范的认识错误。但与容许构成要件错误不同的是,在这种情况下行为人明确地知道,自己将假想中的危险转嫁给了不相关的第三人,他知道自己通过该行为创设了不法。如果行为人过失地认为存在这种冲突情境,而没有遵守义务谨慎地判断,是否只有通过损害无关者的利益才能避免给自己的个人利益造成危险,对于这种情况,法律并没有表示宽容。这种宽容只适用于确实处于免责紧急避险状况之中、无法通过谨慎考察情况来避免危险的行为人。

二、实际适用的提示

11 教科书与考试辅导书中经常建议学生先完整地审查免责紧急避险的一般成立条件,然后再讨论行为人本人是否存在特殊的情况,使法律期待他承受危险。① 本条规定是以规则与例外的形式进行表述的,因此,看起来显然应该这样处理,但是这样做会导致对期待可能性进行重复审查。法律条文中没有明确地规定,并非所有试图以不利于第三人的方式消除自己或与自己关系密切之人所面临的生命、身体以及自由之危险的行为,都可以被免

---

① Kindhäuser AT 24/16.

责,这里也需要进行利益衡量。如果行为人为自己或亲友所阻止的危险是微小的因而很容易期待,如暂时的剥夺人身自由或者轻微的身体损害,则当然不成立《德国刑法典》第35条的免责。如果危险是显著的,但其本身并非是期待不可能的,那么,当行为人为了阻止这一危险而给他人造成了更大的损害,如造成了多人死亡时,也不能根据《德国刑法典》第35条免责。当行为人负有承受危险的特殊义务时,也需要进行利益衡量。因为即使行为人负有这种义务,根据具体的情况也有可能无法期待他承受危险,如他面临直接的致命危险。如果按照前面所阐释的这种处理方法,那么,有的时候就出现对期待可能性的二次审查。第一次审查是根据适用于所有人的一般标准,第二次审查则是根据更为严格的、适用于负有特定义务人的标准。这样第一次期待可能性的审查就变得是多余的。

这种重复审查可以通过以下方式得到避免:首先审查是否存在紧急避险的情形,即针对行为人或与其关系密切之人,是否存在《德国刑法典》第35条所列举之法益的危险,并且为了避免该危险行为人有必要采取行动。其次应当确定,行为人的动机是否在于想要挽救面临威胁的法益。如果行为人与危险之间可能存在特殊的个别关系,根据第35条的规定,这种关系使行为人有更大的义务承受风险,那么,就要先就该关系进行审查。根据该关系之有无,在期待可能性判断上分别适用不同的标准。即使像矿难事故案中那样,对行为人提出更高要求的两个条件[一是行为人以可归属的方式引起了危险;二是行为人负有特定的义务承受危险。——译者注]都得到了满足,仍需要判断,这是否是一种在任何情况下都不能期待守法公民去承受的危险。如果是因为行为人以可归属的方式创设了危险,而对行为人提升了承受危险的要求,那么,期待可能性的标准还可能取决于他对于危险之形成的过错大小。

第十八章 《德国刑法典》第33条免责的防卫过当

一、质的防卫过当

1　人们区分了质的防卫过当与量的防卫过当。质的防卫过当,是指行为人在受到侵害时因为"慌乱、恐惧或惊吓",即所谓弱情绪冲动(asthenische Affekt),而超出了防卫的必要限度。达成共识的是,当行为人本身对防卫的必要限度存在认识错误时,总是可以适用《德国刑法典》第33条之规定的。这是一种容许构成要件错误,根据通说的观点,如果行为人能够避免该错误,则可以按照过失犯进行处罚。在判断(容许构成要件错误的可避免性)这一问题时,应当考虑到行为人正处于弱情绪冲动之中,这会损害他的判断能力与决定能力。如果只要按照一般的可避免性标准,就无法对其认识错误进行非难,则不需要适用第33条。因此,第33条的作用就在于当行为人存在弱情绪冲动,但根据一般的可避免性标准仍然可以对其认识错误进行非难时,使行为人的这一认识错误免责。① 在此情况下,之所以免除防卫者责任,是因为侵害者不仅要对客观的防卫前提事实,也要对防卫者主观上的慌乱、恐惧与惊吓答责。②

---

① Frister AT 16/40; ders. (1993), 230 f.
② 通说认为,防卫过当不可罚的理由与免责的紧急避险类似,即在于"双重的责任减轻",准确的说是不法减轻与责任减轻的结合(Schönke/Schröder-Perron § 33 Rn. 2; MüKo-Erb § 33 Rn. 2; LK-Zieschang § 33 Rn. 35 ff.)。防卫过当的不法之所以减轻,是因为过当行为是用于防卫不法侵害的。首先,从这种不法减轻中产生了责任的减轻。而进一步的责任减轻则是因为弱情绪冲动。如果过当的部分与紧急防卫所要求的防卫行为可以相区分,如防卫者朝侵害者打了两拳或者捅了两刀,但其中只有一刀或一拳是必要的,对于防卫而言,不必要的第二个行为不会产生减轻不法的效果。如果不能从过当的防卫行为中分离出防卫所必要的部分,如防卫者捅了侵害者一刀,但其实他只需要通过用刀吓唬侵害者或者用拳头就足以防卫时,那么,这种防卫手段也是不必要的。但是,只有在侵害者所受的损害为防卫侵害所必要时,该侵害才能基于紧急防卫而被正当化。一个行为要么是合法的,要么是违法的,它不可能部分合法同时又部分违法。因此,在免责的防卫过当也应当否定所谓的双重责任减轻理论中,减轻了过当者责任的是他的恐惧或慌乱,而正是侵害者的违法行为引起了他的这种恐惧和慌乱。

有争议的是,当防卫者因为弱情绪冲动,而有认识地超出了结束侵害所必要的防卫限度。对此首先需要了解立法的沿革,刑法改革特别委员会当时拒绝在第33条中加入行为人因其情绪波动而不能认识到自己超出了防卫的必要限度这一要素。① 但是刑法改革特别委员会并非立法者,事实上也有人提出,即使是有认识地超越防卫必要限度,也可能是因为弱情绪冲动。② 但这是存在疑问的。当行为人确实非常清楚自己已经超出了防卫侵害所必要的限度,他可能是因为愤怒、气愤、厌恶或者受损的自尊心而实施行为,而绝不是处于慌乱、恐惧与惊吓。③ 这样一种强情绪冲动虽然也可以理解,但却不能减轻行为人的责任或者使其完全免责。而如果行为人陷入恐惧、慌乱、惊吓之中,那么,他受到侵害的一定是关系其生存的法益,如自由、身体完整性、性的不可侵犯性等,且他觉得自己处于劣势。如果他在这种情况下超出了防卫的界限,那么,人们很难查明,他对此有清楚的认识。因此,上述理论争议在实践中意义不大。

这种容许构成要件错误不能及于不法侵害是否存在的事实本身。关于侵害事实是否存在发生的认识错误,只能适用可避免性的一般要求。④ 因为假想的侵害者不需要对行为人的弱情绪冲动答责。真正的侵害者随时可以停止侵害,以避免紧急防卫以及防卫过当给自己造成的损害后果,而假想的侵害者则无法通过放弃侵害来避免损害。

二、量的防卫过当——用刀捅人案(联邦法院:《新刑法杂志》2002年,第141页)

被告人因为告诉一个贩毒团伙原告是抢劫他们毒品的幕后操纵者,他担心来自附带诉讼原告的报复。被告人知道,附带诉讼原告有重火力的枪支。在城市庆典上,原告拦住了被告的去路,抓着他的肩膀,朝他脸上抢过去,并大喊着"咱们现在来算算账"。当原告伸手去掏自己的上衣口袋时,被告人认为他要掏枪朝自己开枪。因此,他拔出了自己的垂钓鱼刀,朝原告身体捅去。尽管原告已经失去了对抗被告人的能力也无法掏出枪,被告人还是牢牢抓住他继续捅了他数刀,松开原告后又朝他踢了几脚。

事实审法院作出了有利于被告人的认定,附带诉讼原告当时确实想要

---

① ProtSondBT V, 1821(91. Sitzung v.14.12.1967).
② Roxin AT/1 22/83; Frister AT 16/40f.; MüKo-Erb § 33 Rn.15.
③ So Roxin AT/1 22/83.
④ MüKo-Erb § 33 Rn. 18; Schönke/Schröder-Perron § 33 Rn. 6.

掏出手枪并朝他开枪,因此,第一次捅刺成立紧急防卫而被正当化。需要审查的仅仅是后续的捅刺,以及原告倒地后被告又踢了他几脚的行为能否根据《德国刑法典》第33条而免责。

5　　联邦法院接受了事实审法院所查明的事实,认为尽管原告当时的身体状况已经无法开枪了,但被告人在当时仍然害怕原告会朝他开枪。如果被告人能够避免该认识错误,那么,他还有可能成立过失伤害罪。事实审法院否定了这一点,理由是无论被告人的认识错误是否可以避免,他都可以基于第33条而免责。尽管在裁判理由中,事实审法院不断地提到被告人"非常害怕",但是仍然可以质疑,当他在对手显然已经丧失反抗能力时仍然继续捅原告并踢了他时,他是否真的是因为恐惧、慌乱、惊吓而实施行为。但(联邦法院认为)这是一个事实问题,联邦法院无权对此进行判定。不过,联邦法院否认被告人可以根据《德国刑法典》第33条而免责,理由如下:

> 在附带诉讼原告已经倒地、无法反抗被告人时,被告人仍然继续实施捅刀子的行为。对此,事实审法院认为被告人可以根据《德国刑法典》第33条的规定免责,但无论如何这都是存在法律错误的。此时,原告没有实施任何现实的不法侵害。被告人因为恐惧慌乱没有认识到这一点,也不能使他免责。第33条只在紧急防卫的前提事实与侵害危险终局地消除之前,适用于因所谓弱情绪冲动而行为的防卫者。①

6　　上述论证是联邦法院判例上的持续观点,其理由是第33条的字面规定,"紧急防卫的界限"只有在防卫情形仍然存在时才能被超越。② 理论上的反对观点则认为,从超越防卫界限的概念来看,也可以是时间上的超越。③

7　　首先应当明确,在不法侵害已经终局性地结束之后,有意识地继续针对侵害者实施伤害行为,不能基于防卫过当而免责。在侵害发生时适用于有意识地超出防卫必要性限度的规则,也适用于在侵害结束后有意识地实施的"事后攻击"。当行为人认识到,不法侵害已经终局性地结束,对方已经不能或者不愿实施侵害时,行为人的事后攻击也就不可能是出于对刚刚结

---

① BGH NStZ 2002, 141.
② BGHSt 27, 336 (339); BGH NStZ 1987, 20; NStZ 2002, 141. Ebenso Jescheck/Weigend AT § 45 II 4; Frister AT 16/41; SK-Rogall § 33 Rn. 12.
③ Schönke/Schröder-Perron § 33 Rn. 7; MüKo-Erb § 33 Rn. 14; LK-Zieschang § 33 Rn. 8; Roxin AT/1 22/88; Jakobs AT 20/31.

束之侵害的恐惧、慌乱与惊吓。如果像本案判决所反复提及的那样,行为人确实是因为害怕而行为,那也是因为他害怕受到重伤的相对方报复。在本案中显然也可以推测,被告人是想利用这次机会一劳永逸地干掉他所害怕的对手。

仍不确定的是,当行为人对于侵害已经结束,存在可避免的认识错误时,他是否可以基于第 33 条的规定,使自己免于过失实现构成要件的非难。当侵害者已经没有能力继续实施侵害或者他已经打消了实施侵害的决意时,不法侵害才结束。侵害者事后宣称,即使防卫者没有制止他,他也不会继续实施侵害,这并不能说明侵害已经结束(本书第十二章边码 5)。侵害者已经没有继续侵害的能力,或者他决定不再实施侵害,其必须能够为被侵害者所认识,否则,防卫者的容许构成要件错误就是不可避免的。 **8**

当被侵害者对于侵害是否仍继续进行产生可避免的认识错误时,之所以可以基于第 33 条成立免责,是因为行为人因认识错误而产生了心理负担,而这与其面临真实的侵害时是完全一样的,但此时还不足以证立第 33 条意义上的责任排除。除此之外,还要求侵害者通过侵害而造成了被侵害者的心理负担。因此,侵害者必须对此答责。① 这与假想防卫过当的情形不同。两者的共性在于侵害者已经停止侵害,侵害者无法再通过停止侵害来避免自己的法益受到进一步的侵害。因此,即使防卫者之行为是出于弱情绪冲动,防卫者也因过失而没有认识到侵害已经结束无法完全免责。如果这种弱情绪冲动非常强烈,使防卫者没有能力对情况作出正确的判断,那么,根据容许构成要件错误可避免性判断的一般规则,防卫者就可以免除责任。此外还有一个现实的理由是,如果被告人宣称当自己进行事后攻击时,他是出于恐惧、慌乱、惊吓而没有认识到对方已经不能或不想继续实施侵害,该辩解是难以反驳的,本案就是这种情况。 **9**

三、实际适用的提示

所有对于防卫过当的审查,都以审查紧急防卫为前提。如果不存在不法侵害,那么,就需要讨论第 33 条的类推适用争议,即假想防卫过当。而如果存在防卫前提事实以及防卫行为,则从对行为是否成立紧急防卫的审查——始终具有优先性的审查中可以得出,② 行为人在多大程度上以及通过何种行为超出了其防卫权限,以及是否存在质的或量的防卫过当。 **10**

---

① Jalobs AT 20/31.
② MüKo・Erb § 33 Rn. 6.

11 这种超出限度的防卫行为能否成立防卫过当而免责,需要判断是否存在弱情绪冲动。如果防卫者从一开始就处于深思熟虑的战斗状态,则可以根据条文直接否定第 33 条的适用。① 如果根据此前的审查结论是肯定质的防卫过当,则要判断行为人是否因为弱情绪冲动,而对相对方所发动之侵害的强度产生了容许构成要件错误。如果答案是肯定的,则必须认定他是基于这一错误而超出了防卫的必要限度。如果按照行为人的错误认识,过当的防卫手段对于防卫侵害是必要的,便可以肯定免责。如果行为人没有对侵害的强度发生容许构成要件错误,则要讨论有认识的防卫过当能否成立免责这一争议性问题。

12 如果此前的审查结论认为构成量的防卫过当,那么,首先也仍要确定防卫者是否存在弱情绪冲动。随后则需要讨论,防卫者是否就相对方能够或想要继续实施侵害存在认识错误,以及这一错误是否是由弱情绪冲动而产生的。如果两个问题的答案都是肯定的,就需要就判例和理论上关于第 33 条能否适用于量的防卫过当这一问题的争论作出判断。

13 防卫者没有产生容许构成要件错误时,理论上也有观点认为可以将第 33 条适用于此时的量的防卫过当。这里首先需要非常小心地审查防卫者是否真的受到了弱情绪冲动的支配,很难想象会出现防卫者虽然认识到行为人的侵害已经停止,但仍然出于慌乱、恐惧、惊吓而有认识地采取了反抗的情况。

14 即使防卫者的防卫过当基于第 33 条免责,他的行为仍是违法的,因此,原先的侵害者对此拥有紧急防卫权。如果原侵害者针对防卫过当进行了防卫,就需要审查他的行为究竟是侵害的继续还是针对不法侵害的防卫。在上述用刀捅人案中,附带民事诉讼原告倒地之后,被告人继续用垂钓鱼刀捅他时,如果原告掏出了手枪朝原告开枪,就属于这种情况。在本案这种量的防卫过当事例中,需要对原初的侵害与侵害者后来针对被侵害者之防卫过当所进行的防卫进行区分。在这个阶段,被侵害者最初的防卫行为变成了不法侵害。只有在此时,原侵害者才拥有了紧急防卫权。要判断原侵害者究竟是继续实施最初的侵害行为,还是针对被侵害者的质的防卫过当进行紧急防卫,是非常困难的。

---

① 参见 BGH NJW 1992, 516; JuS 2000, 717.

第十九章　不法认识、禁止错误与禁止错误的可避免性

一、作为责任要素的不法认识

不法认识的对象不是行为人自然意义上的行为,而是构成要件的实现,"不法认识的可分性"这个并不正确的表述也体现了这一点。① 因为不法意识并没有被分割,如果非要认为有什么东西被分割开了,有可能是指自然意义上的行为。但此时涉及的并不是行为的某个部分,而是特定构成要件的实现。例如,行为人将被盗的汽车出口到他国,而德国正在对该他国实行汽车禁运,如果行为人并不知晓禁运的规则,那么,他就欠缺《德国对外贸易法》(Außenwirtschaftsgesetz)第 34 条第 4 款违反禁运规定(Embargo-Verstop)的不法认识。(他同时也构成销赃罪),行为人对销赃罪构成要件的实现存在不法认识,但这种不法认识不能取代其所欠缺的对违反禁运罪的不法认识。② 这便是"不法认识可分"的真正含义。

1

首先,《德国刑法典》第 17 条规定,不法认识不属于故意的内容,③但这并不当然地意味着不法认识属于责任要素。行为人即使缺少不法认识,也仍可以按照故意犯罪来处罚。除了不可避免的禁止错误外,缺少不法认识仅是酌定减轻处罚事由。这是因为法规范的效力不取决于行为人对于法规范的认识,④公民负有一般性的知法义务,在实施行为时,他必须查明自己的行为是否被允许。⑤

2

---

① LK-Vogel § 17 Rn. 21; Roxin AT/1 21/16 f.; BGHSt 10, 35 (40); BGH NJW 1963, 1931; BGH MDR 1958, 738 (739); BGH StV 1982, 218.
② BGH StV 1995, 632 mit Bespr. Puppe Vorauf. 32/1 ff.; ebenso Jakobs AT 19/27
③ 在设立第 17 条之前,甚至设立之后这一观点被称为故意理论由 Sohmidhäuser AT 10/56 所主张。
④ BGHSt 2,194 (201); NK-Neumann § 17 Rn. 54; Jakobs AT 19/33; Roxin AT/1 21/9.
⑤ BGHSt 2, 194 (201)大审判委员会的这一著名判决已经采取了这一观点。

3　　通说认为责任成立的必要要素是潜在的不法认识(不法认识的可能性)而非不法认识本身。① 但行为人除了在行为时可以避免该禁止错误外,在行为之前若能够查询适用于自己行为的规范,也不能基于不可避免的禁止错误而免责,因此,通说的表述并不准确也具有误导性。例如,针对特定的职业设置了专门的而非一般的犯罪构成要件,从事该特定职业的人员就有义务去了解该刑法规范。他若没有这样做,就不能主张自己在故意实现该犯罪构成要件时没有机会认识规范应当免责。换言之,他不能因为自己在行为时欠缺"潜在的不法认识"而免责。② 一些学者采用原因自由行为中的例外模式,认为责任可以完全或部分地前置于构成要件实现之前。③ 但该理由在原因自由行为与可避免的禁止错误中都是不正确的。④ 行为责任只能存在于行为时,而不能存在于此前的疏忽之中。因此,潜在的不法认识不是行为责任的组成要素。

4　　因此,《德国刑法典》第17条规定了两种故意责任:一是有不法认识的故意责任;二是无不法认识的故意责任。⑤ 按照《德国刑法典》第49条的规定,欠缺不法认识的故意责任可以酌定减轻处罚。不可避免的禁止错误之所以能否定行为人的可罚性,不是因为潜在的不法认识可能性是责任的要素,而是基于与行为责任无关的考量。对于不知晓法规范的人而言,规范仍然是有效的。但是,在他没有机会(包括通过事前的行为)避免禁止错误时,任何人都不应因为违反法规范而受到处罚。⑥ 这不涉及行为责任,而是公民一般知法义务的问题。知法义务的边界,就是禁止错误不可避免性的边界。与该义务相对的是,公民有权要求法秩序明确而一贯地界定某个行为是否被法秩序所允许,并且法秩序应当使公民能够通过自己的良知来确定这一点。(本书第二十九章边码11及以下数个边码)。

5　　确定法规范内容的关键是"行动中的法"(gelebte Rechtsordnung),即最高法院对法规范的解释。⑦ 公民的知法义务也包括法院判决的内容,公

---

① Wessels/Beulke/Satzger AT Rn. 681; Frister AT 19/2; 批评意见 NK-Neumann § 17 Rn. 53.
② Rudolphi (1969), 254ff.; SK-Rogall § 17, Rn. 92; NK-Neumann § 17 Rn. 58; Schönke/Schröder-Sternberg-Lieben/Schuster § 17, Rn. 17;Jakobs AT 19/37; Roxin AT/1, 21/49.
③ Jescheck/Weigend AT Rn. 445ff; Neumann (1985), 24ff; Hruschka, JuS 1968, 554.
④ Roxin Lackner-FS, 307 (310 f.).
⑤ SK-Rudolphi (8. Aufl.). § 17 Rn. 3 ff.; Puppe, Rudolphi-FS (2004), 231 (239).
⑥ Puppe Rudolphi-FS (2004), 231 (234). 该原则与罪刑法定原则的保障机能类似,后者所保障的仅是公民自己认识到其会因哪些行为而受到刑法处罚的可能性。
⑦ NK-Neumann § 17 Rn. 51 f., 68; Puppe Rudolphi-FS (2004), 231 (236); Naucke Roxin-FS (2001), 503 (516); Jakobs AT 19/25.

民如果知道或者应当知道法院关于相关规范的解释,就不能因为自己不赞同该解释而免责。例如,笔者本人一直反对德国联邦法院关于伪造文书罪中"文书"概念的解释,该解释认为只要行为人在事后修改了文书,他也是文书的出具者。① 当我实施了这样的行为时,如果我知晓该判决,那么我就不能主张自己存在禁止错误;当我不知晓该判决时,我也不能主张自己存在不可避免的禁止错误。

二、有条件的不法认识与禁止错误的可避免性——价格建议案(《联邦法院刑事判例集》第 27 卷,第 197 页)

罚款程序的行政相对人是一家大型烘焙食品生产企业的经营主管,他向为企业供货的零售商写了一封通函。他给了这些零售商两个选择:一是自行确定销售价格;二是交由供应商进行标价,价格构成是在进货价格的基础上增加 5% 的零售利润。联邦法院采纳了联邦反垄断局的观点,通函违反了当时《德国反垄断法》(Katellgesetz)第 38 条第 1 款第 12 项的规定:"建议进货方以特定的价格或采取特定的价格构成方法向第三方销售商品构成秩序违反"。因为行政相对人认为他的目的并不是让进货方接受自己的价格建议,而只是为了简化自己的供货流程,所以其行为不满足"价格建议"的客观构成要件。

法院否认行政相对人存在可避免的禁止错误[法院的重点在于否认行政相对人存在禁止错误,而非禁止错误的可避免性。——译者注],理由如下:

> 结合法庭查明的事实,法庭关于禁止错误可避免性的论述毫无疑义。考虑到行政相对人对价格构成这一反垄断法上的问题存在认识,以及其在公司中所处的地位,可以期待他运用自己的认识能力便能确切地认识到可能会违反法律规定,并在意志中接受了这种可能性时,他就不能辩称,自己欠缺不法认识。②

法院认为,当行为人认识并接受了自己行为违法的可能性时,他就不存在禁止错误。这被称为有条件的不法认识或未必的不法认识,因而根本不存在禁止错误可避免性的问题。根据未必的不法认识这一通说——审判委员会显然采取了这一立场,应当像认定间接故意那样认定行为人"在意志

---

① 参见 NK-Puppe/Schumann § 267 Rn. 89 ff. mwN.
② BGHSt 27, 197 (201 f).

中接受了违法的可能性"。① 按照通说的观点,行为人在不确定构成要件是否实现时,间接故意取决于行为人是否"容认了构成要件的实现,或者他是否真诚地相信构成要件不会实现"。②(按照这一观点)这是行为人的意志决定,而不简单地取决于行为人的认识。但是,在故意尤其是杀人罪故意的认定上,联邦法院反复地强调,下级法院不能仅仅从行为人对于重大且显著的危险存在认识,就推断行为人容认了风险的实现。③

8　但本案中法院并不认为行为人在事实上容认了自己行为违反禁止价格建议规定的可能性,而是认为他原本能够容认这种可能性,也应当容认这种可能性,因此,他的禁止错误是可避免的。据此,行为人认为自己所计划实施的行为可能违法,但不确定行为必然违法时,就应当认为行为人容认了其行为的违法性,从而避免不法认识的欠缺。但这在规范上是不正确的。

9　文献上所提出的各种认定间接故意中的意志因素的方法不能适用于存在不确定性的不法认识。当行为人认真对待了自己的行为计划有被法律所禁止之可能性时,他就具有不法认识吗?当行为人没有认真对待自己行为被法律所禁止的可能性,而他原本能够认真对待这种可能性时,他也具有不法认识吗?即使不考虑故意的意志因素本身就存在根本的疑问,这种意志因素也绝不能用来解决违法性的不确定性问题。④

10　行为人不确定自己的行为是否违法这种不法疑虑(Unrechtszweifel)是否能够以及在何种条件下能够视同存在确定的不法认识,要回答上述问题必须以问题为导向,而不能仓促地套用其他问题的解决方案。这取决于当公民无法确定自己的行为计划是否合法时,公民在法律上负有何种义务。一种观点认为,(只要并非不可期待),公民就有义务放弃自己的行为计划。⑤ 简言之,不确定行为合法就等同于确定行为违法。

---

　　① BGHSt 58, 15 (27); 45, 148 (156); 27, 196 (202); 4, 1 (4); BGH JR 1952, 285; Bay ObLG GA 1956, 124 (127); OLG Hamburg MDR 1978, 108 (109); OLG Düsseldorf MDR 1984, 866; OLG Braunschweig NStZ-RR 1998, 251 (252); OLG Karlsruhe NStZ-RR 2000, 60 (61); Schönke/Schröder-Sternberg-Lieben/Schuster § 17 Rn. 5a; Jakobs AT 19/29; Jescheck/Weigend AT § 41 I 3b; Rudolphi (1969), 118 (120ff) Welzel, StrafR, 171 (172); Wolter JuS 1979, 482 (484); Arm. Kaufmann ZStW 70 (1958), 64 (84); Paeffgen JZ 1978, 738 (745 f).

　　② Statt vieler BGHSt 4, 1 (4); 21, 283 (284); 36, 1 (9); BGHSt GA 1979, 106 (107); NStE § 212 Nr.18; NStZ 1992, 587 (588); NStZ 1994, 483 (484).

　　③ 详细的证据参见本书第九章边码5及以下数个边码。

　　④ NK-Neumann § 17 Rn. 33; SK-Rogall § 17 Rn 21; Puppe Rudolphi-FS (2004), 231 (235); Leite GA 2012, 688 (690); Roxin GA 2018, 494 (497 f); Roxin/Greco AT/1 21/30. 这同样适用于认知性的故意理解 Leite, GA 2012. 688 (690 f.).

　　⑤ NK-Neumann § 17 Rn. 33 f.; 相反观点 LeiteGA 2012. 688 (699 f.).

（如果采取这一观点），就会导致由公民来承受因法律适用的不确定性而造成的负担,当禁止性、命令性、容许性规范存在不同解释时,他就必须按照对他行动自由限制最大的解释来行为。① 但当公民游走在法律所保障之行动自由的边缘时,他也不被允许穷尽这种行动自由而不受任何处罚。法秩序应当确保其禁止性、命令性与容许性规范中的歧义是可消除的。当行为人对于自己行为的违法性存有怀疑,该怀疑是真诚且有根据的时,就应当认为其存在禁止错误。② 公民对于不法疑虑唯一负有的义务,在于在实施自己的行为计划前,运用自己的力量与所有可支配的手段消除这一疑虑。③ 如果法秩序是明确的,那么,公民通常就能成功消除疑虑。如果公民从有能力且可靠的他人处获知关于其行为合法性的错误信息,那么,他的认识错误就是不可避免的。

将对不法的疑虑等同于不法的确知,这对于《德国刑法典》第17条的解释将造成两个后果:第一,对不法存有疑虑的行为人要完全按照故意犯罪进行处罚,而没有根据第17条减轻处罚的可能性。第二,就像本案那样,行为人通过穷尽自己的认识能力和认识手段所能够获得的认识,仅仅是对于自己行为违法之可能性的认识。而只有当行为人完全确定自己的行为构成不法时,才应该受到完全的责任非难。④ 这是犯罪的常态。行为人能够认识到自己的行为有可能违法,这不足以肯定禁止错误的可避免性。只有当国家明确地告知公民什么是禁止的、什么是允许的时,才能认为公民是有责的。唯其如此,国家才能要求公民服从于法。而只有当行为人在满足了其所负有的法律咨询义务之后,并能够确知自己的行为为法律所禁止时,才能认为该禁止错误是可避免的。⑤

本案中,行政相对人给了他的供货商两个选择,这显然是在试图规避价

---

① 批评意见 Roxin/Greco AT/1 21/31; Frister AT 19/5; SK-Rogall § 17 Rn. 21 ff.;详细的论述 Rudolphi (1969), 118 ff.; Warda Welzel-FS (1974). 499 (524).
② Puppe Rudolphi-FS (2004), 231 (235 f.); Leite GA 2012. 688 (695 f., 700); Roxin GA 2018, 494 (500 ff.); SK-Rogall § 17 Rn. 23 f; Frister AT 19/5; Stratenwerth/Kuhlen 10/85; Roxin GA 2018, 494 (506); Roxin/Greco AT/1, 21/34 ff. 后者认为行为人对于不法的疑虑只有在不可避免时的情况下,才等同于欠缺不法认识。这种逻辑上的不一致是不必要的,因为《德国刑法典》第17条规定,欠缺不法认识在可避免时仅构成酌定减轻事由。
③ 同样的观点 Leite GA 2012, 688 (698).
④ Roxin GA 2018, 494 (501); Paeffgen JZ 1978, 738 (745f.).他建议,可以考虑类推适用《德国刑法典》第17条所规定的刑法减轻可能性。
⑤ Puppe Rudolphi-FS (2004), 231 (232 f.);赞同观点 Leite GA 2012, 688 (695f.); SK-Rogall § 17 Rn. 45.最高法院判决互相矛盾的情形 NK-Neumann § 17 Rn. 72;相反的有 MüKo-Joecks § 17 Rn. 62.

格建议禁令。但何为规避？如果在实施行为的时点，另一种价格建议方案是否也符合构成要件这在客观上是不确定的，联邦法院也尚无判决对此作出裁决，因此，行政相对人并没有陷入禁止错误。如果这在客观上是确定的，他也能够通过运用自己的认识能力得出结论，他这样的处理方法在法律上是可疑的，必须进行法律咨询。只要提供咨询意见的人不犯错，行政相对人就能获得这样的认识。从判决来看，不能认为在行政相对人实施行为之前，最高司法机关已经就行政相对人所建议的另一种价格方案是否也符合构成要件的问题作出了裁决。事情很有可能不是这样的（即最高司法机关没有做出判断），而是下级法院就该问题自行作出了判断，因为在裁判理由中没有载明先例。尽管如此，仍然不能因此就肯定行政相对人因禁止错误而免责，因为"通过运用自己的认识能力"他至少可以获知，自己行为的合法性是存疑的。这种不法疑虑被视同为对不法的确知，并因此证立禁止错误的可避免性。而事实上，只有在行政相对人履行了自己的法律咨询义务之后能够确知，自己的行为违反了禁止价格建议的规定时，该相对人的禁止错误才是可避免的。

三、在法律问题尚未得到裁决时的不法认识——轮胎锁案（联邦法院：《新刑法杂志》2017年，第284页）（简化版）

14　　被告人是一家生产轮胎锁公司的有限责任股东，公司的主营业务旨在消除私人停车场的乱停车问题。被告人的客户包括超市、医院以及物业公司，他们对于自己停车场中违规停放的车辆有权采取措施。被告人会在违规停放的车辆上安装轮胎锁，只有在司机按照《德国民法典》第1004条的规定向他的委托人支付了停车费后，才会移除轮胎锁。被告人主张，自己对于车辆拥有扣留权。这样的做法是否合法，是否不构成《德国刑法典》第240条（强制罪），尚无最高司法机关的判决作出裁决。被告人找了3名律师提供法律咨询意见以及一名民法教授的专业鉴定意见，都认为被告人的做法是合法的。联邦法院宣告被告人不构成强制罪，理由如下：

> 审判委员会可以不回答，被告人的行为是否在《德国刑法典》第240条第2款的意义上违法这个问题。州法院认为，只要使用了轮胎锁，行为人的行为就是第240条第2款意义上"卑鄙的"……无论客观的法律规定状况如何，州法院认为被告人存在不可避免的禁止错误，都可以支持无罪的结论。①

---

① BGH NStZ 2017, 284 (288).

联邦法院支持州法院的无罪判决是建立在选择性的基础上:要么被告人使用轮胎锁的行为是合法的,因而并不符合第 240 条第 2 款强制罪的构成要件;要么因为被告人已经完全履行了自己的法律咨询义务,存在不可避免的禁止错误。因此,联邦法院得出结论,不需要就使用轮胎锁的行为是否属于第 240 条第 2 款意义上的"违法"这个问题作出判断。通过这种方式,该法律问题可以被长久地搁置。但是,最高司法机关的任务不仅仅是就个案发表观点,而是要保障相关领域的法明确性与法安定性:联邦法院必须明确,被告人之所以无罪,究竟是因为他没有实施强制罪的不法,还是因为他虽然实施了强制罪的不法但陷入了不可避免的禁止错误,因而是无责的。在撰写鉴定体时,同学们一定不能采用联邦法院的做法。在体系上,行为人是否实施了不法这个问题应当优先于行为人是否存在禁止错误的问题得到回答。只有当确认行为人存在禁止错误,才需要回答该禁止错误是否可以避免。

通过给车轮上锁迫使乱停车的司机向停车场所有者支付停车费是否合法,因而并非"卑鄙的"行为,最高司法机关对此并未作出裁决。尽管如此,理论通说认为这个问题在客观上是有定论的,即最高法院总有一天会就这个问题作出裁决。理由在于当最高法院对这个问题作出裁决时,这个裁决本身就是现行法的一部分,因为正确的裁判就存在于法律规定之中,法院只是发现了法。① 如果最高法院后来作出了不同的裁决,那么,后来的判决也是自始有效的,而之前的判决则是错误的。

然而,法发现的概念在逻辑上是站不住脚的。当代的法学方法论早已认识到,法官不仅仅是发现已经存在于法律中的法,更是通过对疑难案件的裁决来创制法。② 这种法的创制(Rechtssetzung),即对法规范的解释,应当从最高司法机关提出之时起开始有效。③ 如果(最高司法机关)没有这样

---

① Schönke/Schröder-Eser/Hecker § 2 Rn. 7; Pawlik Neumann-FS (2017), S. 985 (991 f.).Pawlik 给出的理由是,法官在就疑难问题作出裁决时,相信自己的决定是唯一正确的或至少是最好的。因此,他坚信自己的决定总是正确的。但是,使他的裁决作为法创制活动而具有法律效力的,并不是他的这种坚信。"权力,而非真理,才是法律的创制者。"(Auctoritas non veritas facit legem)[出自霍布斯:《利维坦》——译者注]。

② Puppe Rudolphi-FS (2004), 231 (234); NK-Neumann § 17 Rn. 51; der. ZStW 103 (1991), S. 331 (340 ff.); Naucke Neumann-FS (2017), S. 955 (958 f.).

③ Müller-Dietz Maurach-FS (1972), 41 (45 ff.); Puppe Rudolphi-FS (2004), 231 (234); NK-Neumann § 17 Rn. 51; ders. ZStW 103 (1991), 331 (344 ff.); Maurach/Zipf AT/1, 12/8; Naucke NJW 1968, 758 (759); ders. NJW 1968, 2321 (2324); Schreiber JZ 1973, 713 (717); 不同的是 MüKo-Schmitz § 1 Rn. 37;相反不具有说服力的是 SK-Jäger § 1 Rn. 16,尽管他也认为法官创制了新法。

做,那么,所有的解释结论只要使用了正确的解释方法,就都是正确的。公民从中选择一种解释,也并非禁止错误。①

18 相反通说则要求公民在最高司法机关就疑难问题作出裁判前,不得行使其可能存在的权利,除非不行使该权利对他而言,缺乏期待可能性,如不行使该权利会消除其经济上的存在。② 如果公民不想冒着因为可避免的禁止错误而定罪的风险,他就必须选择对自己最不利的解释,即采取对自己的自由空间限制最大的解释。一旦最高法院尚无定论,关于如何正确解释法规范的争议就会完全加诸公民身上,直到期待不可能的边界。罗克辛认为,只有当遵守禁止规范的利益大于其行动自由的利益时,对法规范的解释存有疑虑的公民才被期待放弃自己的行为计划。③ 如果在这个意义上不能期待公民停下来等待,那么,该禁止错误就是不可避免的。

19 法秩序若以刑罚威吓要求公民服从,则必须向公民传达明确的诫命。这是《德国基本法》第 20 条第 3 款法治国原则的要求,也以《德国基本法》第 103 条第 2 款为根基。尽管公民有义务知悉适用于自己行为的法规范,只有当禁止错误不可避免时才能主张免责。但相应地,国家同样有义务使公民能够知悉法律对他的要求,尤其是那些通过刑罚威吓所提出的要求(本书第十九章边码 11)。④ 既然法院尚未澄清争议,国家就没有履行自己的义务,也就不能要求公民服从。⑤ 因此,在本案中,认为公民可以使用轮胎锁来对付违规停车者的观点是正确的,被告人不存在禁止错误。为了结束这种缺少法安定性的状态,法院应当以该案为契机对于这个法律问题作出裁决,即使本案的裁判不会用到这个问题。

20 行为人在尚无定论的法律状况下是否具有不法认识,长期以来的文献与判决都忽视了该问题。在刑法尤其是附属刑法规定越来越多、越来越无法概览的背景下,这个问题日渐严峻,有许多论文都在讨论这个问题。但大多数人在解决

---

① Puppe Rudolphi-FS (2004), 231 (236); Naucke Neumann-FS (2017), 955 (956ff): Schönke/Schröder-Sternberg-Lieben/Schuster § 17 Rn. 20; Stratenwerth/Kuhlen AT 10/92; NK-Neumann § 17 Rn 51, 但他从中并没有得出结论, § 17 Rn 52.

② OLG Bremen NJW 1960, 163 f.; Schönke/Schröder-Sterberg-Lieben/Schuster, § 17 Rn. 21; NK-Neumann § 17, Rn. 52; ders. JuS 1993, 793 (796); LK-Vogel § 17 Rn. 28; Warda Welzel-FS (1974), 499 (506 ff., 526 ff.); Kunz GA 1983, 457 (469 ff.).

③ Roxin GA 2018, 494 (506 f.); 类似的观点 SK-Rogall § 17, Rn. 71.

④ Puppe Rudolphi-FS (2004), 231 (235 f.); 赞同观点 Leite GA 2012, 688 (695f.); Naucke Neumann-FS (2017), 955 (960 f.).

⑤ Puppe Rudolphi-FS (2004), 231 (232 f). 最高法院判决互相矛盾的情况参见 NK-Neumann § 17 Rn. 72; 不同观点 MüKo-Joecks § 17 Rn. 62.

这个问题时,并不是致力于坚持在立法和判决中寻求对公民更明确的指引,而是削弱《德国刑法典》第 17 条中关于禁止错误不可避免性的成立要求。①

四、判决变化与不法认识——《在巴黎的屋顶下》(Opus Pistorum)案(《联邦法院刑事判例集》第 37 卷,第 55 页)

被告人在一家寄送书店销售亨利·米勒的《在巴黎的屋顶下》一书。他因此被控成立《德国刑法典》第 184 条销售淫秽物品罪,并违反了《危害青少年作品法》(GJS Jugendgefährdende Schriften-Gesetz)第 6 条第 2 项。联邦法院认为,《在巴黎的屋顶下》一书是艺术作品。根据联邦法院与联邦宪法法院早前的判决,艺术品与淫秽物品在概念上是不相容的。而在本案中,联邦法院承认,艺术品也可以是严重的淫秽物品,销售艺术作品也可以满足第 184 条的客观构成要件。

联邦法院认为,按照此概念理解,它无权判定《在巴黎的屋顶下》一书是否属于淫秽物品,因为这是一个事实问题(应由事实审法院负责查明)。但是法院讨论了另一个问题,即被告人经查询发现其他出版社在 2 年内销售该书都没有收到投诉,也向联邦危害青少年作品审查处提出了咨询,这是否意味着他已经充分履行了对《德国刑法典》第 184 条与《危害青少年作品法》第 6 条第 2 项的内容与适用范围进行了咨询义务。联邦法院的回答是否定的,因为被告人应当委托专业人士鉴定该书是否属于淫秽物品。尽管如此,联邦法院仍然将本案发回重审,并拒绝给被告人定罪:

> 对被告人进行责任非难的前提,是如果行为人尽到了所要求的注意义务并向专业人士咨询,就会得到答复,传播《在巴黎的屋顶下》一书违反《危害青少年作品法》。因为责任非难的对象,并非单纯的没有咨询本身,而是没有咨询且如果进行咨询就会发挥作用。

> 若以联邦宪法法院的判决为基础,那么,《在巴黎的屋顶下》肯定会被视作艺术作品。但若以此为出发点,则所有专业人士都会面临这种情况,即所有的法条评注文献都主张艺术与淫秽物品概念是互斥的。因此,所有专家都会告诉被告人,他的行为不符合《德国刑法典》第 184 条与《危害青少年作品法》第 6 条的构成要件。②

---

① MüKo-Joecks § 17 Rn. 42; NK-Neumann § 17 Rn. 34; Schönke/Schröder-Sternberg-Lieben/Schuster § 17. Rn. 21; 批评意见参见 Naucke Neumann-FS (2017), S. 955 (960 ff.)。
② BGHSt 37, 55 (67)。

23　　本案的判决结论是正确的。被告人应当无罪,但不是因为尽管没有履行咨询义务,他的禁止错误也是不可避免的,而是因为他没有产生禁止错误。① 正如法院在裁判理由中所述,在被告人实施行为时,无论是在联邦法院还是联邦宪法法院的判决中,尚没有主张艺术品与淫秽物品概念互斥的观点。淫秽物品的概念并不明确,它需要解释,需要判决就个案进行精确化。出于法安定性的考虑,在错误理论中只有法院而非公民对于刑法解释才具有决定性(本书第十九章边码5及以下数个边码,边码27)。如果将改变判决上已经确立之观点仅仅视为法发现而非法创制,便导致前后不一致,对于公民也不具有期待可能性。否则公民虽然必须受制于判决观点现状,却又不能信赖判决上的观点,而必须采取对其行动自由限制最重的构成要件解释。② 因为如果新判决仅仅是对既有之法的内容更好的理解,必然出现的问题就是,公民是否应当通过咨询或者"良心上的紧张"来获得这种更好的理解或者至少对旧判决的正确性提出质疑。在本案中人们就必须问,行为人是否应当像联邦法院那样结合艺术概念的扩张而对艺术与淫秽物品概念之间的互斥关系提出质疑。真正值得赞同的是,在错误理论上应当将最高法院对构成要件的解释视为法的创制。③

24　　联邦法院在本案判决中抛弃了艺术与淫秽物品的二分法,这样他在允许的语义范围内扩展了第184条的适用范围,由此他也证立了按照此前判决并不成立的可罚性。法院证立可罚性的理由也不应溯及既往。④ 如果被告人正确地认为,《在巴黎的屋顶下》这本书是艺术作品而且艺术与淫秽物品在概念上是互斥的,那么,他就不存在禁止错误。这个认识与行为时有效的法秩序是一致的。

25　　因此,完全没有必要讨论被告人是否履行了自己的咨询义务,以及如果他履行了义务会获得何种答复。后一个问题在本案中相对容易得到答

---

① Naucke Neumann-FS (2017), 955 (961); Puppe Rudolphi-FS (2004), 231 (236).
② Naucke Neumann-FS (2017), 955 (956 ff.); NK-Neumann § 17 Rn. 51,但从中他并没有得出结论, § 17 Rn. 52; Schönke/Schröder-Sterberg-Lieben/Schuster § 17 Rn. 20; LK-Vogel § 17 Rn. 28; Stratenwerth/Kuhlen AT 10/92; Neumann JuS 1993, 793 (798).
③ NK-Neumann § 17 Rn. 51 f.; NK-Hassemer/Kargl § 1 Rn. 51; Schreiber JZ 1973, 713 (715, 717).
④ Neumann ZStW 103 (1991), 331 (336 ff.); ders. NK § 17 Rn. 51 f; NK-Hassemer/Kargl § 1 Rn. 58f.; Schönke/Schröder-Lenckner/Eisele/Perron/Eser/Stree/Sternberg-Lieben/Heine § 2 Rn. 7; Maurach/Zipf AT/1, 12/8; Naucke NJW 1968, 758 (759); ders. NJW 1968, 2321 (2324); Schreiber JZ 1973, 713 (717); Müller-Dietz Maurach-FS (1972), 41 (45ff).令人惊讶的是,诺依曼(Neumann)明确拒绝承认刑法教义学中的这种禁止溯及,而主张新判决具有"溯及的要求",其结果是,行为人如果以旧判决为其行为指引,那么,他根据新判决就存在不可避免的禁止错误。NK § 17, Rn. 68.

案,因为在本案判决之前,文献与判决上都普遍承认,艺术品并非淫秽物品。如果在判决前,法律观点并不完全一致,这个问题就是原则上无法回答的。因为在客观上不能确定,当行为人按照义务向专业人士咨询时,专业人士会给出何种意见。既然行为人不存在禁止错误,本案判决中关于禁止错误可避免性的所有论述,都是与判决主文无关的附随意见(obiter dictum)。

然而,或者说正是因为如此,最高法院有责任消除解释上的争议,即使因为禁止溯及它也不能将最新的法律规定运用到待决的案件中[①],不能以"行为人的行为要么是合法的要么其禁止错误不可避免"这样的理由搁置法律解释上的争议(本书第十九章边码19及以下数个边码)。尤其是对于不明确的评价性要素,必须作出能够成为先例的裁判。这就是说,最高法院不能满足于用所谓"综合本案各种具体因素进行评价性的考察"而将个案涵摄在这样的要素之下,而必须对存在争议的解释问题作出可一般化的回答,至少是部分回答。他们必须从个案中抽象出一个案例群,而他们所作出的裁判能够成为此类案件的先例,在过去这种一般化就体现为每份判决的官方要旨,但现在这种官方发布的要旨或者完全沦为标题或者逐渐被期刊编辑的要旨所取代。我们的最高法院在裁判理由中也常常推脱这项责任,最高法院应当重新意识到,它的首要的任务并不是裁判个案,而是创制对将来有效的法。

五、实际适用的提示

不法认识的对象,是犯罪构成要件所描述的事实。当行为人认识到自己所实现的事实是不法的,即被禁止时,他就具有了实施不法的认识,而不需要认识到该事实是可罚的。行为人认识到自己的行为违法但对可罚性发生认识错误,这种认识错误不能否定其责任。由于不法认识针对的是行为人所实现的构成要件(不法认识的可分性),不法认识以构成要件认识为前提,即行为人认识到属于构成要件的事实。只有确定了这一点,即明确行为人不存在构成要件错误后,才需要考虑禁止错误的处理问题。特定的错误

[①] Neumann NStZ 2003, 331 (355f.); Puppe Rudolphi-FS (2004), 231 (234). 判决变更后以不利于被告人的方式溯及既往,其理由至少在于只有溯及既往才能证明起诉是正当的。若根据此前的判例,被告人的行为则并非违法 (Neumann NStZ 2003, 331 (352ff))。这样做的结果是,不利于被告人的判决变更是不可能的。但是,通过判决变更的溯及效力也不能解决这个问题。因为这样做的结果仅仅是行为虽然是违反规范的,但仍然可以因为不可避免的禁止错误而免责。即使肯定判决的溯及效力,侦查的结论仍然是行为人是无罪的,因而不存在可以使起诉正当化的犯罪嫌疑。这个问题只能这样解决,即在确定存在充分的犯罪嫌疑时,考虑到存在判决变更的可能性而将起诉视为是允许的,只要起诉是以判决变更为目的而进行的,并且必然以宣告被告人无罪而告终。

究竟是否属于构成要件错误,因此在体系上优先于它是否是禁止错误的问题(关于在争议案件中如何区分构成要件错误与禁止错误参见本书第八章边码41及以下数个边码)。

28　　理论上禁止错误可以以4种形式出现:第一,行为人完全没有认识到自己所违反的禁止或命令规范。第二,行为人虽然大致了解相应的禁止或命令规范,但他错误地对规定作了过于狭窄的理解,因而认为自己的行为不在规制的范围内。第三,行为人认为存在容许规范,而实际上并不存在。第四,容许规范尽管存在,但行为人对他的理解过于宽泛,因而错误地认为自己的行为可以为容许规范所涵盖。人们将前两种形式称为直接禁止错误,而将后两种形式则称为容许错误或间接禁止错误。

29　　理论通说认为,当行为人认为自己的行为可能为法律所禁止时,就足以肯定不法认识。判决补充了另一项要求,即行为人必须容认了自己创设不法的可能性。这不符合《德国刑法典》第17条的字面文义,该条仅仅提及了对于创设不法的认识,而没有涉及对于创设不法的意志。而且将关于间接故意的意志理论套用到不法认识之中也毫无意义(参见本书第十九章边码6)。如果将对自己行为合法性的疑虑视同为认识到自己行为的违法性,这带来的后果将是,在对相关法律规定的解释存在疑问时,公民必须总是选择对自己的行动自由限制最大的解释,这是不正确的。因为公民有权堂堂正正地行走在自己行动自由的边界上。因此,公民对自己行为的合法性所存在的疑虑,仅仅会使其负有通过法律咨询消除疑虑的义务,而不能当然地等同于第17条意义上的不法认识,该不法认识的存在会否定刑罚的减轻。但是,如果行为人没有履行这项义务,那么,对他也不值得根据第17条的规定享受酌定的刑罚减轻。

30　　但是,"当行为人认为自己的行为有可能违法时,行为人并不存在禁止错误,而是具有不法认识",这一教条在实践中主要作用于禁止错误的可避免性。据此,当行为人(通过法律咨询)能够确知自己的行为为法律所禁止时,可以肯定其禁止错误的可避免性。不仅如此,当行为人通过履行自己的法律咨询义务仅仅得知,自己行为计划的合法性存疑时,也可以肯定禁止错误的可避免性。但笔者认为,这种情况不足以肯定禁止错误的可避免性。因为与公民的法律咨询义务相对应的,是公民有权要求能够确定地知悉自己的行为究竟是否为法律所禁止还是允许。只有当法秩序向公民发出明确的命令时,它才能够要求,尤其是以刑罚威吓的形式要求公民的服从。如果行为人无法消除对于自己行为合法性的疑虑,那么,正确的观点应当是他处于不可避免的禁止错误之中。

判断不法认识内容的关键标准是"行动中的法",即最高法院所主张的法律观点。如果行为人对此有认识,即使有正当的理由,他也不能基于自己的法律观点而行动。如果行为人对此没有认识,那么,他就有义务获得认识。这种法律实证主义是必要的,否则,判决的观点就无法在确信犯身上得以贯彻。若一以贯之地采取法律实证主义,当最高法院就特定规范的解释尚未发表观点或者观点前后不一致时,关于该规范解释的疑虑就没有得到裁决。在这种情况下,行为人的行为是否为法律所禁止,这个问题根据"行动中的法"在客观上是不确定的。即使行为人所遵循的法律观点相比于其他法律观点会赋予他更大的行动自由空间,当他遵循了某种被采纳的或者有理由能够被采纳的法律观点时,他的行为便不是违法的。

通说在处理这种情况时则采取了不同的方式。通说认为,最高法院通过裁判消除了关于特定禁止或命令规范解释的不确定性,而这种裁决具有溯及效力。如果行为人不愿意采纳对自己的行动自由限制最大的解释,那么,他就必须放弃自己的行动计划,直到最高法院判决消除了这种客观存在的歧义。只有当无法期待行为人进行这种等待,即不能期待行为人采取更为严格的法律观点时,才能肯定行为人存在不可避免的禁止错误。但是,能否期待行为人等待或者采取更为严格的法律观点,与禁止错误及其可避免性又有什么关系呢?

当此前已经确立的判例观点认为某一行为合法,而最高法院改变了这一观点认为该行为违法时,这样的判决(在通说看来)也被认为是具有溯及力的。行为人依据此前的判决而实施的行为是违法的,因为最新的判决总是正确的,法院只是没有认识到。当行为人遵循了自己的法律咨询义务,向专业人士了解法律规定情况时,通说认为他的禁止错误是不可避免的,因为任何法律咨询都只会向其告知既有法院判决的现状,即该行为是被允许的。而当行为人没有履行其咨询义务时,为了得到相同的结论,通说的这一教条就认为,禁止错误的可避免性取决于如果他向一个可信赖的专业人士咨询时,能否获得正确的法律咨询意见。在假想情况下,虚构中的专业咨询人士也只会根据当时的判例情况作出回答,对于前述问题只能得出否定的结论,因此,该禁止错误也是不可避免的。如果否认判决具有溯及力,那么,我们就不需要上述处理规则。当行为人根据既有的持续判决安排自己的行为时,他不存在禁止错误,他的行为本身在客观上就是合法的。

第一编 结果归属的基础理论
第二编 故意犯的构成要件
第三编 构成要件实现的正当化
第四编 责任与免责
第五编 未遂
第六编 犯罪参与的形式
第七编 竞合理论

第二十章　未遂的构成要件

一、反面的构成要件错误——医嘱案(《联邦法院刑事判例集》第 42 卷,第 268 页)①

被告人是一家泌尿科诊所的主任医生。他为病人 S 进行了肾脏穿刺手术,但之后忘记嘱咐家庭医生对病人进行肾功能检查。随后发现病人的肾脏受到了严重的损伤必须摘除。S 向医生提起损害赔偿诉讼。医生在事后给家庭医生签发了病案报告,复本夹在了病历中,随后交给了 S 的律师。法院作了有利于被告的认定,认为即使在手术后进行了肾功能检查,也不能挽救病人的肾脏,因此被告人的疏忽不是损害的原因。

被告人主观上认为,医疗疏漏会导致病人失去肾脏,因此自己要对病人负有损害赔偿责任。他试图欺骗 S 的律师以及法院自己不存在医疗过错,以避免承担损害赔偿责任。由于减少赔偿支出也构成获利,因此他主观上具有获利的目的。但客观上,获利是合法的,因为根据法院所作的有利于被告人的事实认定,病人对被告人没有损害赔偿请求权。但由于被告人认为病人有可能享有损害赔偿请求权,因此,对于自己所追求利益的违法性存在认识错误。针对获利的违法性,(行为人主观上)只须具有间接故意即可。法院面临的问题是,对于获利违法性的认识错误,究竟能证立不能犯未遂还是幻觉犯。判决论述如下:

> 在相反的情况下,如果行为人所追求的财产利益客观上是违法的,而行为人主观上错误地认为合法时,这构成《德国刑法典》第 16 条第 1 款意义上的构成要件错误:行为人没有认识到客观上存在的构成要件要素,即财产利益的违法性,因而其行为并非出于故意。行为人通

1

2

---

① =NStZ 1997, 431 mAnm Kudlich NStZ 1997, 432=MDR 1997, 182=StraFo 1997, 22=NJW 1997, 750=wistra 1997, 62=JuS 1997, 567=StV 1997, 417=JR 1997, 468 mAnm Arzt JR 1997, 469; Bespr. Martin JuS 1997, 567.

过欺骗手段想要行使一个客观上违法,但主观上认为是合法的请求权,或者想要对抗一个客观上存在,但其(行为人)主观上认为并不正当的请求权时,其行为不构成诈骗未遂。

反之如本案的情况,行为人所追求的财产利益事实上是合法的,但他主观上错误地认为违法时,那么,他就处于反面的构成要件错误中。行为人设想了一种客观上不存在的情状,即财产利益的违法性,因为该情状客观上不存在,行为人主观上所设想的构成要件不可能达到既遂。这种情况符合可罚的不能犯未遂的成立条件。存在正当的请求权以及与之相连的财产利益的违法性是一种事实情状。关于该事实情状的错误认识,是关于客观构成要件要素的认识错误,而不是关于行为之被禁止性的认识错误。行为人相信,自己实现了一个犯罪构成要件,且他对该构成要件的内容与适用范围的判断是正确的。本案中不存在"反面的禁止错误",这种反面的禁止错误会否定未遂的可罚性。①

3 从体系上看,只有将行为人的这一认识错误定位在(财产)损害而非获利目的时,才能得此结论。因为获利目的属于超越的内心倾向,这意味着它只需要在行为人主观上得到满足即可。获利结果在客观上没有出现,而行为人错误地期待该结果出现,仍成立诈骗罪既遂。

4 这里我们不再深入探讨诈骗罪的教义学结构,下文的出发点是,行为人的错误认识,即认为病人对自己享有法律上的请求权,而自己想要通过欺骗手段对抗该请求权的行使,并不是关于获利目的的,而是关于财产损害的。在已经提起的诉讼程序中,本已存在的债权请求权之行使因欺骗而受到妨碍,即是因欺骗而产生的财产损害。即使该请求权客观上不存在,欺骗者认为通过自己的欺骗行为将会阻止对方行使正当的请求权,他也具有给被欺骗者造成损害的故意。

5 但文献上有观点对此提出了质疑,认为无论是刑法之外的法律错误还是刑法上的法律错误都应当作同等对待,因此,当行为人(主观上)认为自己损害了他人权利,而客观上该权利不存在时,仅构成幻觉犯而非未遂。② 在本案中为了回答这个问题,联邦法院采用了由帝国法院发展出来

---

① BGHSt 42, 268 (272 f.).
② Schönke/Schröder-Eser/Bosch § 22 Rn. 89 ff.; NK-Zaczyk § 22 Rn. 37, 47 ff.; ders. (1989), 229 ff.; Burkhardt JZ 1981, 681 ff.; Jakobs AT 25/38 ff.

的经典思考模式,即错误理论的反面推论。① 理论通说在区分未遂与幻觉犯时也采用这一方法,②但在文献上有相当一部分观点认为反面推论的方法是错误的。③ 因此,我们必须对这一方法作进一步的分析。[关于反面推论的方法在逻辑上是否错误及其在逻辑上正确的展开方式,具体参见《法学思维小学堂——法律人的 6 堂思维训练课》,蔡圣伟译,北京大学出版社 2011 年版,第 125—130 页。——译者注]

在法学方法论与教义学中,反面推论这个术语指称了不同的论证形式,通过使用这些论证形式从法律规定中推导出抽象的教义学一般规则。[这种意义上的反面推论是法律续造的一种论证形式,区别于错误理论中的反面推论,因而下文中将后者称为反面审查。普珀教授认为,前者不是一种独立的法律续造的论证形式,而只是对特定类似推论的否定。参见《法学思维小学堂——法律人的 6 堂思维训练课》,蔡圣伟译,北京大学出版社 2011 年版,第 87—91 页。——译者注]而本案所涉及的则不是抽象的一般规则,而是以下问题:特定的认识错误究竟应视为反面的构成要件错误,因而证立未遂的可罚性,还是应视为反面的禁止错误,因而仅成立幻觉犯。这被称为反面审查(Umkehrprobe),它是这样进行的:先假设一个辅助案例,其中行为人的主观设想是初始案例中客观情状,而其中的客观情状则为初始案例中行为人的主观设想。简言之,在初始案件与辅助案件中,将行为人的主观认识与客观现实的真值(Wahrheitswert)进行互换。本案中联邦法院就是这样做的,它假设了一个辅助案例,其中受到行为人阻挠的请求权客观上存在,而行为人主观上认为是不正当的。在这种(辅助案例的)情况下,行为人主观上存在构成要件错误。在初始案情中,行为人的认识错误之所以能够证立未遂的可罚性,是因为他具有犯罪故意,而非因为反面审查。如果法律规定,只有能犯未遂才应处罚,即以客观上存在对于受构成要件保护之法益的危险为前提时,那么,被告人就是不可罚的。因为一个客观上不存在的法律请求权无法受到威胁。但是,根据《德国刑法典》第 22 条的规

6

---

① RGSt 42, 92 (94); 66, 124 (126); 72, 109 (112); 判决综述参见 NK-Zaczyk, § 22 Rn. 42 ff. und LK-Hillenkamp § 22 Rn. 180 f.),而且联邦法院迄今为止仍在使用 (BGHSt 2, 74 (76); 13, 235 (239 f); 14,345 (350); 15, 210 (213); 42, 268 (272 f.); BGH JR 1994, 510.

② SK-Jäger § 22 Rn. 54; LK-Hillenkamp § 22 Rn. 201; Fischer § 22 Rn. 43; Schönke/Schröder-Eser/Bosch § 22, Rn. 68 f.; NK-Puppe § 16 Rn.140 ff.; Kühl AT 15/96 f; Jescheck/Weigend AT § 50 II 1; Kindhäuser AT 30/30.

③ NK-Zaczyk § 22 Rn. 37 ff.; ders. (1989), 229 ff.; NK-Paeffgen/Zabel Vor § 32 Rn. 110 f, 256 ff; ders. Armin Kaufmann-GS (1989), 399 (421ff.); Schlüchter (1983).153ff.; Roxin AT/2 29/404 ff.

定,未遂行为人的可罚性仅仅来自他对于犯罪的设想。如果行为人的设想能够被特定罪名的构成要件所涵摄,并且他按照自己的设想直接着手实现该构成要件,就可以按照该罪名的未遂进行处罚。我们虽然不能从反面审查中推导出不能犯未遂的可罚性,但从不能犯未遂的可罚性中恰恰可以证明反面审查的有效性。①

7 反面审查的根据,在于根据(德国的)法律规定及理论通说,在犯罪的客观与主观要素之间存在独特的对称关系:某一要素要么是可罚性的客观必要条件,要么是主观必要条件。适用于行为人行为之规范的效力在客观上是不可放弃的,由此可以推论反面的涵摄错误是不重要的。所谓反面的涵摄错误,是指行为人之所以认为自己的行为违法,或者是因为他设想了一个客观上不存在的禁止规范,或者他对禁止规范的理解过于宽泛,以至于尽管客观上该规范不适用于他的行为,但他主观上认为自己的行为可以被该规范所涵摄。行为人错误地认为禁止规范对自己适用,但该错误认识不会使该规范真的对他有效。通过反面审查得出了涵摄错误是不重要的结论,但在逻辑上不能就此推导出,反面涵摄错误也是不重要的。我们可以假设存在一种法秩序,在该法秩序中,犯罪故意也包括了关于行为违反禁止规范的认识,甚至包括关于自己行为可罚的认识。涵摄错误及禁止错误之所以不重要,终究是源自于《德国刑法典》第17条的规定。下文中我们将会了解到,有的犯罪成立要素在客观和主观上都必须得到满足,空白条款空白填补规范的效力便是例证(本书第二十章边码23)。

8 因为德国刑法的规定是这样设计的:满足犯罪构成要件的事实只在行为人主观认识中是必要的,而禁止规范的效力则只在客观上是必要的。[普珀教授之所以说,满足犯罪构成要件的事实只在主观上是必要的,是因为即使该事实客观上没有实现,也仍有可能成立故意犯的未遂;而如果该事实没有被行为人主观所认识,则要排除犯罪故意,否定故意犯的可罚性。——译者注]正如联邦法院在本案中所做的那样,我们可以借助这一独特的现象,通过反面审查来区分行为人关于实现构成要件之事实的认识错误,与关于其所侵害之规范的认识错误。联邦法院非常明确地指出,法律请求权的存在与否是一项事实。如果法律请求权的存在是行为人实现诈骗罪构成要件的必要条件,那么,在主观构成要件即行为人的认识中,该法律请求权的存在就是必要的。当这一认识与客观事实不符时,它就证立了

---

① Puppe NK § 16 Rn. 154 ff; dies. Lackner-FS (1987). 199 (210 f.) = Analysen (2006), 309 (320f.); dies. Herzberg-FS (2008), 276 (285 f.).

未遂的可罚性。在相反的案例中,即实现构成要件的事实客观上存在而行为人主观上对此没有认识,则成立构成要件错误,排除故意。本书对错误理论的反面推论即反面审查的分析表明,尽管不一定适用于所有可能的法秩序类型,但对于德国现行法律规定而言,反面审查是有效的。这是基于《德国刑法典》第 16 条与第 22 条的组合,以及第 17 条与一项对所有国家法秩序均有效的原则的组合,即行为人对于规范效力的主观认识不能取代规范的客观效力。① 同时,借助反面审查也可以反驳以下命题,即关于法律或者法律关系的认识错误仅成立幻觉犯而非未遂。因为没有认识到作为构成要件实现必要条件的法律规定或法律关系属于构成要件错误,那么反过来,错误地认为存在这样的法律规定或法律关系就属于反面的构成要件错误,成立未遂。②

本案中,行为人不仅仅是设想了一个客观上不存在的损害赔偿法律关系,而且还设想了证立该法律关系的事实。他错误地认为,自己的诊疗过错导致病人被摘除了肾脏。如果这个认识是正确的,那么,病人确实会拥有损害赔偿请求权。被告人因此不仅错误地认为存在某种法律关系,还错误地认为存在能够证立该法律关系的事实。③ 因此,本案中不涉及规范构成要素的故意内容的争论,尽管文献上以此案为契机进行了讨论。④ 理论上认为,当行为人错误地或者以在法律上看毫无根据的方式设想某种法律关系的存在时,这种对于权利或法律关系存在的设想不足以肯定不能犯未遂的成立。例如,行为人认为基于严格责任会产生侵权损害赔偿请求权,但事实上侵权损害赔偿请求权只能基于过错责任而产生;或者他认为通过订立买卖合同就移转了所有权,因而认为财物已经属于他人所有,而事实上他自己仍然保有对物的所有权。⑤ 但构成要件中只包含了权利或法律关系本身,而不包括它们产生的根据,上述观点也并不符合法律关于故意内容的规

---

① 这种实定法上所存在的对称关系正是 Zaczyk NK § 22 Rn. 44 所忽略的反面审查的实质根据,并且也说明了为什么反面审查在实定法上是区分事实错误与相关刑法错误的适格方法的理由,这与 Roxin AT/2 29/404 中的观点不同,而不像 Paeffgen/Zabel, in NK Vor § 32 Rn. 261 与 Zaczyk NK § 22 Rn. 35 所认为的那样仅仅是一种"笼统规则"甚至只是"记忆方法"。Schmitz Jura 2003, 593 (596)也这样认为。如果反面审查是一种笼统规则或者记忆方法,那么,人们就不可能像帝国法院和联邦法院在个案中所做的那样用它来证立结论。

② NK-Puppe § 16 Rn.144 ff.; dies. Herzberg-FS (2008), 275 (285); Kindhäuser AT 30/30.

③ Kudlich NStZ 1997, 433.

④ Streng GA 2009, 529 (536).

⑤ NK-Paeffgen/Zabel Vor § 32 Rn. 269 ff. 认为仅构成幻觉犯;同样观点还有 Jakobs AT 25/37 ff; Burkhardt JZ 1981, 681 ff.; ders. wistra 1982, 178ff.; Dopslaff, GA 1987, 1 (26); Streng GA 2009, 329 (537).

定。相应地,故意理论认为,行为人不需要对权利或法律关系的产生过程存在认识,只要权利或法律关系的存在本身属于故意的内容(参见本书第八章边码 12)。当法律关系事实上确实存在时,该观点是得到普遍承认的。①

同样得到普遍承认的,还有故意与(犯罪未遂时的)行为决意的内容是同一的。这里也可以适用反面推论的一种形式,其在逻辑上具有普遍的效力,即换质位推理的否定(Negation der Kontraposition)。[换质位推理为直言命题的推理形式。具体参见英格博格·普珀:《法学思维小学堂——法律人的 6 堂思维训练课》,蔡圣伟译,北京大学出版社 2011 年版,第 119 页。]既然对法律关系形成根据的认识不是故意成立的必要条件,那么,错误地认为该法律关系形成根据的存在也不能排除故意。②"由于采取了反面原则(Umkehrprinzip)而忽略了未遂犯行为决意成立要求的问题"③的并不是联邦法院,而是它的批评者。

二、反面的涵摄错误——照片拼贴案(杜塞尔多夫州高等法院:《新刑法杂志》2001 年,第 482 页)④

10 被告人想与房东订立房屋租赁合同,为了掩饰自己的实际收入,他先草拟了收入证明,再将收入证明与有税务顾问签名的文书拼在一起并进行了拍摄,将拼接后的照片复印件交给房东。法院判决基于法律上的理由而否定了伪造文书罪的既遂,基于事实上的理由而否定了伪造文书罪的未遂。

否定伪造文书罪既遂的理由是,判决认为,照片复印件并非文书,只有原件才是文书。尽管判决认为,提交复印件的行为是对被复印之原件的间接使用,满足《德国刑法典》第 267 条第 1 款第 3 支项的条件,但这种间接使用是以存在原件为前提的。被拼在一起的两张文书则并非这样的原件。接着法院讨论了行为人是否构成伪造文书的未遂,论述如下:

《德国刑法典》第 267 条第 1 款构成要素中"文书"的概念并非能够直接被感知的,而是"思维世界的图像"。在这种构成要件要素

---

① NK-Puppe § 16 Rn. 21, 40.
② NK-Puppe § 16 Rn. 73, 140; dies. Herzberg-FS (2008), 275 (287), 也参见 Kudlich NStZ 1997, 433 (434).
③ 参见 Streng GA 2009, 529 (536)的批评。
④ Mit Anm. Puppe = NJW 2001, 167 = VRS 99,428 = wistra 2001, 67 = Strafo 2001, 99 = StV 2001,237 mAnm Sättele; Anm. Vahle, Kriminalistik 2001, 280; Anm. Erb, NStZ 2001, 317, dazu auch Puppe AT/l 15/26ff.

下，可罚性成立的前提，在于行为人进行了"外行人的平行评价"，至少认为实现构成要件是可能的并容认了这种可能性。州法院没能查明足够的事实来推论被告人认为通过自己的操纵可能制造或使用了文书，并容认了这种可能性。毫无疑问，被告人想要欺骗他的房东使其相信自己的税务顾问对其收入作出了证明。从他的角度来看，自己的行为是不被法律所赞同的。但上述通常情况下所理解的不法认识，是不能肯定其行为可罚的。

除此之外，行为人还必须至少试图根据其主观设想实现具体的构成要件。但是，根据本案查明的事实，不能排除行为人有可能只是希望房东满足于复印件的内容，而仍然维持原件作为法律意义上的文书的理解。①

法院在假设情形下审查的认识错误是，行为人错误地认为照片复印件属于文书，因此，按照《德国刑法典》第267条第1款的规定，他的行为将成立伪造文书罪而受到处罚，他在意志上也认可了这一点。州高等法院认为，因为文书这一构成要素是"思维世界的图像"（Gebilde der Gedankenwelt），对于这种认识错误可以适用"外行人的平行评价"公式。任何概念（包括所有的构成要件要素），无论它是描述性的还是规范性的，都是思维世界的图像。但文书概念是典型性的规范构成要件要素，对其应适用外行人平行评价理论。② 如果该观点是正确的，那么，根据通说的外行人平行评价公式必定会产生反面的构成要件错误，因为按照这一理论，无论该平行评价正确与否都属于故意的内容。③

现在我们借助反面审查对这一结论进行检验。我们先将行为人的认识与客观现实进行互换，形成对应的反面案例。我们必须假定，照片复印件确实属于文书概念的范畴。这就要求文书概念的解释要比当前判决对于第267条第1款的解释更为宽泛。我们还需要假定，行为人认为，照片复印件不属于文书的概念。如果州高等法院的观点是正确的，那么，在初始案例

---

① OLG Düsseldorf, NStZ 2001, 482.

② Lackner/Kühl-Kühl § 15 Rn. 14; Schönke/Schröder-Sternberg-Lieben/Schuster § 15 Rn. 43 a; Baumann/Weber/Mitsch/Eisele, AT 11/65; Jescheck/Weigend, AT § 26 IV 2; Roxin AT/1 12/102; Maurach/Zipf AT/1 23/37.

③ Schönke/Schröder-Sternberg-Lieben/Schuster § 15 Rn. 43 f; Fischer § 16 Rn. 14; Baumann/Weber/Mitsch/Eisele AT 11/62 f.; Blei AT 120; Roxin AT/1 12/104; Welzel Lb (1969), 73; ders. JZ 1954, 276 (279); Kaufmann, Arthur (1982), 20 (37 f.); Kunert (1958), 73; Maurach/Zipf AT/1, 22/49; Mezger Lb (1949), 325 ff.; ders. JZ 1951, 179 f.; Schlüchter (1983), 67 ff.; Otto GS Meyer (1990), 583 (587); 不同观点 Jakobs AT 25/41 f.

中,行为人错误地认为照片复印件是文书,因而根据外行人的平行评价就可以证立伪造文书罪的主观构成要件,即证立未遂。而在反面案例中,因为欠缺证立故意的外行人平行评价,行为人就可以主张自己存在排除故意的构成要件错误。然而事实上,这是一种不重要的涵摄错误。因为行为人的错误仅仅在于行为人对于文书概念的理解比起实际上的内涵更为狭窄,因而他所正确认识到的事实,即他制造并使用了照片复印件,未能被涵摄到伪造文书这个构成要件之下。运用反面推论可以推导出,错误地认为照片复印件是文书这一错误认识属于反面的涵摄错误,其行为属于不可罚的幻觉犯。

13 借助帝国法院关于刑法上的与刑法之外的法律错误的区分,可以更简单地得出该结论。第 267 条第 1 款意义上的文书概念能否包含照片复印件,还是其所记载之意思表达内容的原创性才是文书概念的本质特征,该问题是第 267 条第 1 款的解释问题,因而是一个刑法问题。行为人关于该刑法规定解释的认识错误,属于刑法上的法律错误,这对于故意而言是不重要的。在法律交往中保障照片复印件证明效力的可靠性之利益是否值得保护,要回答这个问题,就必须进行评价性行动(Akt der Wertung)。但要进行评价,不是行为人而是立法者以及解释立法的法官。刑法上的与刑法之外的法律错误的区分虽然表述不准确(参见本书第二十章边码 6 以下),但在这样的案件中也证明了其解释力。

三、反面的评价错误——船长案(联邦法院:《法学概览》1994 年刊,第 510 页)①

14 被告人是一艘莱茵河邮轮的船长,他与患有精神病的妻子一起住在船上。1 月的一天晚上,他与妻子发生了激烈的争吵,争吵过程中,妻子表示自己要从甲板上跳下去自杀。船长的妻子并不会游泳,当时水流湍急,夜黑风高,寒冷刺骨。被告人无法阻止妻子从甲板上跳下去,尽管他认为自己在法律上有救援的义务,但也没有跟着跳下去救他。

原则上,夫妻双方作为彼此的保证人有义务挽救其免于生命危险。根据当时的情况,如果救援是可能且可期待的,而他没有这样做,那么,根据《德国刑法典》第 13 条的规定,他会被视同杀死了自己的配偶而受到处罚。但联邦法院对当时情况的判断则是,被告人没有义务跟着妻子一起跳进水里,因为当时一方面视线非常不好,完全看不清,另一方面考虑到当时河水

---

① Mit Anm. Loos JR 1994, 511 ff.

冰冷、水流湍急又夜黑风高,被告人自己也面临高度的生命危险,救援行为不具有期待可能性。关于被告人由此而产生的对于救援行为期待可能性的认识错误,联邦法院作了如下评价:

"行为人认为自己有义务实施救援行为"这一情况并不能当然地证立未遂的可罚性。只有当行为人错误设想的情况根据正确的法律判断包含了不作为犯的所有主观与客观要素时,才会产生未遂的可罚性;相反,行为人对于各种事实情状的认识正确,只是从该事实情状中错误地推断法律对自己提出了一项要求,这种情况仅仅构成所谓的幻觉犯。①

被告人关于保证人义务的存在产生了认识错误,(按照帝国法院的区分标准)毫无疑问,这是一项刑法上的错误,且是以一项评价错误(Wertungsirrtum)为基础的。被告人错误地认为,法律期待自己去实施危险的救援活动,但按照联邦法院的观点却并非如此。如果在本案中适用外行人平行评价理论,就会得出行为人存在反面的评价错误,而根据该理论,这种反面的评价错误将证立故意。但是联邦法院在这类评价错误上,却没有采取外行人平行评价理论。外行人平行评价理论恰恰不适用于行为人真的发生错误评价的场合(参见本书第八章边码13)。根据裁判理由,关键在于行为人是否正确地认识到,据以判断救援行为是否具有期待可能性的各种事实(对此详见本书第八章边码7及以下数个边码)。如果在行为人错误设想的事实存在时,救援行为具有期待可能性,在这种情况下才能够肯定未遂。

四、关于空白要素的反面错误——应聘案(《联邦法院刑事判例集》第1卷边码13)

被告人去铁路局应聘铁道书记员时,提交了一份文件,他伪造了自己的经历和资历,并宣称这份文书是向接受代替宣誓之保证的机构所作的保证(eidesstattliche Versicherung)。在法律上,铁路局没有权利要求应聘者在招聘过程中提供对其内容进行代替宣誓的保证。因此,行为人不能成立《德国刑法典》第156条虚假的代替宣誓之保证罪的既遂,而只成立该罪的未遂,而根据在审判时的法律规定,该罪的未遂是可罚的。

"向接受代替宣誓之保证的机构作出保证",该表述无非是说,根据《德国刑法典》第156条的规定,作出保证的人有义务确保该保证的真实性。而

---

① BGH JR 1994, 510 (511)。

行为人是否具备这种义务，既不取决于陈述者的意志，也不取决于接受该陈述者的意志，而是根据法律规定来确定的。这要通过一项程序规则来确定，据此特定的机关或者法院，在特定的程序中有权要求就特定的事实陈述作出代替宣誓的保证。该程序规则证立了作出保证者的真实义务。例如，一名政客将一份自己的无罪声明进行了公证，便不属于法律意义上的代替宣誓之保证。根据判例和理论上的通说，这同样适用于宣誓，尽管该宣誓是向一般负责接受宣誓的法院作出的。又如，一名预审法官要求证人或申请人发誓自己的声明是真实的，但在该程序中并没有规定接受宣誓，则该宣誓也并不是第 154 条意义上的宣誓，相应地，不构成第 153 条的虚伪陈述（Falschaussage）。① [《德国刑法典》第 153 条规定的是未经宣誓的虚伪陈述罪，即证人或鉴定人在法院或者其他负责接受证人、鉴定人宣誓性讯问的机关，未经宣誓而作虚伪陈述的行为；第 154 条为伪誓罪，即在法院或其他负责接受证人、鉴定宣誓性讯问的机关，进行了虚伪宣誓的行为；第 156 条虚假的代替宣誓之保证罪，向负责接受代替宣誓之保证的机关作了虚伪陈述。——译者注]

17 下级法院判决被告人成立虚假的代替宣誓之保证罪的未遂，联邦法院则撤销了该判决，理由如下：

> 刑事审判庭查明，被告人认为铁路局有权接受保证。因此，他认为自己根据（旧版）《德国刑法典》第 156 条第 1 款、第 2 款以及第 43 条的规定成立未遂，而这是一项法律错误。认为铁路局有权接受代替宣誓之保证，该认识不足以肯定第 156 条的主观构成要件。本条意义上的管辖机关，一方面要在一般意义上拥有对于接受代替宣誓之保证的管辖；另一方面还要在该程序中负责接受该保证。（《帝国法院刑事判例集》第 73 卷，第 144 页；第 74 卷，第 125 页；第 75 卷，第 399 页）。因此，按照被告人的主观设想，只有当被告人设想到了那些能够构成这种主观机关概念的事实时，铁路局才属于这种意义上的管辖机关，但法院没有查明这一点。即使重新审理，根据案件情况也不可能作出这一认定，因为铁路局并非这种主管机构，它欠缺这种一般的管辖。②

---

① RGSt 73,144 (145); 74. 125 (126); 75, 399 (400); BGHSt 3, 248; 3, 309 (311); 5, 111 (113 f.); 10,272 (273); 12, 56 (58); 17, 303 (305); Schönke/Schröder-Lenckner/Bosch § 154 Rn. 8; SK-Rudolphi § 154 Rn. 5.

② BGHSt 1, 13 (16).

理论通说认为,"对于接受代替宣誓之保证的管辖"的要素描述了一种法律关系,该法律关系的存在是第156条的成立要件,属于规范构成要素。如果这种理解是正确的,那么,行为人只需要认识到即错误地设想,接受保证的机构在该程序中有权接受这种保证,而不需要对于这种权限产生的法定条件存在认识,更不用说要求这种认识必须是正确的了。因为在《德国刑法典》第16条的意义上,当法律关系属于法定构成要件时,故意的成立仅仅要求认识到个案中存在这种法律关系。至于这种法律关系是如何成立的,行为人则不需要有认识(参见本书第八章边码12)。因此,当行为人对于法律关系的形成过程存在错误的认识,该错误认识的存在也不能否定未遂(本书第二十章边码9)。① 但是联邦法院认为第156条故意的成立,不仅要求行为人认识到铁路局对于接受保证存在管辖,还要求行为人认识到"构成管辖机关这一概念之内容的事实"。该事实在于根据法律的规定,作为保证的接受者,必须启动一项程序,它基于该程序产生了接受保证的管辖。而被告人对此不存在(错误)认识,他知道自己是在应聘程序中将自己的声明提交给铁路局的。该事实没有"构成管辖机关这一概念的内容",因为在应聘程序中法律没有规定代替宣誓之保证。行为人如果只是错误地认为铁路局拥有管辖,那么,他仅仅构成幻觉犯。②

根据联邦法院的观点,上述论断只能解释为,接受代替宣誓之保证的管辖是一项空白要素,该空白要素指向了一个程序,刑法之外的空白条款填补规范为这个程序规定了接受代替宣誓之保证的管辖,正如前文所述(本书第八章边码35及以下数个边码),这是正确的。如果将接受宣誓的管辖或者接受代替宣誓之保证的管辖等概念理解为,作出陈述者负有保证其陈述为真的义务,那么,虚假陈述类犯罪的行为规范在逻辑上就是重言式的。这个行为规范表述为:当根据关于特定程序的特定规范,你有义务陈述真相时,在该特定的程序中你应当向法院或者其他机构陈述真相。只有将在个案中满足空白要素的事实条件填补到包含空白要素的规范之中,该规范才具有了实质的内容,这就是整体描述(Zusammenschreiben)理论。[关于通说的整体描述理论参见本书第八章边码27,普珀教授对这一理论持批评态度,但其与整体描述理论的分歧并不在于关于空白要素填补规范的构成要件的认识错误,而在于下文中关于空白要素填补规范效力的认识错

18

19

---

① 如果一种认识对于故意的成立而言并非必要,那么即使该认识是错误的,也不能排除故意。NK-Puppe § 16 Rn. 73, 140; dies. Herzberg-FS (2008), 275 (285, 287 f.).
② NK-Vormbaum § 154 Rn. 51; SK-Zöller § 154 Rn. 11; S/S/W-Sinn § 154 Rn. 13.

误。——译者注]①本案判决正确地认为这些规范构成要素属于故意的组成部分。只有将这种整体描述技术适用于对空白要素的认识时,才能得出应聘者因此仅构成反面涵摄错误,而非反面构成要件错误的结论。我们因此得到了一个仅仅在行为人的主观认识中被违反的规范,这个规范说:当你在向铁路局应聘时提交了一份代替宣誓之保证时,你应当陈述真相,而此规范在现行法上并不存在。

五、关于空白条款填补规范效力的认识错误——联邦赔偿案(《联邦法院刑事判例集》第 3 卷,第 248 页)

20 被告人是"二战"时集中营的被关押者,他们根据《德国联邦赔偿法》(Wiedergutmachungsgesetz)向政府主张赔偿。在调查程序中,他们谎报了更长的被关押时间。此事发生在由预审法官所主持的讯问程序中,预审法官没有意识到这个程序不允许进行宣誓,因而接受了他们的宣誓。

联邦法院否认被告人成立伪誓罪既遂,因为在该讯问程序中不允许进行宣誓,因而宣誓是无效的;但是,联邦法院认为被告人存在成立伪誓罪未遂的可能性,理由如下:

> 主管机关的管辖证立了被讯问者陈述真相的义务,这尽管是正确的。但只要不存在特殊的正当化事由,法律上究竟允许或禁止何种行为,原则上要基于具体刑法条文中所规定的要素。这些要素是《德国刑法典》第 59 条(旧版)(现行《德国刑法典》第 16 条关于构成要件错误的规定)意义上的属于构成要件的行为情状,至于是事实性的还是法律性的,则并无区别。延续帝国法院的观点应当坚持,《德国刑法典》第 154 条中主管机关的管辖是属于构成要件的情状。因此,当行为人错误地认为该要素存在时,只要《德国刑法典》第 154 条的成立条件得到满足,就应当按照伪誓罪的未遂进行处罚。②

---

① BGHSt 3, 400 ff.; 9, 164 ff.; Welzel Lb (1969), 168; ders. MDR 1952, 584 (586); Warda (1955), 36 ff.; NK-Puppe, § 16, Rn. 18; dies. GA 1990, 145 (162)=Analysen (2006), 265 (285); LK-Vogel § 16 Rn. 37; Schönke/Schröder-Sternberg-Lieben/Schuster § 15 Rn. 100/101; SK-Stein § 16 Rn. 22; Kindhäuser AT 27/33; Jescheck/Weigend, AT § 12 III 2; Bachmann (1993), 25; Fissenewert (1993), 148 ff.; Heidingsfelder (1991), 157; Reiß wistra 1986.193(197); Weber (1975), 227 f.; 对这种处理方式的批评 Kuhlen (1987), 429 f.; Herzberg GA 1993, 439 f

② BGHSt 3, 248 (254).

法院认为"接受宣誓的管辖"的要素指示了独立于第154条的法律关系。审判委员会认识到,这与上一个案件判决存在矛盾,因此,继续论述道: **21**

  当行为人应当受到处罚时,他对于接受宣誓的管辖应当存在何种认识,对于这个问题在前述《联邦法院刑事判例集》第1卷第13页的判决中认为,行为人只需要"认识到构成管辖机关概念之内容的事实"。只有在这一条件下,向非管辖的机构作代替宣誓的保证才能够按照第156条的未遂受到处罚。如果这一观点是正确的,那么,在行为人向一个有管辖的机构为虚假的代替宣誓之保证时,如果他认识到了构成管辖的事实,但错误地判断主管机关没有管辖,也应当认为他故意地实现了第156条的构成要件。本审判委员会对此不能苟同。①

本案的审判委员会显然认为自己只有两个选择:第一,故意的成立要求行为人认识到接受自己陈述的法院或者机构对于接受宣誓或代替宣誓之保证拥有管辖,那么,法院就不能同时要求行为人在个案中还必须正确地认识到构成这种管辖的法定条件。第二,故意的成立仅要求行为人认识到在法律上构成管辖的各种条件,那么,就不能同时要求对管辖本身有认识。由于审判委员会不准备放弃要求行为人认识到自己在该程序中有陈述真相的义务,因此,它不再要求行为人对于该义务成立的法定条件存在认识。但这不能说明,这两种认识是陈述类犯罪(Aussagedelikt)故意成立的条件。 **22**

在空白条款中不能仅仅满足于整体描述,即不能满足于简单地将空白填补规范的构成要件填入犯罪构成要件之中(本书第二十章边码19),行为人还必须要对空白条款空白填补规范的效力存在认识。② 如前所述(本书第八章边码36),之所以要求行为人对于空白填补规范的效力存在认识,是因为空白填补规范的构成要件并没有像犯罪构成要件那样完整地描述行为的不法。换言之,没有征表违法性。陈述类犯罪的不法无非是违反了由法律、法规所确立的告知真相义务。因此,行为人要成立故意,不仅要认识到这种真相义务成立的事实条件,而且要认识到在空白填补规范中所规定

---

① BGHSt 3, 248 (254).
② Puppe Herzberg-FS (2008), 275 (291); dies. GA 1990, 145 (166 ff.) = Analysen (2006), 265 (291 f.);Frister同样认为接受宣誓的管辖是空白要素(Frister, AT 11/39),但他对此提出质疑,因为通过设置刑罚威吓所要保障的命令,究竟是在刑法典中还是在其他法律中,这只是一种外在的区别(AT 11/38)。但是,当立法者无法通过精简的句子来表达这样的条文,而公民需要从不同的法源中探寻该条文的内容时,这就有力地说明个别的命令要件并没有征表特殊的构成要件不法,而是从这种命令规范中才首先获得了其不法特性,行为人必须对此有充分的认识才能成立故意。对于通说的批评也参见 Tiedemann, Wirschafsstrafrecht, Rn. 402 ff.

的告知真相义务本身。因此本案中,联邦法院没有放弃要求行为人的这一认识是正确的。

23 然而这并不意味着必须放弃要求行为人对于个案中使空白填补规范所确立之义务成立的事实条件存在认识。对于需要通过刑法之外的规范进行补充的空白条款来说,其故意的成立,两个方面的内容都是必要的:对于空白填补规范之构成要件的认识以及对于空白填补规范之法律后果的认识,即使空白填补规范的法律后果与构成要件背后的禁止规范是一致的。由于行为人必须认识到空白填补规范构成要件背后的禁止规范,这就意味着故意理论得到了部分的适用,即构成了违法性认识不属于故意内容这项得到普遍承认之原则的例外。这项例外的理由在于空白刑法若离开空白填补规范的构成要件,将失去描述性的意义;若离开在空白填补规范中所确立的行为规范,则将失去规范性的意义(参见本书第八章边码30及以下数个边码)。

24 空白条款填补规范所确立的义务当然必须在客观上也是有效的。行为人主观上认为存在一项告知真相义务,而事实上法律没有规定,那么,他就构成幻觉犯。本案就是例证。预审法官显然没有认真审视被告人以不被允许的方式所进行的宣誓,被告人认为作为赔偿程序中的申请人,自己在刑罚的威吓下有义务陈述真相。这种对义务的主观认知不能取代客观的义务存在。其结果就是,反面审查在空白条款填补规范中并不奏效,因为空白填补规范不仅要在客观上存在,也必须在行为人的主观认识中存在。行为人对于空白填补规范的效力欠缺认识排除了故意,同时错误地认为有这样一个规范对自己有效也不会产生未遂的可罚性。附属刑法中有许多空白条款,这在《德国刑法典》中也存在,主要是存在于环境刑法中(本书第八章边码38)。①

六、直接正犯中未遂的起点——古本城追击案(联邦法院:《法学概览》2003年第122页)②

25 被告人为了围殴一名外国青年,先是驾车后又奔跑追逐他。他们出于尚不清楚的理由放弃了追逐,但该青年并不知情。这名青年为了保护自己的安全,试图进入一栋房屋的门廊,但腿卡在了大门的玻璃中,他的大腿被玻璃划成重伤,最后失血过多死亡。[1999年2月12日夜至2月13日,极

---

① 参见 Puppe Herzberg-FS (2008), 275 (289 ff.)中的例子。
② Mit Anm. Puppe JR 2003, 123 = BGHSt 48, 34 = NJW 2003, 150 = StraFo 2003, 23 = StV 2003, 74 = NStZ 2003, 149 = mAnm Hardtung, NStZ 2003, 261.

右翼青年在勃兰登堡州小城古本袭击了3名外国人,其中一名名叫法里德·古恩多尔的阿尔及利亚难民死亡。媒体将此次袭击案称为古本城追击案(Hetzjagd in Guben)。——译者注]

以围殴为目的追逐被害人,这是否构成故意伤害罪的直接着手,如何回答这一问题决定了行为人是否构成故意伤害罪未遂的共同正犯,以及是否构成故意伤害致人死亡罪。因为按照联邦法院的观点,对于成立故意伤害未遂的共同正犯而言,只需要其中一人着手实行故意伤害即可,而伤害的实行行为与死亡结果之间的关联也只需要存在死亡结果的预见可能性即可。① 而在本案中联邦法院也肯定了故意伤害致人死亡的成立。对于行为人在放弃追逐的时候,其行为是否已经进入伤害罪的实行阶段这一问题,判决的论述只有寥寥数语:

> 至少在第二次停下追逐逃跑者的脚步、并根据逃跑者的行动制定进一步的分工计划时,被告人等就已经越过了"现在动手吧"的界限;并不需要额外的"意志冲动"去实行他们的计划,被害人直接受到的虐待也证明了这一点。②

如果直接着手的判断仅仅是以心理上行为人不再需要额外的"意志冲动"去实施构成要件行为作为依据的话,即本案中共同殴打被追逐者的行为,那么,本案的中间结论便是正确的。以围殴的目的追逐他人时,当行为人追上时必定立刻着手殴打,否则,被害人就会再次逃脱。这是行为人不得不做的事情,这样的情况也并不罕见。③

但是,如果这个不得不做的行动距离真正的实行行为还有较长的时间,即该行动要持续较长的时间时,这个标准将导致着手时点的过度前置。为了限制判例上的这种前置倾向,立法者在《德国刑法典》第22条设定了一项直接性标准,判例将其解释为必须与真正的构成要件行为,即本案中的伤害行为之间,存在时间上和空间上的密接关系。④ 按照该标准,只有当行为人追上了被追逐者并即刻就可以开始殴打他时,才构成实行阶段的起点。

---

① 参见本书第一版,总论第二卷,第十章边码2及以下数个边码。
② BGH JR 2003.122 (123).
③ 肯定直接着手的案件:盗窃罪中进入建筑物内 RGSt 54, 182(183); 70, 201 (202);但是如果只是进入了围着篱笆的前院则否定了着手(RGSt 54, 42);跟着念誓词(BGHSt 1, 241(243));敲门(BGHSt26, 201);埋伏被害人(BGH NJW 1962, 645);在接触范围内跟踪被害人 RG JW 1925, 1495;超出接触范围时跟踪被害人 BGHSt 48, 34.
④ BGHSt 22, 81(82); 26, 201(203); 28, 162(163); 31, 178(182); 37, 294(297); 40, 259(268); 40, 299(301);BGH NStZ 1999, 395(396); JR 2003, 122(123).

只有在这时行为人的故意才通过了紧要时刻的考验(Feuerprobe in kritischen Situation)[德国学者博克尔曼提出的考验论,所谓紧要时刻,指的是对是否实现构成要件作出最后决定的关键时刻,在这一刻行为人决定实施构成要件,意味着行为人的主观故意通过了紧要时刻的考验,因而进入了实行阶段。参见 Paul Bockelmann, Zur Abgrenzung der Vorbereitung vom Versuch, JZ 1954, S. 468-473.——译者注],越过了"现在动手吧"的界限,因为关键不在于何时行为人事实上存在这种越过界限的内心体验,而在于他们何时应当存在这种体验。①此时,行为人必须决定放弃继续实施行为,才能免于因实施故意侵害法益的行为而受到刑法非难。这种紧要时刻总是首先出现在行为人与被害人面对面之时。行为人在此时是否还有别的感受,并不重要。本案中,这样的时刻没有出现。因此,行为人不应该按照故意伤害未遂以及故意伤害致人死亡罪而受到处罚,而只能按照过失致人死亡罪进行处罚。

七、间接正犯的着手——熊根酒案(《联邦法院刑事判例集》第 43 卷,第 177 页)②

一群陌生人闯入一名药剂师家中,他们还在里面大吃大喝,还把其他的赃物藏在一个较高的、从外面容易进入的楼层中,因此,可以预见他们还会再回来。药剂师在一个贴着"纯烈性拜仁熊根酒"标签的酒瓶里灌进了毒药,塞好瓶盖,放在走廊上。这样那些小偷们回来时就会发现并喝掉它,最后被毒死。后来药剂师才想起,警察在晚上会守卫这栋房子。他提醒警察注意不要受到伤害,而熊根酒则被收缴。

联邦法院认为本案涉及间接正犯,被害人如果回到房屋内,发现并喝下毒酒,就成为了杀死自己的工具。在间接正犯的犯罪实行中,实行的起点存在争议,第一种观点认为,在正犯通过欺骗等方式对被利用的工具发挥影响时已经直接着手实行;③第二种观点认为,只有在正犯的利用行为结束

---

① 参见本书上一版(第三十五章边码 35);Puppe JuS 1980, 346(349).

② =NJW 1997, 3453=StV 1997, 632=JZ 1998, 209 mAnm Roxin=NStZ 1998, 241 mAnm Otto=JR 1998, 291 mAnm Gössel=N5tZ 1999, 79; s. dazu Besprechungen von Baier JA 1999, 771, 963; Böse JA 1999, 342; Derksen GA 1998, 592; Kudlich JuS 1998, 596; Martin JuS 1998, 273: Wolters NJW 1998, 578.

③ Fischer § 22 Rn. 26 f.; Jakobs AT 21/105; Baumann JuS 1963, 84 (92 f.); Bockelmann JZ 1954, 468 (473); Puppe JuS 1989, 361 (362); dies. Dahs-FS (2005), 173 (186); Schilling (1975), 104 ff. 早先还有 Herzberg MDR 1973, 89 (94).

后,被利用者从正犯的影响领域内离开时,行为才直接着手;①第三种观点认为,当被利用者直接着手实现构成要件时才应视为直接着手。② 至迟在正犯结束对工具的影响时,间接正犯已经完成了所有他所必须要做的事,而事件的后续发展则交由被利用工具的决意与偶然性。联邦法院在间接正犯中讨论了区分实行起点的不同界定方式,论述如下:

> 尽管当正犯把陷阱设置好时,他就已经开始了自己的行为。但是,只有当被害人进入预备好的犯罪工具的作用范围内时,正犯的侵害才直接地作用于受保护的法益。是否属于这种情况,取决于行为计划。如果正犯确信,被害人会出现而他为实现犯罪结果所制定的计划将发挥作用,那么,(根据其行为计划)在其行为结束时就已经形成了直接的法益侵害危险(如行为人在人群密集处设置了定时炸弹)。如果正犯只是认为被害人出现在犯罪工具的作用范围内是可能的,正如本案这样,他并不确信或者认为还不那么具有盖然性(如将装有毒药的酒瓶扔进树林里),那么,只有当被害人事实上真的出现并执行正犯所期待的自我损害行为,升高被害人所面临的风险时,根据行为计划,直接的法益侵害才出现。③

如果行为人所创设的结果危险还不足以构成未遂,当该危险引起了结果发生,但行为人对于从这种较低的危险演变为100%的危险并最终引起结果的过程,不再能够也不再意欲发挥影响作用,尤其是他对于后续危险增大到100%毫不知情时,这种危险也不足以证立既遂。④ 以联邦法院所提出的修正案例进行讨论:将下了毒的酒瓶扔进树林里,这不足以证立故意危险,而只构成过失危险。一个酗酒成瘾的人在树林中散步将酒捡起来喝下后死亡。将毒酒扔进树林这个行为所创设的危险以这种方式实现时,即使行为人在扔酒瓶时就是这样希望的,死亡结果也不能归属于他的故意,而只能归属于他的过失(参见本书第1版上卷,第十六章边码41)。

---

① Roxin AT/2 29/244; ders. Maurach-FS (1972), 213 (218); LK-Roxin/Schünemann § 25 Rn. 151 ff.; SK-Jäger § 22, Rn. 39; Jescheck/Weigend AT § 62 IV; Wessels/Beulke/Satzger AT Rn. 974 f.; Herzberg JuS 1985, 1(9); Saliger JuS 1995.1004(1009).

② NK-Zaczyk § 22 Rn. 30 f.; Baumann/Weber/Mitsch/Eisele AT 22/78; Kadel GA 1983, 299 (303ff) Kühl JuS 1983, 180 (182); Lackner/Kühl-Kühl § 22 Rn. 9; Küper JZ 1983, 361 (369); Krack Z5tW 110 (1998), 611 (638); Rath JuS 1999.140 (143).

③ BGHSt 43, 177 (181).

④ 参见本书第一版,总论第一卷,第二十章边码2。

30　　　现在正犯通过欺骗等手段使被利用者成为自己的行为工具,而危险的升高则是通过被利用者的行为完成的,基于《德国刑法典》第 25 条第 1 款的规定,这种危险的升高被视同为正犯自己的行为而归属于他。①

　　基于《德国刑法典》第 25 条第 1 款将被利用者的行为归属于正犯是否足以代替"直接着手"的要求,联邦法院注意到了这个问题,但认为可以搁置这个问题,理由如下:

> 尽管针对这一解决方案提出了许多异议,与第 22 条不同,必须是被害人而非正犯直接着手。但这并不是构成要件实现之着手的问题,而是直接性的问题。通过在第 22 条中规定直接性要素,立法者表明未遂的可罚性没有完全脱离法益侵害危险的约束。如果放弃这一点,未遂的可罚性将被广泛地前置,从而包括了行为人尽管已经完成了要实施的犯罪行为但尚未给法益造成具体的危险、后续事态发展不受行为人控制的情形。如此过度广泛地前置未遂的可罚性并不合乎实际。②

31　　　与上一个判决不同,联邦法院在本案判决中强调了直接性要件。但他忽略了直接性要件在第 22 条中的上下文语境。第 22 条的表述不是"着手实现构成要件,且根据行为人的设想创设了既遂的直接危险,构成犯罪未遂",而是"直接着手实现构成要件"。③ 直接性针对的不是由行为所引起的危险结果,④而是未遂行为本身。根据直接性要求,行为必须直接地引起了能够证立故意的结果危险,即危险的引起已经超过了实现构成要件的门槛。不能因为被利用者的存在就从正犯身上减少"超越'现在动手吧'的界限""通过了紧急情况的考验"等要素的要求。因为这是行为人关于实行犯罪的决意,根据《德国刑法典》第 25 条第 1 款第 2 支项,将被利用者的行为归属于正犯正是以此为根据的。⑤

32　　　最晚当正犯自己结束行为时,未遂就应该开始了,这也适用于间接正犯未遂的情况。⑥ 正犯最后的行为究竟是直接作用于被利用者本身,还是为

---

① LK-Hillenkamp § 22 Rn. 141; Gössel JR 1976, 249 (250); Otto JA 1980, 641 (646);相反观点 Roxin AT/2 29/197 ff.

② BGHSt 43, 177 (181).

③ Böse JA 1999, 342 (344).

④ 但现在主张这一观点 Herzberg Roxin-FS (2001), 749 (762);相反观点 Böse JA 1999, 342 (345).

⑤ Puppe Dahs-FS (2005),173 (180 ff.); dies. GA 2013, 514 (530 ff.).

⑥ BGHSt 30, 363 (365)中指出:"间接正犯的场合,间接正犯根据其设想对被利用的行为工具完成了必要的影响时,即开始着手实行。"同样观点的还有 BGHSt 40, 257 (269);本书第二十四章边码 8。

结果的发生创设其他条件,这是不重要的。此时需要判断,正犯自行创设的危险是否足以证立故意,从而肯定未遂。如果该危险不足以证立故意,那就不构成故意犯的未遂,当该危险实现时也不构成故意犯的既遂。唯一需要考虑的是,当正犯察觉到危险的增加,但违背其基于前行为保证人地位而产生的保证人义务没有阻止危险,则可能构成以不作为方式实施的犯罪未遂。在判断危险是否大到足以证立故意这个问题时,正犯能否很轻易地介入并消除危险这个事实是不重要的。即使是在以直接正犯实施的未遂中,也不能因为行为人有可能阻止危险而否认行为人的行为给法益客体创设了直接的危险。只是在正犯自愿地利用了阻止危险的可能性时,正犯有可能成立免于刑罚处罚的中止。

如果正犯创设的危险足以肯定故意的结果归属,使被利用者按照他的想法实施行为,那么,即使在其行为与其对包括被害人在内的被利用者进行作用之间存在较长的时间,也并不能否定这是实行阶段的起点以及结果的归属。① 例如,行为人在被害人常用的药物中下毒,而正赶上被害人出门旅行要过几周才会回来,这也已构成实行的起点。《德国刑法典》第 22 条所要求的时间与空间上的密接关联不一定要存在于正犯行为与结果发生之间,也不一定要存在于正犯行为与被利用者的无意识参与之间,而只需要存在于正犯行为与证立故意之危险的出现之间,该危险后面也可能实现。② 行为人随时能够轻易地消除毒药这一事实不会影响任何判断。

八、实际适用的提示

未遂的审查是从主观构成要件开始的。为了记住这一点,同学们不需要花时间去学习任何鉴定体审查的结构图式,这直接来自《德国刑法典》第 22 条的规定。根据该条的规定,对于行为人所实行的构成要件实现而言,终究是由行为人的设想所决定的。因为在未遂中,客观构成要件没有实现或没有完全实现,因此,未遂的基础都是行为人对于自己行为时何种事实已经存在或者将要出现存在认识错误。在确定构成要件客观上没有实现后,只有当行为人的认识与客观现实存在偏离时,审查未遂的可罚性才是恰当的。这种偏离必须是反面的构成要件错误,即行为人所设想的情形实现

---

① BGH NStZ 1998, 294 (295); 2001, 475 (476); Fischer § 22 Rn. 26 f.; Puppe JuS 1989, 361 (364); anders BGHSt 4, 270 (273); 40, 257 (269); NK-Zaczyk § 22 Rn. 30 f.; Schönke/Schröder-Eser/Bosch § 22 Rn. 54 a; Jescheck/ Weigend AT, § 62 VI 1; Roxin Maurach-FS (1972), 213 (217 ff.); ders. JuS 1979, 1 (10 f.); ders. JZ 1998, 211.

② BGHSt 40, 257 (269); BGH NStZ 1998, 294 (295); 2001, 475 (476).

了构成要件,而客观上却没有实现或没有完全实现。

35 　　行为人错误地认为,自己实现了特定的犯罪构成要件,这可以有两种理由:一是他错误地认为存在实现了构成要件的事实;二是他错误地认为构成要件具有与法律实际规定不同的概念内涵即意义。在后一种情况下,行为人存在反面的涵摄错误,不能证立可罚性,因为行为人认为犯罪构成要件内涵背后的规范在现实中并不存在。反面的涵摄错误必须区别于反面的构成要件错误。当行为人的认识错误只涉及自然事实,即可以不依赖于法秩序或社会制度即可判断真假的事实时,这种区分是相对简单的。这种错误很难与对于构成要件背后之行为规范产生的涵摄错误相混淆。

36 　　在规范构成要素的场合,即权利或法律关系作为犯罪构成要件要素而出现时,若行为人出现了关于这种权利或法律关系的认识错误,情况则有所不同。除了一种例外情形外,①民法或公法上的法律关系是刑法条文之外规范的法律后果,且不出现在个人的可罚性之中。这一法律后果出现在刑法条文所规定的主观构成要件中,要实现主观构成要件,行为人就必须认识到该法律后果,但他不需要知道在具体案件中这一法律后果是基于何种刑法之外的构成要件而产生的或者可能产生的。因此,帝国法院关于刑法的与刑法之外的法律错误之区分在这里也被证明是有效的(参见本书第八章边码55)。但刑法之外的法律错误这一表述,正如前面所论述的,是具有误导性的。关键的区别不在于行为人对于存在于刑法典之外的规范产生了刑法之外的错误,而在于行为人因为对于事实或者规范的错误认识而错误地认为,存在特定的法律关系,且该法律关系作为构成要素出现在犯罪构成要件之中,如他人所有权、特定物上的抵押权、为了或针对行为人而产生的支付请求权等。

　　在审查作业中如要采用刑法之外与刑法上的法律错误的区分,则必须提及该区分多年来在理论与判决上一直受到抨击,但最近又受到了学者赞成。

37 　　绝对不能使用的是外行人平行评价公式。正如本书第二十章边码10及以下数个边码所展示的那样,相比于区分构成要件错误与涵摄错误,在区分反面的构成要件错误与反面的涵摄错误时,此公式会造成更大的混淆。

---

① 这个例外是《德国刑法典》第258条阻碍刑罚实施罪的前行为。第258条的故意包含了这样一个法律事实,即他人成立犯罪而可罚,而行为人则阻止了对其实施刑罚。如果行为人错误地认为存在这种可罚性,因为他对某个罪名作了过于宽泛的理解,那么,他就实施了阻碍刑罚实施罪的未遂,由于其所假设的前行为欠缺可罚性,因而该阻碍刑罚实施未遂也是不可罚的。参见 Puppe GA 1990, 145 (159)= Analysen (2006), 265 (282).

因为无论是关于权利或法律关系的认识错误，还是关于评价错误甚至是涵摄错误，都会被视为是外行人领域的反面平行评价。当真的涉及评价性构成要素时，无论是采取了过于宽松的标准而否定了这一要素，还是由于采取了过于严格的标准而肯定了这一要素，行为人的评价都是不重要的。行为可罚与否仅取决于法秩序的评价。

帝国法院提出的反面推论主要适用于区分关于规范构成要素的反面构成要件错误与反面的评价错误、涵摄错误，本书称为反面审查。反面审查的基础在于所有可罚性成立的条件，要么仅仅是在客观上不可放弃的，要么仅仅是在主观上不可放弃的。客观上不可放弃的是犯罪构成要件具体内容的效力以及根据法秩序的标准对犯罪作出的评价。行为人对此产生的认识错误既不能证立可罚性也不能排除可罚性。主观上不可放弃的则是属于法定构成要件的事实。行为人对此必须存在认识，才能成立故意。客观上欠缺这些条件只是意味着仅成立构成要件实现的未遂而非既遂。因此，在判断某一种错误究竟属于反面构成要件错误还是反面涵摄错误时，就可以通过这样的方式来论证或审查，将行为人的认识与客观现实的真值进行互换，形成一个辅助案例，在该案例中，客观存在的事实是初始案例中行为人所设想的事实，而行为人所设想的事实是初始案例中客观存在的事实。如果初始案例中的错误属于反面构成要件错误，那么，在反面案例中的错误就属于阻却故意的构成要件错误。如果初始案例中的错误属于反面涵摄错误，那么，在反面案例中的错误就属于涵摄错误，不能否定可罚性。如果在初始案例中行为人作出了过于严格的行为评价，即反面的评价错误，那么，在反面案件中就是一个同样不重要的评价错误。直到现在，判例还在疑难案件中使用这种反面审查。

"直接着手实现构成要件"这个要素划定了不可罚的预备与可罚的未遂之间的关键分界。但这个边界是流动的，当个案很明确地处于这个边界的这一端或者另一端时，人们不需要准确地在个案中划出这个界限所在。当行为人已经实施了构成要件所描述的行为，如在强制犯罪中已经实施了胁迫行为，在诈骗犯罪中已经实施了欺骗行为时，就是明确属于未遂的情形。行为人已经实施了所有按照他的设想能够证立结果发生之故意危险的行为，这就是终了未遂。同学们在判断犯罪实行的起点是否存在时使用了终了未遂的概念，就必须说明终了未遂是未遂充分条件，但并非必要条件，因此您并不认为它是实行起点的普遍定义。

只有在疑难案件中您才需要根据《德国刑法典》第 22 条的未遂定义来

判断,行为人是否根据自己的设想而直接着手实现构成要件。这不需要等到行为人已经实施了可以被涵摄于构成要件之下的行为时才是如此。当行为人根据自己对于犯罪的设想,实施了将直接过渡到构成要件行为的行为时,就已经构成直接着手。因为当他关于实现构成要件的行为计划没有规划任何的停顿,因此,他不需要更多的时间来考虑时,他已经决定实行犯罪、他的故意已经通过了紧要时刻的考验或者按照联邦法院的表述,他已经越过了"现在动手吧"的心理界限。其中,行为人主观上是否真的体验到这种紧要时刻下的考验,或者是否真的有"意志冲动"突破了"现在动手吧"的界限并不重要。重要的是,根据规范标准此时是否应该有这样通过紧要时刻考验的体验。

41 在间接正犯的情况下,实行起点的确定不取决于被利用者的行为,而取决于正犯的行为。因此,需要在紧要时刻通过考验的是正犯自己的故意,不能因为被利用者的存在,而将这个决定从正犯身上分离出去。在间接正犯的场合,未遂最晚开始于正犯根据自己的设想实施了所有为实现构成要件所必要的行为时,更准确地说是当行为人根据自己的设想创设了结果发生的故意危险时,通常这存在于当正犯对被利用者产生影响作用时。但在利用行为开始时就可以构成实行的起点,当这个起点毫无停顿地过渡到终了未遂的阶段。

第二十一章　免除刑罚的中止

一、个别动作理论与自然的实行单数理论——杀妻案（联邦法院：《新刑法杂志》1986 年，第 264 页）

被告人为了杀死妻子，将汽油浇在她身上，并试图点燃汽油。失败后，他掐住妻子的脖子直至昏迷，随后松开，妻子活了下来。

被告人放弃继续勒住自己的妻子，这是否属于《德国刑法典》第 24 条第 1 款意义上的放弃行为，取决于本条意义上的犯罪或者说该实行行为究竟是什么。根据所谓的个别动作理论，依照行为人在行为开端时的设想，任何一个能够达到既遂的手段之使用都可以被视为实行。如果手段使用后没有导致结果，那么，该实行就终了且失败了。在本案中，往被害人身上浇上汽油并试图点燃汽油就可视为这种手段的使用。在这个意义上，该实行就是失败的。因此，按照个别动作理论，对于第一个实行行为无法成立中止，但有可能针对第二个实行行为成立中止，即行为人掐住被害人的脖子，但又放弃了进一步导致结果发生的行为。按照个别动作理论，行为人对于第二次实行成立中止，但不影响行为人第一次实行成立未遂的可罚性。[《德国刑法典》第 24 条第 1 款规定了 3 种类型的中止：第 1 句中规定了两种中止类型，第一，是在未了未遂时，行为人放弃继续实施犯罪，称为放弃（Aufgeben），即消极放弃型中止（Rücktritt durch Aufgeben）。第二，是在终了未遂的场合，行为人通过积极的方式阻止结果出现，防止达到既遂，即积极阻止结果型中止（Rücktritt durch Erfolgverhinderung）。但普珀教授在下文中，则通过区分实行是否终了来判断究竟是消极放弃还是积极阻止型中止是不恰当的。第 2 句规定第三种中止类型，即虽然行为人的努力与结果的不发生之间没有因果关系，但因行为人尽到了真诚的努力，仍然成立中止，即真诚努力型中止。——译者注]

相反，自然的实行单数理论认为，行为人尽管使用了多个适格的手段,只要这些手段的使用存在直接的时间和情境关联,便仍视为一次实行。其中一个手段失败,但行为人还有其他同样或不同类型的手段直接可供使用,此时两种手段的使用就共同构成自然的实行单数。行为人放弃使用第二种手段,或者在该手段引起结果发生之前中断该手段的使用,则行为人仍可以就这个实行整体成立中止,本案中行为人就是如此。行为人起初想要用汽油烧死自己的妻子但失败了,随后他在直接的关联中立刻使用了第二种手段,即掐脖子。他后来放弃了这一手段,因此,按照自然的实行单数理论(也被称为整体考察理论),他便整体地放弃了实行。

3　　联邦法院在判决中支持这种整体考察理论,理由如下:

　　虽然当行为人试着用燃烧的火柴去点燃浇在妻子身上的汽油时,尽管不知什么原因未能成功,但他确实相信自己能够终局性地造成妻子的死亡。但是从整体来看,他放弃了进一步实施行为。在火烧攻击"不可思议地"没有奏效后,他的计划还没有终局性地失败。他还可以继续直接地采用在构成要件上没有任何重要停顿的方法掐住妻子脖子以实现自己的目标,他也知道通过这种随时可以使用的手段仍然可以使其行为达到既遂。尽管他的杀人计划并没有终局性地失败,但他还是放弃了使犯罪达到既遂的行为。

　　审判委员会并非没有注意到,如果行为人在火烧方法失败后没有其他手段,则将成立故意杀人罪的终了未遂而受到处罚。但这不意味着在使用多种手段以实现构成要件的整体过程中,将每个个别行为分隔开来从而认为在法律上存在多个犯罪,就是正当的。当行为人在第一种手段——对他来说不可思议地失败之后,放弃使用其他的适格手段以达到既遂时,为了受保护法益的利益,也应认为这是"值得奖赏的悔改行为"(Honorierfähige Umkehrleistung)。①

4　　这个案子极其清楚地展现了个别行动理论的根据。根据行为人在行为开端时的设想,当他使用了一个能够引起结果的手段,且他也完全地运用了这一手段,那么,他就已经决定根据自己的设想终局性地消灭法益客体。由此表明他自己有能力实施犯罪,并对该实行承担完全的责任。即使实行行为没有如行为人所期待的那样成功达到既遂,按照个别动作理论也应该按照未遂来处罚,"不可思议的侥幸"不应给行为人带来好处。

---

① BGH NStZ 1986, 264 ff.

个别动作理论的基础是以下述一般原则为基础的:只有当行为人根据他自己的设想还没有终局性地对被害人的命运作出决定时,他才有可能通过放弃自己的计划撤回这一决定,从而免于处罚。如果他实施了一个行为计划,且从一开始就相信该计划将决定被害人的命运,就不能成立中止。这不意味着中止的成立不受制于偶然性,当行为人使用第一项适格手段却没有如预期一般成功时,或者因为外部事件被打断时,行为人仍然应当按照未遂受到处罚。此时实行虽然还没有终了,但却已经进入实行的起点。这并不必然与个别行动理论相矛盾,因为无论是在中止的成立还是实行起点的条件中,都无法完全消除偶然性。如果在行为人进入实行阶段之前,行为人的计划就已经失败,即使该计划的失败完全出于偶然,行为人对此也没有任何贡献,行为人当然不会受到处罚。如果在实行终了之后,即使行为人经过了不懈的努力仍未能阻止结果的发生,他仍要按照犯罪既遂受到处罚,中止是且始终是包含运气成分的。

但针对个别行动理论还存在另一种批评:如果行为人在个别动作理论的意义上,使用第一种手段给被害人造成了事实上的危险,根据《德国刑法典》第 24 条第 1 款第 1 句第 2 支项他也有机会通过悔罪行为(tätige Reue)积极地阻止结果的发生,成立免除刑罚的中止。如果他使用的第一种手段彻底失败,完全没有给被害人造成危险,根据个别动作理论,就没有通过悔罪成立中止的可能性,也没有通过放弃(Aufgeben)成立中止的可能性。事实上,给被害人造成危险的行为人相比于没有造成危险的行为人,其在法律上获得了更多的好处,这显然是不公平的。因此,对于通过阻止结果发生成立中止的情形,个别动作理论的主张者作出了限制。他们认为,当行为人所使用的手段没有直接导致结果而只是导致了被害人的危险时,就不能成立中止了,因为此时实行已经失败。[①] 从个别动作理论的基本原则出发,可以合乎逻辑地推论,当行为人根据其设想已经终局性地决定了被害人的命运时,行为人就不再享有成立中止的可能性。但是法律条文的字面含义不允许对中止的成立作这样的限制,刑法条文中完全没有提到"失败的实行",第 24 条第 1 款第 1 句第 2 支项只是要求行为人阻止了迫近的结果。因此,对以悔罪形式成立中止的情况进行限制,与法条的字面含义并不一致。

自然的实行单数理论避免了上述矛盾。该理论认为,当行为人所使用

---

① Jakobs AT 26/16.

的第一种手段失败时,由于法益客体没有面临危险,因而不存在阻止结果发生的可能性,但行为人仍然有可能通过放弃继续实行犯罪而成立中止。比起所谓不能割裂"整体事件"这样空洞的废话,联邦法院提出的另一项论据更能支持这一理论:在使用第一种手段失败之后放弃继续使用其他手段,这对行为人而言是一种悔改,从保护被害人利益的角度出发,应当能够免除其刑罚,以嘉奖这种悔改行为。

二、目的达成后放弃犯行仍成立中止——教训案(《联邦法院刑事判例集》第39卷,第221页)①

8　　为了给在难民营的同屋人一个教训并明确地告诉他自己不会容忍任何反抗,行为人以杀人的间接故意用一把长12厘米的尖刀刺进了同住者的身体,刀插进了被害人的胸腔、刺破了横膈膜伤及肝脏。他将刀拔出之后离开了房间,起初被害人因为惊吓而没有感到疼痛,留在了原地。

根据行为计划理论②,本次实行已经终了,因为行为人从一开始就打算只捅一刀。但是,他之所以不再继续捅刺被害人,也是因为他认为自己吓唬被害人并给他一点"教训"的目的已经实现了。受理本案的审判委员会据此向大刑事审判委员会[德国联邦法院内设审判机构,按照《德国联邦法院组织法》的规定,当联邦法院不同刑事审判委员会之间就同一法律问题发生观点分歧即判决偏离时,须将该问题提交大刑事审判委员会决定,以避免法律适用不统一。——译者注]提交了如下法律问题:

> 行为人在实施了自己最后的行为时,并没有考虑到被害人的死亡,而只是因为自己"给被害人一点教训"的行为目的已经实现,就没有再继续实施其他可能实施的杀人行为。此时,基于间接故意实施的

---

① NJW 1993. 2061＝MDR 1993, 776＝StV 1993, 408＝NStZ 1993, 433＝JZ 1993, 894＝BGHR StGB § 24 Abs.1 S.1 Versuch, unbeendeter; Anm. Roxin JZ 1993, 896; Anm. Nix NJ 1993, 567; Anm. Bauer NJW 1993. 2590; Bespr. Hauf MDR 1993, 923; Bespr. Jung JuS 1994, 82; Bespr. Bauer MDR 1994, 132; Bespr. Pahlke GA 1995, 72; Bespr. Schroth GA 1997, 151.

② 联邦法院早期按照这一理论将终了未遂定义为,行为人做了他在行为开始时为引起结果所做的任何事情。参见BGHSt 21, 319 (322); 22, 176 (177); 23, 356 (359); NStZ 1981, 342; 1984, 116.只有当行为人没有按规定的行为计划时,才需要根据自然意义上的未遂整体理论,将行为人在行为环境下所拥有的所有手段的使用视为一个整体的未遂。联邦法院现在放弃了行为计划理论,因为该理论对于有意识地采取特定手段的行为人而言是不利的,而这是不公平的(BGHSt 33, 295.)。此观点将会导致当行为人有意识地采取特定的手段,并且在行为计划所设定的手段失败后仍然坚持只想采取这一手段时,行为人始终可以构成中止而免于处罚,参见 BGH NStZ 2009, 688 (689).但在使用特定手段的场合,人们可以悄悄地尝试实行一次。

杀人行为是否尚未终了,因而仍有可能成立杀人未遂的自愿中止?①

大刑事审判委员对这一法律问题作出了肯定回答,理由如下: 9

《德国刑法典》第24条第1款意义上的犯罪是事实——法律意义上的犯罪,即在法定构成要件中所描述的符合构成要件的行为与结果,这是未遂行为人故意的对象。相应地,未了未遂中,决定放弃实施犯罪的内心决意也局限于实现法定构成要件要素的范围内。无论是作为未遂可罚性根据的《德国刑法典》第22条,还是作为免除刑罚根据的第24条都不取决于其他构成要件以外的行为动机、目的、目标。②

从实现法定构成要件角度进行的论证只适用于个别动作理论。如果仅 10
从法定构成要件出发,那么,任何个别动作理论意义上的单次实行,都完全地实现了未遂犯的构成要件,因而也都构成第24条意义上的"犯罪"(Tat)。但联邦法院始终拒绝承认个别动作理论。③ 联邦法院认为,只要根据自然的标准构成一个整体,第24条意义上的犯罪就可以由数个"未遂构成要件的实现"组成。一方面拒绝采用基于"自然考察法"的未遂标准,主张这仅仅取决于构成要件;另一面又拒绝根据构成要件认定单次的实行,即拒绝个别动作理论而采取自然的实行单数理论,是自相矛盾的。这样就没有任何标准能够区分出实行的次数了。

在建构这样一个自然的实行单数时,考虑行为人内心的与外部的情况 11
是必要的,因此,也有必要考察,行为人出于何种动机与理由实施行为。据此,未遂构成要件的多次实现,即个别动作理论意义上的多个单次动作之所以构成一个整体,不仅仅因为它们在时间上直接地前后相继,还因为它们是基于同样的情境与动机而实施的。④ 如果与其原本的预期不同,行为人实现了自己构成要件以外的目标,却没有引起构成要件结果,那么,继续实施引起结果的实行行为就失去了其原初的理由。他如果要继续实施构成要件行为,就需要基于新的动机形成新的行为决意。⑤ 据此,联邦法院又在事实上根据行为计划理论与所谓的个别动作理论,也否定了以自然的实行单数理论来确定的第24条意义上的犯罪。如此一来,所谓的未了未遂,即行为

---

① BGHSt 39, 221 (223).
② BGHSt 39, 221 (230).
③ 参见 BGHSt 23, 356 (359); 31,170 (175); 35, 90 (91 ff.); BGH NStZ 1981, 342.
④ Roxin JR 1986, 424 (426); Herzberg JR 1991, 158 (160 f.); Otto Jura 1992, 423 (430); Puppe NStZ 1990, 433; dies. JZ 1993, 361.
⑤ Puppe NStZ 1990, 433 (434); Otto Jura 1992, 423 (430); Roxin AT/2 30/59.

人根据其设想既没有引起结果,也没有完全用尽自己的行为手段的情况,就变得漫无边际。剩下的充其量只是"与已经实施手段相连的、在特定时间范围内行为人所可能使用的手段"这样一个模糊标准。

12　　还有一个问题,是联邦法院的观点如何与法条字面含义相一致,因为第24条明确说的是行为人"放弃"了犯罪。而本案的审判委员会则认为,"放弃"就是停止的意思。① 但是,当行为人因为已经实现了自己的目的而停止时,他没有放弃任何东西。② 在这样的案件中,无论是在法伦理上还是刑事政策上都没有理由认为行为人的停止值得免除其未遂犯的刑罚。

13　　对此,联邦法院提出的理由是,在所有案件中,为了被害人的利益都应该为行为人提供这样的选项,以防止行为人杀人灭口。乍看之下,这种被害人保护的考虑不仅合乎目的理性也合乎价值理性。保护或挽救被害人,尤其是关乎其生命时,这一利益是绝对高于公众对于处罚未遂犯的利益的。但作这一衡量时,会忽略其他(潜在)被害人的利益,并最终忽略案件被害人在犯罪开始实施前的个别利益状况。行为人成立中止的可能性越大,他因为未遂而受到处罚的风险也就越小。当结果的出现并非行为人目标时,如果行为人知道结果没有如预期般出现就更容易被免除刑罚,那么,他就更容易决定去冒险。如果一名抢劫犯知道在自己已经洗劫了被害人的财物之后,只要不采取第二次攻击以防止被害人成为目击证人,就有可能成立中止而免于刑罚时,他就更容易冒险采用强力的、可能造成死亡的方式击打被害人的头部。③ 被害人保护这一论据是一把"双刃剑"。[联邦法院认为,在行为人达成目的后放弃继续实施犯罪可以成立中止,普珀对于这一观点的批评还可以参见〔德〕英格博格·普珀:《法学思维小学堂——法律人的6堂思维训练课》,蔡圣伟译,北京大学出版社2011年版,第74—77页,第101—102页。一方面,过于宽松的中止成立条件会弱化处罚未遂的预防效果,从而不利于保护一般的潜在被害人;另一方面,在个案中行为人会认为:如果被害人死亡便没有了目击证人;如果被害人没有死,只要自己不再实施进一步的杀害行为还可以享受中止的宽宥,造成行为人"双赢"的局面,让行为人可以更加肆无忌惮地去从事犯罪,最终无法实现保护被害人的政策目标。——译者注]

---

　① 参见 BGH (1. Strafsenat) NStZ 1990, 30 ff.; JZ 1993, 358 (359 f.).
　② Herzberg JR 1991, 158 (169 f.); Puppe NStZ 1990, 430 (433); dies. JZ 1993, 361 f.; Roxin JZ 1993, 896; ders., AT/2 30/59.
　③ Puppe JZ 1993, 358 (362).

此外被害人保护这个论点,既然被认为是合乎目的理性的,那么,它就应该经过实践检验。目前看来,大部分的行为人不知道关于中止的规定,该规定不可能对他们产生影响。这或许可以通过解释说明来进行补强,但是,被害人保护的考量本身也是有矛盾的。计划并按照目的地实施犯罪的冷血行为人很少会因为免除未遂犯的处罚就放弃实施犯罪直到终点,他从一开始就决定为了实现自己的目标而承受可罚性的风险。因欲望或者冲动而实施犯罪的行为人,无论是在犯罪实行的起点还是终点,都完全不会考虑到自己面临的刑罚风险。他之所以停止,是因为自己的攻击欲望得到了满足,他只是不再有兴趣继续行为①或者突然地产生了同情或是恐慌。无论何种情况下,保护被害人的考虑本身都不足以使中止正当化,也不能够对中止构成限制。

本案的审判委员会认为,构成要件结果尚未出现,但行为人因目标达成而停止行为能否成立中止的问题,"相比于那些仅仅将构成要件结果的出现作为可能的附随结果而予以容认的行为人,以构成要件结果为目标的行为人拥有特权,而这样(肯定目的达成仍成立中止)则能够也必须阻止这种特权。② 若非如此,尽管行为人只是认为构成要件结果的出现是实现其目标过程中可能出现的附随后果并予以容认,他为了保护自己也必须宣称,构成要件结果的出现是自己的目的,如为了消灭证人,自己也放弃了这个目的。其中,间接故意行为人的责任应轻于有目的的行为人。"但是即使不考虑理论所提出的合理质疑,③这样的比较也是不成立的。只有当行为人仅仅以构成要件结果的出现作为最终目的也是唯一目的时,才能完全排除目的实现但没有引起构成要件结果的情况。如果行为人将构成要件结果的出现作为实现其他目的的手段,但与他的预期不同,在构成要件结果没有出现时他的目的就已经实现了,尽管构成要件结果也是他的目的,他也就不再能成立消极放弃型的中止。④

联邦法院的观点在实践中会导致当行为人实现了自己的行为目标,构成要件结果却没有如期出现,而他没有再因为新的动机而继续试图引起结果的发生,就可以成立中止而免除处罚。对于这一结论,联邦法院写道:

> 这不会带来不能忍受的、在刑事政策上存在疑问的结论:一方面,在许多涉及这一问题的案件中,被害人已经面临具体的危险,因

---

① Roxin Heinitz-FS (1972), 251 (272); ders. AT/2 30/17; Bockelmann (1957), 175 ff.
② BGH (1. Strafsenat) in BGHR § 24 11 Versuch, unbeendeter 20; NStZ 1989. 317; 1990, 31.
③ Puppe NStZ 1990, 433.
④ Puppe JZ 1993, 361 (362).

此,可以认为构成终了未遂。行为人根据生活经验,如果可以认识到判断有迫近的结果发生危险的事实,那么,在这个意义上他已经认识到了结果发生的可能性,他既不需要确信结果会出现,也不需要对结果的出现存在意欲或容认。联邦法院曾在一系列判决中指出,在行为人采取了危险的暴力行为、造成了严重损伤的场合,很显然行为人已经认识到了其行为具有危及生命的效果以及结果出现的可能性……认定未了未遂成立的必要条件,是行为人认为结果的出现尚不可能,对于该条件的认定本判决认为应当采取严格的标准。①

17 但是法院在该判决先前的论述中却认为:

如果行为人根据自己的认识状况,在最后的实行行为之后,没有预见到构成要件结果的出现,即使是因为错误地估计了自己行为给被害人所造成的危险,只要从行为人的视角看仍然有可能达到既遂,该实行便没有终了。

其中还有一种情况是行为人在最后的实行行为之后,先是错误地认为自己的行为足以引起结果的发生,但随后立刻根据调整过的认识发现,要引起构成要件结果他还能够也必须继续实施行为。②

18 联邦法院的大审判委员会认为,所有的停止都构成第 24 条第 1 款第 1 句第 1 支项意义上的"放弃",它对于行为人此时的认识提出了何种"严格"的要求,是完全不清楚的。但下列问题并未得到回答:当行为人所认识的事实对于一个在他位置上的谨慎、客观的观察者看来已经创设了结果的危险就够了,还是必须由行为人本人作出这样的危险判断?该危险判断的内容存在何种要求?"行为人根据自己的认识状况还没有预见到结果会出现"这句话是什么意思?如果行为人还有可能对危险判断进行修正,这是否意味着就有可能从终了未遂变为未了未遂,抑或相反;以及在什么时间段内这种转换是可能的?下一个判决会回答这些问题。

三、中止背景的修正——一支烟功夫的停顿(联邦法院:《新刑法杂志》2017 年,第 459 页)③

19 被告人在被害人的屋子里睡着了,随后被打开的电视机声音吵醒,两

---

① BGHSt 39,221 (231).
② BGHSt 39, 221 (227 f.).
③ Mit Anm. Jäger NStZ 2017, 460.

人发生了争吵。被告人挥动拳头将被害人打倒在地,愤怒地揍了被害人两拳,又举起两三公斤重的体重秤朝被害人头上砸去,继而用锤子敲打被害人的头部,但锤子的头部脱落。最后,他用面包刀给被害人留下了一道从右耳一直到脖子右侧中部的割伤。他想就此杀死被害人,但伤口割得不够深,未伤及气管、喉咙以及颈动脉。随后,被告人走到厨房,抽了一支烟。他又回到被害人身边,用枕头朝被害人的面部按了两下,"以防止被害人恼人的声音",被害人大声呼救。基于疑罪从无的原则,州法院接受了被告人的辩解,自己在发现被害人身体僵直时,立刻把枕头从他脸上松开了。

联邦法院撤销了认定被告人成立故意杀人罪未遂的判决,理由如下:

> 州法院没有注意到为"中止背景的修正"而提出的原则,尽管关于后行为的调查要求对这个问题进行检验,这存在法律错误……当行为人虽然在最后的实行行为之后认为结果有可能发生,但很快发现自己此前的作为不能引起结果,而他现在也放弃了其他实现构成要件结果的行为可能性时,仍然构成未了未遂。根据这些法律原则,究竟应该认定为未了未遂还是终了未遂,在杀人罪未遂中需要更进一步的检讨,尤其是当受到攻击的被害人在被告人最后行为之后仍然有能力作出能够使被告人察觉的身体反应,使被告人对于被害人是否已经遭受致命伤产生疑虑……由于被害人没有立刻因为被告人基于杀人故意所造成的伤害而死亡,虽然被告人不是立刻这样认为,而是仍然有力气呼救,并且他的状态事实上并没有具体的生命危险,在相当长的一段时间内没有发生显著的恶化,且在这段时间内被告人可以察觉其生命迹象。

这段裁判理由存在一系列问题。被害人脖子上伤口裂开正在大出血,要是没有医生的救治可能就会失血过多死亡,在这种情况下,联邦法院何以认为被害人的状态"事实上没有具体的生命危险"?正是基于这个理由,州法院否定了未了未遂。而联邦法院则认为该理由并不充分,行为人究竟要抽多少根烟,他才能通过对中止成立背景的修正而从终了未遂变为未了未遂,(并因放弃进一步的行动而成立中止)而不再受到未遂犯的处罚?

联邦法院的观点是,关键不在于行为人经过对当时情况的谨慎判断后应获得何种危险认识,而在于他事实上具有何种危险认识。 大刑事审判委员会想要对这种危险认识提出"严格的要求"。① 在后来的判决中,联邦法院认为,只要被害人仍然试图逃跑,使行为人关于自己已经给被害人造成致命伤的认识破灭,就足够了。② 其中,在认定行为人的危险认知破灭时,只要被害人还有生命体征,基于疑罪从无的原则就可以否定这种危险认识,③但死亡过程也是需要时间的。

22　　联邦法院关于中止成立背景修正的判决意欲何为呢？行为人在第一种手段失败之后,放弃了继续实施对他而言有可能实施的其他动作,这是值得奖赏的悔改行为,基于此,联邦法院否认了个别动作理论。而从大刑事审判委员会判决开始,则不认为这是一种值得奖赏的悔改。为此,还有必要的是,行为人至少在中止的时间点上履行了自己对于被害人所负有的、基于其先前的杀人实行行为而产生的前行为保证人义务。在未了未遂的场合,行为人之所以仅通过放弃其他可能的实行行为就能成立中止,只是因为阻止结果的发生,除了停下来之外他没有什么能为被害人做的。④ 但是,如果他有足够的理由认为被害人可能还处于危险之中,那么,他的首要义务就是尽可能地确认被害人所面临的危险。若行为人没有履行这项义务,就已经认识到被害人有可能或者肯定会幸存下来,因而在没有尽到保证人义务的情况下径自离开,这种情况不能认为是对法秩序的回归。

23　　联邦法院在未了未遂中止问题即消极放弃型中止问题上的判决演变是线性的。联邦法院不断地提出各种对于未遂的限制,最终在理论上只有当结果出现,未遂才终了。它先拒绝了个别动作理论,理由是虽然行为人已经执行了第一个能够导致结果发生的动作,放弃进一步的行动仍然是一种值得奖赏的悔改。随后,对在自然的实行单数理论意义上成立的未遂又进行了限制,联邦法院认为当行为人已经实现了自己的行为目的时,仍有成立中止的可能性。最后,"当行为人已经实施了所有引起结果发生所必须要做的事情时,未遂肯定已经终了",而这条最后的防线也被联邦法院打破,它通过所谓的"修正中止成立的背景"使原本的终了未遂有可能转化为

---

① 在此前大审判委员会的判决中仍然指出:"在这个意义上,认识到据以作出根据生活经验结果的出现是迫近的事实情状,即是认为结果的发生是可能的。"(BGHSt 39, 221 (231).)而现在联邦法院终局性地表明:"关键在于查明行为人的事实认知状态,仅局限于过失非难而查明的事实是不够的,如'行为人应当认为结果是可能的'这一评价"。(BGH NStZ 2017, 459; 其实早在 BGH NStZ 2007, 634 f 就已经如此了。)

② BGH NStZ 1997, 593 (评论参见本书上一版第二十一章边码 19 及以下数个边码。); 1999, 499 (500); 2005, 331 (332); 2009, 25; 类似的情况还有 BGH NStZ-RR 2008, 335 (336).

③ BGH, Urteil vom 21.2.2018, 5 StR 347/17

④ Weinhold (1990), 79; Puppe ZIS 2011, 524 (526).

未了未遂。按照联邦法院的判决,究竟在什么时候以及什么条件下能肯定未遂已经终局性地终了,行为人无法通过消极的停止成立中止,这是完全不清楚的。

联邦法院关于区分终了未遂与未了未遂的判决,及其关于修正中止成立背景的判决,在笔者看来,其唯一的意义与目的在于,因为行为人在发现被害人没有死亡之后并未决意继续实施有可能进行的灭口行为,从而奖赏行为人免于未遂犯的刑罚处罚。联邦法院关于修正中止成立背景的所有标准都符合这个目的:当行为人发现被害人还有生命体征,那么,他就有动机去最终杀死被害人以掩盖犯罪,确保没有目击证人。当行为人认为自己可能给被害人造成了致命伤时,也会产生这样的动机。这是否真的是联邦法院对消极放弃型中止作如此宽泛解读的理由,我们无从知晓。因为联邦法院是不得明确赞同这一点的,这与第 24 条的目的与文义均不相符。人们不能通过放弃继续实施其他犯罪,来放弃已经发生的犯罪。

四、中止的自愿性——"时间差"案(《联邦法院刑事判例集》第 35 卷,第 184 页)①

因为前妻 B 与她的新男友 M 拒绝向被告人他支付 10 万马克的分手费,他打算杀死他们。出于这个目的,他去了 B 的工作单位,并在停车场不期遇到了 M。就在 M 朝被告人走来打算跟他再讨论分手费事宜的时候,被告人愤怒地用一把杀猪刀朝 M 的下腹部捅去。M 当时能够通过翻过一片灌木丛而躲开被告人的攻击范围,而 A 则驾驶着自己的汽车朝篱笆冲了过去,想撞死 M。汽车卡在了灌木丛里。被告人意识到,如果自己继续实施杀人行为,就会错过杀死他的前妻。于是他离开了 M,赶去 B 汽车停靠的地方。他在那里刺了 B 好几刀,B 死亡。

尽管被告人只是放任已经遭受致命伤的被害人 M 死去,联邦法院在本案中却认为被告人构成《德国刑法典》第 24 条第 1 款第 1 句第 1 支项的"放弃实施犯罪",并以如下理由认为被告人的放弃具有自愿性:

> 根据判例上的持续观点,判断该要素(自愿性)的关键,在于行为人是否仍然支配着自己的决意并认为继续实施自己的犯罪计划是可能的……也就是说,既没有受到外部强制力的阻挠也没有因为精神上

---

① =JZ 1988, 518 mAnm Jakobs = NStZ 1988, 404 mAnm Lackner = NJW 1988, 1603 = MDR 1988, 508 = StV 1988, 200; Anm. Lampe in JuS 1989, 610.

的压力而失去了继续实施犯罪的能力……这取决于当时的情况对于行为人而言是否构成强制的障碍……审判委员会不是没有注意到,判例上所代表的观点不总是能得出令人满意的结论。这也解释了为什么文献上有相当一部分观点反对判例所采用的心理学的考察方法,而主张在中止动机上采取规范的考察方法。对于这些……不同的学说……本判决没有必要进行深入的讨论。本审判委员会只需要指出,《德国刑法典》第24条所采用的自愿性概念,决定了必须采用心理学的标准进行区分。①

27　在法律规定中,自愿性是所有类型的中止成立的共同要件。但通常在消极放弃型中止时,要判断这个要素会存在疑问。当行为人阻止了结果的发生,或者他为了阻止结果发生作出了真诚努力的场合,他的行为要么是在不可抗拒的强制力支配之下实施的,因此,排除自愿性;要么他的行为是出于至少部分值得认可的动机,因此,肯定自愿性。当行为人停止继续实现构成要件虽然不是因为外部的强制力,但却是出于犯罪的动机时,是否成立自愿中止,这一问题就需要在未了未遂的中止中进行讨论。我们必须暂且接受联邦法院的观点,即行为人虽然给被害人造成了明显的致命伤,但这不妨碍消极放弃型中止的成立。

28　按照联邦法院的表述,当"行为人是否仍然支配着自己的决意并认为继续实施自己的犯罪计划是可能的,即他既没有受到外部强制力的阻挠也没有因为精神上的压力而失去了继续实施犯罪的能力"时,行为人的放弃是自愿的。这让人想起了著名的弗兰克公式,当行为人"欲达目的而不能"时,行为人的放弃是非自愿的。② 长期以来这个公式都被认为是错误的,因为当行为人"欲达目的而不能"时,他的实行已经失败,不再有成立中止的可能性。③ 与联邦法院的表述不同,恰恰只有在促使行为人停止的事实情状不构成继续实施犯罪的"强制性障碍"时,才需要讨论自愿性的问题。在这种绝对的强制力面前,不能区分行为人的决定究竟是被迫的还是自愿的。④ 按照联邦法院的表述,行为人是否还"支配着自己的决意"这个问题怎么能取决于他认为当时的情况是否具有强迫性,感觉自己毫无选择呢?

---

① BGHSt 35, 184 (186 f.).
② Frank (1931) § 46 Anm. Ⅱ;参见 NK-Zaczk § 24 Rn. 64.
③ NK-Zacyk § 24 Rn. 64; Roxin AT/2 30/79; SK-Jäger § 24 Rn. 63.
④ Dohna ZStW 59 (1940), 541 (544); Maiwald Zipf-GS (1999), 255 f. (260 f.); Grasnick JZ 1989, 821 f.

准确地说,心理学上的自愿性概念并没有一贯的标准。

联邦法院认为,在离开各种法伦理上的标准时,纯粹从心理学上界定自愿性,是无法得出令人满意的结论的。但它却认为,这是对于自愿性概念唯一可能的解读,且是由法条字面文义所决定的。长期以来,实践哲学对于自由概念的传统理解是,只有出于对法的认知而行动者才是自由的,而非仅仅是出于欲望与需求而行动者。① 这一观点最著名的主张者便是伊曼纽尔·康德。令人遗憾的是,我们的最高刑事司法机关的法官们看起来似乎对此毫无认识。

但恰恰是康德的哲学传统反对在法中考虑道德的标准。法所要求的仅仅是对其规范的外部服从。只要公民的行为合法,法秩序就不再考虑,他究竟是出于道德的还是非道德的理由而这样做的。② 不过,成立中止不意味着当行为人中断了实行行为时,他这样做是合法的,而是要说明,他这样做是一种值得奖赏的付出。因此,在判断是否值得免除行为人的未遂处罚这个问题时,不能离开法伦理的标准。

当行为人被自己的羞耻心、对被害人的同情、后悔以及对自己行为的厌憎所支配,从而感到自己没有能力继续实施自己的行为时(即认为这种情况构成了心理上的强制),应当肯定成立中止免除刑罚,因为这种情感上的波动使行为人在在心理上无法继续实施犯罪,这同样也是对他自己犯罪计划的中止,且是以一种特别突出的形式。③ 相反,行为人根据"罪犯理性规则"④进行冷酷的成本收益计算后决定放弃犯罪的,如他在形式上看仍然有可能实现既遂,但很难保全自己所追求的违法收益状态,或者他真正的犯罪目标无法真正实现时,即使他觉得这个决定是自由而理性的,在第24条的意义上他的行为也不是自愿的。一名抢劫犯在抢银行的时候突然发现被抢的顾客是一名警察,他虽然知道自己尚能接过警察递来的钱包,但也知道自己保有这个钱包的时间绝不超过1分钟,他因而放弃了接过钱包,这时他就是非自愿地中止了抢劫罪的实施。而在本案中,行为人之所以放过被害人是因为去杀死另一名被害人对他来说更为重要,虽然在两名被害人之间作选择在他自己看来或多或少是自由的,但是这样的决定并不值得免除其未遂的刑罚。

---

① Jakobs, JZ 1988, 519(520).
② NK-Zacyk § 24 Rn. 68.
③ Jakobs JZ 1988, 519.
④ Roxin AT/2 30/383 ff.; ders. Heinitz-FS (1972), 251 (254).

32 　　毫无疑问,目前为止第 24 条意义上的自愿地与非自愿地放弃犯罪并没有鲜明的界限,因为行为人放弃犯罪的动机不必在法伦理上是高尚的。尤其是对于刑罚的恐惧就足以肯定放弃是自愿的,[1]因为促使行为人基于恐惧而放弃继续实施犯罪,正是刑罚威吓的意义,也是第 24 条免除刑罚的意义。在实行终了之前,如果行为人勇敢地放弃了继续实施犯罪,尽管他的风险并不比在未遂着手时预期的高,这也是一种值得奖赏的悔改。但是,如果他面临的风险因为出现了在犯罪开始实施时没有预见到的情况而显著地升高,那么,情况就有所不同了。[2] 与自然的实行单数理论一样,自愿性的成立标准也无法避免这样的结论,即当行为人越是坚决地着手实行,他就拥有越大的可能性成立中止,中止的本质注定会产生这种效果。

五、积极阻止结果发生而成立中止

(一)判例的发展

33 　　当实行者已经创设了结果出现的危险,无法简单地通过放弃犯罪来成立中止时,他可以基于《德国刑法典》第 24 条第 1 款第 2 支项的规定,通过积极地阻止结果的发生而成立中止免除刑罚。行为人通过违法行为引起了结果危险,从这时起,他就基于前行为而成为保证人,负有义务采取所有可能的措施以阻止危险。他做到了这些从而阻止了结果的发生,那么,他就值得根据第 24 条第 1 款第 2 支项的规定成立积极阻止型中止而免除刑罚。但是,有可能出现这样的情况,即尽管未遂行为人想要阻止结果的发生,出于某种理由,他实际做的比他能够做的要少,其中最重要的理由便是避免被发现。也就是说,如果行为人为了救被害人而做了所有能做的事情,但这样的话,他就会被认出或者面临被认出的风险。由于他无法确定自己阻止结果的努力是否会成功,因此,他会面临处罚风险。由此产生的问题是,在行为人仅采取了次优的阻止措施但很幸运地阻止了结果发生时,能否按照"结果好就一切都好这样粗糙的原则"[3]而肯定行为人成立积极阻止型中止免除其未遂的刑罚,还是应当认为这种"半吊子的中止"[4]未能满足其保证人义务而否定中止的成立。

---

[1] Schönke/Schröder-Eser/Bosch § 24 Rn. 44; Roxin AT/2 30/389; Wessels/Beulke/Satzger AT Rn.1068.
[2] BGH NStZ 1993, 279; 1993, 76 f.; NK-Zaczyk § 24 Rn. 69; Roxin AT/2 30/393.
[3] Jakobs AT 26/21.
[4] Puppe NStZ 1984, 488 ff.

法条的表述更为明显，任何与结果最终的不发生之间存在因果关系的 **34**
行为，都被视为结果的阻止。在具体情况下，这一规定的要求可能非常低。
例如，行为人以杀人的故意用刀捅伤了自己的父亲，在父亲的请求下，行为
人将电话递给了他，父亲自己打电话叫了救护车。联邦法院否认该行为成
立积极阻止型中止，理由是将电话递过去这一行为与结果的阻止之间不存
在因果关系，因为必要时父亲自己也可以拿到电话。① 这虽然是运用条件
公式所得出的结论，但显然是错误的，因为父亲自己去拿电话只是一个（没
有发生的）假定替代原因。又如，行为人的行为毫无疑问与被害人的救治
之间存在因果关系，但联邦法院却否认行为人成立积极阻止型中止，理由是
行为人没有"穷尽"结果阻止的可能性，而只是不必要地寄希望于侥幸。该
被告人基于间接故意给被害女士造成了致命伤，随后他开车将被害人送到
了医院附近，让她那里下车，以便自己神不知鬼不觉地消失。后来路过的行
人在灌木丛里发现该名昏迷不醒的女士，并将其送往医院。② 再如，行为人
同样没有穷尽所有可能阻止结果发生的手段，而是寄希望于结果侥幸没有
发生，但联邦法院却肯定了中止。行为人对自己的房子纵火，而对单独留在
楼顶的两名幼童的死亡持容认态度。孩子的母亲在一家小酒馆参加企业聚
会，行为人打匿名电话到酒馆，不说任何理由只是让孩子的母亲赶紧回家。
孩子的母亲正好在酒馆的电话机旁，因为听出了行为人的声音，接到电话后
她立刻赶回房子，发现了大火，并喊来了消防员。③

后两起案件的判决是互相矛盾的。在第二起案件裁判时，负责审判的 **35**
审判委员会原本应当将案件提交给大审判委员会就判决偏离进行裁决。但
是直到在第三起案件的判决中，由于再次出现了因为侥幸而成功阻止结果
发生的"半吊子"的中止能否免除刑罚的问题，负责的审判委员会才用所谓
的质询程序（Anfragenverfahren）代替了判决偏离裁决程序，④再次也是终局
性地裁定，即使行为人没有完全地穷尽可能阻止结果的手段，行为人仍成立
中止而免除刑罚。

---

① BGH NJW 1986, 1001 (1002); BGH JR 1986, 423;评论参见本书第一版总论第二卷,第三十六章边 527 及以下数个边码。
② BGHSt 31, 46 评论参见本书第一版总论第二卷,第三十六章边码 64 及以下数个边码。
③ BGH NJW 1985, 813 评论参见本书第一版总论第二卷,第三十六章边码 67 及以下数个边码。
④ 参见《德国法院组织法》第 132 条第 2 款。

(二)煤气阀门案(联邦法院:《新刑法杂志》2003年,第308页)①

36 被告人打算通过打开屋内的煤气阀门而吸入煤气自杀。在他打开阀门后,他突然想到,煤气爆炸可能会导致房屋倒塌,使屋内其他住户受伤甚至死亡。一开始他容认了这一点,但他后来改变了主意,打电话呼叫消防员和警察。警察与消防员要求他关掉煤气阀门,但他为了能自杀成功而没有听从。消防员从有爆炸危险的房子内疏散了50个人,其中也包括已经昏迷的被告人。

(联邦法院)第二刑事审判委员会肯定被告人成立中止免除刑罚,理由如下:

> 审判委员会注意到,在实行终了的不能犯未遂中,由于欠缺因果关系而应适用第24条第1款第2句的规定,[如果犯罪就算离开中止者的努力也不能达到既遂的,只要行为人真诚地努力阻止该行为,应免除处罚。——译者注](实行终了的不能犯未遂之中止)它的成立在结论上会导致不公。但这不意味着超出《刑法典》第24条第1款第1句第2支项的范围,将该标准适用于有因果性的结果阻止案件中是正当的。按照这一标准,其必要的仅仅是行为人完全放弃自己的既遂故意,在间接正犯的场合便是指不再容认其仍认为可能的犯罪后果;并且他成功地选择了他认为能够阻止达到既遂的救援可能性。②

37 通过这一论述,联邦法院最终就第24条意义上阻止结果的意义作出了回答,即任何在事实上参与阻止结果流程中的共同引起行为属于第24条意义上的阻止结果行为。③ 除此之外,还要求行为人在实施阻止结果的行为时,放弃了既遂故意,即"不再容认被认为仍有可能发生的犯罪结果"。正如判决认为间接故意与有认识过失的区别在于是否存在法律意义上的容认,且容认的概念受到了"跨过高度心理门槛"信条的影响,而不容认与对于最高度结果危险的认识之间也是兼容的(参见本书第九章边码16及以下数个边码)。④ 这只需要行为人内心对于结果存在否定态度即可,而不需要对行为人的行为,即他如何选择阻止结果的方法产生影响。⑤ 正如许多例子表明,即使行为人对于结果发生不持容认的态度,他也可能基于各种各

---

① =BGHSt 47, 147; JA 2003, 836; JR 2004, 160; JuS 2003, 619; JZ 2003, 741; StV 2003, 214.
② BGH NStZ 2003, 308 (309).
③ 也参见 BGH NStZ 2008, 393 f.
④ 参见 NK-Puppe § 15 Rn. 88 ff.中相关判决证据。
⑤ 关于结果引起行为的相反例子参见 NK-Puppe § 15 Rn.37 ff., 50.

样的理由而拒绝采取最保险的结果阻止方法,却选择不那么保险的方法。他阻止结果的努力并不充分而结果却发生了,此时,即使他内心已经放弃犯罪故意,也仍应将结果归属于他的故意,因为他不必一直到结果出现前都保持这种犯罪故意。① 放弃犯罪故意不是证立中止这项优待的理由。

同理,具体情况下,参与到救援性的因果流程之中的要求也可能无济于事。在这个意义上,如果在已经形成的救援性因果链条中,行为人取代了另一个人的位置,此时行为人也被视为阻止了结果。例如,儿子在以杀人的故意给自己的父亲造成重伤后,将电话递给了父亲,使其能够打电话呼叫救护车,即使他父亲在不得已的情况下也能自己拨打电话,该行为也引起了救援。② 又如,行为人朝被害人脑袋上开了一枪,然后打电话给被害人的雇员,让雇员来找自己的老板,这一行为是否阻止了结果取决于该名雇员是否已经在去寻找老板的路上。③ 但是,与第二审判委员会的观点不同,从法条的字面含义中并不能必然地推论,所有参与到救援性因果流程之中的行为都是阻止结果。第一审判委员会在《联邦法院刑事判例集》(第 31 卷,第 46 页)的判决中及其后来的解释中都没有这样做。④

理论没有以前行为保证人义务为导向,从而要求中止者至少在这个时点上履行了自己刑法上的法义务,即尽全力阻止结果的发生,⑤而是在寻找一种介于这种立场与联邦法院早期观点,甚至可能还有其最新观点之间的中间道路。但要在最可靠与最不可靠的救援手段之间寻找一个界限或者标准是很困难的,行为人应当采取"在他看来可靠的"手段来阻止结果。⑥ 一种观点试图用区分正犯与帮助犯的标准来解决这个问题。按照这一观点,相比于包括被害人自己在内的其他救援者而言,行为人的贡献不能居于次要地位。⑦ 反对这一观点的理由是,在具体案件中,最佳的救援方案恰恰是行为人去寻求另外一名拥有专业的救援知识、技能以及手段的人来实施

---

① Schönke/Schröder-Eser/Bosch § 24 Rn. 61; Jakobs AT 26/19a; Köhler AT S.476; Roxin AT/2 30/37; NK-Puppe § 15 Rn.103.
② 参见 BGH NJW 1986, 1001.
③ 参见 BGHSt 33, 295,对于本案的评论参见本书第一版总论第二卷,第三十六章边码 9 及以下数个边码。
④ NJW 2002, 3720 关于本案的评论参见本书第一版,总论第二卷,第三十六章边码 70、71。
⑤ Herzberg NJW 1989, 862 (867); Baumann/Weber/Mitsch/Eisele AT 23/40; Jakobs AT 26/21; SchmidhäuserAT 15/89 ff.; Puppe, NStZ 2002, 309; dies. NStZ 1995, 403 (404); Weinhold (1990), 84 ff.
⑥ NK-Zaczyk § 24 Rn. 61; LK-Lilie/Albrecht § 24 Rn. 339 f.
⑦ Roxin Hirsch-FS (1999), 327 (342); ders. AT/2 30/250; SK-Rudolphi (8. Aufl.) § 24 Rn. 27 d; ders. NStZ 1989, 508 (514); Bloy JuS 1987, 528 (534 f.)。

救援，而普遍认为这种寻求他人救援的行动应足以肯定中止。① 因此，对于寻求他人救援的行为人要求其采取最优的措施，而对于自行救援被害人的行为人则不作这一要求，从而使得前者的地位不如后者，这是不正确的。②

40 另一种观点认为，可以用结果的客观归属标准来解决这一问题，即结果的阻止应当被视为行为人的作品而归属于他，③但这种适用是不可能的。刑法上的客观归属理论是为不法结果的归属而发展出来的，即与对行为人行为的否定评价相关，如创设法所不允许的风险及其在引起结果的因果流程中实现（参见本书第 1 版总论第 1 卷，第三章边码 1 及以下数个边码）。而结果的阻止是得到正面肯定评价的，若要进行归属，能用什么标准来取代义务违反关联、创设与实现法所不允许的风险呢？

41 最终，唯一的方案便是，以行为人的前行为保证人义务为指引，即行为人在中止行为时在刑法上负有何种义务。作为前行为保证人，行为人有义务尽全力阻止结果的发生，而不考虑他自己的任何利益，如自己计划的实现或者不被发现。如果行为人不能通过阻止结果的行为来履行自己在刑法上的保证人义务，即使他的行为侥幸地成功阻止了结果的发生，该行为的实施也不能使行为人免于未遂的刑罚。

42 针对这一方案存在两点批评：一是没有充分考虑到行为人的忏悔值得肯定；二是行为人缺少足够的动力去实施所要求的结果阻止行为，尤其是在阻止结果的行为伴随着被发现的风险时。仔细分析会发现这两点批评并不像其乍看之下那么有力。只有当行为人履行了自己的保证人义务时，才能完全地免除其刑罚，在这个条件下对于各种"半吊子"的中止努力会形成层级式的"奖励系统"。

43 即使"半吊子"的中止努力没有成功，它也可以构成《德国刑法典》第 46 条规定的减轻处罚的事后行为。如果这种半吊子的中止努力使结果危险从故意危险降低到过失危险的程度，那么，结果就不能归属于行为人的故意，而只能归属于行为人的过失。如果行为人通过半吊子的努力阻止了结果的发生，没有按照既遂而只是按照未遂对其进行处罚，就已经是对他的奖励了。

---

① BGH NStZ 2003, 308 (309) mAnm Puppe; BGH NJW 1973, 632; StV 1992, 62 f.; LK-Lilie/Albrecht § 24 Rn. 343; NK-Zaczyk § 24 Rn. 57, Rn. 90 f.; Schönke/Schröder-Eser/Bosch § 24 Rn. 66; SK-Jäger § 24 Rn. 92; Maiwald Wolff-FS (1998), 337 (347); Roxin Hirsch-FS (1999), 327 (338); ders. AT/2 30/256.

② 但是持这种观点的有 Roxin Hirsch-FS (1999), 327 (335); Vgl. Lackner/Kühl-Kühl § 24 Rn. 19b.

③ SK-Jäger § 24 Rn. 92 ff.; Wessels/Beulke/Satzger AT Rn. 894; Bloy JuS 1987, 528 ff.

而在根据《德国刑法典》第 23 条考虑减轻处罚时,法官拥有裁量权以决定如何恰当地对行为人的中止努力进行奖励。如果行为人的中止努力非常微小,如在电话案中那样,那么,法官可以根据《德国刑法典》第 49 条规定拒绝减轻处罚;如果该努力尽管不完善但仍然是一种值得奖励的悔改行为,法官也可以适用第 49 条的规定,在其法定刑幅度内根据行为人的中止程度作出区分。

人们或许会质疑,从法律的经济分析或者被害人保护的角度来看,这样做不足以推动行为人去采取救援行为。只要救援的努力伴随着被发现的风险,那就只有向行为人保证他会完全地免除刑罚才能推动他去这么做。但是若对这种半吊子的阻止努力就给予完全免除刑罚的奖励,行为人也缺少足够的动力去为阻止结果的发生做更多的事。因此,在中止的问题上,被害人保护的考量是一柄"双刃剑"。

六、迟来的结果阻止与通过真诚的努力成立中止——难民申请者案(联邦法院:《新刑法杂志:刑事判决和报告》2000 年,第 42 页)

被告人不满于自己作为难民申请者的处境,为了使自己的情况得到关注,并加速自己的申请程序,被告人决定在自己居住的处于难民营内的房间内纵火。他打算向市政厅报告这个消息,这样市政厅就会派消防员来灭火,同时也会引来媒体。但是,法院认为,被告人对于火灾造成难民营内其他居住者的死亡持间接故意。行为人在自己屋内浇上汽油点火,关上房间门之后,在走廊里碰到了另一名居住者,但他有意识地没有作出警示。他用了 10 分钟的时间骑车到市政厅,并在那里告诉一名证人,自己在房间里放了火。该名证人呼叫了火警,但在消防到达现场时,已经有居住者发现着火后用灭火器扑灭了。

由于难民营中居住者在没有被告人行动的情况下,就已经自行防止了生命危险,联邦法院审查的是通过真诚的努力而成立中止的可能性,并对事实审法院作出如下指示:

> 在这种情况下很显然,被告人在向市政厅报告火灾的时候能够认为,自己的努力能够阻止犯罪(杀人罪)的既遂。这样免除处罚的中止(基于《德国刑法典》第 24 条第 1 款第 2 句)成立的条件就满足了⋯⋯中止不会因为被告人客观上还有可能做更多的事情而被否认。[①]

---

① BGH NStZ-RR 2000, 42 (43).

46　判决指出,当行为人认为,"自己的努力能够阻止犯罪达到既遂时",就可以成立通过真诚努力成立中止,此观点难以得到赞同。行为人要认为自己有多努力才够真诚呢?不过这个判决的结论是正确的,因为向市政府报告火灾事实上确实是为了阻止结果发生所能采取的最佳手段。按照行为人的设想,难民营中其他居住者所面临的生命危险仍然存在,在当时没有比向市政府报告火灾更迅速、更有效的阻止手段了。这足以肯定成立真诚的努力,如果结果危险仍存在,同样足以肯定成立结果阻止型中止。因为一直到结果出现前,或者危险在事实上或在行为人设想中消除时,法律都给予了行为人通过阻止结果发生,或者真诚的努力成立中止的可能性。① 行为人此前错过了更好的阻止机会,不影响成立中止。如果没有利用更好的阻止机会构成以不作为方式的未遂,那么,他也可以通过结果阻止行为完成针对这个未遂的中止。②

47　但是本案还存在另外的问题。从一开始为了阻止其他居住者的生命危险,行为人就打算做他事实上做的事情。但是联邦法院接受了事实审法庭对证据作出的心证,即行为人是以间接故意实施犯罪的。事实审法庭认为,按照行为人的设想,尽管行为人从一开始就计划了结果阻止行动,但余下的对其他居住者生命所构成的危险仍然足以肯定故意。但是中止,尤其是通过真诚努力成立的中止,其成立的最低要求在于行为人至少在作出努力时已经放弃了故意。③ 被告人到底是在什么时候这样做的,并不明确。而且既认为行为人的行为足以构成真诚努力型中止,又认为在犯罪实施前就计划这样做不妨碍肯定对结果的间接故意,是自相矛盾的。

48　行为人在实行行为开始时,就已经计划好了阻止结果的手段,并认为成功的可能性很大,那么,就没有创设故意危险,应否定故意。本案就是这种情况。因为根据行为人的计划,10分钟内报告火灾的话,在此之前他人因为火灾丧生的概率非常低,因出现意外的阻碍使行为人无法向难民局报告火灾的概率也非常小。尽管行为人计划了阻止结果的手段,但按照行为人的设想余下的结果危险仍然非常大,足以肯定故意,那么,其计划的手段不能构成真诚努力型中止。要构成真诚努力型中止,行为人必须尽全力,他在行为时必须具有这样的认识,即通过自己的努力有高度的盖然性能够阻止

---

① BGH NStZ 2003, 252.
② Jakobs AT 29/119; Puppe NStZ 1984, 488 (490); Rudolphi NStZ 1989, 508 (512).
③ BGH NStZ 2003, 308 (309) mAnm Puppe=BGH NJW 2003, 1058;也参见 Maiwald Wolff-FS (1998), 337 (353); Puppe NStZ 1984, 488 (489).

结果。如果他认为自己的努力只有很低的成功率,那么,这种努力就不是真诚的。对于真诚努力型中止而言,这样做也太晚了。

七、实际适用的提示

究竟是审查消极放弃型中止、积极阻止型中止还是真诚努力型中止,取决于行为人为了阻止结果是否做了些什么,如果是(做了些什么),那么,他所做的与结果的阻止之间是否存在因果关系。如果他什么也没做,那么,就只需要考虑消极放弃型中止是否成立;如果他为阻止结果作出了因果贡献,那么,要考察的就是积极阻止型中止;如果他试图作出贡献,但没有他的贡献,结果也一样没有发生,那么就要考察真诚努力型中止。这三种中止类型之间是互斥的。只有当行为人在停止行为时确信不存在结果危险时,才能成立消极放弃型中止;若行为人认为结果危险仍然存在,那么他就必须通过(积极的)悔罪行为来完成中止;如果结果危险客观上确实存在,那么,他必须阻止结果的发生;如果结果危险只是存在于行为人的假想中,那么,他就必须真诚地努力以阻止危险。行为人经过谨慎而细致地审查后发现,事实上已不存在对被害人的危险,也可以构成这种真诚的努力。

在审查消极放弃型中止时,常常并不是将案件事实涵摄于法定概念之下,即"放弃继续实施犯罪"这一概念之下,而是涵摄于判决与文献上所发展出的辅助性概念,即未了未遂与终了未遂之下。它是这样表述的:"行为人可以通过不再继续实施行为而成立中止。此时,实行行为必须尚未终了。当行为人做了在他看来所有必须要做的事时,该实行行为即告终了。"

出于多种理由,该审查规则并不值得推荐。首先,终了未遂的概念部分是错误的,部分是不完整的。之所以错误,是因为它是行为人无法放弃实行的充分条件而非必要条件。因为当行为人虽然还没有完成所有按照他关于引起结果的设想所必须要做的事情,但行为人也可能没有任何引起结果的手段了,即所谓失败的实行场合,行为人也无法放弃实行。此外,"行为人已经做了在他看来所必须要做的事情"这个表述极其不准确与不确定。它没有回答行为人所做的对于什么而言是必要:是结果可能出现,还是结果确定会出现。其次,当前的终了未遂概念不仅是错误的、不完整的且不准确的,而且它也无法证立其在法律问题上所做出的判断,因为它使这个问题脱离了法条的文义与内涵。这个问题仅仅在于当行为人停下没有继续行为时,他究竟是放弃继续实施一个他已经开始的实行行为,还是只是放弃开始一个新的实行行为,或是由于以一个谨慎的第三人处在行为人的情况下经过审慎的判断后认为已经存在结果危险,因此,只是放弃实行已经无济于事,行为人在刑法上负有义务积极地阻止该危险。简言之,不是因为实行终了,所以该实行不能被放弃;而是因为该实行已经无法放弃,所以该实行已经终了。

52 合目的的处理方式是,先确定是否存在一个行为人仍然可能继续实施从而引起结果的行为。随后需要审查经过处于行为人情况下的第三人的审慎判断,是否存在结果发生的危险,因此无法通过停止继续行为而消极地放弃犯罪。只有当回答是否定的(即尚不存在结果危险)时,才需要探讨行为人停止对于他而言仍有可能实施的实行行为是否构成"放弃继续实施犯罪"。这个问题是:行为人通过不实施这个行为是否在第 24 条的意义上构成放弃已经开始的实行？这取决于行为人所放弃的行为与其已经实施的行为是否构成同一个实行行为,还是说行为人只是放弃了另一个尚未开始的实行行为。根据个别动作理论,当行为人实施了一个他在行为开始时认为至少是结果发生必要条件的行为时,便构成一次实行。然后,同学们要在这个概念下进行涵摄。根据这个定义,如果行为人所放弃的行为与其已经实施的行为是一个实行,那么,就可以认为放弃该行为构成放弃继续实行,因为如果个别动作理论认为这是同一个实行行为,那么,自然的实行单数理论就更会认为这是一个实行行为。如果您得出的结论是根据个别动作理论,行为人所放弃的行为构成另一个新的实行行为,那么,就必须判断,根据自然的实行单数理论,行为人所停止的行为与其已经开始的行为是否构成一个实行。根据自然的实行单数理论,当行为人所停止实施的行为与已经开始实施的行为在时间上具有密切关系,并且是基于同一个行为决意的支配时,两者构成同一个实行。只有当您(根据自然的实行单数理论)得出肯定答案时,才需要就个别动作理论与自然的实行单数理论之间的争议进行讨论并作出选择。[本段关于个别行动理论与自然的实行单数理论的论述顺序的介绍,不是平面地对比两种理论的优劣并让学生作出选择,而是一种通过局部定义来在案例分析中尽可能地回避理论争议、探寻不同理论在个案适用中的最大公约数的方式。在这里,根据个别行动理论更容易认定实行终了,而自然的实行单数理论则对实行终了提出更严格的要求。因此,如果自然的实行单数理论肯定终了未遂,则个别动作理论更是如此;反之,个别动作理论认为实行尚未终了,则实行单数理论更会自然地认为构成未遂。这是一种在案例分析中讨论理论争议的方式。类似的处理在本书二十五章教唆犯中教唆行为的认定中也会出现。这一方法的一般论述可参照[德]英格博格·普珀:《法学思维小学堂——法律人的 6 堂思维训练

课》，蔡圣伟译，北京大学出版社2011年版，第44—46页。——译者注］

积极阻止型中止之成立首先要求，基于行为人（之前的）行为形成了结果发生的充分条件。而当行为人通过自己的行为消除了这个充分条件中的必要组成因素时，就可以认为行为人的行为与结果的阻止之间存在因果关系。这是通过所谓悔罪成立中止的最低要求，对此判决与文献上已经达成一致。若行为人通过这个行为履行了自己基于前行为而产生的保证人义务，即行为人尽全力做到在中止行为时为阻止结果的发生他所可能做的一切，毫无疑问成立第24条意义上的结果阻止；相反，他有意识地对自己所可能采取的措施有所保留，那么，在他这种半吊子的阻止努力成功时，就需要就结果阻止成立要求问题上的争议进行讨论并作出选择。

如果行为人虽然努力阻止结果，但他的努力与结果的不发生之间不存在上述意义上的因果关系，那么，就需要讨论真诚努力型中止。行为人在此之前错过了更好的结果阻止机会，这一点既不能否定积极阻止型中止，也不能否定真诚努力型中止。但是在行为人从事阻止结果的行为时，他必须尽全力去做。如果他有意识地有所保留，就不构成真诚的努力。对于这一点已经达成一致观点。除此之外，行为人还应当认为自己的阻止努力具有很大的成功率。如果他认为自己的努力成功机会不大，对于真诚努力型中止来说，这种行为也已经太迟了。

任何一种类型的中止都以自愿性为成立条件。但是，当行为人发现已经失去了他最初的行为动机，因为他的目标已经实现或者通过引起结果不再能实现该目标时，就不存在自愿性的问题。行为人必须仍然具有行为的动机，并放弃它。当行为人作出了值得奖励的悔改行为时，他的行为就是自愿的。任何出于对被害人的同情、对自己行为的懊悔以及对于正确行为的认同等值得认可的动机而实施的悔改，都构成值得奖赏的悔改。

但是，对刑罚的恐惧也被认为可以成立自愿性的中止动机，因为法律之所以为行为人提供中止这一选项，就是基于此而进行的刑事政策计算。不过，只有当着手实行之后、行为人实现自己目标以及规避刑罚的可能性没有根本地恶化时，才能成立中止。这样虽然会导致行为人在着手开始实行时的风险偏好越高，他就越可能成立中止而免除刑罚。但这其实是中止作为悔改的本质所在。

Strafrecht

第一编　结果归属的基础理论

第二编　故意犯的构成要件

第三编　构成要件实现的正当化

第四编　责任与免责

第五编　未遂

第六编　犯罪参与的形式

第七编　竞合理论

第二十二章　参与形式的体系

《德国刑法典》区分了3种犯罪参与形式：正犯、教唆犯与帮助犯。概念逻辑上，帮助犯是犯罪参与中最一般的情形，它既包含了教唆犯也包含了正犯，但根据特别法优先的原则被排斥适用。犯罪的参与形式可以叠加适用，人们可以共同正犯或间接正犯的形式去教唆或帮助他人，对帮助行为的帮助也是对正犯行为的帮助。究竟是基于扩张的正犯概念而将《德国刑法典》第26条、27条视为刑罚限制事由，还是基于限制正犯概念而将其视为刑罚扩张事由，只是一个学术问题。对于只有正犯才能构成的、以特殊身份或者特殊关系为成立要件的构成要件，即所谓的身份犯而言，两种共犯形式肯定是刑罚扩张事由。因为不具有正犯身份之人也可以作为身份犯的教唆犯或帮助犯而受到处罚，即所谓的共犯从属性（本书第二十七章边码5及以下数个边码）。

根据通说理论，这同样适用于超越的内心倾向。自身不具有不法领得目的、不法获利目的或者销赃目的之人，如果他知道正犯具有此种目的，成立《德国刑法典》第242条盗窃罪、第263条诈骗罪以及第257条销赃罪的共犯而非正犯。①

在正犯概念的内部，立法首先区分了两种形式，《德国刑法典》第25条第1款第1支项自己实行犯罪即直接正犯，第25条第1款第2支项利用他人实行犯罪即间接正犯。当行为人让他人实施构成要件行为，而该他人或是因为意志上的缺陷而无法自行决定构成要件的实现，或是因为其他归属上的缺陷而无法对这个决定答责时，就属于利用他人实行犯罪。间接正犯之所以要对此负责，是因为他引起了直接实施行为的被利用者之缺陷，或者他利用了这种缺陷以影响其行为。法律明确规定利用他人实行犯罪，不意味着行为人不能利用自己本人作为工具，如行为人有计划地引起自己丧失

---

① BGH StV 1983, 329 (330); 1988, 527; 1989, 250; NK-Kindhäuser § 242 Rn. 130; § 263 Rn. 385; Fischer § 242, Rn. 43, 58.

责任能力的状态,即所谓的原因自由行为。在这种情况下,行为人是自行实施犯罪,因而不需要专门援引第 25 条的规定(参见本书第十五章边码 4;第十六章边码 8)。

3 《德国刑法典》第 25 条第 2 款规定的是共同正犯,即数人共同实行犯罪。在共同正犯中,不要求每一名共同正犯都实现了全部的构成要件。其他共同正犯的行为贡献会被视作共同正犯本人的行为而进行归属。其中,如果以根据第 25 条第 2 款的规定,将他人的行为贡献归属于行为人为理由,来证立共同正犯或因果贡献等共同正犯的成立条件,就会产生循环推论的危险。① 这项归属规则是共同正犯的法律后果,在适用这项归属规则之前,首先应当仔细地审查共同正犯的成立条件是否满足。

4 《德国刑法典》第 26 条规定,教唆犯是指唆使他人实行故意犯罪而自己则没有参与犯罪实行之人。如果他参与了犯罪的实行,他通常就是共同正犯,共同正犯优先于教唆犯得到适用。立法为帮助犯规定了刑罚的减轻,而教唆犯则要受到与正犯相同的处罚。这将会导致对于唆使他人实行犯罪的概念应提出更为严格的标准,而教唆犯的不法内涵将尽可能地接近正犯。但是判决与文献上的发展则相反。它们倡导在教唆犯与正犯之间存在显著的不法落差②而唆使的概念则被界定得极为宽泛。教唆犯之所以受到与正犯相同的处罚,理由在于教唆者激发了犯罪。③ 当他通过创造犯罪的机会,或者是通过口头的挑唆(犯罪建议)而激发了犯罪,那么,他就像人们所说的那样"引起了"行为人的犯罪决意,而除此之外并不要求对行为人的行为,尤其是实行阶段的行为产生决定性(bestimmend)的影响,④这导致犯罪参与体系发生了严重的扭曲。如果教唆者真的对行为人产生了决定性的影响,却没有亲自参与犯罪的实行,那么,就需要通过将其归入共同正犯或者间接正犯,从而说明其相比于没有任何拘束力的单纯犯罪挑唆具有升

---

① BGHSt 37, 106 (126 ff.)."皮革喷雾剂案"中就是这样做的,同样的做法还有 Kuhlen NStZ 1990, 566 (570); Brammsen Jura 1991, 533 (537); Beulke/Bachmann JuS 1992, 737 (743 ff.); Dencker (1996), 120 ff; Hilgendorf NStZ 1994, 561 (563); Otto WiB 1995, 929 (934).相反观点有 NK-Puppe Vor § 13 Rn. 94; dies. JR 1992, 30 (32); Hoyer GA 1996, 160 (173); ders. SK § 25 Rn. 125; Roxin AT/1 11/18.不过现在罗克辛自己也在进行这种循环推论,AT/2 2/25, 213.另外参见 ders. TuT Schlußteil Rn. 431.

② LK-Roxin/Schünemann § 26 Rn. 7 ff.; Schönke/Schröder-Heine/Weißer § 26 Rn. 3; Schulz, JuS 1986, 933 (939).

③ MüKo-Joecks § 26 Rn. 5.

④ Lackner/Kühl-Kühl § 26 Rn. 2; Fischer § 26 Rn. 3, 6; Roxin AT/2 26/89, 26/182; Kühl AT 20/172 ff.; Baumann/Weber/Mitsch/Eisele AT 26/2 f., 26 f.; Widmaier JuS 1970, 243; Herzberg (1977), 146 f.

高的不法(参见本书第二十三章边码 5 及以下数个边码;第二十四章边码 22 及以下数个边码)。① 而这又导致在共同正犯中放弃参与实行的要求,②不符合法条的字面文义,《德国刑法典》第 25 条第 2 款所规定的是"共同实行犯罪",而犯罪开始于第 22 条意义上的直接着手。③

经典的例子是犯罪团伙的头目(Bandenchef),他制定犯罪计划,给同伙分配任务并给出准确的指示,而犯罪的实行则交由其同伙来完成。这几乎是共同正犯的原型,但它也是教唆犯的原型。④ 由于在预备阶段对于犯罪同伙产生决定性影响的情况中,理论放弃了共同正犯必须参与实行的要求,也导致共同正犯与间接正犯的界限被模糊了。间接正犯这一法律形象就是用在这种情况的,若没有间接正犯的概念,就不可能将没有参与犯罪实行的人视为正犯。但要证立间接正犯,需要在利用者与直接实行犯罪的被利用者之间存在特殊的支配关系,从而使利用者成为正犯。如果没有参与犯罪实行者的决定性影响足以使其成为正犯,那么,间接正犯这一法律形象以及第 25 条第 1 款第 2 支项的规定都将变成多余的。⑤ 5

将犯罪同伙的行为归属于共同正犯、视同为其自己的行为,要对此证立并不容易。早期给出的理由是,在犯罪实行过程中,犯罪同伙互相利用彼此作为工具,因而不仅成立直接正犯,也就对方的行为贡献成立间接正犯。⑥ 这是不正确的。任何一名共同正犯都没有支配他同伙的行为使其成为工具。共同正犯的归属根据在于共同正犯之间互为教唆者,因为他们是在共同制定的犯罪计划的影响下实行犯罪的。⑦ 但这一解释会受到所谓的对已有犯意之人的教唆(omnimodo facturus)这一信条的反对,一个已经决 6

---

① Puppe GA 2013, 514 (515 ff.).
② 持续的判例立场:RGSt 53, 138; 63, 101 (103 f.); BGHSt 11, 268 (271 f.); 14, 123, (128 f.); 16, 12; 37, 289 (292); BGHR § 25 Abs. 2 StGB Tatinteresse S; BGH wistra 1999, 386 (387); StV 1988, 205; 530; 1994, 22; NStZ 1995, 122; 2000, 194 (195); 2001, 323 (324); 2002, 200 (201); 2003, 253 (254); Schönke/Schröder-Heine/Weißer § 25 Rn. 66 f.; Fischer § 25 Rn. 32; Blei AT § 78 III 1; Wessels/Beulke/Satzger AT Rn. 822 f.; Otto Jura 1987, 246 (253); Seelmann JuS 1980, 571 (573).
③ Puppe GA 2013, 514 (522 f.).
④ Puppe GA 1984, 101 (111); dies. Spinellis-FS (2001), 915 (931)=ZIS 2007, 234 (241); dies. GA 2013, 514 (515 f); 完全误解了意思的是 Roxin AT/2 25/258.
⑤ Puppe GA 2013, 514 (516).
⑥ RGSt 54, 144 f; 56, 329 ff.; 58, 207, 279; 63, 101 (103); 66, 236 (240); 71, 23 (24); Kohlrausch/Lange (1961), Vor § 47 I 5 C, 163; Sax ZStW 69 (1957), 417 (434 ff.).
⑦ Puppe GA 1984, 101 (112); dies. Spinellis-FS (2001), 915 (917 ff.)=ZIS 2007, 234 (235); dies. GA 2013, 514 (522); SK-Hoyer § 25 Rn. 127.

意实行犯罪之人不可能再被教唆。①

但是,已有犯意之人并不存在,②将来式分词(partizipium futuri)[前文中对已有犯意之人的教唆一词为将来式。——译者注]只适用于在陈述时客观上已经存在的事件。而曾以某种方式实行犯罪的人是否真地会这样实行犯罪,直到开始实行犯罪之前,客观上都是不确定的。对已有犯意之人的教唆这一法律形象与未遂理论的基本原则也存在矛盾。根据未遂的基本原理,无论是构成要件行为还是故意都是在直接着手实现构成要件之后才建构起来的,预备阶段的计划与打算在刑法上都是不重要的。由此可以合逻辑地推论,教唆犯可罚性的关键,在于他在犯罪实行阶段对于行为人产生了何种影响。③ 共同正犯是基于共同约定的行为计划而在犯罪实行阶段互相产生这种决定性影响的,他们互为教唆者而不取决于谁是第一个提出共同行为计划的人。

7　　教唆犯与共同正犯的区别仅仅在于教唆者没有参与犯罪实行。但是,他与共同实行者的共同点,在于因为实行者与教唆者进行了通谋,他们都拥有行为计划。如果只是建议行为人去实行犯罪,对于行为人是否会听从自己的建议则听之任之,那么,这就不构成教唆犯,而仅仅构成(心理的)帮助犯。④

8　　由此可以形成犯罪参与形式的阶层体系:单独正犯,是指在满足刑法归属要件的前提下,亲自完全实现构成要件者,当他自愿地从属于另一个人的意志之下时也是如此。间接正犯则是利用他人实现构成要件,且被利用者出于某种原因未能满足刑法的归属要件,而间接正犯则因为被利用者的这种归属缺陷支配了构成要件的实现。共同正犯是指基于共同通谋的行为计划共同实行犯罪者。没有参与犯罪实行者,只能成立间接正犯或教唆犯,而不能成为共同正犯。教唆者,与正犯就共同的行为计划进行了通谋,但并未参与犯罪的实行。教唆犯与共同正犯在不法上的差异就体现为教唆者没有参与犯罪的实行。这也是教唆者通常处罚轻于共同正犯的理由。既没有参与犯罪实行,也没有参与共同的行为计划的达成时,就只能构成帮助犯,即使他是第一个提出犯罪建议的人。

---

① BGH wistra 1988, 108; NStZ-RR 1996, l; Lackner/Kühl-Kühl, § 26 Rn. 2a; Schönke/Schröder-Heine/Weißer § 26, Rn. 6; Roxin AT/2, 26/65; Fischer § 26 Rn. 4; Jakobs AT 22/24; Otto AT 22/37; Stratenwerth/Kuhlen AT 12/144; Wessels/Beulke/Satzger AT Rn. 883.

② Puppe GA 1984, 101 (117); dies. Spinellis-FS (2001), 915 (918 ff)=ZIS 2007, 234 (235 f.); Altenhain (1994), 127 ff.; NK-Schild § 26 Rn. 8 f.

③ Puppe GA 1984, 101 (118 f.); dies. Spinellis-FS (2001), 915 (919)=ZIS 2007, 234 (241); SK-Hoyer § 26 Rn. 8 f.; Altenhain (1994), 129; Jakobs AT 22/22.

④ Puppe GA 1984, 101 (113); dies. Spinellis-FS (2001), 915 (920 f.); = ZIS 2007, 234 (241); SK-Hoyer § 26 Rn. 14; Köhler AT, S. 527 也这样认为。

第二十三章　共同正犯

一、构成要件实现与共同正犯——走私毒品案(《联邦法院刑事判例集》第38卷,第315页)

被告人驾驶汽车与正犯(另案处理)一道去荷兰。回程途中,在即将经过德国边境与海关时,同乘的正犯告诉他,自己携带了1公斤的大麻,过海关之后会有人接手。被告人惊讶于同乘者的话,他面临选择:究竟是在快到边境时调头,还是带着大麻经过并没有工作人员值守的海关,他选择了后者。同乘者支付了他的油费,作为奖励还给了他一部分毒品自用。

基于检察院提起的法律审上诉,联邦法院认为州法院被告人仅构成走私毒品罪的帮助犯的观点,存在法律错误:

> 州法院认为被告人只是为走私毒品的行为提供了不小的帮助,理由他只是从事了次要的行为,在快到德国边境时,行为人既没有犯罪支配,也不具有作为正犯而行为的意志,而且行程的建议以及整个过程都是由正犯决定的。该评价并没有通过本院的法律审查。根据《德国刑法典》第25条第1款的规定,自己实施犯罪的人,即亲自违法且有责地实现了所有构成要件要素的人,将作为正犯受到处罚。根据表述这一规定只适用于单独正犯,在多人共同实行犯罪而其中一人就满足了所有构成要素的情况,并没有明确地被规定在其中。但是在本案中,对于违法且有责地自行实现了所有构成要件要素的共同正犯,也适用同样的规则。他也是第25条第1款意义上的直接正犯。他不只是为他人的犯罪实行提供了帮助,而是自己与他人一起,甚至也可能只是为了他人的利益实行了犯罪。①

---

① BGHSt 38, 315 f.

2　　州法院显然采取了主观正犯理论。根据这一理论,在犯罪实施过程中,从属于他人意志的人,或者缺少自己直接犯罪利益的人,仅成立帮助犯。根据这两个标准,被告人就仅构成帮助犯,因为通过自己的行为而获得报酬并非对犯罪结果的直接利益,且被告人在载着大麻经过边境时也显然服从于同乘者的意志。根据上述标准,在著名的斯塔辛斯基案判决中,尽管被告人从开始实行犯罪到结果出现都是由他一人实现构成要件的,联邦法院也认定他成立帮助犯。① 而在本案中,联邦法院显然否定了斯塔辛斯基案判决中的观点。

3　　本案中,被告人相对于同乘者的从属地位不仅是因为他自愿地服从于同乘者的意志,也是因为同乘者按照计划使被告人陷入了一种突如其来的、有损其决定自由的冲突情境之中。被告人必须作出选择究竟是立刻调头,但这样就有可能引起其他司机的注意,还是载着大麻经过边境,考虑到当时海关没有人员值守,这样做看起来风险更小。同乘者给被告人所制造的选择压力当然不足以使被告人成为被利用的工具,因为他始终有能力作出符合法律期待的决定,停下车让他的同乘者带着大麻下车,因此,被告人对于走私毒品罪构成要件的实现完全答责。既然这种选择压力不能取消行为人的答责性,那么,也不能基于这种选择压力而将自行实现构成要件者归为帮助者。

4　　这里应当赞同联邦法院的观点。完全自行实现构成要件并依法对此答责者,为正犯。无论他究竟是出于自己的直接利益还是为了他人的利益而实施行为,无论他的行为决意是否服从于他人的意志。② 本案中,同乘者之所以成立共同正犯,不是因为他对犯罪具有直接的利益以及具备正犯意志,而是因为通过携带毒品经过德国边境这一行为,他与驾驶者一样都自行完整地实现了走私毒品罪的构成要件。否定主观正犯概念所带来的结论,在于当行为人自己没有参与犯罪时,无论是对于犯罪拥有自己的利益还是从属于他人的正犯意志都不能肯定其成立正犯。尽管在概念的界定技术上,我们可以将共同正犯界定为选择性的概念,即共同正犯或者是实行犯罪者,或者是对自我答责的犯罪实行者产生了决定性影响者。之所以反对如此界定共同正犯的概念,并非出于逻辑上的理由,而是出于价值学上(axiologisch)的理由。对于相同的法律后果,这里指的是行为贡献的相互归

---

① BGHSt 18, 87.
② 遗憾的是,联邦法院第二审判委员会未经商权就抛弃了第三审判委员会的这一决定。两个行为人为了在军队成员间分配海洛因,驾驶汽车越过德国边境。对此案件,第二审判委员会确立了以下规则:每个行为人只对分给他的毒品分量成立正犯,而对于其他的毒品分量则只成立帮助犯。因为他对于这部分毒品的走私结果,没有直接的利益(BGH NStZ 2003, 90[91])。

属,应当给出同等的理由。亲手实行犯罪与对于犯罪结果具有直接的利益,两者并不具有任何共性。

二、未参与犯罪实行而成立共同正犯——农业机械案(联邦法院:《经济刑法和税收刑法杂志》2012年刊,第433页)

州法院认定被告人成立盗窃罪的教唆犯与销赃罪构成数罪,因为他与他的同伙通谋,让他的同伙去盗窃特定的农业机械与建筑机械,这些机械一部分是由被告人选的,另一部分是由同伙选的。同伙之所以实施盗窃,是因为被告人答应以每台1500欧元的价格收购这些机械。联邦法院撤销了州法院的判决,宣告被告人成立盗窃罪的共同正犯。

联邦法院在判决中指出:

在多人参与且不是每个人都完整地实现了构成要件的场合,每个人都对犯罪作出相应的行为贡献,并将自己的行为贡献也视为是其他参与者行为的一部分,同时也将其他参与者行为贡献视为自己行为的一部分时,他们是以共同正犯的形式参与犯罪的。据此,是否成立共同正犯还是仅仅只是参与他人的犯罪,需要事实审法官综合所查明的案件情况进行评价性的整体考察,关键在于对于犯罪的个人利益程度、犯罪参与的范围、犯罪支配或者至少存在支配的意志,从而使犯罪的实行与结果取决于相关者的意志。既然根据参与者的意思安排,参与者的行为被视为所有参与者行动的一部分,那么,他的行为也不是非得涉及核心事件(Kerngeschehen),推动构成要件实现的预备行为或者支持行为也可能足以构成共同正犯。相应地,参与者没有出现在犯罪现场或者让第三人去直接实行犯罪,不妨碍共同正犯的成立。

共同正犯如何区别于帮助犯,仍不清楚。为犯罪提供了推动性贡献的帮助者,难道不也是"将自己的行为视为其他参与者行为的一部分,同时也将他人的行为视为对自己行为的补充"吗?在参与者并没有参与犯罪实行而只是在预备阶段作出了"推动性的贡献"时,说他拥有犯罪支配(或者至少具有支配的意志),从而使犯罪的实行与结局取决于参与者的意志究竟又是什么意思?犯罪支配理论,准确地说,该理论部分主张者的原罪在于在特定且非常严格的条件下,在共同正犯中放弃参与共同实行的要求。①

对此,判决指出:

---

① Puppe GA 2013, 514 (521 ff.)

同样州法院在审查被告人所拥有的犯罪支配份额时,不应忽略通谋的内容(的考量):盗窃的实行取决于他的决定以及他关于接手这些机器并按约定支付相应价款的承诺。

　　但是根据犯罪支配理论,上述事实不能证立犯罪支配。安排实行犯罪的任务并答应对正犯给予报酬的承诺,这是典型的教唆。事实审法院也正确地指出,在主观正犯理论的意义上,收购盗赃的利益并非对于犯罪结果的直接利益。

8　　对于自己的同伙而言,被告人也并非犯罪团伙的头目。同伙只是从被告人那里获得哪里能找到他想要的农业机械的信息,而且也不是在每一桩被判决的案件中都是如此。被告人并没有向他的同伙展现自己作为"团伙头目"的组织计划能力,他俩仅就是否以及如何实行犯罪作出了决定。通过将特定的犯罪作为任务安排给他人并承诺给予报酬的方式,唆使他人实施犯罪,构成教唆犯,而非共同正犯。① 如果成立共同正犯,只需要安排实施犯罪的任务,而不需要实际参与犯罪的实行,那么,间接正犯的法律形象就只需要用于利用非故意实施犯罪的工具的情况了。如果被利用者的行为是被正当化、免责或者欠缺责任能力,他的幕后人可以成立共同正犯而受到处罚。② 这个例子表明,若放弃将参与犯罪实行作为共同正犯的成立条件,那么,区分不同参与形式的理论就会丧失它的轮廓与区分标准。③

9　　按照联邦法院的观点,被告人并非盗窃的教唆犯而是共同正犯,那么,他就应同时撤销州法院关于被告人成立销赃罪的判决,因为与共犯不同,即使盗窃罪的共同正犯自己取得了赃物,也不能构成赃物的销赃者。④ 联邦法院之所以坚持这属于以共同正犯形式实施的团伙盗窃(Bandendiebstahl)[《德国刑法典》第244条第1款第2项规定了团伙盗窃作为盗窃罪的加重构成。——译者注],不是因为它想要基于团伙盗窃对被告人从重处罚。因为按照理论上的主流观点,以教唆者或帮助者的身份参与以团伙形式实施的盗窃罪时,也应当按照团伙盗窃受到处罚。⑤ 唯一的解释是,联邦法院认为,教唆犯相比于共同正犯具有较轻的不法内涵,若认定为教唆犯,则与被告人在犯罪准备阶段的决定性作用不符(参见本书第二

---

① Puppe GA 2013, 514 (517 ff.).
② Puppe GA 2013, 514 (516).
③ Puppe GA 2013, 514 (514 ff.).
④ BGHSt 7, 134 (137 ff.); BGHSt 8, 390 (392); BGHSt 33, 50 (52); BGH StraFo 2005, 214; S/S-Stree/Hecker § 259 Rn. 50.
⑤ 本案判决也是 wistra 2012, 433 (435).

十二章边码4)。但是根据法条的字面意思,"唆使实行犯罪"的法定刑与正犯相同,并且按照不法协议理论[不法协议理论(Unrechtspakttheorie)是普珀教授关于教唆的定义,认为成立教唆不能仅要求引起了实行者的犯意,而必须在教唆者与实行者之间存在关于犯某罪的约定,大致相当于我国刑法理论中的通谋。参见本书第二十五章教唆犯,或可参见[德]英格博格·普珀:《法学思维小学堂——法律人的6堂思维训练课》,蔡圣伟译,北京大学出版社2011年版,第44页。——译者注],教唆的不法内涵即使不是完全等同于也是近乎正犯的。本案也说明,通说对教唆的低估会导致多么严重的后果。

三、通过默示通谋成立共同正犯——谋杀警察案(《联邦法院刑事判例集》第37卷,第289页)①

被告人与后来的正犯D通谋,在羁押假期(Hafturlaub)后不再回到监狱,并住在D处,因为他让D和自己一起实施毒品犯罪。被告人一共给了D 20000马克,以及一把上了膛的手枪。D打算在必要时使用枪支来避免自己被警察逮捕,并且认为被告人在面临逮捕危险时会做同样的事情。事实审法院无法查明,在D和被告人之间事实上存在一个可以被涵摄在"共同行为计划的通谋"概念之下的沟通过程。D和被告人在驾驶汽车时被两名警察查问,这两名警察身后还站着另外两名荷枪实弹的警察,D以间接的杀人故意朝警察开火,打死了其中两名警察。被告人没有开枪,而是举起手表示自己放弃抵抗。后来D问被告人为什么没有一起开枪,被告人回答:"你拿着枪站在我面前,我本能地感到害怕。我不开枪。"

按照联邦法院的观点,目前所查明的事实足以证明被告人与D之间,对于在面临逮捕危险时杀死警察存在通谋,那么,就会产生一个问题,当参与者出于某种原因没有作出原本分配给他来完成的行为贡献时,参与者是否成立由另一名参与者所实施之犯罪的共同正犯。判决始终采取的是所谓的整体解决法,据此只要其中一名共同正犯进入实行阶段,那么所有的共同正犯都进入了实行阶段。② 从判决的立场来看这一观点是合乎逻辑的,因为判决放弃了共同正犯必须在实行阶段作出行为贡献的要求,只要该

---

① BGHSt 37, 289=BGHR StGB § 25 Abs. 2 Mittäter 10; NJW 1991, 1068; NStZ 1991, 280 mit Anm. Puppe NStZ 1991, 571; mit Anm. Hauf NStZ 1994, 263; JZ 1991, 890; MDR 1991, 456; JR 1991, 205 mit Anm. Roxin JR 1991, 206; StV 1993, 410 mit Anm. Stein StV 1993, 411; Anm. Erb JuS 1992, 197

② BGHSt 11, 268; 36, 249; 39, 236 (238); 40, 299 (301); BGH NJW 1980, 1759; NStZ 1981, 99; 1999, 609 f.; 2000, 422 ff.

名共同正犯在预备阶段具有与其他同伙同等的地位。①

12 　　几十年来，上述信条在理论上一直没有受过质疑，但现在出现了与之相对立的个别解决法，按照这一理论，只有当参与者通过自己作出的行为贡献进入了未遂的实行阶段，该名参与者才能成为共同正犯。② 个别解决法所面临的批评，在于若在同伙已经作出行为贡献后、犯罪参与者尚未作出贡献前，共同犯罪计划因为偶然的原因失败，不能因为犯罪参与者作出行为贡献的时间晚于自己的同伙，就否认其成立共同正犯从而获得与同伙相比更好的优待。③ 人们当然可以说，这种偶然的失败对于没能作出行为贡献的犯罪参与者而言，是一种不值得奖励的运气。但是，处罚与否将取决于偶然性不能用来反驳特定的刑法信条，因为不可能完全避免可罚性是取决于偶然性的情况。即使是单独正犯，在因偶然事件的妨碍而无法直接着手实现构成要件时，也可以逃过未遂的可罚性。关键问题在于犯罪参与者是否做了能够证立其共同正犯之非难的事情，还是因为偶然事件的阻止而没做这些事。

13 　　个别解决法的正确性来自于未遂理论。所谓未遂，是指行为人实施了越过"现在动手吧"界限的行为。④ 而越过心理界限，不仅包含了客观构成要件，也包含了主观构成要件即故意，因为故意是就构成要件实现所具有的犯罪控制意志。因此，这种越过直接着手实现构成要件界限的要求，不能从正犯身上转移给其他人，也不能转移给被利用的工具，更不能转移给其他的间接正犯。只有当一名犯罪参与者在犯罪实行阶段作出了自己的行为贡献时，他才能成为共同正犯，也只有从这时起，其他人的行为才能够根据《德国刑法典》第25条第2款的规定归属于他，视同为他自己的行为。⑤

14 　　由于共同正犯之间可以互相教唆（参见本书第二十二章边码7、8），整体解决法与个别解决法之争在实践中的意义得到了缓解。如果一名参与者按照原本的通谋应当以共同正犯的形式参与犯罪的实施，但在其他同伙已经作出贡献后，出于某种理由而未能在实行阶段作出行为贡献，那么，他对同伙的实行行为构成教唆。他所教唆的正犯行为，通过其同伙的行为而进入实行阶段，他可以构成未遂犯的教唆，甚至有可能构成既遂犯的教唆。这

---

① 参见本书第二十二章边码5及以下数个边码。
② Roxin Odersky-FS (1996), 489 (492); ders. JR 1991, 206 (207); SK-Jager § 22 Rn. 35; ders. Bockelmann-FS (1979), 369 ff.; Bloy (1985), 265 ff.; Schilling (1975), 104 ff.
③ Schönke/Schröder-Eser/Bosch § 22 Rn. 55; LK-Hillenkamp § 22 Rn. 172 f.
④ BGHSt 26, 201 (203); 28, 162 (163); 37, 294 (297); 40, 257 (268); Fischer § 22 Rn. 10; Vgl. Wessels/Beulke/Satzger AT Rn. 947.
⑤ Roxin AT/2 25/198 ff.; ders. Frisch-FS (2013) 613 (627); Puppe GA 2013, 514 (526).

样做的前提显然在于没有参与实行的同伙接受了共同的行为计划,并且在其他人开始实行时仍然坚持该行为计划,只要其他参与者能够认识到该同伙仍然坚持该行为计划。否则便不能说,因为与同伙的通谋所以其他参与者作出了自己的行为贡献。

根据判例所采取的整体解决法,必须由共同正犯本人亲自实现的条件,仅仅是就共同的行为计划进行通谋。为了证立共同行为计划的存在,审判委员会在本案判决中指出:

> 被告人与 D 一道共同实行(第 25 条第 2 款)了行为。他不仅是促进了他人的作为,而是对共同犯罪作出了自己的行为贡献,该行为贡献可以被归属为他人行为的一部分,反过来他人的行为也可以视为其行为的一部分。犯罪参与者对于犯罪是否存在如此紧密的关系,需要根据行为人所认识到的所有事实情况进行综合评价判断。主要的考察点可以是对于犯罪结果的自身利益程度,犯罪参与范围以及犯罪支配或者至少是支配的意志。D 和被告人约定,互相提供"支持与保护帮助",以避免被捕。上诉人(即被告人)对于该共同行为计划作出了根本性的贡献,他向 D 保证,在遇到警察时不会让他落单,而是尽全力支持他,与他一样自己也准备好了必要时朝警察开枪避免被逮捕,这种"保护性帮助"也用于保护其他人。作为共同正犯成立的必要条件,共同的行为决意可以明示,也可以通过默示来作出。虽然陪审法院未能查明被告人与 D 之间,存在语言上面对逮捕危险时就使用枪支的事宜进行过沟通。但判决所查明的事实是,为了实现 D 所计划实施的重罪,通过 D 获得了一辆"全副武装"的机动车,被告人自己也携带了武器,给了 D 两万马克的金钱,并且被告人与 D 在团伙中处于同等的位置,足以肯定事实审法院的认定,双方至少存在默示的共同犯罪计划,该计划考虑到双方都应注意到的事实而被具体化。被告人在此时明确地表示,为了保护自己和自己的同伙而朝他人开枪,自己想要坚持这项合意。①

当警察在车前驻足时,行为人通过何种行为表明,"自己想要坚持这项合意,为了保护自己和同伙而朝他人开枪",并不清楚。联邦法院也赞成,从收集的证据中并不能得出被告人与 D 达成通谋的具体过程。法院显然认为,这样的通谋过程不是必要的,因为共同的行为计划可以通过"默示

---

① BGHSt 37, 289 (291 f.)

17　　默示行为这个表述来自民法的法律行为理论,该理论认为在法律行为中,一方的行为可以根据诚实信用原则解释为特定的意思表示。但是应当依据何种诚实信用原则,来解释某人通过行为表示自己将要与他人一道实施犯罪呢?被告人通过对自己行为的解释而形成了实施犯罪的通谋、共同的行为计划或者其他可罚的意思表示,都与诚实信用原则无关。① 必须证明被告人存在特定的沟通过程,这个过程可以是通过语言文字也可以是通过手势来完成,通过这个沟通过程,被告人与他的同伙在事实上进行了通谋。他的同伙将被告人的某一行为理解为对行为计划的肯定,这不足以肯定通谋,而必须查明被告人的意思的确如此才行。②

18　　本案中无法证明被告人存在类似的情况。联邦法院先是放弃了参与共同实行作为共同正犯的成立条件,又通过事后基于被告人的整体行为建构的"默示"通谋取代了共同行为计划的要求,最终共同正犯的内容已经所剩无几。正如判决在中止问题上的发展(本书第二十章边码 1 及以下数个边码)一样,判例在共同正犯问题上演变的特点,在于不断地抛弃那些对法官在个案中的自由裁量权进行限制的概念与教义学边界。在中止问题上,判例走向无限的轻缓,而在共同正犯的问题上则走向无限的严厉。本案中,联邦法院肯定了州法院的判决,在该判决中,一名拒绝开枪射击的被告人,仅仅是因为他的同伙期待他开枪,就成立谋杀以及谋杀未遂的共同正犯,被判处无期徒刑。这显然印证了那句古老的法谚:"一道实施犯罪、一道被捕、一道被绞死。"(mit gegangen, mit gefangen, mit gehangen)[一道实施的犯罪就要一道承担责任,即使他只是知道有犯罪。——译者注]③

四、表达犯罪的共同正犯——"激进者"案(《联邦法院刑事判例集》第 36 卷,第 363 页)

19　　被告人参与经营一家名叫《激进者》的刊物,该刊物刊发了一些提倡犯罪、赞扬犯罪的文章,并且为一个犯罪集团做广告。被告人在参与散发这些《激进者》的样刊之前,就知道这些文章的内容。柏林地方法院认定被告人构成通过这些文章所实施的表达犯罪的共同正犯。

20　　联邦法院在本案判决中,开宗明义地阐述了共同正犯认定的著名公式:

---

① Puppe NStZ 1991, 571 (573).
② Puppe NStZ 1991, 571 (574).
③ Erb JuS 1992, 197 (201).

一名参与者与犯罪之间是否存在能够证立共同正犯的密切关系,需要根据他所认识的所有情况进行综合性的评价判断。主要的考察点包括其对于犯罪结果的利益程度、犯罪参与的范围以及犯罪支配或者至少是支配的意志,从而使犯罪的实行与结果取决于他的意志。相反,参与者仅仅认识到由他人所实现的犯罪情状并对此表示容认,且他能够通过自行介入来阻止犯罪,还不足以肯定共同正犯,而只能成立帮助犯。①

表达犯罪中,只有将其中成立犯罪的内容视作自己观点而加以表达的人,才能构成正犯,其余参与完成该表达的人仅构成帮助犯。也就是说,联邦法院在表达犯罪中采取的是狭义的、形式客观的正犯概念,也适用于共同正犯。接下来的问题是,这一狭义的共同正犯概念还能适用于哪些其他类型的犯罪呢?在诈骗罪中,正犯必须亲自实施欺骗行为吗?在贿赂犯罪中,行为人必须亲自提供贿赂或者接受贿赂吗?这种狭义的共同正犯概念应当仅限于表达犯罪还是也应当适用于其他与特定行为方式相关的犯罪,如盗窃罪的拿走行为、伪造类犯罪中的伪造或使用行为呢?要对此作出回答,并没有实质的标准。上述罪名构成要件的字面意思也不能说明其与单纯的结果犯进行区别对待具有正当性,因为单纯的结果犯中也描述了一个行为,通过该行为开始直接着手实现构成要件。如果一个人并非发表自己的观点而是帮助他人传播观点,他之所以不构成共同正犯,是因为他并没有发表自己的观点,那么,为什么没有参与杀人的实行行为,只是参与了其预备行为可以构成杀人的共同正犯呢?只有在单纯的结果犯中,也要求共同正犯必须参与实行,才能消除这种不一致性。

五、实际适用的提示

一些考试辅导书与教科书会建议大家,在特定案件中,将共同正犯放在一起共同审查。② 但这一建议违反了体系性处理的一系列基本准则。其一,法律人永远不能同时讨论两个不同的法律后果,A 的可罚性与 B 的可罚性是两个不同的法律后果。其二,人们不能将两种不同的事实同时涵摄于一个概念之下,A 的行为贡献与 B 的行为贡献是两个不同的事实。其三,不得在审查尚未进行时预设结论。A 和 B 究竟是共同正犯,还是 B 是 A 的教唆犯或帮助犯,需要在鉴定体中进行审查。若违反最后一条规则,就

---

① BGHSt 36, 363 (367).
② 参见 Rengier AT 8/8; Kindhäuser AT 40/24, 26; Jäger AT Rn. 223; Hilgendorf Fälle III Fall 7 Rn. 8; Rotsch Klausurenlehre, Rn. 365.

会出现前述(第二十二章边码 3)中的循环推论危险,如基于共同正犯证立因果关系,又基于因果关系证立共同正犯。此外,如果从一开始就预设两者成立共同正犯并进行合并审查,那么,就不再有机会对共同正犯进行认真审查了。如果经过认真审查后发现两人并不构成共同正犯,那么,就会与之前的处理方式产生矛盾,或者人们又要重新以逻辑上正确的审查顺序开始鉴定体审查。

23 在多人参与的犯罪中,有可能成立共同正犯、间接正犯、教唆犯、帮助犯等,通常首先从距离构成要件实现最接近的人开始入手审查。在单纯的结果犯中,应当从通过行为创设了引起结果最后原因的参与者入手;在行为犯中,从表面上看来实施了构成要件行为的人入手;在复行为犯中,从实施了构成要件描述中的某一个动作的参与者入手。如果发现该名参与者因为某种原因不构成正犯,那么,就需要去寻找幕后的间接正犯。如果该名参与者构成正犯,就需要审查其他参与者的行为贡献究竟成立共同正犯还是共犯。因此,合目的的处理方式是暂且搁置第二名参与者究竟是正犯还是帮助犯的问题,而是这样开始初始设问:"B 可能通过……方式参与了 A 的犯罪"。

24 这种带有一定从属性的审查也是从犯罪参与者的行为开始的。大部分的答题者都会从共同的行为计划开始审查,而对于参与者自己所做的事情则放在他构成共同正犯还是帮助犯的问题上进行审查,或者完全不讨论这一点。但是,除了《德国刑法典》第 30 条[本条为关于重罪教唆未遂的规定。——译者注]的规定以外,正犯受到处罚是因为自己所做的事情,而不是因为自己与他人共同计划的事情。与单独正犯一样,首先要审查的是行为与构成要件的实现之间是否具有因果关系,以及行为人对于构成要件的实现是否具有故意。只有这样之后才需要审查是否存在共同的行为决意,其必须以同样的构成要件实现为其内容。这样才为第二名参与者的行为贡献究竟应当视为正犯还是帮助犯的问题奠定了基础。

25 在教科书中关于如何正确区分正犯与帮助犯的问题通常是这样表述的,即存在两种对立的正犯理论或者正犯概念,一种是判决所主张的主观正犯概念,认为正犯是将犯罪"视为是自己的"而意欲之人;另一种观点主张的是实质客观的正犯概念,正犯是拥有犯罪支配且居于"犯罪事件之中心位置"之人。① 随后则抽象地讨论支持或反对这些正犯概念的理由,这已经不符合当前关于正犯概念的争论现状了。判例上的正犯概念早已不是纯粹

---

① Roxin AT/2 25/10 ff.; Stratenwerth/Kuhlen AT 12/3 ff.

的主观正犯概念,它有一系列的标准,基于这些标准通过"综合评价"而在个案中决定究竟是正犯还是帮助犯,其中也吸收了诸如犯罪支配、参与的程度规模等客观标准。但是,在这种整体的综合评价中,主观标准在结论上具有压倒性的权重。同样,犯罪支配理论也很难称得上是纯粹的客观理论,正如犯罪团伙头目的事例表明,即使犯罪团伙的头目没有参与犯罪实行,并且在实行时也没有在现场,他也成立共同正犯。[1] 该理论也吸收了主观的因素,如犯罪团伙头目在预备阶段的支配性地位。该问题的理论现状与间接正犯问题相似(参见本书第九章边码1及以下数个边码)。当前的争论已经不再能够用两个互相竞争的抽象概念来概括了,而是关于支持与反对正犯成立的一系列表征以及相对权重的争论,主观与客观这两种方向的不一致性尤其体现在参与犯罪实行对于共同正犯成立而言具有何种相对权重。

26 因此,同学们在就个案进行审查时可以按照如下方式处理:首先需要确定待审查的犯罪参与者所作出的行为贡献,是处于实行阶段还是预备阶段。如果行为贡献是在实行阶段作出的,那么,按照犯罪支配理论就只剩下一个问题,该行为贡献对于犯罪成功的意义是否小到不应将其视为共同正犯。笔者的观点是,任何在实行阶段的行为贡献都足以肯定为共同正犯。而按照主观正犯理论,则还需要考察该参与者是否从属于其他人的意志与指示,以至于他并不将犯罪视作是自己的。如果能够确定该名参与者从属于其他参与者,那么,尽管主观与客观正犯理论的争论是重要的,但也仅仅局限于这样一个问题,即尽管参与者在实行阶段作出了行为贡献,但他自愿从属于他人的意志和指示,这是否足以构成将其视为帮助犯的理由。

27 如果待审查的参与者是在犯罪实行之前作出行为贡献的,那么,需要考察的问题便是,他在预备阶段对于犯罪具体安排以及其同伙的影响是否大到应当考虑将其视为共同正犯。强有力的观点认为,若不考虑间接正犯,那么,这种巨大的影响不足以肯定共同正犯的成立。而根据判例的观点则是可以肯定共同正犯成立的,正如我们在前述案例中看到的那样,在预备阶段"以某种方式促进了共同意欲之犯罪"可以证立共同正犯(本书第二十三章边码5以下)。

28 由此可以明确的是,根据判例的标准,任何以某种方式参与犯罪之人都可能被解释为共同正犯。如果这样做了却没有论证或者没有对相反的观点

---

[1] Roxin AT/2 25/200 ff.

进行反驳,那么,鉴定体的答题者就没有完成他的任务。在判断究竟成立共同正犯还是帮助犯的问题时,虽然需要一定的想象力,但也需要足够的审慎与纪律性。在判断标准的选择上,以及判断标准在个案的适用上都是如此。我们在之前的例子中已经看到,上述论断是不合理的甚至是完全不清楚的。(参见本书第二十三章边码5及以下数个边码)。

第二十四章　间接正犯

一、间接正犯的基本原则——盐酸案(《联邦法院刑事判例集》第30卷,第363页)①

被告人打算用高浓度的盐酸杀死自己的仇人J,他与G等人商量对J实施抢劫,并许诺了高额的报酬。被告人将一个装满高浓度盐酸的瓶子交给了他们,并告诉他们里面是强效的致幻剂[水合氯醛(K.O.Tropfen)],建议他们用暴力给J灌下去。如果J喝下了盐酸就会导致胃出血而死亡。G和同伙出于好奇打开了瓶子,闻到了刺鼻的味道,他们意识到自己受到了欺骗,便放弃了继续按计划实施抢劫。

(下级法院认定)被告人成立以间接正犯形式实施的谋杀罪未遂,联邦法院支持了下级法院的判决,理由如下:

> 被告人的行为计划旨在以间接正犯的形式实现构成要件。所谓间接正犯,是指利用他人实施犯罪而该他人并非该犯罪的正犯。当被利用者是因为间接正犯所引起或利用的认识错误而非故意地实施犯罪,或者当被利用者因为该认识错误而相信,自己只是实施了一个较轻的犯罪时,也是如此。本案也属于这种情况,虽然被告人没有欺骗被利用者说他们的行为不是犯罪,但是,他向他们所隐瞒的事实情状,会构成比被利用者们所设想的更为严重的犯罪。G和C想以故意伤害行为为手段实施抢劫,但他们并不打算采用杀人的手段。②

除正犯外,还有其他人甚至包括被害人自己,都会在无意中参与到引起犯罪结果的过程中,这几乎是一种常态。但只要行为人自己实施了《德国刑法典》第22条意义上的实行行为时,就不需要讨论间接正犯这一特殊的

---

① =NJW 1982, 1164; NStZ 1982, 197; JZ 1982, 379; JuS 1982, 703; MDR 1982, 418.
② BGHSt 30, 363 (364 f.).

法律形象。只有在第 22 条意义上的实行行为是由一个不具有答责性的人,即被利用者来实施时,才有必要使用间接正犯这一法律形象。正如所有的正犯形式一样,间接正犯也是与构成要件相关的。一名参与者可以就此罪成立正犯,而就彼罪仅成立帮助犯,甚至是单纯的被利用者。而即使在同一构成要件中,也有必要区分"由正犯故意地引起的不法"与"由被利用者非故意地引起之不法"。例如,假设被告人只是想以暴力手段给被害人灌下毒药的方式给他造成健康损害,而不想杀死他,但他欺骗 G 和 C 说瓶子里装的只是无害的致幻剂,虽然这会让被害人立即失去意识但不会造成其他的伤害,尽管被利用者自己也具有伤害的故意,被告人也构成故意伤害罪的间接正犯。无论如何,尽管相比于被告人利用他人为工具想要创设的健康损害在程度上更为轻微,使他人失去意识本身也属于健康损害,但对于除失去意识之外的其他健康损害,被利用者并不承担责任。

3　　这就是所谓的答责原则(Verantwortungsprinzip),据此,当直接行为者或因为欠缺故意,或因为欠缺责任,而不能对犯罪的不法答责时,直接行为者就可以视为被间接正犯所利用的工具。"这样看来,当法(秩序)认为,直接行为人的作为可以证立自由的、因而是个人的答责性时,利用他人为工具而产生的犯罪支配便不复存在了。"①"因为在像我们国家这样一个以自由与责任概念及其所构成的社会伦理为导向的法秩序中,不能既让直接行为人作为正犯承担完全的责任,并认为直接行为人的行为决意是自由的,同时又认为他的行为受到幕后人的支配因而其行为决意是不自由的,否则,就会陷入自相矛盾之中。"②

4　　但是,被利用者身上存在可以排除可罚性的缺陷,这不足以使另一名参与者当然地成为间接正犯,后者还应当具备不可放弃的、主观的不法要素。基于该原则发展出了所谓利用无目的而有故意的工具(absichtslos dolosen Werkzeug)而成立的间接正犯,间接正犯利用了一个故意且有责,但欠缺构成要件成立所必须之目的的工具。③ 在《德国第六次刑法改革法》生效前,有故意无目的之工具的典型代表,是(客观上)实施了拿走行为,但主观上欠缺使自己不法领得财物之目的的行为人。在立法增设了"为第三人领得"的规定后,这个问题就得到了解决。现在有故意无目的之工具这一法

---

① Gallas Gutachten (1954), 134 ff.=Beiträge (1968), 78 (99);追随其观点 Roxin TuT, 149 ff., ders. AT/2 25/40; SK-Hoyer § 25 Rn. 42 f; Bloy GA 1996, 424 (437).

② Gallas Sonderheft ZStW 69 (1957), 3=Beiträge (1968), 130 (141).

③ Schönke/Schröder-Heine/Weißer, § 25 Rn. 19.

律形象,主要用于在直接行为人对于构成要件所规定之目的仅具有间接故意时,肯定间接正犯。① 但这既不正确也不必要。因为对于主观的超过内心倾向而言,只需要存在间接故意即可。因为立法者在该罪名中不再要求该要素在客观上得以实现,并不意味着必须在技术的意义上提高故意的成立要求,只有目的(即一级直接故意)才能成立该罪。② 实现了诈骗、勒索等以超过的内心倾向为成立要素的构成要件之人,若同时知道他人确定或可能会因此而获利,就不是纯粹的被利用者,而是完全自我答责的正犯。

根据答责原则,只有客观上实现了符合构成要件的不法,但因为主观上的原因,欠缺故意或者欠缺责任,而不对此答责。因此,利用实施正当化行为的被利用者不在此列。在这种情况下,直接行为人既不欠缺对于正当化行为的答责性也不欠缺对它的支配。直接行为人之所以不受处罚,不是由于他在紧急防卫、紧急避险等正当化情境中陷入了被强制的状态,使他不需要对自己的行为答责。准确地说,是因为他的行为是合法的,而这一点也完全不取决于他在正当化情境下是否承受了压力。在利益冲突的情况下,法秩序通过牺牲原则上受到法律保护的利益来解决利益冲突,此时,引起冲突者没有操纵根据容许规范而行为的人,他操纵的是法本身。这属于原因违法行为的情况,而非间接正犯(参见本书第十五章边码 3 及以下数个边码),因此"利用实施正当化行为的被利用者"并非答责原则的例外。③

答责原则本身并不足以证立间接正犯,拥有答责性成立所必要的主观要素,不能当然地成立间接正犯,正如我们在利用有故意无目的的工具的情况所看到的。间接正犯还必须在特殊的意义上支配着构成要件的实现,这种间接的犯罪支配只能来自被利用者的答责缺陷。他(利用者)通过支配这种答责性的缺陷,如引起或利用他人的构成要件错误,从而间接地支配了构成要件的实现。答责原则与支配原则应当是互补的,在证立间接正犯时,两者不是互相竞争的关系。

由于这种支配关系必须是就具体的不法,而非被利用者的行为整体而言的,因此,间接正犯不必像支配机械工具那样支配作为工具的被利用者。在本案中,被利用者仍然可以自由答责地选择是否要实施抢劫行为。被告人的计划总是包含着(失败的)风险,即使他的欺骗没有被发现,作为工具的被利用者也可能因为失去了实施抢劫的勇气而"失灵"。但是,联邦法院

---

① Roxin AT/2, 25/156; Wessels/Hillenkamp/Schuhr BT/2 Rn. 167.
② Puppe (1992), 67;dies. NK § 15 Rn.108f.; § § 28/29 Rn. 45 f.
③ Puppe Küper-FS 448 (447 ff.); dies. GA 2013, 514 (528 f.).

还是正确地认定行为人构成谋杀未遂的间接正犯。

8　　尽管在本案中,被利用者没有进入谋杀行为的实行阶段,因为他们发现了被告人的欺骗,联邦法院还是肯定了间接正犯已经进入实行阶段,理由如下:

> 若行为人根据自己的设想对被利用者施加了必要的作用,这样按照他的行为计划被利用者就会直接着手实行犯罪,并在这个时点上就对受保护的法益造成危险,那么,他就以间接正犯的形式引起了犯罪。因为若想利用他人实施犯罪,则当他唆使(bestimmt)被利用者实施犯罪,并且基于被利用者马上就会实施构成要件行为的认识,而使被利用者离开了他的影响范围时,间接正犯就直接着手实现构成要件了。①

这里的"直接"指的显然不是时间上的直接性,因为在被告人让 G、C 两人去实施抢劫,并将带着谎称是致幻剂的瓶子交给他们之后,G、C 没有立刻去实施犯罪。这里联邦法院的观点是值得赞同的。直接着手行为必须由正犯来实施,而不能转移给被利用者。因此,在间接正犯的场合,直接着手必须是正犯使被利用者确实准备好实施犯罪,或者正犯认为自己使被利用者准备好实施犯罪(参见本书第二十章边码 28 及以下数个边码)。

9　　答责原则不意味着被利用者完全不需要对结果答责。在被利用者对于由他人所引起或所利用的构成要件认识错误存在过失时,该他人也是故意引起结果的正犯。② 换言之,只要在间接正犯与被利用者之间存在答责性的阶层差异,如负有特殊义务者成立间接正犯而无身份、无故意者成立帮助犯,两者之间就存在答责性上的阶层差异。理论通说认为,当行为人内心容认或者认真对待结果出现的可能性就构成故意,此时通说面临的问题是,当被利用者不具有这种内心态度时,被利用者与利用者之间对于结果出现的内心态度差异,是否足以使利用者成立间接正犯。罗克辛早期对于这个问题持否定态度,而要求被利用者存在认识缺陷。③ 而现在他则持肯定观点,理由是过失实施行为的被利用者欠缺抑制动机。由此,故意实施行为的利用者就已经取得了对于构成要件实现的支配。④

10　　在故意行为人与过失行为人对于危险具有同等认识的条件下,前者相比于后者是否在通说的意义上克服了更大的抑制动机,这事实上取决于参

---

① BGHSt 30, 363 (365); 类似立场 BGHSt 40, 257 (269); 但 BGHSt 43, 177 (181)持不同观点。
② Herzberg (1977), 20 ff.
③ 参见 Roxin TuT, 180 ff., 220 ff.
④ Roxin AT/2 25/65.

与者在案件中有多小心谨慎。通说关于故意与过失的区分标准不能从心理上证明,当故意参与者与过失参与者具有同等认识时,两者之间存在支配关系,因为(按照通说)这种支配关系仅仅取决于两者在心理上如何处理自己的危险认识以及无视该危险的决定。① 它(该标准)从规范上也不能证立(这种支配关系),因为按照通说理论,虽然无视危险认识、盲目轻信结局向好会将(直接)行为人的答责性削减为过失,但幕后者既没有支配直接行为人的情绪这种内心过程,也没有从中产生对直接行为人的行为支配。

要证立间接正犯,不仅需要答责原则,也需要支配原则。在故意的间接正犯与有认识过失的被利用者之间应当存在认识差异。对于通说理论而言,问题在于这个认识差异必须达到多大的程度。而按照笔者所主张的故意理论,这一问题的答案来自于故意概念本身。因为故意是对于高度危险的认识,而该高度危险构成了引起结果的适格手段,即处于正犯立场上的理性行为人,除非容认结果的出现,否则不会选择进入这种风险之中。当认识到高度结果危险之人就危险的程度进行欺骗,促使仅仅认识到较低结果危险之人去实施行为,而非与之共同实施行为时,前者相对于后者便处于更为优越的地位。

二、被害人作为间接正犯的被强制工具——学徒案(《帝国法院刑事判例集》第 26 卷,第 242 页)

根据答责原则,间接正犯通过强制手段胁迫他人实现犯罪构成要件时,被利用者根据《德国刑法典》第 35 条的规定免责。如果被利用者的行为是根据第 34 条被正当化的,则不构成间接正犯,而属于原因违法行为(参见本书第十五章边码 1 及以下数个边码)。强制者对于所制造的利益冲突的答责性不取决于被强制者在心理上是否感觉自己处于这样的压力之下,即强制者在事实上支配了他是否实现构成要件的决定(本书第十五章边码 3 及以下数个边码)。但是,只有当被强制者自己实现了构成要件,对于他本人而言并没有排除符合构成要件之不法,而仅仅是基于第 35 条的规定排除责任,因而排除其对于该不法的答责性时,答责原则才可以直接适用。因此,当直接行为人并不是被迫伤害第三人,而是被迫伤害自己时,答责原则看似失效了[因为自损行为对于直接行为人来说是排除不法的。——译者注]。理论上为解决这一情况而进行的讨论汗牛充栋,但形

---

① NK-Puppe § 15 Rn. 44, 55; dies. ZStW 103 (1991), 1 (12 ff.).

成鲜明对比的是实践中对此关注寥寥无几。因此，为了阐释这一问题需要回溯到一个相对古老的帝国法院判决。

被告人是一个屠宰摊的老板，他迫使其学徒吃下了一段没有完全洗干净的猪大肠。学徒随后出现了身体不适。①

13 帝国法院判决被告人成立故意伤害罪的间接正犯，理由如下：

> 本案中的轻罪（Vergehen）既可以利用第三人为工具来实施，也可以通过欺骗或者其他违法方式作用于被害人本人的意志，使其给自身施加身体伤害。在后一种情况下，不要求被害人无法反抗间接正犯对于自己意志施加的不法影响。

14 根据该判决的字面意思，当行为人促使被害人实施自损行为的手段是违法之时，就成立间接正犯，而强制手段当然都是违法的。考虑到当时的劳动关系具有人身依附性，在帝国法院看来，上级对于下级所下达的命令显然属于以恶害相威胁。而现在理论上的争议点，则主要在于强制他人实施一个不符合构成要件因而丧失答责性的自我损害行为时，要如何成功地适用答责原则。

15 一种观点建议类推适用第35条的规定，行为人只有在伤害的是第三人，虽符合构成要件但可以基于第35条的规定免责时，他才可以免除对于自我损害的自我答责。② 可以确定的是，如果可以类推适用第35条，那这当然是被害人免责而强制者成立间接正犯的充分条件。但问题在于这是否为必要条件。因为被迫自我损害者与被迫损害他人者的区别，在于在后一种情况下，被强制者选择了一个在他看来更小的恶害——不是在处分自己的法益，而是通过侵犯第三人的利益而将自己所面临的恶害威胁在一定程度上转移给第三人。因此，法秩序在基于第35条免除被强迫者的责任之前，对于被强迫者的坚定性提出了较高的要求。③ 在损害第三人的案件中，之所以提出严格要求的意义也不在于使强制者免于间接正犯的非难，免责的依据来自答责原则本身，按照这一原则可直接肯定正犯的答责性不能排除间接正犯的答责性。④ 在强迫他人实施自我损害的案件中，答责原则不是直接相关的。不能当然地认为，立法在强迫他人进行自我损害与强迫

---

① RGSt 26, 242.
② LK-Roxin/Schünemann § 25 Rn. 72; Roxin TuT,161 ff; ders. AT/2 25/48,54; Stratenwerth/Kuhlen AT 12/68 f.; Bottke GA 1983,22 (30 ff.).
③ Amelung, Colmbra-Symposium für Roxin (1995), 247 (251).
④ Amelung, Colmbra-Symposium für Roxin (1995), 247 (256).

他人损害第三人的案件中作出了相同的答责(领域)分配(Verantwortungsverteilung)。

16 另一观点认为,应当通过类推适用瑕疵承诺理论而非答责原则来考虑自我损害的特殊性。强制者的行为就像是迫使被强迫者对来自强制者的侵害作出承诺,而非迫使被强制者进行自我损害。① 这意味着任何具有一定分量的强制都证立了间接正犯,因为他们以不被允许的方式对被强制者的意志产生了作用。本案的判决就体现了这个观点。

17 承诺说受到的批评主要在于它过于不确定,因为在承诺因意志缺陷而无效的问题上,其判断标准并不一致。② 难道《德国刑法典》第35条及其不可期待性的标准就很一致吗?就算后者具有一致性的优点,那也只有在强迫自损更像强迫侵害他人,而非强迫对他人的侵害予以承诺时,才能适用这一标准。

18 其间还有观点引入了其他领域的解决方案,即客观归属中自我答责的自陷危险理论,这也是关于答责(领域)分配的。该理论首先引入了这样的认识,即参与他人的自陷危险与得同意的他人危险之间的差异只是表面上的(参见本书第六章边码1及以下数个边码)。③ 除了创设被害人所面临之危险的外部表现之外,当被害人对于自己所面临的危险自我答责时,这便是一个排除其他参与者之结果归属的独立事由。在这个意义上,答责原则可以从自陷危险转移至自我损害。只有当自我损害者自我答责时,推动其实施自我损害行为的人才可以排除答责性。

19 按照这一理解,答责原则就不仅是类推适用,而且是直接适用于强迫他人自陷风险或者自我损害的案件。只有当自陷危险者与自我损害者的决定是其自由意志的表达时,行为人的行为才是自我答责的。相反,如果行为人屈服于强制者的压力,而选择在管理自己法益的意义上实施了理智的行为,即他从自己的角度出发,理智地选择了较小的恶害,那么,在法律的意义上他的行为就不是自由的,因而也不需要在法律上对自我损害答责。(参见本书第六章边码10及以下数个边码)。④ 其带来的结论是,外表看起来

---

① Herzberg (1977), 35 f; ders. JuS 1974, 378 f.; Freund AT 10/97; Otto AT 21/100 ff.; ders. Jura 1987, 256 f.; Wessels/Beulke/Satzger, AT Rn. 848,277.

② Roxin AT/2 25/57; Vgl. SK-Hoyer § 25 Rn. 60.

③ Dach NStZ 1985, 24 (25); Frisch NStZ 1992, 1 (S); OttoJZ 1997. 521 (522); der. Tröndle-FS (1989), 157(172); 对这一区分持怀疑观点的还有 Roxin AT/1 11/100; Hellmann Roxin-FS (2001), 271 (281 ff.).Hardtung NStZ 2001, 206; Cancio Melia ZStW 111 (1999), 357 (375ff); NK-Pppe Vor § 13 Rn. 185, 196f.;

④ NK-Puppe Vor § 13 Rn. 191; Rudolphi, JuS 1969, 549 (557); Frisch NStZ 1992, 62 (65).

是自我损害的法益侵害应归属于强制者。因此,当强制者是故意时,他便以间接正犯的形式引起了该法益侵害结果。在结论上它与承诺说相接近,与罗克辛的观点①不同,强迫他人实施自我损害行为之人的不法并不局限于强制罪。因为强制罪的不法内涵中,并没有包括强制者不仅仅是迫使他人实施了任意一个行为,而是迫使他人放弃了一个在刑法上受到保护的法益。自我损害者有认识地、终局地放弃了自己的法益,而自陷危险者则还有可能寄希望于危险最终不会实现,该区别不是认为前者原则上更不值得保护的理由。在理性的法益管理这一意义上,选择自我损害作为较小的恶害是否是理智的,在判断这一问题时,需要考虑上述自我损害者与自陷风险者的这一区别。

20 强迫他人实施自我损害,即使没有达到《德国刑法典》第 35 条设定的标准,也足以肯定强制者对于该损害结果的答责。这在现行法上还有一个证据:敲诈勒索罪的构成要件。该构成要件就是将被强制者的自我损害结果以准间接正犯的形式归属于强制者。② 它作为特殊的构成要件之所以是必要的,就是因为在从表面上看被强制者自我损害的财产处分没有满足任何构成要件。

如何按照排除自我答责的自我损害标准评价学徒案,这取决于判决并没有介绍的情况。如果店主告诉学徒他不敢吃下没洗干净的猪大肠他就是个懦夫,学徒决定吃下猪大肠、给自己造成身体伤害以证明自己不是一个懦夫,那么这个决定就是不理智的,因而学徒自己应当对此答责。店主威胁学徒如果他不吃下去就会被开除,而学徒在当时的劳动市场环境下没有能力有效地保护自己免于被开除的恶害,那么,吃下猪大肠就构成了较小的恶害。如果店主以严厉且权威的方式命令学徒如此行事,而学徒因为年幼以及处于从属的地位而无法反抗这一无理要求,那么,就不能认为这是一个自我答责的自陷危险。

三、利用常规流程成立的间接正犯——破产要挟案(联邦法院:《新刑法杂志》1988 年刊,第 568 页)

21 被告人是一家有限责任公司的经理,该公司已经丧失了偿债能力。1994 年 9 月 15 日,尽管该公司当时有义务申请破产,仍决定继续经营。从此时一直到他们于 1994 年 12 月 7 日正式申请破产,公司的职员还在向供货商下订单,但没有履行对待给付义务。州法院并没有查明,公司职员们是

---

① Roxin AT/2 25/54, 58.
② Kindhäuser/Böse BT/2, 17/29.

否知道公司已经丧失支付能力了。

本案判决讨论的主题是经理们基于诈骗罪的答责性。仅根据传统的参与理论,只有当公司职员是善意之时,经理们才能成立诈骗罪的间接正犯。如果他们是恶意的,那么,经理们明示或默示的意思表示就只构成诈骗罪的教唆犯,因为经理们决定继续经营就表明,他们希望职员们继续签订经营所必要的个别业务。既然无法确定职员们究竟是善意还是恶意,就需要在间接正犯与教唆犯之间进行选择认定(Wahlfeststellung),最终得出只能处以教唆犯刑罚的结论。因为尽管教唆犯与正犯的法定刑相同,但教唆犯被认为是相比于正犯更为轻微的参与形式。判决则认定他们成立正犯,理由如下:

22

> 根据本案事实,被上诉判决中并没有查明,诈骗罪的可罚性不取决于直接行为人(职员)在下订单时是善意的,还是已经知晓 SI-霍尔茨有限公司已经丧失了支付能力。根据判决对于幕后人刑事答责性问题所发展出来的基本原则,利用由组织结构所形成的框架条件,这些条件引起了常规流程并最终导致幕后者所追求的构成要件得以实现,也可以基于犯罪支配成立正犯。联邦法院认为这也适用于公司业务行为。本案也是如此。本案所查明的事实足以证明,两名被告人对事实上的经营活动,即亲自向作为"形式上的经理"的证人 Ba,产生了必要的、决定性的影响。①

23

利用常规流程成立间接正犯,该法律形象是最近首先由联邦法院提出的,②它起源于基于对有组织的权力机构的支配而产生的间接正犯这一法律形象。其特征在于直接行为人虽然也是正犯,且不仅仅是作为工具而存在,但是如果他拒绝实施犯罪,他就随时可以被另一名行为人所替代。③联邦法院现在放弃了这一标准,而只要求幕后者引起了由其所阻止或期待的常规流程,就可以肯定幕后者的犯罪支配。联邦法院对于能够证立这种期待的组织形式所提出的要求,显然是很少的。它不必是国家性的有组织权力机构、大型的犯罪集团或者大型的公司企业,这些组织机构中个体的行为实施者认为他们只是"机器上的螺丝钉",联邦法院现在认为,像雇用了多

24

---

① NStZ 1998, 568.
② BGH NJW 1994, 2703 (2706); BGHSt 40, 218 (236, 237 f); BGHSt aaO S. 236; 也参见 BGH NStZ 1996, 296(297).
③ Roxin AT/2, 25/107

名兽医的宠物医院这样的小型机构也可以适用这一法律形象。①

25　　这种新的间接正犯形态不再是基于答责原则成立的，因为犯罪的（直接）实行者是完全答责的正犯，判决也将其作为正犯进行处罚。在这类案件中，联邦法院证立幕后者之犯罪支配的基础并不清楚。对一个完全答责的行为人施加影响使其有意识地、在不受强制的状态下去实现构成要件，这通常仅构成对于正犯的教唆甚至只是心理上的帮助。但是联邦法院显然认为，考虑到幕后者在预备阶段及其对直接行为者之行为决意的影响，应当肯定其成立正犯，尽管教唆犯与正犯的法定刑是相同的。②

26　　严格遵照《德国刑法典》第 26 条的字面意思，"唆使"（bestimmen）这个词便表达了教唆者对于正犯行为决意存在根本性的影响。但是，通说理论与判决则枉顾教唆行为与正犯行为同等的法定刑，将"唆使"界定为"引起"行为决意并将其等同于首次启发实施犯罪（本书第二十五章边码 1 及以下数个边码），从而矮化了教唆的意义。由此而产生的结果是，只要是第一个提议犯罪之人，即使他只是附带而随便地提出了建议，也是教唆犯，通说也接受该结论。而当教唆者对于正犯的影响不仅仅是一种任意而不带拘束的犯罪建议时，就需要将其解释为正犯，有时是间接正犯，有时是共同正犯（参见本书第二十三章边码 5 及以下数个边码）。这样不仅模糊了教唆犯与间接正犯的界限，也模糊了间接正犯与共同正犯的界限。如果我们将教唆从其如灰姑娘般不起眼的存在中解放出来，重新确立其在法律上所具有的、作为唆使他人实施犯罪的位置，那么，当公司老板希望通过他的下级职员实施可罚的犯罪行为，并以明示或默示方式向其表达这一期待时，就没有必要将公司老板解释为正犯而非教唆犯。③

四、实际适用的提示

27　　《德国刑法典》第 25 条第 1 款第 2 支项规定，间接正犯是"通过他人实行犯罪"。这里的犯罪不是指全体构成要件，而仅指客观构成要件，即在构

---

① 标志着间接正犯概念完成扩张的是参与其中的联邦法官 Nack 在 GA 2006, 342(343)的报道："联邦法院第五审判委员会以本案为契机，认为有必要像罗克辛那样（直接正犯具有可替换性的权力机构）宽泛地定义间接正犯。笔者也参与了本案的判决作出，还记得自己与审判委员会的同事 Gerhard Schäfer 在合议休息期间的对话。我们都认为，必须引入一组在最具实践意义的案例群，由公司老板推动实施的犯罪，尤其是诈骗罪，公司的成员是'按照指示'实施的。"随后他指出（第 344 页）："常规流程这一标准在判例中包括联邦法院的判决中已经得到贯彻。法院已经采取了如此理解的间接正犯概念，而没有考虑，什么是解决实践问题的最佳方式。"
② Nack GA 2006, 342 (344); Roxin AT/2 25/138 明确反对这种扩张。
③ Puppe GA 2013, 514 (529 f.).

成要件中所描述的行为的外部内容,诸如杀人、拿走、损害等。间接正犯这一法律形象的功能,在于尽管间接正犯没有亲自实现构成要件,也将构成要件的行为描述转移到他身上。因此,在个案审查中,即使很明显地构成间接正犯,也需要从最接近犯罪者,即被利用者开始审查,因为是被利用者单独实现了客观构成要件。而在对被利用者的可罚性进行审查时,就会发现他存在何种(可罚性)缺陷,如被利用者欠缺故意体现在主观构成要件的审查中,被利用者行为的正当化体现在正当化事由的客观要件中,容许构成要件错误体现在正当化事由的主观要件中,缺少《德国刑法典》第19条、20条的责任要素以及第35条等免责事由则在责任阶层的审查中。

间接正犯的审查必须与被利用者所存在的这些(可罚性)缺陷相连。**28** 只有当间接正犯从被利用者的缺陷中形成了对被利用者的支配时,才能证立间接正犯。间接正犯必须认识到该缺陷并加以利用,但他不一定要引起了该缺陷。因为间接正犯没有亲自实行构成要件行为,而是基于第25条的规定,将构成要件行为归属于他。这就产生了一个问题,间接正犯的哪些行为可以证立这种归属,即证立其间接正犯性。能够证立这种归属的行为在于其对被害人的影响与作用。纯粹从表面上看幕后者引起了被利用者的缺陷,或者通过就构成要件之实现进行欺骗,或者利用了这种缺陷如教唆无责任能力者。在强迫他人实现构成要件成立间接正犯的场合,这两种情况都存在。当被利用者根据《德国刑法典》第35条免责时,就可以肯定间接正犯。

由于在立法上没有规定哪些行为可以证立间接正犯,因此,《德国刑法 **29** 典》第22条关于未遂的法定定义,"根据自己对犯罪的设想而直接着手实现构成要件",不能适用于间接正犯。相应地,与我们在前面(本书第二十章边码28及以下数个边码)看到的,间接正犯的实行起点存在争议。当然在案例分析中,只有当被利用者没有达到犯罪既遂时,该问题才具有相关性。在对个案进行鉴定式分析时,要从这段过程中的最晚时点开始审查。首先是被利用者实行的起点。如果被利用者已经进入实行阶段,那么,无论何种观点都会认为此时已经进入实行。但如果被利用者还没开始实行,那么,就要以前一个的时间点为基础。这个时点是正犯建立了自己对被利用者的影响,并在被利用者将会实施犯罪的期待中让被利用者离开了自己的影响领域之时。如果间接正犯已经这样做了,但被利用者没有开始犯罪实行,那么,就存在两种观点来界定实行起点。如果两者都不满足,就需要对实行起点按照行为人开始对希望利用其来实施构成要件的工具进行影响之时进行审查。

30　　相反的处理方式是,先从最早的时点开始,然后再向稍晚的时点推进,也深受答题者的认可。因为他们认为进行越多的涵摄或者解决越多的争点,他们的案例分析得分将越高。当间接正犯使被利用者已经进入实行阶段,那么,讨论中所有关于间接正犯实行着手的条件都得到了满足。幕后者已经以推动被利用者实施构成要件行为的目的,并对其产生影响,让其离开自己的权力支配领域。剩下的问题就仅仅是,此行为方式是否满足了实行起点的概念,以及该行为方式能否被涵摄于这些概念之下。

第二十五章　教唆犯

一、教唆犯的客观构成要件——银行与加油站案(《联邦法院刑事判例集》第 34 卷, 第 63 页)①

正犯 W 从父母家拿走了一把手枪与一辆车, 找被告人 A 办假证件要逃到国外去。A 告诉他, 伪造的证件要花 1 万马克, 可这样他到了国外也没有钱。被告人建议 W 卖了枪和汽车, W 拒绝了。之后被告人说:"那你得去抢银行或者加油站", W 没有表态。再次去找被告人 A 要办假证件, 当天早晨, W 袭击了一家储蓄所, 显然他是为了获得的钱为办假证以及逃往国外。

联邦法院宣告被告人不成立抢劫以及抢劫性勒索罪的教唆犯, 理由如下:

> 教唆者的故意虽然不必认识到犯罪实行的所有细节, 但是应当认识到其中的主要要素或者基本过程……由于教唆者和与被教唆者都必须亲自介入, 因此, 不仅应根据构成要件类型与行为客体一般具有的种类性要素查明犯罪, 而且教唆者还应当在事实上对其存在认识, 尽管不需要"事无巨细"的认识, 但至少应对事件的大致轮廓有认识。②

首先值得注意的, 是联邦法院将这个问题定位在主观构成要件。教唆犯是主客观相一致的, 其主观构成要件的内容并没有超出客观构成要件的范围。如果正犯的故意必须包括犯罪的某种具体内容, 那么, 这也适用于作为客观构成要件的引起犯罪决意。因此, 如果教唆犯任由被教唆者自行决定构成要件实现的具体内容, 那么, 在客观上就不构成教唆。当正犯偶然地

---

① = MDR 1986, 685 = JZ 1986, 906 mAnm Roxin JZ 1986, 908 = NJW 1986, 2770 = NStZ 1986, 407 = StV 1988, 419 mAnm Günther StV 1988, 421; Bespr. Herzberg JuS 1987, 617.

② BGHSt 34, 63 (66).

如教唆犯所设想的那样,对一个较为模糊的犯罪建议进行具体化时,当然也是如此。正如我们在本案中看到的,被告人在建议 W 去抢银行时,尤其想到了他会去 X 处的储蓄所抢劫,而 W 事实上正是这样做的。①

3　　但是当 A 对 W 说:"那你就得去抢银行或者抢加油站,比如 X 那里的储蓄所"时,这真的足以肯定教唆的成立吗? 在这个问题上只有一个非常古老的帝国法院判决。② 在该判决中,被告人对一名负责保管女主人钱财的女佣说,如果她不悄悄地把钱给侵吞了,那她就是个蠢货。帝国法院认为这不足以构成教唆,因为这个侵占的建议过于不明确了。在这个建议中,利用特殊的犯罪机会而遭受损失的被害人身份以及犯罪实行的方式都是确定的。那些只是向他人提出了一个不具有任何约束性的犯罪提议,而后续不再对被教唆者施加任何影响,或者没有唤起其实施犯罪的利益的案件,我们的法院很少处理。理论上的争议主要在于有意识地创设一个会挑起或诱惑他人实施犯罪的情境,并因此而"引起"了正犯行为决意的,就足以构成教唆,③还是教唆者必须明示或者默示地向正犯提出犯罪建议或敦促他实施犯罪。④ 而立法上则规定,教唆是指"唆使"(bestimmen)正犯实施犯罪之人。他必须对正犯形成了确定性的影响,而且是在犯罪实施时,即正犯离开不可罚的预备阶段,直接着手进入了实行阶段之时。⑤ 由于被教唆者并非教唆者的工具,而是自由地决定实施犯罪之人,因此,唆使犯罪只能理解为,教唆者与正犯之间达成了不法协议(Unrechtspaket),按照这个协议,正犯对教唆者负有义务去实施约定好的犯罪。这当然不是法律意义上的义务设定。即使这不是正犯唯一的动机,只有在他开始实施犯罪以履行其不法协议时,唆使的结果才出现。⑥ 正犯自愿地服从于教唆者,形成了主观正犯论称为加工意思(animus socii)的精神态度,⑦但这不能免除正犯的责任,因为他是自愿这样做的并且亲自实行了犯罪。教唆者的地位与共同正犯之间

---

① Herzberg JuS 1987, 617 (620).

② RGSt l, 110 f.

③ BGH GA 1980, 184; Lackner/Kühl-Kühl § 26 Rn. 2; Herzberg (1977). 4. Teil II 2b; Bloy (1985), 329; Widmaier JuS 1970, 241 (242); Heghmanns GA 2000, 473 (487).

④ Roxin AT/2 26/74; ders. Stree/Wessels-FS (1993), 365 (376 f); Schönke/Schröder-Heine/Weißer § 26 Rn. 3 f; Fischer § 26 Rn. 3; Schmidhäuser, StudB, 10/113; Jescheck/Weigend AT § 64 II 1; Otto AT 22/35; ders. JuS 1982, 557 (560); Wessels/Beulke/Satzger AT Rn. 881; Baumann/Weber/Mitsch/Eisele AT 26/26 f.; Meyer MDR 1975, 982.

⑤ Puppe GA 1984, 101 (113, 117); Jakobs AT 22/22; Köhler AT S. 521.

⑥ Puppe GA 1984, 101 (112ff): dies. GA 2013, 514 (517): SK-Hoyer § 26 Rn. 8 f., 13 f; Jakobs AT 22/22; Köhler, AT 521.

⑦ Jakobs AT 22/22.

的区别,在于教唆者没有参与实行;其与间接正犯的区别,在于他并没有将正犯行为者作为工具进行支配。(参见本书第二十二章边码 6 及以下数个边码)。

教唆犯客观构成要件的界定与限制,与立法对教唆犯、正犯规定了相同法定刑的事实相一致,尽管事实上教唆犯通常会受到较轻的处罚。理论上常常批评教唆犯与正犯同等处罚的做法,因此,通说也拒绝采纳本书所主张之对教唆犯的限制。但是,除了说这一限制过于宽泛,并且导致教唆犯与共同正犯过于接近之外,没有给出其他的理由。[1] 通说认为,任何一个没有约束力的犯罪建议都足以成立教唆,但除了教唆者首次提出了犯罪的动议之外,从中不能得出教唆犯之所以重于帮助犯处罚的理由。教唆者首次提出了犯罪的动议,该理由是薄弱的,而且也不能证明教唆犯的处罚等同于正犯是正当的。因为如果只是通过一个毫无约束力的犯罪建议来影响正犯,即使正犯后来还是实施了其所建议的犯罪,这个影响是非常微弱的。正犯在作出决定时具有自由意志,很难认为教唆犯与正犯的行为决意之间存在因果关系。[2] 这里被称为因果关系的,是一种弥散而微弱的动机关联,只能从行为人实施了教唆者所建议的犯罪这一点中推断存在这种关联。目前文献上提出了多种方案以限制教唆的概念,这些方案虽然否定了不法协议理论以及谨慎地避免使用该理论的术语,但最终又滑向了该理论。[3] 在当前的刑法文献中,此种现象屡见不鲜。

4

这对于通说而言也是关键问题,即正犯行为中的哪些属性必须与教唆犯的建议保持一致,从而至少可以这样认为:即使不考虑法益侵害的程度,如在抢银行案中就无法确定,也没有普遍的、抽象的同一性标准来确定,行为人所实施的是否就是教唆者所教唆的犯罪,还是另一个犯罪。无论是犯罪的时间还是地点,在规范上都无法成为必要的同一性标准,更不要说被害人的身份。假如在我们的案例中,A 给了 W 如何实施犯罪非常明确的

5

---

[1] NK-Schild, § 26 Rn. 6; MüKo-Joecks § 26 Rn. 20; Schönke/Schröder-Heine/Weißer § 26 Rn. 3 f.; Jescheck/Weigend AT § 64 II 1, Fn. 11; Maurach/Gössel/Zipf-Renzikowski AT/2 51/18; Otto AT 22/35; Schulz JuS 1986, 933 (939 ff.); Stein (1988), 171 ff; Joerden Puppe-FS (2011), 563 (567). 只有罗克辛提出质疑,认为这与法条文义不符,因为"确定(唆使)"并非"设定义务"(AT/2, 26/89)。但是,除了为他设定义务(当然并非法律意义上的义务)之外,我们还能如何唆使一个自由行动之人去实施后面的行为呢,还是说"唆使"等同于"建议"? Roxin AT/2, 26/74 持这种观点。

[2] Puppe GA 1984, 101 (103 ff.); Köhler AT S. 521.

[3] MüKo-Joecks § 26 Rn. 20; Amelung, Schroeder-FS (2006), 147 (148, 163); Joerden, Puppe-FS (2011), 563, (570 ff.); 追随他的观点 Nepomuck Anstifung und Tatinteresse (2008), 167 ff.; 详细的参见 Puppe GA 2013, 514 (518 ff.).

建议,如何蒙面、如何用枪、在抢劫过程中要说什么,他应该在什么时间实施犯罪等,而 W 也几乎完全遵从了被告人的建议,只是他把目标银行从 X 处的储蓄所换成了 Y 处的储蓄所,这时是否要否定这种同一性呢? 通说理论完全无法说明,教唆者究竟应当通过哪些属性来对犯罪进行具体化,从而使犯罪得以充分地确定。该理论也无法确定,正犯事实上所实施的犯罪在哪些部分必须与教唆犯所建议的犯罪相一致,因此,教唆犯也必须对该犯罪负责,而不存在任何的实行过限(Täterexzess)。对于通说而言,剩下的只有先直觉性地判断,教唆者是否对犯罪的内容作了充分的具体化,随后收集与教唆者所建议的内容相一致的各种犯罪细节,再直觉性地判断,这些相一致的内容是否足以认为这是同一个犯罪。

6 　　笔者所主张的不法协议理论则不会遇到这一问题,至少面临的问题不那么严峻。当教唆者事实上唆使正犯去实施某种犯罪,该犯罪也在正犯的即双方共同的利益之中,那么,他通常就已经对犯罪作了充分的个别化。既然教唆者任由正犯根据自己的意志自由来决定犯罪实行的细节,即使包括由正犯自己来选择被害人,该要素也不影响犯罪的同一性。如果正犯改变了某种由教唆者所确定的构成要件实现的细节,这也不当然就是实行过限。因为对于教唆犯的构成要件而言,尤其是其中教唆的结果而言,决定性的是行为人之所以实施犯罪是为了履行与教唆者的通谋。只要他仍然认为,计划的变动在两人共同利益范围内,那么,他就在教唆的内容范围内。只有当正犯有意识地抛弃了共同的行为计划以及共同的犯罪利益时,才构成实行过限。① 假设在我们的例子中,A 和 W 确实达成了通谋,其内容是,W 为了双方的利益而去抢劫储蓄所,而 A 则随意地提及位于 X 处的储蓄所是一个可以考虑的对象。当 W 事实上袭击了位于 Y 处的另一家储蓄所时,若他认为这仍然符合双方的共同利益,那么,就不构成实行过限。即使 A 单纯希望袭击的是位于 X 处的储蓄所,因为他和那家储蓄所的主管有过纠纷,但他向 W 隐瞒了这一点,亦是如此。

7 　　向他人提出一个没有约束力的建议,让行为人去实施犯罪或者以某种特定的方式去实施犯罪,而行为人也遵从该建议时,仅构成帮助,即所谓的咨询性帮助。但是在本案中,也不构成这种咨询性帮助,因为 A 没有给 W 提供任何在实行犯罪时采纳了的建议或者信息。他对 W 说的仅仅是可以通过抢银行或者抢加油站来获得金钱,A 本来也知道这一点。因此,联邦法

---

① Altenhain (1994), 116 f.

院最后宣告被告人无罪是正确的。即使在个案中查明，A是在W的建议之后才产生了抢劫银行或者加油站的想法时，该结论也是正确的。

二、教唆变更——棍子案（《联邦法院刑事判例集》第 19 卷，第 339 页）

被告人计划与O、M一起对一名老妇人实施抢劫。被告人之前已因加重盗窃受到过处罚，他不想参与实行只想一块分赃。他建议实施犯罪的O和M随身携带一根棍子，这样他们就可以用棍子从后面将被害人敲晕，被害人最后死于用棍子敲击所受的伤。

本案判决的官方裁判要旨中认为，在被告人对他们进行教唆前，O和M已经计划实施犯罪了：

> 即使正犯已经决意实施抢劫，唆使他们在实施犯罪时使用武器的人，也成立加重抢劫罪的教唆犯。①

按照现在判决中通常采用的标准，因为被告人想要从中分赃并且在预备阶段作出了推动性的贡献（参见本书第二十二章边码5及以下数个边码），他很容易就会被作为抢劫致死罪的共同正犯受到处罚。而在判决作出时，人们在共同正犯的判断上，尤其是当他没有参与犯罪实行时，显然是更为谨慎的。被告人显然没有参与抢劫的策划，因为在他提出建议时，抢劫计划已经存在了。根据通说，这样就排除了抢劫罪的教唆，因为正犯已经形成了抢劫的故意。人们将这种尚处在预备阶段的正犯称为已有犯意之人（omnimdo facturus），而按照通说，已有犯意之人是无法再被教唆的。② 尽管如此，联邦法院在本案中仍然认定被告人成立携带武器抢劫致人死亡罪的教唆犯，理由如下：

> 法律审上诉中针对抢劫罪教唆提出的疑义不成立。当正犯已经形成实施抢劫的行为决意，而此时被告人唆使他们，使用棍子实施犯罪，显著提升了原初计划中的不法内涵，他就提升了他们的行为决意。由于正犯最开始没有准备采取这种实行方式，这是被告人第一个提议这样做的，因此，就不再是心理性帮助，而是教唆。审判委员会认为，这

---

① BGHSt 19, 339.
② Lackner/Kühl-Kühl § 26 Rn. 2 a; LK-Roxin/Schünemann § 26 Rn. 17 ff.; Roxin AT/2, 26/65; Schönke/Schröder-Heine/Weißer § 26 Rn. 6; Fischer § 26 Rn. 4; Jescheck/Weigend AT § 64 II 2 c; Otto AT 22/37; Wessels/Beulke/Satzger AT Rn. 883.

个判断中关键不在于正犯是否被驱使去实现一个受到更为严厉的刑罚威吓的构成要件,而在于正犯是否被驱使去实现一个具有更高不法内涵的构成要件,该不法内涵可以体现为行为以危险的方式实施,而不必改变行为本身的法律评价,对此无须进行更深入的探讨。根据《德国刑法典》第 250 条第 1 款第 1 项,唆使已经决意实施抢劫行为的人去实施携带武器抢劫而非普通抢劫,成立(加重抢劫罪的)教唆犯。而唆使正犯以不法内涵比原初计划更为轻微的方式实施犯罪,是否以及在何种条件下,构成犯罪,本判决不予探讨。①

11 提升犯罪决意、显著提升不法内涵的说法不能掩盖,这里存在可分离的部分不法内涵,即正犯已经通谋好的普通抢劫,根据已有犯意之人理论,被告人不能作为教唆者对此答责。② 按照教唆已有犯意之人理论,被告人应该成立抢劫致死的帮助犯与危险故意伤害致死罪的教唆犯的想象竞合。这样,教唆已有犯意之人理论就会面临问题,已经处于计划阶段的同伙接受了被告人的建议并修正了自己原先的计划,在什么时候可以被认为是另一个不同的犯罪。我们在之前已经看到了,此时确立判断犯罪同一性的一般标准是如何地困难。

12 尽管联邦法院的判决在结论上是正确的。因为教唆已有犯意之人理论在心理学上是错误的,在规范论上也是不成立的,它的出发点基于以下认识:在预备阶段有这样一个时点,为犯罪做准备的人通过神秘的内心活动形成了行为决意,然后,自己就会像一台机器一样按照这个行为决意去执行犯罪的实施。真正的心理体验告诉我们并不是这样的,每当我们面对一个需要一定的勇气和决心去实施的行为时,我们会发现只有在我们真正实施该行为的时候,才存在真正的、支配行为的决意。在这个时点之前,完全不确定我们是否真的决意去实施。有的人在预备阶段感觉自己拥有坚定的行为决意,但在经历紧要时刻的考验的过程中会发现,自己陷入犹豫不决之中或者完全不足以实行犯罪,对于那些常习犯也是如此。在心理学的意义上,已有犯意之人是不存在的。③

---

① BGHSt 19, 339 (340 f.).

② 关于对可分结果部分的因果关系参见本书第一版第一卷,第九章边码 1 及以下数个边码。

③ Puppe GA 1984, 101 (117ff); dies. Spinellis FS (2001), 915 (918 f.) = ZIS 2007, 234 (235); dies. GA 2013, 514 (520 f.).

在规范论上,这样的正犯模型也是不可接受的。正犯在犯罪实行过程中从头至尾都被视为是自由的主体。在法律意义上实施犯罪的决定是从实行开始的。在此之前他的所思所想所为,都仅仅是不可罚的预备。因此,法律意义上的故意只有在犯罪实行时才真正形成(参见本书第十章边码26)。① 这一观念也是区分预备与未遂的基础,同时,也是未遂可罚性的基础,在法律上也不存在已有犯意之人。 **13**

对于教唆的成立而言,关键不在于教唆者在预备阶段产生了何种影响,而仅仅在于他在犯罪实行阶段对于正犯的行为及其动机产生了何种影响。教唆者与所谓的已有犯意之人也可以达成不法协议,证立教唆,决定性的仅仅是他在犯罪实行时受到了其与教唆者通谋的唆使。② **14**

在本案中,这意味着无论被告人究竟是推动了最初行为计划的产生,还是在事后参与其中,他对于抢劫罪整体都成立教唆犯。因为后来所实施的犯罪包括使用棍子在内,都是以教唆者与实行者所形成的通谋为基础的,正犯之所以执行是因为他们进行了通谋,而被告人想要参与分赃也是存在这种通谋的线索之一。 **15**

若原则上否定已有犯意之人不再能被教唆这一理论,那么,升等教唆(Aufstiftung)的问题就不复存在了。只要正犯是基于与教唆者的通谋而以这种形式实施了犯罪,他便对犯罪之整体成立教唆。同样减等教唆(Herunterstiftung)的问题也不复存在,因为只是建议正犯以较为轻微的方式实施犯罪,完全不足以使建议者成立教唆犯,唯一有可能成立的是帮助犯。但当建议者削弱了犯罪的结果时,帮助犯也被排除了。通过自己的行为使损害结果得以减轻,那么,其行为与剩余的不法结果之间既没有因果关系也不需要对此答责(参见本书第一章边码10、11)。如果将本案的情况倒过来,被告人劝正犯不要携带武器去实施抢劫,他不能因为该建议成立教唆犯或者帮助犯。另当别论的情况是,教唆者同时作为共同行为决意的承担者参与了整体行为计划的制定,正犯之所以执行此计划,是因为他们对他作出了承诺。 **16**

由于不存在已有犯意之人,教唆成立的关键在于,教唆者在犯罪实行阶段对于正犯产生的心理影响,因此共同正犯互为教唆者。这也解释了在共同正犯中,尽管共同正犯之间没有像犯罪工具一样(对其他共同正犯)进行支配,但共同正犯的行为可以相互归属(参见本书第二十二章边码3及以 **17**

---

① Puppe GA 1984, 101 (117); dies. Spinellis FS (2001), 915 (919)=ZIS 2007, 234 (235); dies. NK § 15 Rn. 101; Maurach/Gössel/Zipf-Renzikowski AT/2, 51/11.

② Puppe GA 1984, 101 (119); dies GA 2013, 514 (521); SK-Hoyer § 26 Rn. 8 f., 14.

下数个边码)。如果其中一名共同正犯未能作出自己的行为贡献,因为在其他同伙开始犯罪实行之后,实行失败了,该名共同正犯仍然可以成立该未遂的教唆犯而受到处罚。① 整体解决法认为他应该作为同伙所实施之未遂的共同正犯来进行答责,既没有正当性也没有实践上的必要性(参见本书第二十三章边码 10 及以下数个边码)。

三、实际适用的提示

18　　教科书中在讲解教唆犯时总是强调双重教唆故意,但实际上这首先并非双重故意,而是教唆的双重结果,教唆故意必须包含这双重结果。教唆行为的第一结果是正犯着手实行其所教唆之犯罪,因为未遂也属于《德国刑法典》第 26 条意义上的犯罪,这首先证立了未遂犯教唆的可罚性。教唆行为的第二结果是正犯的犯罪既遂,即正犯行为的构成要件结果,它证立了既遂犯教唆的可罚性。若两重结果均欠缺,即正犯并未着手实行,他或是拒绝了教唆者的建议,或是在实现共同计划开始之前受到了阻碍,那么,教唆者就只能基于《德国刑法典》第 30 条的规定成立教唆未遂,但只在正犯行为是重罪时才有可能适用这一规定。

19　　教唆故意必须包含教唆的这两重结果,这并不奇怪,故意犯罪的主观构成要件必须包含客观构成要件的所有要素。特别是当正犯创设了结果发生的故意危险,而教唆者却知道该危险不会实现,或者自己打算阻止该危险时,即教唆者是卧底线人的场合,尤其具有意义。按照通说,线人不仅不成立既遂犯教唆,也不成立未遂犯教唆。其理由是共犯的处罚根据不在于诱导正犯,而在于参与正犯所实现之不法。② 教唆犯(帮助犯也一样)与正犯一样,其未遂的构成要件是带有超越内心倾向的,即只有当他的故意包含了正犯行为的结果时,未遂才能成立。无论是未遂犯的教唆还是第 30 条的教唆未遂,都是如此。

20　　只有当正犯所实施之犯罪与教唆者唆使他实施的犯罪是同一个犯罪时,正犯所实施之犯罪才能被视为满足了教唆故意而归属于教唆者。如果两者并非同一个犯罪,则属于实行过限。正犯所实现的构成要件是否是教唆者唆使他实施的构成要件,这取决于正犯在实行犯罪时是否基于这样的认识,即他在实施教唆者所教唆的犯罪。正犯事实上实行之罪与教唆者所教唆之罪的同一性,是教唆从属于正犯的根据。这意味着当犯罪由正犯实

---

① Puppe Spinellis-FS (2001), 915 (933) = ZIS 2007 234 (242).
② LK-Roxin/Schünemann Vor § 26 Rn. 1ff.

施时,该犯罪要归属于教唆者。当正犯对行为对象或者因果流程的认识错误不否定将结果归属于正犯的行为时,那么,该认识错误也不能否认将结果归属于教唆犯。

关于教唆的客观构成要件有争议的问题,还在于教唆行为与正犯的行为决意之间必须具有何种关系,才能满足《德国刑法典》第 26 条意义上的"唆使"这一要件。其中,不法协议理论为教唆犯的客观要件提出了最为严格的条件。这一理论认为,只有当正犯答应教唆者实施犯罪,并且其之所以实施犯罪是为了履行两人的不法协议,但不必是其唯一的行为动机时,才构成成功的唆使。而理论则认为,当教唆者建议正犯实施犯罪时,就已经构成唆使,但前提是正犯在此之前没有实施该犯罪的决意。更为宽泛的观点则认为,所谓唆使犯罪,只需要创设一种会诱惑他人实施犯罪的情境即可,因为按照它们的说法,"引起"行为决意包括了创设诱惑他人实施犯罪的情境这种情况。 21

除了下面提到的例外(针对已有犯意之人的教唆),将教唆理解为不法协议的观点与将教唆理解为犯罪建议的观点之间是一种特殊关系,而后者与将教唆理解为引起行为决意的观点也是一种特殊关系。如果满足了最为严格的教唆概念,那么,按照另外两种理论,教唆都是成立的。因此,只需要查明是否满足不法协议理论的条件,就可以省下将案情涵摄到另外两种教唆概念之下的时间,也不必去解决理论上的争议。同样在犯罪建议理论与引起行为决意理论之间的关系也是如此。如果只存在犯罪建议,但不存在不法协议,那么,就必须就不法协议理论与另外两种教唆理论之间的争议作出判断。 22

只有在被教唆者已经产生实施教唆者所教唆之罪的想法这种情况下,不法协议理论意义上的唆使概念才广于另外两种教唆概念。"合同的相对方"已经作出计划,但就所计划的构成要件实现仍可以达成不法协议。只有当正犯着手实行犯罪时,才存在行为决意。不法协议理论不认为已有犯意之人在某种意义上具有犯罪故意,因此,不能被教唆,但通说理论则持这一观点。不法协议理论与另外两种教唆理论之间关于唆使概念的争议,在于何为行为决意以及行为决意是否独立于犯罪实行。 23

第二十六章　帮助犯

一、帮助的结果——防尘衬衫案（二）（《帝国法院刑事判例集》第 8 卷，第 267 页）

1　案情详见第 3 页。

当时帝国法院就已经提出了后来所谓的促进公式，认为帮助犯的成立不要求帮助行为与结果之间存在因果关系，而只需要帮助者以某种方式促进了犯罪的实施。① 帝国法院认为在本案中存在这种促进作用，理由如下：

> 但是，促进犯罪或者使犯罪变得容易，既不意味着帮助针对的必须是正犯所实施的构成要件行为，正如法律审上诉中所说，涉及"不当行为的细枝末节"，也不要求帮助行为必须起到了根本作用，即正犯没有该帮助行为根本无法实施犯罪；相反，帮助行为完全可以处于直接犯罪活动的框架之外，即使是单纯的预备行为也可以构成帮助，只要他以某种方式促进了犯罪的实施，特别是当帮助者的行为强化了正犯的意志，并由此促进了犯罪的实施时。正犯意志的强化可以体现为缓解或消除正犯对于犯罪被发现的恐惧，强化犯罪不被发现或不受处罚的希望，以及打消正犯关于要不要实施犯罪的疑虑。②

2　罗克辛认为，促进犯罪是否足以构成帮助犯，这是一个伪问题。③ 对此，他援引了梅茨格尔（Metzger）的论述：

> 这种对引起和促进作完全区分的做法，其根源在于因果关系概念的不明确：那些共同决定了行为样态（在个案中的方式和方法）的，事

---

① RGSt 8, 267 (268); 13, 265; 28, 266; 51, 136 (141); 58., 113 (114 f.); 67, 191 (193); 71, 176 (178); 73, 53 (54).

② RGSt 8, 267 (268 f.).

③ Roxin AT/2, 26/187.

实上也就和结果间具有因果关系。因为重要的是完全具有形态意义上的结果。①

无论是梅茨格尔还是其追随者都没有证明,故意伤害的成立取决于正犯穿什么衣服(参见本书第一章边码 1 及以下数个边码)。被害人之所以受到身体伤害,其因果解释是正犯殴打了他,其中正犯穿了一件蓝色的防尘衬衫并不是这一因果解释的必要组成部分。而为了肯定帮助犯的成立,帝国法院就必须放弃将因果关系作为帮助犯成立的必要条件。因此,他提出了这样的命题,即以某种方式促进了犯罪实施之人,可以按照帮助犯既遂而受到处罚。迄今为止,判例仍然沿用了这个所谓的促进公式。②

如果想要借助促进公式来区分既遂犯的帮助与未遂犯的帮助,甚至与帮助犯的未遂区分开来,那么,就必须明确(帮助行为)促进的结果是什么,既然帮助行为不需要与构成要件结果存在因果关系,那么就必须说明帮助行为应与什么存在因果关系。如此一来,促进标准就分解为不同的个别结果。其中一个结果是确保犯罪的实施免于各种干扰因素,这些干扰因素可以是客观存在的,也可以是正犯与帮助者主观上认为存在的。因此,即使事实上没有警察出来干扰甚至阻止犯罪的实行,望风仍然构成帮助。任何在正犯看来可以使犯罪的实行更加安全、更加容易、风险更低的行为贡献,都属于帮助结果,③如此一来,帮助犯不是具体危险犯④也不是抽象危险犯⑤,因为保障犯罪的实行、使犯罪的实行变得容易等都是中间结果,正犯所造成的终端结果即法益侵害经由这个中间结果而归属于帮助者。从帝国法院关于本案的判决看来,另一种促进结果是强化行为决意,这也被当前的通说促进理论承认。⑥ 由此判决与通说就进入了一个灰色地带。不明确的是,行为决意的强化作为一种心理现象应当如何;而更不明确的是,我们应当在个案中如何判断其是否存在。不需要去追问,正犯的内心是否真的出现这种强化效果。当帮助犯同正犯确认了他的行为决意,或者说帮助犯与他保持了团结时,就可以认为存在这种强化效果(参见本书第二十六章边

---

① Mezger Lb (1949), S. 413; ders. StuB AT/1, S. 224
② BGHSt 2, 129 (130); BGH VRS 8, 199 (201); MDR 1972, 16; NStZ 1985, 318; 1995, 27 (28); StV 95, 524.
③ Puppe GA 2013, 514 (533 f.); Osnabrügge (2001), 230 f.
④ Schaffstein Honig-FS (1970), 169 (179); Lüderssen, Grünwald-FS (1999), 337 ff.
⑤ Herzberg GA 1971. 1 (4 ff.).
⑥ Roxin AT/2, 26/199 ff; Roxin/Schünemann LK § 27 Rn. 14f.; Schönke/Schröder-Heine/Weißer § 27 Rn. 15; Fischer § 27 Rn. 11 ff.; MüKo-Joecks § 27 Rn. 7 f; SK-Hoyer § 27 Rn.12 ff.; Jescheck/Weigend AT, § 64 III 2 c.

码9)。①

7 　　因此,准确地说明不同的促进贡献,或许能更加清晰。其中之一便是包庇正犯,如保护他免于被发现或者被处罚。在本案中,被告人就提供了包庇,因为他为正犯提供了伪装以防止正犯被发现。在《德国刑法典》(旧版)第257条第3款中明确规定:"包庇应当被视为帮助而受到处罚,只要它在犯罪实施前就作出了承诺"。而当时第257条第1款规定,所谓包庇包括了确保犯罪所得收益即所谓物的包庇,与确保正犯免于受到刑罚追诉即所谓人的包庇。但遗憾的是,立法者认为第257条第3款的规定是多余的而在现行法中将其删去。通过该条可以在立法上明确,确保正犯不会失去其犯罪所得以及免于受到刑罚追诉是一种帮助结果,而现在我们则须将这一结果直接涵摄在第27条所规定的帮助概念下。针对已经作出承诺之包庇或者阻碍刑罚实施所适用的规则,当然也适用于那些已经在犯罪实施之前提供的帮助。两者本身都是帮助结果,不需要进一步地通过强调帮助者强化了行为决意作为论证理由。

二、成立帮助的业务行为——宣传册案(联邦法院:《新刑法杂志》2000年,第34页)

8 　　被告人是一名律师并担任一家企业的法律顾问,该企业的目的是诱骗私人投资者参与商品期货交易。被告人为该企业制作了宣传手册,其中正确地介绍了相关的经济关系以及商品期货交易的风险。但投资者的收益被减少了,因为事实上只有60%的投资会投入商品期货市场中,而剩余的40%则从一开始就被该企业作为交易费用收取了。

　　联邦法院认为,针对投资者所实施的诈骗罪帮助犯之客观构成要件已得到满足,这是因为向投资者寄送内容正确的宣传册消除了他们的疑虑,商品期货交易的提供者没有按照规定向他们进行充分的解释说明。除此之外,宣传册还塑造了该企业看起来"严肃认真的表象"。这样,试图通过电话来与潜在的顾客达成交易的原料期货销售者就会认为,是顾客自己没有做到充分的谨慎来阅读这个宣传册。关于诈骗罪帮助犯的主观构成要件,判决指出:

9 　　　　对于被告人这样由企业从外面聘请的法律顾问是否具有帮助故意,原则上应考虑普遍适用于所有"中立"的业务行为的原则:若正犯

---

① Schumann (1986), 51.

的行为旨在实施可罚的行为,而提供帮助者对此也知情,那么,他的行为就应被评价为帮助行为。在这种情况下,他的作为失去了"日常性",他应当被理解为与正犯的"团结",而不能被视为是"社会相当的";相反,如果提供帮助者不知道自己所提供的贡献是如何被正犯所利用的,他只是认为自己的贡献有可能被用来实施犯罪,那么,他的行为通常就不能被视为可罚的帮助行为。除非他认识到得到他帮助的人实施可罚行为的风险非常高,以至于他的帮助被视为"对一个具有可识别之犯罪倾向(erkennbar tatgeeigten)的正犯的促进"。①

本案中联邦法院认为该主观构成要件的要求没有得到满足。

联邦法院在"帮助故意"这个关键词下所讨论的内容,在犯罪论体系上处于非常靠前的位置,即对于行为社会相当性的审查。由于宣传册本身的内容是完全正确的,那么,接下来的问题便是,被告律师是否要对委托方基于欺诈的目的而滥用了这本宣传册的行为答责。一种观点认为,只要业务性的服务提供者正确地提供了服务,他就无须对此答责。他可以诉诸自己的社会角色,在本案中指的是法律顾问。② 他人滥用了自己的服务,这对被告人来说是一种允许的风险。尽管是在错误的体系位置上,联邦法院在本案中正确地否定了此观点。个人被允许进入何种风险之中,无论他是怎样获得这种认识的,总是取决于他在个案中具有何种认识。③ 法秩序所提出的注意规范要求不是针对某个初始角色的承担者,而是针对有智慧的个体,他必须运用其认识避免其行为所造成的违法后果。(参见本书第五章边码 21)。 **10**

这不仅适用于私人行为,也适用于职业行为。没有人会怀疑,纵火犯的朋友出于善意驾车,将纵火者和装着汽油的箱子一并送到纵火地点的行为构成纵火的帮助犯。这同样也应适用于出租车司机,即使他是基于自己的职业角色而这样做的,也只收取了包括行李费在内的、与其驾驶里程相对应的费用。常规的职业行为不能享有特权。 **11**

如此一来,问题便在于:哪些被滥用服务的风险中对于服务提供者而言是不被允许的。联邦法院的回答首先是当服务的提供者积极地认识到自己的服务会被用于犯罪的目的时,提供服务的行为就是不被允许的。相反如果他不知道,那么,他的服务就是社会相当的。"除非他认识到,得到他帮 **12**

---

① BGH NStZ 2000, 34.
② Jakobs Armin Kaufmann-GS (1989), 271 (273); ders. AT 7/50.
③ NK-Puppe Vor § 13 Rn.157; Amelung Grünwald-FS (1999), 9 (28).

助的人实施可罚行为的风险非常高,以至于他的帮助被视为是'对一个具有可识别之犯罪倾向的正犯的促进'"。由此形成的公式虽然乍看之下引人注目,但仔细看来却无法正确地知道要如何补充此公式的内容。唯一的标准是,根据正犯的认识,其服务会被滥用于犯罪目的之盖然性很高。

13　　业务相当或者说社会相当行为的概念,在帮助犯的问题上一直是一个热门的话题,①但事实上这却并非帮助犯教义学中的独立范畴。一个行为是否可以作为帮助犯受到处罚,不取决于它除了违反了"禁止帮助他人实施犯罪"这一禁令之外,是否违反了另一个禁令。我们来研究一个经典案件,②顾客愚蠢地告诉烘焙师,他打算购买面包之后,于当天晚上在面包里下毒毒死自己的妻子。此时,烘焙师是否被允许将面包出售给顾客,这不取决于他是否遵守了面包房打烊的时间。除了少量的例外案件,如将枪支卖给无权持有枪支的人,或者销售禁止销售的毒药这些情况,其余的经典帮助行为,如果不考虑与所引起或保障的犯罪之间的关系,而只是就其自身而言,通常都是社会相当的。一个站在门前朝街边观望是否有人过来的望风者,其行为又有哪里是社会不相当的呢?之所以是社会不相当的,无非是因为望风行为服务于确保入室盗窃的实施。告诉正犯自己富有的邻居出去旅行6周,这个信息本身看来也是社会相当的。但当他知道他人会利用这一信息进入邻居家中实施入室盗窃,或者认为他人有高度的盖然性这样做时,提供这一信息的人就构成入室盗窃的帮助犯。

14　　因此,问题不在于孤立地看帮助行为是否社会相当,是否具有业务典型性或者日常性,而在于此行为与其所引起的犯罪之间的关联有多紧密。如果该关联非常密切而明显,如望风者,那么,关于行为的社会相当性或者日常性的问题就完全不会出现。帮助行为所必要的"犯罪性的意义连接点"(deliktische Sinnbezug)③体现在,他直接服务于一个排他性地具有犯罪特征的正犯行为。例如,委托者委托一名手工业者并支付报酬,他明确地知道该名手工者是在打黑工或者准备逃避缴纳所得收入的增值税,此时就欠缺这种直接性。而当正犯的行为除了犯罪意义之外还具有其他的社会意义时,就欠缺排他性。向工厂提供原料的供货商不能作为工厂所实施之环境犯罪的帮助犯而答责,即使供货商明确知道工厂在加

---

① Amelung Grünwald-FS (1999), 9; Roxin AT/2, 26/221.
② Jakobs AT 24/17.
③ Frisch (1988), 284; Roxin AT/2, 26/221; 参见 Jakobs AT 24/15; Ransiek wistra 1997, 41 (46).

工自己所提供的原料时满足了《德国刑法典》第 324 条污染水体罪或者第 325 条污染空气罪的构成要件。

三、实际适用的提示

当对一名参与者究竟是帮助犯还是共同正犯存有疑问时,他的行为贡献总是可以从已经得到确认的正犯所实施的构成要件实现中进行审查。我们在此之前已经看到要如何进行从属性的审查(参见本书第二十三章边码 22 及以下数个边码),但这里主要讨论几种在共同正犯中不存在的情况。在一些联邦法院的判决中,人们可以结合共同正犯的描述正确地质疑是否存在这种情况。根据前述(本书第二十三章边码 7)所引用的联邦法院的裁判理由,共同正犯成立的客观要件只需要"以某种方式推动了共同意欲之犯罪",这与判例最初提出用来判断帮助犯客观构成要件的促进公式是同一的。尽管在本案中不清楚基于何种事实可以认为,一个并不在现场的被告人产生了这种支配,在这个判决中最初也称为"对犯罪的共同支配"。这或许解释了部分答题者的坏习惯,即使是某种非常轻微的犯罪参与,如提供了犯罪所使用的信息或者向一名已经决意实施犯罪的实行者提供工具等,也要先从共同正犯开始审查。但即使是在法官的实践中,原则上也承认这种犯罪参与仅构成帮助,而不构成共同正犯。在这类案件中,答题者会存在一种不安全的印象,必须先从共同正犯而非帮助犯开始审查。

任何与犯罪实行存在因果关系的行为贡献,即在犯罪实行阶段被正犯所利用,就满足了帮助犯的客观构成要件。如果帮助贡献的因果关系存疑,那么,在文献上以罗克辛为代表的观点主张可以先将该行为贡献纳入结果的"具体内容"描述之中,如望风行为与另一人的入室盗窃之间的因果关系就可以这样来证立,由于这是一起由两人共同实施的行为,因此,两人也理所当然地与这一行为有因果关系。如果不信,可以再次阅读本书前面的内容(本书第一章边码 2)。这显然是一种循环推论,无法证立任何结论。应当指出,尽管他在其他的地方也存在相同的循环推论问题(参见本书第一章边码 1 及以下数个边码),但判例没有采取文献上的建议来证立帮助犯。在判断帮助犯的客观构成要件是否满足时,这个循环推论没有任何帮助。因为恰恰是想要以这种方式解决帮助犯因果关系问题的罗克辛,直觉性地认为该方案将会流于空洞,①因而要求帮助者的行为贡献必须提升了

---

① 参见本书第一版总论第二卷第 42 章边码 4 及以下数个边码。

结果发生的风险。① 将帮助者的贡献纳入到结果的具体内容之中,若以这种方式认定了帮助行为与结果之间的因果关系,这种认定在判断帮助者的行为贡献是否足以肯定帮助的问题上同样也是无济于事的。

17 要采取正确的方法讨论帮助犯因果关系的问题,就应当这样追问,帮助者的行为是否是事实上出现的、结果发生之充分条件的必要组成部分。(参见本书第二章边码 1 及以下数个边码)。其中的充分条件必须是客观上真实存在的,这一点也十分重要。例如,经常讨论的犯罪学徒案中,学徒跟着师父一起在犯罪现场,必要时师父也会自己出手犯罪。为了解决此问题,就没有必要将帮助犯转化为具体甚至抽象危险犯。② 只有当(师父没有真的实施的)假设帮助行为在这一意义上与犯罪的实施不存在因果关系,才需要诉诸判例上的促进公式。该公式可以具体表达为,帮助是指任何一个在事前看来可以使犯罪的实行得到更加保障的行为。这与罗克辛所要求的风险升高会得出同样的结论,因为风险的升高也是从事前来确定的。③ 望风便属于这种保障,即使当时没有警察出现在现场。此外,事前答应的妨碍刑罚实施(Strafvereitlung)行为以及包庇都可以视为对犯罪的促进与推动,至少是一种心理上的推动。

18 有争议的且目前讨论得非常多的问题是,只是单纯地使犯罪的实行变得更为容易,但与构成要件的实现没有因果关系的行为,是否足以构成帮助。经常讨论的案例是为一名努力工作的银行劫犯提供冷饮。④ 该讨论则是通过关于所谓中立或社会相当的帮助行为的讨论来解决的(参见本书第二十六章边码 8 及以下数个边码)。

---

① Roxin AT/2 26/210. ihm folgend: Otto AT 22/53; Rudolphi StV 1982, 518 (519 f.); Murmann JuS 1999, 548 (552).
② 但是 Schaffstein Honig-FS (1970),169(179); Lüderssen Grünwald-FS(1999), 337 ff; Herzberg GA 1971, 1(4 ff.).
③ Roxin, AT/2, 26/214.
④ Herzberg GA 1971, 6.

第二十七章　归属于犯罪参与者的一般规则

一、实行过限——抢劫者案(联邦法院:《新刑法杂志》1992年刊,第537页)

[被告人与一名同伙M计划一起伏击酒店老板并抢劫他的财物,但过了20分钟酒馆老板还是没有出现在犯罪现场。被告人想到了一个更好的办法,于是建议M放弃抢劫,两人遂离开犯罪现场。后来M又与其他同伙一起实行了伏击酒店老板并取财的行为,但没有成功。——译者注]

联邦法院认为埋伏尚不构成抢劫罪实行的起点,因此,它考察了《德国刑法典》第31条的规定[关于共犯中止即共犯脱离的规定。——译者注],被告人是否因与M的重罪通谋中止而免除处罚。所面临的问题在于被告人要成立中止,究竟是只需要被告人放弃与M共同制定的犯罪计划,还是要求他必须阻止M后来与其他同伙一起实施的抢劫。这取决于后来M与其他同伙一起实施的抢劫与其之前同被告人原本达成通谋的抢劫是否是同一个犯罪。联邦法院否定了这一点,理由如下:

尽管M始终没有放弃他的行为计划,而且是从一开始便打定主意在合适的时机与其他人继续实施所计划的犯罪,但这与其之前和被告人达成通谋的犯罪已经不再同一。因为从重罪通谋中中止的重要性,取决于犯罪参与者是否以及在多大范围内关注时间、地点、实施方式等正犯行为的具体内容。因此,若将中止者的行为贡献中立化之后,行为计划虽仍然继续执行,但其执行方式发生了变化,进一步的犯罪事态发展在行为对象、手段以及其他时间和空间样态等方面与最初通谋的行为计划存在重大的偏离。从中止者的视角来看,这已经构成一种实行过限,此时犯罪参与者无须作出进一步的阻止努力就可以免除处罚。从查明的事实中不能得出,被告人与M通谋使用武器胁迫酒店老板P交出钱财的计划没有任何时间和空间限制。不能排除,被告人设想的是在达成通谋之后的当天夜里实施犯罪。当他自愿地阻止了计划在那个晚上实施的犯罪时,就足以成立免除处罚的中止。①

3 联邦法院原本不需要讨论 M 和被告人所计划的犯罪是否就时间、地点进行了具体化,关键仅仅在他们究竟是仅就一个还是数个抢劫的实行达成了通谋。如果他们仅就实行一个抢劫行为达成了通谋,那么,M 后续所实施的抢劫意图就属于实行过限,即量的实行过限。被告人无须(作为正犯)对过限的部分答责,也不必作为教唆犯或者心理帮助者答责。即使与本书所采取的观点不同,主张任何引起行为决意的行为都足以构成教唆,因此 M 后来实施的多次抢劫实行行为事实上都回溯到与被告人最初达成的通谋时,也是如此。因为后续实施的多个抢劫实行行为已经无法为被告人的故意所涵盖。

4 当正犯(所实施的不法)在数量上超出了其与教唆犯或者共同正犯达成通谋的不法,就构成量的实行过限。当正犯在实施与其同伙通谋之犯罪时,实现了比通谋内容更多之不法时,构成量的实行过限。而当他实施了多个犯罪或多个实行行为时,尽管只就其中之一达成了通谋,也构成量的实行过限。例如,当教唆者与正犯通谋,闯入一家纺织品商店盗窃 10 件上衣给教唆者,而正犯拿走了 20 件,那么,教唆者就仅对其中 10 件上衣的盗窃行为答责。至于"具体"是哪 10 件衣服,不需要确定。如果人们坚持要查明到底是哪 10 件衣服,那看在上帝的份上,可以是正犯拿走的前 10 件,如此一来他就已经"消耗"了共同的行为计划。同样地,当正犯实施了多个既遂或未遂犯罪,每一个都与教唆犯通谋的内容一致,但两人通谋只实施一次犯罪,也是如此。这时,当然不能将正犯所实施的所有犯罪都归属于教唆犯。然而,若是因为每一次犯罪都与共同的行为计划完全一致,且无法确定到底应该将哪一次犯罪归属于教唆犯,就什么犯罪都不归属于教唆犯,那也是不正确的。看在上帝的份上,我们姑且可以将第一次犯罪归属于教唆犯。

二、共犯场合的从属性归属原则——农场继承案(《联邦法院刑事判例集》第 37 卷,第 214 页)②

5 被告人是一名上了年纪的农场主,他将农场交给了自己的儿子 K。但

---

① BGH NStZ 1992, 537 f.

② NJW 1991, 933ff.=NStZ 1991, 123 mAnm Puppe=JZ 1991, 678 mAnm Roxin=JR 1992, 293 mAnm Küpper=MDR 1991, 169 m. Bspr. Müller=JuS 1991m. Bspr. Streng=JA 1991, 103 m. Bspr. Sonnen; siehe auch Puppe AT/1, 1. Aufl. 20/22 ff; Roxin Spendel-FS (1992), 289.

他又决定杀死 K,因为他害怕儿子的酗酒和暴力成性最终会毁掉家族与农场。S 与被告人约定了报酬后答应射杀 K,被告人给了 S 一张照片以及 K 长相特征的具体描述。一个寒冬的晚上 7 点左右,S 埋伏在 K 回家必经的马厩中,积雪的反光是当时唯一的光源。此时邻居 B 经过了马厩,B 正好与 K 身形相似且他和 K 一样拿着一个塑料袋。S 误认为 B 就是 K,于是射杀了他。

得到普遍承认的是,不能因为正犯想要杀死的不是 B 而是 K,就否定将 B 的死亡归属于正犯,正犯关于目标人物的认识错误并不是否定归属的理由(参见本书第十章边码 44 及以下数个边码)。但自古以来,该认识错误能否以及如何影响教唆者的答责性,在理论上就充满了无尽的争议。

一种观点认为,尽管教唆者通过犯罪建议引起了正犯的故意犯罪,尤其是像本案这样与正犯达成了不法协议的情况,他也不能对正犯的故意犯罪答责。因为根据教唆者的设想,无论是针对错误客体的实行行为还是结果都不能归属于教唆者的故意。不过可以考虑就结果的引起成立过失犯,如果正犯行为是重罪的话还可以考虑成立重罪教唆未遂。由于正犯存在对象错误,可以按照正犯从一开始就偏离了他的犯罪建议来处理教唆者。① 而另一种观点则认为,教唆者对于发生认识错误的正犯的实行部分答责,但不对犯罪既遂答责。[如何体系性地处理实行者发生认识错误时的教唆者责任的问题,可以参见〔德〕英格博格·普珀:《法学思维小学堂——法律人的 6 堂思维训练课》,蔡圣伟译,北京大学出版社 2011 年版,第 181—185 页。——译者注]②

联邦法院否定了上述两种解决方案,认定被告人成立故意杀人罪既遂的教唆犯,理由如下:

> 教唆者通过对正犯的影响而间接地侵害了受保护的法益……某个特定的事实对于正犯本人而言不重要,但对教唆犯来说却被视为在法律上重要的情状,需要特殊的理由予以证立。审判委员会不认为该特殊理由在于两名被告人具有不同的故意指向。但是,正犯与共犯的法律关联不是绝对的,根据法律规定,教唆者的行为也必须是故意的。当正犯行为已经偏离了他所设想的图景时,他在刑法上不负有责任。

6

---

① Binding Normen Bd. 3, S. 214; Roxin AT/2 26/120; ders. Spendel-FS (1992), 300 f.; Bemmann Stree/Wessels-FS (1993), 399; Geppert Jura 1992, 167; Schlehofer GA 1992, 307; Streng JuS 1991, 910 f.Streng 最近已经放弃了他原来的观点!(ZStW 109 (1997), 896)

② Blei AT S. 285; Streng ZStW 109 (1997), 862 (896 f.).

审判委员会不认为,S的认识错误会导致该犯罪对于被告人而言已经成为另外一个不再被其故意所包含的犯罪。①

7 　普鲁士最高裁判所在类似的罗泽－罗塞尔案中也作出了同样的判断。② 理论上反对该方案的主要理由是,正犯的对象错误对于教唆犯而言是构成打击错误。③ 从教唆犯的角度来看,正犯无异于一颗朝被害人射出的子弹。④ 如果这颗子弹没有击中目标,而是击中了另一个同样符合构成要件的对象,那么,根据打击错误具有重要性的原则,该射击就不能进行归属。但打击错误本身是一个错误的概念(参见本书第十章边码44及以下数个边码),其是基于这样的理念,即正犯通过对犯罪对象的感知而对犯罪对象进行的具体化是故意的组成部分,因此,当他通过故意行为所引起的结果没有发生在这个具体对象身上时,该结果就不能归属于故意。⑤

8 　但是,对象的具体属性并非故意的内容,任何一个以某种方式被具体化的故意中都包含了应实现的一般故意。这种一般故意就足以肯定故意行为之构成要件得到了满足,相应地,也可以将结果视为是故意引起的而肯定归属。而当正犯以某种方式对行为对象作了不必要的具体化时,结果的故意归属是否成立不取决于正犯的这种具体化是否与现实相符(参见本书第十章边码50、51)。⑥ 此外,在打击错误理论的主张者中,关于究竟哪些具体化是重要的,而哪些具体化又只是不重要的对象错误,也仍存在无穷的争议(参见本书第十章边码44及以下数个边码)。

9 　不过在本案中,只有"正犯的对象错误对于教唆者构成打击错误"这个命题是正确时,关于打击错误是否重要的问题才具有相关性。联邦法院在判决中否定了这一点,指出教唆犯并不是直接地而是间接地通过正犯的行为来侵犯法益客体的,而正犯本身是自行实施行为的。正犯之于教唆犯恰恰不是罗克辛所说的子弹,并按照因果流程偏离的规则来处理教唆犯朝被害人射出这颗子弹射偏了的情况。因此,当联邦法院探讨正犯的对象错误对于教唆者来说是否具有可预见性的问题时,它也犯了一个错误。⑦ 结果

---

① BGHSt 37, 214 (217 f.).
② GA 1859, 322 (337).
③ Müller MDR 1991, 830 (831); Jescheck/Weigend AT § 64 II 4; Bemmann Stree/Wessels-FS (1993), 395 (398 f.); Roxin Spendel-FS (1992), 289 (296); ders., JZ 1991, 680 (681)
④ Roxin AT/2, 26/120.
⑤ Hettinger GA 1990, 531 (543); Koriath JuS 1997, 901 (907); Saliger JuS 1995, 1004; Stoffers, JuS 1994, 948 (952); Toepel JA 1997, 886 ff.; Wessels/Beulke/Satzger AT Rn. 375 ff.
⑥ NK-Puppe § 16 Rn. 95 ff.; dies. (1992), 10.
⑦ BGHSt 37, 214 (219).

不是直接归属于教唆犯的,当正犯实施的正是教唆犯唆使他实施的犯罪时,教唆犯要对正犯行为所创设的客观不法答责,而结果就经由正犯的行为而归属于教唆犯。如果是这种情况,只要该结果归属于正犯,那么就也应该同样归属于教唆犯。这是"共犯从属性"概念的含义。

因此,首先讨论正犯所造成的结果是否归属于教唆犯,或者基于正犯的对象错误对于教唆犯来说是打击错误因而否定结果归属,继而在必要时探讨至少未遂能否进行归属,这种处理方式在体系上是不正确的。体系上正确的处理方式应当反其道而行之。首先讨论的问题应当是,正犯的实行与教唆者唆使的实行是否同一。① 联邦法院在判决中指出:

> 审判委员会不认为,S 的认识错误会导致该犯罪对于被告人而言已经成为另外一个不再被其故意所包含的犯罪。

上述论断是正确的,当正犯在行为时认为他是在履行与教唆者的通谋时,正犯行为与教唆者唆使正犯实行的犯罪就是同一的。如果正犯有意识地偏离了原本通谋的内容,就构成实行过限。非故意的实行过限概念②与共犯的从属性原则是相矛盾的。在 S 朝 B 开枪射击时,内心坚信自己面前的就是 K,他的实行行为正是被告人希望他做的,即杀死 K。因此,正犯的这一实行行为应当根据共犯从属性原则归属于被告人,从而视为他的不法。

上述观点会被归谬,即若 S 毫无疑虑地实施了杀死 B 的行为,并且达到了既遂,那么,被告人就不应对此答责,因为 S 所实施的不再是其所教唆的犯罪。联邦法院的错误正在于它认为存在两个实行行为,一个是针对 B 的,另一个是针对 K 的,而事实上正犯只实施了一个实行行为。③ 这一归谬推论建立在对未遂概念的错误理解之上。根据《德国刑法典》第 22 条的规定,行为人实行的内容,是根据"行为人对犯罪的设想"来决定的,而不是根据某种客观的存在。如果行为人认为自己是在朝人开枪,而客观上他是朝稻草人开枪,他实施的也是针对人的谋杀罪的实行行为,而不是针对稻草人的。因此,不能认为 S 也实施了针对 B 的杀人实行行为。他实施了杀人行

---

① Puppe (2014), 273 ff.
② 参见 Roxin AT/2 26/119; Vgl. auch ders. Spendel-FS (1992), 289 (298 ff.); Haft/Eisele Keller-GS (2003), 81, 94.
③ Roxin AT/2, 26/122; ders. Spendel-FS (1992), 289 (300 f.); Bemmann Stree/Wessels-FS (1993), 399; Haft/Eisele Keller-GS (2003), 81 (85); Geppert Jura 1992, 167; Schlehofer GA 1992, 307; Streng JuS 1991, 910 f.; 现在观点发生了改变 ZStW 109 (1997), 862 (896).

为,该他人是他的目标,并且按照他的主观设想,该他人就是 K。客观上他是朝 B 而不是 K 开枪,对于确定行为决意的内容以及认定第 22 条意义上的实行行为都是不重要的。正如行为人误将稻草人当作是人而开枪射杀时,客观上射击的对象是稻草人也是不重要的。因此,他就只实施了杀死 K 的实行行为,而这个实行行为与教唆者唆使他实施的实行行为是同一的,因而也可以归属于教唆者。①

12 最后,在论证"当正犯存在对象错误时,正犯的实行不应归属于教唆犯"的时候,也存在同样的论证与同样的谬误。诚然教唆犯自己也有可能发生对象错误[教唆者发生对象错误后误伤自己的情形。——译者注],那么,他必须基于由自己亲自实施的实行而受到处罚。在一个著名但经常受到错误嘲弄的判决中,联邦法院认定犯罪团伙的一名成员错误地朝另一名团伙成员开枪的行为成立杀人未遂的共同正犯。因为该名成员认为自己面前的是一名追捕他的警察,自己只是履行了团伙此前达成的通谋,朝追捕者开枪(追击者案)。② 该判决唯一的问题,在于受伤的同伙没有参与实行却也按照杀人罪未遂的共同正犯非教唆犯受到处罚。③ 受伤的正犯当然不需要对故意伤害结果答责,因为该伤害结果就出现在他自己身上,此结果对于他本人来说并非不法。④ 但是根据第 22 条关于未遂的界定,同伙实施的实行行为旨在制止追捕者造成的威胁,相应地,履行了其与受伤者之前达成的通谋。受伤者对于该实行行为构成教唆,若行为人挖坑的行为构成实施了杀人或伤害的实行行为,就算是他自己掉进坑里去,也不能免除其未遂的责任。⑤

13 现在可以确定,S 所实施的实行行为就是被告人教唆他实施的,那么,正如联邦法院所强调的那样,若要认为一个行为情状对于正犯本人不重要但对教唆者却是重要的,这需要特殊的理由。若某种认识错误不能否定将结果归属于正犯,却可以否定结果归属于共犯将违反共犯从属性原则。

14 该结论也受到了归谬论证的反驳,这个反驳来自宾丁的"大屠杀论据"(Blutbadargument),这仍是目前反对在正犯发生对象错误时将结果包括实

---

① Puppe NStZ 1991, 123 (125 f.);现在 Streng ZStW 109 (1997), 862 (896)也持相同观点。
② BGHSt 11, 268.
③ Puppe Spinellis-FS (2001), 915 (932 f.).=dies. ZIS 2007, 242.
④ BGHSt 11, 268 (271).
⑤ NK-Puppe § 16 Rn. 111: dies. (2014), 199 f.

行行为归属于教唆犯的最有力的论点。① 宾丁认为,"要是直到找到正确的目标之前,罗泽杀了12个人,那就会得出令人难以置信的结论,即罗塞尔会成为这整场大屠杀的教唆犯"。② 当教唆者仅唆使他人实施一个杀人行为时,教唆者当然不能对整场大屠杀答责,但是也不能因为无法确定这数个杀人行为中究竟哪一个应该归属于教唆者而认为教唆者对所有的杀人行为均不答责。在打击错误的场合,若正犯只实施了唯一的实行行为时,亦是如此。③

宾丁的大屠杀论据虽然历史悠久,却不符合事实。正如前面抢劫者案(参见本书第二十七章边码1及以下数个边码)所述,被教唆者在教唆的影响下实施了多个符合教唆内容的行为,履行了其与教唆者达成的不法协议,该现象的出现完全独立于正犯的对象错误。对象错误可以是正犯继续去实施其他实行行为的动机,但却并非必要。因此,基于正犯的对象错误而拒绝将正犯的实行与结果归属于教唆犯,不能解决这里的问题。真正与这一问题相关的范畴是量的实行过限。④ 如果教唆者只是唆使正犯实施一个犯罪,那么,即使正犯实施了多次犯罪,且每次犯罪的内容都与教唆的内容相符,也只能将其中的一次犯罪归属于正犯(参见本书第二十七章边码3、4)。在量的实行过限的场合,要回答这多次犯罪中究竟哪一次应当归属于教唆犯视为是其故意的实现这个问题时,不得不具有一定的任意性。尽管该问题在实践中没有回答的必要,但如果人们非要回答这个问题的话,可以将第一次犯罪归属于教唆犯,并认为第一次犯罪就已经"消耗"了他的教唆故意(参见本书第二十七章边码4)。正犯实施的犯罪数比他与教唆者通谋的数量多,或者理论上比他能够实施的多,这一事实不意味着其所实施的所有犯罪都不能归属于教唆犯,他要么完全不能答责,要么只能按照教唆未遂受到处罚,就如同正犯拒绝了教唆者的犯罪建议,完全没有进入正犯行为的实行阶段一样。

15

---

① Roxin TuT, S. 215; ders. Spendel-FS (1992), 289 (296 f.); Bemmann MDR 1958, 817 (821).
② Binding Normen Bd. 3, S. 214 Fn. 9; Roxin AT/2, 26/121.
③ Schlehofer GA 1992, 307; Bemmann Stree/Wessels-FS (1993), 397; Köhler AT 5. 528 f.; Jescheck/Weigend AT § 64 II 4; Roxin AT/2, 26/119; ders. Spendel-FS (1992), 289 (298 ff.); SK-Hoyer Vor § 26 Rn. 53.
④ Jakobs AT 21/45; Schönke/Schröder-Heine/Weißer, § 26 Rn. 25; Puppe NStZ 1991, 123 (125).

三、基于《德国刑法典》第 28、29 条放宽从属性要求——逃税案(《联邦法院刑事判例集》第 41 卷,第 1 页)①

[本案中,州法院根据《德国租税通则》第 373 条与第 370 条第 1 款第 2 项判处被告人成立职业性逃避进口税罪的帮助犯。本案的关键问题是,《德国租税通则》第 370 条第 1 款第 2 项中所规定的证立刑事责任的义务违反("违反义务使税务部门没有认识到税收上重要的事实")是否属于《德国刑法典》第 28 条第 1 款意义上的证立刑罚的身份要素,这样被告人就可以基于《德国刑法典》第 28 条和第 27 条的规定获得两次减轻处罚。——译者注]

(一)何谓证立刑罚的特殊身份要素

16 身份犯的构成要件,即以正犯具备特殊身份要素的犯罪为前提的构成要件,只能由自身具备这一要素之人即身份者(intraneus)来实现。只有法官可以实施枉法裁判行为,只有有权给他人设定义务或处分他人财产之人才能滥用此权限造成他人财产损害,即实施背信行为。只有在法庭上作为证人的作证之人,才能实施虚假陈述、虚假宣誓行为。只有医生、律师这样因为职业关系掌握秘密之人,才能出卖这些秘密。与之相反,一般人则可以作为教唆犯、帮助犯参与身份犯。对于受损的财产不负有财产照管义务的人,可以教唆负有财产照管义务者滥用他的法律地位。一名证人计划在法庭上作伪证,而律师则给他提供了庭审过程的信息,通过这些信息,证人可以让自己的伪证看起来更加可信,那么,该名律师就构成虚假陈述罪的帮助犯。这乍看之下是自相矛盾的,因而需要解释。

17 无身份者(extraneus)由于欠缺构成要件中所要求的正犯身份,因而排除了他成立身份犯的正犯,乍看之下这是身份犯构成要件字面含义的必然结论。但这不能排除无身份者利用身份者为工具,来实施身份犯构成要件的可能性。身份者有认识且答责地实现构成要件,与被无身份者利用为工具实现构成要件,这两种情况从外部看来是一模一样的,但是无身份者成立身份犯的间接正犯则是被彻底否定的。② 行为人对负有财产照管义务的人

---

① =MDR 1995, 617=WiB 1995, 525 mAnm Cramer=NJW 1995, 1764=wistra 1995, 189=NStZ 1995, 405=StV 1995, 409=JZ 1995, 1184 mAnm Ranf=JR 1996, 161 mAnm Hake=BGHR StGB § 28 Abs. 1, Merkmal 6; Schmidt JuS 1995, 841; Grunst NStZ 1998, 548.

② Lackner/Kühl-Kühl § 25 Rn. 3; Schönke/Schröder-Heine/Weißer, Vor § 25 Rn. 82; § 25 Rn. 49; Jescheck/Weigend. AT § 62 I 2; Kühl AT 20/13; Stratenwerth/Kuhlen AT 12/22 f.

就财产处分具有损害财产的特征进行欺骗,导致负有财产照管义务之人通过财产处分减少了其负责照管之财产的整体价值,构成三角诈骗,而非背信罪的间接正犯。通过欺骗手段使医生泄露了病人的信息之人,有可能是与医生一同照顾病人的医院同事,和从医生处盗窃了病历的人一样不会受到处罚。通过欺骗手段诱使证人在法庭陈述虚假事实,虽然可以根据《德国刑法典》第 160 条成立诱导虚假陈述罪,但却不能成立第 153 条、154 条虚假陈述罪的间接正犯,前者比后者要轻得多。之所以如此,是因为间接行为人并不负有特定的义务,负有义务的身份者对于该义务的违反属于构成要件的内容。①

但同样需要解释是的,为什么无身份者虽然不能亲自实现身份犯的构成要件,但当他与身份者合作时,却可以按照该身份犯的共犯受到处罚。身份者相比于无身份者的特点,不仅在于他负有特定的义务,而且在于该义务总是与某种法律所赋予的特殊权力地位相连。法官之所以能够实施枉法行为,是因为他的判决会成为法的一部分。负有财产照管义务者之所以能够直接给所照管的财产造成损害,是因为他有权处分该财产。有意识地作伪证的证人不仅违反了他的特殊义务,而且他以不是证人就无法做到的方式方法侵犯了司法制度。而教唆者与帮助者则是通过唆使或者帮助身份者滥用这一权力地位的方式,间接地获得了这一权力地位。②

特殊的义务地位作为构成要件要素具有特殊的双重属性,这使身份者获得了侵犯受保护法益的可能性,而无身份者尽管自身不拥有这种可能性,但可以作为教唆者、帮助者间接地获得部分的可能性。按照共犯从属性的规则,在将权利滥用这一不法要素归属于不具有身份的教唆者、帮助者时,就他自身而言没有创设不法。同时,身份犯中还包含了对具有高度人身性的、只有身份者才具有之义务的违反,这种义务违反不能转移到无身份者身上,且从经验的角度来看,该义务违反与权力的滥用是不可分的。立法在《德国刑法典》第 28 条第 1 款的规定中是这样考虑这种双重属性的:正犯的身份要素虽然可以归属于无身份者,但却是以一种较为缓和的形式进行归属的。③ 正如下文所述,所谓证立刑罚的特殊身份要素就是身份犯的这种个人义务地位,而根据第 28 条第 1 款的规定,该要素是根据半从属性

18

19

---

① LK[11]-Roxin § 25 Rn. 37, § 28 Rn. 62; NK-Puppe § § 28/29 Rn. 60 f., 70; NK-Vormbaum § 153 Rn. 111; SK-Zöller Vor § 153, Rn. 9; SK-Hoyer § 28 Rn. 37; Jakobs AT 23/25; Langer, Wolff-FS (1985), 335 (345).

② Gallas bei Grebing ZStW 88 (1967), 175; Wagner (1975), 391ff; NK-Puppe, § § 28/29, Rn. 8.

③ Gallas bei Grebing ZStW 88 (1976), 175; NK-Puppe § § 28/29 Rn. 7 ff.

原则来处理的(参见本书第二十七章边码23及以下数个边码)。

20　　正犯根据《德国租税通则》第370条第1款第2项的规定,成立以不作为形式实施的逃税罪,而被告人则为其提供了帮助。从判决中无从得知,法院将被告人的何种行为认定为帮助行为。

　　《德国租税通则》第370条第1款第2项规定,"违反义务使税务机关无从知晓与税收相关的重要事实,从而削减自己所缴税款,或使自己或使他人得到不正当的税收优惠"的行为将受到刑罚处罚,但只有正犯而非被告人负有纳税申报义务。联邦法院认为问题在于《德国租税通则》第370条第1款第2项的税收申报义务是否为一项特殊身份要素,从而根据《德国刑法典》第28条的规定只能以缓和的形式归属于不负有税收申报义务的帮助者,帮助者因此可以获得双重的刑罚减轻[之所以认为存在双重减轻在于,行为人因为欠缺身份要素而成立帮助,帮助犯相对正犯受到减轻;同时行为人因为欠缺身份而被减轻。——译者注]。审判委员会对此作出了否定回答,理由如下:

21　　区别在于,所涉及的要素之重点究竟在于行为还是在于行为人的人格……如果描述的是一个前刑法的特殊义务,那么,所涉及的是行为人的人身性,该要素就是行为人相关的。相反,若涉及的是一个"刑法对于一般人的要求",那么该要素所描述的就是行为本身,因而该要素就是行为相关的……《德国租税通则》第370条第1款第2项构成要件中所提到的义务是行为相关的身份要素,此要素在《德国刑法典》第28条第1款的意义上与公职人员所负有的特殊义务、背信罪的财产照管义务、其他不纯正不作为犯的保证人地位都不具有可比性……税法上的义务与日常生活的客观经历相连,只要立法为此种申报义务所设定的事实前提得到满足,每个人都会负有这一义务。审判委员会无法认为,本案中这种税法上的义务属于第28条第1款所描述的那种前法律的义务地位或者"高度人身性的义务地位"。①

22　　将身份要素区分为与行为相关和与行为人相关,不适于明确地区分出从属性的与非从属性的正犯身份要素。只要该要素是构成要件要素,就是与行为相关的,因为在行为刑法中,不描述行为的特征而只描述行为人特征的构成要件要素是不具有合法性的,所有的构成要件要素都是与行为相关的。之所以称为与行为人相关,是因为该要素描述的是行为人的属性或者

---

① BGHSt 41,1 (2).

特征。① 即使建议将"与行为相关"的表述改为"与法益相关",②也是无济于事的。正如我们所看到的,恰恰是这种与法益相关的要素,在一般上也被认为是第 28 条第 1 款意义上的特殊身份要素。因为职务犯罪也应当保护职权免于被滥用,公职人员这一地位是与法益相关的。在对从属性进行限制时,不是要区分和行为相关暨和法益相关要素和与行为人相关要素,而是要区分不法要素与责任要素。③

第 28 条第 1 款意义上的特殊义务要素除了包含行为人滥用法律所赋予他的特殊权利这一不法要素之外,还包含了违反行为人所负有的特殊义务这一责任要素。后者根据第 28 条第 1 款的规定不会归属于不负有该义务的非身份共犯。该义务要素的特征在于这不是一种一般人所负有的不去损害他人法益,不违反刑法规范的义务,而是一种共犯不具有,只有正犯才具有的特殊义务。因此,联邦法院区分作为第 28 条特殊身份要素的特殊义务与一般人义务,这是正确的。该特殊义务必须自刑法之外得以证立,这一点联邦法院也是正确的。 23

但这不意味着只有特定的获得了法秩序特殊信赖的人才能承担这种特殊义务,身份犯不能被理解为某种特权。根据《德国基本法》第 12 条、第 33 条第 2 款规定,所有公民只要通过了特定的训练,就都可以成为法官、公职人员、医生、律师。只要他承担了相应的法律地位,任何人都可以成为《德国刑法典》第 266 条第 1 款意义上负有财产照管义务之人。 24

义务承担的自愿性也不是该特殊义务的必要要素。证人的陈述真相义务也是一项特殊义务。④ 所有公民只要对某个事件经过拥有重要的感知,就会负有这项义务,该义务是法律强加给他的。《德国刑法典》第 13 条 25

---

① NK-Puppe, §§ 28/29, Rn. 16; Roxin AT/2 27/23
② Blauth, (1968), 63 f; Gallas ZStW 88 (1976), 175; Geppert ZStW 82 (1970), 40 (6 ff.); Grünwald Kaufmann-GS (1989), 555 (559 ff.); 批评意见参见 Roxin AT/2 27/35 ff.; NK-Puppe §§ 28/29, Rn. 16.
③ NK-Puppe, §§ 28/29, Rn. 14 ff.
④ NK-Puppe §§ 28/29 Rn. 7 f.; dies. ZStW 120 (2008), 504 (511 f); NK-Vormbaum, § 153 Rn. 111; LK-Roxin/Schünemann § 28 Rn. 61 f.; SK-Hoyer, § 28 Rn. 37; SK-Zöller, Vor § 153 Rn. 9; Jakobs AT 23/25; Langer, Wolf-FS (1985), 335 (355); Herzberg ZStW 88 (1976), 68 (103); der. GA 1991, 145 (181 ff.).一些学者认为,否定间接正犯的理由在于第 153 条及以下数条是亲手犯。Schönke/Schröder-Lenckner/Bosch, Vor § 153 Rn.33; Lackner/Kühl-Heger, Vor § 153 Rn. 7.这是一种复古现象,其观点来自早期将伪誓视作渎神行为,作为处罚会将伪誓者发誓的手指砍去。

规定的保证人义务是一项特殊义务,①无论他是自愿地承担了这项义务,如保护功能承担之保证人,还是法秩序强加于他的,如前行为保证人。军人的身份也是一项国防法上普遍承认的特别身份要素,即使士兵并非自愿参军而是为了履行兵役义务。税法上的纳税申报义务也属于这种法律强加的特殊义务。

26 　　刑法外义务的特殊性不在于行为人属于某个封闭的群体,而在于在实现构成要件的具体情况下,行为人与这种事态之间存在一种特殊的、刑法之外的义务关系。在本案中,被告人与具体的纳税过程之间并不存在这种义务关系,因为他没有向欧共体经济区域内进口货物,因而并不负有相应的申报义务。他没有违反自己的申报义务,而是帮助他人违反了申报义务。在被告人的行为中没有包含违反特殊义务这一特殊的、高度人身性的要素。纳税申报义务因而是一种第28条第1款意义上的证立刑罚的高度人身性的身份要素。

27 　　公法上的特殊地位与民法上的特殊地位适用相同的规则。在破产诈欺罪(Bankrott)或阻碍强制执行罪(Vereitelung der Zwangsvollstreckung)中,债务人的法律地位都是高度人身性的身份,只有债务人而非他的教唆者、帮助者才能违反其对债权人所负有的特殊法义务。但是,这种法义务,或者说债权人对于债务人所享有的请求权,正是破产诈欺罪或阻碍强制执行罪的保护法益。② 这样我们就可以回答这个争议性问题,在《德国刑法典》第142条(事故后逃逸)中,作为事故参与者的地位是否为证立刑罚的特殊身份要素。在第142条的解释中始终强调,该条既非服务于刑事追诉的保障,也非服务于保护交通安全免于受到不适格驾驶者威胁这一公共利益,而仅是用来保障其他事故参与者对于澄清事故发生过程这一民事利益。③ 事故参与者,无论他们对于事故的发生是否有责,即最终是否要承担损害赔偿责任,只有他们相互之间负有义务来共同澄清事故的发生过程。事故后逃逸罪的构成要件中包含了对于共同参与澄清义务的违反,这也是为什么即使

---

① NK-Puppe § § 28/29 Rn. 61, 72 ff.; Baumann/Weber/Mitsch/Eisele AT 26/151;; Wessels/Beulke/Satzger Rn. 801; Schönke/Schröder-Heine/Weißer § 28 Rn.19; 不同观点 Lackner/Kühl-Heger § 28 Rn. 6; Geppert ZStW 82 (1970), 40 ff.

② zu § 283: NK-Kindhäuser Vor § 283, Rn. 19 ff.; zu § 288: NK-ders. § 288 Rn.1; Schönke/Schröder-Heine/Hecker § 288 Rn. 1; Fischer § 288 Rn.1; Lackner/Kühl-Heger § 288 Rn. 1; Maurach/Schröder/Maiwald BT/1, 47/3.

③ BVerfGE 16, 191 (193); BGHSt 24, 382 (385); Lackner/Kühl-Kühl § 142 Rn. 1; Schönke/Schröder-Sternberg-Lieben § 142 Rn. 1a; Fischer § 142 Rn.2 f; Herzberg GA 1991, 145 (170 f.).

非事故参与者违背事故参与者的意志将其带离现场,非事故参与者也不能按照第142条进行处罚的理由,而非因为第142条是"亲手犯"。① 相应地,事故参与者这一身份就属于《德国刑法典》第28条第1款意义上的特殊身份要素。②

我们的结论是,所有在犯罪构成要件中出现的正犯之法律地位,都是特殊身份要素,特别是在明确规定所违反之义务,如照顾义务、抚养义务等的构成要件之中尤为明显。只有在少数构成要件中,所规定的身份属性并非高度人身性的正犯身份,典型的代表是《德国刑法典》第183条暴露癖犯罪中的要素"男人"。之所以只有男性才能作为第183条暴露癖的直接正犯满足该罪构成要件,不是因为男人具有某种特殊的法律地位甚至特殊权利,而是因为只有男人可以通过暴露行为产生第183条所致力于避免的客观效果。女性的暴露行为,根据女性本身的魅力,可能是有诱惑性的也可能是滑稽的,但只有男性的暴露行为才是具有威胁性的。将该罪可罚性的范围限制在男性的理由,不在于男性负有特殊的义务。因此,当一名女性促使一名患有精神疾病的男性实施暴露行为,也没有任何理由将该名女性作为暴露癖的间接正犯来处罚。③ 如前所述,德国刑事立法中只有极少数这种情况,赫茨贝格称为"功能事实性的要素"(funktionell sachliche Merkmal)④。人们可以采用如下规则:构成要件中所出现的证立刑罚的正犯身份要素,通常是《德国刑法典》第28条第1款意义上的身份要素。

28

(二)不真正职务犯罪——调换血样案(《联邦法院刑事判例集》第5卷,第76页)

但通说认为,不是所有的特殊义务要素都按照半从属性原则来处理,而是区分真正的与不真正的身份犯。所谓不真正的身份犯,是指存在一个一般性的非身份犯罪罪名作为兜底,如利用职务便利的故意伤害罪与利用职务便利的阻碍刑罚实施罪,就属于不真正身份犯。而诸如受贿罪(Bestechlichkeit)、刑讯逼供(Aussageerpressung)、枉法裁判(Rechtsbeugung)等罪名则属于

29

---

① 但是 Arloth GA 1985, 492; Engelstädter (1997), 43 这样认为。
② NK-Puppe §§ 28/29 Rn. 71; SK-Hoyer § 28 Rn. 34; LK-Roxin/Schünemann § 28 Rn. 59; Arzt/Weber BT 38/57;Arloth GA 1985, 492 (504); 相反 NK-Kretschmer § 142 Rn. 115; Schönke/Schröder-Sternberg-Liebe § 142 Rn. 85; Lackner/Kühl-Kühl, § 142 Rn. 39; Maurach/Schroeder/Maiwald BT/1 49/65; Otto BT, 80/47; Herzberg GA 1991, 145 (170 f.).
③ NK-Puppe, §§ 28/29, Rn. 58; 因为通说否认,妻子作为教唆者也要根据第28条第1款进行减轻处罚。Herzberg GA 1991, 145 (169); Lackner/Kühl-Heger § 183 Rn. 1a; MüKo-Hörnle § 28 Rn. 14; Schönke/Schröder-Eisele § 183 Rn. 7.
④ Herzberg GA 1991, 143 (169 ff.).

真正的身份犯。看似显而易见的是不真正职务犯罪中，公职人员身份不是《德国刑法典》第 28 条第 1 款意义上的证立刑罚的身份要素，而只是第 28 条第 2 款意义上加重刑罚的身份要素。① 根据第 28 条第 2 款的规定，若共犯不具有这种加重刑罚的身份，该身份就不能归属于共犯。在不真正身份犯中，这意味着正犯按照身份犯来处罚，而共犯则按照非身份犯来处罚。在真正身份犯与不真正身份犯中，公职人员等身份要素的缺失，通常将受到完全不同的对待。按照第 28 条第 2 款来处理，这对于非身份的参与者来说并不完全是好事。《德国刑法典》第 28 条第 1 款指向第 49 条的刑罚减轻事由的适用，在个案中，减轻之后的刑罚往往比适用非身份犯罪名的法定刑更轻，因此，反而对无身份的参与者不利。②

30 一个罪名究竟是真正的还是不真正的职务犯罪，通常也是有争议、不确定的。下列关于利用职务便利阻碍刑罚实施罪教唆犯的判决就是例证，当时的条文根据是旧版《德国刑法典》第 346 条，即现行《德国刑法典》第 258a 条。

被告人因为醉酒而陷入丧失驾驶能力的状态，并造成了交通事故。警察提取了他的血液样本。他与负责调查的警察约定将自己的血样和其他人的血样进行调换，后者的血液酒精浓度要低得多。根据《德国刑法典》第 315c 条，该名警察着手实行阻碍被告人成立醉酒驾驶罪而应受到处罚。

联邦法院认定被告人成立公职人员包庇罪（即现行的公职人员阻碍刑罚实施罪）的教唆犯，指出：

> 州法院将公职人员包庇罪理解为真正的职务犯罪，这是正确的……因为《德国刑法典》第 346 条（现行法第 258a 条）的构成要件与第 257 条（现行法第 258 条）之间的区别不在于正犯的特殊身份要素。相对于第 257 条而言，该身份要素不是刑罚加重事由，第 346 条规定的是一个独立的构成要件。

当前的通说则认为，第 346 条的后继者，即现行法第 258a 条规定的公职人员阻碍刑罚实施罪是不真正职务犯罪，其中的公职人员身份并非证立刑罚的身份，而是第 28 条第 2 款意义上加重刑罚的身份。这意味着，无身份的参与者只能按照第 258 条的基础罪名进行处罚。出现这种差异的原因

---

① LK-Roxin/Schünemann § 28 Rn. 66; SK-Stein/Deiters Vor § 331, Rn. 35; Lackner/Kühl-Kühl § 28 Rn. 9, Vor § 331 Rn. 2; Fischer § 28 Rn. 9; Schönke/Schröder-Heine/Eisele Vor § 331 Rn. 6; Jescheck/Weigend AT § 61 VII 4 a, aa); s. dazu NK-Puppe § § 28/29 Rn. 32 ff.

② NK-Puppe § § 28/29 Rn. 35 f.

归根结底在于,旧版第 346 条对于公职人员包庇罪客观构成要件的界定比现行第 258 条的规定要更为宽泛,即并非所有公职人员的包庇行为都可以同时满足普通包庇罪的构成要件。因此联邦法院认为,旧版第 346 条规定中的公职人员身份并非当时《德国刑法典》第 50 条规定意义上加重刑罚的身份,而是证立刑罚的身份。所导致的后果与现在相比影响更为深远,因为在当时对于证立刑罚的身份完全不适用从属性的限制,证立刑罚的身份要素会完全地归属于参与者。新版第 258a 条与第 258 条之间区别仅仅在于,正犯是负责对被包庇者进行刑事追诉的公职人员。因此根据当前的绝对通说,第 258a 条中公职人员身份是一项加重刑罚的身份要素,根据《德国刑法典》第 28 条第 2 款的规定完全无法归属于共犯。

通说认为,证立刑罚的身份与加重刑罚的身份之区别仅仅在于,在加重刑罚之身份要素的场合,当参与者欠缺加重刑罚之身份时,还可以根据基础构成要件(一般法)对无身份者进行处罚;而在证立刑罚之身份的场合,若不将该身份归属于无身份的参与者,那么该身份的缺失就只能得出不可罚的结论。通说之所以对证立刑罚之身份要素与加重刑罚之身份进行区别对待,理由无非在于这样做是为了避免可罚性漏洞。① 因此同样的要素,如滥用公职地位来实施犯罪,在有的构成要件中被视为证立刑罚的要素,从而可以将该要素半归属于无身份者;而在有的构成要件中则被视为是刑罚修正要素,完全不能将该要素归属于无身份者,此现象不足为奇。法条的字面含义以及沿革历史很容易得出这样的解释,因为立法将这两种类型的要素都称为特殊身份要素,而"加重"的概念除了意味着这个要素修正了基础构成之外,还能意味着什么呢? 31

反对这种解释的理由在于,同样的要素在通说的意义上被分为证立刑罚的与加重刑罚的身份要素,并对应于不同的法律后果。在刑法上避免处罚漏洞并不是对相同要素作区别对待的正当论据,这里与刑法具有片段性特征的原则相关。而且避免处罚漏洞的论据预设了待论证的结论,若将特殊身份归属于无身份者不具有正当性,就根本不存在处罚漏洞,而只是因为不具有该身份而没有受到处罚。 32

之所以根据第 28 条对证立刑罚的特殊身份要素进行半从属性的处理,除了说第 28 条对从属性原则进行的限制不能制造任何可罚性漏洞外,还需要其他的解释。这便是,这种身份要素是特殊的法律地位或义务地 33

---

① Frister AT 25/37.

位。无身份者不能违反这一义务,但他可以通过教唆或帮助有身份的正犯,来利用其所拥有的法律地位(参见本书第二十七章边码18、19)。证立刑罚的身份要素因而不仅是在形式上而且是在实质内容上,都与加重刑罚的身份相区别。加重刑罚的要素是单纯的责任要素,根据第29条确立的一般原则,每个人都只能根据各自的责任大小来受到处罚,该要素只能适用于本人具备该身份的参与者,而证立刑罚的身份要素则同时包含不法与责任的内涵。① 尤其是滥用公职人员身份地位以实现犯罪构成要件这一要素就属于这种混合性要素。

34　　对于第28条第2款的解释来说,这意味着(特定罪名中的特殊身份要素)不能仅仅因为即使无法将该身份归属给无身份者,还可以根据基础构成对无身份者进行处罚,就认为该特殊身份要素属于加重刑罚的身份。这虽然是判定加重刑罚的身份要素的必要条件,但并非充分条件。② 当身份要素的增加不仅提升了基础构成的责任,也提升了不法时,该要素就仍是证立刑罚的身份。③ 简言之,无论该职务犯罪是否还有对应的普通犯罪作为基础构成,滥用公职人员身份都是证立刑罚的构成要件要素。这是因为这一身份要素应当按照半从属性原则来处理,而不是反过来,因为它是证立刑罚的身份,所以应该按照半从属性原则来处理。④

35　　(通说)为了能够说明公职人员身份是证立刑罚的身份,需要将职务犯罪与相应的普通犯罪脱钩,人们可以将职务犯罪视为独立犯(Delictum sui generis)。但这样做没有很强的说服力,因为在其他方面将职务犯罪视为独立犯也会被用于论证其他的结论。⑤ 这个将特殊构成要件脱钩的技术联邦法院只用了一次,即为了论证谋杀罪要素(Mordmerkmal)是证立刑罚要素,而非加重刑罚要素。但其实在谋杀罪解释中,脱钩是完全没有必要的,因为高度人身性的谋杀要素是纯粹的责任要素,没有加入任何的不法因素(参见本书第二十七章边码43及以下数个边码)。

---

① Puppe ZStW 120 (2008), 504 (505); dies. NK § 28/29 Rn.10 ff., 81.
② Neumann Lampe-FS (2003), 643 (645 ff.); Puppe ZStW 120 (2008), 504 (518 f.), dies. NK § § 28/29, Rn. 30.
③ Puppe ZStW 120 (2008), 504 (517 ff.); dies. NK § § 28/29 Rn. 35ff., insbesondere Rn. 39 f.
④ NK-Puppe § § 28/29, Rn. 40; dies. ZStW 120 (2008), 505 (519); Neumann Lampe-FS (2003), 643 (648).
⑤ 第249条抢劫罪也被认为相对于第242条盗窃罪属于独立犯(delicum sui generis),因为盗窃罪的加重构成与减轻构成都不能适用于抢劫罪。但这与从属性以及第28条对从属性的限制无关。

（三）是否存在证立刑罚的责任要素——现代癖马案①

少数证立刑罚的构成要件要素，在通说看来是纯粹的责任要素。这包括：《德国刑法典》第 90a 条（诋毁国家及其象征罪）、130 条（煽动民众罪）、225 条（虐待被保护人罪）中的恶意，第 225 条的粗鲁、②第 315c 条（危害道路安全罪）中的无忌惮。③ 当共犯具有这种证立刑罚的责任要素而正犯没有，或者正犯有而共犯没有时，此种证立刑罚的责任要素应当如何处理缺少实际的案例，要阐释这一问题我们必须使用假想案例。

为了避免开会迟到 5-10 分钟，老板命令司机在视线不好的环境中以过快的车速行驶，并违反交通规则超车，司机害怕被老板开除而听从了命令。

通说认为，在违反交通规则的行为中，交通参与者出于自私或冷漠而无视自己在道路交通中所附有的义务，该行为即被认定为是无忌惮（rücksichtlos）的。④ 在这个意义上，上述案例中无忌惮的是应该是老板的行为，而非司机在受到强迫时而实施的行为。如果人们对这种情况要适用《德国刑法典》第 29 条的原则，即每个人都只能根据自己的责任大小而受到处罚，老板就可以成立危害交通罪的教唆犯。但是，事实上本案不能适用第 29 条，因为对于不符合构成要件的正犯行为无法成立可罚的共犯。⑤ 这个例子表明，证立刑罚的责任要素在德国的刑法体系中是彻底的异端。

而相反的情况即，正犯的行为被评价为无忌惮，而共犯则否，也不能毫无矛盾地在德国限制从属性的体系中得以安置。通说对于证立刑罚的责任要素适用半从属性原则，即适用第 28 条第 1 款的规定。⑥ 其结果是尽管共犯本人并不具备该证立刑罚的责任要素，但共犯仍然是可罚的。这样做会违反第 29 条所设定的基本原则，只是因为正犯具备了这一要素，就肯定共犯的可罚性。因此在理论上也有观点主张，根据第 29 条的规定，共犯应当是不可罚的。⑦

---

① 经典癖马案参见 RGSt 30, 25.
② Lackner/Kühl-Kühl § 28 Rn. 5; Roxin AT/2, 27/53.
③ Schönke/Schröder-Heine/Weißer § 28 Rn. 6; Roxin AT/2 27/53.
④ NK-Zieschang § 315 c; Rn. 35; Schönke/Schröder-Sternberg-Lieben/Hecker § 315 c, Rn. 28; auch die Rspr. BGHSt 5, 392; BGH VRS 23, 289; 30, 286: 50, 242.
⑤ NK-Schild Vor § § 26/27,Rn. 10; Schönke/Schröder-Heine/Weißer, Vorbem. § § 25 ff.,Rn. 21 ff
⑥ Schönke/Schröder-Heine/Weißer § 28 Rn. 8 f.; LK-Roxin/Schünemann § 28 Rn.19.
⑦ Küper ZStW 104 (1992), 559 (587 ff.); Vogler Lange-FS (1976), 267; Jakobs AT 23/5.

39 《德国刑法典》第28条、29条所设立的受到限制的从属性规则(指对从属性进行限制的半从属性归属原则,而不是限制从属性原则)之出发点显然是不存在证立刑罚的责任要素。这与行为刑法是不兼容的,因为引入证立刑罚的责任要素就意味着立法者认为,犯罪的不法并不足以将其置于刑罚威吓之下,当行为所表现出来的动机、态度(第46条)是可鄙的时候,才会被置于刑罚威吓之下。①

40 具体罪名的构成要件应当这样解释,即他们不包含证立刑罚的责任要素,这是可能且正当的。据此《德国刑法典》第90a条、130条"恶意地使……变得可鄙"不应被理解为出于恶意态度的行为,而应被理解为反映对联邦共和国、联邦州以及公民的恶意态度的表达。而第225条(虐待被保护人罪)中的"恶意忽视"则指的是这种忽视没有充分的理由。第225条中的"粗鲁虐待"也不是出于"粗鲁态度"的虐待,而是指虐待行为本身粗鲁,其程度已经超出了第223条的最低要求。第315c条(危害交通安全罪)中的无忌惮,指的也不是道路交通参与者出于利己主义的动机而行为,而是指他的行为不仅在一般看来严重违反交通规则,如存在极其严重的超速,而且在具体情况下明显没有顾及其他的交通参与者。

41 本书主张将上述要素解释为不法要素的理由,还在于这些要素只是所涉罪名构成要件的选项之一。难道对同一个选择性构成要素,在其中的某一个支项中特别值得谴责的态度而将其作为证立刑罚的要素是必要的,在另一个支项中则并非如此吗?

42 通说将这些要素解释行为人的态度要素,因而是责任要素。一方面将这些要素视为责任要素;另一方面又强制适用第28条、29条的法定规则,这是互相矛盾的。这说明,不应将责任要素理解为是证立刑罚的要素。如果可以的话,可以将其视为加重刑罚的要素(参见本书第二十七章边码43及以下数个边码)。

四、高度人身性的谋杀要素——枪杀案(《联邦法院刑事判例集》第1卷,第369页)

43 二战末期,美军占领了某个区域,被告人要求他们逮捕一名宪兵队长并将其击毙,理由是后者杀死了外来劳工,但事实并非如此。美军士兵们未经审判就击毙了这名宪兵队长。被告人是出于卑劣的动机这样做的。

---

① Puppe ZStW 120 (2008), 504 (521); dies. NK §§ 28/29 Rn. 20.

陪审法庭认定被告人成立谋杀罪的教唆犯。联邦法院则认为该判决存在法律错误,改判被告人成立故意杀人罪的教唆犯,并多余地指出,卑劣动机可以在量刑阶段予以考察。在裁判理由中,联邦法院解释了当时《德国刑法典》第 50 条(即现行《德国刑法典》第 28 条)的规则如下:

> 修正的目的在于每一个参与者都只能根据自己的责任程度非正犯的责任程度受到处罚,这是《德国刑法典》第 50 条第 1 款所表达的基本原则。《刑法协调法规》(Strafrechtsangleichungsverordnung)的目的不在于消除共犯可罚性对于正犯行为构成要件符合性与违法性的依赖……因此,基于第 48 条(现行第 26 条)的规定,教唆者只能根据由正犯违法实现的构成要件之刑法条文来进行处罚。①

正如当前通说对于第 29 条的解释,联邦法院也认为,每个人仅就自己的责任受到处罚的原则不意味着当正犯欠缺证立刑罚的身份要素时,即使缺乏的是单纯的责任要素,教唆犯也可以根据该构成要件进行处罚。紧接着联邦法院论证了这一命题,即谋杀罪的构成要件,包括其中的态度要素在内,都是证立刑罚的而非仅仅加重刑罚的,理由如下:

> 立法在《德国刑法典》第 211 条中所规定的行为方式,并非杀人行为的加重情形,而是另一种犯罪,即谋杀……第 50 条第 2 款(即现行《德国刑法典》第 28 条第 2 款)不能适用于第 211 条中所规定的卑劣动机,因为该要素并非加重刑罚,而是证立谋杀罪的可罚性。②

联邦法院对于谋杀要素的处理方式,与我们在不真正职务犯罪中对于滥用公职人员身份的处理方式是一样的。它将谋杀罪的构成要件与故意杀人罪的构成要件脱钩,从而将高度人身性的谋杀要素解释为证立刑罚的身份要素,因此,它将谋杀罪构成要件解读为独立犯。③ 而联邦法院为此提出的理由则是,第 211 条的罪名是"谋杀"(Mord),而该罪的正犯则被称为"谋杀者"(谋杀者……),④还有就是"立法者的意志。"⑤第 211 条(谋杀

---

① BGHSt 1, 369 (370).
② BGHSt 1, 369 (371 f.)
③ 从 BGHSt 1. 369 开始就成为判例上一贯立场。BGHSt 22, 375 (377); 36, 231 (233); 50, 1 (5); BGH StV 1984, 69; BGH NStZ 2006, 288 (290).
④ 早在 Welzel JZ 1952, 72 便这样认为。韦尔策尔还指出,帝国法院并没有认为旧版第 211 条和第 212 条的名称与其在立法上的体系位置,会阻碍解释上将第 211 条视为第 212 条的加重构成。联邦法院当时刚提出其观点时的论据,仅仅是 1943 年时立法表述上中含有"谋杀者"与"并非谋杀者"的字样。
⑤ Rissing-van Saan in Jahn/Nack (2010), 26 (33, 40).

者是……)与第212条(并非谋杀)等独立表述,都要追溯到1941年时纳粹时期立法者的意识形态(Ideologie)。①

45 但是如果说有的构成要素没有必要进行脱钩,那就是特殊人身性的谋杀要素,其指涉的是正犯的内心态度与行为动机,是纯粹的责任要素。正如前文所示(参见本书第二十七章边码37及以下数个边码),证立刑罚的纯责任要素与限制从属性体系是不兼容的。即使这些要素成为主观不法要素,也无济于事。② 因为如果有要素不能归属于不具有该要素的参与者,这些要素就是正犯的动机与态度。

46 联邦法院也在回避从其法律观点中推导出结论。(若按照联邦法院的这一观点),结论之一将是,在共犯不具有卑劣动机等证立刑罚的谋杀要素时,根据第29条的规定,共犯完全不能受到处罚(参见本书第二十七章边码38)。结论之二则是,在共犯具有谋杀要素,而正犯不具备时,共犯因为欠缺构成要件该当的正犯行为(参见本书第二十七章边码37),也不能受到处罚。而正犯行为在这两种情况中,联邦法院都根据《德国刑法典》第212条故意杀人罪对共犯进行处罚,尽管按照他所主张的独立犯信条,是不应适用第212条的构成要件的。

47 不仅如此,联邦法院还要求下级法院进行补救,以避免从它自己的法律观点,即高度人身性的谋杀要素是证立刑罚要素之中,推导出这些结论,但这些补救措施都无法通过法律上的审查。③ 第一种补救措施是所谓交叉性谋杀要素理论(die Lehre von den sog. gekreuzten Mordmerkmal)。该理论认为,在共犯具备高度人身性的谋杀要素时,共犯根据谋杀罪处罚,而正犯则成立另一罪(故意杀人罪)。④ 但是根据证立刑罚的谋杀要素理论,由于正犯不具备该要素,即使共犯自身具备这一要素,该要素也不能归属于共犯;反之,正犯具备该要素时,该要素也不能归属于共犯,因为共犯本身也不具

---

① 参见 NK-Puppe §§ 28/29, Rn. 27 mit Fn.18 ; dies., JZ 2005, 902 (903): NK-Neumann Vor § 211 Rn.150 mit Fn. 653; Schneider in: Jahn/Nack (2010), 44 (47 f.); Frommel, JZ 1980, 559; dies. in: Nack/Jahn (2010), 63 f.; LK-Rissing-van Saan Vor § 211, Rn. 118. Rissing-van Saan 虽然认为,这一观点无法反驳立法表述,因为立法者在1953年8月4日《第三次刑法修改法案》对原条文未作任何修改,(LK Vor § 211 Rn.120)。但这是在迄今为止杀人罪都没有进行整体修改的前提下才未对原条文作修改的。因此,在进行这种整体改革之前,宁愿放弃对第211条与第212条按照合乎法治国原则的行为刑法进行解释,(Vgl. Schneider in: Jahn/Nack (2010), 44 (47 f.))且不再纠缠于条文字义与既有观点。

② 参见 LK-Rissing-van Saan Vor § 211, Rn. 146 ff.; Otto Jura 1994, 141 (143); SK-Sinn § 211, Rn. 4.

③ Puppe ZIS 2008, 1, Fn. 4.

④ BGHSt 23, 39; 50, 1, (9 f.); Rissing-van Saan in Jahn/Nack (2010), 26 (38 f.)

备这一要素。① 即使正犯与共犯具备的是同一要素时,也是如此。因为被归属的不是一个抽象的构成要素,而是满足该构成要素的事实。参与者的行为动机,即使实现了卑劣或贪婪动机的要素,与另一名参与者实现这一要素的动机也不是同一个。[即在正犯和共犯同时具有卑劣动机时,实现谋杀罪构成要件的,也是正犯的卑劣动机,而非共犯的卑劣动机。——译者注]②这不只是一个灰色的理论,其在量刑上也是有实践意义的理论,在量刑阶段对共犯进行非难的卑劣动机必须根据其不法的内涵进行判断与衡量。第二种补救则是,受雇杀手的行为始终是阴险的,而雇凶者也知道这一点。因此,所有雇凶杀人者都构成谋杀的教唆犯。在例外情况下,若正犯的行为并不阴险,则雇凶者构成谋杀罪的教唆未遂,必要时可以与故意杀人罪的教唆既遂成立想象竞合。③

我们之所以要使用如此早期的判决而来说明联邦法院的观点,是因为联邦法院在后来的判决中再也没有说明,它将谋杀要素视为证立刑罚要素的实质理由。相反,它拒绝了下级法院试图让其重新审视该法律观点的努力,而面对文献上针对该观点的一致批评④,它也只是诉诸本案判决并主张这是"判例的持续观点"。⑤

立法者通过《德国刑法典》第 28 条第 1 款的设立给了联邦法院重新审视自己这一法律观点的现实机遇。⑥ 该条规定,缺少证立刑罚的身份要素可以按照第 49 条的规定减轻法定刑。当正犯具备谋杀要素时,现在联邦法院的观点将会导致不具备这些要素教唆者、帮助者会受到优待。因为按照联邦法院的观点,谋杀罪教唆犯的法定刑下限为 3 年有期徒刑,而谋杀罪的帮助犯与教唆未遂的法定刑下限则是 6 个月有期徒刑。故意杀人罪的教唆犯法定刑下限为 5 年有期徒刑,故意杀人罪的帮助犯与教唆未遂的法定刑

---

① 与许多人不同 Fischer, § 211 Rn. 96 f.; Küper JZ 1991, 862 (865 f.): NK-Neumann/Saliger § 211 Rn.121; NK-Puppe § 28/29 Rn. 28; MüöKo-Schneider § 211 Rn. 269; Schönke/Schröder-Eser § 211 Rn. 54.

② NK-Puppe § § 28/29, Rn. 28; dies. JZ 2005, 902 (903 f.).

③ BGHSt 50, 1 (6 f.); BGH NStZ 2006, 288 (289).

④ Küper JZ 1991, 761 (862, 910); ders. JZ 2006, 1157 ff.; Chr. Jäger JR 2005, 477; Kraatz Jura 2006, 616; Puppe JZ 2005, 902 f; dies. NStZ 2006, 290; dies. ZStW 120 (2008), 504 (524); Geppert Jura 2008, 37 f.; Gössel ZIS 2008, 153; NK-Neumann Vor § 211 Rn. 154 ff; MüKo-Schneider Vor § 211 Rn. 189 f.; Fischer § 211 Rn. 98; Lackner/Kühl-Kühl Vor § 211 Rn. 22; LK[11]-Jähnke Vor § 211 Rn. 39 f; Schönke/Schröder-Eser/Sternberg-Lieben Vor § 211 Rn. 5; als einer der ersten Welzel JZ 1952, 72 ff.=ders. (1975), 265 (266 ff.). 不同观点只有 LK-Rissing-van Saan Vor § 211 Rn. 151.

⑤ BGHSt 22, 375 (377); BGHSt 50, 1 (5); BGH StV 1984, 69.

⑥ 1968 年《欧共体秩序违反法》第 50 条第 2 款。

下限则是 2 年有期徒刑。两者的法定刑上限是相同的。为避免此情形,联邦法院现在规定谋杀罪共犯的法定刑下限不得低于故意杀人罪共犯,其理由是竞合论中轻罪构成要件的堵截作用。①

50 这再一次证明联邦法院的观点是一个谎言,因为按照它的观点,轻罪的构成要件不是故意杀人罪的共犯,而是谋杀罪的共犯。② 引入轻罪的堵截作用这一机制,是为了修正立法者的错误,而非判例的错误,判例可以自行修正自己的错误。或许是缺乏全局观,立法者的错误在于设置加重构成要件时,虽然设置了较高的法定刑上限,却同时设置了与基础构成相比更低的法定刑下限。正犯不能因为除了实现了基础构成,还实现了加重构成的事实,而获得法定刑下限更低的优待。因此,基础构成的法定刑下限具有堵截功能,禁止在该法定刑以下量刑。③ 但是,联邦法院认为,谋杀罪的共犯在自身欠缺谋杀要素时,相比于故意杀人罪的帮助犯,并非轻罪的构成要件,而是重罪的构成要件。

51 一代又一代的法学专业学生在入门训练时不得不面对的痛苦或许有希望很快结束。联邦法院在一份判决的附随意见(obiter dictum)中注意到了重新审视其法律观点的趋势,④但是,它还是再一次重申了自己的观点,⑤联邦法官们发表的观点使改良的希望破灭了。扬克自豪地宣布,他让第二审判委员会向大审判委员会提交法律问题时指出,在《德国刑法典》第212 条故意杀人罪因超过追诉时效而无法适用时,即使集中营的看守者并不具有卑劣的动机,也可以按照谋杀罪的帮助犯对其进行追溯。⑥ 里辛-范·桑认为,因为立法者在设置第 28 条第 1 款时并没有参考联邦法院关于谋杀要素的判决,第 28 条第 1 款适用于谋杀要素时出现的问题,应归咎于立法者。⑦ 她预测:"但是在我看来,在立法未作修正的情况下,没有人应该期待判决轻易地抛弃这一合理且符合法律规定的解释,而将并未修正

---

① BGH NStZ 2006, 34 f; 288 (290); Rissing-van Saan in Jahn/Nack (2010), 26 (38 f. und 41).
② 联邦法院认为,谋杀要素是第 28 条第 1 款意义上的证立刑罚要素。从这一观点出发在适用第 49 条时刑罚幅度应如下:谋杀罪教唆犯的刑罚幅度为 3-15 年有期徒刑;故意杀人罪教唆犯的刑罚幅度为 5-15 年有期徒刑;谋杀罪的帮助犯与教唆未遂的刑罚幅度为 6 个月-11 年零 3 个月有期徒刑,故意杀人罪的帮助犯与教唆犯的刑罚幅度为 2 年-11 年零 3 个月有期徒刑。这在逻辑上是成立的,因为根据第 28 条第 1 款和第 2 款的规定,欠缺证立刑罚要素比欠缺加重刑罚要素,减轻处罚的幅度更大(NK-Puppe §§ 28/29 Rn. 27)。
③ LK-Rissing-van Saan § 52 Rn. 45; BGH NStZ 2003, 440 (441).
④ BGH JZ 2006, 629 (632)=NJW 2006, 1008 1012 f., m.Bespr.Küper JZ 2006, 608.
⑤ BGH NStZ 2008, 273 (274f.).
⑥ Jähnke in Jahn/Nack (2010), 62 f.; dazu Frommel ebenda, 63 f.
⑦ Rissing-van Saan in: Jahn/Nack (2010), 26 (34 f., 40 f.).

的第211条理解为是第212条的加重构成……在没有外部动力与实质上有说服力的理由推动这种理解的变化时,判例会被批评不仅在几十年来一直在犯错误,而且还作出了数千个错误的判决,并继续导致新的错误判决。"① 这在可预见的将来不会发生改变。从联邦法院对法条的解释出发无法得出站得住脚的结论,除非反复地作出自相矛盾的处理,如果这都不算是"有说服力的理由"来推动理解的变化的话,那还有什么更有说服力的理由呢?

五、实际适用的提示

《德国刑法典》第28条第1款明文规定了"特殊的身份要素",但并非所有的身份要素都属于本条所规定的情况。需要区分3种类型的身份要素:从属性的、半从属性的与非从属性的。 52

从属性的要素是指正犯的故意以及故意的附加物(Vorsatzannex)即超越的内心倾向,如不法领得目的、不法获利目的以及诈欺目的等。与正犯的故意一样,这些超越的内心倾向也属于教唆行为的结果(参见本书第二十五章边码18),要完全地归属于帮助者,因为它们属于证立构成要件不法的纯不法要素,构成被帮助行为的一部分。进行这种归属的条件是,教唆者或者帮助者知晓正犯的故意。

半从属性的身份要素是指正犯所具有的特殊法律地位或者义务地位,正犯利用这一地位来实施犯罪。笔者认为,这些要素都属于第28条第1款意义上的证立刑罚的特殊身份要素,因为它们不仅参与改变了正犯行为的责任,也参与构建了正犯行为的不法,而该不法应该共同归属于正犯与共犯。通说则认为,当存在普通犯罪作为基础构成,正犯的特殊义务地位只是作为加重要素时,该要素就应该按照第28条第2款的规定仅视为是加重刑罚的特殊身份要素,即所谓的不真正职务犯罪。特定的职务犯罪究竟是否为不真正职务犯罪,则显然要看正犯的公职人员身份是否仅是基础构成之上的加重要素。 53

纯责任要素在本质上是非从属性的,这包括了行为人的动机或内心态度等要素。《德国刑法典》第211条中规定的第一种和第三种谋杀要素是 54

---

① Rissing-van Saan in: Jahn/Nack (2010), 26 (41).在杀人罪构成要件改革被无限期推迟之后,Rissing-van Saan试图为判例创设一条"金桥",她建议,在确定第28条第1款的要旨、确定第28条第2款的刑罚幅度时适用人身性的谋杀要素,LK § 211 Rn.159ff.第28条字面含义并不能成为这样的桥梁。特殊的身份要素要么是证立刑罚,因而根据第28条第1款应当作半从属性的处理,是修正刑罚的,因而根据第28条第2款作非从属性处理。

在实践中最重要的例证。但是联邦法院却以半从属性原则来对待这些要素,将其置于第 28 条第 1 款的适用范围内。这样适用第 28 条第 2 款的要素就只剩下业务性,或许还有团伙性。理论上达成一致的是,第一类与第三类谋杀要素是加重刑罚的特殊身份要素,因而根据第 28 条第 2 款的规定不能适用于不具有这一要素的共犯,但当正犯不具备这一要素时,仍然可以适用具备该要素的共犯。

55　　证立刑罚的责任要素与限制从属性体系是不兼容的。根据第 28 条基于半从属性原则来对待这种证立刑罚的责任要素,将违反第 29 条的基本原则。第 29 条规定,每个人都只能根据他自己而非同伙的责任来受到处罚。将第 29 条适用于这些要素将会导致在共犯具备这一要素而正犯不具备时,共犯仍然是可罚的。通说拒绝承认在缺少可罚的正犯行为时,共犯可以受到处罚。通说认为,当正犯不具备这种证立刑罚的责任要素时,即使共犯具备,也应否定共犯的可罚性。而在正犯具备该要素而共犯不具备时,通说则根据第 28 条第 1 款来处理此要素,即采取半从属性原则。而少数说则认为,在后一种情况下,根据第 29 条的基本原则,以共犯自身的责任来进行处罚,应当否定共犯的从属性。而笔者的观点是,证立刑罚的责任要素不应存在。

第二十八章　作为与不作为的区分

一、以作为方式实施的不作为——厨房起火案（联邦法院：《新刑法杂志》1999年刊，第607页）

被告人将她3岁的孩子独自留在住宅里,而去和未成年署长进行交谈。此前,尽管孩子曾经有一次打开过烤盘的开关,但被告人并没有采取任何措施来防止这种事情再次发生。而这次孩子再次打开了烤盘,点着了纸片引起大火,他在火灾中窒息。

联邦法院将案件发回州法院重审,要求其确定该裁判究竟是作为还是不作为,因为根据《德国刑法典》第13条第2款的规定对不作为存在减轻处罚的可能。联邦法院在裁定中指出:

> 要判断究竟是作为还是不作为,这取决于行为人行为的重点,只需要在事实审法官的评价性审查中作出决定。需要考量的是,虽然离开住宅是一个积极的作为,但如果没有被告人的不作为,即没有采取措施至少在技术上保障炉子的安全性,那么,该行为本身而言是无害的。当这种审查可能会出现多种不同的结果时,法律审法庭不能取代事实审法庭来完成其未进行的审查。①

联邦法院认为本案事实中既有作为也有不作为,而事实审法官有权通过"评价性的审查"来判断"行为人行为的重点"在哪里,这在其他判决中被称为"可谴责性的重点"。② 什么时候可谴责性的重点在作为而什么时候又在不作为,没有明确的标准。③ 联邦法院在本案中认为事实审法官有判断的权限,而按照法律规定,事实审法官没有该权限也不应有该权限。当被告

---

① BGH NStZ 1999, 607.
② BGHSt 6, 46 (59); 40, 257 (266); 51, 100 (118); BGH NStZ 2004, 152 (153); 2010, 92; StV 2005, 24 (26).
③ 对于评价重点公式的批评参见 NK-Gaede § 13 Rn. 7.

人既通过积极的作为也通过不作为实现了构成要件时,尽管他是通过积极的作为实现了构成要件,而法官经过评价性的审查认为重点在不作为,他就可以根据第13条第2款受到减轻的刑罚。但对于这个问题,立法者事实上已经作出了决定,其为不作为设置了酌定的刑罚减轻,在同时存在该当构成要件的作为与不作为时,可谴责性的重点始终应在于作为的部分。①

3 当积极的作为已经满足了构成要件实现的所有条件,尤其是与结果也存在因果关系时,也可以同时存在同样符合构成要件且与结果存在因果关系的不作为。例如,违反前行为产生的保证人义务,由于不作为的不法较低,作为可罚性的次要理由而退居积极作为之后。这正是在判断究竟是作为犯还是不作为犯的问题上,查明作为或不作为因果关系如此关键的理由。

4 但是,积极的作为优先于有因果性的不作为的前提,是该积极的作为离开不作为也能构成结果的原因,即不实施这个作为是结果不发生的充分条件或者说整个因果流程不发生的充分条件,本案并非如此。即使母亲留在家中,如果她没有注意孩子的动向,也没有请保姆照看孩子还没有将炉子的电源关掉,那么,同样的情况也会发生。母亲的作为(即离开孩子)并非直接地、单独地构成结果的原因。这个作为之所以与结果存在因果关系,是因为通过这个作为使孩子的母亲无法履行自己的保证人义务。

5 因此,离开孩子这个作为并非独立于母亲的保证人义务而单独地违反了注意义务,而是产生于母亲的保证人义务之中使其能够遵守次级的义务以阻止危险。当该结果的出现是可预见的,且通过积极的作为使保证人无法履行其保证人义务,那么,他的行为就不仅仅只是违反"禁止伤害他人"这个一般的公民义务,而是违反了他的特殊义务,这称为"以作为形式实施的不作为"。② 因此,以作为犯来处理是不正确的,这将取消第13条第2款中酌定刑罚减轻的优待。

6 本案中被告人不应认定为以积极作为的形式(即离开住宅)杀死了自己的孩子成立故意杀人罪,而应当认定其通过违反义务的不作为引起了孩子的死亡。在本案中,法官没有通过评价性的审查或者对同时存在的两种行为方式进行衡量来判断可谴责性的重点应当在哪里的裁量权限。

---

① LK-Weigend § 13 Rn. 7.
② LK-Weigend §13 Rn.10; Lackner/Kühl-Heger § 13 Rn. 3; Roxin Engisch-FS (1969), 380 (384); ders. AT/2, 31/103 ff; Struensee Stree/Wessels-FS (1993), 133 (146), Kühl AT 18/22; 全面介绍参见 Staff'ers (1992), 380 ff.

二、违反注意义务的作为中包含不作为的因素——外科医生案(联邦法院:《新刑法杂志》2003 年刊,第 657 页)

被告人是一家大学附属医院心外科的主任,进行了多场心脏手术。由于被告人患有乙型肝炎,他在手术中又传染给了多名病人。医院的多名医生与医护人员也面临被乙肝病毒传染的风险,并有可能在给病人手术中传染给其他病人。被告人被指控没有参加医院所要求的预防检查与预防措施,通过这些措施他原本可以防止传染,或者至少可以知道自己被感染了。如果他知道自己被感染,那么,他就会意识到自己不能再继续进行手术了。

被告人究竟是以作为还是不作为的形式成立过失伤害罪,联邦法院在判决中指出:

> 本案中,刑法上重要行为的评价重点应当在于心脏手术的实施,它直接地、不需要任何中间步骤地导致了病人的感染。上诉理由认为手术本身是符合诊疗规范的,因而并不是可罚性的适格连接点。但仅着眼于单纯的操作过程是过于短视的,正如刑事审判庭基于其没有法律疑义地查明的事实所认定的那样,应当认为在高度感染乙肝病毒时不应进行外科手术,因此,在感染的状态下执行手术是不合规的,这一行为在刑法上也是重要的。被告人的作为是感染的原因,与之相对,未采取相应的控制检查的不作为本身则不能导致可罚性,因为只有在手术实施时才会产生感染,手术的实施直接导致了健康损害的构成要件实现。

在本案判决中联邦法院多次提及了"行为的重点"。而事实上在判断行为人究竟是因为作为还是不作为而受到刑法非难的问题上,联邦法院所做的则是审查被告人究竟通过哪一个行为引起了身体损害结果的产生。其结论是,病人感染乙肝的原因是感染了乙肝病毒的外科医生进行了手术,即积极的作为。行为人究竟是基于作为还是不作为而受到刑法非难,取决于直接导致结果的原因究竟是作为还是不作为。如果作为是直接的原因,那么,同时存在的与结果也有因果关系的不作为就退居于作为之后。① 因此,由法官来判定可谴责性的重点是没有空间的。

由于在所有违反注意义务的作为中都包含了对遵守义务的否定,因而

---

① BGHSt 39, 166; LK-Weigend § 13 Rn. 7; Kindhäuser AT 46/10; 矛盾的是 Baumann/Weber/Mitsch/Eisele AT 21/27 f..

每一个注意义务的违反都可以视作不作为。在本案中，人们可以说医生在手术之前没有采取预防措施避免自己被感染，或者医生在手术之前没有进行检查确认自己是否被感染，在所有违反注意义务的作为中都包含了这种不作为的因素。① 但这并不影响积极的作为本身具有违反注意义务的属性，且该属性也是结果发生的原因。负责做手术的医生的这一属性就在于他是乙肝病毒的携带者。他的行为之所以被谴责，就在于他在携带乙肝病毒的状态下为病人动手术。因此，联邦法院认定被告人成立积极作为形式的过失伤害罪是正确的。

10　　每一个违反注意义务的人都能因不作为而受到非难，因为他没有阻止自己行为中违反注意义务的属性，而这种不作为因素总是退居于作为之后的。借助该认知可以解决那些行为人在行为时使用了卡车或者其他机器的案件。司机以超过每小时50公里的速度在某一区域内行驶并引起了交通事故的场合，司机不会因为他在进入这一区域时没有刹车而对事故的发生答责，而是因为他以超过每小时50公里的时速经过了这一区域(而答责)。

三、实际适用的提示

11　　行为人究竟是以作为还是不作为的方式实现了构成要件而成立犯罪，这取决于行为人究竟是违反了"禁止损害他人"这个一般人义务，还是违反了其作为保证人的特殊义务，即保护他人免于正在迫近的损害威胁。当行为人通过积极的作为在因果流程中形成了结果出现的充分条件时，行为人违反的是任何人都具有的一般人义务。若能肯定积极作为的因果关系，那么，同时存在的、与结果发生之间有因果关系的不作为则退居其次，因为根据立法者的判断，以作为方式引起结果在刑法上受到的非难要重于不作为。《德国刑法典》第13条仅针对不作为规定了酌定的刑罚减轻，如行为人通过积极的作为违法地引起了损害他人的危险，同时又过失地没有履行其基于前行为而产生的保证人义务，未避免该结果的实现，那么，应认定其成立作为的伤害，同样存在的不作为伤害退居其次。而当先前对于一般注意义务的违反是过失的，而违反前行为所产生的保证人义务则是故意之时，则另当别论。

12　　但是作为的因果关系优先于不作为存在例外。当保证人在有义务阻止的危险尚未出现之时，通过积极的作为消除了后来阻止危险的可能性

---

① NK-Gaede § 13 Rn. 6.

时,(不作为的因果关系将优先于作为),尽管他通过积极的作为创设了结果出现的充分条件,但该作为之所以是违法的,其前提是他有义务阻止结果。以前文中的例子来说:如果将孩子单独留在屋中数小时的母亲不是孩子的保证人时,她也就没有不得将孩子单独留在屋内的义务。这被称为以作为方式实施的不作为。

应与不作为的因果关系相区分的是,违反注意义务之作为的因果关系,该注意缺陷也是以否定的形式出现的,即欠缺必要之注意,即使这种注意缺陷的根源在于行为人此前没有按照注意义务的要求做好相应的准备,亦是如此。对此,可以用这样一个例子来说明。专业人员作出了一份内容并不正确的鉴定,而该鉴定之所以内容不正确,是因为他并没有按照专业的要求遵守义务进行相应的检查。这不仅是一个不作为,而是一个有瑕疵的积极作为。 13

对行为人进行刑法上的非难究竟是针对积极的作为还是单纯的不作为,这个问题法官没有评价的裁量空间。判例上的"可谴责性重点"公式,认为法院可以根据其对案件事实的综合考察将该重点放在积极作为或者不作为上,这是错误的也是误导性的。但是判例并没有从实质上论证它们关于作为或不作为的区分,它们实际上做的也仅仅只是对作为或不作为的因果关系进行审查,然后将审查的结果称为可谴责性或可谴责之行为的重点。如果同学们在答题时采用了这一方法,这样做也没有错。 14

第二十九章　保证人义务

一、前行为保证人义务——紧急防卫案(联邦法院:《新刑法杂志》2000年刊,第414页)①

1　　被告人试图帮助自己的朋友摆脱后来死亡的侵害者的追赶,此时他被侵害者持刀袭击他。在双方发生碰撞时,都跌倒在地,而刀也从侵害者手中掉落。被告人拿到了刀子,并开始用刀刺侵害者。捅刺的行为起初基于紧急防卫而被正当化,但是在侵害者无助地倒地时,被告人出于愤怒继续骑在他的背上,用刀刺伤了他的大腿。随后被告人和朋友一起离开了现场,他们认为侵害者受到了致命伤,但还有挽救的可能。侵害者随后被送到了医院,但由于失血过多抢救无效死亡。被告人认为还有阻止侵害者的死亡的可能,基于这一认识,事实审法院认为被告人具有间接故意。

2　　联邦法院作出有利于被告人的事实认定,即造成侵害者死亡的伤口来自被告人尚在紧急防卫阶段所实施的捅刺行为,而非后续无法基于紧急防卫被正当化,也无法基于防卫过当被免责的捅刺行为。根据证据调查的结论,第一次刀刺的行为虽然引起了被害人失血过多死亡,但可以基于紧急防卫而被正当化,联邦法院否认由该行为而给被害人造成生命危险可以形成前行为保证人义务,理由如下:

> 该行为不能使被告人产生保证人地位,因为前行为保证人地位的产生由于第一次刀刺行为是基于紧急防卫而实施的,以前行为违反义务为前提,所以,基于紧急防卫而给侵害者造成伤害通常不能使被侵害者成为侵害者生命的保证人。②

---

① 评论见 Schröder JA 2001, 191 ff.; Engländer JuS 2001, 958 ff.
② BGH NStZ 2000, 414.

只有在前行为违法时,基于前行为而非自愿地产生的保证人义务才能成立,这一法律思想在判例上是逐渐被采纳的。① 文献上该思想则由来已久。② 前行为保证人义务虽然不是对违法前行为的惩罚,但它也是以违法的方式给他人引起损害或损害危险之人承担弥补损害义务的表现之一。因此,即使合法行为给他人造成了危险,它也不能产生这种义务。被告人基于紧急防卫所采取的防卫手段没有给侵害者创设不法。由于防卫行为产生了进一步的损害,侵害者因而陷入危险之中,那么,他应该独自对这种危险的产生与阻止负责。防卫者最多承担《德国刑法典》第323c条的救援义务。《德国刑法典》第34条与《德国民法典》第904条的攻击性紧急避险则另当别论。《德国民法典》第904条的攻击性紧急避险中来自损害赔偿义务,该损害赔偿义务中包含了减少损害的义务。这也可以类推适用于《德国刑法典》第34条规定的避险行为。为了保护原则上更为优越的利益,从而例外地牺牲无关第三者的利益,那就有义务须将牺牲尽可能控制在最小的范围内。

然而,否定前行为保证人义务的前提,是后续实施的、无法因紧急防卫而正当化的捅刺行为没有共同地引起死者失血过多死亡。但这只有在后面捅刺的伤口非常浅没有导致流血时,才符合一般的日常经验;否则,若即使没有这些伤口,被害人稍晚一点也会死亡,后续的捅刺行为与死者失血过多死亡之间依然存在因果关系。联邦法院后来在判决中也指出,若是这种情况则可能成立故意伤害致人死亡罪。③ 但因为被告人在离开时知道被害人已经面临生命危险而仍认为有挽救的可能,这同时也可能成立不作为的故意杀人。

二、基于危险源监督的保证人义务

(一)机动车保有人基于《德国道路交通法》第7条第3款的义务作为保证人义务——谷仓节案(汉姆州高等法院:《新法学周刊》1983年刊,第2456页)④

被告人与一名没有驾照的朋友,驾驶自己的汽车一块去参加谷仓节。为了能够尽情地喝酒,两人商量好在车上过夜。因此,被告人没有上交自己

---

① BGHSt 23,327; BGH NJW 1999, 69 (71); 1998, 1568 (1573); 1986, 2516; NStZ 1987, 171; 1998, 83 (84).
② 参见 Rudolphi (1966), 151 (180); Pfeiderer (1968), 149; Welzel Lb (1969), 194 f.; Schünemann (1971), 314.
③ BGH NStZ 200, 414 (415)
④ =JuS 1984, 149.

的车钥匙。两人喝了很多的酒,被告人在吧台边睡着了而他的朋友则陷入无责任能力的状态。他在其他客人的帮助下将被告人弄上了车子,自己则坐上了驾驶座驾驶汽车,由于醉酒造成交通事故导致一名骑自行车的女士身亡。被告人对整个过程完全不知情,无法查明他的朋友是怎么拿到车钥匙的,也许他只是从熟睡的被告人口袋中掏出了钥匙。

汉姆州高等法院肯定了被告人成立不作为过失致人死亡罪的判决,理由如下:

> 判例上承认,在特定情况下必定能预见到自己在大量饮酒后会自己开车的人,必须及时采取措施防止自己在无法安全驾驶的状态下驾驶机动车。若他在仍具备责任能力时并未采取合适的措施,那么,他就要受到过失的非难……驾驶者原则上必须采取所有在他能力范围内的措施,避免无权驾驶者驾驶自己的汽车。因为根据日常经验,这会对交通造成重大的危险,所以,对于离开汽车的司机会提出特别严格的看管义务要求……尤其是存在醉酒者能够驾驶汽车的危险时。①

6 这里要考虑的是对危险源,即机动车的监督型保证人义务。机动车是一个危险源,驾驶者与保有者负责对该危险源进行监督。当危险来自机动车本身,而不必介入第三人的行为时,这种答责性便证立了保证人义务。如果驾驶者将机动车停在斜坡上但忘记拉上手刹,一旦汽车滑下去给他人造成损害,那么,司机在刑法上也要根据《德国刑法典》第 229 条(过失致人伤害)与第 13 条第 1 款(不作为)而承担责任。机动车所产生的危险本身是不允许的,除非驾驶者或者保有者采取了相应的安全措施避免机动车给他人造成损害。只有驾驶者才能采取安全措施,而其他的交通参与者则无条件地信赖他会履行义务。因此,这是第 13 条第 1 款意义上的保证人义务。

7 原则上保证人义务的内容不包括,采取预防措施以避免他人通过侵犯自己的所有权,来从自己的支配领域中获得实施犯罪的工具。唯一的例外是所支配的对象是通常禁止公民占有之物,因为借助该物来实施犯罪的危险太大了。这类物品尤其包括枪支②、有毒物质以及《德国麻醉品交易法》所界定的麻醉品。基于特定的官方许可而持有枪支之人若没有采取足够的措施确保枪支不被他人获取,那么,他也将作为保证人对他人使用自己的枪

---

① OLG Hamm NJW 1983, 2456.

② 参见 BGHSt 24, 342 ff.; OLG Schleswig-Holstein VersR 1995, 103; OLG Düsseldorf VersR 1990, 903 f.; NK-Puppe Vor § 13 Rn. 169.

支实施的犯罪承担责任。但是,机动车不属于具有一般危险性的物品,其占有也不是只有基于特殊的利益考量才例外地得到允许。任何人都可以使用、驾驶机动车,只要他拥有必要的驾驶能力并通过驾驶测试证明了这一能力。因此,采取措施避免无权者或者不适格者驾驶自己的机动车,并非阻止他人实施故意犯罪的保证人义务。不能单独基于《德国道路交通法》第7条第3款的规定推论,被告人要对他朋友的行为及所导致的死亡结果在刑法上答责。

汉姆州高等法院认为,被告人对于朋友行为的保证人答责性来自于汽车驾驶人的义务,即采取预防措施避免自己不会在丧失驾驶能力,甚至丧失责任能力的状态下使用机动车。这种保证人义务应当得到承认,因为每个人都是自己的保证人。① 这一义务不仅是《德国刑法典》第323a条(完全恍惚状态)之可罚性的基础,也是原因自由行为刑事责任之基础。紧急情况下,如果机动车保有者因酒精成瘾而没有其他的方式用以避免自己在丧失驾驶能力甚至丧失责任能力的状态下使用机动车,那么,他也有必要与自己的机动车保持距离。② 被告人违反了这一义务,因为他没有交出车钥匙。但是,与汉姆州高等法院的观点不同,由此不能当然地推论,在丧失驾驶能力与责任能力的状态下被告人还作为保证人要对朋友从他那里取出车钥匙并驾驶汽车的行为答责。因为对于由无责任能力状态而产生之危险,保证人首先是行为人自己。当他人不仅有义务监督汽车,还有义务监督无责任能力的行为人时,该他人才能同时或者取代行为人成为保证人进行答责。

只有当被监督者相对于另一人居于从属地位并信赖他的照管时,该他人才成立对人的监督型保证人。拥有这种监督型保证人地位的包括:医生与看护人员之于隔离设施内的病人,③父母之于子女,④教师之于未成年的学生,⑤还有行刑人员之于服刑人员。⑥ 被告人和朋友一起参加啤酒节并打算在那里喝得烂醉,这个事实不足以证立两人相互居于监督型保证人地位。无论是在保护型保证人还是监督型保证人的意义上,酒友之间的保证人义

8

9

---

① BayObLG JR 1979, 289 (290); Schönke/Schröder-Stree/Bosch § 13 Rn. 43;. LK-Weigend § 13 Rn. 50.
② BayObLG JR 1979, 289 (290).
③ OLG Stuttgar NJW 1997, 3103.
④ BGH NStZ 1984, 164; FamRZ 2003, 450; Roxin AT/2, 32/33.
⑤ OLG Oldenburg StV 1997, 133; Schönke/Schröder-Stree/Bosch § 13 Rn. 30
⑥ 参见§2 S. 2 StVollzG; RGSt 1953, 292; BGH5t 43, 82; OLG Hamburg NStZ 1996, 102; Schönke/Schröder-Stree/Bosch § 13 Rn. 30.

务现在都已经被否定。① 从监督他人之义务这一思想中也无法证立,被告人要对于朋友在无责任能力状态下所创设的事故答责。

(二)房屋所有人作为保证人——毒贩案(联邦法院:《最高司法机关刑事判决在线期刊》2016年刊,第378号)②

10 被告人收留她的男朋友住在自己的住宅里,两人都有毒瘾。男朋友订了两份大剂量的海洛因寄到被告人住宅的地址处。他和被告人一起吸食了一半,另一半则准备在住宅内进行交易。被告人默许了这一点,因为男朋友满足了自己的毒品需求,且她也可以从毒品交易中获利。联邦法院撤销了其成立毒品交易罪帮助犯的判决,理由如下:

> 被告人因欠缺保证人地位而排除不作为帮助犯的可罚性,因为住宅的所有者在法律上基本没有义务阻止第三人在自己的房间内实施犯罪。唯一的例外,是住宅除了它本身作为外部封闭空间的属性之外,由于其本身的特性或者状况而构成危险源,但本案没有查明这一点。被告人从共同被告其男朋友所实施的行为中获得利益,这对于《德国刑法典》第261条洗钱罪的成立可能具有意义,但与刑事审判庭的观点不同,该事实对于被告人是否具有保证人义务的问题并不重要。

11 最高司法机关的早期判决中认为住宅所有人负有保证人义务以避免在其所有的住宅内发生犯罪,其理由在于住宅本身的封闭性能够阻止他人的作用与观望。③ 但联邦法院早已放弃了这一观点。④ 尽管住宅的封闭性会有利于犯罪的实施,但住宅本身并非特殊的危险源,住宅的所有者因而也没有责任确保自己的住宅内不发生任何违反法律的事情。住宅所有人在自己的住宅内不应被视为准辅警。值得注意的,是联邦法院明确地指出,住宅所有人参与犯罪的分赃,即对犯罪拥有自身的利益,不会动摇上述原则。这是值得赞同的。

另当别论的情况,则是住宅所有人将住宅提供给非所有人实施犯罪,如生产毒品、伪造货币或者保管违禁品等。通常这种情况应当认定为积极作为形式的帮助。

---

① BGH NJW 1954, 1047(醉酒者的同伴无保证人义务);OLG Düsseldorf NJW 1966, 1175 (1176); LK-Weigend §13 Rn. 40; Roxin AT/2, 32/60.
② BGH, Beschlussvom 16.2.2016, 4 StR 459/15.
③ BGHSt 27, 10 (12); BGH NJW 1966, 1763.
④ BGHSt 30, 391 (394ff.); BGH NStZ 1999, 451; NStZ-RR 2003, 153.

三、基于承担而产生的保证人义务

(一)伍珀塔尔空铁列车事故案(联邦法院:《新刑法杂志》2002年刊,第421页)

经过翻修的伍珀塔尔空铁列车[Wuppertaler Schwebebahn,伍珀塔尔空铁是全球第一条悬挂式轨道铁路,始建于1901年。——译者注]首次运行时,首辆列车撞上了留在轨道上的钢架,并掉入伍珀河中,导致5名乘客死亡。在事故发生处一共有4个钢架,施工指挥者让工人W和I去拆除钢架。在他们拆除了前两个钢架之后,工人L和S出现并提出要帮忙。W和I认为,L和S也是施工指挥者派来拆除钢架的。因此,在自己拆除第三根钢架时,将第四根钢架交给了他们来拆除。W、I与L、S一起离开了施工现场,并相信L和S已经拆除了第四根钢架。联邦法院认定W和I具有基于承担而产生的保证人义务,因而对事故答责,理由如下:

> 检方正确地提出质疑,即州法院运用信赖原则将统一的工作流程分割为多个答责领域,并相应地认为被告人违反义务的不作为仅仅在于作为最后离开工作现场的人没有确认第四根钢架是否已经拆除。由此,州法院忽视了,根据所查明的事实,每名被告人,无论具体工作步骤如何划分,都有义务阻止待拆除之钢架对公众产生的危险,而他们都违反了自己所负的注意义务,由此在《德国刑法典》第222条、230条的意义上过失地引起了结果的发生。

裁判理由中的关键词是"统一的工作流程",①然而有效的分工恰恰在于一个统一的工作流程能够在不同的参与者之间进行分配。如果这种分工是横向的且没有特殊的规则要求其进行互相监督,那么,每个参与者都可以适用信赖原则,每个人都可以相信其他参与者会完成他们各自承担的任务,否则,一个有效的分工不可能成立。② L与S在负责施工的公司内与W、I处于同一层级,W和I也认为,L、S和自己一样是被负责的施工指挥者派来拆除钢架的。L和S来得比W、I晚,不是同时开始拆除作业的,这一点不是在施工中将W、I视为L、S的上级,有义务监督L、S的理由。相反,他们可以相信,施工指挥者变更了他们的任务,将其中一部分工作交给L和S来完成。

---

① 同样的 Schönke/Schröder-Sternberg-Lieben/Schuster § 15 Rn.151; Bußmann NStZ 2009, 386.
② Feund N5tZ 2002, 424; Kudlich JR 2002, 468 Fn. 3; Duttge ZIS 2011, 349 (352).

14　施工队 3 名指挥者的答责性则完全不同,因为他们没有履行自己的义务,在竣工仪式前再次确认空铁轨道上没有障碍物,法院判决他们成立不作为的过失致人死亡罪。有义务监督检查下级工人的工作的上级当然不能主张信赖原则。

15　联邦法院最后还讨论了 L 和 S 的保证人地位,尚未查明的是,他们究竟是指挥者派去的还是仅仅只是自发表示要提供帮助的。在前一种情况下,他们和 W、I 一样是保证人,这毫无疑问无须进一步的探讨。但是即使在后一种情况下,他们没有接到指挥者的委派,联邦法院也肯定了他们的保证人义务,理由如下:

　　可以考虑的还有自愿地参与尚未完成的工作。如果这种义务的共同承担,可以是默示地来自被告人 W、I 这样的保证人,那么,他们通过这种承担也完全承担了保证人地位。但是,并非所有一般性的、明显没有拘束性的表示提供帮助的行为都足以肯定承担。必要的是,提供帮助者通过执行特定的任务,以可归属的方式使得其他保证人在阻止危险时能够信赖提供帮助者会答责地参与其中。①

16　但事实并非如此简单。尽管基于承担的保证人义务不取决于证立这种承担的合同是否具有法律效力,但是,该义务必须是从保证人处承接过来的。W 和 I 虽然是保证人,却没有将自己的保证人地位移交给他人的权限。② 如果 I 和 W 知道,L 和 S 没有接到施工指挥者的派遣,他们就不能认为,自己的保证人义务部分地转移给了 L 和 S。他们必须对他们的工作进行监督,这样 L 和 S 的保证人义务就只能来源于违法的危险前行为,他们不得在没有指挥者派遣的情况下承担这种完全答责的工作。如果他们尽管如此还是承担了这样的工作,那么,通过这个行为就导致真正负有义务的 W 和 I 存在信赖他们的危险。

　　(二)合规官的保证人地位——垃圾处理费计算案(《联邦法院刑事判例集》第 54 卷,第 44 页)

17　被告人是公营机构柏林城市环卫公司的法务部和内务部主管。此前,

---

①　BGH NStZ 2002, 421 (423f.).

②　Freund NStZ 2002, 424 (425)认为,所有同级的保证人都有权将自己的保证人地位转移给另一个同样可靠的人。但依照《德国民法典》第 415 条第 1 款第 1 句,该论断在民法上就是不正确的,这里负责分配工作任务的上级具有债权人的地位。如果每个下级工人都有权让别人取代自己的位置,那就不能让上级对整个工作答责。《德国民法典》第 278 条第 1 句认为,债务人在履行债务时虽然可以借助他人的帮助,但他仍然向债权人就正确的履行债务答责。

他曾经担任过收费标准委员会的主席,该委员会由于法律错误而给道路两边的住户设置了过高的垃圾处理费标准。委员会在重新计算收费标准时发现了这一错误,并希望在新的收费标准设定时避免该错误。但董事会的一名成员,同时也是该委员会的成员想继续基于该法律上有错误的基础来计算费用,收取过高的垃圾处理费,被告人知道后也没有对收费标准提出质疑。因为被告人也参与了最初错误收费标准的制定,联邦法院首先考虑了被告人是否成立前行为保证人地位,但最终得出了否定结论,理由如下:

> 违法的前行为只有在引起了具体构成要件结果出现的迫近危险时才能证立保证人地位……这种迫近的危险在本案中并不存在。此前的收费标准存在错误,该事实并不意味着这个错误还会在下一个收费周期内继续存续。①

迫近危险(nahe Gefahr)的概念着实不确定,审判委员会也没有作出进一步的精确化。在他人并非完全答责且故意地实施犯罪时,要让某人作为保证人对此答责,这多少是有些为难的。通常应适用自我答责原则,这意味着,当正犯以自我答责的方式故意地实施行为时,其他人不会因为没有阻止他的行为这一不作为而成立正犯。② 在本案中,联邦法院不愿意基于前行为的视角为自我答责原则设置例外,因为此时该前行为所导致的危险在于推动他人去实施犯罪,而这一危险并不足够迫近。

但联邦法院想要基于另一视角来创设自我答责原则的例外,它在判决中继续指出:

> 进一步地,保证人地位可以来自相关者承担了法律所规定的受委托者的功能,如《德国水资源法》第21a条及以下数条中水体保护的功能、《德国联邦污染防治法》第53条及以下数条的污染防护功能,《德国辐射防护条例》第31条及以下数条的辐射防护功能。承担相应的监督与保护义务可以通过订立业务合同来完成……但是,不是所有义务的承担都可以证立刑法上的保证人地位。除此之外,通常还要求存在

---

① BGHSt 54, 44 (47).
② 自我答责原则也用来论证这一命题,当多人先后而互相独立地创设结果的原因时,只有最后的行为人才是正犯,而其他人则只是帮助犯(首先提出该观点的是 Lenckner Engisch-FS (1969), 496 (504); Schönke/Schröder-Eisele Vor § 13 Rn. 101; Schumann (1986), 42 ff; Diel (1997), 315 ff; Renzikowski (1997), 72 ff.; OLG Stuttgart JR 2012, 163 mit abl. Anm. Puppe;相反观点 OLG Celle NZV 2012, 345〔347〕)。笔者所主张的自我答责原则并非这个意思,而是指没有阻止他人完全答责的犯罪行为,未阻止者即使能够阻止,原则上也并不需要对该他人的犯罪行为答责。

特殊的信赖关系,这种信赖关系促使转移义务的一方将特殊的保护义务交给被赋予义务的一方。双务合同(Austauschvertrag,行政合同的一种。——译者注)和工作关系一样都不足以证立这种义务。在本案中毫无疑问的是,被告人在其所承担的任务范围内拥有保证人地位。与辩方以及联邦检察官的观点不同,被告人的介入义务不局限于避免自己的公司遭受财产损害,还在于避免公司对他的合同相对方实施犯罪……

这种最近在大型企业中被称为"合规"的机构,在经济生活中是通过设置"合规官"的方式形成的。他们的任务在于阻止公司内部出现的"违反法律的行为"(尤其是犯罪),从而避免由此给公司带来的责任风险与商誉减损等不利影响。合规官通常负有《德国刑法典》第13条第1款意义上的保证人义务,阻止公司成员所实施的、与公司业务相关的犯罪。这是其从公司管理层处所承担的避免违反法律规定尤其是避免犯罪之义务的必要相对面。①

尽管本案中只是在附随意见中提到了合规官这一机制,理论上则认为本判决承认了公司的合规官对于因公司违法行为而受到损害的外部人士具有保证人义务。该保证人义务是"从公司管理层处所承担之义务的必要相对面"。

20 但该义务不等于保证人义务。② 只要他人愿意承担这些义务,公民可以通过订立合同为他人设定任何可能的义务,甚至是保护第三人法益的义务。但是,能够决定是否将这些义务上升为《德国刑法典》第13条意义上的保证人义务的,不是他自己而只能是法本身。③ 如果该保证人义务可以证立合规官对于公司外部第三人所受损失的答责性,那么,该保证人义务必须是相对于该第三人而言的。

但在合规官与第三人之间不存在任何的法律关系。证立保证人义务的特殊信赖关系必须存在于保证人与被保护人之间。这不是说只要与他人订立了一个有利于第三人的合同,且特别信赖该他人会履行该合同就够了。企业主与合规官订立一个有利于第三人的合同不能证立合规官对第三人的保证人义务,此合同只能将企业主已经存在的保证人义务转移给合规官。

---

① BGHSt 54, 44 (49 f.).
② BGHSt 39, 392 (399); 46, 196 (203); Berndt StV 2009, 689 (691).
③ Spring GA 2010, 222 (225 f); Berndt StV 2009, 689 (690).

这便是所谓的雇主责任(Geschäftsherrenhaftung)。① 是否存在这种雇主责任从而证立企业主对于第三人负有保证人义务,以确保公司不会对外部人员实施犯罪,存在激烈的争议。② 与水资源保护不同,在污染防治、辐射防治的场合,公司没有法定义务去设置合规官。因此,作为合规官保证人义务源头的企业主保证人义务不存在实定法上的基础。③

不过,目前得到普遍承认的保证人地位都不是法律规定的,而是在法律之前通过习惯法发展起来的。《德国刑法典》第13条也没有说明究竟在何种条件下,一个人在法律上有义务阻止构成要件结果的发生。但是雇主责任与既有的保证人地位都不吻合。所有保证人地位都以存在特殊的危险情境以及有待义务者去保护之法益具有特殊的要保护性为前提。④ 例如,在前行为保证人义务的场合,保证人对待保护定法益创设了特殊的危险情境;或者保证人打开了特殊的危险源,只有在保证人违法地支配该危险源且阻止该危险被实现的前提下,引起危险才是被允许的;或者在基于承担的保证人义务中,被害人在进入特殊危险时会信赖保证人将保护自己免于特殊的危险;这种特殊危险也可能是先天存在的。例如,儿童或者其他需要帮助者,保证人与其存在密切的生活共同体关系,因而在法律上负有特别的使命保护他们。不能认为,公司业务活动本身就存在针对第三人实施犯罪的特殊危险。⑤

21

之所以需要肯定雇主责任的真实理由,在于在公司企业尤其是大型企业实施的犯罪中,要查明答责的行为人通常十分困难,这似乎显然是指研发与安装软件来伪造汽车的碳排放数据这样复杂的违法行为。这里所涉及的是一个全新的证立保证人地位的根据。雇主的保证人义务是例外性的,因为它将使雇主要对其下级职员完全答责的犯罪行为承担刑事责任,亦即将违反自我答责原则。⑥ 此例外得以正当化的理由充其量在于雇主从其下级职员的犯罪行为中获利,而下级职员则由于对工作整体流程欠缺认识以及

22

---

① Berndt StV 2009, 689 (690f.).
② S/S/W-Kudlich § 13 Rn. 31f.; SK-Stein § 13 Rn. 43 f.; Roxin Beulke-F5 (2015), S. 239; Spring GA 2010, 222 (225 ff.); Berndt StV 2009, 689 (690 f).
③ Berndt StV 2009, 689 (690).
④ Spring GA 2010, 222 (225); Berdt StV 2009, 689 (690).
⑤ SK-Stein, § 13 Rn. 44.因此罗克辛将其等同于公司管理层所负有的,防范特定公司发生的物的危险,是不恰当的(Roxin, Beulke-FS(2015), 239(247))。只有当公司由于其危险的业务活动而不仅负有物的而且还负有人的特殊义务时,才能另当别论,如药品生产者、垃圾处理者、军火商等。Kretschmer JR 2009, 474 (477).
⑥ Spring GA 2010, 222 (226).

出于公司的利益只对具体事务负责而实施了犯罪。上述理由是否足以肯定雇主负有这种新型的保证人义务,在这里无法做出决定。但是考虑到联邦法院在本案中如此轻易地肯定了合规官的保证人义务,而该义务只能从雇主责任中推导出来,可以推测,在可见的未来,判例会普遍地承认这种基于雇主责任的保证人义务。

23 接下来的问题是,在何种条件下企业主或者公司的领导层可以通过委任合规官的方式从这种保证人地位中解脱出来。任命一名职员负责对公司内部的违法行为进行监督,并且向其上级或刑事追诉机关举报,显然是不够的,合规官不能仅仅是举报者。① 而且也需要避免这样的危险,即雇主只是将合规官作为挡箭牌或者牺牲品以掩盖犯罪的最初责任者。因此,合规官在企业中必须拥有领导性的地位,从而能够直接影响企业的职员尤其是管理层的行为,②他应当有权自行调查企业中违反法律的行为。本案中,被告人作为法务部与内务部的主管就拥有足够强势的地位。但这个问题以及与此相关的合规官整体制度都迫切需要立法进行规制。其中特别需要考虑的是对于合规官的解约保护制度,从而确保他在面对上级或者更高级别的公司成员时拥有充分的独立性。

24 合规官拥有强势且有影响力的地位对于其保证人义务的证立是必要的。因为履行保证人义务也不能绕开下述思想:当合规官违反了自己的义务未能阻止公司内的违法行为时,他无法通过主张自己没有足够的影响力来阻止违法行为来推卸自己的责任。③ 负有法律义务阻止他人违反法律者,不能主张即使自己履行了义务,该他人也会违反他的义务(参见本书第三十章边码 15)。由此可见,无论是雇主责任,还是将该责任转移给合规官都需要立法规制。

25 丹内克尔尝试从柏林城市环卫公司的公营机构属性及其对城市居民具有强制性中推导出被告人具有保证人义务,以此避免错误的收费标准。④ 基于这种公法上的法律关系,他正确地认为,柏林城市环卫公司不同

---

① 但 Momsen Puppe-FS (2011), 751 (756)是这样认为的。
② 但是若认为合规官的功能有赖于其在面对实施可罚行为的公司成员时拥有直接的命令权,则有可能走得过远,但 Roxin Beulke-FS (2015), 239 (247)是这样认为的。否则,合规官就必须处于公司权利的最高层,本案被告并不属于这种情况。下令继续以违法的根据计算城市清洁费的董事会成员在公司阶层体系中的地位要高于被告人。因此,被告人的可罚性就不能根据《德国刑法典》第 357 条而成立。
③ 也参见 Berndt StV 2009, 689 (691)。
④ Dannecker/Dannecker JZ 2010, 981 (986)。

于私营服务企业,有义务根据现行法律规定正确地计算垃圾处理费用。① 企业的这一义务交由收费标准委员会承担,而收费标准委员会通过积极的作为违反了该义务,对这种公职义务的违反承担责任。但是,这不是除了这种公职义务之外还要为公营机构设置保证人义务的理由,企业可以将该保证人义务转移给企业内的某个部门比如本案中法务部或内务部的主管。与丹内克尔的观点②不同,即使被告法务部主管是收费标准设置上的专家也不能改变这一点。因为他在决定继续设定不正确的收费标准时,已经不再是收费标准委员会的成员了。

四、公职人员作为保证人

(一)警察对于阻止犯罪的保证人义务——小酒馆案(《联邦法院刑事判例集》第38卷,第388页)

被告警察在假期去酒馆喝酒,其间他发现酒馆有从事组织卖淫的嫌疑。但他没有采取任何措施来阻止可能存在的非法卖淫活动,也没有对酒馆的经营者进行调查。

本案存在两个法律问题:其一,警察原则上是否负有保证人义务阻止犯罪?其二,若警察负有这种保证人义务,那么,该保证人义务是否及于警察在非执勤期间发现的犯罪?

就第一个问题,判决指出:

> 根据各州警察法的规定,警察的任务在于保护公共安全或公共秩序免受危险。不仅在公共法益受到威胁时,而且在个人法益受到犯罪威胁时,公共安全与秩序也会受到动摇。因此,警察在公法上所负有的阻止犯罪义务,至少也服务于保护受到构成要件保护之法益免于具体迫近的危险这一目的。这两种保护目标——为了公共利益而消除违反规范的状态与为了个人利益而确保个人法益的安全,是密不可分的。保护公民免于犯罪的威胁并非警察职责内容的反射或附随效果,而是其职责的基本组成部分,这源于公民对于国家拥有主观权利。因此,他有权要求警察为保护自己的法益而采取行动。受到威胁的公民原则上可以自行防卫其法益,这不会导致(警察)失去照管或保护型保证人地位,因为警察

---

① Dannecker/Dannecker JZ 2010, 981 (986).
② BGHSt 54, 44 (51)与Dannecker/Dannecker JZ 2010, 981 (986f.)都因此称之为企业的"法律良知"。对于这种说法应当谨慎。

基于其主权性质的介入权能够采取更有效的措施来阻止危险。①

28　诚然,警察的工作不仅是为了维护安全与秩序等公共利益,也是为了保护公民个人利益免受犯罪威胁。国家有义务保护公民的权利不会受其他公民的侵害,而警察所履行的正是国家的这一义务。问题仅在于国家的这种保护义务是否为一种保证人义务。如果是,那么这就是一种独特的保证人义务,因为理论与判决上所发展出来的判定保证人义务的标准都不适合于这种义务。在发现犯罪之前,警察既不是犯罪人的监督型保证人,也不是被害人的保护型保证人。

29　帕夫里克认为国家的保证人义务和警察作为国家的代理人负有的在其职责范围内阻止犯罪的保证人义务,源于公民是为了保护自己的安全才臣服于国家和它的法秩序之下的。"维系社会的状态不仅是国家的一项任务,而且是国家最为根本的任务。在这个社会状态中,犯罪作为例外不会动摇秩序的这一基本感觉。具体而言,就是每一名社会成员都有相信自己生活在真正自由的状态之中的感觉。"②但这也仅仅证明,公民有权要求在一个基本安宁的社会秩序中生活,但不能证明公民有权要求自己的法益在个案中得到保护而免受其他公民的侵害。国家也完全没有办法全面地满足这一要求。③ 警察发现犯罪并因此有机会阻止犯罪,只是单纯的偶然事件和例外。因此我们走在街头时,并不会时刻地相信,每当受到侵害时,警察都会立刻出现保护我们。只有在对于受到特别威胁的人或客体而专门安排警察保护的场合另当别论。

30　通常情况下,首先是公民自己负责保护其法益免受他人不法侵害。紧急防卫权正是基于该目的而赋予公民在例外情况下损害侵害者法益之权限。事实上,公民的这种自我保护也是完全明智的。④ 如果因为年幼或者存在精神、身体上的疾病而没有能力自己保护自己,那么,国家甚至私人机构当然也可以承担这种保护,如教师与抚养者在受到委托时对于孩子与学生具有这种保证人地位,以及隔离设施内的工作人员对于处于该隔离设施内的这类人群也具有这种保证人义务。⑤ 连行刑人员也有义务保护监狱中

---

① BGHSt 38, 388 (389f.); 赞同观点 NK-Gaede § 13 Rn. 64.
② Pawlik ZStW 111 (1999), 335 (351 f.).
③ 也参见 Zaczyk, Rudolphi-FS (2004), 361 (369).
④ SK-Stein § 13 Rn. 76; Rudolphi JR 1987, 336 (338 f.).
⑤ BGH NJW 1983, 462 f.; BGH NStZ-RR 2008, 9f.; SK-Stein § 13 Rn. 40; Schönke/Schröder-Stree/Bosch § 13 Rn. 30.

的服刑人员,因为他们无法避开其他服刑人员的侵害。①

但是判决显然认为,所有以应对危险为职责的公职人员都应作为保证人避免该危险的实现,只要他在个案中能够避免这一危险的实现。② 但是判例经常因为没有证据证明阻止危险的可能性亦即因果关系而否认保证人的责任。③

若按照联邦法院的观点,认为应对危险的公职义务是保证人义务,则本案所面临的问题在于警察在非执勤期间发现了犯罪的嫌疑时,能否证立其具有此保证人义务。判决指出:

> 另一方面,警察只在其履行职务的范围内对刑法所保护的法益具有保证人地位。如果在假期目睹了犯罪,如《德国刑法典》第 223 条故意伤害罪,那么他和普通公民一样通常只在纯正不作为犯的范围内承担刑事责任,如《德国刑法典》第 323c 条见危不救罪。正如在公职人员阻碍刑罚实施罪中已经承认的,在《德国基本法》第 1 条、2 条所规定的一般人格权范围内,他拥有人际关系的受保护领域,职业义务只能有限地对该领域进行限制……但是当公职人员在非履职期间知晓了犯罪,而该犯罪如持续犯或反复多次实施的犯罪,在其履职期间继续进行时,可以有所不同。

审判委员会经常将一个原则性问题作为利益衡量问题来解决。将公职人员的保证人义务扩至其在非履职期间所认识到的危险,是作为其保证人义务的例外而被引入,并以他的一般人格权为根据。这样就可以在公职人员私人生活不受干扰的利益与保护受威胁的法益之利益之间进行衡量。在本案中,因为受到威胁的法益不具有优越性,法院作出了有利于被告警察私人生活的判断。但这不是正确的思考方式,在警察履行职务之外或在其管辖之外,他就不再代表国家履行国家的义务。因此,这里欠缺证立保证人义务的基础,即一项被上升为保证人义务的法义务。④《德国刑法典》第 323c 条见危不救罪足以保障公民在面对紧迫危险时获得偶然在场之警察帮助的利益。在有责地提供帮助的范围内,警察必须运用其特殊的能力以及法律上的可能性。

---

① Schönke/Schröder-Stree/Bosch § 13 Rn. 30; NK-Gaede § 13 Rn. 52; SK-Stein § 13 Rn. 76.
② 除了之前提过的判决外,还有 LG Bremen NStZ 1982, 164; OLG Rostock NStZ 2001, 199 (200).
③ BGH NJW 2000, 2754 (2757); OLG Düsseldorf NStZ 2001, 199 (200 f.).
④ Pawlik ZStW 111 (1999), 335 (353 f.).

(二)行政机关公职人员作为保证人——污水处理案(《联邦法院刑事判例集》第38卷,第325页)①

34　被告人是一个非县管小镇的镇长,附近不同的区域被并入小镇的区划内,他同时也负责新并入区域的污水处理。这些区域原本通过各自的排水系统将污水排入不同的小溪中。由于进入排水系统的污水未经过预处理,其中有害物质的含量超出了限定值。根据小镇当时污水处理规章,新并入区域的房产所有者有义务建立并运营房屋污水处理系统,对污水进行预净化。州议会要求被告人负责监督这些房产所有者履行他们的义务。由于被告人正在规划和建设整个小镇的大型污水处理厂,他没有理会这一要求,这显然是为了让新的小镇居民可以节省房屋污水处理系统的开支,其几年后才有必要接入小镇的污水处理厂。几年时间里,有污水持续地通过排水系统排放进入小溪中,水体中有害物质超出了允许的标准。

35　联邦法院支持了(下级法院关于)镇长以不作为的方式成立《德国刑法典》第324条污染水体罪的判决。联邦法院认为,排入小溪的污水中的有害物质超标,负责水体管理的当局将其视为违法的状态,作为镇长无条件地负有义务尽快结束这一违法状态。同时,根据州的水体保护法,他有义务处理污水,因而在法律上也不能拒绝未经处理的污水进入排水系统。因此,要尽快结束这一违法状态,他能做的唯一方法就是通过行政命令,要求未安装房屋污水处理系统的房产所有人安装并运行房屋污水处理系统,必要时采取行政强制手段促使他们履行这一义务。联邦法院认为,他没有采取这一措施违反了作为镇长的保证人义务,理由如下:

36　　根据待决事实,需要判断的仅仅是,黑森州的小镇镇长是否作为保证人在污水处理的范围内对于水体污染承担刑法上的责任。这一点是肯定的,他具有保证人地位。基于此他有义务阻止违法的水体污染,该水体污染的产生是由于,当地的房产所有人未经预处理就将污水引入排水系统并由此污染了河口。该保证人地位的根据在于小镇所负有的义务,镇长作为小镇的公职人员负责履行这一义务。②

---

① =NStZ 1993, 285 mAnm Schwarz NStZ 1993, 285 = MDR 1992, 1170 = wistra 1993, 62 = JuS 1993, 346 m.Bespr. Jung JuS 1993, 346; Schall JuS 1993, 719 = NJW 1992, 3247 m.Bespr. Michalke NJW 1994, 1693; Bespr. Nestler GA 1994, 514; BGHR StGB § 13 Abs. 1 Garantenstellung 9; BGHR StGB § 324 Abs. 1 Verunreinigung l; BGHR StGB § 326 Abs. 1 Nr. 3 Konkurrenzen 1.

② BGHSt 38, 325 (330).

文献上认为本案判决支持了这样一种法律观点,即公职人员作为保证人有义务防止其管辖领域内的公民实施犯罪,①但这是不正确的。本案中,镇长之所以答责,不是因为他没有阻止房产所有人未经处理即将污水排入下水道这一污染水体的行为,而是他作为小镇的行政首长要直接对于高浓度的污水通过小镇的分区排水系统进入水体答责。被告人作为小镇的行政首长,对于由小镇运营的污水处理系统而非将污水排入排水系统的居民,具有监督型保证人地位。

这种保证人义务与经营造纸厂等排放有害物质设施的私人个体并无区别,因此,这种保证人义务也将与小镇政府作为公营游泳馆、公营医院的运营者所负有的保证人义务基本无异。唯一的区别在于镇政府尤其是镇长无法简单地将排水系统停止运营,也不能简单地拒绝未经处理的污水进入排水系统。要履行其对污水处理设施的监督型保证人义务,他必须做的事情,与他作为房产所有人的监督型保证人所必须做的事情是一样的,防止他们以被禁止的方式将未处理污水排入排水系统。即使他们的保证人义务来自其作为污水处理系统运营者的地位,也不影响这一点。他本身被视为"环境的罪人"(Umweltsünder),而非作为秩序机关成为环境罪人的监督者。

五、吸毒案件中的保证人义务与自我答责的自陷危险——γ-丁内酯(GBL)案(《联邦法院刑事判例集》第61卷,第21页)

被告人和其他人一起参加毒品派对聚众吸毒。在所有人都喝了酒并吸食了不同种类的毒品后,被告人拿出了一瓶未经稀释的γ-丁内酯(以下缩写为GBL)给大家。但他也提醒众人,因为GBL在吸入人体后会转化成一种容易产生幻觉的物质,不要未经稀释就吸食这种物质,即使稀释过也只能小剂量地吸食。但其中一名客人立刻拿过瓶子往嘴里倒了几口。客人在失去意识时,被告人将他侧躺着放平,在失去意识者的呼吸频率越来越慢后,他也没有呼叫救护车。如果被告人及时喊来救护车,失去意识的客人尚有抢救的可能。当被告人准备这样做时,一切为时已晚。

尽管联邦法院认为,死者是自我答责地陷入生命危险之中,但仍肯定了被告人成立不作为故意杀人罪的判决,理由如下:

> 被告人将装有GBL的瓶子拿出来供参加派对的客人们吸食,在吸

---

① AG Hanau wistra 1988, 199 f.; Schönke/Schröder-Heine/HeckerVor §§ 324 f Rn. 39 f.; NK-Gaede § 13 Rn. 60, Fn. 360; Horn JZ 1994, 1097; Nestler GA 1994, 514 ff.; Schall JuS 1993, 719 (722 f.); Schwar NStZ 1993, 285.

食未经稀释的 GBL 之后,其对于 A 生命的潜在危险开始实现时,死者 A 自我答责地自陷生命危险之中不能排除被告人基于危险源支配而产生的阻止死亡结果之义务……与理论上提出的批评不同,在这种情况下,一方面肯定参与自我答责自陷风险的保证人是不可罚的,但同时认为基于《德国刑法典》第 13 条第 1 款的规定,在法益主体选择进入的风险实现时,肯定保证人负有刑法上的结果阻止义务,这两者之间不存在评价矛盾。因为与自杀案件不同,自陷危险对于自身法益的牺牲仅仅局限在使自身法益陷入风险之中,且自陷风险者对该风险的基本程度有正确的认识。自陷风险与容认可能发生的结果即实现其所陷入的风险之间并不必然相连。如果与自陷风险时的预期相反,事态朝着丧失法益的方向发展,法益主体最初陷入危险的决定不等于他放弃采取措施以拯救已经处于具体危险之中的法益。①

39 如果提供装有 GBL 的瓶子的行为本身是不被允许的,那么,可以基于前行为推导出保证人义务。联邦法院此前已经裁定,GBL 的交易违反了《德国药品法》的规定。② 此外,还需要考虑的是,被告人将具有高度危险的 GBL 提供给客人的行为是否已经对客人构成了不允许的危险,因为客人们已经受到了酒精与其他毒品的影响,没有能力正确地评估吸食未经稀释的 GBL 的危险。③ 这显然将会得出结论,由于自陷危险者已经陷入酩酊状态,从中可以推导出或许同样也已经陷入酩酊状态、为其提供自陷危险之手段的被告人负有某种照管保护义务。

40 本案中,联邦法院原本可以从违法前行为出发,肯定被告人负有前行为保证人义务。但它没有这样做,而是认为提供 GBL 供客人吸食的行为本身是被允许的,同时认为被告人的保证人义务来自其对危险源的支配。法院认为,被告人对于危险源的支配是因为正犯是装有 GBL 瓶子的所有者与占有者。但是,在他已经将瓶子交给客人们时,他就不再从中产生任何对危险源的特殊支配。因为从这时起,他对危险源的支配不比屋子内的其他人更为优越。被告人唯一能比其他人更容易做到的就是移除 GBL。如果他对此负有义务,那么,这也不是基于危险源支配的保证人义务,而是基于前行为的保证人义务,亦即因以不允许的方式创设危险源而产生的保证人义务。该保证人义务的作用,仅在于在客人们自行喝下未经稀释的 GBL 陷入生命

---

① BGHSt 61,21 (25 ff.).
② BGHSt 54,243=NJW 2010, 2528.
③ 参见 BGHSt 61,318=NJW 2017, 418.

危险之后,证立被告人不作为故意杀人的可罚性。而过失致人死亡罪则已经通过不被允许的积极作为(提供 GBL)成立了。但在 GBL 的提供行为本身是合法的前提下,联邦法院认为,被告人唯一的义务在于向他的客人说明,他们决不能未经稀释就吸食 GBL,而他已经履行了这一义务。

在联邦法院未经论证就认定被告人负有基于危险源支配而产生的保证人义务后,它紧接着在一定程度上站在事后的立场进行审查,被害人自我答责的自陷危险是否会阻却死亡结果的归属,而它基于前述理由早已否定了这一点。而只有在法院认为提供 GBL 的行为本身是法所不允许的时,被害人自陷风险不能阻却死亡结果的归属才是自洽的。

但是判例认为,当为自陷风险提供手段的行为本身也是被禁止的时,自我答责的自陷风险的思想仍然可以适用。它认为,尽管《德国麻醉品交易法》第 30 条明确规定毒贩存在重大过失时要承担责任,提供被禁止的麻醉品之人原则上不能基于《德国刑法典》第 222 条过失致人死亡罪而对吸食毒品者的死亡答责。① 根据联邦法院的判例,只有在毒品的提供者不仅给顾客提供了毒品供其自行使用,而且获得顾客的同意亲手通过诸如注射等方式使顾客摄入毒品时,才另当别论。② 因此,在这种情况下,不再构成自我答责的自陷危险,而是得同意的他人危险。只有在得同意的他人危险而非参与他人自陷危险的情况下,在法律上才有可能证立通过显然违反法律禁令或者根据违反善良风俗而产生的可罚性。③

立法者通过设置刑罚威吓禁止通过提供毒品的方式使公民拥有自陷危险的可能性,他们的预设是,公民或者说至少有为数不少的公民没有能力对吸毒所伴随的风险自行作出充分的判断。因此,立法者决定,在法律上甚至是以违背公民意志的方式保护公民免于其自陷于这种风险之中。④ 合逻辑的结论便是,贩毒者不能主张吸毒者是自我答责的自陷风险而否认自己的责任。问题在于该原则是否也适用于 GBL 的提供行为。尽管这一化学

---

① BGH NStZ 1984, 452 (附随意见); NStZ 2001, 205 f.以及否定性的评论参见 Hardtung (207 f.).
② BGH NStZ 2004, 204.区分绝对不可罚的参与他人自陷风险与有可能可罚的得同意的给他人造成危险是没有意义的。这种区分仅仅只取决于事态发展的外部差异,参见本书第六章边码 8. NK-Puppe Vor § 13 Rn. 198 f.; 也参见 dies. Androulakis-FS (2003), 555 (562); 赞同观点参见 Stratenwerth, Puppe-FS (2011), 1017 (1019); Kretschmer NStZ 2012, 177 (180).
③ 参见 NK-Puppe Vor § 13 Rn.182.
④ NK-Puppe Vor § 13 Rn.192; dies. Androulakis-FS (Fn.5), 555 (567 f.); Hardtung NStZ 2001, 206 (207 f.); Zaczyk (1993). S. 60; Kohler MDR 1992, 739.但在德国相当一部分观点认为,应当拒绝任何的国家家长主义。参见 Murmann, Puppe-FS (2011), 767 (779); Sternberg-Lieben, Puppe-FS (2011), 1283 (1284 ff.).

物质不受《德国麻醉品交易法》的规制,但联邦法院认为,《德国药品法》禁止将 GBL 带入流通。

43　　但在我们所讨论的范围内仍应认为,联邦法院迄今为止的立场,都是只要危险物质的提供者只是参与危险物质使用者的自陷危险,而不是经同意给他人(危险物质使用者)造成危险,基于自陷危险的自我答责就可以排除提供者对使用者自己造成的损害的答责性。联邦法院认为 GBL 提供者对于吸食者的死亡应当答责,是因为吸食者自我答责自陷的危险实现了。这与其此前的立场便存在直接的矛盾。但是,联邦法院指出:

> 引起风险的行为不可罚,与在一般风险造成特殊的危险状况时正犯负有保证人义务,并不矛盾。在出现这一危险状况时,正犯有义务阻止迫近的发生结果的危险。①

44　　但是,既然参与创设危险之人不能因为他能够实现被害人自我答责的自陷之危险,就产生保证人地位而对危险的阻止答责,他也不能因为该危险自行升高并最终实现就对该危险答责。② 诚然,危险越大,拒绝阻止危险就越不道德,但是,这与法无关。没有通过自己的行为而成为他人生命之保证人者,也不能仅仅因为眼睁睁看着该他人死亡就成为保证人。当然他还可以基于《德国刑法典》第 323c 条成立见危不救罪。

45　　审判委员会认为,之所以得出相反的结论,是因为不幸者不愿意付出自己的生命,而是抱着自己面临的生命危险不会实现,或者有人在紧急情况下能够阻止该危险的侥幸心理而行为的。但这违背自我答责自陷危险的思想。自我答责自陷危险的根据并非"愿者不受损害"的原则(volenti non fit iniuria),而是法益主体应首先对其自身法益的保护答责,只有当法益主体自己无法充分保护法益时,才能在法律上要求他人尤其是保证人提供保护。③ 诚然,自我答责的自陷危险者当然不希望法益真的受损,但若以此为理由反驳自我答责自陷危险原则,这一原则就被架空了。④

46　　判决必须回答,相对于自我答责的吸食者而言,为其提供毒品或者毒品替代物的行为应否被视为违法。若认为这一行为违法,则毒品提供者对于吸食者的生命危险的答责性已经通过其积极的作为得以证立,前行为的保

---

① BGHSt 61, 21 (26).
② Murmann NStZ 2012, 387 (389); Fahl GA 2018, 418 (433); Puppe ZIS 2013, 45 (48 f.).
③ NK-Puppe Vor § 13 Rn 185, 189; dies. ZIS 2007, 247 (251); dies. ZIS 2013, 46 (48); Cancio Melia ZStW 111 (1999), 357 (373 f.).
④ Fahl GA 2018, 418 (436).

证人义务至多为了证立其主观故意。[如果提供 GBL 的行为违法,则行为人通过提供毒品的行为便创设了法所不允许的风险,而对死亡结果承担过失的答责性;而讨论前行为保证人地位,则可以使其承担不作为故意杀人的答责性。——译者注]相反,如果认为通过提供麻醉品给吸食者创设危险是被允许的,因为该危险只有通过吸食者自我答责的自陷危险才能实现这一危险,那么,也不能认为,由于提供者眼睁睁看着吸食者实现了其自陷之危险,就肯定其除了见危不救罪以外还具有其他的答责性。对于这一问题我们的最高法院没有给出明确的、具有一般效力的回答,因此,正如我们在本案判决中所看到的那样,在个案中就存在道德化的危险。

六、实际适用的提示

所有保证人义务都具有特殊义务的法律基础,但并非所有特殊义务都是保证人义务。首先需要确定,该义务在于要求采取适合阻止结果发生的特定措施。这种义务的法律基础可以来自民法也可以来自公法,它可以直接来自法律规定,如家庭法上的照顾抚养义务或者公职义务,也可以来自合同约定。前行为保证人义务的来源也并非刑法,因为证立这种义务的违法前行为并非必须是可罚的。它来自侵权法,尤其是《德国民法典》第 823 条,尽管该条第 2 款也将刑法条文纳入其中。如果以犯罪构成要件实现作为保证人义务的基础,就必须注意,该犯罪构成要件所保护的法益须正是履行保证人义务所要保证其免于危险的法益。 47

当特殊义务的受益者对于该义务的履行具有特殊的依赖时,从特殊义务中便产生保证人义务。孩子一出生就依赖父母的照料直到他能够自己照顾自己。而基于合同约定的保证人义务的场合,只有在合同相对方因信赖另一方会履行合同而未采取预防措施,或者他基于这一信赖而进入特定危险之中时,才存在这种依赖。因此,当旅行者与登山向导一同踏上旅程时,向导才具有保证人义务。如果向导没有出现在集合点,旅行者因此独自上山,那么向导不能作为保证人对后来发生的不幸事故答责。 48

当保证人义务来自保证人与被保护者的关系时,那么,保证人义务的内容通常是保护被保护人免受危险,无论该危险的具体来源。这适用于父母的保证人义务。而在基于承担的保证人义务的场合,则取决于合同的具体内容。保姆在他上班的时间有义务负责孩子的全面保护;相反,登山向导的义务则仅限于保护登山者免于登山的危险,而不负责保护他免受其他游客的攻击甚至是被其他人欺骗。 49

50 其他的保证人义务则是根据保证人负责阻止之危险的来源来界定的,与保护型保证人相对,被称为监督型保证人。这首先包括对于核电站等危险工厂、枪支、毒药以及我们所看到的机动车等危险物品的答责性。这些保证人义务将使任何陷入该危险源领域的人受益。前行为保证人也是一种监督危险源的义务,即由自己的违法前行为而给他人造成的危险源。

51 只有受到危险者在物理或者心理上欠缺自我保护免于危险的能力时,才会出现保证人义务。因此,在这方面也适用以下原则:即使最终危险演变成若无他人帮助、自陷危险者便无法独自应对的地步,任何人也只能单独地为自己任意自陷危险答责。充其量只有《德国刑法典》第323c条的一般救援义务具有相关性。自我答责的自陷危险无法证立任何的保证人义务。因此,联邦法院试图基于夫妻间的婚姻关系,推导出妻子有义务不采取任何有效但有生命危险的防卫手段容忍醉酒丈夫的殴打,这种尝试也因自陷危险原理而失败。

52 如果在审查究竟是作为还是不作为引起了结果时,没有对行为人原本可以阻止结果发生的行为进行准确的界定,那么,最晚在界定保证人义务时必须这样做。保证人义务必须在案件中具体化,以确定行为人有义务实施何种行为。只有这样才能够进一步判断,该行为是否能够阻止事实上导致结果发生的因果流程。

第三十章　不作为因果关系

一、不作为的多重因果关系——政治局案(《联邦法院刑事判例集》第 48 卷, 第 77 页)①

被告人时任民主德国政治局的成员。在他任职期间, 与联邦德国接壤处的边境管控制度已经生效。期间, 为防止逃亡者突破边境封锁, 根据当时的射杀命令, 有多名逃往联邦德国的逃亡者被射杀。这位政治局成员被控成立故意杀人罪而对逃亡者的死亡答责。

此处本书不讨论本案中所涉及的跨时期、跨地域刑法的问题, 下面只讨论裁判理由中以联邦德国刑事实体法规定为基础的部分。联邦法院认为, 边境士兵按照边境管控制度的规则与命令朝逃亡者开枪射击, 他只是下达命令者以及政治局成员的工具。后者被认为是不作为的间接正犯, 因为作为保证人他们有义务随时结束边境管控, 或者至少降低边境管控措施的严厉程度, 从而使边境不会发生杀人事件。每名成员都负有保证人义务向政治局提议作出这一决定、支持这一建议并投出赞成票, 但所有成员都没有这样做。对于该不作为与逃亡者死亡之间的因果关系, 裁判理由指出:

在判断被告人不作为的"准因果关系"时, 不取决于要求他实施的个别行为具有何种效果, 而取决于其他所有和被告人一样违反义务无所作为之人的不作为, 在本案中即取决于政治局所有成员的不作为。因此, 政治局的每位成员即使提出建议也会受到其他多数成员的反对而失败, 也并不重要。如果阻止结果发生所必要的措施只有通过多名参与者的共同作用才能达成, 那么, 每一个有能力发挥作用、却没有作出贡献的人都创设了该措施未实施的原因。在这个框架内他对于由此

1

2

---

① =NStZ 2003, 141=JZ 2003, 575 mAnm Ranf JZ 2003, S82=StraFo 2003, 135 mAnm Arnold StraFo 2003, 109; Bespr. Knauer NJW 2003, 3101; Anm. Dreher JuS 2004, 17; BGHR StGB § 13 Abs.1 Garantenstellung 21; BGHR StGB § 25 Abs. 1 Mittelbare Täterschaft 10.

产生的构成要件结果承担责任。他不能主张,即使自己努力促成所要求的集体决定,也会因为受到其他成员的反对而以无果告终,从而推卸自己的责任。否则,每个保证人都能以其他平级的保证人之不作为来推卸自己的刑事责任。①

3 诚然,如果保证人或作为犯基于其他人同样会违反义务"来推卸自己的刑事责任",而其他违反义务者也可以如此主张,那就没有人要对结果答责了,这是必须要避免的。但这(没人对结果答责)是认定不作为因果关系(或者说准因果关系)的传统方法所必然得出的结论。传统方法认为,在不作为的场合要反向运用条件公式:假设符合义务的作为存在,则结果不发生,则不作为和结果之间具有因果关系或准因果关系。若要阻止结果发生,必须由多名事实上违反义务的保证人履行他们的义务,那么就无法宣称,假设实施了符合义务的作为,结果就不发生。为了避免得出这一结论,联邦法院在皮革喷雾剂案判决中,在对因果关系审查之前,就认定形成违法决议的集体成员成立共同正犯,从而将所有的集体成员作为一个整体肯定其因果关系。因为如果他们共同按照义务作出表决,就不会达成违法的决议。② 此观点在理论上也得到了诸多赞同。③

4 但这并不能解决问题。首先,同时审查多名主体的可罚性存在根本性的方法论错误(参见本书第二十二章边码3)。其次,不能基于共同正犯肯定因果关系,相反,共同正犯的成立以因果关系为前提。一个人不是因为他是共同正犯,所以,他与结果有因果关系;而是因为他与结果存在因果关系,而在满足其他条件时可以成立共同正犯(参见本书第二章边码12)。特别值得赞扬的是,联邦法院在本案中拒绝以共同正犯来证立因果关系,理由如下:

5 负有同样义务的保证人集体决定拒绝实施所要求的行为,即被告人与其他无所作为的政治局成员构成同时犯,即数名正犯。不需要认定其成立共同正犯,因为没有必要像作为的共同正犯那样,将其他共同正犯的行为贡献归属于每一名共同正犯。④

6 但若不借助共同正犯,如何能使违反各自义务的多名参与者无法以"即使自己履行义务也无法阻止结果发生,因为其他人履行义务也是阻止

---

① BGHSt 48, 77 (94).
② BGHSt 37,106 (113).
③ SK-Hoyer § 25 Rn. 154; Roxin AT/2 25/241.
④ BGHSt 48, 77 (95).

结果的必要条件"为借口互相推卸责任呢？这里对于个别行为与结果之间的逻辑关系界定也存在谬误。借助该因果关系公式得出结论，多人作为整体与结果之间存在因果关系，但他们每一个人却与结果没有因果关系，这样的因果关系公式显然是不正确的。在对积极作为因果关系进行审查时我们已经看到，条件公式认为原因应当是结果的必要条件，其对于个别原因的逻辑界定是错误的。显然，在存在假定原因时条件公式将会失灵，因为当假设某个个别原因不存在时，假定原因会取代该个别原因的作用（参见本书第二章边码2）。同样，在多重因果关系（或者也称为择一因果关系）的场合条件公式也会失灵，因为在真实发生的因果流程中存在多个可以相互替换的因素（参见本书第二章边码11）。

本案中，恰恰出现了多重因果关系的情况，这也是为什么运用必要条件公式会得出否定个别成员不作为的因果关系，但其整体的不作为则看似是结果发生的必要条件。解决不作为的多重因果关系问题的正确方式，在于要对条件公式作出与其在作为犯中同样的修正（参见本书第二章边码4及以下数个边码）。行为不必是结果发生的必要条件，而只需要是结果发生的充分条件中的必要组成部分，且该充分条件应是真实发生的（参见本书第二章边码13）且不应包含任何多余的因素（最小充分条件）。① 当不作为与其他的不作为相结合共同构成结果发生，即没有阻止结果的充分条件时，该不作为就是结果发生之充分条件的必要组成部分。造成边境管控不取消、边境上继续发生射杀逃亡者事件的（最小）充分条件，是政治局的最少多数没有投票表决取消射杀命令。 **7**

假设政治局共有5名成员，那么其中3人的不作为就可以构成边境管控继续存续的充分条件。超出这个最小充分条件的多数将会在多重因果关系的场合得出错误的结论（参见本书第二章边码13）。② 每一个被告人的不作为都与另外两名成员的不作为共同构成一个最小充分条件。至于其他政治局成员的行为则对于最小充分条件的确定既非必要也不应当讨论，否则，就无法形成最小充分条件了。③ 随后若从这个最小充分条件中除去被告人的不作为，就只剩两名政治局成员的不作为，后者不能充分地解释边境管控制度的存续。对于其他每一名政治局成员的行为都应作同样的考察。 **8**

---

① NK-Puppe Vor § 13 Rn.103, 108. 122; dies. ZStW 92 (1980), 863 (875, 878) = Analysen (2006), 101 (111 ff.): dies. GA 2004, 129 (138).

② Puppe ZStW 92 (1980), 863 (876 ff.) = Analysen (2006), 101 (112 ff.); dies. GA 2004, 129 (138).

③ Puppe GA 2004, 129 (138); dies. in NK Vor § 13 Rn.122.

通过这种方式我们就可以确定,每名成员的不作为都是边境管控制度存续的原因。

9 联邦法院提出了另一种证立政治局成员不作为因果关系的方式,但没有对其进行论证:

> 对于不作为"准因果关系的判断",仅仅是基于规范的标准。在此方面应当假定平级保证人实施的是合法行为,因为法秩序必须以自己的规则得到遵从为出发点。①

10 不过,与联邦法院的观点不同,无论是在作为犯还是不作为犯中,借助这种"规范性的合法行为假设"都不能解决多重因果关系问题。因为一旦查明其他参与者事实上实施了违法行为,就不能为了肯定行为人的刑事责任而脱离现实假定其他参与者的行为是合法的。

11 但在其他方面,联邦法院的这一考虑是卓有成效的。与经典的皮革喷雾剂案不同,本案的政治局没有开会就取消边境管控事宜进行投票表决。成员的义务违反首先体现在,他们甚至都没有促成召开会议并进行表决。只要成员个人呼吁召开会议讨论取消边境管控,就可以推动一个因果流程的发生。在这个因果流程中,如果每名成员都实施合法行为就可以最终取消边境管控,使边境上不再发生射杀逃亡者的事件。当一名成员呼吁召开会议讨论取消边境管控时,其他成员会如何行动,这在客观上是不确定的。这样,就可以用到前述联邦法院的思考,法秩序必须以公民实施合义务行为为出发点(参见本书第三十章边码14)。由此可以解释,成员没有提议召开会议讨论取消射杀命令的不作为,是边境上逃亡者被射杀的原因。因为根据联邦法院的法律思考,必须假定公民会遵从法秩序,从中可以推导出此时必须假定成员会投票赞同取消射杀命令,因为他们有义务这样做。

二、未引入其他作为义务人的不作为因果关系——血库案(联邦法院:《新法学周刊》2000 年刊,第 2754 页)

12 被告人是某血液凝固研究所的副所长,该所兼有血库的职能。在该研究所中,将输血者不需要而被退回的血液制品压碎是很常见的做法,并且由于是被退回的制品,也没有单独的导管用来检验其与输血者的血样是否匹配。在这个过程中,血液制品的包装被打开以抽取新的血样。但当时的消毒条件并不好,许多血样受到了病原体的污染,6 名输血者中有 5 名因为输

---

① BGHSt 48, 77 (95).

入了这种受到感染的血液制品而死亡。被告人被控没有向上级主管机关报告以阻止实践中的这种做法。

关于不作为与死亡结果的因果关系,联邦法院指出:

> 最后,本案中无法充分证明不作为与结果出现之间的因果关系。在检验义务违反的因果关系时,需要假设性地提问,如果行为人遵守义务,事态会如何发展。根据联邦法院的持续性判决,只有当遵守义务的行为能够接近阻止刑法上重要之结果发生确定的盖然性时,才足以肯定违反义务的不作为的因果关系。①

本案中联邦法院采用了可避免性理论。这意味着每个参与者都可以主张,其他参与者同样违反了义务,或者若遇到行为人所面临的产生注意义务的情况,他们很有可能也会违反义务,进而否认自己的责任。本案判决中也得出了这样的结论,论述如下: 13

> 共同被告人认识到了"挤压"这种实践做法并予以容忍。在向上级主管机关举报时可以期待,上级主管机关会联系作为共同被告人的研究所所长,了解他的想法并在作出判断时予以考虑。(被告人)Bf.的专业权威与共同被告人更高的专业权威相对立,上级主管机关在具体情况下是否会得出刑事审判庭所查明的结论,不是显而易见的。此外,根据所查明的事实,上级在作出决定时也会考虑到研究所的预算十分紧张,最终放任血库欠缺所需要的设备。②

这样被告人为了推卸责任就可以主张其他参与者的两种假定的义务违反:一是研究所所长本人有可能会违反义务而在主管机关面前为"挤压"操作辩护;二是主管机关有可能违反义务不指责"挤压"这种错误的操作流程。从纯事实的角度来看,无法完全排除发生这种义务违反的可能性。③ 判决也以此为根据,即无论是研究所所长还是上级主管机关都已经违反了相似的义务。 14

但是,以他人义务之违反作为抗辩理由与政治局案判决是相悖的。④ 有趣的是,本案刑事审判庭在判决中已经适用了政治局案判决中提出的原则。联邦法院对此反驳如下: 15

---

① BGH NJW 2000, 2754 (2757).
② BGH NJW 2000, 2754 (2757).
③ NK-Puppe Vor § 13 Rn.133.
④ NK-Puppe Vor § 13 Rn.133f.

刑事审判庭在论述中提到联邦法院在皮革喷雾剂案(《联邦法院刑事判例集》第 37 卷,第 106 页)中所发展出来的原则,①认为 Bf.不能因为即使自己努力促成上级机关的决定也有可能失败而推卸自己的责任。当只有通过多名参与者的共同努力才能促成阻止损害所要求的措施时,每一个违反自己的参与作用之义务,未对此作出贡献者,都与未采取措施之间存在因果关系。刑事审判庭忽略了本案案情与其援用作为依据之判决的事实之间存在根本的差异。(皮革喷雾剂案中)涉及的是一家公司多名经理对于产品召回所负有的共同且平级的责任……本案中则并非如此。Bf.未实施的行为不应与共同被告人承担共同且同等的责任,相反,应当由她单独代替负主要责任并违反义务无所作为的研究所所长来承担责任。②

15 正确的结论恰恰相反,且是一个举重以明轻的当然推论。如果行为人不能借口因为其他保证人也在事实上违反了义务,因此自己不能 100%地确保结果不会发生,从而推卸责任,当其他保证人的义务违反在事实上尚未发生,且其之所以尚未发生,是因为行为人的不作为剥夺了他们履行义务的机会时,就更是如此。因为客观上不确定,潜在的保证人事实上是否违反了义务。尽管没有充分注意到这一点,但当被告人之所以受到刑法谴责,是因为实践在假设被告人履行义务的同时,也假设被找来提供救援的该他人也履行了他的义务。被召唤的救援者,比如医生,有可能来不了或者行为有可能发生过错,这种可能性在这些判决中都是不予考虑的,③但此可能性在事实上从来不可能完全排除。如果因为被找来的救援者在其他情况中曾经表现出对义务的疏忽(pflichtvergessen),因此在个案中出现这种可能性非常显著时,实务就会要求证明,该救援者这一次一定会履行他的义务,但这原则上是不可能证明的,最终基于疑罪从无原则而宣告被告人无罪(参见本书第二章边码 35 及以下数个边码)。④

---

① 参见本书第二章边码 9 及以下数个边码。
② BGH NJW 2000, 2754 (2757); 也可参见 BGH NJW 2010, 1087 (1092)。
③ 参见 BGH NStZ 1986, 217; 讨论参见 Kahlo GA 1987, 66 und Ranf JZ 1987, 895.行为人遵守义务呼叫救援(尤其是医生救援)可以阻止结果,法院对此有疑问,是因为即使是医生此时也已经无法挽救被害人了。其中可以简单地假定,医生会遵守义务立即出现在事故发生现场。参见 BGHSt 21, 59 (60 f.); 23, 327; 34, 82 (83); BGH NStZ 1981, 218 (219), 1984, 164; 2000, 414 (415); 2003, 252。
④ 参见 BGH NStZ 1986, 217 (218); 批评意见参见 NK-Puppe Vor § 13 Rn. 133。

毫无疑问的是，如果保证人的不作为体现在，没有给其他保证人阻止结 16
果的机会，那么，该不作为就与其他的事实一起共同创设了结果发生的充分
条件。只要在本案中，上级主管机关不知道存在对于血液制剂进行"挤压"
这样一种错误的状态，他们也就不能就此采取措施进行干预。只有当主管
机关认识到这种错误状态时他们就会介入，才能认为被告人的不作为是结
果发生之充分条件的必要组成部分。但这（主管机关认识到错误就会采取
措施）是基于规范理由而作出的设定，因为任何人都不能借口，即使自己遵
守义务为他人履行义务提供了机会，其他人也仍有可能违反义务，从而推卸
自己的责任（参见本书第二章边码 27 及以下数个边码）。通过前文（本书
三十章边码 9）引述的内容，联邦法院表明，作出"其他保证人会遵守义务"
的假设并非出于事实性的理由，而是出于规范性的理由，因此，这与疑罪从
无原则并不相干。①（事实上）没有被喊来的救援者会如何行为是不确定
的，这种不确定性具有根本性，不受制于疑罪从无原则。为了避免让人觉得
这样做是在虚构不利于被告人的事实，我们可以这样来重述这一原则，在判
断行为人没有招来负有义务阻止结果之人这一不作为，是否为结果发生的
充分条件的必要组成部分时，应当将适用于负有义务阻止结果之人的法律
规定作为因果法则来使用（参见本书第二章边码 31 及以下数个边码；第
二章边码 36、37）。

另外，能否因为他人确定地、高度可能地，或者仅仅有可能违反义务，就 17
以此否认行为人负有保证人义务以激活他人的法义务。因为如此一来保证
人就（确定或者或许）不可能阻止结果了。丹克尔认为，在这种情况下，肯
定这种保证人义务令人想起了"盖斯勒的帽子"（Gessler's Hut）。[13 世
纪末，在哈布斯堡家族统治时期的瑞士卢塞恩湖畔乌里州的地方总督盖斯
勒，下令将国王的帽子绑在柱子上，每个经过的人都必须向帽子鞠躬行礼表
示对过往的尊敬，违者将被判处死刑。瑞士民族英雄威廉·退尔因为没有
行礼而被盖斯勒勒令当众认罪。威廉·退尔最后杀死了盖斯勒并率领瑞士
人民反抗神圣罗马帝国的镇压。其后德国作家席勒创作了剧本《威廉·退
尔》，意大利作曲家罗西尼创作了同名歌剧。——译者注]②但是，这里关于
"盖斯勒的帽子"的思考完全不同于丹克尔所理解的意义。盖斯勒们的追
随者——这里的盖斯勒指的可能是独裁者、办公桌正犯、公司老板、黑帮老
大或者是研究所的所长总是会辩称，自己即使履行义务也无济于事，因为要

---

① NK-Puppe Vor § 13 Rn. 134 a.
② Dencker (1996), 170.

救援被害人还需要其他人履行义务,而即使自己履行义务,其他人也有可能不履行义务。这样盖斯勒们的支配就会不受阻碍地持续。因为客观上并不确定,被招来的救援者是否可能拒绝履行义务,因此,行为人呼叫该救援者的义务是有意义的,并非"盖斯勒的帽子"。只有当救援者事实上终局性地表达拒绝,完全无法履行义务时,呼叫救援者的义务才失去意义而消失。① 通过履行义务在事实上阻止结果发生可能性很低的事实,最多能在履行义务的期待可能性这一视角下得到考量。因此,下位的命令接收者在自己需要冒着自由甚至生命的风险才能反抗违法命令时,可以主张欠缺期待可能性。但本案中作为研究所的代理所长冒着与所长反目的风险来结束这种会给病人造成生命危险的血制品处理方法,是完全具有期待可能性的。

三、未提供充分信息的共同过错——刹车案(《联邦法院刑事判例集》第 52 卷,第 159 页)

18   被告人是一家运输企业的车间主任,他的任务是定期对货车进行安全技术检查。他告诉公司的老板,有一辆重型卡车的前轮刹车失灵,因此,整辆车"不再受控"。但他没有仔细检查卡车后轮的刹车,而没有确定卡车的刹车系统已经整体上彻底失灵了。尽管公司老板基于已经知晓的缺陷就应该让卡车停运,但老板仍因为相信其手下司机的驾驶技术和经验而让卡车继续运营。但卡车从一个斜坡上冲下来并闯入了一家百货商场,司机和两名路人死亡。人们推测,卡车的刹车是因为制动软管不够紧而失灵。

19   下级法院宣告被告人成立过失致人死亡罪,而联邦法院撤销了该判决,理由如下:

> 只有当被告人在其可能与可期待的范围内,向共同被告人 S 全面地报告了刹车系统中出现的可识别的状态,包括几乎失灵的后轮刹车的问题,被告人才满足了他所承担的责任。但是,他没有这样做并不当然意味着该疏忽是致命交通事故发生的原因。虽然州法院在法律审查的框架内也是这样认为的,原则上显而易见的是,全面说明汽车刹车系统的失灵状况,包括卡车的前轮与后轮的刹车,将"说服犹豫不决的老板"并可以期待"S 放弃商业利益的考量"。但是,如果被告人也报告了车后轮刹车坏了的情况,共同被告人是否在事实上"被说服",尚没有得到证明,因此需要进一步的解释说明。

---

① NK-Puppe Vor § 13 Rn. 124.

被告人的义务违反体现在,他给其他参与者提供了不正确或者不全面的信息。联邦法院认为,此时被告人的答责性取决于未获得充分信息者在获得了正确且全面的信息时会如何行为(参见本书第二十八章边码12及以下数个边码;第二章边码27及以下数个边码)。试问,一个自由之人处在与现实不同的情况下会如何行为,许多人会倾向于认为公司老板不会让坏了3个刹车的卡车上路,因为这比让只坏了一个刹车的卡车上路更加不负责任。但联邦法院显然认为这并不充分,在查明当老板知道卡车后轮的刹车也坏了的时候就会让卡车停运这一点时,联邦法院提出了非常高的证明要求。正如我们之前多次强调的,这个问题是彻底无法证明的,因为在人有决定自由的前提下,客观上无法确定一个人在现实中尚未出现的紧急情况下会如何作出决定(参见本书第二章边码29)。①

但在本案中,如果行为人受到的刑法非难在于,他没有通过充分的信息促进注意义务的产生,那么假定其他参与者的行为合乎义务这一思考就没有帮助。因为运输企业的老板在事实上已经违反了停运卡车的义务。(参见本书第二十八章边码12及以下数个边码)。当老板已经知道卡车的前轮刹车失灵时,该义务就已经产生了。任何人都不能通过假设他人会违反注意义务来推卸责任,如果老板知道不仅卡车的前轮刹车坏了,而且后轮刹车也坏了的时候,他仍然让卡车上路,他的义务违反会更加严重。这就足以肯定将结果归属于车间主任,因为他提供了错误的信息,使运输公司的老板通过一个较为轻微的义务违反就引起了事故的发生(参见本书第二十八章边码18)。被告人违反义务对于卡车所产生的危险没有向他的老板作出全面的报告,从而部分减少了他老板义务违反的程度。因此,两人都应作为过失的同时犯对结果答责。

四、实际适用的提示

所谓不作为,是指特定的人没有实施特定的行为这一事实。因为这是一个事实,所以与特定的人实施了特定的行为(作为)这一事实具有同样的真实性。作为事实,不作为与作为都可以是结果发生之充分条件的必要组成部分,即原因。虽然在文献上有争议,有的学者主张将其称为不作为的"准因果关系"。但无须为此忧心,这只是一个纯术语问题,在实践上不存在差异。不作为的因果关系,即没有实施特定行为的事实与结果的因果关

---

① NK-Puppe Vor § 13 Rn. 125 f., 133 ff.

系,与积极作为的因果关系要采用同样的方法来查明。当根据普遍有效的经验法则,存在一个真实的结果发生之充分条件,而不作为是这一充分条件的必要组成部分时,则该不作为是结果发生的原因。在查明了这个充分条件后,再查明不作为在这个充分条件之中的必要性,即将不作为从该充分条件中删去时,该条件根据普遍有效的经验法则是否仍然是结果的充分条件(参见本书第二章边码5、6)。其中不需要假设事实上没有发生的合义务行为。相反,通说由于将不作为和作为都仅仅定义为必要条件,因而必须用合义务的作为替代不作为,以考察该不作为与其余事实一起是否构成结果不发生的充分条件。

23 在不作为因果关系中与作为因果关系存在同样的问题,也需要以同样的方式来解决。其中之一便是不作为的多重因果关系。当结果的出现存在多个充分条件,且每个充分条件都包含有另一个参与者的不作为为必要组成部分时,就会出现不作为的多重因果关系问题。此时,虽然不能要求不作为者通过作为阻止结果发生,但在多重因果关系的场合,作为与不作为同样不能作这种要求。阻止结果的发生取决于多名参与者都履行了各自的义务,因此,任何人都不能以其他人的义务违反为借口来推卸责任。在这类案件中也可以通过假定其他人参与者履行了义务来证立因果关系。判例就是这样做的。

24 在违反义务的积极作为中同样会出现,但在不作为因果关系中更为常见的因果关系问题,在于当不作为体现为没有促成他人去阻止结果时,如何证立该不作为的因果关系。在这类案件中,事实上不可能完全排除即使行为人遵守义务找他人阻止结果但该他人也会违反义务的可能性。要解决这一问题最为简洁的方法是,以任何违反义务之人都不能以他人之义务违反为借口来推卸责任的规则为出发点。当他人确实违反义务时是如此,当只是假设他人违反义务时更是如此。因此,当行为人没有促成负有义务阻止危险之人来阻止危险时,他就不能主张,事实上无法排除该他人也会违反义务的可能性,从而免除自己的责任。在证立前者真实发生之义务违反的因果关系时应当认为,只要他履行了义务引入他人来救援,该他人就会履行自己的义务。

25 与作为一样,在不作为的因果关系中也会存在非决定论过程中的因果关系问题。除了第三人不受法律约束的行动之外,疾病的发生过程也属于这种情况。在这类案件中,医生等没有提供所要求之救援行为者,只有借助替代因果关系的风险升高理论来证立其答责性。根据这一理论,对于非决定论过程而言,只要行为人消除了避免结果发生的机会,或者违反义务没有好好利用这一机会,都要对结果答责。

第三十一章　主观构成要件中的保证人义务

一、关于保证人地位的认识错误与关于保证人义务的认识错误——强奸案(《联邦法院刑事判例集》第16集,第155页)

被告人驾驶汽车带着他的朋友们与一名少女共同前往一个偏僻的地方,还其中有人想要和该少女发生性关系,但被告人并不知道,其准备在必要时使用暴力与少女发生性关系。在被告人发动汽车后,发现其中一位朋友使用暴力强迫与少女发生性关系。被告人能够阻止而没有阻止,放任了强奸的发生。他认为自己没有义务阻止这一切。

按照当前的法律观点,尽管被告人通过驾驶行为使得性侵成为可能,但他不是防止少女性自主受侵害的保证人。因为在既有的情况下,驾驶汽车的行为是被允许的,而只有以不被允许的方式给法益造成危险的行为才能产生保证人义务(参见本书第四章边码1及以下数个边码)。根据当前的理论,被告人只可能成立见危不救罪。而在判决作出时,通说的观点则认为,任何通过积极作为而给法益造成危险的行为都可以形成前行为保证人义务。要理解本案判决,必须要从这一观点出发。联邦法院大审判委员会认为行为人关于其保证人义务的认识错误是不重要的,理由如下:

不真正不作为犯的构成要件包括引起构成要件结果的不作为,以及不作为者的保证人地位,但不包括他的保证人义务。(严格)责任理论也承认规范的构成要件要素,而形成保证人义务的事实情状也可以是规范要素,这在本案中并不重要。大审判委员会认为,保证人义务本身不能被视为规范构成要件要素,因为它不是与保证人地位相并列的要素,而是产生于保证人地位及对保证人地位的认识。因此,这不是一个单独的,共同证立构成要件的要素,而是对构成要件的整体评价。法秩序赋予保证人以积极行动阻止结果发生的义务,由此法秩序对于具有保证人地位但却消极不作为并由此导致构成要件结果发生之人

1

2

的行为,作出了无价值的评价。①

3　　联邦法院同样认为,保证人义务是评价整体的构成要件要素。行为人对于保证人义务的认识错误因而是纯粹的评价错误,不能排除故意(参见本书第八章边码13及以下数个边码)。②而法律上证立保证人义务之事实则属于构成要件要素,可以证立故意。③本案中,行为人对于在当时通说看来能够证立前行为保证人义务的事实存在认识。他知道自己开车将少女带到一个偏僻的地方,在那里少女面对他朋友的侵害是毫无保护的,他也知道他的朋友们准备利用这一境况实施强奸。自大审判委员会的这一判决开始,人们将证立保证人义务的错综复杂的事实情况称为保证人地位,以区别于作为整体评价要素的保证人义务。④

4　　联邦法院指出,尽管事实不总是能推动保证人义务的产生,证立保证人义务的要素也可以是"规范的"。按照判例和通说的术语理解,所谓规范构成要素是指权利或法律关系的要素。其中也包括刑法之外产生的法义务,这些法义务是基于保证人义务这一评价整体要素所表达出来的价值判断,因而具有了保证人义务的品格。在大审判委员会判决的意义上,这些法义务属于规范构成要件要素,而在我们的术语中则被称为制度性事实。制度性事实也属于《德国刑法典》第16条意义上"属于法定构成要件的事实情状",行为人必须对此有认识才能存在故意(参见本书第八章边码7及以下数个边码)。法义务获得保证人义务的品格,这并非来自刑法之外的成文法,而是被联邦法院的大审判委员会理解为纯粹的价值判断。即便价值判断证立了构成要件的实现,也与事实不同,并非故意成立所必要的行为人认识(本书第八章边码13及以下数个边码)。

5　　为了论证保证人义务不属于不作为犯故意的认识内容,大审判委员会进一步指出:

> 最后,反对观点在未遂领域会得出这样的结论,即不作为的可罚性对于适用于作为犯的基本原则会被显著地扩张,因此,不合乎正义。如果采取反对观点,那么,当不作为行为人错误地认为自己负有保证人义

---

① BGHSt 16, 155 (158).

② Lackner/Kühl-Kühl/ § 15 Rn. 7; Schönke/Schröder-Sternberg-Lieben/Schuster § 15 Rn.22; Fischer § 13 Rn. 88, § 16 Rn. 17; Roxin AT/2 31/190.

③ Lackner/Kühl-Kühl § 15 Rn.7; Schönke/Schröder-Sternberg-Lieben/Schuster § 15 Rn. 22; Jescheck/Weigend AT S. 296; Wessels/Beulke/Satzger AT Rn.1206.

④ Roxin AT/2 31/190; Stratenwerth/Kuhlen AT 13/73 f.; Wessels/Beulke/Satzger AT Rn.1174, 1206.

务,而事实上从其所认识到的事实中并不能产生这种义务时,该不作为行为人就要按照不真正不作为犯的未遂而受到处罚。但事实上这应当被评价为不可罚的幻觉犯。①

这不是反面推论的运用。法秩序将对事实的认识及对该事实法律评价的认识都作为故意的内容,这不存在逻辑上的障碍(参见本书第八章边码13及以下数个边码)。正如本案所表明的,法的价值判断既不是不言自明的,也不是不可动摇的,尽管通说在区分构成要件错误与禁止错误时是这样预设的。通说认为该价值判断极其简单和基本,因此,可以期待每个公民都可以作出这样的判断。而我们的例子则表明,这种判断是可能发生改变的。在本案裁判时,判例认为任何一个危险的作为即便被允许,也可以产生阻止危险的保证人义务;而当前判例与理论都认为,只有创设了法所不允许的风险,即危险的前行为才能产生保证人义务(本书第二十九章边码7、8)。但是为了避免行为人以自己明显错误的价值判断作为借口,来推卸自己因为故意实现了一个包含评价整体要素的构成要件而受到刑法非难,通说的观点,即价值判断错误不排除故意,仍然是有必要的。 **6**

本案中,大审判委员会的论证是一种反面审查(参见本书第二十章边码38)。正如前文中(第二十章边码14及以下数个边码)所看到的那样,当保证人对其义务的理解广于其实际适用范围时,仅构成幻觉犯,而不构成不能犯未遂。通过反面审查会得出,对于保证人义务存在的反面错误不会排除不真正不作为犯的故意。因为反面审查利用了一个或许有些偶然的事实,即可罚性的条件或者必须出现在客观构成要件中,或者必须出现在主观构成要件中。将法义务评价为保证人义务这一价值判断必须在客观上是正确的。换言之,在反面审查适用的范围内,主观构成要件即行为人证立故意的认识中没有必要包含这一价值判断。因此,对前述大审判委员会用来论证他观点的话应当这样的理解,即在认识到保证人地位时,对保证人义务的错误认识不排除故意。 **7**

二、区分证立保证人地位的法义务与作为评价整体要素的保证人义务——纳税申报案(不莱梅州高等法院:《刑事辩护人》1985 年刊,第282 页)

被告人被指控提交了不完整的纳税申报。对《德国租税通则》第370 条 **8**

---

① BGHSt 16, 155 (160).

第1款第1项意义上"违反义务使税务机关没有知悉对于税收重要的事实,"被告人表示不知道或者作了错误的理解。

不莱梅州高等法院认为《德国租税通则》第370条第1款第1项规定的是不纯正不作为犯,①因为其在判决中提到了保证人义务与保证人地位。行为人最多只成立轻率的漏税而非故意的逃税,为了论证这一结论,不莱梅州高等法院认为以下论述是必要的:

> 在纯正和不纯正不作为犯中,税收刑法上的关系与一般刑法上的关系不同,在一般刑法上证立法义务的事实情状(保证人地位)属于构成要件,而由该事实情状所产生的义务(保证人义务)不属于构成要件。但是在《德国租税通则》第370条的框架内,该原则并不适用于那些从税法上的说明与行为义务中产生的法义务。在此,行为人认识到产生保证人义务的事实情状是不够的。除此之外,还必须存在对于其保证人义务的认识。因此,在税收刑法中,在《德国租税通则》第370条的范围内,对于纳税申报与行为义务之存在及范围的认识错误属于构成要件错误。②

9 由于不莱梅州高等法院在本案判决中的观点明显与联邦法院在认识错误上区分保证人义务与保证人地位的做法相悖,(由于存在判决偏离)根据《德国法院组织法》第121条第2款的规定,它必须将该案提交联邦法院进行裁决。但是,只要不莱梅州高等法院能够审慎地区分保证人义务的认识错误与证立该保证人义务的制度性事实(即规范构成要件要素)的认识错误,它本不需要偏离联邦法院的观点以得出他想得出的结论。被告人违反保证人义务未予说明的事实是否具有税法上的重要性,这是税法上申报义务产生的前提,而该申报义务通过《德国租税通则》第370条的规定被提升为一项保证人义务。因此,行为人的认识错误并不在于他没有认识到,一项他已经认识的义务被评价为保证人义务,而在于他没有认识到,税法上的纳税申报义务之存在本身。关于刑法之外法义务的认识错误是属于《德国刑法典》第16条意义上法定构成要件之事实的认识错误(对于税收请求权以及由此产生的纳税申报义务的认识错误参见本书第八章边码10及以下数个边码)。

---

① BGHSt 14, 280 (282),同样的观点参见 Kohlmann § 370 AO Rn. 71, 73 提到了更多的理由。
② OLG Bremen StV 1985, 282 (284).

三、实际适用的提示

正如我们在上文(本书第二十九章边码 1 及以下数个边码)所看到的,每一个保证人义务都在保证人的特殊法律关系中有其刑法之外的法律基础。要辨别对于保证人地位的无认识究竟属于构成要件错误还是对于评价整体要素的认识错误即禁止错误,首先需要明确,每一项保证人义务究竟是基于何种特殊的法律地位。该法律地位可以是由立法规定的,如家事法中的照料抚养义务或者税法上的纳税申报义务。在基于承担的保证人义务的场合,它可以通过订立民事合同或者公法上的特殊法律关系而产生。前行为保证人义务则来自民事侵权法。在确认了保证人义务的法律基础后,需要判断的是,究竟是行为人没有认识到该法律基础,从而成立构成要件错误,还是他虽然认识到了这一法律基础但并没有从中得出结论认为自己所负有的法义务是《德国刑法典》第 13 条意义上的保证人义务。帝国法院时代区分排除故意的对于民法或公法上之法律基础的认识错误与刑法上的对于刑法价值判断的法律错误的做法,仍然被证明是有效的(参见本书第八章边码 55,第二十章边码 13)。

第三十二章 不作为犯的特殊形态

一、不作为犯的实行起点——火车站台案（一）（《联邦法院刑事判例集》第38卷，第356页）

1   被告人R和他的同伙H一起在城市轻轨的站台上狠狠地殴打一名陌生人，导致其浑身是血并失去意识倒在地上。H对R说，"他得消失"，表明自己想要杀了被害人以掩盖犯罪。H回到站台上，将被害人放在铁轨上，这样被害人的头就会被列车碾压。尽管R在H实施杀人计划过程中可以通过语言甚至出手阻止他，但其目睹全程却没有阻拦。在H的要求下他也跳到了铁轨上来帮助H，但由于H已经将被害人移到了想要的位置上，所以他就没有继续碰被害人了。随后两人一起离开了犯罪现场，被害人被证人救下。

    联邦法院认为，被告人是不作为的正犯而非帮助犯（对此参见本书第三十二章边码12及以下数个边码）。笔者所主张的个别解决法（参见本书第二十三章第12、13）认为，可罚性的成立并不取决于他的同伙是否直接着手实施构成要件行为，而取决于行为人自己是否直接着手以不作为的方式实施杀人行为。联邦法院的结论是，被告人已经直接着手实施不作为杀人的实行行为，理由如下：

2   被告人R通过自己的行为越过了实行的界限，刑法理论上关于不纯正不作为犯的实行起点的争议与此无关。但是一方面认为，抹杀了第一次救援机会时就构成实行，另一方面认为，放走了最后的救援机会才是实行的起点。最后，基于显著的理由应当认为实行的起点，取决于根据保证人的设想，他的不作为是否会给受保护的法益造成危险的升高。特别是当行为人放弃了对于事件流程的支配时，可否认为存在这种危险升高或者一般的实行起点。在两名被告人第二次离开车站而被害人躺在铁轨上时，被告人R便放弃了所有对事件进行影响的可能性,此时他放弃了最后的救援机会,从而在客观上也在上诉人的主观认识中极大地提升了被害人的死亡危险。①

被告人通过离开车站的行为放弃了"对后续事件进行影响的可能性",因此"放弃了最后的救援可能性",这在事实上就是不正确的。只要列车还没有开进站,他就可以回头将被害人从轨道上移开或者让列车停下来。即使有一定的距离,他也可以为被害人做点什么,如呼叫警察或者列车控制中心。据此标准,联邦法院也应该否认实行起点。但是应当认为判决的结论是正确的,但理由来自别处。 **3**

作为犯中判断实行起点的关键标准是直接着手实施构成要件行为,而这个意义上的构成要件行为在不作为犯中并不存在。但是,行为人明确表达了自己不打算阻止结果的故意,即越过"现在动手吧"(这一公式参见本书第二十章边码25及以下数个边码)这一界限的行为是存在的。其中最重要的是,行为人离开了造成危险的地点并在心理上远离被害人。本案中就是如此,因此,被告人主观上认为"这事已经了结了"。这个标准并非普遍有效,因为不是每一个不作为的保证人都在空间上离开了被害人,如在虐待儿童的案件中(参见本书第三十二章边码8及以下数个边码)。但是,当保证人离开了行为地点时,他虽然通常没有放弃最后的救援机会,但却放弃了最佳的救援机会,本案即是如此。被告人原来可以迅速将被害人从列车轨道上带到安全处,并且也可以通过附近的报警装置迅速地呼叫列车控制中心。 **4**

行为人是否错过了最佳时机,这个问题不是根据客观事实情况判断的,而是相应地按照《德国刑法典》第22条关于未遂界定的一般规则并根据行为人对于犯罪的设想来判断的。被告人不知道在下一辆列车的进站时间会是下一分钟还是下一个小时。 **5**

通说认为,当行为人根据其主观设想放弃了最佳救援时机时,便是实行的起点,这一观点值得赞同,因为最佳救援时机有可能同时也是最后的救援机会。当行为人根据其主观设想放弃了最佳救援机会,那么,他就通过不作为已经给被害人造成了直接的危险,因此,他也构成了第22条意义上的直接着手实现构成要件。 **6**

由于最佳救援时机同时也可能是最后的救援时机,在行为人放弃了这个机会时,他就创设了结果发生的危险。实行的开始之时亦是其终了之 **7**

---

① BGHSt 38, 356 (360).

时，因为当行为人认识到，由于其此前的行为，即这里的不作为，结果有可能发生时，实行即已终了（参见本书第二十一章边码 24 以下）。如果他出于新的与其最初的故意相反的意思，决定利用残存的最终救援机会，并成功地阻止结果的发生，那么，他可以成立不作为未遂的中止而免予刑事处罚（参见本书第三十二章边码 8 及以下数个边码）。

二、不作为未遂的中止——虐待儿童案（联邦法院：《新刑法杂志》2003 年，第 252 页）

8　被告人与她"控制能力严重受损的"男友还有他们的两个孩子生活在一起，其中一个孩子 P 只有 4 个月大。因为 P 的喊叫吵到了男友，男友对 P 使用了暴力。被告人为了不是孤身一人而容忍了这些，没有与男友分手。男友对 P 的哭喊感到生气，用手扇了 P 的脸，又用拳头殴打他的脑袋。几个小时之后，他又将 P 勒至满脸通红后继续扇他的耳光。前后两个行为被告人都没有出手阻止。她起初没有给孩子找医生，并容认了孩子或是死于重伤或是会留下严重的后遗症。第二天的晚上在孩子还有呼吸的时候，两名被告人叫来了急救医生。虽通过重症医学手段挽救了孩子的性命，但是孩子因殴打脑部受到伤害将存在长期的精神缺陷。无法查明的是，提前治疗是否能够阻止这种缺陷。

联邦法院首先肯定被告人构成不作为的故意杀人未遂，但同时认为被告人成立中止免除刑事处罚，理由如下：

> 不作为行为人中止应当根据《德国刑法典》第 24 条第 1 款第 2 支项关于作为犯终了未遂的原则来判断。如果行为人成功阻止了犯罪达到既遂，那么，他什么时候决意救援被害人，他在其间做了什么没有做什么，何种认识与动机决定了他最初没有采取救援措施，这些都是不重要的。①

9　未了未遂与终了未遂只是教义学上的辅助性概念，并非《德国刑法典》第 24 条的法定概念。在作为犯中两者都是用于判断，要成立中止究竟是只需要消极放弃还是必须积极地阻止结果的发生。由于不作为犯就是因为没有阻止结果而受到刑罚非难的，因此，不作为犯从来不能适用第 24 条第 1

---

① BGH NStZ 2003, 252 (253); dazu Anm. Freund NStZ 2004, 326.

款第 1 支项的规定。① 任何时候他都应该履行自己的保证人义务,即中止不作为的未遂。在这个语境下,区分终了的和未了的不作为未遂毫无意义。正确的做法是,在裁判理由中指出,即使阻止结果的时间非常晚,根据第 24 条的规定阻止结果的发生也具有免除刑罚的效果。如果成功阻止了结果,那么,中止的效果及于此前发生的所有未遂构成要件的实现行为,也包括以不作为方式实现的未遂(参见本书第二十一章边码 47 及以下数个边码)。

联邦法院撤销了下级法院关于被告人成立故意杀人未遂的判决后,对重审作出如下指示: **10**

> 负责重审的事实审法官应当审查,基于《德国刑法典》第 226 条第 1 款第 3 项与第 13 条的规定,不作为的故意重伤害罪既遂在多大范围内成立。因为……很显然,被告人不是在 2001 年 3 月 15 日的殴打之后才预见到其后的虐待行为……而是在此前就已经预见到了这些身体伤害行为,这些身体伤害行为根据其类型、规模、程度都会产生《德国刑法典》第 226 条第 1 款第 3 项意义上出现精神疾病或精神缺陷的特殊危险。②

不作为故意杀人未遂的中止不能免除被告人在第 226 条的意义上对于不作为身体伤害罪的答责性。因为母亲的同居者由于孩子的哭喊已经对他进行了严重的虐待,因此可以认为母亲具备伤害罪的二级直接故意即明知,因为她没有采取措施保护孩子的安全以防止她男友的继续侵害。在男友开始虐待行为后,母亲能够阻止而没有阻止,仅成立不作为的帮助犯。但是在这个时间之前她具备同时正犯的地位,因为当时男友没有行使犯罪支配,这就是所谓的犯罪支配转换理论(参见本书第三十二章边码 22 及以下数个边码)。 **11**

三、不作为共同正犯与帮助犯的区分——火车站台案(二)(《联邦法院刑事判例集》第 38 卷,第 356 页)

本案案情参见本书第 436(原著第三十二章边码 1)。联邦法院认为下级法院认定 R 成立不作为故意杀人罪共同正犯的判决是正确的,理由 **12**

---

① Schönke/Schröder-Eser/Bosch § 24 Rn. 30; Roxin AT/2 29/278; Stratenwerth/Kuhlen AT 14/6; Freund NStZ 2004, 326.
② BGH NStZ 2003, 252 (253).

如下：

> 陪审法院在本案中正确地运用了区分正犯与帮助犯的关键标准（参见联邦法院：《刑事辩护人》1986 年第 59 页）。其中特别强调，被告人 R"对于被害人的死亡拥有与 H 一样的利益，并且想要在法律的意义上将犯罪视为是自己的"，且 R 是两名被告人中"更精明""显然更优势""显然喝得较少"的那一个。①

13　本案判决所采用的主观正犯理论认为，正犯与帮助犯的犯罪贡献在客观上不存在差异，但"将犯罪视为是自己的"这个表述毫无意义。因为只有能够体现在行为之中的，才是行为人所意欲的。主观正犯理论的两个经典标准——利益标准与从属标准，都与意欲无关。②

14　联邦法院使用了利益标准，认为不作为者之所以具有正犯性，是因为他与积极作为者具有同样的利益，通过杀死被害人来掩盖自己的前行为。但是，他对此有利益还不能使其受到刑法非难，充其量可以谴责他由于存在掩盖前行为的利益，而没有采取措施阻止他的同伙。但显然判决中没有查明，R 究竟是为了自己的利益还是仅仅只是为了让 H 满意。此外，利己性也不能成为区分正犯与帮助的标准，因为单独正犯也完全可以为了他人的利益而实现构成要件，部分罪名构成要件中甚至明文规定了这种可能性，如在《德国刑法典》第 242 条（盗窃罪）、第 246 条（侵占罪）中规定了"使第三人不法领得"（的目的或行为），或者第 263 条（诈骗罪）中规定"为使第三人获利"而行为。

15　联邦法院在本案中也没有正确地使用主观正犯理论中的从属标准。R 是两个行为人中"更为精明""更为优势""显然酒喝得更少"的那一个，仅凭这一点不能推论，他在实行过程中没有从属于另一人的意志。H 积极地参与，提议犯罪并单独实行。R 虽然应 H 的要求准备通过作为来帮助他，但最后也没有实施。R 的行为贡献局限于违反前行为保证人义务没有要求 H 停手。

16　但是，出于与作为犯同样的原因，在不作为犯中应当拒绝从属标准。任何人只要对自己实施行为的决定完全答责，就不能主张因为自己是自愿地从属于另一名犯罪参与者的意志而将自己的答责性降为帮助犯。

---

① BHSt 36, 356 (360).
② 参见本书第一版 AT/2 38/11 f.

文献上认为无论是作为犯还是不作为犯都应当运用犯罪支配的标准,但 17
是这在不作为犯中不像作为犯那样无争议。从中有人得出结论,只要一人实
施了积极的作为,而另一人仅限于不作为,那么不作为者便仅仅是作为正犯
的帮助者。按照这一观点,本案中被告人就仅构成帮助犯,因为在 H 开始实
施杀人行为时,R 只是消极地没有阻止。这样认定理由是,由于积极的作为者
支配着犯罪,控制着因果流程,因此,作为者排除了不作为者的犯罪支配。①

相当一部分犯罪支配理论的主张者在作为犯中提出质疑,认为保证人 18
义务的内容究竟是阻止天然产生的法益危险还是其他人给法益造成的危
险,在保证人义务违反的无价值性上没有差别。保证人总是必须拥有阻止
损害结果发生之因果流程的可能性,否则,他就没有保证人的义务。除了这
种可能性之外他没有别的了,因此,犯罪支配的标准在不作为犯中是完全不
能适用的。② 由此可以得出结论,即使不作为者的行为比作为者轻微,不作
为者仍可以成立正犯。③

有一种观点则试图通过保证人义务的内容来区分不作为犯中的正犯 19
与共犯。当保证人义务的内容在于监督积极作为的正犯,那么,违反该义务
的监督型保证人就只构成帮助犯,尤其是在积极作为的正犯对行为完全答
责时。当保证人义务存在于保证人与被保护法益之间的关系中,且内容是
要保护法益免于各种可能的危险,即保护型保证人的场合,无论该危险来源
于第三人实施的犯罪,还是自然过程,保证人都因为违反了保证人义务而成
为正犯。④ 但是,不区分不作为涉及的是自然因果流程还是犯罪性的因果
流程,却在保证人义务的内容中对两者再次区分,这是自相矛盾的。如果在
判断保证人的义务违反时,不作为者没有阻止的究竟是自然流程还是犯罪
事态并不重要的话,那么,两者也不应影响保证人所违反之义务的重要性。
此外,在不同的保证人地位中,区分究竟是保护型保证人还是监督性保证人
是十分困难的。运钞车上持枪的押运者或者商场的探员究竟是所有物的保
护型保证人还是抢劫或盗窃者的监督型保证人呢?⑤ 特别是也没有理由认
为,违反监督型保证人义务原则上要轻于违反保护型保证人义务。

---

① Gallas JZ 1960, 649 (687); Lackner/Kühl-Kühl § 27 Rn. 5; Kühl AT 20/230; Jescheck/
Weigend AT § 64 III 5.

② Roxin AT/2 31/140; Grünwald GA 1959, 110 (114).

③ Roxin AT/2 31/140; Bloy JA 1987, 490 (491 f.).

④ Herzberg (1972), 257 ff.; ders. (1977), 82 ff.; 96 ff.; ders. JuS 1975, 171; Schönke/Schröder-
Heine/Weißer Vor § 25 Rn. 96; LK-Schünemann § 25 Rn. 211 f.; Geppert JuS 1999, 271; Langrock
JuS 1971, 529 (532).

⑤ 参见 Roxin AT/2 31/140.

20　即使是犯罪支配理论的主张者也基本拒绝将犯罪支配的标准适用于不作为犯,其理由基本上与帝国法院认为正犯与共犯不存在客观差异的理由是一样的。它认为,在因果关系层面不可能进行这种区分,因为结果的原因是指结果的必要条件,准确地说是结果发生之真实充分条件的必要组成部分,因此,结果的原因在逻辑上是等价的。当结果的原因是不作为时也是如此。但是,与作为犯一样,在不作为犯中很难从原因的等价性中,推论不能根据犯罪支配标准区分正犯与帮助犯。

21　犯罪支配并非行为与结果之间自然而直接的关系,而是多名犯罪参与者之间的群体动态关系。其基本思想在于对于个别犯罪参与者而言,同伙的行为贡献不仅仅是一种可以加入其自身行为计划之中的因果要素,而是多个具有共同目标、理性制定计划并有目的地行为之人的合作。在这个群体中可以根据个别参与者对于事件的支配程度来区分他与其他参与者的关系。

22　其中,群体内在一定程度上存在的上下级关系也有一定的作用,但是,只有这种关系已经体现在犯罪过程中而不仅仅是参与者的内心感受时才是如此。已经进入实行阶段的行为人会排除停留在预备阶段的行为人的犯罪支配(参见本书第二十二章边码5、6),积极作为者因为他支配着犯罪流程,也会排除不作为者的犯罪支配。当积极作为者已经停止作为,从该流程中撤出后,如果保证人仍然有可能阻止结果的发生,那么,保证人所面对的就是一个自然过程,他可以自行决定是放任该事态继续还是中断它。这就是犯罪支配转换理论(Lehre von Tatherrschaftswechsel)。① 在相反的案例中也可以适用犯罪支配转换理论,即在侵害开始前,保证人应当且能够阻止对保护法益的侵害的情况。此时保证人在侵害开始之前都拥有犯罪支配(参见本书第三十二章边码11)。

23　犯罪支配转换理论因为优先地解决了区分不可罚的帮助自杀与可罚的受托杀人问题,从而陷入了不正确的非议中。在保证人有义务阻止他人自我答责的自杀时,犯罪支配转换理论会得出可笑的结论,即保证人可以为自杀者提供帮助。如在自杀者上吊自杀时帮他固定绳子或者移开凳子。但是,在受到刑罚威吓的受托杀人罪中,则有义务在自杀者失去行为能力时阻止自杀,如当自杀者上吊失去意识后将自杀者从绳子上解下来。② 从这

---

① BGHSt 32, 367 (373);Jescheck/Weigend AT S. 696;Gallas JZ 1960, 649 (689).
② Heinitz JR 1954, 405; Roxin TuT, S. 474 f;参见 Golias JZ 1960, 649 (689); NK-Neumann Vor § 211 Rn. 73 ff.

一现象中所得出的结论,并不是应普遍地否定犯罪支配转换理论,包括以不作为的方式参与侵害第三人的情况。应当否定的是保证人有义务阻止他人自我答责的自杀。① 如果自杀者并非自我答责地行为,那么,保证人就作为间接正犯而产生了对于犯罪事态整体的支配。② 当无责任能力或限制责任能力的被保护者侵害第三人时,保证人也拥有这种犯罪支配。

本案中,犯罪支配转换理论的结论是,R 一开始只是帮助犯,但在他与 H 一起离开火车站时,他成为了不作为的正犯。在共同被告人将被害人放置在列车轨道上之后,两人一起离开火车站时,两人就有义务立刻将被害人从铁轨上移开。两人始终负有这一义务,直到其中一人这样做。他们每个人都可以独立于另一人单独履行这项义务,即从这个时点起,被告人就拥有了犯罪支配,但如果被告人履行义务受到了同伙的阻挠时则另当别论。在这一点上,判决所查明的被告人是优势方这一事实也发挥了作用。[本章原著中边码 25-28 的内容与边码 4-7 的内容发生重复,经普珀教授同意,删去原著边码 25-28 的内容,后续边码整体前移,因此,出现与原著边码不一致的情况,特此说明。——译者注]。

四、实际适用的提示

不作为的未遂、中止以及正犯与共犯的区分都应尽可能地采取与作为犯同样的标准。除了酌定的刑罚减轻之外,立法认为保证人的不作为与积极的作为是等价的,并将等价性的具体条件交由刑法教义学来完成。但是,当作为犯的教义学与实行行为的外部样态相关,通过这一实行行为实现了构成要件时,这种等价就不复存在了。因为在不作为犯中是缺少这种外部样态的。

问题首先在于如何区分预备与未遂。作为犯中行为人通过一定的外部举止表达他的行为决意,按照判例的说法及时越过了"现在动手吧"的界限,而这种外部举止在不作为犯中是不必要的。但它同样可以存在,尤其是当行为人基于不救援陷入危险者的目的离开他,由此降低了他被救的可能性时。如果欠缺这种外部的举止,那么,实行起点的标准就仅仅是降低救援可能性本身。与之相应,通说认为实行起点在于行为人基于自己的设想放弃了最佳的救援可能性,此标准在所有案件中也都可以适用。

---

① Gallas JZ 1960, 649 (689); NK-Neumann Vor § 211 Rn. 80 ff.; LK-Weigend § 13 Rn. 28, 64.
② NK-Neumann Vor § 211 Rn. 87.

27　在不作为犯的中止中,首先不可能区分《德国刑法典》第 24 条第 1 款的两种情况。不作为的未遂中,行为人只可能通过履行保证人义务来放弃犯罪。因此,在不作为犯中,不存在消极放弃型中止,行为人必须积极地阻止结果的发生。由于立法没有为积极阻止结果发生型中止设置时间界限,即使行为人是在最后时刻使用了残存的结果阻止可能性,只要他成功地阻止了结果的发生,也仍是有效的中止。

28　区分正犯与帮助犯的问题在不作为犯中也应当尽可能地采取与作为犯同样的标准,即犯罪支配理论。在不作为犯中,这意味着在多名参与者都仅仅只是不作为时,区分是不可能的。他们都有阻止引起结果发生之因果流程的可能性,而且每个人的可能性都不高于其他人。如果时间上同时存在作为与不作为,通常作为者是正犯,而不作为者仅是帮助犯;相反,在作为者行为之前或者之后不作为者有保证人义务也有可能阻止结果发生时,则不作为者为同时正犯。因为只要另一人不再行动,其所创设的结果危险就应当视同为自然产生的结果危险,这便是犯罪支配转换理论。

Strafrecht

第一编 结果归属的基础理论

第二编 故意犯的构成要件

第三编 构成要件实现的正当化

第四编 责任与免责

第五编 未遂

第六编 犯罪参与的形式

第七编 竞合理论

第三十三章　竞合理论的功能与体系

一、竞合形态

刑事追诉过程中,当量刑的对象是多个同种或不同种的构成要件实现时,纯逻辑上有三种处理方式:

第一,可以就单个构成要件实现分别进行判断,并为其确定刑罚。以这种方式处理的多个构成要件实现之竞合,称为实质竞合。根据《德国刑法典》第53条的规定,实质竞合的场合,应当先就每一个构成要件的实现确定法定刑,这称为个别刑。随后,将这些个别刑合并为总和刑,总和刑的刑期应当低于个别刑的相加之和。之所以作这种刑罚折合,是因为刑罚恶害的增长并非线性的,而是指数性的。而真正的理由也在于这样一种窘境,当有多个中等程度严重的犯罪时,其个别刑之和可以轻易地达到适用于最严重犯罪的刑罚,直至演变为终身自由刑。

第二,先将多个构成要件之实现合并,然后为其确定一个共同的刑罚,这种竞合形式称为想象竞合。《德国刑法典》第52条规定,想象竞合的场合,应当以最重之罪名的法定刑为基础,余下罪名构成要件之实现则在量刑层面起到从重的效果。

第三,完全不考虑一个或多个构成要件之实现。当根据立法技术的一般原则,除了支配性的构成要件实现外,其余被排除的构成要件完全无法适用时,这样做便是正确的。人们称为法条竞合或者表面竞合,现行立法没有明确规定法条竞合。

要决定究竟采用哪种竞合方式,主要适用两项原则:禁止重复评价原则与全面评价原则。[①] 禁止重复评价原则要求,同一个量刑事实在量刑阶段不能被多次评价。全面评价原则要求,在量刑阶段,即使行为人实现的所有

[①] NK-Puppe Vor § 52 Rn. 2 ff.; dies., JuS 2017, 637f.; Duttge/Sotelsek NJW 2002, 3756; Rudolphi JZ 1998, 471; MüKo-von Heintschel-Heinegg Vor § 52 Rn. 15 ff.

不法要素分属于不同的构成要件,它们也都应当得到考虑。行为人不能因为在实现了一个构成要件之外又实现了另一个具有更高法定刑的构成要件而获得好处。

5 《德国刑法典》第 46 条第 3 款明确禁止重复评价的特殊情形,这其实是多余的。因为将只出现一次的事实进行多次评价,这不是一个法律错误,而是一个逻辑错误。当同一个量刑事实同时出现在不同构成要件的实现之中时,如欺骗既是诈骗的要素也是文书伪造的要素,抢劫、强奸中的使用暴力同时也构成身体伤害要素,就出现了量刑事实被重复评价的危险。如果两个构成要件包含共同的不法要素,且这一要素的实现导致两个构成要件都实现了,那么,要对两个构成要件实现分别确定法定刑而不对这共同不法要素作重复评价是不可能的。

6 为了避免重复评价,就完全忽略其中一个构成要件之实现也是不恰当的,因此,需要将两个构成要件实现作为整体来进行量刑。由于立法没有为此设置专门的刑罚幅度,于是,必须以被实现的构成要件中处刑最重的罪名的刑罚幅度为基准。而其余的、在个别不法要素上有重叠的构成要件实现则应当发挥从重处罚的效果。刑罚下限不能低于可适用的刑法条文,而且当已实现的构成要件规定了附加刑时,还应当继续适用附加刑。所有被实现之构成要件的不法内涵在量刑中都必须得到考虑,这是全面评价原则的要求,也正是《德国刑法典》第 52 条想象竞合所规定的处理方式。

二、想象竞合

7 当所实现的多个构成要件具有共同的不法要素,而该不法要素由同一个事实实现时,就会产生重复评价的危险。提交伪造文书的行为不仅构成伪造文书罪中的"就文书的真实性进行欺骗",同时也是诈骗罪中的欺骗行为,行为人通过欺骗行为促使被害人作出了自我损害的财产处分行为;殴打行为构成身体伤害,但同时也是抢劫罪中的暴力使用行为,行为人通过该行为强迫被害人容忍自己的拿走行为,或者也是《德国刑法典》第 177 条性强制罪中的暴力使用行为,行为人通过使用暴力强制被害人容忍性行为。否则,不同的构成要件实现就没有任何共性了。要回答这个问题,人们必须确定,什么是欺骗,什么是暴力使用,什么是身体伤害。

8 《德国刑法典》第 52 条规定:"同一行为违反了多个刑法条文……"即行为单一。判断多构成要件实现是否处于行为单一的关系,有一个简单但有些粗糙的标准,即构成要件行为的同时性。通说虽然认为,只要行为人身体的不同部分作了不同的动作，他就被认为是同时实施多个行为。① 它采用的是帝国法院提出的公式，认为当属于构成要件实现内容的"意志实践活动"完全或部分同一时，才构成行为单一。② 因此，当行为人针对同一个人同时用手扇他的脸又用言语辱骂他时，构成行为多数、成立实质竞合。③ 但现在法院已经不这样做了。由于不作为犯没有任何身体动作，联邦法院曾明确拒绝不作为犯与作为犯成立一罪。④ 但是，现在判例则当然地认为这构成行为单一，如肇事后逃逸与见危不救构成行为单一，或者不作为的非法拘禁与在拘禁期间对被害人实施强奸之间也构成行为单一。⑤ 这样一来，无论是作为还是不作为，以行为单一作为判断多个构成要件之实现是否具有同一性之标准，就仅仅剩下构成要件行为实施时间的同一性。⑥

但是，构成要件之实现不仅包括构成要件行为（作为或者不作为），也包括构成要件结果。在数个构成要件之实现服务于引起同一个不法结果时，无论它们是通过同一个行为还是通过先后数个行为而实现的，在量刑阶段也有必要对数个构成要件之实现进行整体评价。由于《德国刑法典》第52条只规定了行为单一，并未规定结果单一，因此，竞合理论是通过其他方式来处理结果单一现象的。如果为了造成同一个结果，先后多次实现同一个构成要件或者先后实现同一构成要件的不同支项，被称为构成要件意义上的行为单一。这种构成要件意义上的行为单一可以涵盖相当长的时间（参见本书第三十四章边码7及以下数个边码）。若数个服务于同一个不法结果的引起、预备与事后巩固的行为实现了数个构成要件。则通说认为有必要构成一种法条竞合形态，因为在这种情况下，它们无法认定行为单一。人们称为共罚的事前或事后行为，或者一个构成要件之实现吸收了其他的构成要件实现（参见本书第三十三章边码15、16）。

9

---

① Schönke/Schröder-Sternberg-Lieben/Bosch § 52 Rn. 9; Fischer, Vor § 52 Rn. 27; Stratenwerth/Kuhlen AT 18/31; Roxin AT/2 22/82; Jakobs AT 32/4.

② RGSt 32 137 (139 f.).

③ 参见 BGHSt 16, 320; 18, 379; Schönke/Schröder-Sternberg-Lieben/Bosch Vor §§ 52 ff. Rn. 11, 22; Jakobs AT 32/4; Roxin AT/2 33/18; Stratenwerth/Kuhlen AT 18/30; 批评意见参见 NK-Puppe § 52 Rn. 35 ff.

④ RGSt 32, 137 (139).

⑤ BGH NStZ 1999, 83; NStZ-RR 1998, 324f.; BGHR StGB § 177 Abs.1 Konkurrenzen 10; BGHR StGB § 239 Abs.1 Konkurrenzen 6.

⑥ NK-Puppe § 52 Rn. 37 f.

三、构成要件实现的表面竞合即法条竞合

(一)构成要件实现的特殊关系

10 一个构成要件被另一个构成要件完全排斥而无法得到适用,这被称为法条竞合或者表面竞合。当一个构成要件的实现完全被另一个构成要件的实现所包含,而另一个构成要件除此之外还具有其他要素时,禁止重复评价原则就要求进行这种竞合。这个规则被概括为特别法(lex specialis)优于一般法(lex generalis)。该规则有一定的误导性,因为它的意思不是某个抽象的构成要件比另一个构成要件更为特殊,而是指实现特殊构成要件的事实中完全包含了实现一般构成要件的事实。只有在两个构成要件通过同一事实得到实现时,特别法才能排除一般法的适用。特殊关系存在于构成要件的实现之间而非构成要件之间。① 例如,在敲诈勒索罪与强制罪之间存在特殊关系。敲诈勒索罪的构成要件是强制罪的一种特殊情况,即被强制者被强迫牺牲的是财产。但只有在这两个构成要件的实现中包含了同一个强制行为时,敲诈勒索罪的构成要件实现才能排斥强制罪的构成要件实现。先通过强制手段既强迫他人作出不利的财产处分又强迫他人为其他的行为,此时如果仅仅适用敲诈勒索罪而完全排斥强制罪的适用,就违反全面评价原则。这种情况下,强制罪与勒索罪就应该构成想象竞合(参见本书第三十四章边码 11)。前述意义上的特殊法排斥一般法原则不仅适用于刑法,而是适用于所有法律规定。若没有这一法律适用的一般原则,立法者就无法为特殊情况设置特殊规则,尤其完全不可能设置减轻构成,因为根据《德国刑法典》第 52 条的规则总是应当优先适用重法。

(二)实行形式的特殊关系,即默示的补充关系

11 通说认为,构成默示补充关系的情形,仔细看来也属于特殊关系。② 因此,在成功的犯罪实行的场合,不需要使用默示补充关系的概念,就可以得出,当结果没有超出行为人故意时,因为每一个既遂中都必然包含了未遂,行为人只成立犯罪既遂而受到处罚,而不再额外成立犯罪未遂。正犯是帮助犯的特殊形式,其特殊性体现在犯罪支配或者正犯意志等正犯标准。若肯定正犯性,则预备行为也包含在正犯行为中。如上文(本书第二十

---

① Puppe JuS 2016, 961 (969).
② LK-Rissing-van Saan Vor § 52 Rn. 131 f.; Schönke/Schröder-Sternberg-Lieben/Bosch Vor §§ 52 ff. Rn.109 ff.

二章边码 6 及以下数个边码)所述,即使没有自己提出犯罪建议而只是接受了同伙的犯罪建议,共同正犯之间也存在互相教唆。这种教唆是通过共同的行为计划进行的,并最终在犯罪实行中得以实现。因此,不需要认为,在教唆犯与共同正犯之间存在默示补充关系,就可以得出共同正犯排斥教唆犯可罚性的结论,两者仍构成特殊关系。这同样适用于行为计划的造意者。① 但通说认为这并非特殊关系,而是补充关系。

12 一种类似特殊关系但被通说归为默示补充关系的情形是,出于事实上的理由,某一构成要件实现尽管不是必然的,但也通常与另一构成要件之实现同时出现。理论上尽管也有在无权使用他人汽车之前给汽车加油的可能性,但在实践中无权使用他人汽车的行为往往与对汽油的不法领得行为是同时出现的。因此,尽管根据《德国刑法典》第 242 条的规定会面临更高的刑罚威吓,针对汽油的盗窃罪也被第 248b 条(无权使用机动车罪)所排斥。在《德国刑法典》第 243 条第 1 款第 2 项(盗窃封缄物)和第 244 条第 1 款第 3 项(入室盗窃)之外,不需要特别提及第 123 条(非法侵入住宅)的规定,即便按照通说的观点,如果行为人通过破坏门窗而构成财物损毁,也不必专门提及第 303 条(故意毁坏财物罪)的规定。② 这显然不包括行为人在进入住宅后因为自己偷到的东西不多而感到生气,从而毁坏的财物。这类模式的补充关系的意义仅仅在于简化判决主文,人们不想强迫法官总是重复同样的条文链条。

13 但是简化判决主文是有代价的,它模糊了法条竞合与想象竞合之间的界限。若两个构成要件只是基于经验事实上的理由,而非逻辑概念上的理由而必然或通常同时实现时,若只根据居于支配地位的罪名构成要件进行判决,就无法阐明在何种程度上另一个构成要件也得到了实现。诚然,行为人不可能杀死他人却不损害他的身体健康。但是,行为人迅速地杀死他人与慢慢地将他人折磨至死是有区别的。在后一种情况下应当认为故意伤害罪与故意杀人罪成立想象竞合。③ 如果行为人打开包装物所造成的损害远高于其所窃取之物的价值,按照最新的判例,第 303 条故意毁坏财物罪也并

---

① NK-Puppe Vor § 52 Rn. 10, 21.
② RGSt 40, 430; 53, 279; BGHSt 22, 127 (129); LK-Rissing-van Saan Vor § 52 Rn. 146; Jescheck/Weigend AT 69 II 3 b; Heintschel-Heinegg Jakobs-FS (2007), 5.131 (138 ff.),预设"一般构成要件的封锁作用"。
③ Jakobs NJW 1969, 437; Schönke/Schröder-Eser/Sternberg-Lieben § 212 Rn. 20; NK-Neumann/Saliger § 212 Rn. 31 ff. 提到了更多的证据;不同观点参见 MüKo-Schneider § 212 Rn. 99 und SK-Sinn § 212 Rn. 67,但也认为在量刑阶段应该考虑超出的身体伤害不法。

不能被第 243 条第 1 款第 2 项(盗窃封缄物)排除适用。①

(三)形式的补充关系

14 还有一种情况存在法条竞合,即当立法者明确规定,某一构成要件被其他构成要件排除适用,即所谓的补充关系条款。立法者可以规定,该构成要件应当被特定的构成要件排除适用。即使补充关系条款没有明确限定特定的构成要件范围,补充的构成要件也不是只要与其他构成要件同时实现就要被排除适用,而是只被特定的、与其描述了相同不法事实的构成要件所排斥。因为这一不法事实才是补充条款意义上的"犯罪"。② 只有当支配性的构成要件在个案中确实能够被适用时,补充的构成要件才不可适用。如果前者未能适用,如因为证明上的困难,则"补充的构成要件又会复活"。③

四、表面的法条竞合即共罚的事前或事后行为

15 通说认为还存在第三种法条竞合形式,称为吸收关系(Kosumtion)。这指的是两个犯罪的结果在实质上同一,但行为并不同一的情形。根据《德国刑法典》第 149 条第 1 款第 2 项(为伪造金钱和有价票证罪做准备),行为人受到处罚的行为包括为伪造货币提供合适的纸张并用该纸张事实上伪造了货币,或者行为人侵占了他人财物并向所有权人否认自己占有该财物从而阻止了所有权人的返还请求权,即他实施了诈骗罪(为确保赃物而诈骗(Sicherungbetrug))。尽管通说在量刑阶段一并考虑了针对同一不法结果的可罚的预备或确保行为,④但认为不能适用《德国刑法典》第 52 条的规定,因为这里存在两个行为。但也不能按照第 53 条的规定,对两个行为分别进行量刑,因为这样的话同一个不法结果就会被重复评价,这个不法结果或者是被一个行为预备而被另一个行为实现,或者被一个行为实现而被另一个行为确保。通说解决这个问题的办法是,将其作为一种法条竞合的特殊形式,即吸收关系。据此,在两个构成要件实现构成结果单一时,轻罪

---

① BGH NStZ 2001, 642 (643 f.); 2014, 40.

② NK-Puppe Vor § 52 Rn. 22 f.; Freund/Putz NStZ 2003, 242 (243); Hoyer JR 2002, 517 (518); Küpper JZ 2002, 1115 (1116); 但是 BGHSt 47, 243 (244)持不同观点。

③ BGHSt 19, 188 (189); NJW 1968, 2114; GA 1971, 83 (84); BGH bel Dallinger MDR 1955, 269; BayObLG NJW 1978, 2563; OLG Celle NJW 1980, 2205; LK-Rissing-van Saan Vor § 52 Rn. 112; Schönke/Schröder-Stree Vor § 52 Rn. 138; Baumann/Weber/Mitsch/Eisele AT 27/9.

④ Lackner/Kühl-Kühl Vor § 52 Rn. 29; LK-Rissing-van-Saan Vor § 52 Rn. 121 ff.; Schönke/Schröder-Sternberg-Lieben/Bosch Vor § 52 Rn. 124 ff., 141 ff.; Fischer Vor § 52 Rn. 45; Geppert Jura 1982, 418 (427, 429); Maurach/Gössel/Zipf-Laue AT/2 55/5, 56/22.

被重罪排除适用。例如,预备犯被实行犯所排除,被称为共罚的前行为;或者确保不法结果的罪名被引起结果的罪名所排除,称为共罚的事后行为。若严格理解通说所谓一行为只能成立一罪的观点,那么,也不能将前行为或后行为作为法条竞合来处理,因为法条竞合关系成立的前提也是一行为同时实现两个构成要件。①

要解决这一问题须借助这一知识,即构成要件的实现中不仅包括意志的实践即身体之动静,还包括不法结果。想象竞合之所以成立,是因为数个构成要件的不法内涵部分重合,因此,当数个构成要件实现引起了同一个不法结果时,就满足了想象竞合的条件。笔者将这种形式的想象竞合称为结果单一。② 当处于结果单一关系的数个行为属于同一个罪名构成要件时,判例提出了构成要件意义上的行为单一。它比评价单一(Bewertungseinheit)更不清楚(参见本书第三十四章边码6)。构成评价单一的数个同一构成要件之实现在时间上的跨度可以非常大。即使是不同的意志实践活动,实现了同一构成要件的不同分支而引起了同一个可罚的结果,如制作与使用不真实的文书,通说会将其视为一罪,这被称为构成要件意义上的行为单一。

五、想象竞合与法条竞合在程序法上的后果

全面评价原则也适用于程序法,即根据《德国刑事诉讼法》第265条的规定,在法律视角变更时起诉书、判决主文以及法官训导义务都适用全面评价原则。在起诉书与判决主文中,被告人所受到之犯罪非难中在量刑上具有重要意义的不法与责任内容,应当完整地被说明。这不仅是公开性与法清晰性的要求,更是为了保障被告人的辩护利益,他应当被详尽地告知自己必须为应对哪些指控而做好辩护的准备。该原则可以体现在主审程序中,也可以在上诉审过程中。因为判决书主文中不仅要列出据以确定刑罚幅度的罪名,即最准确反映犯罪的罪名,还应当列出与之发生想象竞合的所有构成要件之实现,因为后者对于量刑也有影响。如此一来,起诉书和判决书常常会显得非常牵强,但必须容忍这一点。

只有在一种情况下额外实现的构成要件对量刑完全没有影响,那就是特殊关系。因此,被排除适用的一般构成要件不需要在判决主文和起诉书中列出。但是通说认为,吸收关系中被吸收的构成要件也不需要出现在判决和起

---

① NK-Puppe Vor § 52 Rn. 27 ff.
② NK-Puppe Vor § 52 Rn. 25; dies. Mangakis-FS (1999), 226 ff.=ZIS 2007, 254 (255 f.).

诉书中。① 这意味着在被吸收构成要件实现事后又出现时,尽管它与想象竞合中轻罪的构成要件一样会影响量刑(参见本书第三十三章边码 15),法官也不需要向被告人提示该罪名构成要件。② 因此,这里将吸收关系称为表面的法条竞合。通说将吸收关系视为法条竞合而非想象竞合所得出的唯一实际后果,是压缩被告人的权利。这也说明无论是从实体法还是程序法上看,都应将共罚的事前或事后行为都作为想象竞合来处理,而不是像通说那样。

六、重罪未遂与轻罪既遂的同时实现——遗弃儿童案(联邦法院:《新刑法杂志》2017 年,第 90 页)

19　被告人隐瞒了自己怀孕的事实,并悄悄地在一个废弃建筑物中站着将孩子生下来,孩子掉落时头骨骨折。她将赤裸的婴儿放在一个挎包里,然后把包放在停车场一个不容易看见的位置。数小时后,婴儿被路人发现而活了下来。州法院认定被告人成立故意杀人罪未遂、遗弃罪与危险故意伤害罪的想象竞合构成一罪。联邦法院则认为,遗弃罪的既遂与故意杀人罪未遂之间存在补充关系,理由如下:

> 针对《德国刑法典》(旧版)第 221 条的规定,联邦法院已经作出裁定,行为人即使只是基于间接的杀人故意而实现了遗弃罪的外部构成要件,也只能依照未遂或既遂的杀人罪被处罚,而不能被认定为遗弃罪(联邦法院 1953 年 3 月 27 日判决——《联邦法院刑事判例集》第 4 卷,第 113、116 页。)……本案中审判委员会不需要决定是否在一般意义上采取故意杀人罪未遂与遗弃罪之间存在法条竞合关系的观点。只要行为人基于故意实施的未遂杀人行为体现在使被害人陷入第 221 条意义上的无助状态时,就应当坚持该判决的观点。③

20　审判委员会所援引的早期判决源自于帝国法院认为杀人故意与伤害故意是互斥的观点。因此,故意杀人未遂与故意伤害罪从一开始就不能成立想象竞合,这被称为对立理论。④ 后来联邦法院则认可了相反的观点,即杀人故意是伤害故意的特殊情形,即杀人故意中包含了伤害故意。由是联邦法院得出结论,故意杀人未遂可以排除所有故意伤害既遂包括第 226 条

---

① Meyer-Goßner/Schmitt-Schmit § 260 Rn. 26; SK-StPO-Velten § 260 Rn. 27; Löwe/Rosenberg-5tuckenberg § 260 Rn. 83; KMR-ders. § 260 Rn. 51.
② 批评意见参见 NK-Puppe Vor § 52 Rn. 57 ff.; S/S/W-Eschelbach § 52 Rn. 7.
③ BGH NStZ 2017, 90 (91).
④ RGSt 61, 375 f.

故意重伤害罪既遂的适用。① 目前，联邦法院不再采用这一观点，因为它认为在故意伤害既遂的场合，以故意杀人罪未遂定罪未能表达出伤害结果发生的内涵。② 通说称为"明示功能"（Klarstellungsfunktion）。③ 但要肯定这种竞合关系完全没有必要引入新的概念，因为这只是在满足全面评价原则的要求而已。

而在本案判决中，联邦法院又再次回到了其原本的法律观点中，两个构成要件之实现的竞合关系仅仅是根据两者的主观构成要件来确定的。判决主义没有明确指出，其中一个罪名达到既遂而另一个罪名则停留在未遂阶段。就此而言，联邦法院没有考虑明示功能。遗弃罪的结果无价值体现在被害人所陷入的具体生命危险中。而在杀人罪中，即使杀人手段不适格而完全不可能给被害人造成具体危险，也可以成立故意杀人罪未遂。因此，州法院的判决主文是正确的。

根据全面评价原则的要求，除了行为所实现的重罪构成要件外，只要对行为的不法内涵有所增加，该行为所实现的其他构成要件，都应当在判决主文中列明。这虽然会使判决主文冗长，但判决主文和起诉书的功能，正在于告知被告人他因为实现了哪些罪名构成要件而受到刑法非难，他必须针对哪些不法非难而做好辩护准备。如果某一罪名的非难看起来完全不重要，那么，检察官和法官可以根据《德国刑事诉讼法》第153条的规定（由于罪名情节轻微而放弃刑事追诉的情形）将该罪从诉讼程序中排除出去，相应地这个罪名在量刑中便不再予以考察。

如果我们对一个法律外行人以及本案的被告人来说，刑法之所以对其进行非难，一是因为作为母亲有义务喂养自己孩子而没有喂养，并试图通过该不作为杀死孩子；二是将孩子置于无助的境地中而给其带来生命危险；三是以危及生命的方式对其身体进行虐待，这样说或许会显得很奇怪。因为很显然上述对于不法内涵的描述在很大程度上是互相重叠的，增加的只有一小部分。处于想象竞合关系的构成要件实现之间在不法的主要内容上是重合。对此《德国刑法典》第52条所规定的量刑方式是，首先根据重罪的法定刑确定刑罚幅度，而其余构成要件之实现则作为在该刑罚幅度内从重的理由。这样，同时实现的构成要件中无论不法内涵的重合度如何都可以被恰当地考虑。

---

① BGHSt 16, 122; 21, 265 (266 f.); 22,248 反对意见 Jakobs NJW 1969, 437.
② BGHSt 44, 196 (199 ff.); 更多的理由也可参见 Altvater NStZ 2001, 19 (25 mit Fn. 84).
③ NK-Neumann/Saliger § 212 Rn. 37; Lackner/Kühl-Kühl § 212 Rn. 9.

第三十四章　一罪的形成

一、构成要件意义上的犯罪单数

1　　多个本身可以被涵摄于同一个构成要件下的事实也可以构成一罪,被统称为构成要件意义上的行为单一。这样做的理由有二:一是数个行为之间在时间和情境上存在密切关联;二是数个构成要件行为所引起的结果具有同一性(参见本书第三十三章边码16)。尽管每一次的挥拳都单独地实现了故意伤害罪的构成要件,但"反复殴打"也只构成一个故意伤害罪。尽管每次伸手都可以单独实现盗窃罪的构成要件,通过连续多次行动将保险柜洗劫一空只构成一个盗窃罪。此外,长时间的非法拘禁行为也可以被分解为任意数个实现非法拘禁罪构成要件的行为,有的是作为,有的是不作为,因为行为人始终有义务释放被害人,因此,只要被害人被监禁的状态一直持续,行为人就以不作为的方式实现了非法拘禁罪的构成要件,这被称为持续犯。持续犯的另一个例证是非法侵入住宅罪,当行为人已经非法进入房间内而没有离去时,他就以不作为的方式实现了非法侵入住宅罪的构成要件。同样的情况还有持有型犯罪如非法持有枪支罪、组织犯罪如《德国刑法典》第129条(建立犯罪组织罪)、与对行为作笼统描述的犯罪如《德国刑法典》第99条(间谍罪)(参见本书第三十四章边码17及以下数个边码)。

2　　数个构成要件之实现虽然在时间和情境上具有紧密的关系,但在涉及的是高度人身性的法益时,它们就不能构成一罪。通说认为,每一个把手枪朝着被害人而将手指扣在手枪扳机上的身体举动都构成一次犯罪,它和其他同样将手指口在扳机上的举动构成行为多数。① 人们认为,数个构成要

---

① BGH NStZ 2006, 284; LK-Rissing-von Soon Vor § 52 Rn. 38; Fischer Vor § 52 Rn. 27; Jokobs AT 32/19; Warda Oehler-FS (1985), 241 (247); Wolter StV 1986, 315 (321); 相反观点参见 Wagemann Jura 2006, 580 (582 f.).

件实现之间存在的紧密时间关系是相对弱势的一罪标准,这个标准在需要时可以被悬置。

在通说看来,不能被悬置的一罪标准则是身体举动的同一性。当行为人通过同一个身体举动如投掷炸弹或者手榴弹,导致多个不同主体的人身法益受到损害,同时导致多人死亡时,仍构成一行为而非数行为。由于通说认为身体举动的同一性是判断犯罪同一性的颠扑不破的标准,此时同一个身体行动仅成立一罪。

3

但是,也需要表达此时存在多个主体的人身法益受到了损害的事实。因此,这不是被简单地称为一个构成要件实现,而是同一个构成要件由同一个行为多次实现。① 立法者在《德国刑法典》第 52 条中也采纳了这种表达方式,即"同一个行为……多次违反了同一个刑法条文"。按照通说的观点,行为就是身体的举动,由于构成要件的实现中既包括结果也包括行为,所以通过一个行为不可能反复多次实现同一个构成要件。② 在这个意义上,通过同一个行为多次侵害人身法益,被称为数个同种(构成要件实现)的想象竞合,而通过同一个行为多次侵害非人身法益则简单地被认定为一次构成要件实现。除此之外这个区分没有实践意义。

4

另一个将数个构成要件实现合并为第 52 条意义上的一罪的理由,则是构成要件结果的同一性。判决将这种数个构成要件实现的合并形式称为"评价单一"(Bewertungseinheit)。但没有说明,出于何种理由,这数个构成要件实现可以被评价为是一体的。③ 笔者个人称为基于结果单一的想象竞合(参见本书第三十四章边码 7 及以下数个边码)。④ 按照通说的观点,形成行为单一对于行为人有利,⑤那么,这种好处可以通过这样的方式形成,即立法者设置一个综合的构成要件,将不同的构成要件实现合为一体,如《德国刑法典》第 129 条或第 129a 条,尤其是可以设置专门针对预备行为的构成要件并将其置于刑罚威吓之下。例如《德国刑法典》第 149 条

5

---

① Schönke/Schröder-Sternberg-Lieben/Bosch § 52 Rn. 25/26; Baumann/Weber/Mitsch/Eisele AT 27/31; Jescheck/Weigend AT 67 II; Vgl. auch BGHSt 1, 20 (22); 16,397 (398).
② Roxin AT/2 33/75 没有注意到这一点。
③ BGHSt 31, 163 (165); 40,73; NStZ 1999, 451; StV 1991, 105; 1994, 22; BGHR BtMG § 29 Abs.1 Nr.1 Konkurrenzen 3).
④ NK-Puppe § 52 Rn.18ff.; dies. JR 1996, 513 (514); dies. Mangakis-FS (1999), 225 (232f.)= ZIS 2007, 254.
⑤ 通说认为实质竞合与想象竞合具有不同法律后果的理由在于,在一行为时行为人的责任要轻于数行为时。Jescheck/Weigend AT 671 l;Schönke/Schröder-Sternberg-Lieben/Bosch § 52 Rn. l; Kindhäuser AT 47/7; Frister AT 30/12; 批判观点参见 Stratenwerth/Kuhlen AT 18/39.

和第 146 条第 1、2 条款所规定的行为都可以成立伪造货币罪,两者都是使假币进入流通的预备行为。①(参见本书第三十四章边码 7 及以下数个边码)同样的还有伪造与使用伪造的支付卡(《德国刑法典》第 152a 条)及其预备行为(《德国刑法典》第 149 条)。虚假文书的制作与使用行为相互之间也构成基于结果单一而形成的构成要件意义上的行为单一。② 评价单一在实践中最重要的例子是麻醉品的交易行为,③诸如进口或者收购麻醉品等预备行为也被涵摄于麻醉品交易罪的构成要件之下。这些预备罪构成要件与实行犯的结果相连,后者作为超越的内心倾向出现在主观构成要件之中。如此一来,将会导致该预备行为会与多个实行行为一起构成结果单一,即成立一罪。

二、基于结果单一的一罪——伪造货币案(联邦法院:《新刑法杂志——刑事判决与报告》2000 年刊,第 105 页)④

6　被告人在波兰制造了 100 张面值 100 马克的假币,然后,在德国境内将这些假币交给了不同的人,其中一人是警方的线人。

联邦法院认为,本案根据《德国刑法典》第 146 条第 1 款第 2 项与第 3 项仅构成一次犯罪,理由如下:

> 行为人出于向随机或者已确定的接收者出售假币之目的,通过一体的行为获得(多张)假币,后又通过数个个别行动将假币(分批)带入流通,他在《德国刑法典》第 146 条第 1 款第 3 项的意义上仅构成一罪。将假币交给警察"线人"的行为仅构成《德国刑法典》第 146 条第 1 款第 3 项的未遂,该事实并不重要,州法院也并未有所疑虑。⑤

联邦法院认为,将伪造的货币交给他人,只要该接收者主观上具有继续将该假钞带入流通的目的,就构成第 146 条第 1 款第 2 项意义上"将假钞作为真钞带入流通"。从条文的字面意思来看,这个解释是值得商榷的。⑥ 不过本书要讨论的是竞合问题,因此,暂且认为该解释是正确的。此外,联邦

---

① NK-Puppe/Schumann § 146 Rn. 1, 46; § 149 Rn. 20.
② NK-Puppe/Schumann § 267 Rn. 108.
③ BGHSt 25, 290 (292); 30, 28 (31): 31, 163 (165); 40, 73; NStZ 1994, 496; 1995, 37; 1996, 93; 2007, 101; 279; NStZ-RR 2007, 58; StV 1994, 658 (659): NJW 2002, 1810 (1810 f.); 1981, 1325 (1326).
④ =StV 2000, 306.
⑤ BGH NStZ-RR 2000, 105.
⑥ NK-Puppe/Schumann § 146 Rn. 34 f.

法院还认为,如果行为人向一名准备查没假钞的警察卧底交付假钞,就不构成将假钞作为真钞带入流通,仅构成第 146 条第 1 款第 2 项的未遂。

如果人们将《德国刑法典》第 52 条意义上的一行为理解为,属于犯罪构成要件实现的意志实践或者身体举动,那么,本案中就应该构成数个伪造货币罪。其中第一个行为是其在波兰取得假钞,根据第 146 条第 1 款第 2 项其是可罚的。此外每一次出售假钞的行为,都可按照第 146 条第 1 款第 3 项的规定成立伪造货币罪。若这样处理,行为人首先要根据第 146 条第 1 款第 2 项构成"出于带入流通的目的而取得假钞"而受到处罚,其次由于其故意地将假钞带入流通而再次受到处罚。这样,"将假钞作为真钞带入流通"这一主观故意就被处罚了两次,因此,取得假钞与将假钞带入流通只能受到一次刑罚处罚。之所以这样做,是因为两个行为追求的是同一个结果(参见本书第三十四章边码 6)。第 146 条第 1 款第 2 项和第 3 项分别规定了两个不同的构成要件,并不妨碍这样处理(参见本书第三十三章边码 5)。

7

如此一来,行为人先通过第 146 条第 1 款第 2 项所规定的可罚行为获得一批假钞,再通过数次意志实践活动,以根据第 1 款第 3 项可罚的方式将这批假钞化整为零分次带入流通,那么,这数次意志实践活动也必须成立一罪。第 146 条第 1 款第 2 项中的"将假钞带入流通的目的"这一构成要件要素对于第 1 款第 3 项的构成要件实现而言就发挥了夹结作用(Klammerwirkung)。① 在逻辑上,不可能一边多次实现第 1 款第 3 项的构成要件成立数罪,而另一边又同时认为第 1 款第 3 项的每一次实现都与第 1 款第 2 项的实现成立一罪。

被告人由于将假钞出售给了警察的线人,而只成立第 146 条第 1 款第 3 项的未遂时也是如此。因为该未遂也是基于将假钞带入流通的目的而实施的,行为人在波兰获取假钞时也是出于这一目的。但这只适用于行为人第一次为了实现第 146 条第 1 款第 2 项成立所必要之目的而实施的未遂行为。如此一来,第 146 条的目的要素在某种意义上就被消耗掉了。同一个犯罪目的虽然只能实现一次,但却可以多次实行以实现该目的。该目的之内容同一性并不影响基于结果单一的一罪,因为可罚的不是目的本身,而是基于该目的而实施的行为。作为第 146 条第 1 款第 2 项构成要素的"带入流通目的",针对的是由行为人后续实施或由第三人实施的行为。若非如此,这就仅仅是一个愿望而非目的。第 146 条第 1 款第 2 项所规定的构成

8

---

① Lackner/Kühl-Heger, § 146 Rn. 14; Schönke/Schröder-Sternberg-Lieben § 146 Rn. 26; Stree JuS 1978, 236 (239); Zielinski JZ 1973, 193 (195).

要件是短缩的二行为犯,因此,行为人据以实现该构成要件目的的行为也属于构成要件之实现。只有在实施该行为时,该罪名才在实质上终了,这只适用于第一次试图实现构成要件目的的实行行为(关于基于结果单一的一罪更多的例子参见本书第三十三章边码8)。

三、分解法取代反夹结作用——极右翼组织"拉德朋友圈"案(联邦法院:《法学家报》2016 年刊,第 473 页)①

9　　根据帝国法院的公式(参见本书第三十三章边码8),两个构成要件实现之间若实行行为部分或全部一致,则构成想象竞合;若毫无共同之处,则构成实质竞合。但是,当有三个构成要件被实现时,其中第一个和第二个之间部分重叠,第二个与第三个之间也部分重叠,但第一个与第三个之间并无重叠之处,则该规则会产生悖论。若认为三者成立想象竞合,则违反了当两个构成要件实现毫无重叠之处时,不成立想象竞合的规则。当位于中间的犯罪是最重或者次重的罪名时,判决是这样处理的:3 个罪名被作为一罪来处理,这称为夹结作用(Klammerwirkung)。② 但若位于中间的罪名是最轻的,那么,在判决看来,该罪名就过于轻微无法将另外两罪夹结形成一罪。这被称为反夹结作用(Entklammerung),中间罪名则被任意地与另外两罪之一合并。③ 尤其是在非法拘禁、非法侵入住宅、非法持有枪支等持续犯以及建立犯罪组织、建立恐怖组织等对行为作笼统描述的犯罪中,问题尤为突出。由于在反夹结作用下究竟将中间的罪名并入这两个外部罪名的哪一个之中完全取决于法院的任意,反夹结作用并不妨碍在程序的意义上将这个 3 个罪名视为一罪。当中间罪名受到审判后,刑事追诉对三者而言就都用尽了。

10　　然而现在联邦法院开拓了一条全新的道路,来解决反夹结的问题。该解决方法既可以避免形成想象竞合的不同规则之间的悖论,也可以在只有持续犯被判决,且该持续犯只有与其中一个罪名有共同的实行行为,而另一个罪名的构成要件此前已逃开了刑事追诉时,避免刑事追诉被用尽。此

---

① =BGHSt 60, 308=NStZ 2016, 464.
② RGSt 56, 329 (330); 68,216 (218); BGHSt 18, 26; 31, 29; 33, 4; BGH NStZ 1993, 39 (40); Vgl zuletzt BGH NStZ 2008, 209 f.; Schönke/Schröder-Sternberg-lieben/Bosch § 52 Rn 14 ff.; Fischer Vor § 52 Rn. 30 ff.; Jescheck/Weigend AT 67 II 3; Wessels/Beulke/Satzger AT Rn. 1270; Geerds (1961), 280 ff.
③ BGHSt 29, 288 (292); 31, 29 (31); BGH NStZ 1993, 133; Fscher Vor § 52 Rn. 30; Wessels/Beulke/Satzger AT Rn. 1270.

道路不是在事后消除持续犯或兜底犯的夹结作用,而是从一开始就将持续犯或兜底犯分解为数个构成要件实现,然后与其他构成要件实现之间成立想象竞合。

拉德朋友圈是一群极右翼青年组成的社团,该组织的目标是恐吓外国人与异见者并将他们从"领地"内驱逐出去。出于此目的,朋友圈的成员在不同的场合袭击并恐吓了那些看起来是外国人的以及他们认为的"左翼"人士。联邦法院将拉德朋友圈定性为犯罪组织。由于被告人是在组织活动的范围内实施故意伤害与强制行为的,因此,联邦法院面对的问题是,虽然故意伤害与强制之间构成数行为,但他们各自都与本身构成行为单一的犯罪组织活动行为成立行为单一,这是否使本身构成数行为的故意伤害与强制成立一罪。如果肯定成立一罪,那么,就会导致在犯罪组织活动范围内实施行为的行为人,相比于自己实施了同样行为的人获得了极大的优待。此外,如果成立一罪,则只要单纯的犯罪组织活动或其中一项罪名受到审判并生效,被告人在犯罪组织活动范围内所实施的所有犯罪便不再能够被起诉。

联邦法院以一种全新的方式解决了该问题并避免了悖论,裁判理由如下:

> 审判委员会决定放弃此前判例的观点,按照此前的观点犯罪组织成员参与犯罪(或恐怖)组织的所有活动都成立构成要件意义上的行为单一。如果行为同时满足了其他刑法条文的构成要件,同时也服务于组织的目标设定与利益时,(组织类犯罪)与此种行为不存在该连结。虽然按照《德国刑法典》第 52 条第 1 款第 1 支项的规定,此种行为与每个同时实现的第 129 条第 1 款第 2 支项意义上的作为成员参与犯罪组织活动罪之间成立一罪,但是,只要根据一般原则不存在其他情况,无论是这些行为之间还是这些行为与参与犯罪组织活动罪之间都成立数罪。因此,本案中不存在发生夹结作用的空间。①

这个解决方案,是笔者在 40 年前首次提出的,②可以适用于非法拘禁、醉酒驾驶、非法侵入住宅罪等持续犯以及对行为作笼统描述的罪名中。尽管在这些犯罪中,个别的构成要件实现在时间上相比于组织犯罪更为紧密,不过两者的共性,在于它们都是可分的,而且每一部分单独看都完整地

---

① BGH JZ 2016, 473 (475). 与之类似的最新判决 BGH, Beschl. v. 18.12.2018-StB 52/18,Rn. 18,其中明确指出,与持续犯中的一部分成立想象竞合的状态犯,只要此前没有成为刑事诉讼的对象,就不发生刑事追诉用尽的问题, Rn. 22.

② Puppe (1979), S. 210 ff.

实现了构成要件。但是,当这些部分与其他构成要件实现同时满足时,它们就改变了自己的犯罪特性。①

14　　迄今为止,如在醉酒驾驶后又造成了交通事故、非法持有枪支后出现了杀人犯罪等场合,判例认为持续犯之所以可以分解,是因为行为人在情境发生变化或者又出现了更为严重的犯罪时必定形成了新的行为决意。② 但是,判例不想简单地肯定这种行为决意,而是认为这种行为决意的有无取决于行为人的心理状态,以及在实践中也与行为人在诉讼程序中的陈述相关。如果行为人称,自己从一开始就坚定地决意继续醉酒驾驶,那么,即使出现严重的交通事故也没有使其放弃该决意,他就可以基于自身的恶意从而阻止不利于自己的分解持续犯。③

15　　联邦法院也没有明确表示将在持续犯中也适用这种分解方法。它在非法拘禁罪案件中事实上采取了这种方法,但却没有明确指出该处理方式是全新的。行为人将自己的前女友关在小屋里,其间以强制手段与其发生性关系,后以危险方法进行身体伤害,直到被害人趁行为人不在时成功逃离。尽管纯从时间上看,非法拘禁行为构成一个整体,但联邦法院认为,性强制罪与非法拘禁罪成立想象竞合,而危险的身体伤害罪则与另一部分非法拘禁罪成立想象竞合。④ 它将在时间上连续的非法拘禁行为分解为两个不同的行为。之所以作这样的分解,是因为当非法拘禁与另一个更重罪名的构成要件实现同时发生时,非法拘禁就改变了自己的犯罪特质。若承认这一原则,该原则就可以适用于持续犯、笼统行为描述的犯罪与其他构成要件实现同时发生的情形,这或许是关于持续犯想象竞合最新理论的主要意义所在。

四、由于出现第二个构成要件实现而在时间上进行分解——非法持枪案(联邦法院:《新刑法杂志——刑事判决与报告》1999 年刊,第 8 页)

16　　即使持续犯只与一个构成要件实现发生想象竞合,也会出现刑事追诉用尽的问题。

　　被告人被判成立非法持有枪支罪。在该案判决生效后,发现他还曾用非法持有的枪支实施了谋杀未遂。

---

① NK-Puppe § 52 Rn. 44 f.; dies. JZ 2016, 478 (479 f.).
② BGH VRS 13,120 (121 f.); BGHSt 21,203 (204ff.); 36, 151 (154); BGH NStZ-RR 1999, 8 (9); NStZ 1999,347; 现在的相反观点参见 BGH JZ 2016, 473 (477).
③ NK-Puppe § 52 Rn. 46; dies. JZ 2016, 478 (479).
④ BGH NStZ 2008, 209 mit Bespr. Puppe in der Voraufl. 34/10 ff.

如果谋杀罪未遂与已被判决的非法持有枪支成立一罪,那么,两者必然也构成刑事诉讼法意义上的一罪。因为《德国刑法典》第52条规定,在多个构成要件实现仅成立一罪时只能判处一个刑罚,那么,这多个构成要件在诉讼法上必然也只构成一个追诉对象,在程序上只能受到一次追诉。《德国基本法》第103条第3款规定,不仅禁止一个人因为同一个犯罪多次受到刑罚处罚,而且也禁止因为同一个犯罪而多次成为刑事诉讼程序的对象。如果行为人持有枪支期间整体上构成一罪,那么,此前的判决也对用所持有枪支实施的谋杀行为作出了判决,因为它与非法持枪行为的一部分构成一罪。

这种刑事追诉用尽的危险通常出现在持续犯中,如非法持有枪支、非法持有麻醉品、非法拘禁与非法侵入住宅。避免这种危险的唯一方式并非来自程序法,而是来自刑事实体法上的一罪概念,即在《德国刑法典》第52条意义上的一罪。构成要件实现在时间上的连续性虽然是重要的一罪标准,但它并非牢不可破。在持续犯的场合,理论上可以将这种时间上的连续性分解为任意多个部分,且每一部分都完整地实现了持续犯的构成要件。持续犯的一部分与另一重罪构成要件的实现同时发生是进行这种分解的正当理由。联邦法院在本案中表达了这一想法,指出: **17**

> 根据联邦法院的最新判决,当枪支持有者后来产生了用所持有之枪支实施犯罪的新的行为决意时,非法持有枪支罪这一持续犯就在实体法上出现了中断。在这个新犯罪之前、之后的持续犯应该分别进行独立评价,该重罪本身与《枪支管理法》规定的作为持续犯的轻罪之间成立一罪。①

最新的判例不再认为是否分解持续犯,取决于行为人的主观心理状态即行为人是否形成了新的行为决意。分解持续犯的理由,不在于后出现的重罪要求形成一个新的持有枪支罪的决意,而在于该重罪改变了持续犯本身的不法特质。② 基于时间上的连续性而成立的行为单一是一种构成要件意义上的行为单一,因为理论上可以将持续犯在时间上的连续任意地分解为数个部分,而且每个部分本身都可以完整地实现持续犯的构成要件。若 **18**

---

① BGH NStZ-RR 1999, 8 (9).
② 首见于 Puppe (1979), 210ff.; dies. GA 1982, 143 (159): dies. JR 1986, 205 (207); NK-dies. § 52 Rn. 45; dies. JZ 2016, 478; 同样的观点参见 Mitsch MDR 1988, 1005 (1011); Werle (1981), 165ff. (213) (未说明其来源); Detmer (1989), 258ff.; Schlüchter JZ 1991, 1057 (1059f.); Paeffgen JR 1999, 89 (96): auch BGHSt 36, 151 (153 f.); BGH NStZ-RR 1999, 8 (9); NStZ 1999, 347 (非法持有枪支)。

没有理由作这种分解,则这种时间上的连续性构成一个整体,正如多次将手伸进橱窗偷东西的行为成立一个盗窃罪,或者多次击打行为构成一个故意伤害罪。但是之所以肯定行为单一,不仅是因为其在时间上具有连续性,也是因为同时实现的构成要件是同种类型(Gleichartigkeit)的。这种连续的构成要件实现中的一部分又加上了另一个罪名(尤其是另一个重罪的构成要件),这种同种性就丧失了。因此,基于时间连续而成立的构成要件意义上的行为单一也就不复存在了。①

19　　另一个例子我们之前已经看到,在直接前后相继的行为侵犯了不同主体人身法益的场合,这种反复多次实现同一构成要件行为在时间和空间上的连续性也会被分解。在这种情况下,尽管行为具有时间上的连续性,但通说仍然认为应成立数罪,即每一个侵害不同法益主体的行为都单独构成一个犯罪,如通过连续不断的开枪射击打死或打伤了多人。这也再次说明,时间上的连续性作为一罪成立的标准是非常弱势的。

五、实际适用的提示

20　　处于竞合关系的不是法条或构成要件,而是构成要件的实现。即使有时只是暂时的,在竞合审查开始之前就已经存在构成要件意义上的一罪。

21　　构成要件实现的最小单位是满足构成要件的最低条件,如一次重拳、一次伸手偷盗、一句侮辱性话语。但是,多个这样的构成要件实现也可以构成一个整体。对此有两项标准:其一,构成要件行为在时间上的连续性,即所谓构成要件意义上的行为单一;其二,多个构成要件行为所引起之结果的同一性,即结果单一,判例称为评价单一。

22　　结果单一(评价单一)之所以不能被分解为多个发生实质竞合的构成要件实现,是为了避免行为人因引起同一个结果而受到多次处罚(禁止重复评价原则),而基于时间连续的构成要件意义上的行为单一则可以被分解。当处于时间连续中的单个构成要件实现与其他重罪构成要件的实现构成一罪时,就会出现这种分解。此时,持续犯或概括犯的时间连续可以被分解为多个部分,每一个部分都与另一状态犯成立想象竞合,而彼此之间则成立实质竞合。

23　　当通过数个构成要件实现引起或确保了同一个结果时,则基于结果单一成立一罪。即使在这种情况下,禁止重复评价原则也要求必须根据重罪

---

① Puppe (1979), 214; dies. GA 1982, 143 (158): dies. JR 1986, 205 (207); NK-dies. § 52 Rn. 44ff.; dies. JZ 2016, 478; BGHSt 36, 151 (153 f.).

的法定刑进行统一量刑,而其他轻罪构成要件的实现只具有从重处罚的效果。多个构成要件实现的结果单一应当与基于《德国刑法典》第 52 条的想象竞合作同样的处理。由于通说保留了行为单一的想象竞合概念,其所理解的行为并非构成要件的实现而是身体部位的举动,因此,通说将通过数行为实现数个构成要件但引起单一结果的情形,根据重罪实行行为在前还是在后,而称为共罚的事后或事前行为。通说所采用的吸收关系、补充关系等属于法条竞合的术语在结论上是错误的,因为按照这种术语,上述次要的构成要件实现在量刑中将不能得到考虑。此外,文献上对这些术语的使用也并不统一。

除了数个构成要件实现引起或确保了同一个结果外,不同构成要件实现中实行行为的同时性也是判断成立行为单一的标准。第一种情况就是通说称为实行行为的同一性,并认为并非同时性,而是身体举动的同一性。因此,根据通说的观点,如果行为人通过某一身体部位的运动而实现此罪构成要件,又通过身体另一部位实现彼罪构成要件,则两罪构成要件的实现就构成数行为,尽管两个身体部位都受到同一大脑的控制。只有在行为人事实上使用了身体的不同部位来实现不同的构成要件时,同学们才需要就这种自然主义刑法教义学为数不多的遗产进行反驳,通常只需要将同时性与实行行为的同一性相等同。 **24**

第二种需要讨论将行为定义为身体举动是否合理的情况是,作为犯与不作为犯同时出现的场合。在这种情况下,同学们可以记住,作为与不作为的想象竞合最初是由帝国法院提出的,在联邦法院早期判决中在范畴上被否定了,而在理论上也仍然有部分观点始终持否定态度。但现在判例又重新认可了这一做法,并认为是毫无问题的。在持续犯与状态犯同时出现时,通说认为想象竞合成立的理由,是行为人利用了持续的状态来实施状态犯,或者反过来状态犯是为了维系持续犯而实施的(手段—目的关系)。 **25**

当在上述意义上,两个不同构成要件之实现构成行为单一(同时性),就需要判断是构成想象竞合,因此,两个构成要件实现在量刑中均需要考虑,并且必须在判决主文中明示;还是构成法条竞合,因此,其中一罪的构成要件在量刑和判决主文中都完全排除了另一罪构成要件的适用。当两个构成要件中一罪是另一罪的特别法,即在概念上完全包含了一般构成要件的内容,且在个案中两罪构成要件的实现也具有此种关系时,就属于法条竞合;如果一般构成要件实现中包含了无法被涵摄于特殊构成要件之下的事实,则两罪成立想象竞合。 **26**

27 　　同一罪名不同的实现阶段也可以存在特殊关系,如未遂之于既遂、共犯之于正犯。既遂的特殊性排除了未遂的适用,正犯的特殊性排除了共犯的适用。通说认为,未遂之于既遂,预备犯之于实行犯,帮助犯、教唆犯之于正犯构成补充关系。

参考文献索引

Altenhain, Karsten, Die Strafbarkeit des Teilnehmers beim Exzeß, Frankfurt am Main 1994.

Alternativkommentar, Rudolf Wassermann (Hrsg.) Kommentar zum Strafgesetzbuch, Band 1 1990.

Altvater, Gerhard, Rechtsprechung des BGH zu den Tötungsdelikten, NStZ 2001, 19.

Ambos, Kai, Der Anfang vom Ende der actio libera in causa?, NJW 1997, 2296.

Ambrosius, Jürgen, Untersuchungen zur Vorsatzabgrenzung, Neuwied 1966.

Amelung, Knut, Zum Verantwortungsmaßstab bei der mittelbaren Täterschaft durch Beherrschung eines nicht verantwortlichen Selbstschädigers, in: Schünemann (Hrsg.), Bausteine des europäischen Strafrechts, Coimbra-Symposium für Roxin, 1995, 247.

ders., Willensmängel bei der Einwilligung als Tatzurechnungsproblem, ZStW 109 (1997), 490.

ders., Die „Neutralisierung" geschäftsmäßiger Beiträge zu fremden Straftaten im Rahmen des Beihilfetatbestands, Festschrift für Gerald Grünwald, Baden-Baden 1999, 9.

ders., Die Anstiftung als korrumpierende Aufforderung zu strafbedrohtem Verhalten, Festschrift für Friedrich-Christian Schroeder, Heidelberg et al. 2006, 147.

Amelung, Knut / Eymann, Frieder, Die Einwilligung des Verletzten im Strafrecht, JuS 2001, 937.

Androulakis, Nikolaos, Studien zur Problematik der unechten Unterlassungsdelikte, 1963.

Arloth, Frank, Verfassungsrecht und § 142 StGB-Grenzen extensiver Auslegung von Täterschaft und Teilnahme, GA 1985, 492.

Arnold, Jörg, DDR-Recht im Zeitgeist des BGH, StraFo 2003, 109.

Arzt, Gunther, Willensmängel bei der Einwilligung, Frankfurt am Main 1970.

ders., Anmerkung zu BGH Urteil vom 17. 10. 1996-4 StR 389/96, JR 1997, 469.

Arzt, Gunther /Weber, Ulrich, Strafrecht Besonderer Teil, Lehrbuch, 2000.

Ast, Stephan, Die Manipulation der Organallokation, HRRS 2017, 500.

Bachmann, Jochen, Vorsatz und Rechtsirrtum im Allgemeinen Strafrecht und im Steuerstrafrecht, Berlin 1993.

Baier, Helmut, Die versuchte Tötung durch Einsatz einer Giftfalle-BGHSt 43, 177, JA 1999, 771.

Bauer, Wolfram, Die Bedeutung der Entscheidung des Großen Strafsenates des BGH vom 15.5.1993 für die weitere Entwicklung der Lehre vom strafbefreienden Rücktritt-Anmerkung, NJW 1993, 2590.

ders., Außertatbestandsmäßiges Handlungsziel beim strafbefreienden Rücktritt-Zugleich Anmerkung zu BGH vom 24.6.1993-4 StR 33/93, MDR 1994, 132.

Baumann, Jürgen, Täterschaft und Teilnahme, Jus 1963, 85.

Baumann, Jürgen / Weber, Ulrich / Mitsch, Wolfgang / Eisele, Jörg, Strafrecht Allgemeiner Teil, 12. Auflage, Bielefeld 2016.

Bemmann, Günter, Zum Fall Rose-Rosahl, MDR 1958, 817.

ders., Die Objektsverwechslung des Täters in ihrer Bedeutung für den Anstifter, Festschrift für Walter Stree und Johannes Wessels 1993, 395.

Berndt, Markus, Anmerkung zu BGH, Urt. v. 17.7.2009, 5 StR 394/08, StV 2009, 689.

Bernsmann, Klaus / Zieschang, Frank, Zur strafrechtlichen Haftung des Verursachers einer Gefahrenlage für Schäden eines Retters-BGHSt 39, 322, JuS 1995, 775.

Beulke, Werner / Bachmann, Gregor, Die „Lederspray-Entscheidung"-BGHSt 37, 106, JuS 1992, 737.

Beulke, Werner / Fahl, Christian, Prozessualer Tatbegriff und Wahlfeststellung-Strafprozessuale Probleme bei alternativer Tatsachenfeststellung, Jura 1998, 262.

Binding, Karl, Die Normen und ihre Übertretung, Band 3: Der Irrtum, Leipzig 1981.

Binns, Martin, Inus-Bedingung und strafrechtlicher Kausalbegriff, Baden-Baden 2001.

Blauth, Peter, „Handeln für einen anderen" nach geltendem und kommendem Strafrecht, Heidelberg 1968.

Blei, Hermann, Garantenpflichtbegründung beim unechten Unterlassen, Festschrift für Hellmuth Mayer, Berlin 1966, 119.

ders., Strafrecht Allgemeiner Teil, 18. Auflage, München 1983.

Bloy, René, Die Beteiligungsform als Zurechnungstypus im Strafrecht, Berlin 1985.

ders., Anstiftung durch Unterlassen?, JA 1987, 490.

ders., Grenzen der Täterschaft bei fremdhändiger Tatausführung GA 1996, 424.

ders., Die strafrechtliche Produkthaftung auf dem Prüfstand der Dogmatik, Festschrift für Manfred Maiwald, Berlin 2010, 35.

Bock, Dennis, Strafrecht Allgemeiner Teil, Berlin 2018.

Bockelmann, Paul, Zur Abgrenzung der Vorbereitung vom Versuch, JZ 1954, 468.

ders., Strafrechtliche Untersuchungen, Göttingen 1957.

ders., Strafrecht Allgemeiner Teil, 3. Auflage, München 1979.

Boehmer, Joh. Sam. Frid. v., Observationes selectae ad Bened. Carpzovii JC. practicam novam rerum criminalium imperialem Saxonicam, Francofurti ad Moenum 1759.

Böhm, Alexander, Die Rechtspflicht zum Handeln bei den unechten Unterlassungsdelikten, Frankfurt a.M. 1957.

Böse, Martin, Der Beginn des beendeten Versuchs: Die Entscheidung des BGH zur Giftfalle, JA 1999, 342.

ders., Zum versuchten Totschlag durch Manipulation der Zuteilung von Spenderorganen, Entscheidungsanmerkung zu OLG Braunschweig, Beschl. v. 20. 3. 2013-Ws 49/13, ZJS 2014, 117.

ders., Unrechtsausschluss durch hypothetische Dispositionen über das geschützte Rechtsgut? Zum Verhältnis von formellen und materiellen Voraussetzungen der Rechtfertigung, ZIS 2016, 495.

Bosch, Nikolaus, Die Hypothese rechtmäßigen Verhaltens bei psychisch vermittelter Kausalität, Festschrift für Ingeborg Puppe, Berlin 2011, 373.

Bottke, Wilfried, Probleme der Suizidbeteiligung, GA 1983, 22.

Brammsen, Joerg, Kausalitäts-und-Täterschaftsfragen bei Produktfehlern, Jura

1991, 533.

Bung, Jochen, Wissen und Wollen im Strafrecht, Frankfurt a. M. 2009.

Burkhardt, Björn, Rechtsirrtum und Wahndelikt, JZ 1981, 681.

ders., Zur Abgrenzung von Versuch und Wahndelikt im Steuerstrafrecht, wistra 1982, 178.

ders., Geglückte und folgenlose Strafrechtsdogmatik, in: Burkhardt / Eser / Hassemer(Hrsg.), Die deutsche Strafrechrswissenschaft vor der Jahrtausendwende: Rückblick und Ausblick, München 2000,111.

Bußmann, Heike, Anmerkung zu BGH, Urt. v. 13.11.2008-4 StR 252/08, NStZ 2009, 386.

Cancio Melià, Manuel, Opferverhalten und objektive Zurechnung, ZStW 111 (1999), 357.

Canestrari, Stefano, Die Struktur des dolus eventualis, GA 2004, 210.

Cantzler, Constantin / Zauner, Bernd, Die Subsidiaritätsklausel in § 246 StGB: Zugleich eine Anmerkung zum Urteil des BGH vom 6. Februar 2002-1 StR 513/01, Jura 2003, 483.

Cramer, Steffen, Anmerkung zum BGH Urteil von 25.1.1995-5 StR 491/94, WiB 1995, 525.

Dannecker, Gerhard / Dannecker, Christoph, Die „Verteilung" der strafrechtlichen Geschäftsherrenhaftung im Unternehmen, JZ 2010, 981.

Dencker, Friedrich, Der praktische Fall, Strafrecht: Die erfolgreiche Fahrerflucht, JuS 1980, 210.

ders., Kausalität und Gesamttat, Berlin u.a. 1996.

Derksen, Roland, Tatentschluß und Versuchsbeginn bei der Förderung von nicht vom Täter veranlassten unbewußten fremden Selbstgefährdungen, GA 1998, 592.

Detmer, Hubert, Der Begriff der Tat im strafprozessualen Sinn, Bonn 1989.

Diel, Katja, Das Regressverbot als allgemeine Tatbestandsgrenze im Strafrecht, Frankfurt am Main u.a. 1997.

Dohna, Alexander Graf zu, Die Freiwilligkeit des Rücktritts vom Versuch im Lichte der Judikatur des Reichsgerichts, ZStW 59 (1940), 541.

Dölling, Dieter, Fahrlässige Tötung bei Selbstgefährdung des Opfers, GA 1984, 71.

Dopslaff, Ulrich, Plädoyer für einen Verzicht auf die Unterscheidung in deskriptive und normative Tatbestandsmerkmale, GA 1987, 1.

Dreher, Sonja, Besprechung von BGH, Urteil vom 6.November 2002-5 StR 281/01 (LG Berlin), Mittelbare Unterlassungstäterschaft und Kausalität bei kollektivem Unterlassen, JuS 2004, 17.

Duttge, Gunnar, Die „hypothetische Einwilligung" als Strafausschlußgrund: wegweisende Innovation oder Irrweg?, Festschrift für Friedrich-Christian Schroeder, Heidelberg u.a. 2006, 179.

ders., Arbeitsteilige Medizin zwischen Vertrauen und strafbarer Fahrlässigkeit, ZIS 2011, 349.

Duttge,Gunnar / Sotelsek, Marc, „Freifahrtschein" für Unterschlagungstäter?, NJW 2002, 3756.

Eisele, Jörg, Besprechung von BGH, Urteil vom 22. November 2000-3 StR 331/00, Strafbarkeit wegen fahrlässiger Tötung bei Notwehrprovokation, NStZ 2001, 416.

Engelstädter, Regina, Der Begriff des Unfallbeteiligten in § 142 Abs.4 StGB, Frankfurt a. M. u.a. 1997.

Engisch, Karl, Die Kausalität als Merkmal der strafrechtlichen Tatbestände, Tübingen 1931.

Engländer, Armin, Vorwerfbare Notwehrprovokation-Strafbarkeit wegen fahrlässiger Tötung aufgrund rechtswidrigen Vorverhaltens trotz gerechtfertigten Handelns?, Jura 2001, 534.

ders., Kausalitätsprobleme beim unechten Unterlassungsdelikt-BGH NStZ 2000, 414, JuS 2001, 958.

Erb, Volker, Rechtmäßiges Alternativverhalten und seine Auswirkungen auf die Erfolgszurechnung im Strafrecht, Berlin 1991.

ders., Mord in Mittäterschaft-BGH NJW 1991, 1068, JuS 1992, 197.

ders., Die Zurechnung von Erfolgen im Strafrecht, JuS 1994, 449.

ders., Anmerkung zu OLG Düsseldorf, Beschl. v. 14.9.2000-2 b Ss 222/00-64/00 I, NStZ 2001, 317.

Fahl, Christian, 30 Jahre und kein bisschen weiter-eigenverantwortliche Selbstgefährdung im Strafrecht, GA 2018, 418.

Fischer, Thomas, Strafrechtswissenschaft und strafrechtliche Rechtsprechung-Fremde seltsame Welten, Festschrift für Rainer Hamm, Berlin 2008, 63.

ders., Bewerten, Beweisen, Verurteilen, ZIS 2014, 97.

ders., Kommentar zum Strafgesetzbuch und Nebengesetze, 66. Auflage, München 2019.

Fissenewert, Peter, Der Irrtum bei der Steuerhinterziehung-Alte und neue Probleme bei der Übernahme des bundesdeutschen Steuerstrafrechts in der ehemaligen DDR, Frankfurt am Main u.a. 1993.

Frank, Reinhard, Das Strafrecht für das Deutsche Reich,18.Auflage 1931.

Freund, Georg, Richtiges Entscheiden-am Beispiel der Verhaltensbewertung aus der Perspektive des Betroffenen, GA 1991, 387.

ders., Äußerlich verkehrsgerechtes Verhalten als Straftat? -BGH, NJW 1999, 3132, JuS 2000, 754.

ders., Anmerkung zu BGH, Urt. v. 31.1.2002-4 StR 289/01, NStZ 2002, 424.

ders., Zum Rücktritt vom Versuch bei einem mehraktigen Unterlassungsdelikt, NStZ 2004, 326.

ders, Strafrecht, Allgemeiner Teil: Personale Straftatlehre, 2.Auflage, Berlin, Heidelberg 2009.

Freund, Georg/ Putz, Sarah Antonia, Materiellrechtliche Strafbarkeit und formelle Subsidiarität der Unterschlagung (§ 246 StGB) wörtlich genommen-Zugleich eine Besprechung des Urteils des BGH vom 6.2.2002-StR 513/01, NStZ 2003, 242.

Frisch, Wolfgang, Vorsatz und Risiko-Grundfragen des tatbestandsmäßigen Verhaltens-zugleich ein Beitrag zur Behandlung außertatbestandlicher Möglichkeitsvorstellungen, Köln u.a. 1983.

ders., Tatbestandsmäßiges Verhalten und Zurechnung des Erfolgs, Heidelberg 1988.

ders., Gegenwartsprobleme des Vorsatzbegriffs und der Vorsatzfeststellung am Beispiel der AIDS-Diskussion, Gedächtnisschrift für Karlheinz Meyer, Berlin, New York 1990, 533.

ders., Riskanter Geschlechtsverkehr eines HIV-Infizierten als Straftat? -BGHSt 36, 1, JuS 1990, 362.

ders., Der Irrtum als Unrechtund/oder Schuldausschluss im deutschen Strafrecht, Rechtfertigung und Entschuldigung, in: Eser, Albin u.a. (Hrsg), Rechtfertigung und Entschuldigung III, Mannheim 1990, 217.

ders., Selbstgefährdung im Strafrecht(Teil 1), NStZ 1992, 1.

ders., Selbstgefährdung im Strafrecht(Teil 2), NStZ 1992, 62.

ders., Die Conditio-Formel: Anweisung zur Tatsachenfeststellung oder normative Aussage?, Festschrift für Karl-Heinz Gössel, Heidelberg 2002, 51.

ders., Zum gegenwärtigen Stand der Diskussion und zur Problematik der objektiven Zurechnungslehre, GA 2003, 719.

ders., Defizite empirischen Wissens und ihre Bewältigung im Strafrecht, Festschrift für Manfred Maiwald, Berlin 2010,239.

Frister, Helmut, Die Notwehr im System der Notrechte, GA 1988, 291.

ders., Die Struktur des „voluntativen Schuldelements"-zugleich eine Analyse des Verhältnisses von Schuld und positiver Generalprävention, Berlin 1993.

ders., Strafrecht, Allgemeiner Teil, 8. Auflage, München 2018.

Frommel, Momnika, Die Bedeutung der Tätertypenlehre bei der Entstehung des § 211 StGB im Jahre 1941, JZ 1980, 559.

dies., in: Jahn/Nack (Hrsg.) Rechtsprechung, Gesetzgebung, Lehre: Wer regelt das Strafrecht? Referate und Diskussionen auf 2. Karlsruher Strafrechtsdialog am 19.Juni 2009, Köln 2010, 63.

Gallas, Wilhelm, Zum gegenwärtigen Stand der Lehre vom Verbrechen, ZStW 67 (1955), 1.

ders., Die moderne Entwicklung der Begriffe Täterschaft und Teilnahme im Strafrecht. Deutsche Beiträge zum VII. Internationalem Strafrechtskongress in Athen vom 26. September bis 02. Oktober 1957, Sonderheft der ZStW 69 (1957), 3.

ders., Strafbares Unterlassen im Fall einer Selbsttötung, JZ 1960, 649.

ders., Beiträge zur Verbrechenslehre, Berlin 1968.

ders., Zur Struktur des strafrechtlichen Unrechtsbegriffs, Festschrift für Paul Bockelmann, München 1979.

Geerds, Friedrich, Zur Lehre von der Konkurrenz im Strafrecht, Hamburg 1961.

Geppert, Klaus, Zur Problematik des § 50 Abs. 2 StGB im Rahmen der Teilnahme am unechten Unterlassungsdelikt, ZStW 82 (1970), 40.

ders., Grundzüge der Konkurrenzlehre, Jura 1982, 418.

ders., Zum „error in persona vel obiecto" und zur „aberratio ictus", insbesondere vor dem Hintergrund der neuen „Rose-Rosahl-Entscheidung" (=BGHSt 37, 214 ff.), Jura 1992,163.

ders., Die Beihilfe (§ 27 StGB), Jura 1999, 266.

ders., Die Akzessorietät der Teilnahme (§ 28 StGB) und die Mordmerkmale, Jura

2008, 37.

Gerhold, Sönke / Kuhme, Elisa, Über den bislang unbeachteten Einfluss des 2. Strafrechtsreformgesetzes auf die Eigenhändigkeitsdoktrin speziell im Rahmen der Straßenverkehrsdelikte, ZStW 124 (2012), 943.

Gössel, Karl Heinz, Anmerkung zum Urteil des BGH v. 16.9.1975-1 StR 264/75, JR 1976, 249.

ders., Anmerkung zum Urteil des BGH v. 12.8.1997-1 StR 234/97, JR 1998, 293.

ders., Empfiehlt sich eine Änderung der Rechtsprechung zum Verhältnis der Tatbestände der vorsätzlichen Tötungsdelikte (§§ 211ff. StGB) zueinander?, ZIS 2008, 153.

Grasnick, Walter, Volens-nolens-Methodologische Anmerkungen zur Freiwilligkeit des Rücktritts vom unbeendeten Versuch, JZ 1989, 821.

Grebing, Gerhardt, Die Diskussionsbeiträge der Strafrechtslehrertagung 1975 in Göttingen, ZStW 88 (1976), 162.

Greco, Luís, Kausalitäts und Zurechnungsfragen bei unechten Unterlassungsdelikten, ZIS 2011, 674.

ders., Notwehr und Proportionalität, GA 2018, 665.

Gropp, Walter, Strafrecht Allgemeiner Teil, Berlin, Heidelberg 1997.

ders., Die fahrlässige Verwirklichung des Tatbestandes einer strafbaren Handlung-miteinander oder nebeneinander? -Überlegungen zur so genannten „fahrlässigen Mittäterschaft", GA 2009, 265.

Grossmamm, Hans, Die Grenze von Vorsatz und Fahrlässigkeit, Hamburg 1924.

Grunst, Bettina, § 370 I Nr.2 AO-Sonderdelikt und besonderes persönliches Merkmal(§ 28 I StGB), NStZ 1998, 548.

Grünwald, Gerald, Die Beteiligung durch Unterlassen, GA 1959, 110.

ders., Zu den Varianten der eingeschränkten Schuldtheorie, Gedächtnisschrift für Peter Noll, Zürich 1984, 183.

ders., Zu den besonderen persönlichen Merkmalen(§ 28 StGB), Gedächtnisschrift für Armin Kaufmann, Köln u.a. 1989, 555.

Günther, Hans-Ludwig, Ist es zulässig, einen Irrtum des Beschuldigten bei seiner Vernehmung auszunutzen? -Anmerkung zu BGH, 2 StR 661/85, StV 1988, 421.

Haft, Fritjof, Grenzfälle des Irrtums über normative Tatbestandsmerkmale im Strafrecht, JA 1981, 281.

Haft Fritjof / Eisele, Jörg, Wie wirkt sich der error in persona des Haupttäters auf den Gehilfen aus?, Gedächtnisschrift für Rolf Keller, Tübingen 2003, 81.

Hake, Manfred, Anmerkung zu BGH, 5 StR 491/94, JR 1996, 161.

Hall, Karl Alfred, Über die Leichtfertigkeit-Ein Vorschlag de lege ferenda, Festschrift für Edmund Mezger, München u.a. 1954, 229.

Hardtung, Bernhard, Die „Rechtsfigur" der actio libera in causa beim strafbaren Führen eines Fahrzeugs und anderen Delikten-Möglichkeiten und Grenzen der Bestrafung, NZV 1997, 97.

ders., Anmerkung zum Urteil des BGH v. 11.4.2000-1 StR 638/99, NStZ 2001, 205.

ders., Anmerkung zum Urteil des BGH v. 9.10.2002-5 StR 42/02, NStZ 2003, 261.

Hare, Richard, Die Sprache der Moral, Originaltitel: The Language of Morals, Oxford 1952, deutsch von von Morstein, Petra Frankfurt a. M.1972.

Hassemer, Winfried, Kennzeichen des Vorsatzes, Gedächtnisschrift für Armin Kaufmann, Köln u.a.1989, 289.

ders., Rechtsprechungsübersicht-Vermeidbarkeit des Verbotsirrtums, JuS 1989, 843.

ders., Einführung in die Grundlagen des Strafrechts, 2.Auflage, München 1990.

ders., Rechtsprechungsübersicht-Bedingter Tötungsvorsatz beim Unterlassen, JuS 1992, 524.

Hauf, Hans-Jürgen, Der Große Senat des BGH zum Rücktritt vom unbeendeten Versuch bei außertatbestandlicher Zielerreichung, MDR 1993, 923.

ders., Neuere Entscheidungen zur Mittäterschaft unter besonderer Berücksichtigung der Problematik der Aufgabe der Mitwirkung eines Beteiligten während der Tatausführung bzw. vor Eintritt in das Versuchsstadium, NStZ 1994, 263.

Heghmanns, Michael, Überlegungen zum Unrecht von Beihilfe und Anstiftung, GA 2000, 473.

Heidingsfelder, Thomas, Der umgekehrte Subsumtionsirrtum, Berlin 1991.

Heinitz, Ernst, Teilnahme und unterlassene Hilfeleistung beim Selbstmord, JR 1954, 405.

Heintschel-Heinegg, Bernd v., Die Konsumtion als eigenständige Form der Gesetzeskonkurrenz, Festschrift für Günther Jakobs, Köln 2007, 131.

Helgerth, Roland, Anmerkung zum Urteil des BGH v. 4.11.1988-1 StR 262/

88, NStZ 1989, 117.

Hellmann, Uwe, Einverständliche Fremdgefährdung und objektive Zurechnung, Festschrift für Claus Roxin, Berlin, New York 2001, 271.

Herzberg, Rolf Dietrich, Eigenhändige Delikte, ZStW 82 (1970), 896.

ders., Anstiftung und Beihilfe als Straftatbestände, GA 1971, 1.

ders., Die Unterlassung im Strafrecht und das Garantenprinzip, Berlin, New York 1972.

ders., Der Versuch beim unechten Unterlassungsdelikt, MDR 1973, 89.

ders., Grundfälle zur Lehre von Täterschaft und Teilnahme, Teil 1, JuS 1974, 374; Teil 3, JuS 1975, 574.

ders., Die Problematik der „besonderen persönlichen Merkmale" im Strafrecht, ZStW 88 (1976), 68.

ders., Täterschaft und Teilnahme-eine systematische Darstellung anhand von Grundfällen, München 1977.

ders., Das Wahndelikt in der Rechtsprechung des BGH, JuS 1980, 469.

ders., Aberratio ictus und error in obiecto, JA 1981, Teil 1: 369, Teil 2: 470.

ders., Beteiligung an einer Selbsttötung oder tödlichen Selbstgefahrdung als Tötungsdelikt, JA 1985, Teil 1: 131,Teil 2: 177, Teil 3: 265, Teil 4: 336.

ders., Der Anfang des Versuchs bei mittelbarer Täterschaft, JuS 1985, 1.

ders., Der Rücktritt durch Aufgeben der weiteren Tatausführung, Festschrift für Günter Blau, Berlin, New York 1985, 120.

ders., Die Abgrenzung von Vorsatz und bewußter Fahrlässigkeit-ein Problem des objektiven Tatbestandes, JuS 1986, 249.

ders., Anstiftung zur unbestimmten Haupttat-BGHSt 34, 63, JuS 1987, 617.

ders., Erlaubnistatbestandsirrtum und Deliktsaufbau, JA 1989, Teil 1: 243, Teil 2: 294.

ders., Aids: Herausforderung und Prüfstein des Strafrechts, JZ 1989, 470.

ders., Problemfälle des Rücktritts durch Verhindern der Tatvollendung, NJW 1989, 862.

ders., Akzessorietät der Teilnahme und persönliche Merkmale, GA 1991, 145.

ders., Anmerkung zum Beschluss des BGH v. 26.11.1990-5 StR 480/90, JR 1991, 158.

ders., Zur Eingrenzung des vorsatzausschließenden Irrtums(§ 16 StGB), JZ 1993, 1017.

ders., Tatbestandsoder Verbotsirrtum?, GA 1993, 439.

ders., Das vollendete vorsätzliche Begehungsdelikt als qualifiziertes Versuchs-, Fahrlässigkeitsund Unterlassungsdelikt, JuS 1996, 377.

ders., Vollendeter Mord bei Tötung des falschen Opfers?, NStZ 1999, 217.

ders., Der Vorsatz als „Schuldform", als „aliud" zur Fahrlässigkeit und als „Wissen und Wollen"?, 50 Jahre Bundesgerichtshof, Festgabe aus der Wissenschaft, Band IV, Strafrecht, Strafprozessrecht (Hrsg. Claus Roxin, Gunther Widmaier u.a.), München, 2000.

ders., Der Versuch, die Straftat durch einen anderen zu begehen, Festschrift für Claus Roxin, Berlin, New York 2001, 749.

ders., Zum Fahrlässigkeitsdelikt in kriminologischer Sicht und zum Gefahrmerkmal des Vorsatzdeliktes, Festschrift für Professor Dr. Hans-Dieter Schwind, Heidelberg 2006, 317.

Hettinger, Michael, Die Bewertung der „aberratio ictus" beim Alleintäter-Gedanken zum Verhältnis zwischen Sachverhalt und Gesetz, GA 1990, 531.

ders., Der sog. dolus generalis:Ein Sonderfall eines „Irrtums über den Kausalverlauf"?, Festschrift für Günter Spendel, Berlin, New York 1992, 237.

Heuchemer, Michael, Zur Verabschiedung der Lehre vom konkreten Vorsatz und der Beachtlichkeit der aberratio ictus als Ausschnitt einer normativen Revision der Vorsatzlehre, Festschrift für Bernd von Heintschel-Heinegg, München 2015, 189.

Hilgendorf, Eric, Strafrechtliche Produzentenhaftung, Berlin 1993.

ders., Fragen der Kausalität bei Gremienentscheidungen am Beispiel des Lederspray-Urteils, NStZ 1994, 561.

ders., Zur Lehre vom „Erfolg in seiner konkreten Gestalt", GA 1995, 515.

ders., Rezension zu Hassemer, Produktverantwortung im modernen Strafrecht, JZ 1997, 611.

ders., Fälle zum Strafrecht III, 2. Auflage, München 2016.

Hippel, Robert v., Die Grenze von Vorsatz und Fahrlässigkeit, Leipzig 1903.

Hirsch, Hans Joachim, Zur Kausalität zwischen Körperverletzung und Todesfolge-Anmerkung zu BGH, Urteil vom 30.6.1982-2 StR 226/82, JR 1983, 77.

ders., Anmerkung zum Urteil des BGH vom 2.19.1997-3 StR 632/96, JR 1997, 391.

ders., Anwendbarkeit der Grundsätze der actio libera in causa, NStZ

1997, 230.

ders., Zur actio libera in causa, Festschrift für Naruo Nishihara, Baden-Baden 1998, 88.

ders., Rechtfertigungsfragen und Judikatur des Bundesgerichtshofs, 50 Jahre Bundesgerichtshof, Festgabe aus der Wissenschaft, Band IV, Strafrecht, Strafprozessrecht (Hrsg. Claus Roxin, Gunther Widmaier u.a.), München, 2000.

Hofmann, Edgar, Kann ein Verkehrsunfall für einen nach Alkoholgenuß absolut fahruntüchtigen Kraftfahrer wegen seines Zustandes vermeidbar gewesen sein?, VersR 1971, 1103.

Horn, Eckhard, Anmerkung des Urteil des BayObLG v. 18.8.1978-RReg. 1 St 147/77, JR 1979, 291.

ders., Strafbares Fehlverhalten von Genehmigungsund Aufsichtsbehörden?, NJW 1981, 1.

ders., Anmerkung zum Urteil des BGH v.14.2.1984-1 StR 808/83(BGHSt 32, 262), JR 1984, 513.

ders., Strafrechcliche Verantwortung von Amtsträgern für die Genehmigung umweltgefährdender ProjekteAnmerkung zu BGH, Urteil vom 3.11.1993, 2 StR 321/93, JZ 1994, 636.

ders., Rechtsprechungsübersicht zum Umweltstrafrecht, JZ 1994, 1097.

ders., Der Anfang vom Ende der actio libera in causa, StV 1997, 264.

Hörnle, Tatjana, Der entschuldigende Notstand (§ 35 StGB), JuS 2009, 873.

Hoven, Elisa, Praxiskommentar zu BGH NStZ 2017,701, NStZ 2017,707.

Hoyer, Andreas, Das Rechtsinstitut der Notwehr, JuS 1988, 89.

ders., Die traditionelle Strafrechtsdogmatik vor neuen Herausforderungen: Probleme der strafrechtlichen Produkthaftung, GA 1996, 160.

ders., Anmerkung zum Urteil des BGH v. 6.2.2002-1 StR 513/01, JR 2002, 517.

ders., Zur Differenzierung zwischen Erfolgs, Handlungsund Unrechtszurechnung, GA 2006, 298.

ders., Wozu brauchen wir eine fahrlässige Mittäterschaft?, Festschrift für Ingeborg Puppe, Berlin 2011, 515.

Hruschka, Joachim, Der Begriff der actio libera in causa und die Begründung ihrer Stafbarkeit-BGHSt 21, 381, JuS 1968, 554.

ders., Extrasystematische Rechtfertigungsgründe, Festschrift für Eduard Dreher, Berlin, New York 1977, 189.

ders, Die Herbeiführung eines Erfolges durch einen von zwei Akten bei eindeutigen und mehrdeutigen Tatsachenfeststellungen, JuS 1982, 317.

ders., Zur Gehilfenschaft des Rechtsanwalts, der durch falsche Rechtsauskunft eine Straftat fördert, Anmerkung zu BGH, Urteil vom 6.9.1983, Az: 5 Ss (OWi) 307/83-275/83 I, JR 1984, 257.

ders., Über Schwierigkeiten mit dem Beweis des Vorsatzes, Festschrift für Theodor Kleinknecht, München 1985, 191.

ders., Strafrecht nach logisch-analytischer Methode, 2. Auflage, Berlin 1988.

ders., Probleme der actio libera in causa heute, JZ 1989, 310.

ders., Die actio libera in causa bei Vorsatztaten und bei Fahrlässigkeitstaten-Besprechung zu BGH, Urteil vom 22.8.1996, 4 StR 217/96, JZ 1997, 22.

Immel, Burkhard, Strafrechtliche Verantwortlichkeit von Amtsträgern im Umweltstrafrecht, Frankfurt 1987.

ders., Die Notwendigkeit eines Sondertatbestandes im Umweltstrafrecht-Umweltuntreue, ZRP 1989, 105.

Jäger, Christian, Die Delikte gegen Leben und körperliche Unversehrtheit nach dem 6. Strafrechtsreformgesetz-Ein Leitfaden für Studium und Praxis, JuS 2000, 31.

ders., Herbeiführung einer Gefahr durch rechtswidriges Vorverhalten-Anmerkung zu BGH, Urteil vom 22.11.2000-3 StR 331/00, JR 2001, 512.

ders., Über die Problematik gekreuzter Mordmerkmale bei der Anstiftung-Anmerkung zu BGH, Urteil vom 12.1.2005-2 StR 229/04, JR 2005, 477.

ders., Die notwendige Bedingung als ereignisbezogener Kausalfaktor, Festschrift für Manfred Maiwald, Berlin 2010, 345.

ders., Examens-Repetitorium Strafrecht Allgemeiner Teil, 8. Auflage, Heidelberg 2017.

ders., Praxiskommentar zu BGH, Beschl. v. 7.3.2017-3 StR 501/16, NStZ 2017, 460.

Jahn, Matthias, Selbstund Fremdgefährdung bei tödlichen Autorennen, Anmerkung zu BGH, Urteil vom 20.11.2008-4 StR 328/98, JuS 2009, 370.

Jähnke, in: Jahn/Nack (Hrsg.) Rechtsprechung, Gesetzgebung, Lehre: Wer regelt das Strafrecht? Referate und Diskussionen auf 2. Karlsruher Strafrechtsdialog am 19. Juni 2009, Köln 2010, 62.

Jakobs, Günther, Anmerkung zum Urteil des BGH v. 8.10.1968-5 StR 462/68,

NJW 1969, 437.

ders., Probleme der Wahlfeststellung, GA 1971, 257.

ders., Studien zum fahrlässigen Erfolgsdelikt, Berlin 1972.

ders., Anmerkung zum Beschluß des BGH v.13.1.1988-2 StR 665/87, JZ 1988, 519.

ders., Tätervorstellung und objektive Zurechnung, Gedächtnisschrift für Armin Kaufmann, Köln u.a. 1989, 271.

ders., Strafrecht, Allgemeiner Teil-die Grundlagen und die Zurechnungslehre, 2. Auflage Berlin 1991.

ders., Die sogennante actio libera in causa, Festschrift für Haruo Nishihara, Baden-Baden 1998, 105.

ders., Altes und Neues zum strafrechtlichen Vorsatzbegriff, Rechtswissenschaft 2010, 283.

Jescheck, Hans Heinrich / Weigend, Thomas, Lehrbuch des Strafrechts, Allgemeiner Teil, 5. Auflage, Berlin 1996.

Joerden, Jan C., Anstiftung als Aufforderung zu freiverantwortlichem deliktischen Verhalten, Festschrift für Ingeborg Puppe, Berlin 2011, 563.

Johannes, Hartmut, Mittelbare Täterschaft bei rechtmäßigem Handeln des Werkzeugs, 1963.

Jung, Heike, Garantenstellung des Bürgermeisters für Abwasserbeseitigung-Anmerkung zu BGH, Urteil vom 19.8.1992-2 StR 86/92, JuS 1993, 346.

ders., Besprechung zum Beschluß des BGH v.19.5.1993-GSSt 1/93, JuS 1994, 82.

Kadel, Bertold, Versuchsbeginn bei mittelbarer Täterschaft-versuchte mittelbare Täterschaft, GA 1983, 299.

Kahlo, Michael, Das Bewirken durch Unterlassen bei drittvermitteltem Rettungsgeschehen-Zur notwendigen Modifikation der Risikoerhöhungslehre bei den unechten Unterlassungsdelikten, GA 1987, 66.

Kahrs, Hans Jürgen, Das Vermeidbarkeitsprinzip und die conditio-sine-qua-non-Formel im Strafrecht, Hamburg 1968.

Kaufmann, Armin, Der dolus eventualis im Deliktsaufbau-Die Auswirkungen der Handlungsund der Schuldlehre auf die Vorsatzgrenze, ZStW 70 (1958), 64.

ders., Die Dogmatik der Unterlassungsdelikte, Göttingen 1959.

ders., Schuldfähigkeit und Verbotsirrtum-zugleich ein Beitrag zur Kritik des Entwurfs 1960, Festschrift für Eberhardt Schmidt, Göttingen, 1961, 319.

ders., Tatbestandsmäßigkeit und Verursachung im Contergan-Verfahren, JZ 1971, 569.

ders., Zum Stand der Lehre vom personalen Unrecht, Festschrift für Hans Welzel, Berlin, New York 1974, 393.

Kaufmann, Arthur, Die Parallelwertung in der Laiensphäre. Ein sprachphilosophischer Beitrag zur allgemeinen Verbrechenslehre, München 1982.

Kindhäuser, Urs, Der Vorsatz als Zurechnungskriterium, ZStW 96 (1984), 1.

ders., Gefährdung als Straftat, Frankfurt am Main 1989.

ders., Zur Unterscheidung von Einverständnis und Einwilligung, Festschrift für Rudolphi, Neuwied 2004, 135.

ders., Objektive und subjektive Zurechnung beim Vorsatzdelikt, Festschrift für Hruschka, Berlin u.a. 2005, 527.

ders., Gleichgültigkeit als Vorsatz?, Festschrift für Albin Eser, München 2005, 345.

ders., Risikoerhöhung und Risikoverringerung, ZStW 120 (2008), 481.

ders., Zurechnung bei alternativer Kausalität, GA 2012, 134.

ders., Zur Alternativstruktur des strafrechtlichen Kausalbegriffs ,ZIS 2016,574.

ders., Strafrecht Allgemeiner Teil, 8.Auflage, Baden-Baden 2017.

Kindhäuser, Urs / Böse, Martin, Strafrecht Besonderer Teil II, 10. Auflage, Baden-Baden 2019.

Meyer-Goßner, Lutz / Schmitt, Bertram, Strafprozessordnung, 58. Auflage, München 2015.

KMR-Kommentar zur Strafprozessordnung, v. Heintschel-Heinegg/Stockel (Hrsg.), Loseblatt, Stand: 76. Lfg. 2015.

Knauer, Chistoph, Anmerkung zu BGH, Urteil vom 11.6.2002-5 StR 281/01, NJW 2003, 3101.

Köhler, Michael, Die bewusste Fahlässigkeit. Eine strafrechtlich-rechtsphilosophische Untersuchung, Heidelberg 1982.

ders., Rechtsgut, Tatbestandsstruktur und Rechtswidrigkeitszusammenhang, MDR 1992, 739.

ders., Strafrecht Allgemeiner Teil, Berlin 1997.

Kohler, Josef, Der deutsche und der österreichische Vorentwurf eines Strafgesetzbuches, GA 1909, 285.

Koblrausch, Eduard / Lange, Richard, Strafgesetzbuch mit Erläuterungen und

Nebengesetzen, 43.Aufl., Berlin 1961.

König, Peter, Gefährlicher Eingriff in den Straßenverkehr durch „ verkehrsgerechtes Verhalten "-Ergänzende Anmerkung zu BGH NJW 1999, 3132, JA 2000, 777.

Kopp, Thomas, § 315 b StGB: Gefährlicher Eingriff in den Straßenverkehr bei verkehrsgerechtem Verhalten, Anmerkung zu BGH, Urteil vom 22.7.1999-4 StR 90/99, JA 2000, 365.

Koriath, Heinz, Einige Gedanken zur aberratio ictus, JuS 1997, 901.

ders., Einige Gedanken zum Error in persona, JuS 1998, 215.

ders., Kausalität und objektive Zurechnung, Baden-Baden 2007.

Kraatz, Erik, Die Systematik der Tötungsdelikte und ihre Auswirkungen auf die Akzessoritetät der Teilnahme (§ 28 StGB), Jura 2006, 613.

Krack, Ralf, Der Versuchsbeginn bei Mittäterschaft und mittelbarer Täterschaft, ZStW 110 (1998), 611.

Kratzsch, Dietrich, Grenzen der Strafbarkeit im Notwehrrecht, Berlin 1968.

Kretschmer, Joachim, Anmerkung zuBGH, Urt. v.17.7.2009, 5 StR 394/08, JR 2009, 474.

ders., Die Rechtfertigungsgründe als Topos der objektiven Zurechnung, NStZ 2012, 177.

Krümpelmann, Justus, Schutzzweck und Schutzreflex der Sorgfaltspflicht, Festschrift für Paul Bockelmann, München 1979, 443.

ders., Zur Kritik der Lehre vom Risikovergleich bei den fahrlassigen Erfolgsdelikten, GA 1984, 491.

ders., Die Verwirkung der Vertrauensgrundsatzes bei pflichtwidrigem Verhalten in der kritischen Verkehrssituation, Festschrift für Karl Lackner, Berlin, New York 1987, 289.

Kubink, Michael, Das Prinzip des Selbstverantwortung-ein neuer Strafrechtsparameter für Tatbestand und Sanktion, Festschrift für Günter Kohlmann, Köln 2003, 53.

Kudlich, Hans, Anmerkung zum BGH, Urteil vom 17.10.1996-4 StR 389/96, NStZ 1997, 432.

ders., Ein Schnäpschen in Ehren-die Giftfalle des Apothekers-BGH NJW 1997, 3453, JuS 1998, 596.

ders., Anmerkung zum Urteil des BGH vom 22.7.1999-4 StR 90/99, StV

2000, 23.

ders., Anmerkung zum Urteil des BGH vom 31.1.2002-4 StR 289/01, JR 2002, 468.

Kühl, Kristian, Versuch in mittelbarer Täterschaft, JuS 1983, 180.

ders., Freiheit und Solidarität bei den Notrechten, Festschrift für Hans Joachim Hirsch, Berlin 1999, 259.

ders., Strafrecht, Allgemeiner Teil, 8.Auflage, München 2017.

Kuhlen, Lothar, Die Unterscheidung von vorsatzausschließendem und nichtvorsatzausschließendem Irrtum, Frankfurt am Main 1987.

ders., Strafhaftung bei unterlassenem Rückruf gesundheitsgefährdender Produkte, NStZ 1990, 566.

ders., Zum Umweltstrafrecht in der Bundesrepublik Deutschland, Wirtschaft und Verwaltung, 1991, 183.

ders.,Objektive Zurechnung bei Rechtfertigungsgründen, Festschrift für Claus Roxin, Berlin, New York 2001, 331.

ders., Ausschluß der objektiven Zurechnung bei Mängeln der wirklichen und der mutmaßlichen Einwilligung, Festschrift für Heinz Müller-Dietz, München 2001, 431.

ders., Ausschluss der objektiven Erfolgszurechnung bei hypothetischer Einwilligung des Betroffenen-Zugleich Besprechung des Beschlusses des BGHs vom 15.10.2003-1 StR 300/03, JR 2004, 227.

ders., Buchbesprechung zu Walter, Tonio: Der Kern des Strafrechts. Die allgemeine Lehre von Verbrechen und die Lehre vom Irrtum, ZStW 120 (2008), 140.

Kunert, Karl-Heinz, Die normativen Merkmale der strafrechtlichen Tatbestände, Berlin 1958.

Kumz, Karl-Ludwig, Strafausschluß oder-milderung bei Tatveranlassung durch falsche Rechtsauskunft?, GA 1983, 457.

Küper, Wilfried „Pflichtgemäße Prüfung" bei Zuziehung von Durchsuchungszeugenzugleich zum Rechtfertigungselement der pflichtgemäßen Prüfung bei Amtshandlungen, NJW 1971, 1681.

ders., Der Versuchsbeginn bei mittelbarer Taterschaft, JZ 1983, 361.

ders., Der „verschuldete" rechtfertigende Notstand-zugleich ein Beitrag zur „actio illicita in Causa", Berlin 1983.

ders., Die Rechtsprechung des BGH zum tatbestandssystematischen Verhältnis von

Mord und Totschlag-Analyse und Kritik I, JZ 1991, Teil 1:761, Teil 2: 862, Teil 3 : 910.

ders., „Besondere persönliche Merkmale" und „spezielle Schuldmerkmale", ZStW 104 (1992), 559.

ders., Grundfragen des neuen Aussetzungsdelikts, ZStW 111 (1999), 30.

ders., Blutrache, Heimtücke und Beteiligung am Mord, JZ 2006,608.

ders., Im Dickicht der Beteiligung an Mord und Totschlag, JZ 2006, 1157.

Küpper, Georg, Zum Verhältnis von dolus eventualis, Gefährdungsvorsatz und bewußter Fahrlässigkeit, ZStW 100 (1988), 758.

ders., Anmerkung zu BGH, Urteil vom 25. 10. 1990-4 StR 371/90, JR 1992, 293.

ders., Anmerkung zu BGH, Urteil vom 6. 2. 2002-1 StR 513/01, JZ 2002, 1115.

Lackner, Karl / Kühl, Kristian, Strafgesetzbuch, Kommentar, 29. Auflage, München 2018.

Lackner, Karl, Anmerkung zum Beschluß des BGH v. 3.5.1988-1 StR 193/88 und v. 13.1.1988-2 StR 665/87, NStZ 1988, 404.

Lacmmann, W. Über die Abgrenzung des Vorsatzbegriffs, GA 58(1911), 109.

ders., Die Abgrenzung der Schuldformen in der Rechtslehre und im Vorentwurf zu einem deutschen Strafgesetzbuch, ZStW 31 (1911), 142.

Lampe, Ernst-Joachim, Rücktritt vom Versuch „ mangels Interesses"? - BGHSt 35, 184, JuS 1989, 610.

Langer, Winrich, Zur Strafbarkeit des Teilnehmers gemäß § 28 Abs. 1 StGB, Festschrift für Ernst Wolff, Köln 1985, 335.

Langrock, Günter, Die willkommene Brandstiftung (Der praktische Fall), JuS 1971 529.

Leipziger Kommentar, Laufhütte u. a. (Hrsg.), Kommentar zum Strafgesetzbuch, Berlin, 12.Aufl.: Band 1 2007, Band 2 2006, Band 5 2009, Band 11 2008; 11.Aufl.: Band 5 2005.

Leite, Alaor, Der Unrechtszweifel als Verbotsirrtum, GA 2012, 688.

Leitmeier, Lorenz, Bedingter Vorsatz-ein Wertbegriff, HRRS 2016, 243.

Lenckner,Theodor, Notwehr bei provoziertem und verschuldetem Angriff, GA 1961, 299.

ders., Die Rechtfertigungsgründe und das Erfordernis pflichtgemäßer Prüfung, Festschrift für Hellmuth Mayer, Berlin 1966, 165.

ders., Technische Normen und Fahrlässigkeit, Festschrift für Karl Engisch, Frankfurt a.M. 1969, 490.

ders., Anmerkung zum Urteil des BGH vom 14.6.1972-2 StR 679/71, JZ 1973, 253.

Lesch, Heiko H., Dolus directus, indirectus und eventualis, JA 1997, 802.

Ling, Michael A., Die Unterbrechung des Kausalzusammenhangs durch willentliches Dazwischentreten eines Dritten-eine dogmengeschichtliche Untersuchung, Berlin 1996.

Loos, Fritz, Anmerkung zum Beschluß des BGH v. 16.7.1993-2 StR 294/93, JR 1994, 511.

Löwe, Ewald / Rosenberg, Werner, StPO und GVG-Großkommentar, Band 6/ Teil 2, 26. Auflage, Berlin 2013.

Lüderssen, Klaus, Beihilfe, Strafvereitelung und objektive Zurechung, Festschrift für Gerald Grünwald, Baden-Baden 1999, 337.

Luzón Peña, Diego-Manuel, Alteriätsprinzip oder ldentitätsprinzip vs. Selbstverantwortungsprinzip, GA 2011, 295. Maiwald, Manfred, Der „dolus generalis"-Ein Beitrag zur Lehre von der Zurechnung, ZStW 78 (1966), 30.

ders., Unrechtskenntnis und Vorsatz im Steuerstrafrecht, Heidelberg 1984.

ders., Anmerkung zu BGH, Urteil vom 30.6.1982-2 StR 226/82, JuS 1984, 439.

ders., Das Erfordernis des ernsthaften Bemühens beim fehlgeschlagenen oder beendeten Versuch (§ 24 Abs. 1 Satz 2 StGB), Festschrift für E.A.Wolff, Berlin u. a. 1998, 337.

ders., Psychologie und Norm beim Rücktritt vom Versuch, Festschrift für Heinz Zipf, Heidelberg 1999, 255.

v. Mangoldt, Hermann / Klein, Friedrich / Starck, Christian, Kommentar zum Grundgesetz, Band 3, 6.Aufl. München 2010.

Martin, Siegmund, Anwendbarkeit der Grundsätze der actio libera in causa-Besprechung von BGH, Urteil vom 22.8.1996-4 StR 217/96, JuS 1997, 377.

ders., Besprechung zum Urteil des BGH v. 17.10.1996-4 StR 389/96, JuS 1997, 567.

ders., Besprechung zum Urteil des BGH v. 12.8.1997-1 StR 234/97, JuS 1998, 273.

ders., Besprechung zum Urteil des BGH v. 22.11.2000-3 StR 331/00, JuS

2001, 512.

MatthesWegfraß, Ines, Der Konflikt zwischen Eigenverantwortung und Mitverantwortung im Strafrecht, Berlin 2013.

Maurach, Reinhart / Zipf, Heinz, Strafrecht, Allgemeiner Teil, Teilband 1, 8. Auflage, Heidelberg 1992.

Maurach, Reinbart / Gössel, Karl Heinz / Zipf, Heinz, Strafrecht, Allgemeiner Teil, Teilband 2, 8. Auflage, Heidelberg 2014.

Mayer, Hellmuth, Strafrecht, Allgemeiner Teil, Stuttgart u.a. 1967.

Meyer, Dieter, Anstiftung durch Unterlassen?, MDR 1975, 982.

Mezger, Edmund, Vom Sinn der strafrechtlichen Tatbestände, Festschrift für Ludwig Traeger, Berlin 1926, 187.

 ders., Lehrbuch 3. Auflage, München, Berlin 1949.

 ders., Anmerkung zu BGH, JZ 1951, 177, JZ 1951, 179.

 ders., Strafrecht-Ein Studienbuch, 9. Auflage, München, Berlin 1960.

Mezger, Edmund / Blei, Hermann, Strafrecht Allgemeiner Teil, 11. Auflage, Berlin 1965.

Michalke, Regina, Die Strafbarkeit von Amtsträgern wegen Gewässerverunreinigung (§ 324 StGB) und umweltgefährdender Abfallbeseitigung (§ 326 StGB) in neuem Licht, NJW 1994, 1693.

Mitsch, Wolfgang, Nothilfe gegen provozierte Angriffe, GA 1986, 533.

 ders., Dauerdelikt und Strafklageverbrauch, MDR 1988, 1005.

 ders., Rechtfertigung einer Ohrfeige, JuS 1992, 289.

 ders., Grundfälle zu den Tötungsdelikten, JuS 1996, Teil 1:26, Teil 2:407.

Möhl, Wolfgang, Anmerkung zum Urteil des BGH v. 26.11.1970-4 StR 26/70, JR 1971, 249.

Momsen, Carsten, Der „ Compliance-Officer " als Unterlassensgarant. Ein neues Zurechnungsmodell oder ein weiterer Schritt auf dem Weg der Evaporation von Zurechnungsparametern?, Festschrift für Ingeborg Puppe, Berlin 2011, 751.

Montañés, Teresa Rodriguez, Einige Bemerkungen über das Kausalitätsproblem und die Täterschaft im Falle rechtswidriger Kollegialentscheidungen, Festschrift für Claus Roxin, Berlin, New York, 2001, 307.

Müller, Jürgen, Das Urteil des BGH zur Anstiftung und „error in persona", MDR 1991, 830.

Müller, Max Ludwig, Die Bedeutung des Kausalzusammenhanges im

Strafrecht und Schadensersatzrecht, Tübingen 1912.

Müller-Dietz, Heinz, Verfassungsbeschwerde und richterliche Tatbestandsauslegung im Strafrecht, Festschrift für Reinhart Maurach, Karlsruhe 1972, 41.

Münch, Ingo v. / Kunig, Philip, Grundgesetz Kommentar, Band 2, 6. Aufl. München 2012.

Münchener Kommentar zum Strafgesetzbuch, Joecks/Miebach (Hrsg.), München, 3.Aufl.: Band 1: 2017, Band 2: 2016, Band 4: 2017.

Murmann, Uwe, Zum Tatbestand der Beihilfe, JuS 1999, 548.

ders., Anmerkung zum Urteil des BGH v. 21.12.2011-2 StR 295/11, NStZ 2012. 387.

ders., Zur Einwilligungslösung bei der einverständlichen Fremdgefährdung, Festschrift für Ingeborg Puppe, Berlin 2011, 767.

Mylonopoulos, Christos, Komparative und Dispositionsbegriffe im Strafrecht, Frankfurt a.M. (u.a.) 1998.

ders., Vorsatz als Dispositionsbegriff, Festschrift für Wolfgang Frisch, Berlin 2013, 349.

Nack, Armin, Mittelbare Täterschaft durch Ausnutzung regelhafter Abläufe, GA 2006, 342.

Naucke, Wolfgang, Anmerkung zum Urteil OLG Karlsruhe vom 5.10.1967-1 Ss 132/67, NJW 1968, 758.

ders., Rückwirkende Senkung der Promillegrenze und Rückwirkungsverbot (Art. 103 Abs. 2 GG), NJW 1968, 2321.

ders., Staatstheorie und Verbotsirrtum, Festschrift für Claus Roxin, Berlin, New York 2001, 503.

ders., Unklares Strafrecht und Verbotsirrtum, Festschrift für Ulfrid Neumann, Heidelberg 2017, 955.

Nepomuck, Lutz, Anstiftung und Teilnahme, Berlin 2008.

Nestler, Cornelius, Die strafrechtliche Verantwortlichkeit eines Bürgermeisters für Gewässerverunreinigungen der Bürger, GA 1994, 514.

Neumann, Ulfrid, Zurechnung und Vorverschulden-Vorstudien zu einem dialogischen Modell strafrechtlicher Zurechnung, Berlin 1985.

ders., Die Strafbarkeit der Suizidbeteiligung als Problem der Eigenverantwortlichkeit des „Opfers", JA 1987, 244.

ders., Rückwirkungsverbot bei belastenden Rechtsprechungsänderungen der

Strafgerichte?, ZStW 103 (1991), 331.

ders., Der Verbotsirrtum (§ 17 StGB), JuS 1993, 793.

ders., Konstruktion und Argument in der neueren Diskussion zur actio libera in causa, Festschrift für Arthur Kaufmann, Heidelberg 1993, 581.

ders., Gesetzeswidrigkeit der Rechtsfigur der actio libera in causa?, StV 1997, 21.

ders., Die Schuldlehre des Bundesgerichtshofs-Grundlagen, Schuldfähigkeit, Verbotsirrtum, in: 50 Jahre Bundesgerichtshof. Festgabe aus der Wissenschaft, Bd. IV, Berlin 2000, 83.

ders., Mord und Totschlag. Argumentationstheoretische Erwägungen zum Verhältnis von § 211 und § 212 StGB, Festschrift für Ernst-Joachim Lampe, Berlin 2003, 643.

NOMOS Strafgesetzbuch Kommentar, Urs Kindhäuser, Ulfrid Neumann, Hans-Ulrich Paeffgen (Hrsg.), 5. Aufl., Baden-Baden 2017.

Nix, Christoph, Anmerkung zum Beschluß des BGH GS v. 19.5.1993-GSSt 1/93,NJ 1993, 567.

Osnabrügge, Stefan, Die Beihilfe und ihr Erfolg, Berlin 2001.

Otto, Harro, Kausaldiagnose und Erfolgszurechnung im Strafrecht, Festschrift für Reinhart Maurach, Karlsruhe 1972, 91.

ders., „In dubio pro reo" und Wahlfeststellung, Festgabe für Karl Peters, Tübingen 1974, 373.

ders., Rechtsverteidigung und Rechtsmißbrauch im Strafrecht-Zum Zusammenhang zwischen den § § 32, 34 StGB, Festschrift für Thomas Würtenberger, Berlin 1977, 129.

ders, Fotografieren von Demonstranten durch die Polizei und Rechtfertigungsirrtum, JZ 1978, 738.

ders., Risikoerhöhungsprinzip statt Kausalitätsgrundsatz als Zurechnungskriterium bei Erfolgsdelikten, NJW 1980, 417.

ders., Versuch und Rücktrit bei mehreren Tatbeteiligten (1.Teil), JA 1980, 641.

ders., Anstiftung und Beihilfe, JuS 1982, 557.

ders., Actio libera in causa und § 323a StGB, ZStW 97 (1985), 513.

ders., Actio libera in causa, Jura 1986, 426.

ders., Täterschaft, Mittäterschaft, mittelbare Täterschaft, Jura 1987, 246.

ders., Anmerkung zum Erlaubnistatbestandsirrtum, Gedächtnisschrift für

Armin Kaufmann Köln u.a. 1989, 399.

ders., Eigenverantwortliche Selbstschädigung und-gefährdung sowie einverständliche Fremdschädigung und-gefährdung, Festschrift für Herbert Tröndle, Berlin, New York 1989, 157.

ders., Der vorsatzausschließende Irrtum in der höchstrichterlichen Rechtsprechung, Gedächtnisschrift für Karlheinz Meyer, Berlin, New York 1990, 583.

ders., Grundsätzliche Problemstellungen des Umweltstrafrechts, Jura 1991, 308.

ders., Fehlgeschlagener Versuch und Rücktritt, Jura 1992, 423.

ders., Die Mordmerkmale in der Höchstrichterlichen Rechtsprechung, Jura 1994, 141.

ders., Grundsätze der strafrechtlichen Produkthaftung nach dem „Holzschutzmittel"-Urteil, WiB 1995, 929.

ders., Anmerkung zum Urteil des BayOblG v. 14.2.1997-4 St RR 4/97, JZ 1997, 522.

ders., Anmerkung zum Urteil des BGH v. 12.8.1997-1 StR 234/97, NStZ 1998, 243.

ders., BGHSt 42, 235 und die actio libera in causa-Besprechung zu dem Urteil v. 22.8.1996-4 StR 217/96, Jura 1999, 217.

ders., Die Beurteilung alkoholbedingter Delinquenz in der Rechtsprechung des Bundesgerichtshofs, 50 Jahre Bundesgerichtshof, Festgabe aus der Wissenschaft, Band IV, Strafrecht, Strafprozessrecht (Hrsg. Claus Roxin und Gunther Widmaier), München, 2000, 111.

ders., Wahrscheinlichkeitsgrad des Erfolgseintritts und Erfolgszurechnung, Jura 2001, 275.

ders., Grundlagen der strafrechtlichen Haftung für fahrlässiges Verhalten, Gedächtnisschrift für Ellen Schlüchter, Köln u.a. 2002, 77.

ders., Anmerkung zu BGH, Urteil v. 6.2.2002-1 StR 513/01.3, NStZ 2003, 87.

ders., Einwilligung, mutmaßliche, gemutmaßte und hypothetische Einwilligung, Jura 2004, 679.

ders., Grundkurs Strafrecht-Allgemeine Strafrechtslehre, 7. Auflage, Berlin 2004.

ders., Grundkurs Strafrecht-Die einzelnen Delikte, 7. Auflage, Berlin 2005.

ders., Dolus eventualis und Schaden bei der Untreue, § 266 StGB, Festschrift für Ingeborg Puppe, Berlin 2011, 1247.

Pahlke, Bernd, Rücktritt nach Zielerreichung, GA 1995, 72.

Paeffgen, Hans-Ullrich, Fotografieren von Demonstranten durch die Polizei und Rechtfertigungsirrtum, JZ 1978, 738.

ders., Actio libera in causa und § 323a StGB, ZStW 97 (1985), 513.

ders., Anmerkungen zum Erlaubnistatbestandsirrtum, Gedächtnisschrift für Armin Kaufmann, Köln u.a. 1989, 399.

ders., Unterbrechung der geheimdienstlichen Tätigkeit (§ 99 StGB) und konkurrenzrechtlicher Handlungsbegriff, JR 1999, 89.

Pawlik, Michael, Der Polizeibeamte als Garant zur Verhinderung von Straftaten, ZStW 111 (1999), 335.

ders., Das Unrecht des Bürgers, Tübingen 2012.

ders.,Verbotsirrtum bei unklarer Rechtslage, Festschrift für Ulfrid Neumann, Heidelberg 2017, 986.

Pérez-Barberá, Gabriel, Vorsatz als Vorwurf-Zur Abkehr von der Idee des Vorsatzes als Geisteszustand, GA 2013, 454.

Pfleiderer, Klaus, Die Garantenstellung aus vorangegangenem Tun, Berlin 1968.

Philipps, Lothar, An der Grenze von Vorsatz und FahrlässigkeitEin Model multikriterieller computergestützter Entscheidungen, Festschrift für Claus Roxin, Berlin, New York, 2001, 365.

Preisendanz, Holger, Strafgesetzbuch, 30. Auflage, Berlin 1978.

Prittwitz, Cornelius, Diskrepanz zwischen Tatgeschehen und Tätervorstellung, GA 1983, 110.

ders., Das „Aids-Urteil" des Bundesgerichtshofs, StV 1989, 123.

ders., Strafrecht und Risiko-Untersuchungen zur Krise von Strafrecht und Kriminalpolitik in der Risikogesellschaft, Frankfurt 1993.

Puppe, Ingeborg, Idealkonkurrenz und Einzelverbrechen, Berlin 1979.

dies., Grundzüge der actio libera in causa, JuS 1980, 346.

dies., Der Erfolg und seine kausale Erklärung im Strafrecht, ZStW 92 (1980), 863.

dies., Zur Revision der Lehre vom „konkreten" Vorsatz und der Beachtlichkeit der aberratio ictus, GA 1981, 1.

dies., Funktion und Konstitution der ungleichartigen Idealkonkurrenz, GA

1982, 143.

dies., Zurechnung und Wahrscheinlichkeit, ZStW 95 (1983), 287.

dies., Zurechenbarkeit der Todesfolge einer Körperverletzung-Anmerkung zum Urteil des BGH v. 30.6.1982-2 StR 226/82, NStZ 1983, 22.

dies., Der objektive Tatbestand der Anstiftung, GA 1984, 101.

dies., Exklusivität von Tatbeständen, JR 1984, 229.

dies., Der halbherzige Rücktritt-Zugleich eine Besprechung von BGHSt 31, 46, NStZ 1984, 488.

dies., Zum Schutzzweck von Geschwindigkeitsbegrenzungen und zum Ursachenzusammenhang zwischen Verkehrsverstoß und Verkehrsunfall-Anmerkung zum Urteil des BGH v. 6.11.1984-4 StR 72/84, JZ 1985, 295.

dies., Anmerkung zum Beschluß des OLG Hamm v. 9.9.1985-1 WS 83/85, JR 1986, 205.

dies., Die Beziehung zwischen Sorgfaltswidrigkeit und Erfolg bei den Fahrlässigkeitsdelikten, ZStW 99 (1987), 595.

dies., Die logische Tragweite des sogenannten Umkehrschlusses, Festschrift für Karl Lackner, Berlin, New York 1987, 199.

dies., Die strafrechtliche Verantwortlichkeit für Irrtümer bei der Ausübung der Notwehr und für deren Folgen-zugleich Besprechung des Urteils des LG (Schwurgericht) München I vom 10.11.1987-Ks 121 Js 4866/86, JZ 1989, 728.

dies., Urkundenechtheit bei Handeln unter fremden Namen und Betrug in mittelbarer Täterschaft-BayObLG, NJW 1988, 1401, JuS 1989, 361.

dies., Juristische Methodenlehre für die Strafrechtshausarbeit, JA 1989, 345.

dies., Tatirrtum, Rechtsirrtum, Subsumtionsirrtum, GA 1990, 145.

dies., Kausalität, ein Versuch kriminalistisch zu denken, SchwZStr 107 (1990) 141.

dies., Anmerkung zum Urteil des BGH v. 20.9.1989-2 StR 251/89, NStZ 1990, 433.

dies., Der Vorstellungsinhalt des dolus eventualis, ZStW 103 (1991), 141.

dies., Wie wird man Mittäter durch konkludentes Verhalten? -Zugleich eine Besprechung des Urteils des 5. Strafsenats des BGH v. 15.1.1991-5 StR 492/90, NStZ 1991, 571.

dies., Welche Bedeutung hat der Irrtum des Täters über die Identität des Opfers für den Anstifter? Anmerkung zu BGH, Urt. v. 25.10.1990-4 StR 371/90,

NStZ 1991, 123.

dies., Die Logik der Hemmschwellentheorie des BGH, NStZ 1992, 576.

dies., Anmerkung zum Urteil des BGH v. 6.7.1990-2 StR 549/89, JR 1992, 30.

dies., Vorsatz und Zurechnung, Heidelberg 1992.

dies., Zur Struktur der Rechtfertigung, Festschrift für Walter Stree und Johannes Wessels, Heidelberg 1993, 183.

dies., Durchfuhr von Kriegswaffen, Anmerkung zum Urteil des BGH v.22.7.1993-4 StR 322/93, NStZ 1993, 594.

dies., Anmerkung zum Beschluß des BGH v. 27.10.1992-1 StR 273/92, JZ 1993, 359, JZ 1993, 361.

dies., Naturalismus und Normativismus in der modernen Strafrechtsdogmatik, GA 1994, 297.

dies., Exklusivität von Tatbeständen, JR 1994, 229.

dies., „Naturgesetze" vor Gericht, JZ 1994, 1147.

dies., Anmerkung zum Beschluß des BGH v. 2.11.1994-2 StR 449/94, NStZ 1995, 403.

dies., Probleme der Kausalität und Zurechnung, insbesondere im Umweltstrafrecht, in: Neue Erscheinungsformen der Kriminalität in ihrer Auswirkung auf das Straf und Strafprozessrecht, Bialystok 1996, 231.

dies., Anmerkung zum Urteil des BGH v. 30.11.1995-5 StR 465/95, JR 1996, 513.

dies., Anmerkung zum Beschluß des BayObLG v.14.2.1994-1 St RR 222/93, NStZ 1997, 389.

dies., Die adäquate Kausalität und der Schutzzweck der Sorgfaltsnorm, Festschrift für Günter Bemman, Baden-Baden 1997, 227.

dies., Die Lehre von der objektiven Zurechnung-dargestellt an Beispielsfällen aus der höchstrichterlichen Rechtsprechung IV. Zurechnung bei mehreren Beteiligten, Jura 1998, 21.

dies., Die Erfolgseinheit, eine verkappte Form der Idealkonkurrenz, Festschrift für Georgios Mangakis, Athen 1999, 225 = ZIS 2007, 254.

dies. Anmerkung zum Beschluss des BGH v. 11.3.1999-4 StR 56/99, JR 2000, 72.

dies., Brauchen wir eine Risikoerhöhungstheorie?, Festschrift für Claus Roxin,

Berlin, New York 2001, 287.

dies., Anmerkung zum Urteil des OLG Düsseldorf v. 14.9.2000-2 b Ss 222/00-64/00 1, NStZ 2001, 482.

dies., Der gemeinsame Tatplan der Mittäter, Festschrift für Dionysios Spinellis, Athen 2001, 915=ZIS 2007, 237.

dies., Strafrecht Allgemeiner Teil im Spiegel der Rechtsprechung, Band 1: Die Lehre vom Tatbestand, Rechtswidrigkeit und Schuld, Baden-Baden 2002 (Vorauflage).

dies., Anmerkung zum Beschluss des BGH v. 20.11.2002-2 StR 251/02, NStZ 2002. 309.

dies., Die strafrechtliche Verantwortung des Arztes bei mangelnder Aufklärung über eine Behandlungsalternative-Zugleich Besprechung von BGH, Urteil vom 3.3.1994 und 29.6.1995, GA 2003, 764.

dies., Anmerkung zum Urteil des BGH v. 9.10.2002-5 StR 42/02, JR 2003, 123.

dies., Die Selbstgefährdung des Verletzten beim Fahrlässigkeitsdelikt-Das Auftauchen des Selbstgefährdungsgedankens in der deutschen Rechtsprechung, Festschrift für Nikolaos Androulakis, Athen 2003, 555=ZIS 2007, 247.

dies., Bemerkungen zum Verbotsirrtum und seiner Vermeidbarkeit, Festschrift für Hans-Joachim Rudolphi, Neuwied 2004, 231.

dies., Anmerkung zu BGH, Beschluss v. 20.12.2002-2 StR 251/02, NStZ 2003, 309.

dies.,Wider die fahrlässige Mittäterschaft, GA 2004, 129.

dies., Hypothetische Einwilligung bei medizinischen Eingriffen-Anmerkung zum Urteil des BGH v. 20.1.2004-1 StR 319/03, JR 2004, 470.

dies., Der Versuch des mittelbaren Täters, Festschrift für Hans Dahs, Köln 2005, 173.

dies., Zum Verhältnis von Mord und Totschlag-Die Strafbarkeit des Anstifters, Anmerkung zu BGH, Urt. v. 12.1.2005-2 StR 229/04, JZ 2005, 902.

dies., Strafrecht Allgemeiner Teil im Spiegel der Rechtsprechung, Band 2: Sonderformen des Verbrechens, Baden-Baden 2005 (Vorauflage).

dies., Strafrechtsdogmatische Analysen, Bonn 2006.

dies., Begriffskonzeptionen des dolus eventualis, GA 2006, 65.

dies., Das Verhältnis von Mord und Totschlag zueinander, Anmerkung zu

BGH, Urt. v. 24.11.2005 – 4 StR 243/05, NStZ 2006, 290.

 dies., Das sog. gerechtfertigte Werkzug, Festschrift für Wilfried Küper, Heidelberg, u.a. 2007, 443.

 dies., Vorsatz und Kausalabweichung-Zugleich Besprechung von BGH, Urteil vom 26.7.2007, GA 2008, 569.

 dies., Die Lehre von der objektiven Zurechnung und ihre Anwendung-Teil 2, ZJS 2008, 600.

 dies., Vorsatz und Rechtsirrtum, Strafrecht zwischen System und Telos, Festschrift für Rolf Dietrich Herzberg, Tübingen 2008, 275.

 dies., Eine strafrechtswissenschaftliche Bußpredigt-Replik auf Rotsch, ZIS 2008, 1, ZIS 2/2008, 67.

 dies., Jedem nach seiner Schuld: Die Akzessorietät und ihre Limitierung, ZStW 120 (2008), 504.

 dies., Anmerkung zum Urteil des BGH v. 20.2.2008-4 Ws 37/08, NStZ 2009, 331.

 dies., Die Selbstgefährdung des Verletzten beim Fahrlässigkeitsdelikt, Festschrift für Nikolaos K.Androulakis, Athens 2003,. 555=ZIS 2007, 247.

 dies., Aberratio ictus und dolus alternativus, Online-Zeitschrift für Höchstrichterliche Rechtsprechung im Strafrecht 3/2009, 91.

 dies., Mitverantwortung des Fahrlässigkeitstäters bei Selbstgefährdung des Verletzten-Zugleich Besprechung von BGH, Urteil vom 20.11.2008, GA 2009, 486.

 dies., Zur strafrechtlichen Verantwortlichkeit eines Prüfungsingenieurs (Eishalle Bad Reichenhall) BGH, Urt. v. 20.1.2010 – BGH 1 StR 272/09, JR 2010, 353.

 dies., Lob der Conditio-sine-qua-non-Formel, GA 2010, 551.

 dies., Zum gegenwärtigen Stand der Lehre von der Verursachung im Recht, Rechtswissenschaft 2011, 400.

 dies., Die Rechtsprechung des BGH zum Rücktrittshorizont, ZIS 2011,524.

 dies., Feststellen, zuschreiben, werten: semantische Überlegungen zur Begründung von Strafurteilen und deren revisionsrechtlicher Überprüfbarkeit, NStZ 2012, 409.

 dies., Anmerkung zu OLG Stuttgart, Beschl. v. 19.4.2011-2 Ss 14/11, JR 2012, 164.

dies., Rechtfertigung und Bestimmtheit, in: Kudlich/Montiel/Schuhr (Hrsg.), Gesetzlichkeit und Strafrecht, Berlin 2012, 165.

dies., Zu einem Zusammenstoß gehören zwei. Überlegungen zum Zusammentreffen mehrerer Sorgfaltspflichtverletzungen bei Unfällen im Straßenverkehr, Festschrift für Wolfgang Frisch, Berlin 2013, 447.

dies., Anmerkung zum Urteil des BGH v. 21.12.2011-2 StR 295/11, ZIS 2013, 45.

dies., Die Architektur der Beteiligungsformen, GA 2013, 514.

dies., Kleine Schule des juristischen Denkens, 3. Auflage, Göttingen 2014.

dies., Tötungsvorsatz und Affekt-Über die neue Rechtsprechung des BGH zum dolus eventualis in Bezug auf den möglichen Todeserfolg bei offensichtlich lebensgefährlichen Gewalthandlungen, NStZ 2014, 183.

dies., Beweisen oder Bewerten-Zu den Methoden der Rechtsfindung des BGH, erläutert anhand der neuen Rechtsprechung zum Tötungsvorsatz, ZIS 2014, 66.

dies., Das System der objektiven Zurechnung, GA 2015, 203.

dies., Die hypothetische Einwilligung und das Selbstbestimmungsrecht des Patienten, ZIS 2016, 366.

dies., Anmerkung zu BGH, Beschl. v. 9.7.2015-3 StR 537/14, JZ 2016, 478.

dies., Was ist Gesetzeskonkurrenz?, JuS 2016, 961.

dies., Die Lehre von der Tateinheit, JuS 2017, 637.

dies., Tödliches Autorennen auf dem Kurfürstendamm-Mordurteile gegen Berliner Raser, Entscheidungsanmerkung zu LG Berlin, Urt. v. 27.2.2017-535 Ks 8/17, ZIS 2017, 439.

dies., Die psychische Kausalität und das Recht auf die eigene Entscheidung, JR 2017, 513.

dies., Das „Gremienproblem", die Kausalität und die Logik, ZIS 2018, 57.

dies., Rasen im Straßenverkehr und Tötungsvorsatz, JR 2018, 323.

dies., Verursachen durch Verhinderung rettender Kausalverläufe und durch Unterlassen, ZIS 2018, 484.

Radtke, Henning, Objektive Zurechnung von Erfolgen im Strafrecht bei Mitwirkung des Verletzten und Dritter an der Herbeiführung des Erfolges, Festschrift für Ingeborg Puppe, Berlin 2011, 831.

Ragues I Vallés, Ramon, Überlegungen zum Vorsatzbeweis, GA 2004, 257.

Randt, Karsten, Mittelbare Täterschaft durch Schaffung von Rechtfertigungslagen-Zugleich ein Beitrag zur Kritik am Verantwortungsprinzip, Baden-Baden 1997.

Ranft, Otfried, Berücksichtigung hypothetischer Bedingungen beim fahrlässigen Erfolgsdelikt?, NJW 1984, 1425.

ders., Rechtsprechungsbericht zu den Unterlassungsdelikten-Teil 1, JZ 1987, 865.

ders., Zur strafrechtlichen Verantwortlichkeit der Mitglieder des Politbüros-Anmerkung zu BGH, Urteil vom 6.11.2002-5 StR 281/01, JZ 2003, 582.

Ransiek, Andreas, Pflichtwidrigkeit und Beihilfeunrecht-Der Dresdner Bank-Fall und andere Beispiele, wistra 1997, 41.

ders., Strafrecht, Verfassungsrecht, Regelungsalternativen, Heidelberg 1996.

Rath, Jürgen, Zur strafrechtlichen Behandlung der aberratio ictus und des error in objecto des Täters, Frankfurt 1993.

ders., Grundfälle zum Unrecht des Versuchs, JuS 1999, 140.

Reiβ, Wolfram, Zur Abgrenzung von untauglichem Versuch und Wahndelikt am Beispiel der Steuerhinterziehung, wistra 1986, 193.

Rengier, Rudolf, Strafrecht Allgemeiner Teil, 10. Auflage, München 2018.

Renzikowski, Joachim, Notstand und Notwehr, Berlin 1994.

ders., Restriktiver Täterbegriff und fahrlässige Beteiligung Tübingen 1997.

Rissing-van Saan, Ruth, in: Jahn/Nack (Hrsg.) Rechtsprechung, Gesetzgebung, Lehre: Wer regelt das Strafrecht? Referate und Diskussionen auf 2. Karlsruher Strafrechtsdialog am 19. Juni 2009, Köln 2010, 26.

Rissing-van Saan, Ruth / Verrel, Torsten, Das BGH-Urteil vom 28. Juni 2017 (5 StR 20/16) zum sog. Transplantationsskandal-eine Schicksalsentscheidung?, NStZ 2018, 57.

Rivero, Gómez, Zeitliche Dimension und objektive Zurechnung, GA 2001, 283.

Röckrath, Luidger, Kollegialentscheidung und Kausalitätsdogmatik-Zurechnung überbestimmter Erfolge in Strafund Haftungsrecht, NStZ 2003, 641.

Rosenau, Henning, Die hypothetische Einwilligung im Strafrecht, Festschrift für Manfred Maiwald, Berlin 2010, 683.

Rotsch,Tbommas „Einheitstäterschaft" statt Tatherrschaft-zur Abkehr von einem differenzierenden Beteiligungsformensystem in einer normativ-funktionalen

Straftatlehre, Tübingen 2009.

ders., Objektive Zurechnung bei „alternativer Kausalität", Festschrift für Claus Roxin zum 80. Geburtstag, Band 1, Berlin (u.a.) 2011, 377.

ders., Strafrechtliche Klausurenlehre, 2. Auflage, München 2016.

ders., „Lederspray" redivivus-Zur konkreten Kausalität bei Gremienentscheidungen, ZIS 2018, 1.

Roxin, Claus, Offene Tatbestände und Rechtspflichtmerkmale, Berlin 1959.

ders., Pflichtwidrigkeit und Erfolg bei fahrlässigen Delikten, ZStW 74 (1962), 411.

ders., Die provozierte Notwehrlage, ZStW 75 (1963), 541.

ders., Zur Abgrenzung vom bedingten Vorsatz und bewusster Fahrlässigkeit-BGHSt 7, 363-JuS 1964, 53.

ders., An der Grenze von Begehung und Unterlassung, Festschrift für Karl Engisch, Frankfurt a. M. 1969, 380.

ders., Literaturbericht zu H.H. Jescheck, Lehrbuch des Strafrechts, ZStW 82 (1970), 675.

ders., Gedanken zur Problematik der Zurechnung im Strafrecht, Festschrift für Richard M.Honig, Göttingen 1970, 133.

ders., Über den Rücktritt vom unbeendeten Versuch, Festschrift für Ernst Heinitz, Berlin 1972, 251.

ders., Der Anfang des beendeten Versuchs, Festschrift für Reinhart Maurach, Karlsruhe 1972, 213.

ders., Zum Schutzweck der Norm bei fahrlässigen Delikten, Festschrift für Wilhelm Gallas, Berlin, New York 1973, 241.

ders., Gedanken zum „Dolus Generalis", Festschrift für Thomas Würtenberger, Berlin 1977, 109.

ders., Tatentschluß und Anfang der Ausführung beim Versuch, JuS 1979, 1.

ders., Die Mittäterschaft im Strafrecht, JA 1979, 519.

ders., Die „sozialethischen Einschränkungen" des Notwehrrechts-Versuch einer Bilanz, ZStW 93 (1981), 68.

ders., Anmerkung zum Urteil des BGH vom 5.12.1985-4 StR 593/85, JR 1986, 424.

ders., Anmerkung zum Urteil des BGH vom 21.4.1986-2 StR 661/85, JZ 1986, 908.

ders., Bemerkungen zur actio libera in causa, Festschrift für Karl Lackner, Berlin, New York 1987, 307.

ders., Der strafrechtliche Rechtswidrigkeitsbegriff beim Handeln von Amtsträgern-eine überholte Konstruktion, Festschrift für Gerd Pfeiffer, Köln u.a. 1988, 45.

ders., Bemerkungen zum Regreßverbot, Festschrift für Herbert Tröndle, Berlin, New York 1989, 177.

ders., Anmerkung zum Urteil des BGH v. 15.1.1991-StR 492/90, JR 1991, 206.

ders., Anmerkung zum Urteil des BGH v. 25.10.1990-4 StR 371/90, JZ 1991, 680.

ders. Rose-Rosahl redivivus, Festschrift für Günther Spendel, Berlin New York 1992, 289.

ders., Anmerkung zum Urteil des Großen Senat v. 19.5.1993-GSSt 1/93, JZ 1993, 896.

ders., Was ist Beihilfe?, Festschrift für Koichi Miyazawa, Baden-Baden 1995, 501.

ders., Die Abgrenzung von untauglichem Versuch und Wahndelikt, JZ 1996, 981.

ders., Zur Mittäterschaft beim Versuch, Festschrift für Walter Odersky, Berlin 1996, 489.

ders., Anmerkung zum Urteil des BGH v. 12.8.1997-1 StR 234/97, JZ 1998, 211.

ders., Die Verhinderung der Vollendung als Rücktritt vom beendeten Versuch, Festschrift für Hans-Joachim Hirsch zum 70. Geburtstag, Berlin, New York 1999, 327.

ders., Täterschaft und Tatherrschaft, 9. Auflage, Berlin 2015.

ders., Zur Strafbarkeit bei einer Notwehrprovokation-Besprechung zu BGH, Urteil vom 22.11.2000-3 StR 331/00, JZ 2001, 667.

ders., Zur Normativierung des dolus eventualis und zur Lehre von der Vorsatzgefahr, Festschrift für Hans Joachim Rudolphi, Neuwied 2004, 243.

ders., Strafrecht, Allgemeiner Teil Band I-Grundlagen, der Aufbau der Verbrechenslehre, 4.Auflage, München 2006.

ders., Strafrecht, Allgemeiner Teil Band II-Besondere Erscheinungsformen der

Straftat, 1. Auflage, München 2003.

ders., Zur einverständlichen Fremdgefährdung-Zugleich Besprechung von BGH, Urteil v. 20.11.2008-4 StR 328/08, JZ 2009, 399.

ders., Der Verunglückte und Unglück bewirkende Retter im Strafrecht, Festschrift für Ingeborg Puppe, Berlin 2011, 909.

ders., Einzelaktstheorie und Gesamtbetrachtungslehre, Festschrift für Hans-Ullrich Paeffgen, Berlin 2015, 255.

ders., Geschäftsherrenhaftung für Personalgefahren, Festschrift für Werner Beulke, Heidelberg 2015, 239.

ders., Die einverständliche Fremdgefährdung-eine Diskussion ohne Ende?, GA 2018, 250.

ders., Die strafrechtliche Beurteilung unbehebbarer Unrechtszweifel, GA 2018, 494.

Roxin, Claus / Greco, Luis, Strafrecht, Allgemeiner Teil, Band 1, 5. Auflage, im Erscheinen.

Rudolphi, Hans-Joachim, Die Gleichstellungsproblematik der unechten Unterlassungsdelikte und der Gedanke der Ingerenz, Göttingen 1966.

ders., Unrechtsbewusstsein, Verbotsirrtum und Vermeidbarkeit des Verbotsirrtums, Göttingen 1969.

ders., Notwehrexeß nach proviziertem Angriff-OLG Hamm, NJW 1965, 1928, JuS 1969, 461.

ders., Vorhersehbarkeit und Schutzzweck der Norm in der strafrechtlichen Fahrlässigkeitslehre, JuS 1969, 549.

ders., Inhalt und Funktion des Handlungsunwertes im Rahmen der Personalen Unrechtslehre, Festschrift für Reinhart Maurach, Karlsruhe 1972, 51.

ders., Die pflichtgemäße Prüfung als Erfordernis der Rechtfertigung, Gedächtnisschrift für Horst Schröder, München 1978, 73.

ders., Zur Tatbestandsbezogenheit des Tatherrschaftsbegriffs bei der Mittäterschaft, Festschrift für Paul Bockelmann, München 1979, 369.

ders., Probleme der strafrechtlichen Verantwortlichkeit von Amtsträgern für Gewässerverunreinigungen, Festschrift für Hans Dünnebier, Berlin, New York 1982, 561.

ders., Anmerkung zum Urteil des BGH v. 17.5.1982-2 StR 201/82 und v. 10.2.1982-3 StR 398/81, StV 1982, 518.

ders., Anmerkung zu BGH, Beschl. v. 15.7.1986-4 StR 301/86, JR 1987, 336.

ders., Rücktritt vom beendeten Versuch durch erfolgreiches, wenngleich nicht optimales Rettungsbemühen-Zugleich Besprechung der Entscheidung des BGH vom 1.2.1989-2 StR 703/88, NStZ 1989, 508.

ders., Rechtfertigung im Strafrecht, Gedächtnisschrift für Armin Kaufmann, Köln u.a. 1989, 371.

ders., Zur Vermeidbarkeit des Verbotsirrtums, JR 1989, 387.

ders., Anmerkung zum Beschluss des BGH v. 9.9.1997-1 StR 730/96, JZ 1998, 471.

Saliger, Frank, Der praktische Fall-Strafrecht, Mordanschläge mit Hindernissen, JuS 1995, 1004.

Samson, Erich, Hypothetische Kausalverläufe im Strafrecht, Frankfurt am Main 1972.

ders., Kausalitätsund Zurechnungsprobleme im Umweltstrafrecht, ZStW 99 (1987), 617.

ders., Probleme strafrechtlicher Produkthaftung, StV 1991, 182.

ders., Inus-Bedingung und strafrechtlicher Kausalbegriff, Festschrift für Hans Joachim Rudolphi, Neuwied 2004, 259.

Sättele, Alexander, Anmerkung zum Urteil des OLG Düsseldorf v. 14.9.2000-2 b Ss 222/00-64/00 I, StV 2001, 238.

Satzger, Helmut / Scbluckebier, Wilhelm / Widmaier, Gunter, StGB Kommentar, 4. Auflage, Köln 2018.

Sauer, Wilhelm, Grundlagen des Strafrechts, Berlin, Leipzig 1921.

Sax, Walter, Dogmatische Streifzüge durch den Entwurf des Allgemeinen Teil eines Strafgesetzbuches nach Beschlüssen der Großen Strafrechtskommission, ZStW 69 (1957), 417.

Schaffstein, Friedrich, Soziale Adäquanz und Tatbestandslehre, ZStW 72 (1960), 369.

ders., Tatbestandsirrtum und Verbotsirrtum, Festschrift für das Oberlandesgericht Celle, Göttingen 1961, 175.

ders., Die Risikoerhöhung als objektives Zurechnungsprinzip im Strafrecht, insbesondere bei der Beihilfe, Festschrift für Richard M. Honig, Göttingen 1970, 169.

Schaal, Alexander, Strafrechtliche Verantwortlichkeit bei Gremienentscheidungen in Unternehmen, Berlin 2001.

Schall, Hero, Zur Strafbarkeit von Amtsträgern in Umweltverwaltungsbehörden-BGHSt 38, 325, JuS 1993, 719.

Schilling, Georg, Der Verbrechensversuch des Mittäters und des mittelbaren Täters, Berlin, Köln 1975.

ders., Abschied vom Teilnahmeargument bei der Mitwirkung zur Selbsttötung, JZ 1979, 159.

Schirrmacher, Gesa, Zur Strafbarkeit eines Amtsträgers als Mittäter oder mittelbarer Täter einer Umweltstraftat, JR 1995, 386.

Schlapp, Thomas, Anmerkung zu BGH, Urteil vom 30.6.1982-2 StR 226/82, StV 1983. 61.

Schlehofer, Horst, Der error in persona des Haupttäters-eine aberratio ictus für den Teilnehmer?, GA 1992, 307.

ders., Vorsatz und Tatabweichung, Köln u.a. 1996.

ders., Täterschaftliche Fahrlässigkeit, Festschrift für Rolf Dietrich Herzberg, Tübingen 2008, 355.

Schlüchter, Ellen, Irrtum über normative Tatbestandsmerkmale im Strafrecht, Tübingen 1983.

dies., Zusammenhang zwischen Pflichtwidrigkeit und Erfolg bei Fahrlässigkeitstatbeständen, JA 1984, 673.

dies., Von der Unabhängigkeitsthese zu materiell-rechtlich begrenzter Tatidentität beim Dauerdelikt, JZ 1991, 1057.

dies., Zur vorsätzlichen actio libera in causa bei Erfolgsdelikten, Festschrift für Hans Joachim Hirsch zum 70. Geburtstag, Berlin, New York 1999, 345.

Schmidt, Thomas, Anmerkung zum Urteil des BGH v. 25.1.1995-5 StR 491/94. JuS 1995, 841.

Schmidhäuser, Eberhard, Zum Begriff der bewußten Fahrlässigkeit, GA 1957, 305.

ders., Strafrecht, Allgemeiner Teil-Studienbuch, 2. Auflage, Tübingen 1984.

ders., Die Begründung der Notwehr GA 1991, 97.

Schmidt, Eberbard, Buchbesprechung zu Maurach, Reinhart, Deutsches Strafrecht Allgemeiner Teil, JZ 1956, 188.

ders., Lindenmaier-Möhring Nr. 4 zu § 13 StGB (1975).

Schmitz, Roland, Die Abgrenzung von strafbarem Versuch und Wahndelikt,

Jura 2003, 593.

Schneider, Hartmut, Anmerkung zu BGH, Urteil vom 24.7.2003-3 StR 159/03, NStZ 2004, 202.

ders., in: Jahn/Nack (Hrsg.) Rechtsprechung, Gesetzgebung, Lehre: Wer regelt das Strafrecht? Referate und Diskussionen auf 2. Karlsruher Strafrechtsdialog am 19.Juni 2009, Köln 2010, 44.

Schönke, Adolf / Schröder, Horst, Kommentar zum StGB, 29. Auflage, München 2014.

Schreiber, Hans-Ludwig, Rückwirkungsverbot bei einer Änderung der Rechtsprechung im Strafrecht?, JZ 1973, 713.

ders., Grundfälle zu „error in objecto" und „aberratio ictus" im Strafrecht, JuS 1985, 873.

Schroeder, Arno, Anmerkung zu BGH, Urteil vom 16.2.2002-2 StR 582/99, JA 2001, 191.

Schroeder, Friedrich-Christian, Die Notwehr als Indikator politischer Grundanschauungen, Festschrift für Reinhart Maurach, Karlsruhe 1972, 127.

ders., Die Rechtsnatur des Grundsatzes „ne bis in idem", JuS 1997, 227.

Schroth, Hans-Jürgen, Rücktrittsnorm und außertatbestandliche Zweckerreichung, GA 1997, 151.

Schroth, Urich, Vorsatz als Aneignung der unrechtskonstituierenden Merkmale, Frankfurt a.M. 1994.

ders., Der bedingte Tötungsvorsatz im Spiegel der Rechtsprechung, Festschrift für Gunter Widmaier, Köln (u.a.) 2008, 779.

ders., Die strafrechtliche Beurteilung der Manipulationen bei der Leberallokation, NStZ 2013, 437.

Schubarth, Martin, Eigenhändiges Delikt und mittelbare Täterschaft, SchwZStr 114 (1996), 325.

Schulz, Joachim, Anstiftung oder Beihilfe, JuS 1986, 933.

Schumann, Heribert, Zum Notwehrrecht und seinen Schranken-OLG Hamm, NJW 1977, 590, JuS 1979, 559.

ders, Strafrechtliches Handlungsunrecht und das Prinzip der Selbstverantwortung der anderen, Tübingen 1986.

ders., Zur Wiederbelebung des „voluntativen" Vorsatzelements durch den BGH, JZ 1989, 427.

Schünemann, Bernd, Grund und Grenzen der unechten Unterlassungsdelikte, Göttingen 1971.

ders, Moderne Tendenzen in der Dogmatik der Fahrlässigkeitsund Gefahrdungsdelikte (Teil 2), JA 1975, 715.

ders., Strafrecht-Liebhaber und Teilhaber, JuS 1979, 275.

ders., Die Strafbarkeit von Amtsträgern im Gewässerstrafrecht, wistra 1986, 235.

ders., Vom philologischen zum typologischen Vorsatzbegriff, Festschrift für Hans Joachim Hirsch, Berlin 1999, 363.

ders, Spirale oder Spiegelei? Vom hermeneutischen zum sprachanalytischen Modell der Rechtsanwendung, Festschrift für Winfried Hassemer, Heidelberg (u.a.) 2010, 239.

Schwarz, Andreas, Anmerkung zum Urteil des BGH v. 19.8.1992-2 StR 86/92, NStZ 1993, 285.

ders., Anmerkung zum Urteil des BGH v. 7.11.1991-4 StR 451/91, JR 1993, 31.

Searle, John, Sprechakte, Frankfurt am Main 1973.

Seelmann, Kurt, Mittäterschaft im Strafrecht, JuS 1980, 571.

Sickor, Andreas, Die Übertragung der hypothetischen Einwilligung auf das Strafrecht, JA 2008, 11.

Silva-Sanchez, Jesus Maria, Aberratio ictus und objektive Zurechnung, ZStW 101 (1989), 352.

ders., Zur strafrechtlichen Relevanz der Nicht-Unmittelbarkeit des Erfolgseintritts, GA 1990, 207.

Sofos, Themistoklis J., Mehrfachkausalität beim Tun und Unterlassen, Berlin 1999.

Sonnen, Bernd, Anmerkung zu BGH, Urteil vom 25.10.1990-4 StR 371/90, JA 1991, 103.

Spendel, Günter, Actio libera in causa und Verkehrsstraftaten-Besprechung des Urteils des BGH v. 22.8.1996-4 StR 212/96, JR 1997, 133.

Spring, Patrick, Die Garantenstellung des Compliance Officers oder: Neues zur Geschäftsherrenhaftung, Zugleich Besprechung von BGH, Urteil vom 17.7.2009, GA 2010, 222.

Stäcker, Hans Christian, Mittelbare Täterschaft und actio libera in causa bei der Trunkenheit im Verkehr, § 316 StGB, Frankfurt am Main 1991.

Stein, Ulrich, Die strafrechtliche Beteiligungsformenlehre, Berlin 1988.

ders., Mord in Mittäterschaft, Anmerkung zum Urteil des BGH vom 15.1. 1991-5 StR 492/90, StV 1993, 411.

Steinberg, Georg/Stam, Fabian, Der Tötungsvorsatz in der Revision des BGH, NStZ 2011, 177.

Sternberg-Lieben, Detlev, Strafbarkeit eigenmächtiger Genomanalyse, GA 1990, 289.

ders., Strafbarkeit nach § § 222, 229 StGB durch Rauschgiftüberlassung an freiverantwortlichen Konsumenten, Festschrift für Ingeborg Puppe, Berlin 2011, 1283.

Sternberg-Lieben, Detlev / Sternberg-Lieben, Irene, Versuchter Totschlag durch Manipulation der Organzuteilung für Transplantationen?, JZ 2018, 32.

Stoffers, Kristian, Die Formel „Schwerpunkt der Vorwerfbarkeit" bei der Abgrenzung von Tun und Unterlassen?, Berlin 1992.

ders., Reumütige Terroristen, JuS 1994, 948.

Stratenwerth, Günter, Bemerkungen zum Prinzip der Risikoerhöhungen, Festschrift für Wilhelm Gallas, Berlin, New York 1973, 227.

ders., Objektsirrtum und Tatbeteiligung, Festschrift für Jürgen Baumann, Bielefeld 1992, 57.

ders., Einverständliche Fremdgefährdung bei fahrlässigem Verhalten, Festschrift für Ingeborg Puppe, Berlin 2011, 1017.

Stratenwerth, Günther / Kuhlen, Lothar, Strafrecht, Allgemeiner Teil-die Straftat, 6.Auflage, München 2011.

Stree, Walter, Veräußerung einer nachgemachten Münze an einen Sammler, BGH JR 1976, 294, JuS 1978, 236.

Streng, Franz, Die Strafbarkeit des Anstifters bei error in persona des Täters (und verwandte Fälle)-BGHSt 37,214, JuS 1991, 910.

ders., Der Irrtum beim Versuch-ein Irrtum?, ZStW 109 (1997), 862.

ders., Das „Wahndelikt"-ein Wahn? Überlegungen zum umgekehrten Irrtum über normative Tatbestandsmerkmale, GA 2009, 529.

Struensee, Eberbard, Handeln und Unterlassen-Begehungsund Unterlassungsdelikt, Festschrift für Walter Stree und Johannes Wessels, Heidelberg 1993, 133.

Stuckenberg, Carl-Friedrich, Provozierte Notwehrlage und Actio illicita in causa-Der Meinungsstand im Schrifttum, JA 2001, 894.

ders., Vorstudien zu Vorsatz und Irrtum im Völkerstrafrecht, Berlin 2007.

ders., „Risikoabnahme"-Zur Begrenzung der Zurechnung in Retterfällen, Festschrift für Claus Roxin zum 80. Geburtstag, Band 1, Berlin (u.a.) 2011, 411.

Systematischer Kommentar zum Strafgesetzbuch, Wolter (Hrsg.), 9. Aufl.: Band 1:2017, Band 2: 2016, Band 3: 2019, Band 4: 2017, Band 5: 2018, Band 6: 2016.

Systematischer Kommentar zur Strafprozessordmung, Wolter, Jürgen (Hrsg.), Band V, 5. Auflage, Köln 2016.

Tiedemann, Klaus, Wirtschaftsstrafrecht, 5.Auflage, Köln u.a. 2017.

Tischler, Werner Georg, Verbotsirrtum und Irrtum über normative Tatbestandsmerkmale, Berlin 1984.

Toepel, Friedrich, Kausalität und Pflichtwidrigkeitszusammenhang, Berlin 1992.

ders., Error in persona vel objecto und aberration ictus, Jahrbuch für Recht und Ethik (1994), 413.

ders., Grundlagen zu error in persona vel objecto und aberratio ictus, JA 1997, 556.

Traeger, Ludwig, Der Kausalbegriff im Strafund Zivilrecht, Marburg 1904.

Tröndle, Herbert, Verwaltungshandeln und Strafverfolgung-konkurrierende Instrumente des Umweltrechts, Gedächtnisschrift für Karlheinz Meyer, Berlin, New York 1990, 607.

Trück, Thomas, Die Problematik der Rechtsprechung des BGH zum bedingten Tötungsvorsatz, NStZ 2005, 233.

Trüg, Gerson, Anmerkung zum Urteil des BGH v. 30.8.2000-2 StR 204/00, JA 2001, 365.

Ulsenheimer, Klaus, Erfolgsrelevante und erfolgsneutrale Pflichtverletzungen im Rahmen der Fahrlässigkeitsdelikte, JZ 1969, 364.

Utsumi, Tomoko, Fahrlässige Mittäterschaft-Besprechung zu BGH, Urteil v. 22.11.2000-3 StR 331/00, Jura 2001, 538.

Vahle, Jürgen, Anmerkung zum Urteil des OLG Düsseldorf v. 14.9.2000-2 b Ss 222/00-64/00 I, Kriminalistik 2001, 280.

Verrel, Torsten, (Noch kein) Ende der Hemmschwellentheorie?, NStZ 2004, 309.

Vogel, Joachim, Norm und Pflicht bei den unechten Unterlassungsdelikten, Berlin 1993.

Vogel, Joachim / Hocke, Peter, Anmerkung zu BGH Urteil v. 21.12.2005, 3 StR 470/04, JZ 2006, 568.

Vogeler, Theo, Zur Bedeutung des § 28 StGB für die Teilnahme am unechten Unterlassungsdelikt, Festschrift für Richard Lange, Berlin, New York 1976, 265.

Volk, Klaus, Begriff und Beweis subjektiver Merkmale, 50 Jahre Bundesgerichtshof: Festgabe aus der Wissenschaft, Band IV, München 2000, 739.

von Buri, Maximilian, Über Kausalität und deren Verantwortung, Leipzig 1873.

von Kreis, J., Über die Begriffe der Wahrscheinlichkeit und Möglichkeit und ihre Bedeutung im Strafrecht, ZStW 9 (1889), 528.

Wagemann, Christian, Natürliche Handlungseinheit bei Angriffen auf höchstpersönliche Rechtsgüter, Jura 2006, 580.

Wagner, Joachim, Selbstmord und Selbstmordverhinderung, Karlsruhe 1975.

Walder, Hans, Die Kausalität im Strafrecht, SchwZStR 93 (1977), 113.

Walter, Tonio, Der Kern des Strafrechts. Die allgemeine Lehre vom Verbrechen und die Lehre vom Irrtum, Tübingen 2006.

Walther, Susanne, Eigenverantwortlichkeit und strafrechtliche Zurechnung, Freiburg 1991.

dies., Anmerkung zum Urteil des BGH v. 18.4.2002-3 StR 503/01, JZ 2003, 52.

Warda, Heinz-Günter, Die Abgrenzung von Tatbestands und Verbotsirrtum bei Blankettstrafgesetzen, Berlin 1955.

ders., Schuld und Strafe beim Handeln mit bedingtem Unrechtsbewusstsein, Festschrift für Hans Welzel 1974, Berlin, New York, 499.

ders., Grundzüge der strafrechtlichen Irrtumslehre (2.Teil), Jura 1979, 71.

ders., Funktion und Grenzen der natürlichen Handlungseinheit, Festschrift für Dietrich Oehler, Köln 1985, 241.

Weber, Helmuth v., Die Bestrafung von Taten Volltrunkener, MDR 1952, 641.

Wehrle, Stefan, Fahrlässige Beteiligung am Vorsatzdelikt-Regreßverbot?, Basel, Frankfurt a.M. 1986.

Weidermanmm, Jürgen, Der „Rücktrittshorizont" beim Versuchsabbruch, GA 1986, 409.

Weinhold, Ina Elisabeth, Rettungsverhalten und Rettungsvorsatz beim Rücktritt vom Versuch, Baden-Baden 1990.

Welzel, Hans, Kausalität und Handlung, ZStW 51 (1931), 703.

ders., Die Abgrenzung des Tatbestandsirrtums vom Verbotsirrtum, MDR 1952, 584.

ders., Zur Systematik der Tötungsdelikte, JZ 1952, 72.

ders., Anmerkung zu BGH, Urteil vom 28.10.1952, JZ 1953, 119.

ders., Der Parteiverrat und die Irrtumsprobleme (Tatbestands-, Verbotsund Subsumtionsirrtum), JZ 1954, 276.

ders., Das Deutsche Strafrecht, 11.Auflage, Berlin 1969.

ders., Abhandlungen zum Strafrecht und zur Rechtsphilosophie, Berlin, New York 1975.

Werle, Gerhard, Die Konkurrenz bei Dauerdelikt, Fortsetzungstat und zeitlich gestreckter Gesetzesverletzung, Berlin 1981.

Wessels, Jobannes / Beulke, Werner / Satzger, Helmut, Strafrecht, Allgemeiner Teil, Die Straftat und ihr Aufbau, 48. Auflage, Heidelberg (u.a.) 2018.

Wessels, Johannes / Hillenkamp, Joachim / Schuhr, Jan C., Strafrecht, Besonderer Teil Band 2, 41.Auflage, Heidelberg 2018.

Widmaier, Gunter, Der missverständliche Bestechungsversuch, JuS 1970, 241.

Windelbauer, Wolfgang, Die strafrechtliche Verantwortung von Amtsträgern im Umweltstrafrecht, NStZ 1986, 149.

Wohlers, Wolfgang, Der Erlaß rechtsfehlerhafter Genehmigungsbescheide als Grundlage mittelbarer Täterschaft, ZStW 108 (1996), 61.

Wolf, Matthias, Das Ende der actio libera in causa, NJW 1997, 2032.

Wolter, Jürgen, Schuldhafte Verletzung einer Erkundigungspflicht, Typisierung beim Vermeidbarkeitsurteil und qualifizierte Fahrlässigkeit beim Verbotsirrtum-OLG Celle, NJW 1977, 1644, JuS 1979, 482.

ders., Objektive und personale Zurechnung von Verhalten, Gefahr und Verletzung in einem funktionalen Straftatsystem, Berlin 1981.

ders., Natürliche Handlungseinheit, normative Sinneinheit und Gesamtgeschehen, StV 1986, 315.

ders., Wahlfeststellung und in dubio pro reo, Berlin 1987.

Wolters, Gereon, Versuchsbeginn bei Einsatz eines sich selbst schädigenden Tatmittlers, NJW 1998, 578.

Yamanaka, Keiichi, Kritisch-dogmatische Überlegungen zur hypothetischen Einwilligung, in Festschrift für Maiwald, Berlin 2010, 865.

Zaczyk, Rainer, Das Unrecht der versuchten Tat, Berlin 1989.

ders., Der verschuldete Verbotsirrtum-BayObLG, NJW 1989, 1744, JuS 1990, 889.

ders., Strafrechtliches Unrecht und die Selbstverantwortung des Verletzten, Heidelberg 1993.

ders., Zur Garantenstellung von Amtsträgern, Festschrift für Hans-Joachim Rudolphi, Neuwied 2004, 361.

Ziegert, Ulrich, Vorsatz, Schuld und Vorverschulden, Berlin 1987.

Zielinski, Diethart, Geldund Wertzeichenfälschung nach dem Entwurf eines Einführungsgesetzes zum Srafgesetzbuch, JZ 1973, 193.

Ziethen, Jörg, Grundlagen probabilistischer Zurechnung im Strafrecht, Frankfurt a.M. 2004.

判决索引

法院	日期 日/月/年	官方字号	引证出处	关键词 德文	关键词 中文	章节/边码
帝国法院	10.5.1883	Rep 799/83	RGSt 8, 267	Staubhemdfall	防尘衬衫案	1/1; 26/1
	30.11.1894	Rep 3937/94	RGSt 26, 242	Lehrlingsfall	学徒案	23/12
	20.1.1930	II 230/29	RGSt 63, 392	Drei-Radfahrerfall	3个自行车手案	3/5
	14.6.1938	4 D 90/38	RGSt 72, 246	Grubenunglücksfall	矿难事故案	17/1
联邦法院	5.1.1951	2 StR 29/50	BGHSt 1, 13	Bewerbungsfall	应聘案	20/16
	9.11.1951	2 StR 196/51	BGHSt 1, 369	Erschießungsfall	枪杀案	27/43
	28.10.1952	1 StR 450/52	BGHSt 3, 248	Wiedergutmachungsfall	联邦赔偿案	20/20
	10.11.1953	5 StR 445/53	BGHSt 5, 76	Blutprobenaustauschfall	调换血样案	27/29
	13.11.1953	5 StR 342/53	BGHSt 5, 90	Kakaobutterfall	可可黄油案	8/7
	25.1.1955	2 StR 366/54	BGHSt 7, 112	Motorradrennfall	摩托比赛案	6/1
	25.9.1957	4 StR 354/57	BGHSt 11, 1	Lastzug-Radfahrer-Fall	卡车司机-骑车者案	3/18
	28.11.1957	4 StR 525/57	BGHSt 11, 111	Myomfall	子宫肌瘤案	11/9; 15/1
	24.2.1959	5 StR 618/58	BGHSt 13, 13	Referendarfall	候补官员案	2/43

(续表)

法院	日期 日/月/年	官方字号	引证出处	关键词 德文	关键词 中文	章节/边码
联邦法院	26.4.1960	5 StR 77/60	BGHSt 14, 193	Jauchegrubenfall	粪坑案	10/25
	18.11.1960	4 StR 446/60	BGH VRS 20,129	Fußgängerfall	行人案	4/17
	1.2.1961	5 StR 457/60	BGHSt 16, 309	Medizinalpraktikantenfall	医院实习生案	11/1
	29.5.1961	GSStt 1/61	BGHSt 16, 155	Vergewaltigungsfall	强奸案	31/1
	26.7.1963	4 StR 258/63	BGH VRS 25, 262	Bushaltestellenfall	公交车站案	3/13
	3.6.1964	2 StR 14/64	BGHSt 19,339	Knüppefall	棍子案	25/8
	10.11.1967	4 StR 512/66	BGHSt 21, 334	Flugblattverteilerfall	散发传单案	14/5
	24.11.1967	4 StR 500/67	BGHSt 21, 381	Trinkerbandenfall	团伙醉酒案	16/12
	26.11.1970	4 StR 26/70	BGHSt 24, 31	Trunkenheitsfahrerfall	醉酒驾驶案	3/23
	1.6.1977	KRB 3/76	BGHSt 27, 197	Preisempfehlungsfall	价格建议案	19/6
	17.9.1980	2 StR 355/80	BGHSt 29, 22	Retterfall	救援者案	6/10
	26.1.1982	4 StR 631/81	BGHSt 30, 363	Salzsäurefall	盐酸案	24/1
	30.6.1982	2 StR 226/82	BGHSt 31, 96	Hochsitzfall (Abwandlung)	猎人小屋案（修正版）	10/20
	6.11.1984	4 StR 72/84	BGHSt 33, 61	Kreuzungsfall	十字路口案	4/19
	29.11.1985	2 StR 596/85	NStZ 1986, 217	Abszessfall	价格建议案	2/35
	7.2.1986	3 StR 25/86	NStZ 1986, 264	Gattinnenmörderfall	杀妻案	21/1

(续表)

法院	日期 日/月/年	官方字号	引证出处	关键词 德文	关键词 中文	章节/ 边码
联邦法院	21.4.1986	2 StR 661/85	BGHSt 34, 63	Bankoder Tankstellen-fall	银行或加油站案	25/1
	8.7.1987	2 StR 269/87	GA 1988, 184	Metastasenfall	肿瘤转移案	2/18
	13.1.1988	2 StR 665/87	BGHSt 35, 184	„Zeitmangel"-Fall	"时间差"案	21/25
	4.11.1988	1 StR 262/88	BGH 36, 1	Aids-Fall	艾滋病案	9/22
	20.2.1990	3 StR 278/89	BGHSt 36, 363	Fall „Radikal"	"激进者"案	23/19
	21.6.1990	1 StR 477/89	BGHSt 37, 55	Fall Opus Pistorum	《在巴黎的屋顶下》案	19/21
	6.7.1990	2 StR 549/89	BGHSt 37, 106	Ledersprayfall	皮革喷雾剂案	2/9, 14, 27
	25.9.1990	5 StR 342/90	BGHR § 223 Abs. 1 Heileingriff II	Pseudoartrosefall	伪关节案	11/18
	25.10.1990	4 StR 371/90	BGHSt 37, 214	Hoferbenfall	农场继承案	27/5
	15.1.1991	5 StR 492/90	BGHSt 37, 289	Polizistenmordfall	谋杀警察案	23/10
	11.7.1991	1 StR 357/91	BGH NStZ 1991, 537	Haschischkurierfall	大麻信使案	10/33
	15.5.1992	3 StR 535/91	BGHSt 38, 295	Schusswechselfall	交火案	10/38
	22.7.1992	3 StR 35/92	BGHSt 38, 315	Rauschgifteinfuhrfall	走私毒品案	23/1
	23.7.1992	4 StR 209/92	NStZ 1992, 537	Räuberfall	抢劫者案	27/1
	19.8.1992	2 StR 86/92	BGHSt 38, 325	Abwasserbeseitigungs-fall	污水处理案	29/34

(续表)

法院	日期 日/月/年	官方字号	引证出处	关键词 德文	关键词 中文	章节/边码
联邦法院	22.9.1992	5 StR 379/92	BGHSt 38, 356	Bahngleisfall	站台案	32/1, 12
	29.10.1992	4 StR 358/92	BGHSt 38, 388	Kneipenbesuchfall	小酒馆案	29/26
	19.5.1993	GSSt 1/93	BGHSt GS 39, 221	Denkzettelfall	教训案	21/8
	16.7.1993	2 StR 294/93	JR 1994, 510	Schiffsführerfall	船长案	20/14
	22.7.1993	5 StR 322/93	NStZ 1993, 594	Fall Mig 21	米格21战斗机案	8/22
	3.11.1993	2 StR 321/93	BGHSt 39, 381	Sondermüllfall	特殊垃圾案	14/1; 15/13
	25.1.1995	5 StR 491/94	BGHSt 41, 1	Steuerhinterziehungsfall	逃税案	27/16
	21.3.1996	5 StR 432/95	BGHSt 42, 97	Eisenbahnabteilfall	列车车厢案	12/20
	22.8.1996	4 StR 217/96	BGHSt 42, 235	Trunkenheitsfahrtfall	醉酒驾驶案	16/1
	17.10.1996	4 StR 389/96	BGHSt 42, 268	Arztbrieffall	医嘱案	20/1
	12.8.1997	1 StR 234/97	BGHSt 43, 177	Bärwurzfall	熊根酒案	20/28
	7.10.1997	1 StR 635/96	NStZ 1998, 294 f	Sprengfalle（Abwandlung）	炸弹陷阱案（修正版）	10/44
	11.12.1997	4 StR 323/97	NStZ 1998, 568	Konkursverschleppungsfall	破产要挟案	24/21
	15.4.1998	2 StR 670/97	NStZ-RR 1999, 8	Waffenbesitzfall	持枪案	34/16
	12.11.1998	4 StR 575/98	NStZ-RR 2000, 42	Asylbewerberfall	难民申请者案	21/45
	3.12.1998	4 StR 569/98	NStZ-RR 2000, 105	Falschgeldfall	伪造货币案	34/6

(续表)

法院	日期 日/月/年	官方字号	引证出处	关键词 德文	关键词 中文	章节/ 边码
联邦法院	22.7.1999	4 StR 90/99	StV 2000,22	Unfallprovokationsfall	诱发事故案	7/4
	17.8.1999	1 StR 390/99	NStZ 1999, 607	Küchenbrandfall	厨房起火案	28/1
	20.9.1999	5 StR 729/98	NStZ 2000, 34	Broschürenfall	宣传册案	26/8
	16.2.2000	2 StR 582/99	NStZ 2000, 414	Notwehrfall	紧急防卫案	29/1
	11.4.2000	1 StR 638/99	NStZ 2001, 205	Heroinfall	海洛因案	6/13
	19.4.2000	3 StR 442/99	NJW 2000, 2754	Blutbankfall	血库案	30/12
	7.6.2000	2 StR 135/00	NStZ 2000, 584	Verabredungsfall	通谋案	16/18
	20.6.2000	4 StR 162/00	NStZ 2000, 583	Feuerzeugfall	打火机案	9/30
	30.8.2000	2 StR 204/00	NStZ 2001, 29	Freundschaftsdienstfall	男友帮助案	10/28
	22.11.2000	3 StR 331/00	NStZ 2001, 143	Totschlägerfall	钢棍案	15/19
	24.10.2001	3 StR 272/01	NStZ 2002, 141 f.	Messerstecherfall	用刀捅人案	18/4
	12.12.2001	3 StR 303/01	NStZ 2002, 309	Kofferraumfall	后备箱案	10/35
	31.1.2002	4 StR 289/01	NStZ 2002, 421	Wuppertaler Schwebebahnunglück	伍珀塔尔空铁列车事故	29/12
	9.10.2002	5 StR 42/02	BGH JR 2003, 122	Gubener Hetzjagdfall	古本城追击案	20/25
	29.10.2002	4 StR 281/02	NStZ 2003, 252	Kindesmisshandlungsfall	虐待儿童案	32/8

(续表)

法院	日期 日/月/年	官方字号	引证出处	关键词 德文	关键词 中文	章节/边码
联邦法院	6.11.2002	5 StR 281/01	BGHSt 48, 77	Politbürofall	政治局案	30/1
	20.12.2002	2 StR 251/02	NStZ 2003, 308	Gashahnfall	煤气阀门案	21/36
	14.3.2003	2 StR 239/02	NStZ 2003. 657	Chirurgenfall	外科医生案	28/7
	13.11.2003	5 StR 327/03	BGHSt 49, 1	Psychiatriefall	精神病院案	2/1
	21.12.2005	3 StR 470/04	NJW 2006, 522	Fall Mannesmann	曼内斯曼案	8/15
	26.7.2007	3 StR 221/07	NStZ 2007, 700	Hauseinsturzfall	房屋倒塌案	10/12
	29.8.2007	5 StR 103/07	NStZ 2008, 87	Flutkoordinatorfall	洪水调度员案	8/36
	6.3.2008	4 StR 669/07	BGHSt 52, 159	Bremsenfall	刹车案	30/18
	20.11.2008	4 StR 328/08	BGHSt 53, 55	Beschleunigungstestfall	加速测试案	6/5
	17.7.2009	5 StR 394/08	BGHSt 54, 44	Gebührenüberhebungsfall	垃圾处理费计算案	29/17
	29.7.2009	2 StR 91/09	NStZ 2010,88	Galavitfall	加拉维特案	2/47
	20.6.2012	5 StR 514/11	NStZ 2013, 159	Brandbeschleuniger-Fall	助燃剂案	9/35
	5.7.2012	3 StR 119/12	Wistra 2012, 433	Landmaschinenfall	农业机械案	23/5
	27.8.2013	2 StR 148/13	NStZ 2014, 35	Türsteher-Fall	门卫案	9/39
	4.9.2014	4 StR 473/13	BGHSt 59, 292	Jalloh-Fall	贾洛案	11/25
	13.1.2015	5 StR 435/14	NStZ 2015, 216	Ausländer-Fall	外国人案	9/43

(续表)

法院	日期 日/月/年	官方字号	引证出处	关键词 德文	关键词 中文	章节/边码
联邦法院	9.7.2015	3 StR 537/14	JZ 2016, 473	Fall Freundeskreis Rade	拉德朋友圈案	34/9
	5.8.2015	1 StR 328/15	BGHSt 61,21	GBL-Fall	γ-丁内酯案	29/38
	16.2.2016	4 StR 459/15	HRRS 2016 Nr. 378	Rauschgiftdealerfall	毒贩案	29/10
	27.9.2016	4 StR 391/16	NStZ 2017, 90	Kindesaussetzungs-Fall	遗弃儿童案	33/19
	11.10.2016	1 StR 462/16	NJW 2017, 1186	Wohnwageneinbrecherfall	非法侵入房车案	13/29
	21.12.2016	1 StR 253/16	NStZ 2017, 284	Parkkrallen-Fall (vereinfacht)	轮胎锁案（简化版）	19/14
	21.2.2017	1 StR 223/16	NStZ 2017, 465	Erpressungsfall	敲诈勒索案	8/10
	7.3.2017	3 StR 501/16	NStZ 2017, 459	Zigarettenpausefall	一支烟的功夫案	21/19
	28.6.2017	5 StR 20/16	NStZ 2017, 701	Organspendeskandal-fall	器官捐赠丑闻案	2/57
州高等法院 瑙姆堡	25.3.1996	2 Ss 27/96	NStZ-RR 1996, 229	Gasanschlussfall	煤气接口案	2/40
州高等法院 科隆	9.11.1982	1 Ss 710/82	VRS 64, 257	Reifenfall	轮胎案	3/10
巴伐利亚州最高法院	23.10.1968	RReg. 1 a St 354/68	NJW 1969, 565	Kolonnenspringerfall	变线超车案	8/13
	27.7.1979	2 St 233/79	VRS 57, 360	erste Ortstafelfall	指示牌案（一）	4/8
	7.12.1979	1 St 456/79	VRS 58, 221	zweite Ortstafelfall	指示牌案（二）	5/5
	15.3.1988	1 St 49/88	NStZ 1988, 408	Fußballspielerfall	球员案	12/1

(续表)

法院		日期 日/月/年	官方字号	引证出处	关键词		章节/边码
					德文	中文	
州高等法院	斯图加特	21.11.1996	1 Ws 166/96	JR 1997, 517	Pyromanenfall	纵火狂案	5/1
		20.2.2008	4 Ws 37/08	NStZ 2009, 331	Feuerwehrfall	消防队案	5/14
	汉姆	24.11.1976	4 Ss 263/76	NJW 1977, 590	scheinbare Diebstahl	假想盗窃案	12/6
		25.1.1983	5 Ss 1254/82	NJW 1983, 2456	Scheunenfestfall	谷仓节案	29/5
	卡尔斯鲁厄	22.8.1983	2 Ss 127/83	JZ 1984, 240	Geisterfahrerfall	幽灵司机案	13/4
	科布伦茨	16.4.1987	1Ss 125/87	NJW 1988, 2316	Augenverletzungsfall	眼睛受伤案	13/6
	杜塞尔多夫	18.4.1990	2 Ss 97/90	NJW 1990, 2264	Wellensittichfall	虎皮鹦鹉案	13/25
		14.9.2000	2 b Ss 222/00	NStZ 2001, 482	Fotomontagefall	照片拼贴案	20/10
	不莱梅	26.4.1985	Ws 111/84	StV 1985, 282	Steuererklärungsfall	纳税申报案	31/8
	柏林	27.2.2017	(535 Ks) 251 Js 52/16 (8/16)	NStZ 2017, 471	Berliner Raser-Urteil	柏林飙车案	9/16
其他法院	瑞士联邦法院	8.6.1965	33. Urt.	BGE 91 IV 117	Lawinenfall	雪崩案	2/38
	联邦宪法法院	25.10.2005	1 BvR 1696/98	BVerfGE 114, 339	Fall Stolpe	施托尔佩案	14/7

关键词及译法索引

说明：关键词位置缩写为(章节+边码)，例如第九章边码10缩写为"9 10"。标有符号"-"表示某一概念下的具体问题。

德文关键词及全书位置	本书中文译法
aberratio ictus 10 38 ff., 27 7 f.	打击错误
Abgrenzungsformeln zwischen Vorsatz u. Fahrlässigkeit	故意过失的区分公式
-billigendes Inkaufnehmen des Erfolges 7 3, 9 4 ff., 16 4, 24 9	容认结果发生
-Ernstnehmen der Erfolgsgefahr 24 9	认真对待结果
Wissen um eine Vorsatzgefahr 9 11 ff., 34, 48, 10 8	关于故意危险的认识
Absicht	意图
-als überschießende Innentendenz 20 3	(意图)是超过的内心倾向
-als Vorsatzform 9 2, 4	(意图)是故意的形式之一
- bei geringer Erfolgswahrscheinlichkeit 9 15 ff.	在结果发生概率较低的场合的(意图)
Absichtsmerkmale 7 5 ff.	意图要素
-bei kupierten Erfolgsdelikten 34 8	在断绝的结果犯的场合的(意图要素)
Abstrakte Gefahr	抽象危险
-Realisierung der~in einer konkreten 16 9	在具体危险中实现(抽象危险)
Abwägungsirrtum 13 25 ff.	衡量错误
Abwägung von Interessen und Gefahren 13 1, 8	对利益与危险进行衡量
Abwehrverhalten des Opfers 12 1 ff.	被害人的防卫行为

(续表)

德文关键词及全书位置	本书中文译法
-als Selbstgefährdung 12 13	（防卫行为）作为自陷危险
-bei der Freiheitsberaubung 12 16, 17 6	在非法拘禁罪的场合（的防卫行为）
-bei der Körperverletzung 12 19	在伤害罪的场合（的防卫行为）
Abweichung im Kausalverlauf 10 20 f.	因果流程偏离
actio illicita in causa 15 1 ff.	原因违法
-bei der Notwehr 15 6	在紧急防卫的场合
-beim Notstand 15 12	在紧急避险的场合
actio libera in causa 16 1 ff.	原因自由行为
Affekt	激情
-schuldausschließender~ 18 1 ff.	排除责任的（激情）
Aids-Fall 9 22 ff.	艾滋病案
Akzessorietät	从属性
-limitierte~ 27 36 ff., 43 ff., 52 ff.	限制的（从属性）
-Lockerung bei Sonderdelikten 27 16 ff., 30 ff.	身份犯场合（对从属性要求）的缓和
Alternativverhalten	替代行为
-Rechtmäßiges~ 3 1 ff., 13 ff	合义务的（替代行为）
Ambivalente Beweiszeichen 9 9	模糊的证据征表
Amtsausübung	职权行使
-als persönliches Tätermerkmal 27 16 ff.	作为人身性的正犯身份要素
-als Rechtfertigung 14 5 ff.	作为正当化事由
Amtsdelikte	职务犯
-echte 27 29 ff.	真正的（职务犯）
-unechte 27 29 ff.	不真正的（职务犯）
Amtsträger	公职人员
-als Garant 29 26 ff.	作为保证人时
Amtsträgerschaft als besonderes persönliches Merkmal 27 35	公职人员身份作为特殊身份要素

（续表）

德文关键词及全书位置	本书中文译法
Anfang der Ausführung	实行起点
-bei Alleintäterschaft 20 25 ff., 39 ff.	单独正犯的场合
bei der actio libera in causa 16 7 f., 14 f.	原因自由行为的场合
bei Mittäterschaft 23 2	共同正犯的场合
bei mittelbarer Täterschaft 20 28 ff., 24 8, 29	间接正犯的场合
-beim Unterlassen 32 1 ff.	不作为犯的场合
Angriff	侵害
-bevorstehender~ 15 19	迫近的（侵害）
Animustheorie 25 3	犯意理论
Anschein einer Rechtfertigungslage 12 6	正当化前提事实存在的假象
Anstiftung	教唆犯
-Abgrenzung zur Täterschaft 22 4, 23 5	（教唆犯）与正犯的界限
-als sog Umstiftung 25 8	所谓转换犯意的（教唆犯）
-objektiver Tatbestand der~ 25 1	（教唆犯）的客观构成要件
Arbeitsschutzvorschriften 6 17, 19	劳动保护规定
Arbeitsteilung 23 7	分工
Arztbrieffall 20 1	医嘱案
Ärztliche Kunstfehler 4 6, 10 20	诊疗过错
Asylbewerberfall 21 45	难民申请者案
Aufklärungsfehler	解释说明瑕疵
-bei Einwilligung 11 18	在承诺的场合
Aufklärungspflicht gegenüber einem irrenden Angreifer 12 14	在侵害者存在认识错误时（防卫者的）解释说明义务
Aufspaltung	分解法
- bei Zusammentreffen mit einem weiteren Delikt 34 16 ff.	与另一个犯罪同时实现
des Besitzdelikt 34 12 ff.	持有型犯罪（的分解）
-des Dauerdelikts 34 12 ff.	持续犯（的分解）

(续表)

德文关键词及全书位置	本书中文译法
–des Organisationsdelikts 34 12 ff.	组织型犯罪(的分解)
–eines Besitzdeliktes 34 16 ff.	持有型犯罪(的分解)
Augenverletzungsfall 13 6	眼睛受伤案
Ausländerfall 9 43 f.	外国人案
Ausnahmemodell der actio libera in causa 16 1 ff.	原因自由行为的例外模式
Ausnutzung regelhafter Abläufe als mittelbare Täterschaft 24 21	利用常规流程成立间接正犯
Aussagedelikte 20 22	陈述类犯罪
Ausschöpfungsgebot 33 4 ff., 10, 19 ff.	全面评价要求
und Urteilstenor 33 17 f., 22 f.	(全面评价要求)与判决主文
Äußerungsdelikt 23 19 ff.	表达犯罪
Austausch von Sorgfaltspflichten 3 10	偷换注意义务(的内容)
Bahngleisfall 32 1 ff., 12 ff.	站台案
Bandenchefproblem 22 5	团伙头目问题
Bank- oder Tankstellefall 25 1	银行或加油站案
Bärwurzfall 20 28	熊根酒案
Begriffsverhältnis	概念关系
–der Vorsatzarten 9 2 ff.	不同故意形式(之间的概念关系)
–von Vorsatz und Fahrlässigkeit 7 1 ff.	故意与过失(之间的概念关系)
Beihilfe	帮助犯
–Abgrenzung zur Täterschaft 26 15 f.	(帮助犯)与正犯的界限
–Abgrenzung zur Täterschaft beim Unterlassen 32 12	在不作为犯场合(帮助犯)与正犯的界限
–durch berufstypisches Verhalten 26 8 ff.	通过职业行为实施(的帮助)
–durch Bestärkung des Tatentschlusses 26 1 ff.	通过强化犯罪决意(的帮助)
–durch Unterlassen 32 12	以不作为形式实施(的帮助)

（续表）

德文关键词及全书位置	本书中文译法
Kausalität der - 26 16	（帮助犯的）因果关系
vorgeleistete Begünstigung als - 26 7, 17	事前约定的销赃行为（成立帮助）
vorgeleistete Strafvereitelung als - 26 17	事前约定的刑罚阻碍行为（成立帮助）
zum Versuch 26 4	未遂的（帮助）
Beihilfe und Sozialadäquanz 26 10	帮助犯与社会相当性
Berechtigte Interessen	正当利益
Wahrnehmung von - 14 7	行使（正当利益）
Berufstypisches Verhalten als Beihilfe 26 8 ff.	职业行为构成帮助
Beschleunigungstestfall 6 5	加速测试案
Besondere persönliche Merkmale	特殊身份要素
strafändernde - 27 28	改变刑罚的（身份要素）
strafbegründende - 27 16	证立刑罚的（身份要素）
Betäubungsmittel	麻醉剂
Überlassung von - 6 14	提供（麻醉剂）的行为
Beteiligung	犯罪参与
Akzessorische Zurechnung bei der - 27 5	（犯罪参与）的从属性归属
am Selbstmord durch Unterlassen 32 23 f.	以不作为的方式参与自杀
gemeinsame Regeln der - 27 1 ff.	（犯罪参与的）共同规则
Systematik der - 22 1 ff.	（犯罪参与的）体系
Beteiligung an fremder Selbstgefährdung 6 5 ff.	参与他人自陷危险
bei Notwehr 15 26	在紧急防卫场合的（参与他人自陷危险）
durch Überlassung von Drogen 6 13	通过提供毒品（参与他人自陷危险）
durch Überlassung von Mitteln 6 3 f., 18 ff.	通过提供工具（参与他人自陷危险）
eines Retters 6 10	（参与）救援者的（自陷危险）
mutwillige - 6 1 ff., 10, 21	任意的（自陷危险）
positivrechtliche Verbote der - 6 14 ff.	在实定法上禁止（参与他人自陷危险）

(续表)

德文关键词及全书位置	本书中文译法
Schutzwürdigkeit vor – 5 14 ff.	(自陷危险者)的要保护性
und Schutzzweck der Sorgfaltsnorm 6 1, 15ff.	(参与他人自陷危险)与注意规范的保护目的
und Sittenwidrigkeit 6 6 f.	(参与他人自陷危险)与违反善良风俗
und Straffreiheit der Selbstmord-teilnahme 32 23	(参与他人自陷危险)与参与自杀行为的不可罚性
Unterbrechung der Zurechnung bei – 6 1 ff.	(在参与他人自陷危险时)归属的中断
Unterscheidung zwischen Täterschaft und Beihilfe bei – 6 5 ff.	(在参与他人自陷危险时)区分正犯与帮助
von Suchtkranken 6 13 ff.	(参与)药物成瘾者的(自陷危险)
Beweis des Vorsatzes 9 6 ff.	故意的证据
Bewerbungsfall 20 16 ff.	应聘案
Bewertungseinheit 33 16	评价单一
Bewertungseinheit als Tateinheit 34 5	评价单一成立一罪
Billigungstheorie, des dolus eventualis 9 4 ff., 49	间接故意的容认理论
Bindingsche Blutbadargument 27 14 f.	宾丁的大屠杀论据
Blankettausfüllende Norm	空白条款的填补规范
Gültigkeit der – 8 31 f., 20 22, 24	(空白填补规范的)效力
Irrtum über den Inhalt der – 8 22	关于(空白填补规范)内容的认识错误
Blankettbegriff 8 29 ff.	空白概念
Blankettgesetz	空白条款
– Bestimmungsnorm des – 8 29 ff., 20 20 ff.	(空白条款)的行为规范
Blankettmerkmal 8 33	空白要素
Irrtum über – 8 22 ff., 43 ff.	关于(空白要素)的认识错误
umgekehrter Irrtum über – 20 16 ff.	关于(空白要素)的反面认识错误
Blutbankfall 30 12 ff.	血库案
Brandbeschleunigerfall 9 35 f.	助燃剂案

(续表)

德文关键词及全书位置	本书中文译法
Broschürenfall 26 8 ff.	宣传册案
Bushaltestellenfall 3 13 ff.	公交车站案
Chirurgenfall 28 7 ff.	外科医生案
Compliance-Beauftragter	合规官
- Garantenstellung des - 29 17 ff.	-（合规官）的保证人地位
Conditio-sine-qua-non-Formel (-theorie) 2 1 ff., 49 ff.	条件公式（理论）
Der scheinbare Diebstahl 12 6 ff.	假想盗窃案
dolus directus II 9 3 ff., 26	二级直接故意
dolus eventualis	间接故意
als Billigung des Erfolges 9 5 ff.	对结果的容认
als tatbegleitendes Gesinnungsmoment 9 4	行为实施过程中伴随的态度要素
als Vorstellung von einer Vorsatzgefahr 9 11 ff., 10 8 ff.	认识到故意危险
dolus generalis 10 25 ff.	概括故意
dolus indirectus 9 3	（中世纪的）间接故意理论
Doppelirrtum 8 31	双重错误
Doppelkausalität	双重因果关系
logische Struktur der - 3 21	（双重因果关系）的逻辑结构
und conditio-sine-qua-non-Formel 3 18 ff.	（双重因果关系）与条件公式
und Vermeidbarkeitserfordernis 3 13 ff.	（双重因果关系）与可避免性要求
von Sorgfaltspflichtwidrigkeiten 3 13 ff.	注意义务违反的（双重因果关系）
Doppelverwertungsverbot 33 4 ff., 10	禁止重复评价原则
Drei-Radfahrerfall 3 5 ff.	三个自行车手案
Duldungspflicht kraft Rechtfertigung 12 6 ff.	基于正当化的容忍义务
Durchgängigkeit des unerlaubten Risikos 4 1 ff., 15 8 ff.	法所不允许风险的连贯性
Eigenhändigkeit 16 9, 23 4, 8, 27 27	亲手性

(续表)

德文关键词及全书位置	本书中文译法
Einwilligung	承诺
Aufklärungsmangel bei der - 11 18 ff.	(承诺中的)解释说明瑕疵
fehlerhafte - 24 13 ff.	瑕疵(承诺)
hypothetische - 11 18 ff. lrrtum bei der - 11 18 ff.	假定(承诺)关于(承诺)的认识错误
mutmaßliche - 11 9 ff., 18 ff., 13 28	推定(承诺)
Einzelursache	个别原因
als gesetzmäßige Bedingung 2 49 ff.	合法则条件
als notwendige Bedingung 1 1 ff., 3 14	必要条件
als notwendiger Bestandteil einer hinreichenden Bedingung 2 1 ff.	充分条件的必要组成部分
Eisenbahnabteilfall 12 20 ff.	列车车厢案
Entziehungsbehandlung 6 19	戒断治疗
Erfolg	结果
als nachteilige Veränderung eines Rechtsgutsobjekts 1 11	(结果是)法益客体的负面变化
als Rechtsgutsverletzung 1 1 ff.	(结果是)法益侵害
Beschleunigung des - 2 23	(结果的)提前
Lehre vom - in seiner ganz konkreten Gestalt 1 1 ff.	具体结果理论
teilbarer, quantifizierbarer 1 12 ff.	可分、可量化的(结果)
Verringerung des - 1 16	(结果)的减轻
Erfolgsbestimmung	结果的界定
als Mittel zur Ausscheidung von Ersatzursachen 1 9, 2 1 ff.	用以排除替代原因的手段
bei teilbaren Erfolgen 1 12 ff.	在结果可分场合的结果界定
durch Tatsachen in konkreter Bestimmtheit 1 9	通过具体事实界定结果
Einfluss der - auf die Zurechnung 1 3, 8 f.	结果的界定对归属的影响

(续表)

德文关键词及全书位置	本书中文译法
Erfolgseinheit 33 9	结果单一
Erfolgseintritt	结果发生
verspäteter – 10 10, 25 ff.	结果推迟发生
vorzeitiger – 10 33 ff.	结果提前发生
Erfolgsunwert 15 7	结果无价值
Erforderlichkeit	必要性
der Verteidigung 12 1 ff., 18 4 ff.	防卫行为的必要性
des Eingriffs zur Gefahrenabwehr 13 1	避险行为的必要性
Erkundigungspflicht	咨询义务
als Sorgfaltspflicht 19 22	作为注意义务
Erlaubnistatbestandsirrtum	容许构成要件错误
Begriff des – 13 6 ff.	（容许构成要件错误的）概念
Behandlung des – 13 16 ff.	（容许构成要件错误的）处理
Erlaubtes Risiko 2 68, 3 4, 4 1 ff., 26 10	允许的风险
Ermessensausübung als Rechtfertigung 14 5 ff., 7 ff.	行使裁量权作为正当化事由
Ernstliches Bemühen als Rücktritt 21 45 ff., 49 ff.	真诚努力型中止
error in objecto 27 5 ff.	对象错误
Ersatzursache	替代原因
Ausscheidung von – 2 1 ff.	（替代原因的）排除
und Vermeidbarkeitserfordernis 3 13 ff.	与可避免性要求
Erschießungsfall 27 43 ff.	枪杀案
Ex-ante-Beurteilung	事前判断
von Rechtfertigungsvoraussetzungen 12 5, 7	正当化前提条件的（事前判断）
Exzess	过限；过当
des Haupttäters bei Anstiftung 25 8, 27 10	教唆犯中正犯的实行过限
des Mittäters 27 4	共同正犯的实行过限

(续表)

德文关键词及全书位置	本书中文译法
fahrlässiger – 27 10	过失的实行过限
Notwehr-- 18 1 ff.	防卫过当
quantitativer – 27 4 f.	量的(防卫过当)
Fahrlässige Beteiligung an fremder Vorsatztat 6 6	过失地参与他人的故意犯罪
Fahrlässigkeit, (Abgrenzung zum Vorsatz) 9 1 ff.	过失,(及其与故意的界限)
Fahrlässigkeitsgefahr 10 9, 15	过失危险
Fahrlässigkeitstat	过失犯罪
Rechtfertigung einer – 11 9 ff.	(过失犯罪的)正当化
Falschgeldfall 34 6	伪造货币案
Feuerprobe der kritischen Situationen	紧要时刻的考验
Beim Versuch 20 40 f.	在未遂的场合
Feuerwehrfall 5 14	消防队案
Feuerzeugfall 9 30 ff.	打火机案
Fiktive	假设的
Rechtsauskunft beim Verbotsirrtum 19 9	在禁止错误场合(假设的)法律咨询
Rettungsverläufe 2 18 ff.	(假设的)救援因果流程
–s sorgfältiges Verhalten 3 1 ff., 10 ff.	(假设的)遵守注意义务的行为
Flugblattverteilerfall 14 5	散发传单案
Flutkoordinatorfall 8 36 ff.	洪水调度员案
Förderungsformel	促进公式
bei der Beihilfe 26 1 f.	帮助犯中(的促进公式)
Fotomontagefall 20 10	照片拼贴案
Freundschaftsdienstfall 10 28	男友帮助案
Führen eines Fahrzeugs und actio libera in causa 16 1 ff.	驾驶机动车与原因自由行为
Fußballspielerfall 12 1 f.	球员案

(续表)

德文关键词及全书位置	本书中文译法
Fußgängerfall 4 17	行人案
Garantenpflicht	保证人义务
aus Übernahme 29 19	基于(保护功能)承担的(保证人义务)
des Fahrzeughalters 29 5	机动车保有人的(保证人义务)
des Geschäftsherren 29 22 f.	企业主的(保证人义务)
des Verwaltungsbeamten 29 34 ff.	行政机关公职人员的(保证人义务)
des Wohnungsinhabers zur Verhinderung von Straftaten 29 10 ff.	房屋主人阻止犯罪的(保证人义务)
kraft Herrschaft über gefährliche Gegenstände 29 7 ff.	基于对危险物品的支配的(保证人义务)
zur Überwachung einer Gefahrenquelle 29 5 ff.	监督危险源的(保证人义务)
zur Verhinderung von Straftaten anderer 29 7 ff.	阻止他人实施犯罪的(保证人义务)
zur Vorsorge gegen eigenes Fehl-verhalten 29 8	为避免自己的过错行为而采取预防措施的(保证人义务)
Garantenplicht	保证人义务
als gesamttatbewertendes Merkmal 31 3 f.	(保证人义务)是评价犯罪整体的要素
lrrtum über die - 31 9	关于(保证人义务)的错误
Garantenstellung	保证人地位
aus lngerenz 29 1 ff., 18, 39 f.	前行为(保证人地位)
aus Übernahme 29 12 ff.	基于(保护功能)承担的(保证人地位)
Begründung durch Rechtspflichten 31 4, 8 ff.	由法义务证立的(保证人地位)
bei Rauschmittelüberlassung 29 38 ff.	交付麻醉剂行为产生的(保证人地位)
des Amtsträgers 29 26 ff.	公职人员的(保证人地位)
des Compliance-Beauftragten 29 17 ff.	合规官的(保证人地位)
des Geschäftsherren 29 20	雇主的(保证人地位)
des Polizeibeamten 29 26 ff.	警察的(保证人地位)
im subjektiven Tatbestand 31 1 ff.	主观构成要件中的(保证人地位)

(续表)

德文关键词及全书位置	本书中文译法
Irrtum über die – 31 1 ff.	关于(保证人地位)的错误
und Selbstgefährdung 29 41 ff.	(保证人地位)与自陷危险
und Selbstverantwortungsprinzip 29 18 ff.	(保证人地位)与自我答责原则
zur Hinzuziehung einer Hilfsperson 2 35	呼叫救援人员的(保证人地位)
zur Verhinderung von Straftaten 29 26 ff.	阻止犯罪的(保证人地位)
Gasanschlußfall 2 40	煤气接口案
Gashahnfall 21 36	煤气阀门案
Gattinmörderfall 21 1	杀妻案
Gefahr	危险
geringe – 9 24 f.	低度的(危险)
rechtfertigende – 13 1 ff.	正当化的(危险)
unabgeschirmte – 9 23	无防护的(危险)
unerlaubte – 10 9 f., 53, 31 1	法所不允许的(危险)
vorsatzbegründende – 10 31	证立故意的(危险)
Gefährdungsvorsatz 9 13, 23	危险故意
Gemeinsamer Tatplan	共同的行为计划
bei Anstiftung 25 6	教唆犯的场合
bei Mittäterschaft 23 16	共同正犯的场合
Genehmigung	许可
Irrtum über die Erforderlichkeit der – 8 22 ff.	关于(许可)之必要性的错误
Rechtfertigung durch – 14 1 ff.	基于(许可)的正当化
Generelle Eignung der Sorgfaltsnorm 4 14	注意规范的一般能力
Gerechtfertigtes Risiko 12 11	被正当化的风险
Gesamtbetrachtung als Methode der Rechtsfindung 9 8 ff., 47 ff.	整体考察作为法发现的方法
Gesamtlösung	整体解决法
– beim Versuch der Mittäterschaft 23 11	共同正犯的实行

(续表)

德文关键词及全书位置	本书中文译法
Gesamttatbewertende Merkmale 31 8 ff.	评价犯罪整体的要素
Gesamtunrechtstatbestand 13 16, 37	整体不法构成要件
Geschwindigkeitsüberschreitung 3 28, 4 8 ff., 19 ff., 5 5 ff., 15 25 ff., 27 36 ff.	超速
Gesetzeskonkurrenz 33 10 ff., 15 ff., 34 26	法条竞合
Gleichgültigkeit gegenüber der Rechtsgutsverletzung 9 5, 44	对法益侵害的漠不关心态度
Goldene Brücke	金桥
beim Rücktritt 21 13	中止
Gremienentscheidung	集体表决
Kausalität für – 2 9 ff., 30 1 ff.	(集体表决)中的因果关系
Gremienproblem 2 9, 30 1 ff.	集体表决问题
Grubenunglücksfall 17 1 ff.	矿难事故案
Gubener Hetzjagdfall 20 25 ff.	古本城追击案
Handlungseinheit	行为单一
tatbestandliche – 34 1 ff.	构成要件的(行为单一)
Handlungsunwert 15 7	行为无价值
Haschischkurierfall 10 33 ff.	大麻信使案
Hauseinsturzfall 10 12 ff.	房屋倒塌案
Herrschaftsprinzip bei der mittelbaren Täterschaft 24 6, 11	间接正犯场合的支配原则
Historische Entwicklung der Lehre vom Vorsatz 9 3	故意理论的发展历史
HIV-Infizierter	艾滋病毒感染者
Geschlechtsverkehr mit – 9 22 ff.	(与艾滋病毒感染者)发生性关系
Vorsatz des – 9 22 ff.	(艾滋病毒感染者)的故意
Hochsitzfall, Abwandlung des – 10 20 ff.	猎人小屋案;修正版的(猎人小屋案)
Hoferbenfall 27 5 ff.	农场继承案

(续表)

德文关键词及全书位置	本书中文译法
Honorierfähige Umkehrleistung	值得奖赏的悔改
als Rücktritt 21 3, 30	成立中止
Idealkonkurrenz 33 7 ff.	想象竞合
gleichartige 34 3 f.	同种罪名的(想象竞合)
ungleichartige 34 24	不同罪名的(想象竞合)
von Tatbestandsverwirklichungen 33 10 ff.	构成要件实现的(想象竞合)
Indeterminierte Prozesse	非决定论的过程
Angriffshandlungen als – 2 26	侵害行为是(非决定论的过程)
Anwendung der Risikoerhöhungslehre auf – 30 25	风险升高理论在(非决定论过程)中的运用
Krankheitsprozesse als – 2 20, 30 25	疾病的形成过程是(非决定论的过程)
menschliche Leistungen als – 2 26	人的行为是(非决定论的过程)
psychische Prozesse als – 2 43 ff.	心理过程是(非决定论的过程)
Rechtfertigung bei – 12 1 ff.	(非决定论过程)的正当化
und Zweifelsgrundsatz 2 21	(非决定论过程)与疑罪从无原则
Unterscheidung von determinierten Prozessen – 2 26	(非决定论过程)与决定论过程的区分
vollständige Erklärung von – 2 24	对(非决定论过程)的完整解释
Indikatoren	指示因素
für dolus eventualis 9 10 ff.	间接故意(的指示因素)
für Mittäterschaft 23 26 f.	共同正犯(的指示因素)
Informationen	信息
und Regreßverbot 30 18 ff.	(信息)与禁止溯及
Innentendenz, überschießende 20 1, 24 4, 27 52	内心倾向,超越的
Institutionelle	制度性的
Tatbestandsmerkmale 8 30 ff.	构成要件要素
Tatsachen 8 43, 31 4, 9	事实

(续表)

德文关键词及全书位置	本书中文译法
Interessentheorie	利益理论
der Täterschaft 23 2	正犯标准的(利益理论)
Irrtum	错误；认识错误
über blankettausfüllende Normen 8 33 ff.	关于空白填补规范的(错误)
über das Jagdrecht 8 31	关于狩猎权的(错误)
über das Objekt 10 44 ff.	关于客体的(错误)
über den Inhalt der blankettausfüllenden Norm 8 22	关于空白填补规范内容的(错误)
über den Inhalt einer Norm 19 1 ff.	关于规范内容的(错误)
über den Inhalt eines Rechtfertigungs – grundes 13 25 ff.	关于正当化事由内容的(错误)
über den Kausalverlauf 10 1 ff.	关于因果流程的(错误)
über den Steueranspruch 8 7 ff.	关于税收请求权的(错误)
über den Verbotsinhalt 19 1 ff.	关于禁止规范内容的(错误)
über die Amtsträgereigenschaft 8 37	关于公职人员身份的(错误)
über die blankettausfüllende Norm 20 20 ff	关于空白填补规范的(错误)
über die Garantenpflicht 31 9	关于保证人义务的(错误)
über die Garantenstellung 31 1 ff.	关于保证人地位的(错误)
über die Rechtswidrigkeit der Bereiche–rung 8 10 ff.	关于获利意图非法性的(错误)
über die Treupflicht bei § 266 8 15 ff.	关于财产照管义务的(错误)
über die Zuständigkeit zur Abnahme von Eiden in § 153 20 16 ff.	关于接受宣誓之管辖的(错误)
über ein Blankettmerkmal 8 48	关于空白要素的(错误)
über eine Wertung 20 14 ff.	关于评价的(错误)
über ein gesamttatbewertendes Merkmal 31 1 ff., 10	关于评价犯罪整体要素的(错误)
über ein wertendes Tatbestandsmerkmal 8 47	关于评价性构成要件要素的(错误)
über rechtfertigende Tatsachen 13 6 ff.	关于正当化前提事实的(错误)

(续表)

德文关键词及全书位置	本书中文译法
über Rechtsverhältnisse 8 7 ff.	关于法律关系的(错误)
über wertungsausfüllende Tatsachen 20 14 ff.	关于填补价值判断之事实的(错误)
umgekehrter - 20 1 ff.	反面的(错误)
Irrtum über die Rechtswidrigkeit der Zueignung 8 30	关于领得意图违法性的错误
Jallohfall 11 25	贾洛案
Kakaobutterfall 8 7 ff.	可可黄油案
Kausalerklärung	因果解释
konkurrierende - 2 9 ff.	竞争性的(因果解释)
nach allgemeinen Gesetzen 2 14 ff.	基于一般法则的(因果解释)
nach juristischen Gesetzen 2 27 ff.	基于法律规定的(因果解释)
nach Wahrscheinlichkeitsgesetzen 2 18 ff.	基于盖然性法则的(因果解释)
Kausalgesetz	因果法则
Allgemeinheit des - 2 14 ff.	(因果法则的)普遍性
als Gegenstand des Beweises 2 14 ff.	(因果法则)是证明对象
als integraler Bestandteil des Ursachenbegriffs 2 14 ff.	(因果法则)是原因概念的内在组成部分
als Verknüpfung von Ursache und Folge 2 1 ff.	(因果法则)是原因与结果之间的联结
Kausalhypothese 2 17	因果假设
Kausalität	因果关系
als gesetzmäßiger Zusammenhang 2 14 ff.	(因果关系是)合法则关联
als Wirkzusammenhang 2 15	(因果关系是)作用关联
Bestimmung der - 2 1 ff., 49 ff.	(因果关系的)认定
Beweisbarkeit von - 2 2 7 ff.	(因果关系的)可证明性
der Sorgfaltspflichtwidrigkeit 3 1 ff.	义务违反的(因果关系)
der Unterlassung der Hinzuziehung Dritter 30 12 ff.	没有引入第三人的不作为(因果关系)

(续表)

德文关键词及全书位置	本书中文译法
durch Nichteinschaltung eines Retters 2 27	没有为救援者提供救援法益机会的(因果关系)
durch Verhinderung fremder Obliegenheitserfüllung 2 38 ff.	阻断了他人尽到自我保护责任的(因果关系)
generelle – 2 14 ff.	一般(因果关系)
psychisch vermittelte – 2 43 ff.	心理(因果关系)
Kausalität durch Nichteinschaltung eines Retters 2 32 ff.	没有为救援者提供救援法益机会的(因果关系)
Kausalverlauf	因果流程
Kenntnis der wesentlichen Züge des – 10 12 ff.	对(因果流程)基本部分的认识
Realisierung des unerlaubten Risikos im 3 1 ff.	实现法所不允许的风险
Kenntnis der objektiven Rechtfertigungs-elemente 13 5, 24, 34	对正当化事由客观要素的认识
Kindesmisshandlungsfall 31 8 ff.	虐待儿童案
Klammerwirkung	夹结作用
durch Dauerdelikt 34 13 ff.	持续犯的(夹结作用)
durch Organisationsdelikt 34 11 ff.	组织型犯罪的(夹结作用)
Klarstellungsfunktion des Tenors 33 19 ff.	判决主文的明示功能
Knüppelfall 25 8 ff.	棍子案
Kofferraumfall 10 35 ff.	后备箱案
Konfliktentscheidung durch einen Rechtfertigungsgrund 12 1, 14 3	正当化事由中(就利益)冲突作出判断
Konkretisierung des Vorsatzes 27 5 ff.	故意的具体化
Konkurrenzen	竞合
Formen der – 33 1 ff.	(竞合)的形式
Konkursverschleppungsfall 24 21 ff.	破产要挟案
Konsumtion 33 15	吸收关系

(续表)

德文关键词及全书位置	本书中文译法
Kontraposition 13 24, 20 9	换质位
Krankheitsprozesse 2 20, 30 25	疾病形成过程
Kreuzungsfall 4 19 ff.	十字路口案
Kriegswaffe	战争武器
als Blankettmerkmal 8 26 f.	（战争武器）是空白要素
Kritische Situation	危急情况
Versagen in der - 4 13 ff.	（危急情况下的）失灵
Küchenbrandfall 28 1 ff.	厨房起火案
Landmaschinenfall 23 5 ff.	农业机械案
Lastwagen-Radfahrerfall 3 18 ff.	卡车司机-骑车者案
Ledersprayfall 2 9 ff., 14 ff., 27 ff.	皮革喷雾剂案
Lehrlingsfall 24 12 ff.	学徒案
Manipulierbarkeit	可操纵性
der Erfolgsbestimmung 1 7	结果界定的（可操纵性）
der Lehre vom rechtmäßigen Alternativverhalten 3 13 ff.	合法替代行为理论的（可操纵性）
Mannesmann-Fall 8 15 ff.	曼内斯曼案
Messerstecherfall 18 4 ff.	用刀捅人案
MIG 21 - Fall 8 22 ff.	米格21战斗机案
Mittäterschaft	共同正犯
als Begründung von Kausalität 2 10 ff.	（以共同正犯）证立因果关系
bei Äußerungsdelikten 23 19 ff.	表达犯罪的（共同正犯）
beim Unterlassen 32 1 ff.	不作为犯的（共同正犯）
bei nur potenzieller Kausalität 2 10 ff.	只有潜在因果关系时的（共同正犯）
durch konkludente Verabredung 23 10 ff.	通过默示通谋达成的（共同正犯）
Exzess bei der - 27 1 ff.	（共同正犯）的实行过限
ohne Beteiligung an der Tatausführung 23 5 ff.	未参与犯罪实行（但成立共同正犯）

(续表)

德文关键词及全书位置	本书中文译法
Tatbestandsverwirklichung und － 22 3, 23 1 ff.	构成要件实现与(共同正犯)
Mittelbare Täterschaft	间接正犯
durch Ausnutzung eines Tatbestandsirr－tums 24 1 ff.	利用他人的构成要件错误成立(间接正犯)
durch Ausnutzung eines Verbotsirrtums 24 27 ff.	利用他人的禁止错误成立(间接正犯)
durch ein sog gerechtfertigtes Werkzeug 15 3, 24 27 ff.	利用所谓正当化的工具成立(间接正犯)
durch Nötigung 24 12 ff.	通过胁迫成立(间接正犯)
Grundprinzipien der － 24 1 ff.	(间接正犯)的基本原则
Versuchsbeginn bei － 20 28 ff.	(间接正犯)的实行起点
Mitverschulden anderer	他人的共同过错
als Kausalabweichung 10 20 ff.	(他人的共同过错)引起因果流程偏离
als Zurechnungsunterbrechung 5 14 ff., 6 1 ff.	(他人的共同过错)导致归属中断
des Verletzten 6 1 ff.	被害人的(共同过错)
gleichzeitiges － 6 1 ff.	同时发生的(共同过错)
nachfolgendes － 5 14 ff., 28 11 ff.	后续发生的(共同过错)
überwiegendes － 6 1 ff.	更加严重的(共同过错)
Mordmerkmale 27 43 ff.	谋杀要素
Motiv 6 10 ff., 27 43 ff., 52 ff.	动机
Mutmaßliche Einwilligung 11 9 ff., 23 ff.	推定承诺
Myomfall 11 9 ff.	子宫肌瘤案
Nachschlüsselfall 1 2	复制钥匙案
Nachtat	事后行为
mitbestrafte 34 23	共罚的事后行为
Nachtat, mitbestrafte － 33 15 ff.	事后行为,共罚的
Natürliche Versuchseinheit 21 1 ff.	自然意义上的实行单数

(续表)

德文关键词及全书位置	本书中文译法
Normative Tatbestandsmerkmale	规范构成要件要素
Irrtum über 8 43 ff., 20 36, 31 1 ff.	规范构成要件错误
Notstand	紧急避险
actio illicita in causa bei – 15 1 ff.	(紧急避险中的)原因违法
aggressiver – 13 1 ff.	攻击性(紧急避险)
defensiver – 12 12 ff., 13 2, 28 ff.	防御性(紧急避险)
Güterabwägung bei – 11 11, 17 11 ff.	(紧急避险)中的利益衡量
Irrtümer bei – 13 6 ff., 10 ff., 16 ff.	(紧急避险)中的错误
Pflichtenkollision – 13 4 ff.	义务冲突
rechtfertigender – 13 1 ff., 6 ff., 10 ff.	正当化的(紧急避险)
Verantwortung für – 15 1 ff.	对(紧急避险)答责
Notstandsähnliche Lage	类紧急避险情况
des Retters 6 12	救援者的(类紧急避险情况)
Notwehr	紧急防卫
actio illicita in causa und – 15 19 ff.	原因违法与(紧急防卫)
Einschränkung der – 12 17 ff., 20 ff., 32 ff.	(紧急防卫)的限制
Erforderlichkeit der – 12 1 ff.	(紧急防卫)的必要性
gegen Putativnotwehr – 12 6 ff.	针对假想防卫的(紧急防卫)
Notwehrexzess 18 1 ff.	防卫过当
Norwehrfall 29 1 ff.	紧急防卫案
Notwehrprovokation 15 6, 19 ff.	防卫挑衅
Objektsirrtum 10 44 ff.	对象错误
omnimodo facturus 2 48, 22 6, 25 8 ff.	已有犯意之人
Opferschutzkalkül beim Rücktritt 21 14	中止中的被害人保护考量
Ortstafel-Fall 4 8 ff., 5 5 ff.	指示牌案
Parallelwertung in der Laiensphäre	外行人平行评价
bei normativen Tatbestandsmerkmalen 8 4 ff.	规范构成要素的(外行人平行评价)

(续表)

德文关键词及全书位置	本书中文译法
umgekehrte – 20 37	反面的(外行人平行评价)
Parkkrallenfall 19 14 ff.	轮胎锁案
Paternalistische Sorgfaltspflichten	家长主义式注意义务
des Arbeitgebers 6 17	雇主的(家长主义式注意义务)
des Arztes 6 13 ff.	医生的(家长主义式注意义务)
und Betäubungsmittelrecht 6 13 ff., 18 ff.	(家长主义式注意义务)与麻醉剂管制法
Politbürofall 30 1 ff.	政治局案
Polizistenmordfall 23 10 ff.	谋杀警察案
Preisempfehlungsfall 19 6 ff.	价格建议案
Prognostische Rechtfertigungselemente	
im nichtdeterminierten Bereich 12 1 ff.	在非决定论领域中的(预测性的正当化要素)
Prozedurale Rechtfertigungsgründe 14 1 ff., 5 ff., 7 ff., 14 ff.	程序性正当化事由
Prüfungspflicht	审查义务
als Rechtfertigungselement 13 10 ff., 21f., 14 17	(审查义务)作为正当化要素
Pseudoartrosefall 11 18 ff.	伪关节案
Psychische Kausalität 2 43 ff.	心理因果关系
Putativnotstand 13 6 ff.	假想避险
Putativnotwehr 12 6 ff., 12 ff.	假想防卫
Pyromanenfall 5 1 ff.	纵火狂案
Quantifizierbarer Erfolg	可量化的结果
Vermehrung des – 1 12 ff.	(可量化结果)的增加
Verringerung des – 1 12 ff.	(可量化结果)的减少
„Radikal"-Fall 23 19 ff.	"激进者"案
Räuberfall 27 1 ff.	抢劫者案

(续表)

德文关键词及全书位置	本书中文译法
Rauschgifteinfuhrfall 23 1 ff.	走私毒品案
Realisierung des unerlaubten Risikos	实现法所不允许的风险
als Kausalität der Sorgfaltswidrigkeit 3 1 ff., 5 ff.	注意义务违反的因果关系
Durchgängigkeit der – 4 1 ff.	（风险实现）的连贯性
in einem Zweitschaden 5 14 ff.	二次伤害中的（风险实现）
Rechtserforschungspflicht 19 1 ff., 30 ff.	法律咨询义务
Rechtsfrage	法律问题
unentschiedene 19 14 ff.	未经裁决的（法律问题）
Rechtsgüterkonflikt	法益冲突
interner – 11 9 ff.	内部的（法益冲突）
Rechtsirrtum	法律错误
sog. außerstrafrechrlicher – 8 50, 20 1 ff., 34 ff.	刑法外的（法律错误）
Rechtspflichten als Zurechnungsgrundlage – 2 40 ff.	法义务作为归属的基础
Rechtsverhältnis als Tatbestandsmerkmal 8 7 ff., 43 ff.	法律关系作为构成要件要素
Rechtswidrigkeit	违法性
als allgemeines Verbrechensmerkmal 8 30	作为犯罪一般要素的（违法性）
als Tatbestandsmerkmal 20 1 ff.	作为构成要件要素的（违法性）
Regressverbot	禁止溯及
als Einschränkung der Zurechnung 2 69, 4 4, 6 1 ff.	（禁止溯及）作为限制归属的事由
als Sorgfaltsregel 5 1 ff.	（禁止溯及）作为注意义务规则
bei gerechtfertigter Tatbestandsver-wirklichung 15 7 ff., 18	在构成要件被正当化场合的（禁止溯及）
Retter	救援者
berufsmäßiger – 5 14 ff.	职业的（救援者）

(续表)

德文关键词及全书位置	本书中文译法
freiwilliger - 6 10 ff.	自愿的(救援者)
Retterfall 6 10 ff.	救援者案
Rettungswille 13 4 ff., 28 ff.	救援意志
Richterliche Anordnung, hypothetische	法官命令,假设的
bei Zwangsmaßnahmen 11 27 ff.	在采取强制措施的场合
Risiko	风险
gerechtfertigtes - 12 11	被正当化的(风险)
Risikoerhöhung als Zurechnungsgrundlage	风险升高作为归属基础
bei Krankheitsprozessen 30 25	在疾病形成过程中
bei menschlichen Leistungen 30 25	在人的行为中
Einwände gegen die - 2 21, 3 21 und Zweifelsgrundsatz 2 18 ff.	对(风险升高)的质疑与疑罪从无原则
Risikoerhöhungsprinzip	风险升高原则
kausalitätsersetzendes - 2 18 ff.	替代因果关系的(风险升高原则)
und Kausalität der Sorgfaltspflicht-verletzung 3 18 ff.	(风险升高原则)与义务违反的因果关系
Risikorealisierung 10 6, 9	风险实现
Risikoverringerung 1 16	风险降低
Rücktrittshorizont	中止背景
Korrektur des - 21 19 ff.	(中止背景的)修正
Rücktritt vom Versuch	在实行中中止
Abwendungskausalität beim - 21 34	(中止)中阻止结果的因果关系
bei Erreichung des Handlungszwecks 21 8 ff.	目的达成时的(中止)
beim Unterlassungsdelikt 32 8 ff.	不作为犯的(中止)
des Teilnehmers 27 1 ff.	共犯的(中止)
durch Aufgeben 21 1 ff., 12, 50	消极放弃型(中止)
durch Erfolgsabwendung 21 34, 39 f., 49	阻止结果型(中止)
durch ernstliches Bemühen 21 45 ff.	真诚努力型(中止)

(续表)

德文关键词及全书位置	本书中文译法
Freiwilligkeit des – 21 25 ff.	（中止）的自愿性
halbherziger – 21 43	半吊子的（中止）
späte Erfolgsabwendung als – 21 45 ff.	迟来的结果阻止行为成立（中止）
zur Rechtfertigung des – 21 14	（中止）的正当性
Rückwirkungsverbot bei strafbarkeitsaus-dehnender Tatbestandsauslegung 19 24	当构成要件解释扩张了可罚性时，其效力禁止溯及既往
Salzsäurefall 24 1 ff.	盐酸案
Schadensabwendungs-pflicht	阻止损害义务
beim Notstand 29 3	紧急避险中的（阻止损害义务）
Schießbudenfall 9 19	射击摊案
Schiffsführerfall 20 14 ff.	船长案
Schuldmerkmale	责任要素
des Mordtatbestandes 27 35, 43	谋杀罪构成要件的（责任要素）
limitierte Akzessorietät bei – 27 33, 38	限制从属性对（责任要素）的适用
strafbegründende – 27 36	证立刑罚的（责任要素）
strafschärfende – 27 29	加重刑罚的（责任要素）
Schuldtheorie	责任理论
eingeschränkte – 13 16 ff., 37	限制责任理论
strenge – 13 16 ff.	严格责任理论
Schuldunfähigkeit	无责任能力
durch Affekt 18 1	因激情导致的（无责任能力）
Herbeiführung der – 16 1 ff., 11	引起（无责任能力的状态）
Schusswechselfall 10 38 ff.	交火案
Schutzreflex 3 8 f.	保护反射
Schutzzweck der Sorgfaltsnorm 4 2 ff.	注意规范的保护目的
bei Doppelkausalität 4 19 ff.	双重因果关系中的（注意规范的保护目的）

(续表)

德文关键词及全书位置	本书中文译法
generelle Eignung als Bestimmung des – 4 14	将(注意规范的保护目的)界定为(注意规范的)一般能力
und erlaubte Zwischenursachen 4 3	(注意规范的保护目的)与允许的中间原因
und Selbstgefährdung 6 15 f., 19	(注意规范的保护目的)与自陷危险
Verhinderung einer Vorsatztat als – 5 1 ff.	以阻止故意犯罪作为(注意规范的保护目的)
von Geschwindigkeitsbegrenzungen 4 8 ff., 5 21	限速规则的(注意规范的保护目的)
Schwerpunktformel des BGH 28 2	联邦法院的评价重点公式
Selbstgefährdung	自陷危险
eines Retters 6 10 ff.	救援者的(自陷危险)
freiverantwortliche – 6 1 ff., 5 ff.	自我答责的(自陷危险)
in notstandsähnlicher Lage 6 10 ff.	在类紧急避险状态下的(自陷危险)
mutwillige – 6 21	任意的(自陷危险)
Unterbrechung der Zurechnung durch –4 20	(自陷危险)中断归属
Selbstverantwortungsprinzip 5 2, 17, 29 36	自我答责原则
Semiakzessorietät von Sonderpflichtmerkmalen 27 29, 53	特殊义务要素的半从属性
Sittenwidrigkeit der Selbstgefährdung 6 6	自陷危险违反善良风俗
Sondermüllfall 14 1, 15 13	特殊垃圾案
Sonderpflichtmerkmale 27 23	特殊义务要素
Sorgfätiges Alternativverhalten 3 13 ff.	合义务的替代行为
Mehrdeutigkeit des – 3 13, 16	(合义务的替代行为)的多义性
Vermeidbarkeit des Erfolges durch – 3 1 ff., 13 ff.	(合义务的替代行为)的结果可避免性
Sorgfaltspflicht	注意义务
bei Veranlassung von Rettergefährdung 6 10 ff.	当使救援者陷入危险时的(注意义务)

(续表)

德文关键词及全书位置	本书中文译法
mehrere Alternativen zur Erfüllung von - 3 17	遵守(注意义务)的多种选择
Regressverbot als Ausschlussgrund der - 5 3	禁止溯及作为否定(注意义务)的理由
und Teilnahme an Selbstgefährdung 6 1 ff.	(注意义务)与参与他人自陷危险
und Vertrauensgrundsatz 5 1 ff.	(注意义务)与信赖原则
Sorgfaltswidrige Eigenschaften des Täter-verhaltens als Ursachen 3 2 f., 11 f., 30 f.	行为人行为中违反注意义务的属性作为(结果)的原因
Spätfolgen 10 16 ff., 20 ff.	后发损害
Spezialität 34 26	特殊关系
Spezialität von Tatbestandsverwirklichungen 33 10	构成要件实现之间的特殊关系
Sprengfalle 10 44 ff.	炸弹案
Staubhemd-Fall 1 1 ff., 26 1 ff.	防尘衬衫案
Steuerhinterziehungsfall 27 16	逃税案
Stolpefall 14 7 ff.	施托尔佩案
Strafklageverbrauch 34 16 ff.	用尽刑事追诉
Strafrahmenverschiebung	法定刑幅度的转移(适用)
bei unechten Amtsdelikten 27 29	在不真正职务犯罪中的(法定刑幅度的转移适用)
Stufenverhältnis zwischen Vorsatz und Fahrlässigkeit 7 2	故意与过失的位阶关系
Subjektive Rechtfertigungselemente 13 24	主观正当化要素
Subjektives Unrecht 13 37	主观不法
Subsidiarität 34 27	补充关系
ausdrückliche 33 14	明示的(补充关系)
formelle - 33 14	形式的(补充关系)
stillschweigende - 33 11 ff.	默示的(补充关系)
Subsumtionsirrtum 8 5, 36 ff., 49, 20 10	涵摄错误
Suchtkranke	药物成瘾者

(续表)

德文关键词及全书位置	本书中文译法
Selbstgefährdung von – 6 13 ff.	（药物成瘾者的）自陷危险
Systematische Stellung von Vorsatz und Fahrlässigkeit 7 2	故意与过失的体系位置
Tatbestandliche Handlungseinheit	构成要件意义上的行为单一
bei Erfolgsidentität 33 16	结果同一时的
bei mehreren Tatbestandsalternativen 33 9	实现选择性构成要件的多个选项时
kraft Erfolgseinheit 33 9	基于结果单一
Tatbestandsirrtum 20 1 ff.	构成要件错误
Tatbestandsmerkmale	构成要件要素
besondere persönliche – 27 28	特殊身份（构成要件要素）
blankettausfüllende – 8 26 ff.	补充空白的（构成要件要素）
deskriptive – 8 1 ff.	描述性的（构成要件要素）
gesamttatbewertende – 31 8	评价犯罪整体的（构成要件要素）
normative 8 4 ff., 7	规范的（构成要件要素）
strafbegründende – 27 36	证立刑罚的（构成要件要素）
strafmodifizierende – 27 29, 31	修正刑罚的（构成要件要素）
täterbezogene u. tatbezogene – 27 22	与行为人相关的和与行为相关的（构成要件要素）
wertende 8 13 f.	评价性的（构成要件要素）
Tatbestandsmodell der actio libera in causa 16 5, 15, 23 ff.	原因自由行为的构成要件模式
Tateinheit	一罪
als Erfolgseinheit 34 5	结果单一
bei Gleichzeitigkeit 33 8	（行为的）同时性
bei Verwirklichung verschiedener Tatbestände 34 5	实现数个不同的构成要件
Gleichzeitigkeit als 34 24 f.	同时性作为（一罪）
Identität von Körperteilbewegungen als – 34 24 f.	身体部分动作的同一性

(续表)

德文关键词及全书位置	本书中文译法
kraft Erfolgsidentität 34 1 ff.	基于结果的同一性
kraft zeitlicher Kontinuität 34 22	基于时间的连续性
tatbestandliche 34 20 ff.	构成要件意义上的(一罪)
tatbestandliche - 34 1	构成要件意义上的(一罪)
von Tun und Unterlassen 34 1 f., 25	作为与不作为的(一罪)
zwischen Tun und Unterlassen 33 8	作为与不作为之间成立(一罪)
Tatentschluss 20 9	行为决意
Täterbegriff 22 1 f.	正犯概念
Tätermerkmale 27 22, 28	正犯要素
Täterschaft und Teilnahme	正犯与共犯
beim Unterlassen 32 12 ff.	不作为中的(正犯与共犯)
Tatherrschaft 6 6, 23 7 ff.	犯罪支配
beim Begehungsdelikt 23 7 ff.	作为犯中的(犯罪支配)
bei Mittäterschaft 23 5 ff.	共同正犯中的(犯罪支配)
beim Unterlassungsdelikt 32 12 ff.	不作为犯中的(犯罪支配)
Tatherrschaftswechsel 32 11	犯罪支配的转换
beim Unterlassen 32 22 ff.	不作为犯中(犯罪支配的转换)
Tatplanerfüllungskriterium 10 4	犯罪计划实现标准
Tatplantheorie 10 10, 21 8	犯罪计划理论
Tatsache	事实
institutionelle 8 7 ff., 11, 43, 46, 31 4	制度性(事实)
konkrete - 10 39	具体(事实)
natürliche - 8 43, 45	自然(事实)
Tatschuldprinzip 16 3	行为责任原则
Teilnahme	共犯
akzessorische Zurechnung bei - 27 5 ff.	(共犯)中的从属性归属
an Pflichtdelikten 22 1	义务犯中的(共犯)

(续表)

德文关键词及全书位置	本书中文译法
Unterscheidung von der Mittäterschaft bei der Unterlassung 32 12 ff.	不作为犯中（共犯）与共同正犯的界分
Unterscheidung von der Mittäterschaft beim Begehungsdelikt 22 7 f.	作为犯中（共犯）与共同正犯的界分
Telefonfall 21 38	打电话案
Totschlägerfall 15 19 ff.	钢棍案
Tötungsmethoden 10 15 ff.	杀人手段
Tötungsvorsatz 9 12, 22 ff.	杀人故意
Rechtsprechung zum – 9 12	关于（杀人故意）的判决
Trinkerbandenfall 16 12 ff.	团伙醉酒案
Trunkenheitsfahrt 16 1 ff.	醉酒驾驶
Kausalität der – 4 13 f.	（醉酒驾驶）的因果关系
Rechtfertigung der – 13 6 ff.	（醉酒驾驶行为）的正当化
Trunkenheitsfahrtfall 16 1 ff.	醉酒驾驶案
Türsteherfall 9 39 f.	门卫案
Typusbegriff	类型概念
dolus eventualis als – 9 10 f.	间接故意是（类型概念）
Umgekehrte Parallelwertung 20 37	反面的平行评价
Umgekehrter Erlaubnistatbestandsirrtum 13 37	反面的容许构成要件错误
Umgekehrter Irrtum	反面错误
über die Subsumtion 20 7, 12	关于涵摄的（反面错误）
über die Voraussetzungen eines Recht-fertigungsgrundes 13 28	关于正当化前提事实的（反面错误）
über ein Blankettmerkmal 20 16 ff.	关于空白要素的（反面错误）
über eine Wertung 20 14 ff.	关于评价的（反面错误）
über ein Rechtsverhältnis 20 5 ff., 36	关于法律关系的（反面错误）
Umgekehrter Subsumtionsirrtum 20 7, 12	反面的涵摄错误

(续表)

德文关键词及全书位置	本书中文译法
Umgekehrter Tatbestandsirrtum 20 1 ff.	反面的构成要件错误
Umgekehrter Wertungsirrtum 20 14 ff.	反面的评价错误
Umkehrprobe 20 38	反面审查
Umkehrschluss 20 38	反面推论
Umstand iSv § 16	《德国刑法典》第16条意义上的行为情状
der zum Tatbestand gehört 31 9	属于构成要件的(行为情状)
Umweltdelikte 1 12 ff., 26 14	环境犯罪
Unerlaubtes Risiko	法所不允许风险
beim Vorsatzdelikt – 7 1 ff.	故意犯中的(不允许风险)
Doppelkausalität von – 4 17 ff., 19 ff.	(不允许风险)的双重因果关系
Realisierung des – im Kausalverlauf 1 7, 3 1 ff.	在因果流程中实现(不允许风险)
Risikoerhöhung durch – 2 18 ff., 30 ff.	通过(不允许风险)升高风险
Unterbrechung der Realisierung des – 4 7, 11 f., 13 ff., 6 18 ff.	中断(不允许风险)的实现
Unfallprovokationsfall 7 4 ff.	诱发事故案
Ungewissheit über gegenwärtige Tatumstände 2 18 ff., 12 4, 14 7 ff., 30 16	当时行为情状的不确定性
Unrechtsbewusstsein	不法认识
bedingtes 19 6 ff., 29	有条件的(不法认识)
bei Änderung der Rechtsprechung 19 21	判例观点发生变化时的(不法认识)
bei unentschiedener Rechtsfrage 19 14 ff.	法律问题尚未经过(最高司法机关)裁决时的(不法认识)
Inhalt des – 19 1 ff., 31	(不法认识)的内容
potentielles 19 1 ff., 6 ff.	潜在的(不法认识)
Tatbestandsbezogenheit (sog Teilbar-keit) des – 19 1 ff., 27 ff.	(不法认识)的构成要件相关性(即可分性)
Unrechtspakt bei der Anstiftung 25 6, 8 ff.	教唆犯中的不法协议

(续表)

德文关键词及全书位置	本书中文译法
Unrechtszweifel 19 6 ff.	不法疑虑
Untauglicher Versuch 20 1 ff.	不能犯
Unterbrechung des Zurechnungszusammen-hangs	中断归属关联
beim Vorsatzdelikt 10 12 ff., 16 ff	故意犯中(中断归属关联)
bei Zweitschäden 5 14 ff.	二次损害中(中断归属关联)
durch Drritverschulden 5 14 ff., 10 20 ff.	因第三人过错而(中断归属关联)
durch Regressverbot 2 69, 4 4, 6 1 ff.	因禁止溯及而(中断归属关联)
durch vorsätzliches Verhalten 10 28 ff.	因故意行为而(中断归属关联)
nach dem Vertrauensgrundsatz 5 1 ff.	因信赖原则而(中断归属关联)
Unterlassen	不作为
als Tatsache 30 22	(不作为)是事实
der Hinzuziehung einer Hilfsperson 30 24	没有引入救援人员的(不作为)
der Information eines Erfolgsverhinde-rungspflichtigen 30 12 ff., 18 ff.	没有通知负有阻止结果义务者的(不作为)
gemeinsames - 30 1 ff.	共同的(不作为)
Kausalität von - 30 12 ff., 24 f.	(不作为)的因果关系
Mehrfachkausalität beim - 30 1 ff.	(不作为)的多重因果关系
Mitverschulden durch - 30 18 ff.	(不作为)的共同过错
und Tun 28 7 ff.	(不作为)与作为
Zurechnung nach Wahrscheinlichkeits-gesetzen beim - 30 25	(不作为)中基于盖然性法则的归属
Unterlassungsdelikt	不作为犯
Anfang der Ausführung beim - 32 1 ff.	(不作为犯的)实行起点
Rücktritt vom Versuch des - 32 8 ff.	(不作为犯的)中止
Sonderformen des - 32 1 ff.	(不作为犯的)特殊形式
Unterscheidung zwischen Mittäterschaft und Beihilfe beim - 32 12 f.	(不作为犯)中区分共同正犯与帮助犯

(续表)

德文关键词及全书位置	本书中文译法
Unterlassungskomponente im sorgfalts-widrigen Tun 28 7 ff.	违反注意义务的作为中包含不作为的要素
Unternehmenskriminalität 24 24, 26 8 ff.	公司犯罪
Urteilstenor 33 17	判决主文
Verabredungsfall 16 18 f.	通谋案
Verantwortungsprinzip	答责原则
bei der mittelbaren Täterschaft 24 3	间接正犯中的（答责原则）
Verbotsirrtum 8 25, 40 ff	禁止错误
bei wertenden Tatbestandsmerkmalen 8 13 ff.	评价性构成要件要素中的（禁止错误）
direkter – 19 28	直接的（禁止错误）
indirekter – 19 28	间接的（禁止错误）
unvermeidbarer 19 14 ff.	不可避免的（禁止错误）
Vermeidbarkeit des – 19 6	（禁止错误）的可避免性
Vergewaltigungsfall 31 1	强奸案
Verhaltensgebundene Delikte und actio libera in causa 16 5 ff.	与行为相关的犯罪与原因自由行为
Verhinderung	阻止
fremder Pflichterfüllung 2 35 ff.	他人履行义务
Verhinderung rettender Kausalverläufe 2 52 ff.	阻止救援性因果流程
durch Erschleichung von Spenderorganen 2 57	通过骗取捐赠器官（阻止救援性因果流程）
Vermeidbarkeitstheorie 30 13 f.	可避免性理论
Verminderte Schuldfähigkeit	减轻的责任能力
durch Affekt 15 25 f.	（责任能力）因激情而（减轻）
durch Selbstberauschung 16 18 ff.	（责任能力）因酩酊状态而（减轻）
Versagen in der kritischen Situation 4 13 f.	在危急情况下失灵
Versuch	未遂/实行

(续表)

德文关键词及全书位置	本书中文译法
beendeter – 32 9	(实行)终了
beginn bei mittelbarer Täterschaft 20 28	间接正犯的(实行)起点
beginn beim Unterlassungsdelikt 32 1	不作为犯的(实行)起点
beginn bei unmittelbarer Täterschaft 20 25	直接正犯的(实行)起点
fehlgeschlagener – 21 51	失败的(实行)
Rechtsirrtum beim – 20 5	(未遂)中的法律错误
Tatbestand des – 20 1 ff.	(未遂)的构成要件
unbeendeter – 32 9	(实行)未终了
und Abweichung des Kausalverlaufs 10 18, 15 8	(未遂)与因果流程偏离
untauglicher – 31 7	不能犯(未遂)
Versuchseinheit, natürliche	实行单数,自然意义上的
als Tateinheit 21 2	成立一罪
beim Rücktritt 21 1	中止的场合
Versuchshandlung 20 31	实行行为
Verteidigung, Erforderlichkeit der 12 4	防卫行为,防卫行为的必要性
Vertrauen auf das Ausbleiben des Erfolges 9 5 f., 22 ff.	信赖结果不会发生
Vertrauensgrundsatz	信赖原则
als Einschränkung der Zurechnung 5 7	(信赖原则)限制归属
als Sorgfaltsregel 5 1 ff.	(信赖原则)作为注意义务规则
bei Zweitschäden 5 14 ff.	在二次损害中的(信赖原则)
und nachträgliches Drittverschulden 5 14 ff.	在事后介入第三人共同过错时的(信赖原则)
und Regressverbot 5 1 ff.	(信赖原则)与禁止溯及
Verwirkung des – 5 13	(信赖原则)的误用
Verwaltungsbeamter	行政机关公职人员
als Garant 29 34 ff.	作为保证人的(行政机关公职人员)

(续表)

德文关键词及全书位置	本书中文译法
Verwirklichung	实现
einer verbotenen Gefahr 10 10	（实现）被禁止的危险
einer vorsatzbegrundenden Gefahr 20 33	（实现）证立故意的危险
Verwirkung	误用
des Vertrauensgrundsatzes 5 13	信赖原则的误用
Vollständigkeitserfordernis	全面性要求
bei der Verwirklichung der Sorgfalts-pflichtverletzung 3 8	违反注意义务之实现中的（全面性要求）
bei der Verwirklichung einer Vorsatzgefahr 3 5	故意危险之实现中的（全面性要求）
Vorhersehbarkeit des Kausalverlaufs 4 1, 10 31, 28 5	因果流程的可预见性
Vorsatz	故意
Bei Handlungswiederholung 9 21	在反复行为时的（故意）
bei wilden Rennen 9 16 ff.	赛车过程中的（故意）
Normativierung des 9 20	（故意）的规范化
Willenselement des 9 20	（故意）的意志要素
Vorsatzarten 9 2 ff.	故意的形式
Vorsatzbegriff der Praxis 9 6 ff., 47	实践中的故意概念
Vorsatzgefahr	故意危险
Lehre von der – 9 5, 13 ff.	（故意危险）理论
Vorsatz und Nichtwollen des Erfolges 9 17 ff.	故意与非意欲结果发生
Vorsatzwissen 8 1 ff.	故意认识
über Rechtsverhältnisse 8 7	关于法律关系的（故意认识）
über wertende Tatbestandsmerkmale 8 13 ff.	关于评价性构成要素的（故意认识）
Vorsatzzurechnung 10 43	故意归属
Vorstellung	认识；设想
einer unerlaubten Gefahr 10 2	对不允许危险的（认识）

（续表）

德文关键词及全书位置	本书中文译法
einer Vorsatzgefahr 10 1	对故意危险的(认识)
Vortat, mitbestrafte – 33 15 ff., 34 23	前行为,共罚的
Vorverhalten, Berücksichtigung von	前行为,需在以下情况下考虑
bei der actio libera in causa 15 20	在原因自由行为中
beim entschuldigenden Notstand 17 1 ff.	免责的紧急避险中
Wahldeutige Tatsachengrundlage bei der actio libera in causa 16 22	原因自由行为中事实基础存在多义性
Wahlfeststellung 24 22	选择认定
Wahndelikt 20 2	幻觉犯
Wahrheitspflicht	陈述真相的义务
des Zeugen 20 16 ff.	证人的(陈述真相义务)
Irrtum über die – 20 16 ff.	关于(陈述真相义务)的认识错误
Wahrnehmung berechtigter Interessen 14 7 ff.	行使正当利益
Abwägung bei der – 14 11	(行使正当利益)的衡量
Irrtum bei der – 14 9 ff.	(行使正当利益)时的认识错误
und Meinungsfreiheit – 14 7 f.	(行使正当利益)与言论自由
Wahrscheinlichkeit, objektive 5 1 ff.	盖然性,客观的
Wahrscheinlichkeitserklärung 2 24	盖然性解释
bei nicht determinierten Prozessen 2 21 ff.	在非决定论过程中
Wahrscheinlichkeitsgesetz 2 18	盖然性法则
Wahrscheinlichkeitstheorie 9 11	盖然性理论
Wahrung des überwiegenden Interesses	保护优越利益
bei internem Rechtsgüterkonflikt 11 26	在内部法益冲突中
beim Notstand 15 23	在紧急避险中
bei Selbstgefährdung 15 24	在自陷危险中
Wellensittichfall 13 25	虎皮鹦鹉案
Wertende Rechtfertigungselemente 13 25 ff.	正当化事由中的评价性要素

(续表)

德文关键词及全书位置	本书中文译法
Wertende Tatbestandsmerkmale	评价性构成要件要素
Irrtum über – 8 43	关于(评价性构成要件要素的)认识错误
Wertungsirrtum	评价错误
umgekehrter – 20 14	反面(评价错误)
Wiedergutmachungsfall 20 20	联邦赔偿案
Willenstheorie, des Vorsatzes 9 6 ff., 48 ff.	故意的意志理论
Wissensdefizit bei Selbstgefährdung 15 26	自陷危险时的认识阙如
Wissentlichkeit 9 3 ff.	明知
Wollen des Erfolges	对结果的意志
im deskriptiv psychologischen Sinne 9 6 ff.	描述性的心理学意义上的(意志)
im normativ zurechnenden Sinne 9 5 ff.	规范的归属意义上的(意志)
Wuppertaler Schwebebahnunglück 29 12 ff.	伍珀塔尔空铁列车事故
Zueignung	领得
Rechtswidrigkeit der – 8 30	(领得)的违法性
Zueignung, Irrtum über die Rechtswidrigkeit der 8 30	领得,关于违法性的错误
Zufällige Erfolgsverhinderung 21 33 f.	偶然地阻止了结果发生
durch Pflichterfüllung 21 33	通过履行义务(偶然地阻止了结果发生)
Zumutbarkeit	期待可能性
der Selbstgefährdung 17 7	自陷危险的(期待可能性)
Zurechnung des Erfolges	结果的归属
bei einem Irrtum über den Kausalverlauf 10 12 ff.	因果流程错误案件中的(结果归属)
beim sog dolus generalis 10 10	概括故意案件中的(结果归属)
bei verfrühter Erfolgsverursachung 10 35 ff.	提前引起结果案件中的(结果归属)
Grundprinzip der – 10 1 ff.	(结果归属)的基本原则

(续表)

德文关键词及全书位置	本书中文译法
zum Vorsatz 10 1 ff.	（结果归属）于故意
zur Fahrlässigkeit 10 14, 16 ff.	（结果归属）于过失
Zusammentreffen mehrerer Sorgfaltspflicht-verletzungen 5 22	多项注意义务违反的共同作用
Zuschreibung	归属
als Rechtsfrage 9 7 ff.	（归属）是法律问题
des billigenden Inkaufnehmens 9 6 f.	关于容认结果发生的（归属）
des Willens zum Erfolg 9 5	关于结果意志的（归属）
Zuständige Stelle 20 16 ff., 20 ff.	管辖机构
Zuständigkeit	管辖
zur Abnahme von Eiden als Blankett-merkmal 8 35	接收宣誓之（管辖）作为空白要素
Zwangssituation	受强制的情境
des Angegriffenen 15 22	（紧急防卫中）被侵害者的（受强制情境）
des Bedrohten 24 15	（紧急避险中）被威胁者的（受强制情境）
des Retters 6 12	救援者的（受强制情境）
Zweifel	疑虑
am Vorliegen rechtfertigender Tatsachen 13 6 ff.	关于是否存在正当化事实的（疑虑）
an der Erlaubtheit des Verhaltens 19 6 ff.	关于行为允许性的（疑虑）
Zweifelsgrundsatz und Risikoerhöhungs-theorie 2 20 ff.	疑罪从无原则与风险升高理论
Zweitschädigung 10 20 ff.	二次损害

译后记　英格博格·普珀教授与她的《德国刑法总论:以判例为鉴》①

英格博格·普珀,德国波恩大学法律系荣休教授。1941年1月11日出生于波兰小镇罗茨(Łódź)。1965年通过第一次国家司法考试后,在威尔海姆·加拉斯的指导下获得博士学位,其博士学位论文题目为《伪造技术记录罪》。1977年在卡尔·拉克纳的指导下完成教授资格论文《想象竞合与个别犯罪》,同年获得波恩大学刑法与刑事诉讼法教席,2006年于波恩大学荣休。

在自传中,普珀教授最为看重两本专著:一本是《法学思维小学堂——法律人的6堂思维训练课》,该书已于2011年由台北大学法学院蔡圣伟教授译成中文在北京大学出版社出版;另一本则是本书《德国刑法总论:以判例为鉴》。本书前十章是普珀教授在结果归属领域耕耘多年的心血积累,她整理了德国联邦法院、部分州高等法院以及州法院的判例,努力尝试将被反对者斥为"论题集合"的客观归属理论体系化。

本书与《法学思维小学堂——法律人的6堂思维训练课》的内容存在一定的互文关系。本书则在分析这些理论争议时运用法学方法论为基本分析工具,后者将刑法教义学中的理论争议作为说明法学方法论的例子。两书在具体事例上存在重合,而论述侧重点有所不同。为了让读者能够更为全面且顺畅地理解相关论述,本书在相关概念术语的译法上尽可能与蔡圣伟教授保持一致,并以译者注的形式在相关问题上标注了《法学思维小学堂——法律人的6堂思维训练课》的对应段落。

与市面上已有的德国刑法教科书相比,本书在写作体例上颇具特色。一方面,本书中几乎所有的理论阐释都围绕德国刑事司法实践中真实发生

---

① 译后记中普珀教授的生平及其主要学术观点的总结,主要参照了埃里克·希尔根多夫教授主编的《德语区刑法学者自传(二)》普珀教授的自传[Ingeborg Puppe, in: Eric Hilgendorf (hrsg), Die deutschsprachige Strafrechtswissenschaft in Selbstdarstellungen II, S. 325-354.]

的有影响的判例展开。另一方面,本书同时也是一本指导案例分析的学生用书,尤其是作为德国国家司法考试的辅导用书。在每一章的最后,作者都安排了"实际适用的提示"环节,一则对该章节的相关理论进行体系性的回顾;二则介绍在撰写鉴定式案例分析时需要注意的细节与技巧。例如,在本书第二十一章中,作者介绍了通过局部定义尽可能回避理论争议的方法,这更符合案例分析旨在最终解决案件的目标。而在第二十三章共同正犯中,则提到在数人基于通谋共同实行犯罪即可能成立共同正犯的场合,学生撰写案例分析时仍应单独审查每个参与者的行为,而不是像一些辅导书建议的那样,从一开始就将数人的行为进行合并审查。

一、关于普珀的结果归属体系的补充说明

因果关系与结果归属理论是普珀教授的研究重点,在自传中她曾经提到自己原本希望以因果关系为题撰写教授资格论文,但由于萨姆森在此之前撰写了同类主题的资格论文,[①]她才转而选择了竞合论。除本书之外,她在《诺莫斯德国刑法典评注》第 13 条前注、专著《刑法中的结果归属》以及论文《客观归责的体系》中均对这一问题作了全面而系统的阐述。或许是学界对罗克辛教授的客观归属理论有先入为主的印象,而普珀的结果归属体系与之又存在较大的差异,我国刑法学界对于普珀教授作品的普遍印象是充满了晦涩难懂的逻辑语言。为此,译后记参照教授自传对其结果归属体系作简要的说明,希望对理解本书有所帮助。

普珀教授的观点与已经介绍到国内的主流结果归属理论之间的分歧主要体现在两个方面:其一,因果关系在客观的结果归属理论中的体系地位;其二,故意与过失的逻辑位阶关系。两者与教授的刑法规范主义立场均有密切的关系。

(一)被误读的刑法规范主义

在我国台湾地区刑法学者许玉秀的《当代刑法思潮》中刑法学的基本立场之争,被归为存在论与规范论之争,或曰方法一元论与方法二元论之争,其认为争议的核心在于规范是否由现实当中形成,或者规范和现实是否为两个各自闭锁存在的领域,规范是从其他规范体系演绎而来,而不是从存在体系归纳而成。[②] 在普珀的论述中将称为自然主义与规范主义之争,她

[①] Erich Samson, Hypothetische Kausalverläufe im Strafrecht, zugleich ein Beitrag zur Kausalität der Beihilfe, 1972.

[②] 许玉秀:《当代刑法思潮》,中国民主法制出版社 2005 年版,第 9 页。

曾经在《自然主义与规范主义》一文中批评了规范主义导向的当代刑法学正在走入歧途。① 许玉秀将文中观点归结为试图通过结果概念的单义性与多义性来调解方法一元论与二元论的对立。② 但这在一定程度上是对普珀的误读。

普珀教授在自传的最后这样写道:"当代刑法学的根基是正确的,法学概念并非先天地存在于自然之中,法律人必须自己提出概念定义并进行正当性论证……在这个意义上法学概念都是规范的。但是最高法院和部分理论观点就此认为,它们只要提出判断法律问题的评价公式就大功告成了……当我们说,法律问题需要进行规范判断、价值判断时,法律人的工作还没有结束,恰恰相反,法律人的工作才刚刚开始。"③她虽然在方法论上主张规范主义,却批评当前规范主义彻底脱离事实的错误趋势。规范主义虽然主张区分事实与规范,却不是要割裂事实与规范。她在《法学思维小学堂——法律人的6堂思维训练课》中指出,"被评价的事实也是评价性概念的组成部分……因此,在用一个评价性概念评价某一事实时,关键在于穷尽这个事实,并且去斟酌所有支持或反对这个评价的事实……不能让法官的评价行动消失在'黑盒子'里。"④任何规范判断都包含了描述性意义,离开被评价的事实,评价概念与评价公式都将是空洞的,抽象的价值争辩是毫无意义的。她这样写道:"我不能理解它,不能检验它,甚至不能批评它。于是当前流行的评价法学(Wertungsjurisprudenz),特别是最高法院的判决,就可以永远立于不败之地。"⑤这是对当前规范主义立场的严厉批评,在她看来这一误区最鲜明的代表,便是结果归属理论中脱离因果关系的风险实现标准。

(二)因果关系与结果归属

以上述对规范主义的理解为基础,普珀与罗克辛的结果归属体系之间的差异便十分明显了:在罗克辛的客观归属体系中,因果关系与客观归属被明确地区分为两个阶段,因果关系只须根据条件公式进行反事实判断即

---

① Ingeborg Puppe, Naturalismus und Normativismus in der modernen Strafrechtsdogmatik, Goltdammer's Archiv für Strafrecht, 1994, S. 294-318.
② 许玉秀:《当代刑法思潮》,中国民主法制出版社2005年版,第10页。
③ Ingeborg Puppe, in: Eric Hilgendorf(hrsg), Die deutschsprachige Strafrechtswissenschaft in Selbstdarstellungen II, S. 348.
④ 〔德〕英格博格·普珀:《法学思维小学堂——法律人的6堂思维训练课》,蔡圣伟译,北京大学出版社2011年版,第11—14页。
⑤ Ingeborg Puppe, in: Eric Hilgendorf(hrsg), Die deutschsprachige Strafrechtswissenschaft in Selbstdarstellungen II, S. 348.

可,属于事实判断的范畴;客观归属则是对因果关系的规范限定,属于规范判断的范畴。但在普珀的结果归属体系中,因果关系不再是客观归属之前的预处理,而是贯穿整个结果归属体系的轴线与基础,结果归属的所有判断规则都应围绕因果流程的分析展开:正是因为引起结果的因果流程中存在某些事实特征,才会使判断者得出肯定或否定归属的结论。

1. 反对条件公式的反事实判断方法,重构原因与结果之间的逻辑关系

普珀承袭了恩吉施的合法则条件理论,猛烈抨击了条件公式的反事实判断方法。既然所有的规范判断、价值判断都必须建立在对事实的充分考察基础上,那么,结果归属也必须建立在对因果流程的详细解读上。而条件公式的反事实判断方法则将人们的注意力从真实的因果流程转移到了一个假设的因果流程上,从而将后续的结果归属与前端的因果关系割裂开来,结果归属因而丧失其事实基础,"实现法所不允许的风险"也便沦为空洞的公式。在《客观归责的体系》一文开头她这样写道:"通行的客观归责理论建立在反事实的因果关系概念上,这使客观归责理论沦为了阿明·考夫曼所批评的那种论题的集合。体系化的客观归责理论必须以真实的因果流程为出发点。①"

她也进一步发展了恩吉施的合法则条件理论。她指出,恩吉施证明了条件理论中关于原因和结果的逻辑关系界定,即必要条件关系,是错误的。但是,合法则条件理论并没有说明,原因与结果之间在逻辑上应当具有何种关系。于是她提出了最小充分条件的必要组成部分即 INUS 条件理论,并用这一理论解释了集体表决中的因果关系难题。相比于条件公式,合法则条件理论与最小真实充分条件的必要组成部分理论看起来更为复杂晦涩,因此,德国的教科书也常常以这一理论过于难以理解而拒绝之。普珀不无嘲讽地说:"这个世界上还没有哪一个学科,会因为一个正确的理论难懂就否定它,也没有哪一个学科会因为一个错误的理论很简单就接受它。"②

2. 在因果关系的意义上理解"实现法所不允许的风险"

为了恢复实现法所不允许风险的事实基础,普珀采纳了德国联邦法院的术语,将"义务违反关联"这一为人所熟知的结果归属标准称为"义务违反的因果关系"。这一术语之所以被理论所摒弃,是因为义务违反是一项规范评价,而规范评价是无所谓因果关系的。但她认为,这只是表述上的瑕

---

① 〔德〕英格博格·普珀:《客观归责的体系》,徐凌波、曹斐译,载陈兴良主编《刑事法评论:刑法规范的二重性论》,北京大学出版社 2017 年版,第 289 页。

② Ingeborg Puppe, in: Eric Hilgendorf(hrsg), Die deutschsprachige Strafrechtswissenschaft in Selbstdarstellungen II, S. 337.

疵,该标准的真实含义是"行为中被评价为义务违反的事实特征与结果之间应当具有因果关系"。例如,司机超速驾驶撞倒行人,不仅要判断驾驶行为与结果有因果关系,而且要判断"超速"这个事实特征与结果存在因果关系。因此,判断义务违反关联的"合义务替代行为公式"在本质上就是条件公式。条件公式的逻辑缺陷,在并合义务替代行为公式中同样存在,并常常因其具有"规范判断"的外衣而被错误地掩盖和回避。例如,在卡车司机案中,卡车司机与骑车者各自对注意义务的违反都十分严重,以至于单独都能引起结果的发生,这便不是罗克辛所谓的规范意义上的、风险升高与否的问题,而是典型的"义务违反的多重因果关系问题"。

3. 在因果解释中引入盖然性法则与规范法则

作为合法则条件理论的主张者,阿明·考夫曼将因果关系问题区分为一般因果关系和具体因果关系两个层面,其中一般因果关系指的是作为因果解释依据的一般因果法则。但在最初,考夫曼承认的仅仅是具有必然性的自然因果规律,而拒绝接受统计学意义上的盖然性关联。[①] 而普珀则认为,在刑法上因果解释的依据不应局限于决定论领域的必然因果规律,她将一般因果关系作了如下3个方面的拓展:

(1)在非决定论领域引入盖然性法则,形成替代因果关系的风险升高理论。

以牛顿经典力学为原型,西方从18世纪以来就形成了所谓机械自然观,外部世界被认为是一架完全被决定论支配的精密仪器,如果掌握了所有的自然规律,外部世界的一切变化都具有必然性。人类只是受制于认识能力的有限性而尚未掌握所有的自然规律。到了20世纪末,微观物理学的发展使人们逐渐认识到外部世界并非完全被决定论所支配,存在许多自始不具有必然性的非决定论领域,它们并非仅因人类认识能力有限而尚未被认识到。在这些非决定论领域中,要对结果进行归属,就必须将盖然性法则作为因果解释的依据。同时,在用盖然性法则解释具体案件时,无法运用条件公式或INUS公式,而必须采用风险升高理论。因此,不同于罗克辛将风险升高视为因果关系确定后的规范限制,普珀虽然主张风险升高理论,却将其视为因果关系理论,风险升高标准的适用范围与罗克辛存在显著的区别。[②]

[①] Armin Kaufmann, Tatbestandsmäßigkeit und Verursachung im Contergan-Verfahren, JZ 1971, 569 ff.

[②] 我国学者将两者区别归结为"刑事政策指导下的风险升高"与"作为概然因果关系的风险升高",参见蔡仙:《过失犯中风险升高理论的内在逻辑及其反思》,载《清华法学》2019年第4期,第64—66页。

(2)将规范法则作为因果解释的规则。

这主要出现在行为人所违反的注意义务内容是让他人履行义务的场合。在风险社会中，同一过程中的不同参与者常常会被赋予不同的注意义务，只有所有的参与者都履行了自己的义务时才能够阻止结果的发生。但普珀没有因此就将所有的参与者视为整体，让他们承担共同的注意义务，即通过共同正犯的模型解决结果归属问题。她曾撰文严厉地批评过失共同正犯理论，她给出的解决方案则是分析每个人所负有的注意义务内容，将法律关于注意义务的规定即规范法则（Rechtssatz）作为因果解释的依据，即当行为人的注意义务在于让他人履行义务，而他违反了这项义务时，在因果解释中就必须假定该他人一定会履行义务，任何人都不能以该他人也很有可能违反义务来推卸责任。因为此时，由于行为人在事实上没有履行自己的义务，后续的行为人便根本没有机会选择是否履行义务。以皮革喷雾剂案为例，董事会成员违反了他们的保证人义务，没有作出召回产品的决定。即使董事会作出召回决定之后，还需要通过产业链下游的批发商与零售商执行该召回决定，才能最终避免消费者的损害。此时，生产者的召回义务中就包含了让销售者执行召回的内容，当生产者在事实上没有作出召回决定时，要判断该不作为与损害结果的因果关系就必须假定，销售者一定会执行召回。生产商不能主张即使作出召回决定，销售者很有可能拒绝执行召回，从而推卸自己的责任。

(3)在不受任何法则支配的内心决定领域，提出行为理由说。

当涉及人的内心决定时，承认任何一种因果法则都将与人的自由意志假定相违背，此即心理因果关系问题。此时条件公式的反事实判断方法是毫无用处的，因为任何人都无法在事情还没有发生时就确定在假设的情况下自己一定会如何行为。因此，所谓病人假定承诺理论是完全错误的，既然医生事实上没有履行自己的解释说明义务，就不能认为假设医生按照义务进行了解释说明，病人就一定会作出同样的承诺，即使从各种间接证据来看，病人有很大的可能性会这样做。在行为影响他人内心决定的场合，"引起"是在完全不同于自然因果关系的意义上加以理解的。因此，普珀提出了行为理由理论，即当行为人事实上为他人的决定提供了理由时，便可以肯定心理因果关系，至于该他人是否也会出于其他的动机作出同样的决定，则不重要。

(三)故意归属与过失归属的位阶关系

在传统的德国刑法理论中，故意与过失是一对互斥的概念，只具有规范上的位阶关系(即故意责任重于过失责任),而无逻辑上的位阶关系。与之相反,普珀认为,故意与过失在概念上存在包含关系,而非互斥关系。在本书第七章中她指出,在日常语言中"过失引起结果"包含了两层含义:一是行为人违反注意义务而引起结果;二是行为人不是故意地引起结果。她认为,对于刑法上的过失认定而言,第二层含义既不是必要的,也是容易令人误解的。"非故意"不是过失概念的组成部分,过失与故意并非互斥关系,而是具有逻辑位阶关系的结果归属模型。

在概念上,过失犯更具一般性,故意则是在此基础上提出了特殊要求。普珀认为,客观归属更应该称为过失归属(Fahrlässigkeitzurechnung)。① 客观归属的基本公式创设并实现法所不允许的风险,只满足了过失成立的一般条件。而故意归属虽然也包括了风险创设与实现两个部分,但相比于过失,故意对于风险的要求更高。行为人所创设并实现的风险,不是任意的法所不允许风险,而是达到故意危险程度的高度危险(即故意危险理论)。该故意危险理论既用于解释因果流程偏离问题,也用于区分间接故意与有认识过失问题。

在因果流程偏离问题上,普珀指出,关键不在于行为人所设想的因果流程与事实上发生的因果流程之间的差异是否巨大,而在于两者之间重合的部分是否足以构成故意危险。行为人最初创设的故意危险必须一贯地在因果流程中实现才能证立结果的故意归属,如果该故意危险最终弱化为一般的法所不允许风险,即使最终导致结果发生,也仅成立故意犯的未遂与过失实害犯的想象竞合。

在间接故意与有认识过失的区分上,普珀主张的认识说也以故意危险理论为基础。无论是认识说还是意志说,都在论断式概念的意义上(本书将该概念译为归属式概念)使用间接故意概念,即不再探究行为人的主观内心事实,而是将故意理解为对行为的解读与论断。论断式概念中包含了一系列论断的前提事实(即指示因素),如果个案中这些指示因素得到了满足,便可以将故意论断给行为人。认识说与意志说的区别在于论断指标的内容与范围。故意危险说的论断指标只有两个,即行为人是否创设了故意危险,以及该故意危险是否具有显著性。而意志说的论断指标则是开放的、不确定的,联邦法院在一系列的判决中归纳了不同的指标,同样的指标在不同的案件中的权重存在差别,甚至同样的指标有时用来否定故意,有时又用

---

① Ingeborg Pupppe, in: Nomos Kommentar zum StGB, 4. Aufl., vor. § 13, Rn. 22.

来肯定故意。当论断指标的范围不确定时,这种论断式概念的判断会变得极其不确定和不可靠。①

普珀与意志说的论争旷日持久,在《法学思维小学堂——法律人的6堂思维训练课》第五课第三章"法学对话"中,她用"发言者1"与"发言者2"来还原了认识说与意志说的对话,在最后她也承认双方均有无法说服对方的基本立场。但她认为,只有尽力去了解与深入探讨反对阵营的各种论点时,对话才能澄清双方的看法。一个不受宰制且公平的对话,不仅能让对话者更能理解对手的意见,也能让对话者更加了解自己的立场。② 正如她在自传的最后写道:"在你提笔之前,应当问问自己,对于那些与你持不同观点的读者,自己是否应该说些什么。在批评他人的观点之前,应当问问自己,他人是否也拥有同样的权利主张自己的观点。"③

二、普珀在刑法教义学理论上的其他创见

(一)错误论与故意的认识对象

普珀在故意领域的理论创见也体现在错误论上。

首先,她发展了由德国帝国法院的反面推论(或称反面审查),证明了严格责任理论与主观正当化要素理论之间在逻辑上不可兼容。在《法学思维小学堂——法律人的6堂思维训练课》第四课第四章普珀还原了用反面推论证明二者之间不兼容的逻辑推论过程,④而本书第二十章"未遂的构成要件"中,她则进一步展示了如何通过反面推论来判断一项错误究竟是构成要件错误还是涵摄错误,行为人究竟构成可罚的不能犯未遂还是不可罚的幻觉犯。不过,普珀也指出,作为逻辑推理的形式,仅靠反面推论不能证立不能犯未遂的可罚性,反面审查有效的前提是德国刑法对于犯罪成立的主客观条件设置了独特的对称关系:某一要素要么是可罚性的客观必要条件,要么是主观必要条件。

其次,与其规范主义立场相对应,她主张故意的认识对象是构成要件所

---

① 〔德〕英格博格·普珀:《法学思维小学堂——法律人的6堂思维训练课》,蔡圣伟译,北京大学出版社2011年版,第19页。

② 参见〔德〕英格博格·普珀:《法学思维小学堂——法律人的6堂思维训练课》,蔡圣伟译,北京大学出版社2011年版,第170—176页。

③ Ingeborg Puppe, in: Eric Hilgendorf(hrsg), Die deutschsprachige Strafrechtswissenschaft in Selbstdarstellungen II, S. 349.

④ 参见〔德〕英格博格·普珀:《法学思维小学堂——法律人的6堂思维训练课》,蔡圣伟译,北京大学出版社2011年版,第125—133页。

描述的事实,而不取决于构成要件之外的具体生活内容(Lebenskonkreta)。因此她反对区分对象错误与打击错误,特别是反对在打击错误场合采取具体化理论。此外,构成要件所描述的事实中既包括自然事实,也包括制度性事实,如特定法律关系的存在。后者被通说归为规范构成要件要素,并采取了外行人平行评价公式来判定关于规范构成要件要素的错误能否影响故意。而普珀则反对外行人平行评价公式,主张无论是自然事实还是制度性事实,行为人的认识标准都是相同的。

最后,她在空白要素的认识上提出了独特的见解。通说认为,在空白要素的场合,空白填补规范的构成要件是故意的认识对象,而空白填补规范的效力则否定故意。而普珀则认为,空白要素中,空白填补规范的构成要件和效力都是故意的认识对象。因此,在大量采用空白或半空白条款的附属刑法罪名中,行为人若没有认识到作为空白填补规范的前置行政法律规定,则可以否定故意。简言之,在国内学界近年来所关注的法定犯认识错误问题上,普珀的观点较为接近德国帝国法院早期区分刑法上的与刑法之外的法律错误的观点,认为刑法之外的法律错误可以否定故意。她在书中多处提及这一区分虽然概念上存在瑕疵,但在许多问题上是具有解释力的。

(二)犯罪参与体系

在犯罪参与体系上,普珀一方面旗帜鲜明地反对非实行阶段的行为可以成立共同正犯的观点(大致对应于日本学理中的共谋共同正犯);另一方面对教唆犯提出了严格的成立要求,主张不法协议理论。

两者实为一体两面的关系。在她看来,理论特别是部分犯罪支配理论的主张者之所以认为,在非实行阶段发挥重要作用者也应当成立正犯,根源于他们认为教唆犯的不法轻于正犯的印象。但这一印象与《德国刑法典》的规定并不相符。《德国刑法典》第 26 条规定,教唆犯应处以与正犯相同的刑罚,而非轻于正犯。因此,将在非实行阶段发挥重要作用者按照教唆犯来定罪处罚不会导致处罚上的不平衡。教唆犯与共同正犯的区别在于是否参与实行,若承认非实行阶段的共谋共同正犯,不仅模糊了教唆犯与共同正犯的界限,也模糊了间接正犯与共同正犯的界限。参与实行是共同正犯成立不可或缺的条件。这一基本立场决定了普珀在共同正犯与教唆犯领域的一系列观点:

首先,在共同正犯的着手判断标准上,她主张个别解决法,即应当就每位参与者单独判断其行为是否进入着手实行阶段。与之相对的整体解决法则认为,基于共同正犯的归属模型,只要一人进入实行阶段,该实行就可以归属于其他参与者。由此没有进入实行阶段的参与者也可以成立共同正犯,为承认非实行阶段的共谋共同正犯留下了空间。但这是不正确的,因为参与实行是共同正犯成立的前提条件,只有先肯定共同正犯的成立,才能将参与者的行为及其所造成的结果进行相互归属,而不是在共同正犯还没有成立时,就将参与者的实行行为归属于其他参与者。

其次,正因为教唆犯的不法无限接近于正犯,教唆的成立也应有更严格的要求。按照通说,教唆指的是引起实施犯罪的行为决意,即教唆与犯意之间存在引起与被引起的因果关系即可。按照前述普珀在心理因果关系问题上的行为理由理论,如果只要求在教唆与犯意之间存在引起和被引起的关系,教唆的范围便极为宽泛,这与教唆犯应处与正犯相同法定刑的规定不匹配。① 于是她提出了不法协议理论,要求在教唆者与被教唆者之间就实施犯罪达成了不法协议,形成共同的意思联络,即通谋。教唆成立的关键,不在于实行犯罪前对实行者的任意心理影响,而在于实行阶段对实行者起到了决定性(bestimmend)的影响。这一要求的条文根据是,《德国刑法典》第26条在界定教唆行为时,使用了 bestimmen 一词,有决定、确定、规定之意。德国哲学家海德格尔曾经对这个词作过阐释,bestimmen 的词根 Stimme,意为声音,因此 bestimmen 就其词根而言,有定调之意。结合这个词源上的阐释,可以理解不法协议理论要求教唆者对于犯罪实行发挥决定性的作用,是将教唆者理解为所实施犯罪之基调的确定者。因此,蔡桂生教授在翻译金德霍伊泽尔教授的《德国刑法总论教科书》时,将该词翻译为"确定"。然而考虑到德国刑法通说毕竟将教唆界定为犯意之引起,译为"确定"或"决定"本就有偏向不法协议理论之嫌,因此,本书沿用了国内通用的术语,将该词翻译为"唆使",但应当指出不法协议理论对教唆行为的要求如此之严格,是有其条文依据的。

在具体解释结论上,不法协议理论在如下三个方面得出了与通说不同的结论,可视为该理论的特色:其一,仅提出了没有任何约束力的犯罪建议之人,即使他是第一个提出者,也不能成立教唆犯,仅成立(心理的)帮助犯。其二,反对"针对已有犯意之人的教唆"理论。通说认为在实行者已经产生犯意时,教唆与实行犯罪之间不存在因果关系,仅成立(重罪)教唆未遂或心理帮助。普珀反对这一观点,其理由是刑法上的犯罪故意始于着手实行之时,教唆的关键在于教唆行为对实行阶段的故意产生了决定性的作

---

① Ingeborg Puppe, in: Eric Hilgendorf(hrsg), Die deutschsprachige Strafrechtswissenschaft in Selbstdarstellungen II, 2021, S. 339.

用。而在着手实行之前,无所谓"已有犯意",不应影响教唆的判断。其三,共同正犯之间存在相互教唆的关系。当数名参与者共同计划实施犯罪,而在实施过程中,仅有部分参与者进入实行,而另一部分参与者因为意志以外的原因未能着手实行的,不应将未进入实行者也认定为共同正犯,而仅成立教唆犯。

最后,在共犯与身份的问题上,《德国刑法典》第 28 条第 1 款规定,如果共犯缺少正犯证立刑罚的身份要素,则可以根据《德国刑法典》第 49 条第 1 款的规定,减轻其刑;依据第 28 条第 2 款的规定,如果某一身份要素的作用在于加减或免除刑罚,则该要素只适用具备这一身份的参与者。按照这一规定,正犯的身份要素中有的可以基于限制从属性原则归属于共犯,有的则只适用于正犯本身。通说按照法条的字面文义将之分为证立刑罚的身份与加减刑罚的要素。普珀则先将身份要素区分为不法身份与责任身份,不法身份可以归属于共犯,而责任身份仅适用于正犯本人。但她同时认为,义务犯中的特定义务具有双重地位,正犯的义务违反既是对权利的滥用(Machtsmissbrauch),属于不法要素,同时又破坏了法秩序的信赖(Vertrauensbruch),属于责任要素,两者在经验上不可分割。因此,第 28 条第 1 款便规定了这种缓和的从属性或称为半从属性的归属模型,即不负有该义务者可以成立义务犯的共犯,但应减轻其刑。①

(三)竞合论

普珀认为,发生竞合的不是抽象的构成要件,而是具体的构成要件实现(Tatbestandsverwirklichung)。竞合是一个介于构成要件论与量刑论之间的领域,它要解决的问题是人们如何将一个抽象的构成要件转化为具体犯罪。该具体犯罪实现了构成要件,同时又构成了量刑的基础。由于量刑论遵循着全面评价与禁止重复评价两项原则,影响量刑的事实因素当且仅应当被评价一次。②

为此,她对通说的竞合理论提出了严厉的批评,认为这是规范主义刑法学中迄今为止仍然被自然主义所支配的领域。③ 因为通说使用了比构成要件的实现更加抽象和内容空洞的概念作为竞合论的基础,即在自然意义上

---

① Ingeborg Puppe, in: Eric Hilgendorf(hrsg), Die deutschsprachige Strafrechtswissenschaft in Selbstdarstellungen II, 2021, S. 346.

② Ingeborg Puppe, in: Eric Hilgendorf(hrsg), Die deutschsprachige Strafrechtswissenschaft in Selbstdarstellungen II, 2021, S. 334-335.

③ 〔德〕英格博格·普珀:《法学思维小学堂——法律人的 6 堂思维训练课》,蔡圣伟译,北京大学出版社 2011 年版,第 5 页。

的、以外部的身体动作为内容的行为概念。《德国刑法典》第 52、53 条正是以这样的行为概念为基础,确立了"一行为成立一罪,数行为成立数罪"的基本原则。而普珀则认为,构成要件的实现中,不止有行为,还有结果、因果关系、主观故意、超越的主观要素等无法为行为概念所涵盖的独立要素。这与我国传统罪数理论有不谋而合之处:"行为标准说只强调行为,结果不在考虑之列,犯罪主观方面的要件更丝毫没有触及。犯罪是符合刑法规定的犯罪构成要件的行为,片面地以行为一个要件为标准,不可能将一罪与数罪区别开来。"①当不同的构成要件实现之间重叠的部分不是行为,而是行为以外的其他要素时,通说所确立的行为数即罪数的原则,就无法满足量刑论的禁止重复评价要求,因而需要更新既有的竞合理论。

为此,她主张基于结果单一成立一罪(Tateinheit kraft Erfolgseinheit),这指的是当行为人通过数个行为实现数个构成要件,但该数个构成要件的实现指向了同一个法益侵害结果时,应当成立一罪。例如,行为人盗窃财物后又通过欺骗让所有权人放弃自己的权利主张,或者以流通为目的伪造货币后,又将伪造的货币投入流通均属于此种情况。

最后,普珀反对通说的夹结作用,主张在持续犯、组织型犯罪的场合采用分解法。按照通说的夹结作用,在持续犯、组织型犯罪的场合,行为人通过数个行为实现数个构成要件,会因为持续犯、组织型犯罪的中介和串联作用而成立一罪,称为夹结作用(Klammerwirkung)。例如,本书第三版中的小屋案(Kottenfall,第四版删除),②行为人在非法拘禁期间对被害人进行身体伤害与性侵,故意伤害罪与强奸罪会因为非法拘禁罪的存在而被串联成一罪。这不仅会导致量刑过轻,而且基于刑事诉讼法上的一事不再理原则,会因为刑事追诉被用尽而无法追诉事后发现的漏罪。例如,本书第三十四章提到,行为人因非法持有枪支罪而被判处刑罚,而后发现他还使用持有的枪支实施了杀人行为,由于谋杀罪与非法持有枪支罪成立一罪,非法持有枪支罪已经过审判,便无法对谋杀罪进行刑事追诉。她主张的分解法便可以有效地处理这类问题,在持续犯的场合,若行为持续期间,行为人又实现了其他构成要件,则持续行为将被分解为两个部分,分别成立两罪,便不影响对漏罪的刑事追诉。同理,犯罪组织的成员为该犯罪组织实施其他的犯罪活动,即使他已经因《德国刑法典》第 129 条建立犯罪组织罪而受到

---

① 高铭暄、马克昌主编:《刑法学》(第九版),北京大学出版社、高等教育出版社 2019 年版,第 177 页。
② Ingeborg Puppe, Strafrecht Allgemeiner Teil., 3. Aufl., 2016, § 34, Rn. 10-16.

处罚,也不影响对其所实施的犯罪继续进行追诉。

三、部分重要术语译法的解释

学术著作的翻译要实现信、达、雅的目标甚为艰难,专业术语的译法至少要兼顾以下三个方面:一是作者自身的理论体系中概念的含义、定位与功能,以准确还原作者的真实主张;二是德国刑法学界的公共讨论中该概念的含义、定位与功能,以在学术史的维度上充分展现作者与其他学者之间的观点对话;三是在中文刑法学界的讨论中相对应的中文术语使用习惯,以尽可能使中文读者更为顺畅地理解作者的意思,降低理解上的成本。在翻译过程中每个译者的侧重点有所不同,因而常常会出现一些冷僻的术语译法,尽管本书希望尽可能地兼顾以上三者,但在一些重要术语的翻译上仍会与前人存在分歧,在此译者想对可能引起批评的译法做一些说明。

(一)Zurechnung:归责与归属

自罗克辛教授的客观归属理论被引入中文刑法学界以来,关于 objektive Zurechnung 的译法就存在争议。对于"客观归责"这个最常见译法的批评,主要在于客观归责是在不法阶层对事实因果关系进行的限制性规范判断,使用"责"的表述具有误导性,使人误以为客观归责的判断属于责任阶层,甚至导致不法与责任的混淆。因而,当前文献中也常常使用"归属"的译法,以区分于责任阶层。然而这一批评,只有在犯罪论体系明确区分不法与责任的前提下才能成立。而对于许多关注归责理论的德国学者来说,区分不法与责任,本就是存疑的。从学术史角度来看,Zurechnung 与其拉丁词源 imputatio,与责任概念始终有着密切的关系。在黑格尔的归责体系里,归责不仅仅局限客观不法层面的结果归属,还包含了认定犯罪成立、承担刑事责任的所有条件。这种广义的归责概念在许多德国学者的著述中仍有体现,其典型的代表便是雅各布斯教授。因此,将 Zurechnung 翻译成归责,反而能够体现出它与责任概念之间千丝万缕的联系,不能认为归责的译法一定是错误的。

本书仍然将 Zurechnung 一词译为归属,主要有以下两点考虑:其一,普珀教授原则上仍然赞成不法与责任阶层的区分;其二,中文刑法学界习惯于将归责等同于客观的结果归责,而忽略了广义的归属概念既包括了结果归属,也包括了行为归属。例如,间接正犯中,要将被利用者的行为归属于利用者(即视为利用者的行为);共同正犯的场合,要将各参与者的行为进行相互归属这些都属于行为归属的领域。此时译为归属或许更有助于读者将其区别于结果归责。

(二) Dolus eventualis：间接故意与未必故意

我国刑法传统上将故意分为直接故意与间接故意。间接故意指的是行为人明知自己的行为会发生危害社会的后果而放任这种结果发生，其与 dolus eventualis 所指称的情况基本相同，因而通常用间接故意来翻译 "dolus eventualis"。而理论上也有学者将其译为 "未必故意"，其中的主要考虑是在德国的普通法时代，曾经出现过间接故意理论(dolus indirectus)，该理论是现代结果加重犯概念的前身。当行为人以伤害故意给被害人造成重伤后，被害人因为伤势过重而死亡时，该间接故意理论认为，行为人虽然只具有伤害的意志，但是考虑到被害人客观上伤害的严重程度，可以认为行为人对于死亡结果具有间接的意志，因而称为间接故意理论。德国学者费尔巴哈批评认为，意志要么有，要么没有，不存在间接的意志。他提出的替代性方案是故意与过失的竞合(culpa dolo determinata)作为故意、过失之外的第三种责任形式，行为人对于伤害行为存在故意而对死亡结果存在过失。费尔巴哈的建议没有演变为一种普遍的责任形式，而变成了刑法分则中的一种特殊的犯罪类型，即结果加重犯。① 考虑到普通法时代的间接故意理论已经过时，用未必故意翻译 dolus eventualis 以区别于 dolus indirectus 只具有知识考古的意义。因此，在现代仍然有效的教义学讨论中，使用间接故意的术语不会带来理解上的障碍。

(三) Versuch：未遂、力图与实行

关于 Versuch 一词的翻译，现有的中文译本中主要有两种译法，未遂与力图。使用 "未遂" 的译法与我国《刑法》第 23 条未遂的规定相对应。蔡桂生副教授将这一概念翻译为 "力图"，虽然冷僻但确有其合理考虑。首先，从语法上看，名词 Versuch 对应于动词 versuchen，后者在上、下文中表示行为人着手实行构成要件行为。在用作动词时，译为 "未遂" 存在语法不通的问题。其次，中德两国关于未遂犯的规定有所区别。我国《刑法》第 23 条规定的未遂是一种犯罪的停止形态，即着手实行后，因为意志以外的原因而未得逞。而《德国刑法典》第 23 条的未遂，指的则是行为人根据自己对于犯罪的设想，直接着手实现构成要件。"未完成" 的表述没有包含在未遂的概念中，而只是强调行为进入实行阶段。

---

① 本段关于间接故意理论与结果加重犯的学术演变史参见 Ingeborg Puppe, Die Erfolgzurechnung im Strafrecht, 2000, S. 195-200.

因此，当在动词的意义上使用 Versuch 时，将其翻译为未遂，不仅语法不通，而且在中文语境下容易引起误解，即误认为是犯罪未完成的停止形态。从上、下文语境来看，Versuch 更接近于中文刑法学界常用的实行行为概念。书中也常见 Versuchshandlung 的表述，实应译为实行行为，而非未遂行为。为了兼顾中文的术语使用习惯以及德文的准确含义，本书同时使用两种译法来翻译 Versuch：在用作名词、指称《德国刑法典》第 23 条意义上构成要件的部分实现形态时，则保留"未遂"的译法；而在用作动词、指称行为进入着手实行阶段时，使用"实行"的译法。这种区分不同情况采取不同译法的方式与《法学思维小学堂——法律人的 6 堂思维训练课》中的译法存在一定的出入。《法学思维小学堂——法律人的 6 堂思维训练课》中蔡圣伟教授将"die Lehre von natürlichen Versuchseinheit"译为"自然的未遂单数理论"，便是为了保持未遂概念的使用稳定性。而该理论的核心观点则是综合案件的具体情况，在前后数个动作之间具有时空间上的密接关系时，应当视为一次实行而非数次实行，因此，在前一个动作实施完毕但没有引起构成要件结果时，实行行为尚未终了，行为人便可以通过消极地放弃继续实施后续的动作而成立中止。本书将这一理论译为自然的实行单数理论。

四、致谢

感谢本书作者英格博格·普珀教授的翻译授权，并向其致以八十寿辰的真挚祝福。普珀教授患有先天的视力障碍，在她求学之时，德国法学界对女性不甚友好(当时德国法学院的女性比例只有 10% 左右)，教授于如此艰难之环境下成长为德国最为出色的刑法学者，殊为不易。尽管已经八十岁高龄，教授依然笔耕不辍，2020 年还在《整体刑法学杂志》(ZStW)上发表了《告别竞合理论中的自然犯罪概念》等重量级论文，2021 年又在《国际刑法学杂志》(ZIS)上发表了对柏林飙车案最新判决结果的评论，实为后辈学子的楷模。

普珀教授至今仍然活跃在波恩大学法学院刑法学的课堂上，开设"法学方法论"(Methodenlehre)和"刑法总/分论重点问题"(Strafrecht AT/BT Schwerpunkt)等课程。作为译者之一的喻浩东博士有幸全程参与了教授的"刑法总论重点问题"课程。普珀教授把本书作为该课程的指定用书，基本按照本书的章节顺序逐一进行研讨式讲授。在每周开课之前，教授都会提前通知选课同学预习讲课内容并将更新版本发送到个人主页上。在课堂上，教授会就书中的判例和学说向每一位同学提问，以引导的方式完成研讨过程。在课程将要结束时,喻浩东博士向普珀教授提出将本书翻译成中文的想法,并在通过教授多次试翻译的考核后取得了授权。基于翻译任务的艰巨,喻浩东博士向教授提出与徐凌波副教授共同翻译该书的请求,教授欣然同意。于是,本书前十章关于结果归属基础理论的内容由喻浩东博士翻译,而其余章节均由徐凌波副教授翻译。最终由徐凌波副教授完成全书的统稿并联系出版事宜。在此过程中,承蒙普珀教授对年轻学生的鼓励和支持,与翻译有关的疑难问题均在她一次又一次的耐心解答中基本得以解决。

感谢北京大学法学院陈兴良教授、清华大学法学院劳东燕教授以及南京大学中德法学研究所原所长方小敏教授为本书作序。

感谢南京大学法学院副研究员马春晓博士,对翻译过程中的诸多问题提出了有益的建议。感谢南京大学法学院博士研究生赵桐,硕士研究生郑尊洁、陈红媛、赵飞翔、赖郁薇,以及中国人民大学法学院硕士范洁同学协助完成了本书烦琐的校对工作。

最后感谢普珀教授其他论著的中文译者,他们是:蔡圣伟教授(《法学思维小学堂——法律人的6堂思维训练课》)、李圣杰教授(《规范保护目的理论》)、王鹏翔教授(《反对过失共同正犯》)、郑铭仁先生(《因果关系——一个从刑事政策面思考的新尝试》)、曹斐博士(《客观归责的体系》)、段琦博士(《何为法条竞合》)。各位前辈教授的译著成为我们翻译过程中的重要参考。

陈兴良教授曾经将刑法学分为有国界的刑法学与超越国界的刑法学,希望我们的努力能够为超越国界的刑法学交流做出微薄的贡献。